W0407165

LE GUIDE VERT

Nord-Ouest américain

DÉCOUPAGE GÉOGRAPHIQUE DU GUIDE SUR LA CARTE CI-CONTRE

L'équipe du Guide Vert Michelin, de gauche à droite :
Camille Bouvet, Denis Rasse, Natacha Brumard, Amaury de Valroger, Lucie Fontaine, Philippe Orain, Florence Dyan, Catherine Guégan, Hervé Dubois, Julie Duhourcau, Hélène Payelle, Marie-Pierre Renier, Éric Boucher, Véronique Aissani, Marie Simonet, Carole Diascorn, Camille Therville, Marion Capéra, Pascal Grougon, Dominique Auclair.

Édito

Voyager dans le Nord-Ouest américain, c'est parcourir une des plus belles régions du pays, synonyme d'aventure et de grands espaces. Un vaste territoire qui s'étend des côtes du Pacifique aux Rocheuses, de Seattle à Denver, et où vous attendent des villes vibrantes, des parcs nationaux spectaculaires et des routes panoramiques à couper le souffle.

C'est également un moment privilégié pour rencontrer les femmes et les hommes qui préservent ce patrimoine naturel et culturel et le perpétuent au travers des fêtes, des arts, des traditions, de la gastronomie. Autant d'expériences incontournables ou insolites, de lieux connus ou confidentiels, que nos équipes ont dénichés au cours de leurs innombrables tournées sur le terrain.

Dans cette nouvelle édition du Guide Michelin Voyage et Cultures Nord-Ouest américain, en complément des sites étoilés ★★★, nos auteurs partagent leurs itinéraires, leurs bonnes adresses ainsi que leurs plus beaux souvenirs de voyage. Sans oublier leurs coups de cœur pour des établissements engagés dans une démarche écoresponsable, signalés au fil des pages par le symbole 🍃.

Nous en sommes convaincus, chaque destination mérite que l'on s'y attarde, chaque rencontre est digne d'intérêt, chaque culture a le pouvoir d'enrichir la nôtre.

Afin de redonner du sens au voyage, ralentissons le pas pour nous imprégner en profondeur de la richesse des lieux que nous traversons et des gens que nous croisons. Soyons curieux de tout ce qui se trouve sous nos yeux, en ville ou à la campagne, sur un chemin de traverse, loin de chez nous ou juste au bout de la rue.

Alors, avec ce Guide Michelin Voyage et Cultures, à votre tour de faire le plein de beau, de bon et de rencontres.

Philippe Orain,
Directeur du Guide Michelin Voyage & Cultures

Sommaire

Retrouvez nos carnets d'adresses à la fin de chaque chapitre

COMPRENDRE LE NORD-OUEST AMÉRICAIN

adamkaz/Getty Images Plus

imageBROKER/hemis.fr

ORGANISER SON VOYAGE

Nos incontournables

★★★

Pike Place Market à Seattle

Cageots de myrtilles, pyramides de carottes bio et bouquets de fleurs fraîches : longeant le front de mer à Seattle, ce marché couvert rassemble depuis plus d'un siècle petits producteurs et artisans, qui, avec force hurlements, font valser espadons et flétans dans les airs. **Voir p. 349.**

carterdayne/Getty Images Plus

Different_Brian/Getty Images

★★★

Trail Ridge Road

À la belle saison, les amateurs de grands espaces ne manqueront pas d'emprunter cette route d'altitude qui traverse le parc national des montagnes Rocheuses, au Colorado. Culminant à 3 713 m, elle dévoile des points de vue spectaculaires sur les sommets enneigés, les forêts de conifères et les vallées tapissées de toundra alpine. **Voir p. 84.**

rruntsch/Getty Images Plus

★★

Theodore Roosevelt NP

La puissance de la nature, belle et sauvage ! Avec, en toile de fond, des *badlands*, traversées de peupliers longeant les cours d'eau et bordées de broussailles et de prairies. **Voir p. 256.**

★★★

Mount Rushmore

Sculpté sur une paroi de granit, dans le Dakota du Sud, ce mémorial rend hommage aux pères fondateurs de la démocratie américaine. **Voir p. 239.**

drewKrav/Getty Images Plus

benedek/Getty Images Plus

★★★

Olympic NP

Fougères géantes, mousses et lichens prolifèrent dans les branches des arbres centenaires et composent un tableau d'un vert presque irréel… Situé sur la péninsule Olympique, au nord-ouest de l'État de Washington, ce parc national est célèbre pour ses luxuriantes forêts pluviales, classées par l'Unesco. **Voir p. 387.**

Nos incontournables

★★

Portland

Arty et anticonformiste, la principale ville de l'Oregon compte parmi les plus écologistes du pays. On y recycle les déchets et les eaux de pluie, on s'y déplace à pied, à vélo, en skate et en tramway, et on y mange volontiers végétalien, tout en savourant d'excellents vins locaux ou des bières micro-brassées. **Voir p. 272.**

nashvilledino2/Getty Images P

★★★

Going-to-the-Sun Road

Ouverte en été, cette route vertigineuse traverse d'est en ouest le parc national de Glacier, dans le Montana. Bordée de profonds ravins, elle déroule des paysages grandioses où alternent grands lacs, forêts de cèdres, toundra alpine et cols enneigés. **Voir p. 199.**

YinYang/Getty Images P

anglimpses/Getty Images Plus

Riishede/Getty Images Plus

★★★

Glacier Bay NP

À l'écart de toute civilisation, ce parc national en Alaska invite à la méditation. Ses paysages immaculés sont un havre de paix pour des milliers d'ours, de baleines et d'oiseaux marins. **Voir p. 436.**

★★★

Yellowstone NP

Le plus ancien parc national du monde, entre Wyoming et Montana, est en fait un supervolcan endormi. Ponctué de geysers, de lacs multicolores et de fumerolles, il abrite également une faune exceptionnelle. **Voir p. 140.**

aoldman/Getty Images Plus

★★★

Jenny Lake (Grand Teton NP)

Situé à plus de 2000 m d'altitude, ce lac glaciaire est l'un des joyaux du parc national de Grand Teton, dans le Wyoming. Bordé de nombreux sentiers de randonnée, il se parcourt agréablement en bateau. **Voir p. 162.**

Nos coups de cœur

Station de ski de Vail, dans la chaîne de montagnes de Gore Range, Colorado

TOP 5
Parcs nationaux

1. Yellowstone, Wyoming (p. 140)
2. Glacier, Montana (p. 198)
3. Denali, Alaska (p. 449)
4. Olympic, Washington (p. 387)
5. Crater Lake, Oregon (p. 309)

Glacier National Park dans le Montana.
Alisha Bube/Getty Images Plus

❤ **Partir sur les traces des chercheurs d'or** en explorant les villes minières ou fantômes du Montana (Virginia City, **p. 132**), de l'Idaho (Silver Valley, **p. 229**) et d'Alaska (Skagway, **p. 438**).

❤ **Skier dans une neige ultra-légère**, la fameuse « poudre de champagne », sèche et crissante comme du sucre, dans les stations de Vail au Colorado (**p. 88**), d'Alta dans l'Utah (**p. 107**) ou de Sun Valley dans l'Idaho (**p. 190**).

❤ **Découvrir l'architecture** audacieuse du Denver Art Museum, signée Daniel Libeskind (2006), dont la flèche en titane rappelle les montagnes voisines. **Voir p. 45.**

❤ **Contempler le lever de soleil** dans le Parc national des Badlands (Dakota du Sud), quand les formations rocheuses aux aiguilles acérées se parent de teintes de rose, virant au rouge. Un panorama sublime à découvrir depuis le site des Pinnacles Overlook. **Voir p. 251.**

❤ **Taquiner la truite** lors d'une partie de pêche à la mouche dans la Snake River à Jackson (**p. 175**), ou la Logan River dans l'Utah (**p. 123**).

stevegeer/Getty Images Plus

Nos coups de cœur

Balade en kayak dans les San Juan Islands.
protog/Getty Images Plus

❤ **Revivre la légende de Jimi Hendrix** et de Kurt Cobain, deux grands joueurs de guitare, au Museum of Pop Culture de Seattle, un exceptionnel musée interactif aux formes et aux couleurs psychédéliques. **Voir p. 354.**

Boutique de bottes de cow-boys.
Kraig Scarbinsky/Getty Images Plus

❤ **Apprendre à danser le Western Swing** et le Texas Two Step au Million Dollar Cowboy Bar de Jackson, légendaire pour ses selles en guise de tabourets, son comptoir incrusté de dollars d'argent, ses murs ornés de colts et d'éperons. Prière d'attacher son cheval avant d'entrer. **Voir p. 174.**

❤ **S'offrir la panoplie du parfait cow-boy** – chemise à boutons-pressions, santiags, chapeau Stetson, blue-jean et ceinturon à boucle – chez Rockmount Ranch Wear à Denver ou au Wrangler à Cheyenne. **Voir p. 40 et 81.**

❤ **Enfourcher une Harley** de location et aller rejoindre les motards américains au grand rassemblement de Sturgis, dans le Dakota du Sud, théâtre de courses endiablées à la fin août. **Voir p. 240.**

Randonneur dans le Grand Teton National Park.
benedek/Getty Images

Steamboat Springs sous la neige, Colorado.
THEPALMER/Getty Images Plus

TOP 5
Stations de ski

1. Aspen, Colorado (p. 90)
2. Alta, Utah (p. 107)
3. Steamboat Springs, Colorado (p. 85)
4. Jackson Hole, Wyoming (p. 170)
5. Big Sky, Montana (p. 133)

❤ **Longer en kayak de mer** les San Juan Islands, au nord de Seattle, pour explorer côtes et falaises, et, avec un peu de chance, observer les colonies de baleines à bosse et d'orques qui peuplent les baies de l'archipel. **Voir p. 379.**

❤ **Immortaliser en photo** quelques paysages illustres, comme la silhouette déchiquetée des Tetons, avec, au premier plan, le ruban argenté de la Snake River ou les granges de Mormon Row (**p. 159**), ou encore le reflet des pics des Maroon Bells dans le lac Maroon (**p. 91**).

❤ **S'offrir un spectacle sous les étoiles** dans le théâtre en plein air de Boise, lors de l'Idaho Shakespeare Festival *(juin-sept.)*. On ira ensuite dîner dans l'un des restaurants basques de la ville. **Voir p. 189.**

Nos coups de cœur

Quarter horses dans le Montana.
Christy berry/Getty Images Plus

❤ **Chercher ses racines** familiales et remonter l'arbre de ses ancêtres en fouillant la bibliothèque généalogique de la Family Search Library, tenue par les Mormons à Salt Lake City. Des millions de fiches sur microfilms sont consultables gratuitement. **Voir p. 103.**

❤ **Galoper sur un mustang** ou un *quarter horse* au fond des vallées sauvages, s'initier au lancer de lasso ou au gardiennage du bétail, et dormir dans un chalet en rondins dans un ranch, comme à Goosewing Ranch (**p. 165**) ou Bar W Guest Ranch (**p. 216**).

Baleine à bosse à Glacier Bay, Alaska.
StefaniePayne/Getty Images Plus

TOP 5
Rodéos

1. Cheyenne, Wyoming (p. 76)
2. Denver, Colorado (p. 57)
3. Cody, Wyoming (p. 179)
4. Steamboat Springs, Colorado (p. 85)
5. Pendleton, Oregon (p. 335)

Rodéo à Cody, Wyoming.
Mlenny/Getty Images Plus

❤ **Assister à un pow-wow** et découvrir la richesse des costumes, chants et danses traditionnels des tribus amérindiennes. La plupart de ces rassemblements ont lieu en été, mais l'un des plus grands se déroule fin mars à Denver, réunissant près de 70 tribus. **Voir p. 56 et 483.**

❤ **Goûter les mille et une spécialités** cosmopolites des *food carts* de Portland, ces petits camions et chariots colorés garés au coin des rues à l'heure du déjeuner. Pour une poignée de dollars, on y savoure sur le pouce des plats gourmets du monde entier : tacos, wraps, raviolis chinois, pizzas, poulet thaï, tajines, etc. **Voir p. 279.**

❤ **Assister au ballet des orques**, des baleines à bosse et des lions de mer, lors d'une croisière dans le parc national de Glacier Bay, en Alaska, en compagnie d'un guide naturaliste. Le bateau vous emmène au fond de la baie, près des glaciers dont se détachent parfois de monstrueux blocs de glace. **Voir p. 436.**

Food carts à Portland.
K. Hockenhull/Alamy/Getty Images Plus

Nos coups de cœur

Le geyser d'Old Faithful dans le parc national de Yellowstone.

Faire une balade œnologique dans la Willamette Valley, à la découverte des pinots gris et noirs, riesling et chardonnay locaux. **Voir p. 303.**

Déguster un poisson grillé – flétan, saumon, esturgeon – ou un crabe dormeur dans un restaurant de la côte de l'Oregon, tel le Local Ocean Seafood de Newport, tout en contemplant la valse des bateaux des pêcheurs. **Voir p. 324.**

Tracer un grand huit dans le parc de Yellowstone par la Grand Loop Road, à la découverte des sites les plus spectaculaires : geysers d'Old Faithful, terrasses de Mammoth Hot Springs, Grand Canyon et bassin arc-en-ciel de Grand Prismatic Spring. **Voir p. 140.**

Débusquer les bisons, grizzlis, coyotes, loups et mouflons de la Lamar Valley, ancienne vallée glaciaire située au nord-est du parc de Yellowstone. **Voir p. 147.**

Dévaler les rapides de la Flathead River en rafting, au départ de Whitefish, à l'orée du parc national de Glacier. Une bonne dose de sensations fortes, doublée de paysages splendides. **Voir p. 215.**

Admirer les eaux couleur saphir et les vues magnifiques du Crater Lake National Park, singulière caldeira cernée de pics enneigés. **Voir p. 309.**

Denver Art Museum, signé Daniel Libeskind.
benkrut/Getty Images Plus

TOP 5
Musées d'art

1. Denver Art Museum (p. 45)
2. Seattle Art Museum (p. 347)
3. Tacoma Art Museum (p. 375)
4. Portland Art Museum (p. 277)
5. Utah Museum of Fine Arts à Salt Lake City (p. 106)

Troupeau de bisons dans la Lamar Valley, parc national de Yellowstone.
John Morrison/Getty Images

Nos itinéraires

3 semaines La grande traversée, des Rocheuses au Pacifique

En bref : env. 4 000 km, un authentique road-trip.

Denver J-1 & 2

Balade dans Downtown (**p. 40**), puis vers Civic Center et Golden Triangle pour visiter le Denver Art Museum et les autres musées. Dîner à Larimer Square. Le lendemain, visite du Museum d'histoire naturelle à City Park et excursion à Golden (**p. 51**).

Boulder et Fort Collins J-3

À Boulder (**p. 53**), baladez-vous sur Pearl Street Mall et Boulder Creek Path. À Fort Collins (**p. 55**), visitez une brasserie artisanale et arpentez le centre piéton d'Old Town Square.

Rocky Mountain NP J-4

Traversée du parc national des Rocheuses par la Trail Ridge Road, avec une petite randonnée sur le Tundra Trail et une balade en bateau sur Grand Lake (**p. 83**).

Steamboat Springs J-5

Baignade dans les bains chauds de la ville, rafting ou tubing sur la Yampa River ou journée ski en hiver (**p. 85**).

Salt Lake City J-6 & 7

Découverte de la ville (**p. 98**). Visite des sites mormons, du musée d'Histoire naturelle et randonnée à Ensign Peak pour la vue sur la ville (**p. 104**).

Great Salt Lake et Bear Lake J-8

Réserve ornithologique du delta de la Bear River, traversée du Logan Canyon jusqu'au Bear Lake (**p. 122**), puis route jusqu'à Jackson (**p. 166**).

Jackson et Grand Teton NP J-9

National Museum of Wildlife Art de Jackson, puis circuit en boucle dans le parc de Grand Teton *via* Jackson Lake et Jenny Lake (**p. 159**).

Yellowstone NP — J-10 à 12

Trois jours pour faire le circuit de la Grand Loop Road en passant par Old Faithful, Mammoth Hot Springs et le Grand Canyon (**p. 140**).

Bozeman et Gold West Country — J-13

Museum of the Rockies à Bozeman (**p. 133**), Butte (**p. 223**), Grant-Kohrs Ranch à Deer Lodge, Pintler Scenic Highway (**p. 224**). Nuit à Missoula (**p. 225**).

Flathead Valley — J-14

Circuit dans le parc de National Bison Range, Bigfork, Kalispell, Whitefish Lake (**p. 212**).

Glacier NP — J-15 & 16

De West Glacier, suivez la Going-to-the-Sun Road *(ouv. de juin à sept.)* et faites étape à Many Glacier, où de nombreuses randonnées s'offrent à vous (**p. 199**).

Silver Valley, Coeur d'Alene et Spokane — J-17

Visitez la Sierra Silver Mine à Wallace, le Old Mission State Park, déjeunez au bord du Coeur d'Alene Lake (**p. 229**), puis flânez dans le Riverfront Park de Spokane (**p. 404**).

Walla Walla et Pendleton — J-18

Dégustation de vins (**p. 407**) et visite de l'ancien Red Light District souterrain de Pendleton (**p. 335**).

St Mary Lake, Glacier National Park.
SeanXu/Getty Images Plus

Nos itinéraires

Columbia River Gorge et Mount Hood J-19

Explorez les gorges de la Columbia par la Historic River Highway et les sentiers du mont Hood (**p. 288**).

Portland J-20 & 21

Au cours de votre découverte de la ville (**p. 272**), ne manquez pas l'Art Museum, les quartiers de Pearl District et Chinatown, le Rose Garden et le Japanese Garden.

Conseils : ce circuit peut être raccourci en supprimant le parc national de Glacier (J-14 à 16), et en ralliant directement de Denver le parc national des Rocheuses (J-4) par la Peak to Peak Highway (p. 83). Réservez le plus tôt possible votre hébergement à Yellowstone ; à défaut, faites étape à West Yellowstone (p. 130) ou à Gardiner (p. 132).

Columbia River Gorge, vu depuis Crown Point, Oregon.
alptraum/Getty Images Plus

3 semaines Geysers et glaciers, au cœur des parcs nationaux

En bref : env. 4 000 km, un circuit nature à travers les grands espaces sauvages du Nord-Ouest américain.

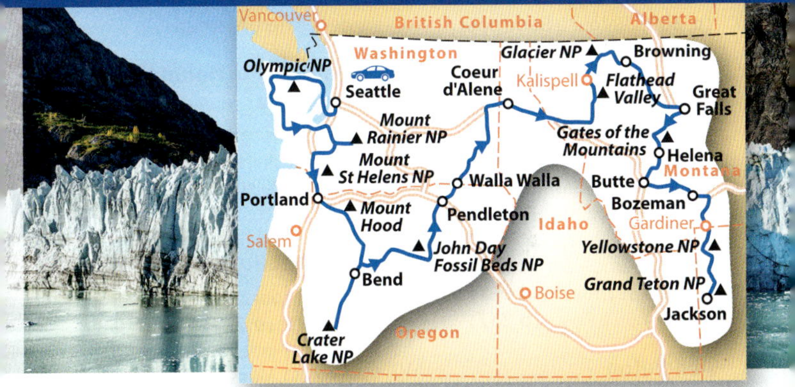

Seattle — J-1

Matinée : Art Museum (**p. 347**), aquarium et Pike Place Market (**p. 349**), déjeuner de fruits de mer autour du marché. Après-midi : Chihuly Garden and Glass, Space Needle et Museum of Pop Culture (**p. 354**).

Olympic NP — J-2 & 3

Traversée du Puget Sound par Bainbridge Island (**p. 364**) et tour de la péninsule Olympique (**p. 385**) par la route 101. Balade à Port Townsend (**p. 385**), marches dans les Hoh Rain Forest et Quinault Rain Forest (**p. 388**). Au retour, dernière nuit à Tacoma (**p. 374**).

Mount Rainier NP — J-4

À Longmire, randonnée du Trail of the Shadows et route jusqu'aux prairies de Paradise (**p. 395**). Nuit à Ashford (**p. 401**).

Mount St Helens et Portland — J-5

Montée au Johnston Ridge Observatory pour observer de près le cratère du volcan (**p. 394**). Route jusqu'à Portland (**p. 272**) et visite de Chinatown et Pearl District.

Portland — J-6

Balade dans Downtown et visite des musées de Cultural District. Après-midi à Washington Park : Japanese Garden, Rose Garden et zoo (**p. 281**).

Mount Hood et Bend — J-7

Traversée des forêts et prairies du mont Hood (**p. 288**), de la réserve indienne de Warm Springs (**p. 331**). Visite du High Desert Museum et du quartier historique de Old Mill District à Bend (**p. 327**).

Nos itinéraires

Crater Lake NP — J-8

Tour de la caldeira par le Rim Drive *(ouv. de mi-juin à déb. oct.)*, qui offre des vues spectaculaires sur les eaux bleues du lac (**p. 309**). Retour à Bend pour la nuit.

John Day Fossil Beds NP — J-9

Le parc abrite des fossiles de dinosaures et de superbes formations rocheuses colorées. Chacun des trois sites – Sheep Rock Unit, Painted Hills et Clarno – est sillonné de petits sentiers de promenade. Faites étape pour la nuit à Fossil (**p. 337**).

Pendleton — J-10

Ne manquez pas la visite guidée de l'ancien Red Light District souterrain et faites un tour au Tamástslikt Cultural Institute, très instructif sur les cultures amérindiennes (**p. 335**).

Walla Walla et Coeur d'Alene — J-11

Au pied des Blue Mountains, les vignobles de Walla Walla invitent à une balade œnologique (**p. 407**). Poursuivez par un tour en bateau sur le lac de Coeur d'Alene ou une balade en VTT aux alentours (**p. 229**).

Flathead Valley — J-12

Circuit de tyroliennes et d'accrobranche au Whitefish Mountain Resort ou sortie en rafting sur la Flathead River. Nuit à Kalispell ou Whitefish (**p. 215**).

Glacier NP — J-13

Traversée du parc national de Glacier par la Going-to-the-Sun Road *(ouv. de juin à mi-oct.* – **p. 199**). Nuit au Many Glacier ou au St Mary Village (**p. 209**).

Browning et Great Falls — J-14

À Browning, visite du Museum of the Plains Indian (**p. 203**). À Great Falls (**p. 218**), découverte du C.M. Russell Museum et balade le long des berges de la rivière Missouri.

Gates of the Mountains et Helena — J-15

Balade en bateau dans ce canyon spectaculaire du Missouri et visite d'Helena, la capitale du Montana (**p. 217**).

Butte et Bozeman — J-16

Trolley tour dans le centre historique de Butte (**p. 223**), Grant-Kohrs Ranch, Pintler Scenic Highway (**p. 224**), Museum of the Rockies à Bozeman (**p. 133**). Nuit à Gardiner (**p. 138**).

Yellowstone NP — J-17 à 19

Trois jours pour faire le circuit de la Grand Loop Road en passant par Old Faithful, Mammoth Hot Springs et le Grand Canyon (**p. 140**).

Grand Teton NP — J-20

Circuit dans le parc national de Grand Teton avec pauses randonnée à Jackson Lake et Jenny Lake (**p. 159**).

Jackson — J-21

National Museum of Wildlife Art et National Elk Refuge, Teton Raptor Center à Wilson (**p. 170**).

Conseils : pour gagner du temps au retour, prenez un vol international au départ de Jackson.
Pour faire des économies, pensez à acheter le pass « America The Beautiful », qui donne accès aux National Parks (NP) et National Monuments (NM). À Seattle, prenez également le City Pass, amorti au bout de trois attractions.

Morning Glory Pool, Upper Geyser Basin, Parc national de Yellowstone.
Bertl123/Getty Images Plus

Nos itinéraires

15 jours Le Wild West, sur les traces des chercheurs d'or et des pionniers

En bref : env. 2 300 km, un parcours original à travers les lieux mythiques de l'Ouest américain.

Denver J-1 & 2

Balade dans Downtown (**p. 40**), puis vers Civic Center et Golden Triangle pour visiter le Denver Art Museum et les autres musées. Dîner à Larimer Square. Le lendemain, visite du Museum d'histoire naturelle à City Park et excursion à Golden (**p. 51**).

Cheyenne et Laramie J-3

Halte en chemin à Fort Collins (**p. 55**), puis visite du Cheyenne Frontier Days Old West Museum et de l'ancienne prison territoriale de Laramie (**p. 78**). Nuit à Cheyenne (**p. 81**).

Nebraska Panhandle et Black Hills J-4

Partez tôt pour cette longue journée de route. Traversée de la Panhandle du Nebraska (Scotts Bluff NM et Agate Fossil Beds NM – **p. 265**), puis Wind Cave NP (**p. 242**) et Black Hills (Custer State Park – **p. 241**, Crazy Horse Memorial – **p. 240**, Mount Rushmore NM – **p. 239**). Nuit à Rapid City (**p. 249**).

Badlands NP et Rapid City J-5

Partez avant l'aube vers le parc national des Badlands (**p. 250**) pour profiter des lumières du matin. De retour à Rapid City, visite de The Journey Museum (**p. 237**).

Au nord des Black Hills J-6

Sturgis Motorcycle Museum (**p. 240**), Main Street à Deadwood (**p. 244**), Sanford Lab Homestake à Lead (**p. 245**), Spearfish Canyon (**p. 246**). Nuit à Spearfish.

Devils Tower NM et Cody J-7

Route pour Devils Tower NM (**p. 246**), puis traversée de la Bighorn Forest jusqu'à Cody (**p. 179**). Visite du Buffalo Bill Center of The West. Nuit à Cody.

Yellowstone NP J-8 & 9

Yellowstone Lake, Hayden Valley, Grand Canyon et Mammoth Hot

Springs (**p. 140**). Nuit à Gardiner (**p. 138**). Le lendemain, Norris Geyser, Artist's Paint Pot, Old Faithful, West Thumb. Nuit à Grant Village (**p. 157**).

Grand Teton NP J-10 & 11

Circuit dans le Parc national de Grand Teton (**p. 159**) avec randonnées et descente en rafting sur la Snake. Nuits à Jackson Lake ou Jenny Lake.

Jackson J-12

National Museum of Wildlife Art et National Elk Refuge (**p. 169**).

Bear Lake et Logan J-13

Arrêt au Bear Lake et traversée du Logan Canyon. Nuit à Logan (**p. 124**).

Great Salt Lake J-14

Réserve ornithologique du delta de la Bear River (**p. 122**) et Antelope Island State Park (**p. 120**).

Salt Lake City J-15

Visite des sites mormons de Temple Square, du Musée d'histoire naturelle et randonnée à Ensign Peak pour la vue sur la ville (**p. 104**).

Conseils : les amateurs de rodéo ne manqueront pas les Frontier Days de Cheyenne, qui attirent les foules en été. Le rodéo est également à l'honneur tous les soirs à Cody. Pensez à réserver très à l'avance vos hébergements dans le Parc national de Yellowstone et à Jackson.

Hayden Valley, Parc national de Yellowstone.
lightphoto/Getty Images

Nos itinéraires

12 jours Au fil de l'océan : dunes, baleines, surf et falaises

En bref : env. 1 800 km, sur le littoral entre Washington et Oregon.

Seattle — J-1 & 2

Le premier jour, visite de l'aquarium et de Pike Place Market le matin, déjeuner de fruits de mer autour du marché ; l'après-midi, découverte de Chihuly Garden and Glass, Space Needle et du Museum of Pop Culture. Le lendemain, visite du Seattle Art Museum, flânerie dans les quartiers de Fremont et Ballard ou visite du Museum of Flight (**p. 342**).

Olympic NP — J-3 & 4

Traversée du Puget Sound par Bainbridge Island (**p. 364**) et tour de la péninsule Olympique (**p. 385**) par la route 101. Balade à Port Townsend, Port Angeles, puis Hurricane Ridge et Lake Crescent. Nuit près du lac ou à Port Angeles. Le lendemain, Neah Bay, puis marches dans les Hoh Rain Forest et Quinault Rain Forest. Nuit près du lac Quinault.

Astoria et Cannon Beach — J-5

Parcourez la promenade du front de mer d'Astoria (**p. 317**) à vélo ou à bord du petit train. Baladez-vous sur les sentiers d'Ecola State Park ou d'Oswald West State Park près de Cannon Beach (**p. 319**).

Portland — J-6 & 7

Prisée des gastronomes et des noctambules, cette grande ville écolo et branchée mérite bien deux jours de visite (**p. 272**). Premier jour : balade dans Downtown et visite des musées de Cultural District. Après-midi à Washington Park : Japanese Garden, Rose Garden et zoo. Le lendemain, visite des quartiers de Pearl District et Chinatown et de Pittock Mansion, sans oublier une pause donut chez Voodoo Doughnut.

Willamette Valley — J-8

Visite d'Evergreen Aviation & Space Museum à McMinnville, dégustation de vins dans un domaine de la vallée, visite de Salem et d'Oregon Garden à Silverton (**p. 303**).

Le littoral de Newport à Coos Bay — J-9

Oregon Coast Aquarium à Newport (**p. 320**), Cape Perpetua à Yachats, Sea Lion Caves à Florence, Oregon Dunes National Recreation Area, Cape Arago. Nuit sur la côte (**p. 325**).

Crater Lake NP — J-10

Tour de la caldeira par le Rim Drive (ouv. de mi-juin à déb. oct.) pour profiter des vues spectaculaires sur les eaux bleues du lac (**p. 310**).

Rogue River et Oregon Caves NM — J-11

Depuis Grants Pass, sortie en rafting sur la Rogue River (réservez à l'avance) ou en bateau rapide jusqu'au Hellgate Canyon, puis visite d'Oregon Caves NM (**p. 311**). Nuit à Ashland (**p. 314**).

Trajet de retour — J-12

Vers Seattle ou San Francisco, en Californie (voir le Guide Vert Sud-Ouest américain).

Conseils : si vous avez plus de temps, depuis Seattle, offrez-vous deux jours sur les charmantes San Juan Islands (p. 379), encore peu connues.
À Newport ou Astoria, allez observer les baleines lors d'une sortie en mer.

Cannon Beach, Oregon.
OGphoto/Getty Images Plus

Nos itinéraires

15 jours Oregon-Washington : l'appel des forêts

En bref : env. 2 700 km, une grande boucle au vert de Portland à Seattle.

Portland — J-1 & 2

Balade dans Downtown et visite des musées de Cultural District. Après-midi à Washington Park : Japanese Garden, Rose Garden et zoo. Le lendemain, visite des quartiers de Pearl District, Chinatown, Pittock Mansion et Eastside (**p. 272**).

Mount Hood — J-3

Traversée des forêts et prairies du mont Hood (**p. 288**), avec montée jusqu'à la station de ski. Nuit à Hood River.

Columbia River Gorge et Pendleton — J-4

Traversée des gorges par la Historic Columbia River Highway (**p. 289**). Visite de l'ancien Red Light District souterrain à Pendleton (**p. 335**).

Hells Canyon — J-5

Circuit au bord du Hells Canyon, de Joseph à Baker City (**p. 334**).

John Day Fossil Beds NM — J-6

Les trois sites – Sheep Rock Unit, Painted Hills et Clarno – sont parcourus de petits sentiers de promenade. Faites étape pour la nuit à Fossil (**p. 337**).

Bend — J-7

Visite du High Desert Museum et du quartier historique de Old Mill District (**p. 327**).

Crater Lake NP — J-8

Tour de la caldeira par le Rim Drive, *(ouv. de mi-juin à déb. oct.)*, qui offre des vues spectaculaires sur les eaux bleues du lac (**p. 309**).

Rogue River et Coos Bay — J-9

Depuis Grants Pass, sortie en rafting sur la Rogue River *(réservez à l'avance)* ou en bateau rapide jusqu'au Hellgate Canyon (**p. 312**). Nuit sur la côte (**p. 325**).

Oregon Dunes et Newport J-10

Oregon Dunes National Recreation Area, Sea Lion Caves à Florence, Cape Perpetua à Yachats, Oregon Coast Aquarium à Newport (**p. 320 à 322**).

Cannon Beach et Astoria J-11

Baladez-vous sur les sentiers d'Ecola State Park près de Cannon Beach et parcourez la promenade du front de mer d'Astoria (**p. 317 et 319**).

Mount Rainier NP J-12

À Longmire, randonnée du Trail of the Shadows et route jusqu'aux prairies de Paradise. Nuit à Ashford (**p. 401**).

Tacoma J-13

Ne manquez pas les Tacoma Art Museum et Museum of Glass (**p. 375**).

Seattle J-14 & 15

Premier jour : aquarium et Pike Place Market, Chihuly Garden and Glass, Space Needle et Museum of Pop Culture. Le lendemain : Seattle Art Museum, Fremont et Ballard (**p. 342**).

Conseils : pour combler les sportifs : kitesurf et planche à voile à Hood River, ski au mont Hood en hiver, rafting sur la Rogue River, kayak, randonnée, escalade, VTT et équitation à Bend et Sunriver.

Mount Hood.
Kelly Liu/Getty Images Plus

Nos spots en famille

Parade dans les rues de Cody.

Tout au long du guide, ce symbole vous aidera à repérer les sites ou activités qui intéresseront les enfants.

▶ Devenir chercheur d'or à Broken Boot Gold Mine. Ouverte de 1878 à 1918, cette mine a été à l'origine de la ruée vers l'or dans la région de Deadwood (Dakota du Sud). Aujourd'hui, des guides expérimentés conduisent petits et grands dans les secrets de ses entrailles. Il vous sera ensuite possible de tester vos talents d'orpailleur en famille ! Qui sait, vous repartirez peut-être avec un peu de métal précieux ? **Voir p. 245.**

▶ Rencontrer Buffalo Bill à Cody. Quel meilleur endroit pour faire la connaissance du héros du Far West, né William F. Cody, que la ville qu'il a créée en 1896 et à laquelle il a donné son nom ? On y découvre aujourd'hui un grand centre consacré à l'Ouest, regroupant plusieurs musées, dont l'un est dédié à Buffalo Bill et un autre aux Indiens des Plaines. À proximité, le musée en plein air de Old Train Town recrée une petite bourgade à l'ambiance typique des villes pionnières. **Voir p. 180.**

En été, les plus grands pourront s'initier au rodéo, sport national de l'Ouest américain, à l'occasion du Cody Nite Rodeo.

Canoé sur le Sparks Lake, en Oregon.
VWpics/hemis.fr

▶ Approcher les bisons des plaines. Le Terry Bison Ranch, aux portes de Cheyenne, s'enorgueillit d'un troupeau de 3000 bêtes à cornes. On les approche de tout près à bord du petit train du domaine, en compagnie d'un cow-boy qui assure l'animation. Le ranch a construit un village typique du Far West : le décor idéal pour un selfie en famille. **Voir p. 78.**

▶ S'émerveiller devant les geysers du parc de Yellowstone. Le Old Faithful (« Vieux Fidèle »), en particulier, crache une colonne d'eau bouillante pouvant atteindre 55 m de hauteur et durer 5mn ! Dans une autre partie du parc, on admire les Fountain Paint Pots, mares de boue aux couleurs chatoyantes qui évoquent des coulées de peinture. **Voir p. 151 et 154.**

▶ **Jouer les savants fous à l'OMSI de Portland.** L'Oregon Museum of Science and Industry propose des expositions interactives et des ateliers qui permettent aux enfants de construire des ponts, créer des machines volantes ou programmer des robots. De quoi susciter des vocations chez les scientifiques en herbe ! **Voir p. 285.**

▶ **Observer des animaux en deux ou trois dimensions à Jackson (Wyoming).** Le National Museum of Wildlife Art est un musée entièrement consacré aux représentations des animaux dans l'art, et notamment à celles du bison, grand bovidé qui frisa l'extinction à la fin du 19e s. Toujours à Jackson, le National Elk Refuge, réserve dédiée à la protection des wapitis, abrite aussi des mouflons, des cerfs et des loups. En hiver, on peut y faire des promenades en traîneaux tractés par des chevaux. **Voir p. 169.**

▶ **Voir danser les sirènes à Denver.** Elles donnent un spectacle dans l'aquarium de la ville, où l'on peut découvrir aussi la faune aquatique de différents milieux naturels et prendre un repas dans un restaurant qui semble immergé ! **Voir p. 48.**

▶ **Frissonner face à des dinosaures à Rapid City.** Enfin, presque, car les bêtes préhistoriques du Dinosaur Park sont en pierre. Perchés au sommet d'une crête, ils sont au nombre de sept et impressionnent tout de même car ils sont à taille réelle ! **Voir p. 239.**

▶ **Gravir une montagne en train à crémaillère.** Près de Colorado Springs, ce petit train rouge part à l'assaut de Pikes Peak qui culmine à 4 300 m d'altitude. Pendant l'ascension, les enfants pourront observer marmottes et mouflons d'Amérique. **Voir p. 70.**

▶ **Faire du canoë sur les lacs d'Oregon.** Les eaux limpides et calmes du Sparks Lake dans lesquelles se reflète le mont Bachelor sont idéales pour de joyeuses activités nautiques en famille. **Voir p. 328.**

▶ **Monter au sommet de la Space Needle de Seattle.** Depuis la plate-forme d'observation en forme de soucoupe volante de cette tour futuriste construite dans les années 1960, on profite de vues à couper le souffle sur les gratte-ciel du centre-ville, la péninsule Olympique et la chaîne des Cascades. **Voir p. 354.**

Dinosaur Park, Rapid City.
Joe Mamer/age fotostock

Parc national des Badlands, Dakota du Sud.
P. Frilet/hemis.fr

DÉCOUVRIR LE NORD-OUEST AMÉRICAIN

Denver Art Museum, signé Daniel Libeskind.
milehightraveler/Getty Images Plus

1

Denver et les Rocheuses du Colorado

CARTE MICHELIN RÉGION N° 761 – COLORADO ET WYOMING

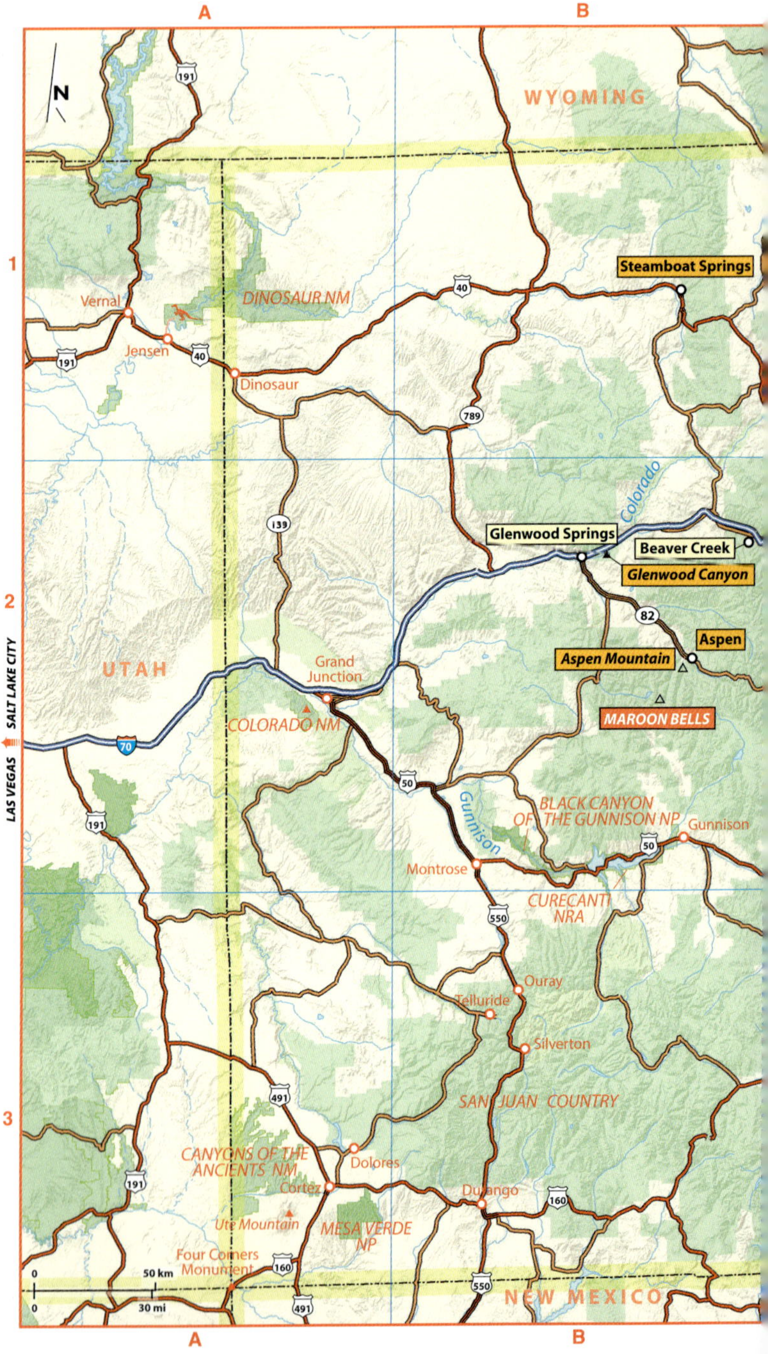
A
B
1
2
3
N
WYOMING
UTAH
NEW MEXICO
Steamboat Springs
Vernal
Jensen
Dinosaur
DINOSAUR NM
Glenwood Springs
Beaver Creek
Glenwood Canyon
Colorado
Aspen
Aspen Mountain
MAROON BELLS
Grand Junction
COLORADO NM
SALT LAKE CITY
LAS VEGAS
BLACK CANYON OF THE GUNNISON NP
Gunnison
Montrose
CURECANTI NRA
Ouray
Telluride
Silverton
SAN JUAN COUNTRY
CANYONS OF THE ANCIENTS NM
Dolores
Cortez
Durango
Ute Mountain
MESA VERDE NP
Four Corners Monument
191
40
789
139
82
70
50
550
491
160
0
50 km
0
30 mi

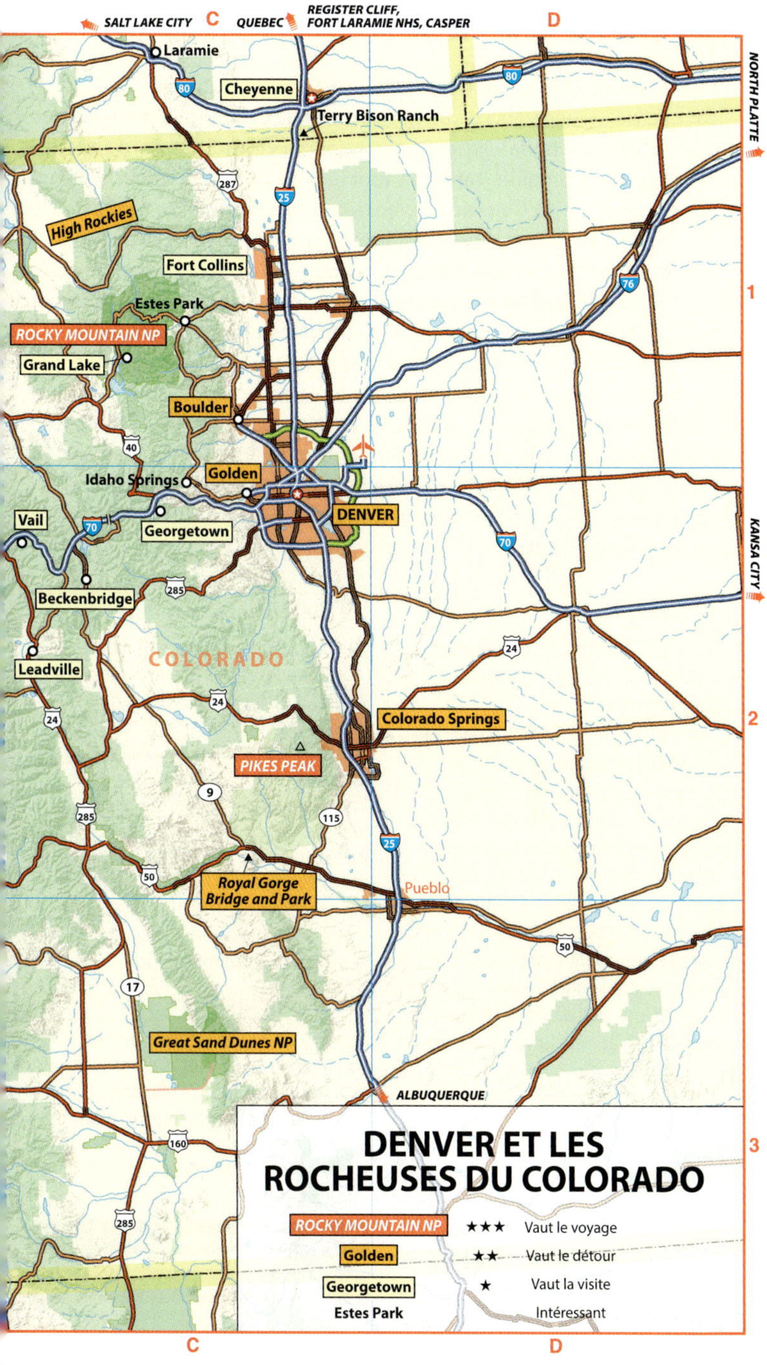

DENVER ET LES ROCHEUSES DU COLORADO
SALT LAKE CITY
QUEBEC
REGISTER CLIFF, FORT LARAMIE NHS, CASPER
NORTH PLATTE
KANSA CITY
ALBUQUERQUE
C
D
1
2
3
Laramie
Cheyenne
Terry Bison Ranch
High Rockies
Fort Collins
Estes Park
ROCKY MOUNTAIN NP
Grand Lake
Boulder
Golden
Idaho Springs
Vail
Georgetown
DENVER
Beckenbridge
Leadville
COLORADO
Colorado Springs
PIKES PEAK
Royal Gorge Bridge and Park
Pueblo
Great Sand Dunes NP
80
25
287
76
40
70
285
24
9
115
50
17
160
ROCKY MOUNTAIN NP ★★★ Vaut le voyage
Golden ★★ Vaut le détour
Georgetown ★ Vaut la visite
Estes Park Intéressant

Denver ★★

La « Mile High City » – Denver est à pile 1609 m, soit un mile, d'altitude –, est née de la ruée vers l'or, au milieu du 19e s. C'est une autre ruée que connaît aujourd'hui la ville : celle des « Henrys » (« High Earners, Not Rich Yet »), des trentenaires venus de tout le pays pour ouvrir leur start-up dans la capitale du Colorado. Avec dans leurs bagages le mode de vie des *millennials*, écolo, arty et vintage. Les rues piétonnes se multiplient tout comme les espaces verts. On circule à vélo électrique, galeries d'art et boutiques de créateurs investissent d'anciens entrepôts et on conserve méticuleusement le patrimoine architectural du temps des pionniers, histoire de ne pas masquer par des gratte-ciel la vue sur les Rocheuses qui bordent la ville à l'ouest. Le tout sous la lumière des Grandes Plaines – le soleil brille ici 300 jours par an – et à portée des montagnes où l'on pratique la randonnée ou le ski en hiver. Une foisonnante offre festive et culturelle et une alléchante scène gastronomique s'ajoutent pour faire de Denver une étape indispensable sur les routes de l'Ouest.

Se repérer

713 252 habitants (agglomération : 2,9 millions d'hab.) – Colorado – *Mountain Time*.

CARTE C1-2 (P. 36-37) - PLAN (P. 39) - CARTE DENVER ET SA RÉGION (P. 52-53).

Denver est construite selon les axes nord-sud et est-ouest. Les rues suivent l'axe nord-sud et les avenues l'axe est-ouest (excepté dans le centre-ville). Le centre-ville se concentre autour de la 16th Street, rue piétonne allant du Civic Center, au sud-est, à la gare (Union Station), au nord-ouest. Il englobe un quartier plus ancien appelé Lower Downtown (LoDo).

À ne pas manquer

Les sections amérindiennes et les collections d'art de l'Ouest américain au Denver Art Museum ; le *street art* de RiNo ; Union Station. Golden et Boulder, dans les environs, méritent également le détour.

Organiser son temps

Si vous ne disposez que d'une journée, commencez par un petit-déjeuner à Union Station, découvrez le quartier alentour et poussez jusqu'aux musées. Visitez l'un d'eux en début d'après-midi, puis promenez-vous dans le quartier arty de « RiNo » ; passez-y la soirée, à moins qu'un spectacle n'ait lieu à Red Rocks.
Deux (voire trois) jours permettent de profiter de l'offre muséale et des bonnes adresses de la ville. Attention, les musées ferment le lundi.

En famille

History Colorado Center ; Denver Art Museum ; US Mint ; Downtown Aquarium ; Children's Museum ; Elitch Gardens ; Denver Museum of Nature and Science ; Denver Zoo ; Colorado Railroal Museum ; Fort Collins Museum of Discovery.

Carnet pratique p. 56

Nos adresses p. 57

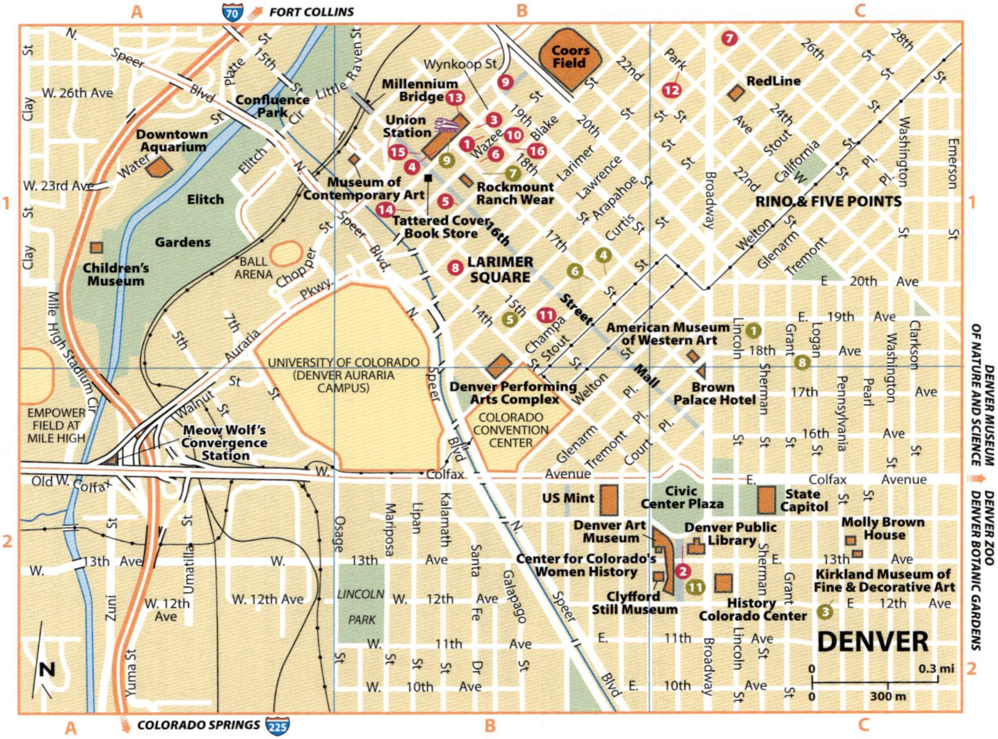

SE RESTAURER

- Rio Grande 1
- Mad Greens 2
- Wynkoop Brewing Company. 3
- Ultreia 4
- ChoLon 5
- Jax Fish House 6
- Super Mega Bien 7
- Rioja 8
- Denver ChopHouse 9
- Denver Milk Market 10
- Sam's nº 3 11
- Snooze 12
- Mercantile 13
- A5 Steakhouse 14
- La Tavernetta 15
- Brutø 16

SE LOGER

- Hampton Inn & Suites 1
- Capitol Hill Mansion 3
- Hotel Monaco 4
- The Curtis 5
- Marriott Renaissance Downtown City Center 6
- The Oxford Hotel 7
- Warwick Denver 8
- The Crawford Hotel 9
- The Art Hotel 11

Se promener

PLAN P. 39

★ Downtown et LoDo

Dans les années 1980, le centre-ville de Denver était totalement déserté après 17h. Une réhabilitation d'ampleur a rendu vie au cœur historique de la ville avec notamment la construction d'immeubles d'habitation et la rénovation des édifices historiques. Le quartier se déploie de part et d'autre de la 16th Street, bordée de commerces et de restaurants. Cette longue artère de 1500 m, entre Union Station et le Civic Center, est en passe d'être entièrement piétonnisée *(fin des travaux prévus en 2025)*. Un bus électrique gratuit permet de la parcourir tout du long.

★ Union Station B1

1701 Wynkoop St. - www.unionstationindenver.com.
Construit en 1895, cet édifice du style Beaux-Arts abrite bien plus qu'une simple gare. Entièrement rénovée, Union Station est redevenue le carrefour des transports urbains et régionaux et accueille désormais, autour de son grand hall, des commerces, des restaurants et un hôtel. N'hésitez pas à y pénétrer et à vous attabler à l'un de ses cafés ou restaurants, toujours très fréquentés, afin d'apprécier l'ambiance à la fois chic et relax des lieux.
En sortant de la gare, à l'angle de la 18th Street, remarquez la **Wynkoop Brewing Company** *(1634 18th St. - ✆ (303) 297-2700 - www.wynkoop.com - 11h-0h, vend.-sam. 11h-1h)*. Ouverte en 1988, elle était la première microbrasserie de Denver et l'une des premières d'Amérique. Aujourd'hui, le LoDo en compte à lui seul une demi-douzaine.

Rockmount Ranch Wear B1

1626 Wazee St. - ✆ (303) 629-7777 - www.rockmount.com - 8h-17h, sam. 10h-18h, dim. 11h-16h.
Installée dans un ancien entrepôt, cette boutique unique en son genre propose toute la panoplie du parfait cow-boy : chemises à franges, chapeaux Stetson,

Un peu d'histoire

Denver City est née en 1860 de la fusion de deux campements miniers de la ruée vers l'or. La jeune ville accueillit un flot de prospecteurs, venus de l'Est ou de la Californie, où la ruée vers l'or avait eu lieu une dizaine d'années auparavant. Malgré les attaques des Indiens, les incendies, les inondations, des hauts et des bas économiques, des communications sporadiques et une population de passage où abondent escrocs et hors-la-loi, la ville de frontière survécut à l'époque des pionniers comme capitale du Territoire du Colorado. Du milieu des années 1870 à celui des années 1890, la découverte de filons d'argent, à Leadville et Aspen notamment, permit à de simples mineurs de s'enrichir considérablement. Florissante, la production nécessita des banques pour financer les entreprises, des commerces, des fonderies pour extraire le métal et le chemin de fer pour relier les sites de la montagne à Denver et à l'Est. Dès 1890, Denver était une ville de 106 000 habitants, aux rues bordées de beaux hôtels, de magasins, de manufactures, de théâtres et de résidences cossues. On éclaira les rues à l'électricité en 1883; les premiers tramways circulèrent cinq ans plus tard. Beaucoup de villes minières furent dévastées par la déroute financière des années 1890 et le passage de l'or à l'argent de la monnaie américaine, mais Denver résista à la tempête économique.

Larimer Square, Denver.
littleny/Getty Images Plus

bottes en cuir, cravates et bandanas. À l'étage, un petit musée retrace, à travers quelques objets et photographies, l'histoire de cette entreprise familiale qui se fit connaître grâce à ses chemises à boutons-pressions, adoptées par de nombreuses personnalités (Elvis, Bob Dylan, Eric Clapton, Bruce Springsteen).

★ Tattered Cover Book Store B1

1628 16th St. - ✆ (303) 436-1070 - www.tatteredcover.com - 10h-18h.

Sise dans un bâtiment historique, c'est l'une des plus prestigieuses librairies indépendantes du pays. Vous y trouverez des espaces réservés à la lecture ainsi qu'un café.

Museum of Contemporary Art B1

1485 Delgany St. (à l'angle de 15th St.) - ✆ (303) 298-7554 - www.mcadenver.org - 12h-19h, w.-end 10h-17h - fermé lun. - 12 $.

Logé dans un beau bâtiment en verre, le musée présente, à défaut d'une collection permanente, des expositions temporaires d'artistes américains ou étrangers. Le café installé sur le toit de l'édifice permet de jouir d'une vue panoramique sur la ville.

★ Larimer Square B1

Larimer St. (pâté d'immeubles 1400, entre 15th St. et 14th St.).

En 1965, des défenseurs du patrimoine lancèrent une bataille pour la rénovation de 17 bâtiments des années 1870 à 1890. En 1973, leurs efforts trouvèrent un aboutissement à Larimer Square *(www.larimersquare.com)*, un bout de rue animée et accueillante qui n'a de place que le nom. Les années 1990 virent un grand déploiement de projets et **LoDo** (Lower Downtown) devint le quartier le plus actif de Denver *(entre Larimer St. et Wynkoop St., 20th St. et Speer Blvd - www.lodo.org)*. On redonna vie à de nombreux locaux et entrepôts, sous forme de restaurants et clubs, de boutiques et galeries, et d'appartements confortables aux derniers étages.

Un lieu à visiter pour les fans de sport

Denver est l'une des douze villes américaines à entretenir des équipes nationales dans les quatre principaux sports américains : football (les Broncos), base-ball (les Rockies), basket-ball (les Nuggets) et hockey sur glace (les Avalanche). En 1995, l'ouverture du **stade de Coors Field**, foyer de l'équipe de base-ball, marqua le sommet de la métamorphose du Downtown. Il peut accueillir 50 398 spectateurs.
2001 Blake St. - ✆ (303) 292-0200 - www.mlb.com/rockies/ballpark - visite guidée (1h15) en saison : lun.-sam. 10h, 12h (et 14h hors match) ; hors saison : lun.-sam. 12h et 14h - 20 $.

16th Street Mall B1-C2

16th St. (entre Market St. et Broadway).

Des bus électriques gratuits longent la rue piétonne si vous voulez passer plus rapidement certaines sections.

Créé en 1982, le Mall s'étire vers le sud-est depuis Union Station, jusqu'au Civic Center Plaza et au Capitole. Entièrement rendue aux piétons, cette longue avenue plantée d'arbres, agrémentée de fontaines et de sculptures, est le cœur battant de Downtown, entre boutiques, centres commerciaux comme les **Denver Pavilions** *(entre Welton St. et Glenarm Pl. - www.denverpavilions.com)*, bars, restaurants et brasseries artisanales. Des artistes de rue y assurent l'animation.

Parmi les monuments intéressants, notez la **D & F Tower★** de 1910 *(angle d'Arapahoe St.)*, une réplique de 99 m du campanile de la basilique Saint-Marc à Venise, puis, plus au sud, le **Kittredge Building** de 1891 *(angle de Glenarm Pl.)*, un beau bâtiment néoroman abritant bureaux et restaurants. À côté du Kittredge Building, le **Paramount Theatre** (1930, Temple H. Buell) est une salle de spectacle abritant l'un des deux orgues à deux consoles qui fonctionnent aux États-Unis *(1621 Glenarm Pl. - ✆ (303) 623-0106 - www.paramountdenver.com)*.

★ Brown Palace Hotel C2

321 17th St. (angle de Tremont Pl. et Broadway) - ✆ (303) 297-3111 - www.brownpalace.com.

Cinq présidents des États-Unis, mais aussi les Beatles, sont descendus « au Brown », le plus bel hôtel de Denver (1892, Frank Edbrooke), construit dans le style Renaissance italienne, en granit et grès rouge. N'hésitez pas à pénétrer dans son impressionnant atrium, bordé sur huit étages de balcons en ferronnerie ouvragée et couvert d'une verrière. Chaque après-midi *(12h-16h, w.-end 11h-16h)*, le traditionnel *afternoon tea* y est servi en grande pompe et en musique. Au septième niveau, 26 médaillons montrent des animaux des Rocheuses.

★★ American Museum of Western Art C1

1727 Tremont Place - ✆ (303) 293-2000 - www.anschutzcollection.org - lun., merc. et vend. 10h-16h30 - 5 $ (achat en ligne ou sur place par carte bancaire uniquement) - enf. -8 ans non admis.

Propriété du magnat du pétrole et des chemins de fer Philip Anschutz, cette collection d'art privée est d'une exceptionnelle qualité. Elle retrace, à travers 300 tableaux et sculptures, toute la légende du Far West, celui des explorateurs et des pionniers, des chercheurs d'or, coureurs des bois et chasseurs de bisons, des tribus indiennes et des soldats, des trappeurs des montagnes et des cow-boys des Grandes Plaines.

Fondé en 2010, le musée occupe une élégante demeure victorienne de 1880, le Navarre Building, qui servait autrefois de maison close. Sur trois étages, les murs sont couverts du sol au plafond de grandes toiles aux lourds cadres dorés, œuvres des plus fameux artistes de l'Ouest américain : Frederic Remington et ses soldats de l'US Cavalry menant la charge, George Catlin et ses cérémonies d'initiation indiennes, Albert Bierstadt et ses paysages dramatiques, William Herbert Dunton et ses cow-boys chevauchant sous l'orage... La présentation met l'accent sur certains courants régionaux, comme l'école romantique de la Hudson River ou celle du Nouveau-Mexique, tout en suivant un ordre chronologique, des premiers artistes témoins de la conquête de l'Ouest au début du 19e s. à la période moderne, qui s'ouvre après l'Armory Show de 1913 à New York, quand l'Amérique découvre l'art abstrait européen.

Theatre District B1-2

14th St. (entre Lawrence St. et Champa St.) - www.denvertheatredistrict.com. Illuminé de grandes enseignes publicitaires, ce quartier plus commercial que culturel a pour épicentre le **Denver Performing Arts Complex** *(1345 Champa St. - ✆ (720) 865-4220 - www.artscomplex.com)*, le second plus grand complexe artistique du pays, inspiré de la Philharmonie de Berlin. Sous son vaste dôme de verre, il regroupe plusieurs salles de spectacle et un auditorium pour l'opéra, les ballets, les concerts symphoniques et le théâtre.

Plus au sud, au croisement de la 14th St. et de California Street, trône une sculpture monumentale de Lawrence Argent, *I See What You Mean*, un ours bleu géant jetant un œil à travers les vitres du Colorado Convention Center. Depuis 1988, 1 % du budget de tout projet de construction de plus de 1 million de dollars entrepris par la ville finance ainsi de l'art public. Depuis sa mise en place, ce dispositif a rapporté 40 millions de dollars et a permis la mise en place de plus de 400 œuvres à travers la ville.

★★ Civic Center, Golden Triangle et Capitol Hill

À la limite sud-est du centre-ville, dans un quartier plus solennel aux grandes avenues rectilignes, le **Civic Center Plaza** est bordé de bâtiments majestueux *(entre Broadway et Bannock St., W. Colfax Ave. et 14th Ave.)*. Cet espace vert ponctué de sculptures s'étend vers l'est, jusqu'au pied des marches du capitole. Dominant le côté ouest, le **City & County Building** (1932), l'hôtel de ville de Denver, décline les

La ruée sur l'or vert

Depuis 2014, la consommation de cannabis est légale au Colorado (comme dans les États de Washington, Alaska, Dakota du Sud, Montana et Oregon). Jusqu'alors, il n'était distribué que par des dispensaires à des fins strictement médicales. À condition d'avoir 21 ans et de ne pas fumer en public, les Coloradiens peuvent acheter jusqu'à une once (28,3 g) de cannabis par jour et cultiver jusqu'à six plants chez eux. Des milliers de touristes affluent de tout le pays pour profiter de cette impunité. Ils font la tournée des florissants *pot shops* de la ville, ces magasins où on cultive et vend du cannabis sous forme d'herbe, de pastilles sucrées, de sodas, de chocolats ou de biscuits. De 2014 à 2023, le produit de la vente de marijuana s'est élevé à 15 milliards de dollars sur lesquels l'État du Colorado a reçu une manne de 2,6 milliards de dollars.

thèmes classiques du parc : les colonnes doriques de sa façade concave en granit encadrent un grand portique aux colonnes corinthiennes. La fine tour centrale abrite le carillon Speer Memorial Chimes.
Au sud du Civic Center s'étend le Golden Triangle, le quartier des musées surplombé à l'est par la colline du capitole.

★ Colorado State Capitol C2

200 E. Colfax Ave. - ✆ (303) 866-2604 - leg.colorado.gov - lun.-vend. 7h30-17h - visite guidée ttes les heures de 10h à 14h - gratuit.
Siège du gouvernement du Colorado, l'imposant capitole qui occupe le sommet de la colline a été construit en vingt-deux ans (1886, Elijah Myers). Édifié en granit, suivant un plan en croix grecque, c'est une réplique en réduction du Capitole des États-Unis. Son dôme doré à la feuille, haut de 83 m, dominait alors le paysage urbain. Le Sénat et la Chambre des représentants se trouvent au deuxième niveau. De la rotonde du troisième niveau part l'escalier (93 marches) menant à la coupole. De là-haut s'ouvre un beau **panorama★** sur la ville. Le marqueur de l'élévation de la ville à un mile se trouve sur la treizième marche du bâtiment.

★ Molly Brown House C2

1340 Pennsylvania St. - ✆ (303) 832-4092 - www.mollybrown.org - mar. 10h-19h, merc.-dim. 10h-17h, fermé lun. - 16 $.
Rendue célèbre par une comédie musicale (1960) puis un film (1964), « l'insubmersible » Molly Brown renoua avec la célébrité après le succès mondial de *Titanic*, en 1998. La visite guidée de cette maison en grès de 700 m² (1889, William Lang) donne un aperçu de l'époque dorée de Denver, tout en évoquant la vie de cette femme remarquable. En avril 1912, après avoir élevé ses deux enfants et s'être séparée de son mari, Molly Brown embarqua à bord du *Titanic*. Pendant que le navire sombrait, puis à bord du *Carpathia*, elle organisa l'assistance aux rescapés. Molly Brown s'est présentée trois fois aux élections pour le Congrès des États-Unis, dont deux avant que les femmes n'aient obtenu le droit de vote.

★ Kirkland Museum of Fine & Decorative Art C2

1201 Bannock St. - ✆ (303) 832-8576 - www.kirklandmuseum.org - 11h-17h, dim. 12h-17h, fermé lun.-mar. - 12 $.
Natif de l'Ohio, mais ayant vécu l'essentiel de sa carrière à Denver, Vance Kirkland (1904-1981) était un peintre surprenant, qui exécutait ses grandes toiles suspendues par des sangles au plafond, naviguant entre les styles réaliste, surréaliste, pointilliste et expressionniste abstrait, pour finir dans de nébuleuses abstractions. Le musée est à l'image de son excentrique inspirateur : un capharnaüm où s'entassent mobilier et objets design du 20e s. Les pièces collectées par l'artiste vont de l'Art nouveau au postmodernisme, en passant par l'Art déco, le Bauhaus et le Pop art. Certaines sont signées Frank Lloyd Wright, Frank O. Gehry, Andy Warhol, Eero Saarinen, Jacques-Émile Ruhlmann, Jean Dunand, Philip Johnson et Ludwig Mies van der Rohe. Les salles présentent en parallèle un panorama de l'œuvre de Kirkland, au milieu de centaines de toiles d'autres artistes du Colorado de la même époque.

★ History Colorado Center C2

1200 Broadway - ✆ (303) 447-8679 - www.historycolorado.org - 10h-17h - 15 $.
Ce musée met en scène l'histoire du Colorado et ses populations au travers de reconstitutions soignées. Au rez-de-chaussée, **Destination Colorado** illustre la vie

d'un village des Plaines dans les années 1920 à travers des installations amusantes : passage par l'épicerie, avec produits de l'époque, et *road trip* chaotique en Ford T. Au cours de la visite, vous emprunterez un ascenseur pour une descente virtuelle au fond d'une mine ou vous vous élancerez pour un saut à ski numérique. Les collections rendent également compte des épisodes les plus douloureux de l'histoire de l'État : massacre des Indiens à Sand Creek en 1864, ou reconstitution d'un des baraquements où furent enfermés les Américains d'origine japonaise durant la Seconde Guerre mondiale. Voir également la jolie maquette de Denver en 1860.

★★★ Denver Art Museum C2

100 W. 14th Ave. Pkwy (entrée sur la 13th Ave., par le Hamilton Building) - ✆ (720) 865-5000 - www.denverartmuseum.org - 10h-17h (mar. 19h) - 18 $.

Restaurant et café au rez-de-chaussée du Martin Building pour une pause agréable après la visite. Commencez plutôt votre visite par le Martin Building (collections permanentes), en privilégiant le dernier étage, avant de passer au Hamilton Building (art contemporain, arts africains et expositions temporaires).

Fondé en 1893, le DAM est le plus grand musée d'art entre Chicago et San Francisco. Des primitifs italiens au Pop art, en passant par les arts asiatiques et latino-américains, il offre un panorama étourdissant sur la production artistique à travers les âges et les continents avec deux points forts : son importante collection amérindienne et son département de peinture américaine du 19e s. *(voir encadré ci-dessous)*. Le tout dans une muséographique fluide et contemporaine. L'extérieur vaut à lui seul largement le détour. Le **Martin Building** ★, conçu par l'architecte et designer italien Gio Ponti, dresse depuis 1971 ses deux tours accolées

1

Denver Art Museum : zoom sur les collections permanentes★★★ du Martin Building

Les passionnantes **collections d'art de l'Ouest américain**★★ (7e étage) oscillent entre deux approches : l'une tournée vers les difficultés et les dangers de la vie des pionniers et des Indiens au 19e s. et au début du 20e s. comme notamment les chefs-d'œuvre de Charles M. Russell *(In the Enemy's Country)* et Frederic Remington *(The Cheyenne)*, l'autre orientée vers la promotion d'un Ouest américain idéalisé et de ses beautés naturelles, avec des tableaux propices à la contemplation, comme ceux d'Albert Bierstadt, à qui l'on doit notamment de belles peintures de Yosemite.

La section des **arts européens**★★ (6e étage) rassemble des paysages et des portraits d'artistes italiens de la Renaissance (Filippino Lippi, Sandro Botticelli), de peintres français du 19e s. (Monet, Pissarro, Caillebotte, Renoir, Cézanne...), ainsi qu'une importante collection d'art britannique (Thomas Gainsborough, John Constable, Joshua Reynolds).

L'**art d'Asie**★ (5e étage) comprend statues hindoues, art bouddhiste, tissus islamiques et peintures japonaises sur rouleaux.

Les **collections précolombiennes et coloniales espagnoles**★★ (4e étage) comptent des pièces mayas, aztèques et incas d'une grande valeur artistique.

Les **collections amérindiennes**★★★ (2e et 3e étages) rassemblent plus de 600 objets provenant de 250 tribus : vêtements, tissus, armes... qui dialoguent avec des créations d'artistes contemporains.

dont l'aspect de forteresse est adouci par le découpage des façades en 28 plans verticaux, incrustés d'un million de fragments de verre. Au dernier étage, le rooftop aménagé après les importants travaux de rénovation de 2021 offre des vues spectaculaires sur la ville et la chaîne des Rocheuses au loin. Le **Hamilton Building★★** (signé Daniel Libeskind, 2006) dessine une spectaculaire flèche recouverte de plaques de titane. Les deux bâtiments sont reliés par une passerelle au niveau du 2e étage. Le complexe est entouré de sculptures contemporaines parmi lesquelles on retiendra le **Big Sweep** (2006, Oldenburg/van Bruggen), un balai géant haut de 10,60 m et une pelle.

Center for Colorado Women's History C2

1310 Bannock St. - ✆ (620) 640-4933 - www.historycolorado.org - visites guidées seult (50mn) ttes les heures de 10h30 à 15h30 (dim. 13h30-15h30) - 10 $.

À l'ombre de la flèche de titane du musée d'art, cette vénérable maison victorienne propose un retour dans le passé. Meubles et décorations murales (d'origine ou reproduites à l'identique) restituent la vie domestique de la maison au tournant du 20e s. L'association qui en assure la gestion a voulu en faire également un lieu qui conserve la mémoire de l'histoire des femmes du Colorado. Sous la conduite de bénévoles passionnées, on part ainsi à la rencontre de figures de l'État qui se sont illustrées dans le combat pour la défense des droits des femmes.

★★ Clyfford Still Museum C2

1250 Bannock St. - ✆ (720) 354-4880 - www.clyffordstillmuseum.org - 10h-17h - fermé lun. - 15 $.

Ouvert suite au don fait par la veuve de l'artiste à la ville de Denver, ce musée rassemble près de 95 % de la production de Clyfford Still (1904-1980), soit 825 toiles et 2300 œuvres sur papier, exposées par roulement. Chef de file de l'expressionnisme abstrait américain, un nouveau mouvement artistique qui émergea après la Seconde Guerre mondiale, il vécut pour l'essentiel sur la côte ouest, entre l'État de Washington, l'Alberta canadien et San Francisco. De plus en plus critique avec le monde de l'art, il finit par se retirer dans une ferme du Maryland en 1961. Le musée permet de découvrir des toiles peu connues de l'artiste, notamment l'œuvre figurative de jeunesse, inspirée par Cézanne et Malevitch, ou les expérimentations picturales menées avec couteau et truelle sur la fin de sa vie. Ses travaux les plus aboutis restent les toiles monumentales des années 1940 à 1960, aux grands aplats de couleurs. Le bâtiment à la façade de béton strié comprend, sur deux étages, neuf salles éclairées par la lumière naturelle, d'une sobriété propice à la contemplation.

Denver Public Library C2

10 W. 14th Ave. Pkwy - ✆ (720) 865-1111 - www.denverlibrary.org - 13h-18h, fermé vend.-sam. - gratuit.

Remarquable édifice postmoderne (Michael Graves and Brian Klipp, 1995), cette bibliothèque est, avec six niveaux ouverts au public et 75 km d'étagères, la plus grande de l'ouest des États-Unis. Soixante-dix panneaux dus à Edward Ruscha ornent le hall central. La célèbre **Western History Collection** comprend de précieux et anciens documents, cartes, gravures et photographies ; plus de 10000 documents ont été numérisés et sont consultables en ligne.

★ US Mint B2

Entrée par Cherokee St. (à l'est du Civic Center Park) - ✆ (303) 405-4761 - www.usmint.gov - visites guidées seult (env. 1h15) lun.-jeu. 8h, 9h30, 11h, 12h30, 14h, 15h30.

La Monnaie de Denver, une des quatre du pays, produit la moitié des pièces américaines, et des pièces étrangères. Ses installations permettent de frapper quelque 40 000 pièces à la minute. La Monnaie est un des quatre dépôts où sont conservées les réserves d'or des États-Unis : le choix de Denver a été motivé par sa situation au milieu des terres, qui rend le trésor moins vulnérable aux séismes et aux attaques en temps de guerre. L'élégant bâtiment à cinq niveaux, en granit et marbre (1906, James Knox Taylor) s'inspire du palais Medici-Riccardi de Florence. Les galeries montrent pièces et monnaies, matériels de frappe et photographies anciennes. Les visites permettent de voir les ateliers, tandis que le guide décrit le procédé de la frappe, du comptage et de la mise en sac des pièces.

RiNo & Five Points Districts C1

Au nord de Downtown, autour de Larimer Street au-delà du croisement avec Broadway (hors plan), le **River North Art District** *(www.rivernorthart.com)*, surnommé « RiNo », est un quartier d'anciens entrepôts en plein redéveloppement, où se retrouvent artistes, créatifs et entrepreneurs.

Le 1er vend. du mois, les artistes ouvrent leurs ateliers au public et les galeries organisent souvent des vernissages *(18h-21h)*. Également visites guidées du quartier *(www.rinoartdistrict.org)*.

Le quartier s'est réorganisé autour du **Denver Central Market** *(2629 Larimer St.)*, ouvert dans une ancienne usine de souvenirs du Colorado et regroupant divers producteurs locaux. Autour du marché, les artistes se sont emparés des murs pour créer de grandes fresques contemporaines, poétiques et colorées. Le cœur du quartier, avec ses peintures murales, ses nombreux bars et restaurants se situe entre les 26e et 28e rues.

Parmi les autres lieux du quartier, **RedLine** *(2350 Aropahoe St. - www.redlineart.org - tlj sf lun. 11h-17h)* abrite à la fois une galerie d'art contemporain et des studios d'artistes ouverts gratuitement au public.

Même concept pour **The Source** *(3350 Brighton Ave.)*, une ancienne usine de briques transformée en haut lieu *hipster* où le pain, la bière et d'autres produits gourmets sont produits localement.

Inaugurée en 2022, la spectaculaire **Arkins promenade** *(entre la 35th et la 37th Ave., le long de la rive de la South Platte)* est perchée à près de 10 m au-dessus du sol. Elle zigzague au-dessus de jardins semés d'œuvres d'art en offrant des vues sur les Rocheuses à l'ouest, RiNo à l'est et au loin la *skyline* de Downtown.

Au nord-est de Downtown, de l'autre côté d'Arapahoe Street, **Five Points** est un ancien quartier noir autrefois surnommé le « Harlem de l'Ouest ». Welton Street était réputée pour ses nombreux clubs de jazz, où se sont produits Billie Holiday, Duke Ellington, Louis Armstrong, Miles Davis et Nat King Cole.

★ **Black American West Museum** – *3091 California St. - ☏ (720) 242-7428 - www.bawmhc.org - sam. 10h-14h - 15 $ - réserv. obligatoire.* Logé dans une pittoresque maison en bois d'époque victorienne qui fut la demeure de Justina Ford, première femme médecin noire du Colorado, ce petit musée révèle un pan méconnu de l'histoire de l'Ouest, celle des cow-boys noirs, esclaves affranchis qui formaient près d'un tiers des effectifs des gardiens de troupeaux. À l'aide de nombreux objets, photographies et documents, il rend justice à la contribution essentielle des Afro-Américains à la conquête de l'Ouest : serviteurs, cuisiniers, soldats, explorateurs, etc.

1

Ouest de Downtown A1-2

Pendant des décennies, la zone qui borde la South Platte River, à l'ouest du centre-ville, est restée à l'abandon. Depuis plusieurs années, Denver fait revivre ce quartier et de nouvelles résidences ne cessent de s'y construire. Au-delà du **Millennium Bridge**, des parcs forment une ceinture verte au bord de la rivière et une piste cyclable longe son cours sur 65 km. **Confluence Park**, à la jonction de la Cherry Creek et de la South Platte, est l'endroit idéal pour se rafraîchir les jours de grande chaleur. Les amateurs de kayak s'y rendent pour profiter des rapides.

Downtown Aquarium A1

Au carrefour de 700 Water St. et 23rd Ave. (I-25, sortie 211) - ✆ (303) 561-4450 - www.aquariumrestaurants.com - 10h-20h30 (vend.-sam. 22h), dim. 10h-20h30 - 26,50 $.

L'aquarium et ses dix espaces d'exposition vous feront découvrir plus de 500 espèces différentes vivant dans des milieux divers : désert, forêt tropicale, lagons, fonds marins, etc. Vous aurez le plaisir de toucher du doigt les raies et d'assister à un spectacle de... sirènes ! Il est possible de manger sur place, entouré d'aquariums remplis de poissons aux couleurs chatoyantes.

Children's Museum A1

2121 Children's Museum Dr. (à 500 m de l'aquarium) - ✆ (303) 433-7444 - www.mychildsmuseum.org - 9h-16h - 18 $.

Destiné aux enfants de 1 à 8 ans, ce musée leur propose des activités et des jeux variés. Entre l'atelier de peinture, les trains en bois, les jeux de bulles et de boules, la caserne des pompiers, le marché de la ferme ou le lancement de fusées, les enfants ont largement de quoi occuper leur journée.

★ Elitch Gardens A1

2000 Elitch Circle, sur Speer Blvd (I-25, sortie 212A) - ✆ (303) 595-4386 - www.elitchgardens.com - mai-oct. : horaires variables, se rens. - 69,99 $.

Comptant parmi les plus anciens parcs d'attractions du pays, les Elitch Gardens ont été bâtis en 1890, dans la partie nord-ouest de Denver. Ils furent déplacés sur les berges de la Platte River en 1995. Manèges, grande roue et parc aquatique *(de fin mai à déb. sept.)* font la joie des petits comme des grands. Animations spéciales pour Halloween et Noël.

Meow Wolf's Convergence Station A2

1338 1st Street - ✆ (866) 636-9969 - www.meowwolf.com - horaires variables, se rens. - à partir de 45 $.

Le lieu est le showcase du collectif Meow Wolf qui regroupe des artistes du quartier arty de Santa Fe. Il propose une installation artistique immersive mêlant univers psychédélique et de science-fiction, à mi-chemin entre le musée d'art contemporain et le parc d'attractions. Des événements et concerts y sont aussi organisés.

Santa Fe HORS PLAN PAR B2

Situé de part et d'autre de Sante Fe Drive entre W9th et W8th St., ce quartier est devenu un hub pour les artistes de la ville qui exposent dans une trentaine de galeries. Chaque premier et troisième vendredis du mois, elles restent ouvertes en soirée et proposent des rencontres entre les artistes et le public *(denversartdistrict.*

Vue sur les gratte-ciel du centre-ville de Denver.
f11photo/Getty Images Plus

org). On peut à l'occasion assister à des performances. Santa Fe est à l'origine un quartier latino : peintures murales et restaurants rappellent cette histoire.

★ City Park HORS PLAN PAR C2

City Park a été aménagé en 1881 en s'inspirant des parcs urbains remarquables de Boston, New York, Londres et Paris. De l'extrémité est de ce parc de 125 ha *(entre Colorado Blvd, York St., 17th Ave. et 26th Ave.)*, on a une **vue★★** spectaculaire sur la ville et les montagnes à l'arrière-plan. Il englobe deux lacs, une roseraie, un parcours de golf, des terrains de sport et des aires de jeux.

★★ Denver Museum of Nature and Science

2001 Colorado Blvd - ☎ (303) 370-6000 - www.dmns.org - 9h-17h, vend. 9h-21h - 25 $.

Ce musée de quatre étages est l'un des plus vastes du pays, avec une collection de plus de 1,4 million de références. Il comprend 95 dioramas et d'exceptionnelles expositions de fossiles, minéraux et objets à caractère culturel. Il renferme des présentations interactives à l'attention des étudiants, une salle de projection IMAX et un planétarium. Dans la remarquable galerie d'exposition de gemmes, **Coors Mineral Hall★★**, on a reproduit une section de la mine « Sweet Home ».

Une salle centrale met en valeur Tom's Baby, la plus grande pépite jamais découverte au Colorado.

Prehistoric Journey★★ rencontre un succès fou auprès des enfants. Suivant l'évolution de la vie sur 3,5 milliards d'années, ce voyage raconte l'histoire vivante de la Terre, de l'organisme unicellulaire au dinosaure et à l'homme moderne. **Space Odyssey★** permet d'explorer le cosmos et de fouler le sol martien. Aux deuxième et troisième niveaux, **Dioramas★** présente la flore et la faune de la région des Rocheuses et celle du monde, avec l'Amérique du Sud et l'Afrique. Le musée accueille également un Planétarium et une salle de projection en 3D (Infinity Theater).

★ Denver Zoo

23rd Ave. (entre Colorado Blvd et York St.) - ✆ (720) 337-1400 - www.denverzoo.org - 10h-17h; horaires variables, se rens. - 24 $.

Quelque 3 500 animaux sont à découvrir dans ce zoo de plus de 32 ha, construit autour d'une boucle de 1,5 mile. La visite peut s'effectuer à bord du Pioneer Train, qui fonctionne au gaz naturel. **Tropical Discovery★★**, habitat de forêt tropicale reproduit sous une énorme pyramide de verre, présente de nombreuses espèces d'animaux, parmi lesquelles des nautiles des fonds marins. **Primate Panorama★** abrite des lémuriens nocturnes, des orangs-outangs d'Asie et des gorilles des plaines d'Afrique, une espèce menacée. Un des spectacles les plus appréciés du zoo est l'heure du repas à **Northern Shores**, un habitat arctique peuplé de phoques, d'otaries et loutres. Le zoo propose également des projections en 4D *(billet supplémentaire).*

Cherry Creek HORS PLAN PAR C2

Situé au sud-est de la ville, Cherry Creek est aujourd'hui connu pour son immense centre commercial *(voir « Nos Adresses »)*, mais c'est aussi un quartier propret et bien ordonné, aux rues bordées d'enseignes indépendantes originales comme **Revampt Goods** *(2601 E. 3rd St.)*, une boutique de décoration en matériaux recyclés, ou l'**Artisan Center** *(2757 E. 3rd St.)* qui vend bijoux, livres, vêtements réalisés par des artisans locaux.

★ Denver Botanic Gardens

1005 York St. - ✆ (720) 865-3500 - www.botanicgardens.org - été : 9h-21h (dernière entrée 20h), 9h-19/20h selon la saison (janv.-mars 9h-16h) - 15 $.

Ces jardins qui réunissent 42 parcelles à thème offrent une oasis de calme au milieu de la ville. Du début du printemps aux premières gelées, les jardins de roses, lilas, pivoines, iris et hémérocalles attirent oiseaux et papillons. Le jardin de rocailles alpin reconstitue un environnement de haute altitude. L'immense coupole de verre du **Boettcher Memorial Conservatory★★** abrite des plantes tropicales. Des sentiers serpentent agréablement au travers de ce paradis, dont on a une bonne vue d'ensemble d'une plate-forme suspendue à 12 m de haut sur un banian artificiel.

À proximité

CARTE DENVER ET SA RÉGION P. 52-53

★ Red Rocks Park and Amphitheatre

À Morrison, 15 miles à l'ouest de Denver par la Rte 26 à partir de l'I-70, ou Morrison Rd à partir de la Rte 470. 18300 W. Alameda Pkwy - ✆ (720) 865-2494 - www.redrocksonline.com - avr.-oct. 7h-19h; hiver 8h-16h - programmation sur le site Internet.

Dans une vaste cuvette naturelle sculptée entre Ship Rock et Creation Rock, deux formations de grès dominant de 90 m une arête rocheuse, on a installé un magnifique amphithéâtre en plein air (9 450 places), inspiré de celui de de Taormina (Sicile), pour accueillir de grands concerts. Le matin, le parc se transforme en stade de sport ou, parfois même, en salle de yoga à ciel ouvert. Le parc de 250 ha offre aussi des sentiers de randonnée et de VTT.

★★ Golden

À 15 miles à l'ouest de Denver par l'I-70 (direction Rte 58) ou l'US-6 (direction 19th St.).

1010 Washington Ave. - ✆ (303) 279-2282 - www.visitgolden.com - 10h-16h, fermé dim.

Cette petite ville au pied des Rocheuses est née en 1859, à la suite de la découverte de filons d'or. Elle a servi de capitale du Territoire du Colorado jusqu'en 1867. Sa rue principale, Washington St., conserve un bel ensemble d'édifices du temps des pionniers : ils abritent cafés, restaurants et boutiques, qui assurent l'animation. L'ambiance est à son comble durant le week-end et lors des fêtes qui sont régulièrement organisées en ville (calendrier sur le site internet).

Commencez la visite au bord de la rivière Clear Creek, qui marque la limite de la vieille ville. Ses rives sont aménagées en une agréable promenade qui conduit au **Golden History Museum** *(923 10th St., ✆ (303) 278-3557 - www.goldenhistory.org - mar.-sam. 10h-16h30 - gratuit).* Ce petit musée municipal propose une intéressante histoire de la ville et de ses habitants autour de l'activité minière. Vous remonterez ensuite Washington St., la partie la plus pittoresque de la ville.

★ **Coors Brewery** – *13th St. et Ford St. - ✆ (303) 277-2337 - www.coorsbrewerytour.com - visite guidée seult (1h) sur réserv. - voir calendrier sur le site Internet.* Le plus grand complexe de brasserie du monde a été fondé en 1873 par un immigré originaire de Prusse, Adolph Coors. La visite suit les étapes de préparation de la bière, qui dure seize semaines : maltage, brassage, fermentation, conditionnement. La brasserie en produit chaque jour plus de 5,5 millions de litres.

1

★ Colorado Railroad Museum

À 2 miles au nord-est de Golden. 17155 W. 44th Ave. - ✆ (303) 279-4591 - www.coloradorailroadmuseum.org - 9h-17h, fermé lun. - 10 $.

Le plus grand musée du rail des Rocheuses expose plus de 100 modèles, rappel de ceux qui ont apporté développement et peuplement au Colorado. Il organise aussi des sorties en train *(voir calendrier sur le site Internet).*

Rocky Mountain Quilt Museum

À 4 miles au sud-est de Golden. 200 Violet St. - ✆ (303) 277-0377 - www.rmqm.org - 10h-16h, dim. 11h-16h - 12 $.

Un musée entièrement dédié... à la courtepointe. Grâce à l'énergie d'une amatrice passionnée sont réunies ici des dizaines de pièces dont les plus anciennes remontent au début du 19e s. On y trouve également des créations contemporaines. Boutique.

Buffalo Bill Grave & Museum

À 5 miles à l'ouest de Golden. 987 1/2 Lookout Mountain Rd (I-70, sortie 256) - ✆ (720) 865-2160 - www.buffalo bill.org - mai-oct. : 9h-17h; nov.-avr. : tlj sf lun. 10h-17h - 5 $.

L'inimitable William F. « Buffalo Bill » Cody (1846-1917) est mort à Denver *(voir encadré p. 180).* De sa tombe, au sommet de Lookout Mountain, on découvre une belle vue de Front Range. Le musée retrace la vie de Buffalo Bill, de son enfance à ses célèbres tournées du Wild West Show. Documents d'époque et objets personnels enrichissent le parcours : on peut y voir notamment le calumet de la paix de Sitting Bull.

★ Mount Evans Scenic Byway

US-103 en partant d'Idaho Springs en direction d'Echo Lake, puis US-5, tracé en rouge sur la carte ci-dessous. Comptez 5 miles de la base au sommet. Réservation pour l'entrée des véhicules sur www.recreation.gov/timed-entry/10087438 - mai-sept.

Cette route panoramique pavée, entretenue par l'US Forest Service, s'élève à 4300 m. Sur le chemin, le **Dos Chappell Nature Center** vous livrera tous les secrets de la forêt de pins à cônes épineux alentour. Le sommet est l'habitat naturel des marmottes, des chèvres et des mouflons (plus facilement visibles le matin). On y

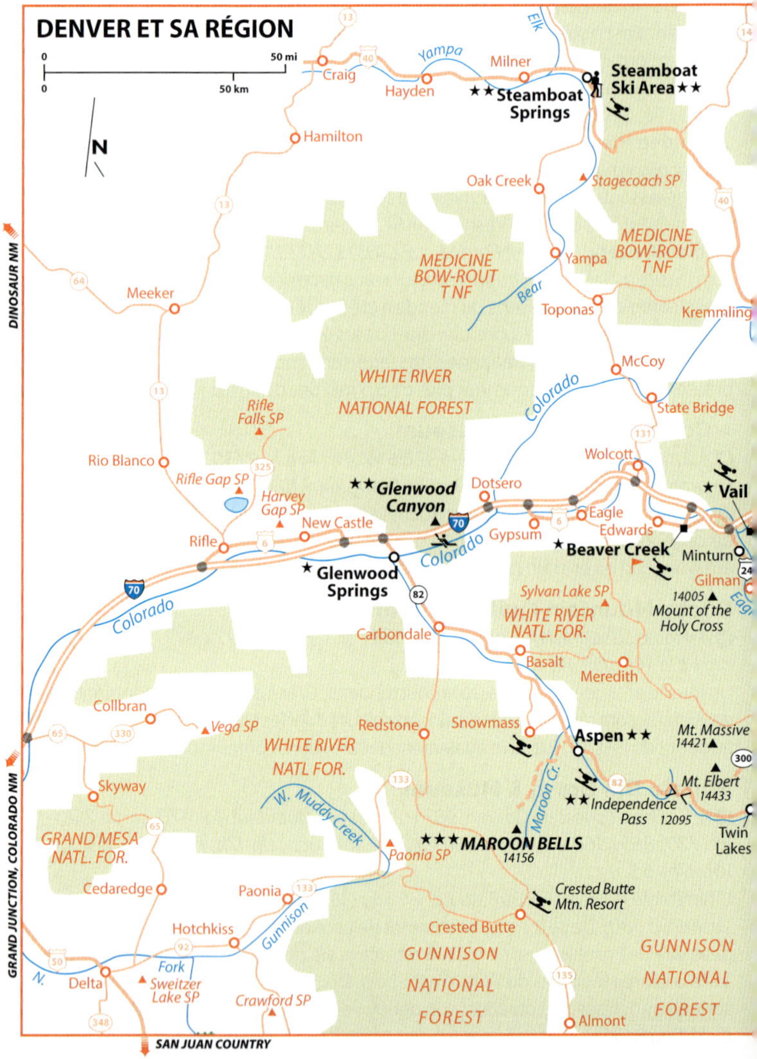

découvre également une **vue panoramique★★** à 360° sur la cordillère du Front Range et le Continental Divide (ligne continentale de partage des eaux).

★★ Boulder

À 29 miles au nord-ouest de Denver par l'US-36.

1301 Pearl St. (kiosque) - (303) 442-2911 - www.bouldercoloradousa.com - 10h-16h, merc. 12h-16h, fermé le w.-end.

Dominée par les abruptes montagnes rouges des Flatirons, Boulder a été une pionnière en matière de développement durable. Dès 1967, la municipalité instaurait

une taxe pour l'aménagement d'espaces verts. Depuis, cette ville universitaire aux 5 prix Nobel et 31000 étudiants cultive son esprit écolo. Parmi ses priorités : les énergies renouvelables et les mobilités douces, avec quelque 300 miles de sentiers dédiés aux promeneurs et aux cyclistes, les rois de la ville – après une averse de neige, ce sont les pistes cyclables qui sont dégagées en premier. Résultat : Boulder figure régulièrement dans le top des villes américaines où il fait bon vivre.

Pearl Street Mall★ *(de 11th à 15th St.)* marque le cœur du centre-ville. Cette longue allée piétonne pavée de briques est bordée de boutiques, de galeries et de terrasses. La foule est à son comble en fin de semaine lorsque de nombreux artistes de rue viennent assurer l'animation. Remarquez, le long de l'avenue, le **Boulder County Commissioners** *(13th St. et Pearl St.)*, construction Art déco de 1933, et l'**Hotel Boulderado★** *(2115 13th St., à l'angle de Spruce St. - ✆ (303) 442-4344 - www.boulderado.com)*, édifice italianisant en briques rouges de 1909.

Pour vous fondre dans l'esprit écolo de la ville, suivez le **Boulder Creek Path★★**, un chemin en bord de rivière presque entièrement pavé, long de 5,5 miles.

The Boulder Dushanbe Teahouse★★ *(1770 13th St. - ✆ (303) 442-4993 - www.boulderteahouse.com - lun.-vend. 11h-21h, sam.-dim. 8h-21h)*, bâtiment en céramique polychrome créé et assemblé en 1998 par des artisans du Tadjikistan, a été offert par la ville de Douchanbé, jumelée avec Boulder. Il abrite un restaurant.

★ University of Colorado

Suivez Broadway puis 28th St. et University Ave. jusqu'à Baseline Rd - ✆ (303) 492-1411 - www.colorado.edu.

200 bâtiments sont dispersés sur ce campus de 300 ha. Le plus vieux d'entre eux, **Old Main** (1877), est une construction victorienne à tourelles. Les autres sont, pour la plupart, en grès rose, à toits de tuiles rouges, héritage du grand projet d'aménagement du campus par Charles Z. Klauder en 1917, inspiré des villages toscans. Les visiteurs sont les bienvenus à l'**University of Colorado Museum of Natural History** *(Henderson Building, 15th St. et Broadway - ✆ (303) 492-6892 - cumuseum.colorado.edu - 9h-17h, sam. 9h-16h, dim. 10h-16h - gratuit, contribution suggérée 3 $)* et au **Fiske Planetarium and Science Center** *(Regent Dr. - ✆ (303) 492-5002 - www.colorado.edu - jeu. 18h30-21h30, vend. 18h30-23h, sam. 12h-15h, 18h30-23h, dim. 12h30-15h30 - gratuit, projections 12 $)*.

Chautauqua Park

Baseline Rd et 9th St. (entrée principale pour les véhicules sur 6th St.) - ✆ (303) 442-3282 - www.chautauqua.com.

Le joyau des parcs de Boulder s'est développé autour du complexe créé à la fin du 19e s. par le mouvement d'éducation culturelle et sociale chautauqua. Il en reste deux bâtiments, l'**Auditorium** en bois et le **Dining Room** (qui abrite désormais un restaurant). Le parc est le point de départ de nombreux sentiers vers les hautes prairies des Flatirons, rejoignant les 13000 ha des **Boulder Mountain Parks★** *(✆ (303) 441-7200 - www.bouldercolorado.gov)*. Ceux qui renoncent à randonner sur **Flagstaff Mountain★** peuvent emprunter la route sinueuse au départ de Baseline Road, jusqu'à la corniche panoramique

★ National Center for Atmospheric Research

1850 Table Mesa Dr. - ✆ (303) 497-1000 - ncar.ucar.edu - lun.-vend. 8h-17h, w.-end et j. fériés 9h-16h.

L'extraordinaire Mesa Laboratory (1966) a assuré la réputation internationale de l'architecte I.M. Pei. Il se détache sur l'arrière-plan spectaculaire des Flatirons, s'inspirant des habitations des Indiens anasazis dans les falaises du sud-ouest du Colorado. Le centre comprend plusieurs galeries d'exposition avec des présentations interactives des phénomènes atmosphériques et météorologiques, des instruments météorologiques utilisés, et des dangers qui menacent les avions.

★ Fort Collins

À 65 miles au nord de Denver par l'I-25.
1 Old Town Square - (970) 232-3840 - www.visitftcollins.com - 10h-16h, fermé dim.-lun.
Ancien poste militaire Fort Collins fut édifié dans les années 1860, durant la guerre contre les Indiens, au bord de la rivière Cache-la-Poudre. L'endroit était fréquenté à l'origine par des trappeurs français venus du Canada qui, comme son nom le laisse deviner, cachaient leur poudre le long de la rivière. Aujourd'hui la ville, qui abrite l'université d'État du Colorado, compte près de 170 000 habitants, dont 25 000 étudiants. Réputée pour sa qualité de vie et sa sécurité, elle conserve un centre historique piéton plein de charme, **Old Town Square★★**, qui a inspiré à Walt Disney la Main Street de ses parcs de loisirs. Il concentre quelques belles façades anciennes de style néoclassique, Renaissance italienne ou Art déco. Des peintures murales jalonnent les rues du centre-ville, animées de nombreuses galeries d'art et terrasses de cafés, restaurants et bars à bières. La bière est d'ailleurs incontournable à Fort Collins, qui ne compte pas moins de vingt brasseries artisanales. La ville lui consacre aussi un festival, le **Colorado Brewers Festival**, qui rassemble fin juin une cinquantaine de brasseurs du Colorado.

1

New Belgium Brewery

500 Linden St. - (970) 221-0524 - www.newbelgium.com - 12h-20h - visite guidée (1h30), calendrier et réserv. sur le site Internet - 10 $.
Fondée en 1991, la plus célèbre brasserie de Fort Collins est aujourd'hui la troisième plus grosse brasserie artisanale des États-Unis. Elle emploie 1300 personnes et produit 1,2 million de barils (1,9 milion d'hectolitres) par an. Elle commercialise 25 variétés différentes, mais la plus réputée est la Fat Tire, une bière ambrée inspirée des bières belges d'abbaye, connue dans tout le Colorado et bien au-delà. La visite détaille les procédés de fabrication, de brassage et de fermentation, et permet d'observer la chaîne de production. Il y règne une ambiance jeune, écolo et décontractée, digne des *start-up* californiennes.

★ Fort Collins Museum of Discovery

408 Mason Court - (970) 221-6738 - www.fcmod.org - mar.-dim. 10h-17h - 12,50 $.
Spécialement conçu pour les enfants, ce musée de la découverte s'intéresse à Fort Collins et au nord du Colorado sous divers aspects : histoire, économie, culture, nature, sciences et techniques. Il privilégie les activités interactives et attrayantes, permettant notamment aux enfants d'apprendre à jouer de la batterie ou de la guitare et d'enregistrer une improvisation musicale en studio, d'observer des animaux vivants ou empaillés, etc. Le **Digital Dome Theater★** *(4 $)* présente sur un écran à 360° des films traitant de l'espace ou des monstres sous-marins de la préhistoire.

Carnet pratique

S'informer

Visitor Information Kiosk – *Union Station- ✆ (303) 519-2388 -www. denver.org.*

Arriver/partir

En avion

Denver International Airport (DEN) – *À 23 miles au nord-est de la ville - ✆ (303) 342-2000 - www.flydenver.com.* Vision insolite que cet aéroport (pas de ligne directe depuis Paris) dont la toiture recouverte de tipis en toile blanche émerge au milieu des plaines.

Rejoindre le centre-ville :

Train – *✆ (303) 299-6000 - www. rtd-denver.com - ttes les 30mn ou ttes les 15mn aux heures de pointe - 10 $.* La ligne A rallie Union Station en 37mn.

Taxi – Comptez 30mn de trajet et 70 $.

Vers Boulder :

RTD SkyRide (bus public) – *✆ (303) 299-6000 - www.rtd-denver.com -* Ligne AB1 départ ttes les heures de 6h20 à 23h20 - 10 $.

En train

Union Station - B1 - *1701 Wynkoop St. - www.denverunionstation.com.*

Amtrak – *www.amtrak.com.* Denver est desservie par la ligne California Zephyr qui relie Chicago à San Francisco (51h20) via Salt Lake City.

RTD - *www.rtd-denver.com.* La compagnie de transports régionaux assure une dizaine de liaisons par rail à l'intérieur du grand Denver. La ligne W dessert Golden.

En bus

Greyhound – B1 - *1700 Wewatta St. (Union Station) - ✆ (800) 231-2222 - www.greyhound.com.* Liaisons quotidiennes avec Fort Collins, Cheyenne, Colorado Springs...

Se garer

Se garer en ville peut se révéler difficile en semaine, mais il existe de nombreux parkings à des prix très abordables près du Denver Art Museum et à l'ouest de Larimer Square, près la rivière South Platte.

Se déplacer

Transports en commun

Le **Regional Transportation District** (RTD) gère les lignes de bus locales et régionales ainsi qu'une ligne de tramway qui traverse la ville *(✆ (303) 299-6000 - www. rtd-denver.com).* Des distributeurs automatiques permettent d'acheter les billets aux principales stations *(trajet dans le centre-ville : 2,75 $, billet valable 3h, pass journalier 5,50 $).*

Dans le centre, la navette gratuite **Free Mall Ride** *(5h-1h30, 5h30 sam., 6h30 dim.)* parcourt la rue piétonne 16th St. Elle est secondée par deux lignes de bus gratuites, **Free Metro Ride**, longeant les 18th St. et 19th St. entre Union Station et Civic Center.

Taxis

Metro Taxi *(✆ (303) 333-3333)*

Agenda

National Western Stock Show and Rodeo – *www.nationalwestern. com.* En janvier, la plus grande foire au bétail du pays : exposition-vente de bétail et chevaux, rodéo, défilés, fanfares.

Denver March Pow-Wow – *www. denvermarchpowwow.org.* Fin mars, au Denver Coliseum, ce grand *pow-wow* réunit plus de 700 danseurs de 37 tribus indiennes différentes.

Cinco de Mayo Festival – *www. cincodemayodenver.com.* Pendant tout un week-end *(déb. mai)*, le festival célèbre la culture latino-américaine. Le défilé et les nombreux événements culturels attirent plus de 400 000 spectateurs.

Cherry Creek Arts Festival – *www.cherryarts.org.* Début juillet, expositions et performances artistiques, démonstrations culinaires.

Buffalo Bill Days – *www.goldenbuffalobilldays.com.* À Golden, fin juillet, célébration du Far West sauvage, avec défilés, concerts, jeux pour les enfants, etc.

Great American Beer Festival – *www.greatamericanbeerfestival.com.* Les brasseurs de Denver et sa région ont leur festival début octobre au Colorado Convention Center. Le plus grand festival américain du genre réunit aussi toutes les grandes marques du pays et permet de tester des milliers de bières différentes. Deux fois par an, en janvier et en juillet, se déroule le **Denver Brew Fest** *(www.brewfestevents.com)* : compétitions de brasseurs, repas à la bière et autres manifestations.

Nos adresses

PLAN P. 39

Restauration

Denver

Premier prix

2 Mad Greens – C2 - *1200 Acoma St. - en face du Denver Art Museum - ✆ (720) 496-4158 - www.madgreens.com - fermé le soir - plat 12/18 $.* Denver est réputée la ville « la plus mince » d'Amérique et ce restaurant rapide de salades composées, wraps et paninis y concourt avec sa cuisine saine, antithèse des burgers habituels.

Mister Oso – HORS PLAN - *3163 Larimer St. - ✆ (720) 677-6454 - www.misterosodenver.com - service continu - plats 12/15 $.* La taquería immanquable de RiNo. Dans la jolie salle claire ou sur la terrasse ombragée d'une tonnelle, on propose un savoureux choix de tacos au poulet, porc, crevettes ou dans une version végétarienne. On peut aussi opter pour un *ceviche*. Intéressantes propositions de *frozen margaritas*.

3 Wynkoop Brewing Company – B1 - *1634 18th St. - ✆ (303) 297-2700 - www.wynkoop.com - service continu - plats 15/25 $.* La plus ancienne microbrasserie de Denver est aménagée dans un entrepôt du centre-ville datant de 1899. On y trouve une salle de billard (15 tables) au deuxième étage et une salle de spectacle au sous-sol. Au menu, le *queso dip* (sauce froide au fromage), le fameux *fish & chips* et la célèbre bière maison, la Rail Yard Ale.

10 Denver Milk Market – B1 - *1800 Wazee St. - ✆ (303) 792-8242 - www.denvermilkmarket.com - service continu.* Douze restaurants, trois bars... On peut, à toute heure, y déguster une part de pizza, manger un sandwich au homard ou se rassasier de pâtes à la truffe... Un incontournable !

Avanti Food and Beverage – HORS PLAN - *3200 N. Pecos St. - ✆ (720) 269-4778 - www.avantifandb.com - service continu - moins de 20 $.* Un lieu emblématique du quartier branché de LoHi (Lower Highland). Le cadre : plusieurs espaces aménagés dans des containers et de grandes terrasses pour voir le coucher

du soleil un verre à la main.
Côté cuisine : une demi-douzaine de stands préparant burgers, plats asiatiques, spécialités italiennes... Une adresse qui vaut autant pour l'ambiance que pour la table !

Budget moyen

4 Ultreia – B1 - *Union Station, 1701 Wynkoop - ✆ (303) 534-1970 - www.ultreiadenver.com - service continu - pintxos 7/10 $, plats 15/27 $.* L'Espagne est à l'honneur dans ce micro bar de Union Station : *pintxos, tapas, raciones* sont accompagnés d'une sélection pointue de vin espagnol. Pour goûter de tout est proposé un menu dégustation à 83,25 $ pour deux personnes. À déguster au bar pour être au plus près de l'action, ou à une des tables de la mezzanine. Réservation conseillée en fin de semaine.

1 Rio Grande – B1 - *1745 Wazee St. - ✆ (303) 623-5432 - riograndemexican.com - plats 15/31 $.* Cet établissement appartient à une petite chaîne de restaurants mexicains née à Fort Collins dans le Colorado. À la carte, les plats traditionnels de la cuisine mexicaine, concoctés dans les règles de l'art. Pour les végétariens, les *enchiladas* se déclinent en version épinards ou courge. Belle carte de margaritas.

5 ChoLon – B1 - *1555 Blake St. - ✆ (303) 353-5223 - www.cholon.com - plats 22/37 $.* Natif de Denver, le chef Lon Symensma est tombé amoureux de la cuisine asiatique, de ses produits et de ses techniques. Dans sa cuisine ouverte sur la grande salle postmoderne, il propose une carte où les marqueurs de la cuisine chinoise sont bien présents, mais relevés d'audaces décoiffantes comme les *dim sum* à la soupe à l'oignon.

7 Super Mega Bien – C1 - *1260 25th St. - ✆ (720) 269-4695 - supermegabien.com - fermé dim.-lun. et le midi - plats 15/38 $.* Ce restaurant au cadre lumineux et moderne propose un menu audacieux qui nous fait voyager dans la cuisine latino-américaine, depuis la *ropa vieja* (sorte de ragoût cubain) au *jerk* (viande boucanée) jamaïcain, en passant par les *croquetas* espagnoles.

6 Jax Fish House – B1 - *1539 17th St. - ✆ (303) 292-5767 - www.jaxfishhouse.com - fermé le midi.* Pour déguster poissons et fruits de mer dans des préparations classiques et raffinées. On peut également se tourner vers le banc d'huîtres. Tous les produits de la mer sont issus de la pêche durable.

8 Rioja – B1 - *1431 Larimer St. - ✆ (303) 825-2282 - www.riojadenver.com - plats 23/45 $.* La chef Jennifer Jasinski s'inspire des saveurs méditerranéennes pour proposer une savoureuse cuisine inventive dans sa jolie salle aux tons chauds et reposants. L'agneau du Colorado aux gnocchis et le poulpe grillé à la purée de chorizo sont régulièrement à l'affiche. L'adresse est très prisée par les gastronomes de la ville : pensez à réserver.

13 Mercantile – B1 - *1701 Wynkoop St. - ✆ (720) 460-3733 - mercantiledenver.com - fermé dim.-lun. - plats 32/55 $.* Un bon exemple de la tendance « farm to table » (de la ferme à la table) qui secoue les États-Unis. Dans la salle, le regard s'échappe vers la cuisine ouverte d'où l'on détaille le ballet des cuisiniers s'affairant autour de viandes nobles, de légumes frais et de fruits de saison. Une excellente adresse, soucieuse de valoriser les meilleurs producteurs.

Pour se faire plaisir

9 Denver ChopHouse – B1 - *1735 19th St. - ✆ (303) 296-0800 -*

www.denverchophouse.com - service continu - plats 45/85 $. Restaurant-grill classique de l'Ouest, situé dans le quartier LoDo, cet endroit branché et élégant ne sert que du bœuf garanti naturel. Pour les gourmands, le *Bone-In Ribeye* affiche 500 g à la pesée !

14 **A5 Steakhouse** – B1 - *1600 15th St. - ✆ (303) 623-0534 - www.a5denver.com - fermé le midi - plats 40/60 $.* Une salle sobre et élégante pour savourer des viandes d'exception soigneusement choisies dans des élevages du Colorado et du Texas. Belle carte des vins. Mieux vaut réserver.

15 **La Tavernetta** – B1 - *1889 16th St. - ✆ (720) 605-1889 - www.tavernettadenver.com - fermé le midi le w.-end - plats 28/56 $ - menu déj. 35 $.* La table italienne qui fait le buzz. La carte passe en revue les cuisines de la péninsule avec des préparations au cordeau et des produits d'exception. La salle particulièrement cosy ajoute au plaisir des papilles.

Une folie

16 **Brutø** – B1 - *1801 Blake St. - ✆ (720) 325-2195 - www.brutodenver.com - fermé le midi et lun. - menu 145 $.* Quinze places seulement pour s'installer au comptoir et voir la brigade s'affairer devant soi. Au programme, une cuisine d'exception pour laquelle Michael Diaz de Leon a été distingué d'une étoile dans le Guide Michelin 2023.

À proximité

Premier prix

Kona Bowls – *1111 Washington Av. - Golden - ✆ (720) 831-8155 - www.konabowlscafe.com - 8h-19h (17h en hiver) - 13/15 $.* Une petite cantine bio et écoresponsable pour se régaler de bowls. Parfait pour un déjeuner rapide.

Budget moyen

Coopersmith's Pub & Brewing – *5 Old Town Square - Fort Collins - ✆ (970) 498-0483 - www.coopersmithspub.com - service continu - plats 16/30 $.* On y vient avant tout pour l'animation en salle ou pour observer les passants en terrasse tout en profitant de la fraîcheur d'une bonne bière. Service rapide et prix doux, mais cuisine assez quelconque. Grand choix de salades, burgers et sandwichs.

Pour se faire plaisir

Bramble & Hare – *1964 13th St. - Boulder - ✆ (303) 444-5500 - www.brambleandhare.com - fermé le midi et dim. - menu 68 $.* Plus locavore, on ne peut pas. Pour l'essentiel, les produits mis en œuvre en cuisine (viandes, légumes et volailles) proviennent de la ferme qu'exploite la maison. Le résultat : une savoureuse cuisine américaine moderne, déclinée en un menu unique. On peut également choisir un assortiment de viandes et de charcuterie maison *(32 $).*

Petit-déjeuner

11 **Sam's n°3** – B1 - *1500 Curtis St. - ✆ (303) 534-1927 - www.samsno3.com - dim.-mar. 7h-14h, merc. 7h-20h, jeu. 6h-20h, vend. 6h-22h, sam. 7h-22h - plats 9/19 $.* Une des adresses préférées des locaux pour son bar à expresso, son menu généreux au petit-déjeuner et son décor d'inspiration Art déco typique des *diners* américains.

12 **Snooze** – C1 - *2262 Larimer St. - ✆ (303) 297-0700 - snoozeeatery.com - 6h30-14h30, sam.-dim. 6h30-16h - moins de 17 $.* On ne sert ici que des petits-déjeuners car c'est, pour ses propriétaires, le repas le plus important de la journée. Le menu offre un large choix, incluant des plats originaux comme les pancakes à la confiture et beurre de

1

cacahuètes, le porridge au quinoa ou les œufs Bénédicte au saumon. Forte affluence pour les brunchs du week-end. Autre établissement à Union Station.

Boire un verre

The Cruise Room – *1600 17th St. - ✆ (303) 262-6070 - www.theoxfordhotel.com - 17h-22h, vend.-sam. 17h-0h.* Le bar à cocktails de l'Oxford Hotel, inspiré d'un lounge du paquebot *Queen Mary*, reste l'un des plus beaux fleurons Art déco de Denver. Il fut inauguré en 1933, juste après l'abolition de la prohibition. On vient y siroter un excellent martini en se laissant bercer par la musique du jukebox.

The Cooper Lounge – *1701 Wynkoop St. - ✆ (720) 460-3738 - www.cooperlounge.com - 16h-0h, w.-end 11h-0h.* Un certain charme désuet se dégage de ce bar situé au premier étage de Union Station. Du balcon surplombant la gare, on est à l'abri de l'agitation en contrebas, que l'on soit assis au bar en marbre blanc ou dans l'un des petits salons confortables, à siroter un cocktail ou un verre de vin.

Pony Up – *1808 Blake St. - ✆ (720) 710-8144 - www.ponyupdenver.com - 16h-1h (vend.-sam. 2h).* Murs de brique et déco frisant le kitsch : un endroit à la mode pour découvrir des cocktails débordant de créativité.

Noble Riot – *1336 27th St. - ✆ (303) 993-5330 - www.nobleriot.com - merc.-dim. 16h-22h.* Un bar à vins de RiNo bien dans l'esprit novateur du quartier : on trouve ici les dernières tendances de l'œnologie, vin orange (blanc avec macération) ou pét'nat, des vins pétillants naturels. Belle sélection de vins américains (Oregon, Californie) et du monde entier.

Sunday Vinyl – *1803 16th St. - ✆ (720) 738-1803 - www.sundayvinyl.com - 16h30-22h.* Ce bar à vins très animé ouvre par de larges baies vitrées sur les quais d'Union Station. Côté breuvages, l'endroit propose une collection de pépites dénichées dans le monde entier. Carte de restauration complète. Et comme son nom l'indique, l'accent est mis sur la *playlist* qui passe en revue tous les styles musicaux depuis les années 1960.

Tom's Watch Bar – *1609 19th St. - ✆ (303) 872-7557 - www.tomswatchbar.com - 16h-23h.* Aux États-Unis, les bars sont aussi les lieux privilégiés pour regarder, entre supporters, les grands événements sportifs. Voilà l'endroit à Denver pour vous mêler aux fans devant les 150 écrans qui tapissent les murs.

Shopping

Rockmount Ranch Wear – *1626 Wazee St. - ✆ (800) 776-2566 - www.rockmount.com - 8h-17h, sam. 10h-18h, dim. 11h-16h.* LA boutique du ranchwear, siège d'une marque créée en 1946 et rendue célèbre grâce à sa « snap button shirt » (chemise à boutons-pressions), aussi indispensable que le jean au cow-boy. Dans un bâtiment historique de 1909, vous trouverez de quoi vous équiper en chemises iconiques, semblables à celles portées par Eric Clapton, Bruce Springsteen, Elvis Presley ou Bob Dylan. Sans oublier bottes, chapeaux et autres accessoires western.

Garage Sale Vintage – *1445 Larimer St. (Larimer Sq.) - ✆ (720) 612-4308 - www.garagesalevintage.com - 10h-22h (0h sam.).* Une très sympathique boutique de fripes où on peut passer des heures entre les portants pour dénicher un jean de marque, une chemise à carreaux ou une robe à fleurs des années 1970…

Cherry Creek Shopping District – *3000 E. 1st Ave. - ✆ (303) 388-3900 - www.shopcherrycreek.com - P payant - lun.-jeu. 10h-20h, vend.-sam. 10h-21h, dim. 11h-18h - horaire variable selon boutique.* À 5mn au sud-est du centre-ville, ce quartier de 16 blocs est entièrement dédié au shopping, avec plus de 160 boutiques, ainsi que de nombreux cafés et restaurants, et un cinéma. Chaque mercredi en été, il accueille un marché de producteurs et d'artisans ; musique *live* et food trucks sont aussi au rendez-vous.

Boulder Farmers Market – *13th St. (entre Canyon et Arapahoe), Boulder - www.bcfm.org - sam. 8h-14h (avr. nov.) et merc. 16h-20h (mai-sept.).* Les fermiers du comté viennent proposer leurs produits dans une ambiance festive, avec musique *live* et food trucks.

En soirée

Liste des événements, spectacles et concerts dans les éditions du vendredi et du dimanche du *Denver Post (www.denverpost.com),* dans l'hebdomadaire *Westword (www.westword.com)* ou sur *www.denver.org.*

Parmi les immanquables, le **Denver Center for the Performing Arts** *(✆ (303) 893-4000 - www.denvercenter.org)*, le **Paramount Theatre** *(✆ (303) 623-0106 - www.paramountdenver.com)* et, surtout, le spectaculaire **Red Rocks Amphitheatre** *(✆ (720) 865-2494 - www.redrocksonline.com).*

Cervantes Masterpiece Ballroom – *2637 Welton St. - ✆ (303) 297-1772 - www.cervantesmasterpiece.com - ♿.* Pour les amateurs de jazz, funk et groove, le Cervantes Masterpiece Ballroom, dans le quartier de Five Points, accueille régulièrement de bons concerts.

Nocturne – *1330 27th St. - ✆ (303) 295-3333 - www.nocturnejazz.com - live jazz : 18h-22h30, vend.-sam. 18h-22h30 - fermé dim.-lun.* Propose une programmation jazz dans un bar sur deux étages avec murs en briquettes rouges : cosy !

The Walnut Room – *3131 Walnut St. - ✆ (303) 295-1868 - www.thewalnutroom.com - dim.-mar. 11h-0h, merc.-jeu. 11h-1h, vend.-sam. 11h-2h.* Une petite salle réputée pour ses concerts de rock indie.

Hébergement

Denver

Si vous ne tenez pas absolument à profiter du Denver *by night*, vous pourrez choisir de passer la nuit à Boulder, à une heure de train de Denver.

Budget moyen

(3) **Capitol Hill Mansion** – C2 - *1207 Pennsylvania St. - ✆ (303) 839-5221 - www.capitolhillmansion.com - ▤ - 8 ch. 286/297 $ ☕.* Dans un quartier calme, ce charmant B & B occupe un manoir en pierre cossu entouré d'un jardin. Les chambres arborent mobilier ancien et tissus fleuris. Certaines disposent d'un balcon, d'une cheminée ou d'un Jacuzzi. Les hôtes, souriants, proposent un savoureux et copieux petit-déjeuner.

Residence Inn – HORS PLAN - *2777 Zuni St. - ✆ (303) 458-5318 - www.marriott.com - P payant - ♿ - 160 ch. 105/405 $ ☕.* Dans le quartier de Highland, qui borde le centre à l'ouest, cet établissement dispose de chambres tranquilles et spacieuses, réparties dans plusieurs pavillons. Bus à proximité pour le centre-ville.

1

Pour se faire plaisir

1 **Hampton Inn and Suites** – C1 - *1845 Sherman St. - (303) 864-8000 - www.hilton.com* - P *payant* - *151 ch. 127/531 $*. À 10mn à pied du départ de la navette gratuite qui traverse Downtown jusqu'à Union Station, cet hôtel tranquille et bien tenu constitue un choix judicieux. Accueil agréable. Salle de fitness.

5 **The Curtis** – B1 - *1405 Curtis St. - (303) 571-0300 - www.hilton.com* - P *payant* - *337 ch. 127/489 $* -. Malgré ses 16 étages, cet imposant hôtel ne manque pas de caractère grâce à sa décoration pop et funkie. Chambres un peu étroites mais dotées d'une excellente literie. Sa situation centrale, sa belle salle de fitness et sa terrasse sur le toit sont appréciables. Le prix des chambres, fait le yo-yo au fil du calendrier.

6 **Marriott Renaissance Downtown City Center** – B1 - *918 17th St. - (303) 867-8100 - www.marriott.com* - P *payant* - *- 228 ch. 140/545 $* -. Construit en 1915, le magnifique bâtiment de l'ancienne Banque nationale du Colorado abrite un luxueux quatre-étoiles en plein centre-ville. Des colonnes en marbre blanc scandent l'imposant atrium intérieur. Il est décoré de fresques monumentales de l'artiste amérindien Allen Tupper True décrivant la vie dans l'Ouest avant l'arrivée des colons. Les colossales portes blindées de la salle des coffres ouvrent sur une alcôve face au bar. Les chambres sont spacieuses et confortables, le service d'un professionnalisme sans faille. Le restaurant, Range, propose une cuisine régionale moderne et raffinée.

8 **Warwick Denver** – C1-2 - *1776 Grant St. - (303) 861-2000 - warwickhotels.com* - P *payant* - *- 216 ch. 166/444 $* -. Élégant hôtel de taille moyenne. L'ameublement y est de très bon goût et l'atrium, le centre de fitness, la piscine sur le toit ainsi que le restaurant en font un hôtel de première classe.

11 **The Art Hotel** – C2 - *1201 Broadway - (303) 572-8000 - www.thearthotel.com* - P *payant - 165 ch. 229/573 $* -. Seul hôtel du Golden Triangle de Denver, cet établissement bénéficie d'une situation idéale pour visiter les musées alentour. L'hôtel lui-même comprend des œuvres d'art contemporaines exposées dans son hall, et on peut emprunter des vélos décorés par des artistes. Les chambres sont spacieuses, lumineuses et fonctionnelles. Le bar de l'hôtel, le Fire, propose dans son patio extérieur des cocktails dont les noms sont inspirés par des artistes, comme le Matisse Martini. Une très belle adresse.

The Ramble Hotel – HORS PLAN - *1280 25th St. - (720) 996-6300 - www.theramblehotel.com* - *- 50 ch. 290/390 $* -. Un ancien bâtiment industriel réaménagé de fond en comble, une déco élégante où les meubles anciens voisinent avec les équipements dernier cri : tout l'esprit arty de RiNo. Parfait pour profiter du quartier dans des conditions de confort optimales. À noter, le Death & Co, déclinaison locale du bar new-yorkais du même nom qui fait figure d'institution pour la créativité de ses cocktails.

4 **Hotel Monaco** – B1 - *1717 Champa St. - (303) 296-1717 - www.monaco-denver.com* - P *payant* - *- 189 ch. 230/470 $* -. Au cœur de Denver, deux bâtiments historiques, dont un édifice Art moderne datant de 1937, rénovés en hôtel-boutique aux chambres stylées. L'excellent restaurant Panzano propose pour sa part de délicieuses spécialités

du nord de l'Italie. Salle de fitness, Spa et location de vélos.

Une folie

7 **The Oxford Hotel** – B1 - *1600 17th St. - ✆ (303) 628-5400 - www.theoxfordhotel.com* - ▤ P *payant* - ♿ - *80 ch. 356/544 $* - ✕. Les chambres du plus vieil hôtel de la ville sont décorées de meubles anciens venus de France et d'Angleterre. Derrière sa façade classique de briques rouges, des travaux de restauration minutieux ont révélé des faux-plafonds et des chandeliers d'argent qui avaient été recouverts de peinture. Bâti en 1891, le lieu figure au National Register of Historic Places (liste des monuments nationaux).

9 **The Crawford Hotel** – B1 - *1701 Wynkoop St. - ✆ (720) 460-3700 - www.thecrawfordhotel.com* - ▤ P *payant* - ♿ - *112 ch. 334/682 $* - ✕. Cet élégant hôtel-boutique loge dans le bâtiment rénové d'Union Station. Les chambres, décorées avec goût (bois et cuir), bénéficient d'un grand confort (TV à écran plat 46", mini-Ipad). Les chambres « Pullman », au 2e étage, évoquent les anciens wagons-lits de luxe. Les « Classic », au 3e étage, arborent de hauts plafonds et de larges baies vitrées. Les anciens combles accueillent enfin les « Loft », mêlant design contemporain, plafonds mansardés et poutres apparentes.

À proximité

Budget moyen

Hotel Amstrong – *259 S. College Ave. - Fort Collins - ✆ (970) 484-3883 - thearmstronghotel.com* - ▤ - *45 ch. 201/560 $*. En plein centre, un charmant petit hôtel logé dans un bâtiment en brique de trois étages, construit en 1923 mais rénové récemment. Il abritait autrefois le Mountain Empire Hotel, un des premiers établissements touristiques de la région. Mobilier en bois de style Art déco et literie épaisse. Excellent accueil. Une étape vraiment conseillée.

Pour se faire plaisir

Hotel Boulderado – *2115 13th St. - Boulder - ✆ (303) 442-4344 - www.boulderado.com* - P *payant* - *160 ch. 162/776 $* - ✕. Le hall d'entrée lumineux avec son plafond en mosaïque de verre teinté évoque l'élégance victorienne qui caractérise Boulder depuis près d'un siècle. En revanche, c'est bien une cuisine des plus contemporaines qui sera servie au restaurant Spruce Farm and Fish.

Colorado Springs ★★

Blottie au pied du vertigineux Pikes Peak, à 1840 m d'altitude, Colorado Springs jouit de l'un des plus beaux cadres d'Amérique du Nord. Flanquée de deux bases militaires, la Air Force Academy au nord et le Fort Carson au sud, et de nombreuses autres agences liées à la défense nationale, la deuxième plus grande ville du Colorado a visiblement la fibre patriotique. C'est néanmoins une ville agréable à visiter, avec de jolies boutiques et galeries d'art et de nombreuses attractions de plein air à proximité.

Garden of the Gods, Colorado Springs.
RiverNorthPhotography/Getty Images Plus

Se repérer

486 248 habitants – Colorado – *Mountain Time*.

CARTE C2 (P. 36-37) - CARTE DENVER ET SA RÉGION (P. 52-53). À 70 miles au sud de Denver. L'I-25 traverse la ville du nord au sud. L'Air Force Academy se trouve au nord, le centre-ville au sud.

À ne pas manquer

Pikes Peak ; Garden of the Gods.

En famille

US Olympic & Paralympic Training Center ; Cheyenne Mountain Zoo ; ProRodeo Hall of Fame and Museum of the American Cowboy ; Pikes Peak Cog Railway ; Caves of the Winds.

Carnet pratique p. 72

Nos adresses p. 72

Se promener

CARTE DENVER ET SA RÉGION P. 52-53

Aujourd'hui, le centre-ville de Colorado Springs reflète la vision grandiose de ses fondateurs avec ses larges avenues, son aménagement urbain élégant, agrémenté de sculptures et ses beaux bâtiments de la fin du 19e s.

Le **Colorado Springs Pioneers Museum** retrace les débuts de la ville *(215 S. Tejon St. - ✆ (719) 385-5990 - www.cspm.org - fermé pour travaux au moment de la rédaction de ce guide - annexe au 121 S. Tejon St. le temps des travaux).*

Dans un remarquable bâtiment Art déco en acier et pierre calcaire (1936, John Gaw Meem) qui rappelle le style pueblo, le **Colorado Springs Fine Arts Center**★ *(30 W. Dale St. - ✆ (719) 634-5581 - fac.coloradocollege.edu - merc.-sam. 10h-17h - 10 $)* abrite, entre autres, des peintures de Georgia O'Keeffe, Charles Russell et John James Audubon.

★ Old Colorado City

W. Colorado Ave. et rues transversales, de S. 24th St. à S. 27th St. - ✆ (719) 344-8537 - www.shopoldcoloradocity.com.

Avant Colorado Springs, il y avait El Dorado, implantée en 1859, vite renommée Colorado City, et intégrée à Colorado Springs en 1917. Colorado Avenue est bordée de restaurants, d'ateliers d'artistes et de galeries vendant des objets de collection de l'Ouest américain; beaucoup occupent d'anciens magasins restaurés avec goût. Dans une église de 1890, le **Old Colorado City History Center** *(1 S. 24th St. - ✆ (719) 636-1225 - www.occhs.org - juin-août : mar.-sam. 11h-16h ; sept.-mai : mar.-sam. 11h-14h - gratuit)* abrite une exposition de photographies, documents et souvenirs historiques.

1

★ US Olympic & Paralympic Training Center

1750 E. Boulder St. (au niveau d'Union Blvd) - ✆ (719) 866-4618 - www.teamusa.org - 9h-17h, fermé dim.

En 1978, une ancienne base de l'US Air Force a été reconvertie en un gigantesque complexe sportif abritant l'un des trois centres d'entraînement nationaux pour athlètes amateurs. Il accueille jusqu'à 275 athlètes spécialistes d'une douzaine de disciplines. La visite guidée débute par un film sur le quotidien des athlètes de la *Team USA* au sein du centre, et l'entraînement intensif qu'ils suivent en vue des prochains Jeux Olympiques. On parcourt ensuite les salles de sport où gymnastes, lutteurs, tireurs ou encore nageurs s'entraînent.

US Olympic & Paralympic Museum

200 S. Sierra Madre St. - ✆ (719) 497-1234 - www.usopm.org - 10h-17h - fermé mar.-merc. en hiver - 20 $.

Cet imposant musée de 5 500 m^2 met à l'honneur les sportifs olympiques et paralympiques américains et leurs disciplines. Une attention particulière a été portée à l'accessibilité des espaces d'exposition, conçus pour tous les publics.

★ The Broadmoor

1 Lake Cir. (extrémité ouest de Lake Ave. par l'I-25, sortie 138) - ✆ (855) 634-7711 - www.broadmoor.com.

Le petit casino Broadmoor, bâti en 1891 au pied de Cheyenne Mountain, trouva une nouvelle vie en 1916 quand Spencer Penrose racheta le domaine pour en faire une villégiature de classe internationale. On fit venir des artisans européens pour façonner fresques et céramiques ouvragées, ornements de marbre et autres

Un peu d'histoire

Constructeur de la ligne de chemin de fer entre Denver et Rio Grande, promu général au cours de la guerre de Sécession, **William Jackson Palmer** fonde la ville en 1871 sur la desserte ferroviaire des villes minières de Cripple Creek et Victor. Il l'appelle Springs (sources) pour y attirer les habitants de l'Est habitués à fréquenter les villes d'eaux, alors très à la mode. Les idées ambitieuses du général trouvent un écho chez **Spencer Penrose**, magnat de l'or et du cuivre, qui fait construire au début du 20e s. la route Pikes Peak Auto Highway, fait du Broadmoor un hôtel de villégiature de classe internationale, et finance de nombreuses institutions culturelles de Colorado Springs, toujours actives. Pendant la guerre froide, « The Springs » devient un centre de la défense aérienne américaine avec le Cheyenne Mountain Operations Center. Beaucoup d'industries de la défense s'y implantent.

éléments décoratifs de cet hôtel de style italianisant, recouvert de stuc rose. Aujourd'hui, l'hôtel possède 784 chambres et tout le confort d'un complexe de luxe. Le pub du 17e s., The Golden Bee, a été importé d'Angleterre. Sur le domaine, le **Penrose Heritage Museum** expose des calèches anciennes et des voitures de course utilisées durant la célèbre course de côte du Pikes Peak *(11 Lake Circle - ✆ (719) 577-7065 - www.elpomar.org - mar.-sam. 9h-12h, 13h-16h - gratuit).*

★★ Seven Falls

5,5 miles sud-est de Downtown - accès obligatoire par navette gratuite depuis le Norris Penrose Event Center, 1045 Lower Gold Camp Rd - ✆ (855) 923-7272 - www.sevenfalls.com - 9h-17h - fermé de déc. à mi-mars - 18 $.

Ce parc naturel offre de nombreuses possibilités de randonnées autour de sept cascades hautes de 55 m qui s'écoulent au creux d'une gorge étroite. De l'entrée, un sentier pavé d'environ 1 mile passe les Piliers d'Hercule, un goulet étroit du South Cheyenne Canyon, et conduit au cœur du parc où se trouvent restaurants, boutiques, services... De là on peut emprunter un ascenseur (ou gravir 185 marches) qui conduit à Eagle's Nest d'où l'on découvre une splendide vue sur l'ensemble des cascades. Une autre option consiste à se rendre à Inspiration Point (par 224 marches puis par un sentier, 1h env. A/R) pour un splendide point de vue sur la ville et les Grandes Plaines.

World Figure Skating Museum & Hall of Fame

20 First St. - ✆ (719) 635-5200 - www.worldskatingmuseum.org - mar.-vend. 10h-16h - 10 $.

Au nord du Broadmoor se trouve le musée du patinage sur glace, qui retrace l'histoire de cette discipline du 17e s. à nos jours. Pour prolonger la visite, des compétitions de patinage et de hockey sont régulièrement organisées à la patinoire **Broadmoor World Arena** *(3185 Venetucci Blvd, par Circle Dr. - ✆ (719) 477-2100 - www.broadmoorworldarena.com).*

★ Cheyenne Mountain Zoo

4250 Cheyenne Mountain Zoo (par l'I-25, sortie 138, à l'ouest du Broadmoor Hotel, puis à droite, suivez le fléchage) - ✆ (719) 633-9925 - www.cmzoo.org - 9h-17h - 15/35 $.

Fondé en 1926 par Spencer Penrose, ce zoo de montagne abrite plus de 800 animaux de plus de 200 espèces différentes. En 1998, 29 des 74 naissances

enregistrées touchaient des espèces menacées, dont un ours à lunettes et un takin du Sichuan. Parmi d'autres espèces rares, le léopard des neiges, le rhinocéros noir et l'orang-outang de Sumatra. La section **Encounter Africa** abrite éléphants d'Afrique, lions et rhinocéros noirs. Une navette à travers le site est proposée en été *(3 $)*; elle permet de descendre et de remonter à sa guise.
En conduisant prudemment, les visiteurs peuvent traverser le domaine du zoo et monter en serpentant sur 1,5 mile jusqu'au **Will Rogers Shrine of the Sun★** *(℘ (719) 578-5367 - www.elpomar.org - tlj sf lun. 9h-16h, dernière montée à 15h)*, un plateau qui domine Colorado Springs de 600 m. La tour en granit de 30 m (1937, Charles E. Thomas) aux allures de château médiéval a été dédiée à l'acteur et philosophe Will Rogers, mort en 1935 dans un accident d'avion. Dans les étages supérieurs sont exposées des photographies retraçant sa vie. Du sommet (94 marches), on jouit d'une admirable **vue★★** vers l'est.

★★ Garden of the Gods

Garden Dr. (au nord de l'US-24) ou Gateway Rd (à l'ouest de 30th St.) - ℘ (719) 634-6666 - www.gardenofgods.com - 5h-22h (21h nov.-avr.) - entrée libre.
Le « Jardin des Dieux » est une surprenante composition naturelle : des formations de roche rouge surgissent de terre et s'élèvent jusqu'à 90 m, créant un paysage d'une rare beauté avec Pikes Peak en toile de fond. Le **Visitor Center** *(1805 N. 30th St., à l'est du parc - été : 9h-18h; hiver : 9h-17h - gratuit)* constitue une bonne introduction à la découverte de ce fantastique parc urbain : depuis sa terrasse d'observation la vue embrasse tout le Garden of the Gods. Au sous-sol, un spectacle multimédia *(15mn - 6 $)*, le **Geo-Trekker**, permet de comprendre la formation de ces roches. Le centre fournit par ailleurs toutes les informations nécessaires pour la visite du parc à pied, en Segway, en bus ou en Jeep. Academy Riding Stables *(www.academyridingstables.com - 100 $/1h, 160 $/2h)* propose également des promenades à cheval dans le parc. Ce dernier se parcourt ensuite en voiture : de nombreuses aires de stationnement permettent de voir les formations les plus célèbres (Le Rocher en équilibre, Les Flèches de cathédrale, Le Baiser des chameaux, Les Trois Grâces, La Tour de Babel), qui surgissent, spectaculaires, d'un océan de verdure. Quelques sentiers de 3 à 5 miles permettent de se promener tout autour.
Au sud du Visitor Center, dans le **Rock Ledge Ranch Historic Site** *(Gateway Rd et 30th St. - ℘ (719) 578-6777 - www.rockledgeranch.com - de juin à mi-août : merc.-sam. 10h-17h, dim. 13h-17h - 8 $)*, des figurants en costumes d'époque mettent en scène la vie quotidienne d'autrefois dans une ferme, un ranch et un ancien domaine.
Au sud du parc subsiste le **Garden of the Gods Trading Post** *(324 Beckers Lane - ℘ (719) 685-9045 - www.gardenofthegodstradingpost.com - été : 8h-20h30, hiver : 9h-17h)*. Ancien comptoir de commerce (1901), ce vaste édifice de style pueblo abrite aujourd'hui une galerie d'art et d'artisanat amérindien, une boutique de souvenirs et un restaurant.

★ ProRodeo Hall of Fame and Museum of the American Cowboy

101 Pro Rodeo Dr. (par l'I-25, sortie 147, puis Rockrimmon Blvd) - ℘ (719) 528-4764 - www.prorodeohalloffame.com - mai-août : 9h-17h; sept.-avr. : merc.-dim. 9h-17h - 19 $.
Deux présentations multimédia retracent l'histoire du rodéo, « le sport américain originel » *(voir p. 76)*, du 19e s. à nos jours. Des plaques et des statues en

1

bronze rendent hommage aux cow-boys les plus célèbres, ainsi qu'aux clowns, hommes de spectacle et techniciens du rodéo. D'autres présentations réunissent costumes et équipements de cow-boys, selles et cordes, et souvenirs personnels.

★★ US Air Force Academy

Academy Dr. West (par l'I-25, sortie 156B-North Gate Blvd) - ✆ (719) 333-2025 - www.usafa.af.mil - 9h-17h - gratuit. Attention, une pièce d'identité est exigée à l'entrée.

À 14 miles au nord du centre-ville, l'unique école militaire de l'Ouest s'étend sur quelque 75 km² au pied de la chaîne du Rampart Range. La visite autoguidée en voiture comprend une présentation de B-52 et deux points de vue panoramiques. Le joyau du site est la **chapelle des Cadets★★★** (1959-1963, Skidmore, Owings & Merrill, d'après un dessin de Walter Netsch). Surmontée de 17 flèches en aluminium de 46 m, cette vertigineuse cathédrale contient plusieurs chapelles, protestante, catholique, juive et œcuménique. Chaque jour en semaine, à 11h35, les 4 000 cadets de l'école défilent en bon ordre pour aller prendre leur repas près de la chapelle. À côté, le **Barry Goldwater Visitor Center★** *(9h-17h)* illustre par des présentations interactives la vie des cadets.

À proximité

CARTE DENVER ET SA RÉGION P. 52-53

★ Manitou Springs

À 4 miles à l'ouest de Colorado Springs par la bretelle de raccordement à l'US-24.
354 Manitou Ave. - ✆ (719) 685-5089 - www.manitousprings.org. Vous pourrez vous y procurer une brochure gratuite sur les sources afin de goûter aux huit eaux de la ville.

Bien avant que le général Palmer commence à promouvoir Manitou Springs comme station thermale, Indiens et premiers explorateurs connaissaient les vertus thérapeutiques des sources situées au nord-est de Pikes Peak. On y établit dans les années 1890 des thermes et plusieurs hôtels élégants. Aujourd'hui, galeries et B & B occupent nombre de ces constructions au charme suranné. Dans le centre-ville, les machines à sous de **Penny Arcade** *(900 Manitou Ave.)* donnent un air de fête foraine aux lieux.

★ **Miramont Castle** – *9 Capitol Hill Ave. - ✆ (719) 685-1011 - www.miramontcastle.org - 10h-15h, fermé lun. - 14 $.* Ce grand manoir en grès, construit à la fin du 19ᵉ s. par un prêtre français fortuné, ne compte pas moins de 30 pièces décorées dans neuf styles différents.

★ **Cave of the Winds Mountain Park** – *À 2 miles à l'ouest de Manitou Springs par la bretelle de raccordement à l'US-24 (par l'I-25, sortie 141) - ✆ (719) 685-5444 - www.caveofthewinds.com - été : 9h30-17h; hiver : 10h-17h - 27/34 $ - réserv. en ligne conseillée.* En 1880, deux enfants découvrent l'entrée d'une caverne. George Snider, habitant de Manitou, commence l'exploration de ses galeries. Il découvre une chambre de 70 m de long sur 15 de haut, aujourd'hui au centre d'une grotte touristique exploitée par sa famille. On y accède par une route inclinée qui serpente sur 1 mile. Les guides du très fréquenté **Discovery Tour** *(45mn)* expliquent la formation des grottes, en empruntant un sentier bétonné bien éclairé. Le **Lantern Tour** *(90mn)* est mené par un guide en costume qui retrace l'histoire des lieux et les légendes qui y sont attachées.

Great Sand Dunes National Park and Preserve.
SeanXu/Getty Images Plus

1

Manitou Cliff Dwellings Museum – *À 5 miles à l'ouest de Manitou Springs par la bretelle de raccordement à l'US-24 - ✆ (719) 685-5242 - www.cliffdwellingsmuseum.com -.avr.-oct. : 9h-17h ; reste de l'année se rens. - 12 $.* À la fin du 19e s., des archéologues démontèrent, pour les reconstruire ici, quarante pièces d'habitation et tours en maçonnerie des 12e et 13e s. des Indiens anasazis du Phantom Cliff Canyon (région des Four Corners). En 1896, les Amérindiens ont construit le pueblo voisin pour y résider jusqu'en 1984. Leurs descendants pratiquent toujours leurs danses traditionnelles en été. Deux musées et une grande boutique présentent des objets d'artisanat.

★★★ Pikes Peak

▶ *À environ 10 miles à l'ouest de Colorado Springs par Cimarron St./Rte 24.*
ℹ *✆ (800) 525-2250 - www.pikes-peak.com.*

Avec ses 4 300 m, Pikes Peak n'est pas le plus haut sommet des États-Unis, ni même du Colorado. Mais c'est le pic le plus impressionnant, sans doute le plus célèbre, en tout état de cause le plus accessible. Il est également connu pour sa course automobile de montagne, le **Pikes Peak International Hill Climb**, qui se tient chaque année en été.

Baptisé en 1806 par le lieutenant Zebulon Pike, explorateur militaire, qui le déclare « invincible », il est tout le contraire. Dès 1891, un chemin de fer, le plus haut du monde à l'époque, en fait l'ascension et Spencer Penrose y construit une route en 1916. Aujourd'hui, les visiteurs montent en train, en voiture ou à pied à **Summit House**, qui abrite un café et un magasin de souvenirs. Il fait souvent froid au sommet et il peut y neiger en toutes saisons. Quand le ciel est dégagé, on profite cependant de **panoramas★★★** incomparables, à l'ouest jusqu'aux Rocheuses enneigées, à l'est à travers la plaine, au nord jusqu'à Denver et au sud jusqu'aux Sangre de Cristo.

★★★ **Pikes Peak Cog Railway** - *515 Ruxton Ave. - Manitou Springs - ℘ (719) 685-5401 - www.cograilway.com - horaires des départs, se rens. - à partir de 58 $.* Ce chemin de fer à crémaillère offre l'occasion d'une belle excursion. Au départ de sa gare pittoresque, le train grimpe un dénivelé de 2000 m en suivant une suite de plans fortement inclinés, offrant des vues constamment changeantes. Parmi les rochers gambadent marmottes et mouflons d'Amérique. Au sommet, le train rejoint **Pikes Peak Highway★★**, une route à péage qui sinue sur 19 miles au départ de Cascade *(15 miles à l'ouest de Colorado Springs par l'US-24)*; après 6,8 miles, au **Crystal Reservoir & Visitor Center**, on roule sur des gravillons.

Les randonneurs peuvent quant à eux emprunter le **Barr Trail** *(www.barrtrail.net)*, un sentier ardu de 11,8 miles qui gravit un dénivelé de 2320 m de Manitou Springs jusqu'au sommet. La société Challenge Unlimited *(℘ (719) 578-0935 - www.advoutwest.com - mai-oct. - 175 $)* propose une descente de 20 miles à VTT (munis de bons freins) avec un guide.

Colorado Wolf and Wildlife Center

À 30 miles à l'ouest de Colorado Springs par l'US-24, puis Twin Rocks Rd après Divide. ℘ (719) 687-9742 - www.wolfeducation.org - visite guidée (1h15 env.) - été : mar.-dim. 10h, 12h, 14h et 16h ; hiver : mar.-dim. 10h, 12h et 14h - 25 $.

Renards, coyotes et loups ont trouvé refuge dans ce parc où des guides expliquent leur mode de vie. Ils offrent la possibilité de nourrir un loup dans son enclos et proposent également des visites nocturnes.

Florissant Fossil Beds National Monument

À 35 miles à l'ouest de Colorado Springs par l'US-24. ℘ (719) 748-3253 - www.nps.gov/flfo - 9h-16h30 - fermé dim. en hiver - 10 $.

Plus de 50000 fossiles, un des plus importants groupes de l'Oligocène (il y a 35 millions d'années) ont été sortis du lit schisteux de l'ancien lac Florissant. On y trouve une extraordinaire collection d'insectes et de plantes, représentant quelque 17000 espèces. Un réseau de 15 miles de sentiers permet de voir d'énormes bases de séquoias pétrifiées par des coulées de boue volcaniques.

★★ Cripple Creek

À 44 miles à l'ouest de Colorado Springs par l'US-24 jusqu'à Divide, puis Rte 67 vers le sud.

℘ (719) 270-1999 - www.visitcripplecreek.com.

En 1890, on découvrit de l'or sur le flanc est du Pikes Peak, à 2864 m d'altitude. Bientôt s'éleva en ce lieu le plus grand camp de prospecteurs du monde. En dix ans, la population atteignit 25000 habitants. Aujourd'hui, la ville (1142 hab.) est fière de ses casinos et de ses saloons, de son trolley (tour de ville guidée les sam. en été) et de son train. À 6 miles au sud, sa voisine, **Victor**, abritait près de 18000 habitants au tournant du siècle. Aujourd'hui réduite à moins de 500 habitants, elle a trouvé un nouveau filon dans l'industrie des casinos.

La mine ferma en 1961 mais l'extraction reprit en 1976, sous le contrôle de la **Cripple Creek & Victor Gold Mining Company**, filiale de l'AngloGold Ashanti, qui exploite de nos jours la mine à ciel ouvert de Cresson, la plus grande mine d'or du Colorado. L'or y est extrait par lixiviation, c'est-à-dire dissous par du cyanure.

★ **Cripple Creek & Victor Narrow Gauge Railroad** – *À l'extrémité est de Bennett Ave. - Cripple Creek - ✆ (719) 689-2640 - www.cripplecreekrailroad.com - de mi-mai à mi-oct. : 10h-17h (dép. ttes les 40mn - 45mn de trajet - 19 $).* Le train passe devant des mines abandonnées jusqu'à la ville fantôme d'**Anaconda**. La gare renferme le **Cripple Creek District Museum** *(✆ (719) 689-2634 - www.cripplecreekmuseum.com - de Memorial Day à mi-oct. : 10h-17h, reste de l'année : w.-end 10h-16h - fermé en mars - 9 $).*

★★ **Mollie Kathleen Gold Mine** – *À 1 mile au nord sur la Rte 67 - ✆ (719) 689-2466 - www.goldminetours.com - visite guidée (1h) - mai.-oct. : 9h-16h (dép. ttes les 30mn) - 30 $.* Les visiteurs peuvent descendre sur 300 m dans une vraie galerie de mine, guidés par d'anciens mineurs.

★★ Royal Gorge Bridge and Park

À 8 miles à l'ouest de Cañon City et 43 miles au sud-ouest de Colorado Springs par l'US-50.

✆ (719) 275-7507 - www.royalgorgebridge.com - 9h-16h/17h/18h selon la saison ; dernière entrée 2h avant la fermeture - 27 $.

Le Denver & Rio Grande Railroad s'était frayé un chemin en 1877 dans ce gouffre vertigineux de l'Arkansas River. Dominant le fleuve, ce pont suspendu (1929) haut de 291 m et long de 387 m fut jusqu'en 2001 le pont le plus élevé du monde. Le funiculaire qui plonge de la corniche date de 1931 ; le téléphérique qui traverse la gorge, de 1969. Les clubs de raft descendent les rapides depuis des décennies.

En 1999, la ligne **Royal Gorge Route Railroad**★★ a remis en service des trains de voyageurs dans la gorge, au départ de la gare de Santa Fe à Cañon City *(401 Water St. - ✆ (719) 276-4000 - www.royalgorgeroute.com - 1 à 4 dép./j. selon la saison - 2h de trajet - à partir de 89 $).* Le parc de 65 ha établi au bord de la gorge est doté d'une salle de spectacle et d'un chemin de fer miniature.

★★ Great Sand Dunes National Park and Preserve

Rte 150, à 164 miles au sud-ouest de Colorado Springs par l'I-25 et l'US-160.

✆ (719) 378-6395 - www.nps.gov/grsa - 25 $.

Les dunes les plus hautes d'Amérique du Nord (230 m) couvrent 100 km^2 du versant ouest des monts Sangre de Cristo. Formées par le vent pendant des milliers d'années, elles semblent incongrues si loin de tout désert ou océan. Le jeu de la lumière teinte leur sable fin d'or, de rose et de brun.

1

Carnet pratique

S'informer

Colorado Springs Visitor Center – *515 South Cascade Ave. - ✆ (719) 635-7506 ou (800) 888-4748 - www.visitcos.com.*

Nos adresses

Restauration

Premier prix

Uchenna – *2501 W. Colorado Ave. - ✆ (719) 634-5070 - www.uchennaalive.com - fermé dim.-lun. et le midi - plats 16/18 $.* Adresse familiale où l'on savoure une piquante cuisine éthiopienne et méditerranéenne. À emporter uniquement.

Pizzeria Rustica – *2527 W. Colorado Ave. - ✆ (719) 632-8121 - www.pizzeriarustica.com - fermé le midi sf vend.-dim. - pizza 15/18 $.* Sympathique trattoria napolitaine où les pizzas sont cuites au feu de bois et la mozzarella faite maison. Bon choix de vins et de bières artisanales. Terrasse sur jardin.

The Margarita at Pine Creek – *7350 Pine Creek Rd - ✆ (719) 598-8667 - www.margaritaatpinecreek.com - fermé sam. midi, dim. soir et lun.-mar. - menus 17,50/18,50 $.* Une adresse appréciée des locaux depuis plus de trente ans. Les deux bâtiments en adobe blanc comptent de multiples patios en plein air entourés d'une végétation abondante. Plats américains, mexicains ou européens et large choix de salades à midi.

Budget moyen

Carlos'Bistro – *1025 S. 21st St. - ✆ (719) 471-2905 - www.carlosbistrocos.com - fermé dim.-mar. et le midi - plats 20/65 $.* Un restaurant élégant sans être guindé, très réputé pour ses poissons et crustacés. Le patron, Carlos, réserve toujours un accueil chaleureux. Excellents vins.

Boire un verre

Ivywild School – *1604 S. Cascade Ave. - ✆ (719) 368-6100 - ivywildschool.com - 11h-22h (jeu. 21h, vend.-sam. 0h).* Cette ancienne école a été transformée en espace communautaire où l'on trouve aussi bien un coffee-shop qu'une brasserie locale et une salle de spectacle. Un endroit très convivial et unique en son genre.

Hébergement

Budget moyen

Holden House 1902 – *1102 W. Pikes Peak Ave. - ✆ (719) 471-3980 - www.holdenhouse.com - ▤ ♿ - 6 ch. 226 $ ☕.* Les propriétaires, Sallie et Welling Clark, ont entièrement restauré cette maison victorienne de 1902 pour en faire un charmant et intime B & B, plusieurs fois primé. Les chambres meublées à l'ancienne portent le nom de cités minières et disposent d'une large baignoire à remous. Bons petits-déjeuners.

Pour se faire plaisir

Cheyenne Mountain Resort – *3225 Broadmoor Valley Rd - ✆ (719) 538-4000 - www.wyndhamhotels.com - ▤ 🏊 ♿ - 316 ch. 199/571 $ -*

en sus - . Hôtel à la fois rustique et moderne qui s'étend sur près de 88 ha aux pieds de Cheyenne Mountain. On peut y jouer au golf, au tennis, faire du VTT, nager dans l'une des cinq piscines, etc. Les trois restaurants sauront combler toutes les envies !

The Mining Exchange – *8 S. Nevada Ave. - (719) 323-2000 - www.wyndhamhotels.com - - 117 ch. et suites 168/450 $* - . Dans un bâtiment historique du début du 20e s., ce bel hôtel de style Renaissance italienne est bien situé dans le centre de Colorado Springs. Les chambres sont sobres et confortables, le patio au rez-de-chaussée très agréable pour le petit-déjeuner. Centre de fitness et spa.

The St Mary Inn – *530 N. Nevada Ave. - (719) 540-2222 - www.thestmarysinn.com - - 12 ch. 329/352 $* . Très appréciée des voyageurs, cette maison d'hôte située un peu au nord du centre-ville occupe une demeure victorienne de 1865 décorée avec goût et aux infrastructures bien rénovées. Accueil prévenant et copieux petit-déjeuner.

Une folie

The Broadmoor – *1 Lake Ave. - (855) 634-7711 - www.broadmoor.com - payant - - 779 ch. 383/1032 $* - . Cet ancien casino a été transformé en hôtel en 1918. Niché aux pieds des montagnes Rocheuses, ce somptueux cinq-étoiles a conservé sa façade en stuc et son escalier de marbre en spirale. Un Spa, deux terrains de golf, trois piscines et un cinéma permettent de se détendre.

À proximité

Budget moyen

The Outlook Lodge – *6975 Howard St. - Green Mountain Falls - (855) 463-2557 - www.outlookgmf.com - 11 ch. et suites 180/226 $*. Plusieurs chalets composent cet hôtel aux chambres modernes et cosy, au cœur d'un petit village de montagnes. Une très bonne option pour les familles, pratique pour rayonner dans la région.

The Cliff House at Pikes Peak – *306 Cañon Ave. - Manitou Springs - (719) 785-1000 - www.thecliffhouse.com - payant - - 54 ch. 155/300 $* - . Bâti en 1873 pour servir de station thermale, le Cliff House a été abandonné avant d'être rénové en 1999. Il a conservé l'aspect de presbytère victorien, des chambres d'hôte au porche en passant par les jardins. Seuls ont été ajoutés les décorations 20e s., deux restaurants et une cave à vin.

1

Cheyenne ★

Première ville du Wyoming, elle fut fondée en 1867 pour les travailleurs du rail, à 10 miles au nord de la frontière du Colorado. Avec la venue du train arrivèrent des milliers d'immigrants : spéculateurs et escrocs, mais aussi une majorité d'honnêtes marchands et négociants, et des cow-boys qui mirent en valeur la prairie. Des groupes de citoyens débarrassèrent la ville des hors-la-loi. Cheyenne s'installa alors dans le confort d'une ville de la Frontière, avec des rues bordées de résidences élégantes. Quand le Wyoming rejoignit l'Union en 1890, Cheyenne devint sa capitale. Depuis 1897, il s'y déroule chaque été le plus grand rodéo en plein air du monde, les Cheyenne Frontier Days, qui passionnent le sud-est du Wyoming. Le reste du temps, la ville demeure très calme.

Se repérer

64 610 habitants – Wyoming – *Mountain Time.*

CARTE C1 (P. 36-37). À 1850 m d'altitude, Cheyenne est à 90 miles au nord de Denver et 46 miles de Fort Collins.

À ne pas manquer

Les Cheyenne Frontier Day, fin juillet.

Organiser son temps

Réservez longtemps à l'avance votre hébergement pour les Cheyenne Frontier Days.

En famille

Cheyenne Frontier Days Old West Museum ; Wyoming Territorial Prison State Historic Site ; Terry Bison Ranch.

Carnet pratique p. 80

Nos adresses p. 80

Se promener

La visite à pied ou en trolley du centre historique commence à la gare de 1886, **Union Pacific Depot**. Elle abrite aujourd'hui un musée dédié à l'histoire du rail : modèles de trains, construction mythique de la ligne transcontinentale, fondation de Cheyenne. *(121 W. 15th St. - ✆ (307) 632-3905 - www.cheyennedepotmuseum.org - 9h-17h, sam. 9h-15h, dim. 11h-15h - 10 $).*

Wyoming State Capitol

24th St. et Capitol Ave. - ✆ (307) 777-7220 - www.wyo.gov - lun.-vend. 8h-17h et les sam. de 9h30 à 14h30 de mai à sept. - gratuit.

Le modeste capitole en grès gris coiffé d'un dôme doré à la feuille (1890) a fait l'objet d'une restauration complète achevée en 2019. Elle a mis en valeur sa décoration d'origine : escaliers monumentaux, plafond en vitrail de la coupole réalisé en Angleterre, lustres Tiffany, ferronneries de cuivre ouvragées, lambris d'érable et de merisier... L'ensemble est entièrement accessible au public (sauf le bureau du gouverneur) et vous pourrez déambuler librement à travers le cœur du pouvoir exécutif et législatif de l'État, croisant un sénateur dans les couloirs ou assistant à une session de la Chambre des représentants. Une plongée dans la démocratie américaine au quotidien.

Wyoming State Museum

2301 Central Ave. - ✆ (307) 777-7022 - wyomuseum.wyo.gov - lun.-sam. 9h-16h30 - gratuit.

Les dix galeries du musée exposent l'histoire du Wyoming, mettant l'accent, entre autres, sur les dinosaures, les cultures shoshone et arapaho, l'extraction de l'or, de l'uranium et du charbon, la recherche du jade et la tradition des cow-boys : collections d'armes, de selles, de tissages indiens... Le musée propose également d'intéressantes expositions temporaires.

Historic Governor's Mansion

300 E. 21st St. - ✆ (307) 777-7878 - wyoparks.wyo.gov - juin-sept. : 9h-17h, dim. 13h-17h - reste de l'année : merc.-sam. 9h-17h - fermé janv.-mars - gratuit.

Cette élégante demeure néoclassique a été construite en 1904 pour servir de résidence aux gouverneurs de l'État. Elle est restée en fonction jusqu'en 1976 et fut occupée de 1925 à 1927 par Nellie Tayloe Ross, la première femme à avoir été élue au poste de gouverneur aux États-Unis (et la seule à ce jour dans le Wyoming). L'ensemble a été habilement restauré en respectant l'histoire du bâtiment et les styles qui le compose. Passé le hall d'entrée où vous ont précédé Harry Truman ou Richard Nixon, vous découvrirez les pièces de réception, la bibliothèque, la cuisine dans leur état de 1905. Les chambres à l'étage illustrent plusieurs époques (1905, 1940). Une agréable visite en compagnie des bénévoles qui assurent l'accueil.

★ Cheyenne Frontier Days Old West Museum

4610 N. Carey Ave. - Frontier Park - ✆ (307) 778-7290 - www.oldwestmuseum.org - 9h-17h - 17,50 $.

Les organisateurs des Cheyenne Frontier Days consacrent une des ailes de leur quartier général à l'histoire de cette manifestation, avec une vidéo de 55mn, *Dust and Glory*. Le musée présente aussi une collection de 150 chariots, calèches et attelages anciens, des objets, costumes et documents liés à l'histoire de l'Ouest et à l'univers du rodéo.

Cheyenne, la Big Boot devant le magasin pour cow-boys The Wrangler.
R. Harding/hemis.fr

1

Huit secondes, ou le monde du rodéo

Chaque année, la dernière semaine de juillet, les fans de rodéo sont près de 300 000 à assister aux **Cheyenne Frontier Days**, plus grand rodéo professionnel en plein air du monde. En janvier, ils sont 100 000 de plus à se rendre à Denver pour le **National Western Stock Show and Rodeo**, plus grande foire aux bestiaux et plus grand rodéo couvert du monde. Parades, barbecues et musiques country accompagnent le rodéo, qui fait s'envoler la poussière des arènes.

Un rituel indissociable de l'Ouest américain

Le rodéo est le sport « national » du Wyoming ; on y compte plus de professionnels que dans les autres sports vedettes des États-Unis – football, base-ball ou basket. Comme leurs aïeux du 19e s., les jeunes employés des ranchs confrontent leurs talents dans des rites de passage à l'âge adulte, pour voir qui est le meilleur cavalier, le meilleur lanceur de lasso, le plus habile à maîtriser un bouvillon (jeune bœuf castré). Ceux qui réussissent peuvent poursuivre les compétitions régionales, où boucles de ceinture en argent et primes en dollars récompensent les vainqueurs.

Les meilleurs deviennent membres de la Professional Rodeo Cowboys Association, qui supervise un cycle annuel de compétitions, culminant en décembre avec le **National Finals Rodeo de Las Vegas**, au Nevada. Leurs primes peuvent atteindre plus de 70 000 $. Le plus riche des cow-boys de rodéo, le Texan Trevor Brazile, a cumulé plus de 7 millions de dollars de prix en 20 ans de carrière.

La fureur du taureau et les ruades du bronco

Une compétition de rodéo traditionnelle comporte six épreuves principales : chevaucher un taureau, monter un bronco (cheval sauvage) sellé, monter un bronco à cru, terrasser un bouvillon, attacher un veau au lasso le plus rapidement possible (en individuel et par équipe), et, pour les femmes, la course aux tonneaux. Dans les trois premières, le score tient compte du style du cavalier et du niveau de difficulté. La force et le caractère des animaux peuvent rapporter des points : habileté et courage sont indispensables, mais le tirage au sort joue aussi un rôle. Dans les trois autres épreuves, c'est la vitesse qui prime.

L'épreuve la plus dangereuse est de chevaucher le taureau. Pour se qualifier, les cavaliers doivent rester huit secondes sur le dos d'un taureau d'une tonne, avec pour seule aide une corde attachée autour de la bête. Si le taureau réussit à se débarrasser de son cavalier, il peut retourner contre lui ses cornes et ses sabots. Beaucoup de cow-boys ont été gravement blessés, certains tués. Une fois à terre,

Les Cheyenne Frontier Days

Le plus grand rodéo en extérieur du monde, couplé à un défilé et un carnaval, le « Daddy of 'em All » (« père de tous les rodéos ») a débuté en 1897. Attirant tous les habitants du sud-est du Wyoming, il réunit chaque année quelque 300 000 spectateurs qui viennent assister aux rodéos et aux concerts, faire un tour à cheval ou visiter la foire.

9 jours fin juillet - ✆ (307) 778-7222 - www.cfdrodeo.com.

Bronco Buster dans le Wyoming.
C. Haney/Danita Delimont Agency/age fotostock

les cavaliers n'ont plus qu'à espérer que les clowns du rodéo parviendront, au risque de leur vie, à détourner le taureau.
La chevauchée du bronco dure aussi huit secondes. On relâche le cheval, retenu dans un enclos palissé, avec sur son dos un cavalier qu'il tente d'éjecter par des ruades effrénées. Pour rester en place, les cow-boys suivent un mouvement rythmé de balancier. Ceux qui montent à cru n'ont qu'une rêne pour se tenir. Ceux qui ont une selle ont une grosse corde et des étriers pour s'agripper aux flancs du bronco. Lorsque les huit secondes sont passées, les cow-boys s'échappent sur un autre cheval monté par un « ramasseur », le *pickup man*.
La lutte avec le bouvillon, appelée aussi **bulldogging**, a été inventée au début du 20e s. par un célèbre cow-boy noir, Bill Pickett. Un *hazer* (meneur de bœufs) à cheval oblige le bouvillon à courir en ligne droite ; le *dogger* saute de son cheval sur le dos de la bête de 350 kg, s'empare de ses cornes et la fait chuter, tête et membres du même côté, souvent en moins de sept secondes.
La meilleure épreuve pour tester un cow-boy est sans doute le **roping**, savoir-faire encore utilisé dans les ranchs pour marquer le jeune bétail. Les chevaux suivent un entraînement spécial. Dans l'épreuve par équipes, deux cavaliers prennent un bouvillon au lasso, l'un par ses cornes, l'autre par ses pattes de derrière. Dans l'épreuve individuelle, le cow-boy se jette au bas de son cheval pour attacher trois des pattes du veau qu'il a attrapé. La bête a six secondes pour se libérer ; une fois ce temps écoulé, on la relâche rapidement.
La course aux tonneaux, **barrel racing**, seule épreuve féminine, demande vitesse et agilité. Les cavalières suivent un parcours en feuille de trèfle autour de trois tonneaux espacés de 30 m.

À proximité

CARTE P. 36-37

Terry Bison Ranch C1

À 12 miles au sud de Cheyenne par l'I-25 (dir. Denver) - (307) 634-4171 - www.terrybisonranch.com - 7h-15h30 - promenade en train 20 $.

À son activité d'élevage de bisons, ce ranch de près de 12000 ha a ajouté un volet touristique. À partir d'un amusant village reconstitué, les propriétaires proposent une promenade en train à la rencontre de quelques-uns des 3000 bisons que possède le ranch. D'autres activités sont destinées aux enfants, promenade guidée à cheval (à partir de 8 ans), ferme des animaux... On peut aussi s'y restaurer d'excellents steaks... de bison bien sûr.

Laramie C1

À 51 miles à l'ouest de Cheyenne par l'I-80 ou la Rte 210.

800 S. 3rd St. - (307) 745-4195 - www.visitlaramie.org.

Si la création de la ville est étroitement liée à l'arrivée du chemin de fer, Laramie a suivi un parcours différent de Cheyenne, avec l'établissement en 1886 de l'université du Wyoming. Aujourd'hui, au moins la moitié des 32035 habitants de Laramie sont étudiants, professeurs ou employés de l'université. Le centre-ville conserve son cachet du temps des pionniers le long de Grand Ave et 2nd St., bordées de bars, de restaurants et de boutiques.

Laramie Plains Museum – *603 E. Ivinson St. - (307) 742-4448 - www.laramiemuseum.org - visite guidée (1h) : mar.-sam. 13h-16h ; fermé déc. déb. mars - 10 $.* Situé à la sortie du campus, un manoir de 1892 a été transformé en musée dans lequel on se retrouve plongé au début du 20e s. : vêtements, mobilier, objets, etc.

University of Wyoming – *1000 E. University Ave. - (307) 766-1121 - www.uwyo.edu.* La plupart des bâtiments qui entourent le quadrilatère du campus sont en pierre calcaire. Signalé par un tyrannosaure grandeur nature en cuivre, le **Geological Museum** *(S.H. Knight Building - (307) 766-2646 - www.uwyo.edu/geomuseum - lun.-sam. 10h-16h - gratuit)* abrite un squelette complet de brontosaure, des spécimens de jade et d'uranium, et des carottes provenant de forages pétroliers. L'**University of Wyoming Art Museum** *(2111 Willett Dr. - (307) 766-6622 - www.uwyo.edu/artmuseum - mar.-sam. 10h-17h - gratuit)* est dédié à l'art de l'Ouest américain, avec des œuvres de Catlin, Remington et Moran ; il partage le futuriste Centennial Complex d'Antoine Predock avec l'**American Heritage Center**, un centre d'archives et de recherche.

★ **Wyoming Territorial Prison State Historic Site** – *975 Snowy Range Rd (à 2 miles à l'ouest du centre-ville par l'I-80) - (307) 745-3733 - wyoparks.wyo.gov - mai-sept. : 9h-16h ; oct.-avr. : jeu.-sam. 10h-15h - 9 $.* Cette ancienne prison territoriale du Wyoming servit de 1872 à 1903. Elle conserve l'ensemble de son aspect d'origine, avec son enceinte, la maison du directeur, les remises et le long bâtiment abritant les cellules. Il ne manque que les prisonniers en costume rayé. La visite permet de découvrir les couloirs et les coursives sur lesquels ouvraient les cellules, mais aussi le greffe devant lequel étaient présentés les nouveaux arrivants, les cuisines... Le parcours est accompagné de photos de quelques-uns des 1200 pensionnaires qui se sont succédé dans les lieux, avec leurs états de service détaillés. On y apprend que certains réussirent à s'évader – parfois sans jamais être rattrapés –, ou qu'un autre, après avoir purgé sa peine, devint un commerçant prospère et respecté de Laramie. Le plus célèbre des prisonniers fut Butch Cassidy dont l'histoire est racontée en détail. La prison est entourée d'un complexe touristique où ont été reconstitués des édifices d'époque. En été, des figurants en costume viennent animer les lieux.

Au nord de Cheyenne

Quebec 01 HORS PLAN PAR C1

À 30 miles au nord de Cheyenne par l'I-25 (sortie 39) - ✆ (307) 777-7878 - wyoparks.wyo.gov - mai-sept. 9h-17h - 8 $.

De 1962 à 2006, ce site militaire a abrité le poste de commandement de l'arsenal nucléaire américain. La visite se déroule en deux temps : on découvre tout d'abord le musée qui présente l'histoire de Quebec 01 dans le contexte de la guerre froide. On descend ensuite par un ascenseur à 15 m sous terre pour entrer dans le poste de commandement, gardé par deux énormes portes de 8 et 12 tonnes capables de résister au souffle du feu nucléaire. Deux officiers y assuraient une garde de 24h, le doigt prêt à appuyer sur le bouton fatal.

Register Cliff HORS PLAN PAR C1

Guernsey - à 100 miles au nord de Cheyenne par l'I-25 puis l'I-26 - accès libre.

Classée Historic Place, cette falaise qui domine la vallée de la North Platte a été une étape très fréquentée à l'époque de la conquête de l'Ouest. Les premiers à y avoir fait halte furent sans doute des trappeurs au début du 19e s. La falaise devint par la suite la première étape après Fort Laramie pour les émigrants qui empruntaient l'Oregon Trail. Des centaines d'entre eux ont gravé leur nom dans la roche tendre de la falaise. Ces émouvants témoignages sont aujourd'hui toujours visibles. L'un des plus anciens graffitis est daté du 14 juillet 1829. Peut-être fut-il laissé par un Français en commémoration de la prise de la Bastille.

1

★★ Fort Laramie National Historic Site HORS PLAN PAR C1

À 113 miles au nord de Cheyenne par l'I-25, l'US-26 et la Rte 160. ✆ (307) 837-2221 - www.nps.gov/fola - de l'aube au crépuscule - gratuit.

En 1834, des marchands de fourrure fondèrent ici un modeste comptoir pour y commercer avec les Sioux lakotas. En 1849, alors les premières vagues d'émigrants s'avançaient vers l'Ouest, l'armée américaine acheta l'endroit, baptisé dès lors Fort Laramie. Au fil des ans, le poste devient la plus importante place militaire des plaines du nord, un nœud de communication par lequel transitaient les émigrants, les diligences, le Pony Express, puis le télégraphe. D'ici ont été également lancées de sanglantes campagnes contre les Amérindiens qui tentaient de résister à l'accaparement de leurs terres ancestrales. Le fort fut abandonné en 1890. La moitié des 22 bâtiments qui ont survécu ont été restaurés et meublés, reprenant leur aspect du 19e s. Le poste du commandant de 1884 est aujourd'hui occupé par le Visitor Center *(8h-18h/16h en hiver - gratuit)* où un **musée** présente des photographies anciennes et autres objets, dont une maquette du fort à l'époque de sa plus grande extension.

Carnet pratique

S'informer

Visit Cheyenne – *21 W. 15th St. (à l'angle de Capitol Ave.) - ✆ 307 778 3133 - www.cheyenne.org.*

Agenda

Cheyenne Frontiers Days – *Fin juillet - www.cfrodeo.com.* *Voir encadré p. 76.* Le plus grand rodéo en extérieur du monde. À moins de vous y prendre plusieurs mois à l'avance, inutile d'essayer de trouver une chambre d'hôtel pendant cette période.

Fridays on the Plaza – *www.cheyennepresents.com.* Le vend. à partir de 17h30 de juin à août sur l'esplanade de l'Union Pacific Depot. Le rendez-vous festif de l'année : musique *live*, food trucks et joyeuse ambiance.

Nos adresses

Restauration

Premier prix

The Albany – *1506 Capitol Ave. - ✆ (307) 638-3507 - www.albanycheyenne.com - fermé dim. - plats 19/26 $.* Ce restaurant situé en face de Union Pacific Depot est tenu par la même famille depuis 1942. Fréquenté par les locaux, il propose une cuisine traditionnelle (options végétariennes) dans un cadre au charme désuet. En entrée, testez les *potato skins*, des peaux de pomme de terre agrémentées de bacon, de cheddar et d'une sauce maison.

Luxury Diner – *3831 Lighthouse Way, New Port Richey - ✆ (727) 848-5655 - www.luxurydiner.com - fermé le soir - plats 8,50/11,50 $.* Un *diner* typique installé ici depuis 1926. Une institution en ville pour ses petits-déjeuners de cow-boy qui vous mettront en selle pour la journée. Cartes de burgers et plats du jour tout au long de la semaine. En vedette, le *meatloaf* maison du jeudi.

Budget moyen

The Metropolitan Downtown – *1701 Carey Ave. - ✆ (307) 432-0022 - www.themetdowntown.com - fermé lun. et dim. soir - plats 25/45 $.* De la façade à la déco intérieure, c'est une sympathique plongée dans les *fifties*. Confortablement installé sur les banquettes en skaï, vous dégusterez des plats de l'Ouest, steaks de viandes choisies ou saucisses de bison. Vous pourrez aussi opter pour des pâtes à l'italienne ou un plat de poisson. Au déjeuner, carte de copieux et délicieux sandwichs.

Prendre un verre

Westby Edge – *714 W. 20th St - ✆ (307) 369-1555 - www.westbyedge.com - service continu.* Parmi la demi-douzaine de microbrasseries que compte la ville, celle-ci tire son épingle du jeu pour son cadre, un ancien entrepôt réhabilité augmenté d'un jardin, pour la chaude ambiance et pour la qualité de ses bières. Petite carte de snacking pour éponger l'IPA maison.

The Paramount Ballroom – *1609 Capitol Ave. - ✆ (307) 220-4554 - www.paramountballroomcheyenne.com - merc.-sam. 17h-22h.* Le temple des cocktails à Cheyenne. Le mixologue maison concocte des breuvages très créatifs relevés de ses sirops *house made.* Et bien sûr, tous les classiques du genre préparés dans les règles de l'art. Agréable salle plutôt cosy et jardin à la belle saison.

Shopping

The Wrangler – *1518 Capitol Ave. - ✆ (307) 634-3048 - 9h-20h (dim. 11h-20h).* Tout pour les cow-boys et les cow-girls : bottes par centaines de modèles, Stetsons, chemises à carreaux, jeans... Le tout abrité dans un ancien entrepôt de la fin du 19e s. Immanquable.

Activités

Cheyenne Street Railway Trolley – *Départ : Cheyenne Depot Plaza - avr.-oct. : tlj à 11h, 13h et 15h ; nov.-mars : sam.-dim. 11h et 13h - 18 $.* De jolis trolleybus de style vintage vous emmènent pour une balade commentée de 90mn pour revivre le passé de la ville.

Hébergement

En dehors des hôtels du centre-ville ci-dessous, vous trouverez plusieurs motels confortables à la sortie sud de la ville au-delà de l'I-80 : Tru by Hilton, SpringHill by Marriott, Red Lion (le seul avec restaurant).

Premier prix

The Historic Plains Hotel – *1600 Central Ave. - ✆ (307) 638-3311 - www.theplainshotel.com - 131 ch. 71/153 $* ☕ - ✕. Inauguré en 1911, ce grand hôtel très central a conservé son décor d'époque, quand barons du bétail et tycoons du pétrole arpentaient ses salons richement décorés. Demandez les chambres rénovées qui offrent un bon confort à prix raisonnable.

Budget moyen

Nagle Warren Mansion – *222 E 17th St. - ✆(307) 637-3333 - www.naglewarrenmansion.com - 12 ch. à partir de 250 $* ☕. Pour une nuit de grand style et hors du temps. Cette imposante demeure de la fin du 19e s. arbore sa décoration d'origine soigneusement restaurée, son mobilier, ses tentures, ses papiers peints de style victorien. Vous serez accueilli par Jas Barbé, le maître des lieux, qui a bourlingué dans de grandes maisons aux États-Unis et en Europe (en France notamment), avant de tomber amoureux de cette demeure historique, la plus belle de Cheyenne au tournant du 20e s. Vous passerez peut-être la nuit dans la chambre qu'a occupée Theodore Roosevelt.

Les Rocheuses ★★

High Rockies

S'étendant sur plus de 50 000 km², traversées de routes qui gravissent des cols vertigineux et s'enfoncent profondément dans les vallées, les montagnes Rocheuses offrent à tout instant un véritable régal pour les yeux. L'intrépide voyageur y est récompensé de ses efforts par la richesse de la flore et de la faune, les vestiges de l'ère minière et la possibilité d'y pratiquer des loisirs comme nulle part ailleurs.

Se repérer

Colorado – *Mountain Time.*

CARTE BC1 (P. 36-37) - CARTE DENVER ET SA RÉGION (P. 52-53).

Les High Rockies désignent la partie la plus montagneuse du Colorado, à l'ouest de Denver. Le terme de Front Range s'applique au flanc le plus à l'est des Rocheuses. À l'ouest du Continental Divide (ligne continentale de partage des eaux), la région est nommée la Western Slope.

À ne pas manquer

Trail Ridge Road, au sein du Rocky Mountain National Park.

Organiser son temps

Prévoyez deux jours pour le Rocky Mountain National Park si vous voulez faire un peu de randonnée.

En famille

Vail Nature Center ; Glenwood Caverns Adventures Park à Glenwood Springs.

Carnet pratique p. 91

Nos adresses p. 91

Découvrir

CARTE DENVER ET SA RÉGION P. 52-53

★★ De Denver à Steamboat Springs

Black Hawk et Central City

À 38 miles à l'ouest de Denver par l'I-70 ou par Golden et l'US-6.

103 Eureka St. - Central City - (303) 582-3345 - www.centralcity.colorado.gov.

Fondées en 1859 suite à la découverte de filons d'or, ces deux villes séparées par un peu plus d'un kilomètre, sises aux pieds des collines, restèrent longtemps abandonnées. Grâce à la légalisation, en 1991, des paris limités et à l'ouverture d'une cinquantaine de casinos, elles ont aujourd'hui retrouvé toute leur vitalité.

L'endroit où Gregory Gulch découvrit son filon marque l'entrée de Central City, constituée de quelques rues en pente raide et de trottoirs étroits. Suite au terrible incendie de 1874, qui dévasta la ville, la brique a été adoptée comme matériau principal et l'on peut encore voir aujourd'hui les solides bâtiments de style victorien bâtis à l'époque. Parmi ceux-ci, le **Central City Opera**★ *(124 Eureka St. - (303) 292-6500 - www.centralcityopera.org)*, bâti en 1878, qui propose une saison de six semaines de spectacles en été depuis 1932.

Rocky Mountain National Park.
Matt Dirksen/Getty Images Plus

1

★★ Peak to Peak Highway

Circuit de 55 miles de Black Hawk à Estes Park par les Rtes 119, 72 & 7, tracé en vert sur la carte p. 52-53. Comptez 1h30.

Cette route pittoresque serpente à travers des forêts de pins qui laissent, au gré des ouvertures, découvrir de saisissantes vues de la montagne. Au niveau de la petite ville de **Nederland**, une ancienne ville d'équipements miniers, la Route 119 tourne vers l'est en direction de Boulder. Continuez vers le nord sur la Route 72. Après avoir parcouru 13,6 miles, tournez à gauche en direction de **Brainard Lake★**, lac niché au creux des sommets enneigés d'Indian Peaks Wilderness.

Rejoignez la Rte 72, poursuivez en direction du nord sur 9 miles puis tournez à gauche pour prendre la Rte 7 en direction d'Estes Park.

Estes Park

Au carrefour de l'US-34, l'US-36 et la Rte 7.

500 Big Thompson Ave. - ✆ (970) 577-9900 - www.visitestespark.com.

Estes Park est une petite localité très touristique située en bordure du Rocky Mountain National Park, à l'est. Aux portes de la ville, admirez la blanche façade du **Stanley Hotel** *(voir « Nos adresses »)* un bâtiment historique datant de 1909.

Empruntez l'US-36 depuis le sud d'Estes Park pour rejoindre l'entrée principale du parc national et celle de Beaver Meadows Visitor Center.

★★★ Rocky Mountain National Park

US-34 & US-36 - ✆ (970) 586-1206 - www.nps.gov/romo - ouvert toute l'année, mais accès parfois difficile jusqu'en juin en raison de la neige : se rens. sur l'état des routes et des sentiers de randonnée - 30 $ par véhicule.

Ce magnifique parc de plus de 1000 km² offre des paysages sauvages composés de montagnes escarpées, de vallées couvertes de givre, de petits lacs et d'une immense toundra alpine occupant près d'un tiers du parc. Plus d'une centaine de montagnes dépassent 3200 m, la plus élevée étant le pic de Longs, culminant à 4345 m. Celui-ci se distingue par son sommet aplati qui domine la partie sud-est du parc. Les montagnes au nord-ouest du pic sont appelées les Never Summer Mountains et forment une véritable forteresse alpine où la neige est présente toute l'année.

Le **Beaver Meadows Visitor Center** *(sur l'US-36, à 3 miles d'Estes Park - 9h-16h30)* fournit des cartes du parc et propose des promenades guidées et des conférences. De là part la **Bear Lake Road★** *(10 miles)*, qui conduit au sud jusqu'aux points de départ de plusieurs sentiers de randonnée.

★★★ Trail Ridge Road

Circuit de 48 miles d'Estes Park à Grand Lake par l'US-34, tracé en bleu sur la carte p. 52-53 – Comptez 2h30 – de fin mai à oct. selon les conditions météorologiques.

La route pavée la plus élevée d'Amérique du Nord quitte les forêts de conifères et de trembles pour rapidement débuter son ascension et culminer à 3713 m au milieu d'une toundra désertique offrant des panoramas saisissants. Elle est jalonnée de plusieurs aires d'observation, parmi lesquelles **Many Parks Curve★★** et **Forest Canyon Overlook★★**.

À **Rock Cut★★**, un sentier d'interprétation, le **Tundra Trail** *(0,5 mile)*, dévoile la géologie, la flore et la faune de cet environnement sauvage. Aussi court que facile d'accès, il peut se révéler épuisant pour ceux qui n'ont pas l'habitude de marcher à une telle altitude.

Parvenue à son point le plus élevé, la route descend en courbe vers **Gore Range Overlook★** et **Alpine Visitor Center**, traversant le Continental Divide au col de Milner (3279 m). Attention aux panneaux qui avertissent les visiteurs qu'il ne faut pas marcher sur la fragile toundra.

Environ 5 miles avant Grand Lake, **Coyote Valley Trail** constitue un sentier facile et agréable *(boucle de 1 mile)* au bord de la source du Colorado, face à une prairie où il n'est pas rare d'apercevoir des élans et caribous en fin de journée.

★ Grand Lake

Rte 278 en quittant l'US-34. www. gograndlake.com.

Cette petite ville située à l'entrée ouest du parc est constituée de constructions en rondins et de passages en bois typiques de l'Ouest d'antan. Elle tire son nom de son grand lac glaciaire (1,9 km de long pour 1,6 km de large et près de 122 m de profondeur) que nourrit le fleuve Colorado. Au sud de Grand Lake, deux barrages obstruent le fleuve pour former le **Shadow Mountain Lake** et le grand **Lake Granby**.

Middle Park

Vallée du fleuve Fraser, US-40 au sud de Granby.

De nombreux troupeaux viennent paître dans cette large vallée, si bien protégée par les montagnes alentour qu'elle est le lieu le plus froid de la zone continentale des États-Unis.

Cozens Ranch Museum – *US-40 au sud de Fraser - ✆ (970) 726-5488 - www. grandcountyhistory.org - 10h-16h - fermé lun.-mar. en hiver - 8 $.* Collection d'outils et artefacts de pionniers et d'Utes au sein d'un ranch, d'une halte de diligence et d'un bureau de poste de 1870.

Un peu d'histoire

Les Utes ont dominé la région du 17e au 19e s., même si Cheyennes et Arapahos chassaient également sur ces terres. Après l'acquisition par les États-Unis du territoire, Zebulon Pike partit à la découverte de ses rivières et de ses vallées en 1806, le major Stephen Long s'aventura en amont de la South Platte et dans les vallées de l'Arkansas en 1820, tandis que John C. Frémont explora la rivière Colorado en 1842. Mais il faudra attendre la promesse de découvrir de riches gisements de minerais pour que les premiers colons permanents s'y installent.
Si la guerre de Sécession freina la ruée vers l'or débutée en 1859, la découverte d'argent créa, elle, de nouvelles attentes. Les montagnes étaient considérées comme si redoutables que la ligne de chemin de fer transcontinentale fut tracée à travers le Wyoming voisin, en 1869. Des lignes de chemin de fer à voie étroite commencèrent à desservir les camps miniers dans les années 1870. Une fois les ressources épuisées, certaines implantations se transformèrent en villes-fantômes. D'autres tinrent bon. Central City, Georgetown, Breckenridge, Leadville, Aspen et Crested Butte font partie des survivantes.

★ **Winter Park** – *US-40 - ✆ 970 726 4118 - www.playwinterpark.com.* Ville connue pour ses parcours de VTT et ses pistes de ski répartis sur deux montagnes. La route traverse le Continental Divide à 3 467 m, au **Berthoud Pass**.

1

★★ Steamboat Springs

À 156 miles au nord-ouest de Denver par l'I-70 (sortie 157), puis l'US-40.
125 Anglers Dr. (sur l'US-40, en face des McDonald et Wendy) - ✆ (970) 879-0880 - www.steamboatchamber.com.

Vraie ville de l'Ouest (13 302 habitants) dans la vallée de la Yampa, Steamboat a su préserver son identité. Si elle se targue d'avoir produit 80 champions olympiques de sports d'hiver, elle conserve aussi de nombreux ranchs en activité.
Chaque été, des rodéos sont organisés en ville à la **Brent Romick Rodeo Arena** *(501 Howelsen Pkwy, sur la rive sud de la Yampa - ✆ (970) 879-1818 - www.steamboatprorodeo.com - vend. et sam. à 19h30 - durée 2h - 20/50 $).*
La vallée abrite de nombreuses sources thermales. Situé en plein centre, **Old Town Hot Springs** *(angle Lincoln Ave. et 3rd St., à côté de la poste - ✆ (970) 879-1828 - www.oldtownhotsprings.org - 6h-21h, w.-end. 7h-21h - 29 $)* est un complexe aquatique incluant bains chauds, cascades, toboggans et bassins ludiques.
Plus loin, à l'est de la ville, le **Strawberry Park Hot Springs** *(44200 County Rd #36 - ✆ (970) 879-0342 - www.strawberryhotsprings.com - 10h-22h (0h vend.-sam.) - 20 $/2h)* permet de profiter de bains à 38 °C en plein air, où le port du maillot n'est plus obligatoire à la nuit tombée. Des navettes depuis le centre sont assurées par Sweet Pea Tours *(✆ (970) 879-5820 - www.sweetpeatours.com - jusqu'à 7 navettes/j. - 50 $ AR avec l'entrée des bains).*
Steamboat Art Museum – *807 Lincoln Ave. - ✆ (970) 870-1755 - www.steamboatartmuseum.org - 11h-18h, sam. 11h-17h - fermé dim.-lun. - gratuit.* Installé dans le bâtiment en brique de l'ancienne First National Bank, il expose des peintres et photographes régionaux.
Le premier vendredi du mois en été, les galeries d'art situées le long de Lincoln Avenue proposent des rencontres avec les artistes dans une ambiance festive, le

First Friday Artwalk *(www.steamboatcreates.org - 17h-20h).*
★ **F.M. Light & Sons** – *830 Lincoln Ave. - ✆ (970) 879-1822 - www.fmlight.com - 9h-20h, dim. 9h-19h.* Une boutique qui vend des vêtements de l'Ouest depuis 1905.
Eleanor Bliss Center for the Arts (Depot Art Center) – *1001 13th St. - ✆ (970) 879-9008 - www.steamboatcreates.org - mar.-vend. 9h-17h, sam. 11h-15h - fermé en dehors des expositions et manifestations.* Situé dans un dépôt de trains rénové, il présente des expositions, parfois aussi des concerts et spectacles.
Tread of Pioneers Museum – *800 Oak St. - ✆ (970) 879-2214 - www.treadofpioneers.org - mar.-sam. 11h-17h - 6 $.* Logé dans une maison style Queen Anne bâtie en 1908, il vous fera découvrir l'histoire de la vallée, des Indiens Ute, des trappeurs et pionniers de jadis jusqu'aux champions de ski d'aujourd'hui.
Le **Yampa River Trail★** s'inscrit au cœur d'un réseau de sentiers entourant la ville. Long de 6 miles, ce sentier pavé se parcourt agréablement à vélo *(location chez Steamboat Ski & Bike - 442 Lincoln Ave. - ✆ (970) 879-9144 - www.steamboatskiandbike.com - 29 $ les 3h).*
En chemin, faites une halte au **Yampa River Botanic Park** *(1000 Pamela Lane - ✆ (970) 846-5172 - www.yampariverbotanicpark.org - mai-oct. : de l'aube au crépuscule - gratuit)*, qui rassemble une grande variété de fleurs, d'arbres et de plantes autour de ses étangs.
La rivière Yampa elle-même se prête bien au **rafting** au printemps *(Bucking Rainbow Outfitters - 730 Lincoln Ave. - ✆ (970) 879-8747 - www.buckingrainbow.com - 75 $ la 1/2 j.).* En été, on y fait aussi du **tubing**, activité qui consiste à se laisser glisser au fil de l'eau sur des bouées *(Backdoor Sports - 841 Yampa St. - ✆ (970) 879-6249 - www.backdoorsports.com - 25 $ la descente d'env. 1h).*
Fish Creek Falls *(à 3 miles au nord-est du centre-ville par Oak St.)* est une belle chute d'eau de 86 m de haut, à laquelle on accède par un petit sentier.
Réputé pour sa poudreuse ultra-légère, dite « au champagne », **Steamboat Ski Area★★** *(US-40, à 3 miles au sud de la ville - ✆ (800) 922-2722 - www.steamboat.com)* possède 18 remontées mécaniques et un dénivelé de 1120 m. Son téléphérique fonctionne aussi l'été et permet de faire des randonnées ou du VTT.

★ De Denver à Aspen

L'Interstate 70 est l'axe est-ouest principal du Colorado. Entre Denver et Glenwood Springs, c'est l'une des routes les plus pittoresques d'Amérique du Nord. Les premiers colons à s'installer ici firent fortune grâce à l'or, l'argent et aux autres minerais de la région. Aujourd'hui, l'or a la blancheur des pistes de ski et les reflets verts des terrains de golf.

Idaho Springs

▶ *À 32 miles à l'ouest de Denver par l'I-70 (sortie 241).*
ℹ *2060 Miner St. - ✆ (303) 567-4382 - www.visitclearcreek.com.*
Des bâtiments commerciaux du 19e s. jalonnent la rue principale de cette ancienne ville minière de 1752 habitants.
Argo Gold Mine & Mill – *2350 Riverside Dr. - ✆ (303) 567-2421 - www.argomilltour.com - 10h-18h, hiver 10h-17h - 26,50 $.* Cette usine de traitement du minerai est ouverte en visite libre et permet de s'essayer à l'orpaillage.
★ **Phoenix Gold Mine** – *À droite sur Stanley Rd, à gauche sur Trail Creek Rd - ✆ (303) 567-0422 - www.phoenixgoldmine.com - 10h-17h - 25 $.* Ici, un mineur à la retraite vous fera visiter les sous-sols de la mine.

★ Georgetown

À 13 miles à l'ouest d'Idaho Springs par l'I-70 (sortie 228).

1491 Argentine St. - ✆ (303) 569-2405 - www.georgetown-colorado.org.

Le centre historique de Georgetown, qui connut un âge d'or durant les années 1880 grâce aux mines d'argent, a été totalement préservé.

Abritant désormais un musée, l'**Hotel de Paris** *(409 6th St. - ✆ (303) 569-2311 - www.hoteldeparismuseum.org - mar.-sam. 10h-16h, dim. 12h-16h - 10 $)* fut bâti en 1875 par un immigrant français, Louis Dupuy. L'atmosphère de cet établissement a été entièrement restituée : salle à manger, cuisine, cabinet de travail du propriétaire avec sa riche bibliothèque. Une amusante plongée dans la fin du 19e s.

En vous rendant au dépôt de train historique de la ville, vous pourrez vous procurer des billets pour un voyage d'une heure à bord du **Georgetown Loop Railroad★★** *(Silver Plume Depot - ✆ (888) 456-6777 - www.georgetownlooprr.com - voir le calendrier sur le site Internet, réserv. conseillée - à partir de 38 $)*. La voie s'étend sur 4,5 miles entre Georgetown et Silver Plume, une autre ville minière du 19e s., et comporte une boucle à 360° sur un pont élevé qui traverse Clear Creek. Une balade pittoresque à bord de wagons anciens tirés par une des locomotives historiques (diesel ou vapeur).

Poursuivez sur 23 miles à l'ouest en empruntant l'I-70-W.

L'autoroute monte progressivement jusqu'au **Eisenhower Tunnel**, percé sous le Continental Divide à 3 261 m d'altitude. Grâce à ce tunnel, le plus élevé d'Amérique du Nord, les véhicules peuvent s'épargner le **Loveland Pass★** (3 655 m).

Prenez la sortie 216 et empruntez l'US-6 afin de profiter de vues imprenables sur les vallées, les montagnes et les neiges éternelles. Vous trouverez sur votre route **Arapahoe Basin Ski Area** *(✆ (888) 272-7246 - www.arapahoebasin.com)*, la station de ski des Rocheuses qui demeure ouverte le plus longtemps *(jusqu'au 4 juillet)*. L'autoroute passe également par la station de **Keystone Resort** *(✆ (970) 754-0001 - www.keystoneresort.com)* avant de rejoindre l'I-70 à **Silverthorne**.

Reprenez l'I-70-W. vers l'ouest et suivez-là sur 5 miles avant d'emprunter la sortie 203. Prenez en direction du sud et suivez la Rte 9 sur 9 miles.

Sur votre gauche, le **Dillon Reservoir** est niché au creux des montagnes. La Route 9 traverse la ville pittoresque de Frisco et suit le cours de la Blue River. La cordillère du Tenmile Range, avec ses sommets numérotés de 1 à 10 en partant du nord, s'inscrit en toile de fond.

★ Breckenridge

Sur la Rte 9, à 87 miles à l'ouest de Denver.

111 Ski Hill Rd. - ✆ (970) 453-2913 - www.gobreck.com.

Cette ville de 4 917 habitants, qui est aussi une station de ski, fut fondée en 1859 par des chercheurs d'or. La rue principale est bordée de restaurants et de boutiques, adoptant pour la plupart le style de l'Ouest d'antan.. La **Country Boy Mine★** *(542 French Gulch Rd - ✆ (720) 458-5387 - www.countryboymine.com - visite guidée (1h) - ouv. tte l'année, horaires se rens. - à partir de 19,95 $)* propose visite et séance d'orpaillage.

Parmi les sites historiques, on trouve la **Barney Ford House** *(Washington & Main St.)*, qui appartenait à un esclave libéré devenu homme d'affaires au 19e s. L'église **Father Dyer United Methodist Church** *(Wellington & Briar Rose St. - ✆ (970) 453-2250)* est consacrée à un prêtre qui, tout en répandant la parole de Dieu, portait le courrier aux camps de mineurs les plus reculés.

1

Une piste cyclable qui longe la Blue River se transforme en gigantesque piste de ski de fond durant l'hiver. Des remonte-pentes sont aménagés sur trois montagnes (Pic 8, 9 et 10), tandis que l'on peut pratiquer le ski hors piste sur le Pic 7.
Revenez sur l'I-70-W. et poursuivez vers l'ouest sur 16 miles jusqu'à la sortie 195. Prenez la Rte 91 vers le sud.
Passé la station de **Copper Mountain Resort** *(☏ (866) 656-1546 - www.coppercolorado.com)*, la Route 91 traverse le **Fremont Pass** (3 949 m) et passe près de l'ancienne mine à ciel ouvert de American Climax Molybendum Mine, avant de descendre en direction de Leadville.

★ Leadville

US-24 et Rte 91, à 102 miles à l'ouest de Denver.
809 Harrison Ave. - ☏ (719) 486-3900 - www.leadvilletwinlakes.com.
Située à 3 094 m d'altitude, Leadville fut un temps la capitale de l'argent du Colorado. En 1880, sa population atteignait 24 000 habitants ; aujourd'hui, elle n'est plus que de 2 600. La rue principale a su conserver ses boutiques de style victorien.
L'opéra **Tabor Opera House★** *(308 Harrison Ave. - ☏ (719) 486-8409 - www.taboroperahouse.net - visites et spectacles en haute saison)* fut construit en 1879.
Le **National Mining Hall of Fame and Museum★** *(120 W. 9th St. - ☏ (719) 486-1229 - www.mininghalloffame.org - 9h-17h - 15 $)* vous fera découvrir une réplique de mine de roche dure. Par le même intermédiaire, on peut également visiter les vestiges de la **Matchless Mine** du millionnaire Horace Tabor *(7th St., à 1 mile à l'est du centre-ville - en été seulement - 15 $/10 $)*.
L'écloserie du **Leadville National Fish Hatchery★** *(Rte 300, à 5,6 miles au sud-ouest de la ville - ☏ (719) 486-0189 - 7h30-15h30 - gratuit)*, construite en 1889, élève dans ses réservoirs des truites destinées à être lâchées dans le fleuve Colorado et ses affluents. Juste derrière, aux pieds du **Mount Massive** (4 395 m), se trouve le point de départ de pistes de randonnée. Au sud s'élève la crête la plus élevée de l'État avec le Mount Elbert, qui culmine à 4 399 m.
La Route 82, à 13 miles au sud de Leadville, fait la jonction entre l'US-24 et l'I-70 (au niveau de Glenwood Springs) et traverse **Independence Pass★★** (3 686 m) en offrant, à chaque virage en épingle, de magnifiques vues. De mi-octobre à fin mai, la neige recouvre habituellement les 38 miles qui séparent **Twin Lakes** *(à 6 miles de l'US-24)* d'Aspen.
En quittant Leadville, prenez l'US-24 en direction du nord sur 33 miles jusqu'à l'I-70.
Le site de **Camp Hale**, une base d'entraînement pour la 10e division de montagne durant la Seconde Guerre mondiale, transformée en station de ski et d'alpinisme, est située près du **Tennessee Pass** (3 177 m). En redescendant du col, l'US-24 longe l'Eagle River et traverse une vallée dominée par le Mount of the Holy Cross (mont de la Sainte-Croix). L'US-24 rejoint l'I-70 près de Minturn, une ville devenue aujourd'hui une banlieue de Vail.
Reprenez l'I-70-E. vers l'est sur 5 miles pour rejoindre Vail.

★ Vail

À 97,5 miles à l'ouest de Denver.
241 S. Frontage Rd - ☏ (970) 477-3522 - www.visitvailvalley.com.
L'une des premières stations de ski d'Amérique du Nord a été fondée en 1963 par des vétérans de la Seconde Guerre mondiale ayant appartenu à la 10e division de montagne. Située aux pieds de la **Vail Mountain★★** *(www.vail.com)*, elle possède la plus grande zone skiable sur une seule montagne aux États-Unis, avec un dénivelé

de plus de 1000 m. Les rues piétonnes de la ville sont quant à elle bordées de chalets, de boutiques et de restaurants chics.

Colorado Ski & Snowboard Museum – *231 S. Frontage Rd - ✆ (970) 476-1876 - www.skimuseum.net - 10h-18h - gratuit.* Ce musée retrace l'histoire du ski et du surf des neiges dans l'État et commémore les soldats à ski qui s'entraînèrent jadis à Camp Hale.

★ **Vail Nature Center** – *601 Vail Valley Dr. - ✆ (970) 479-2291 - www.walkingmountains.org.* Il propose aux amoureux de la nature promenades, randonnées guidées et visites à ski durant toute l'année.

★ **Betty Ford Alpine Gardens** – *530 S. Frontage Rd - ✆ (970) 476-0103 - www.bettyfordalpinegardens.org - de l'aube au crépuscule - gratuit, donation suggérée 20 $.* Ces jardins vous feront découvrir 1500 espèces de fleurs annuelles et de vivaces.

★ **Adventure Ridge** – C'est le lieu idéal pour pratiquer les sports d'hiver. En été, la télécabine Gondola One (Vail Village) et la télécabine Eagle Bahn Gondola (Lionshead Base) offrent des vues imprenables sur la montagne.

★ Beaver Creek

Sur l'I-70, prenez la sortie 167 à Avon et empruntez Village Rd sur 3 miles en direction du sud.

✆ (970) 754-4636 - www.beavercreek.com.

Cette station dédiée au ski et au golf fut créée par les opérateurs de la station de Vail en 1980. Les pistes de ski, où ont eu lieu des courses de championnats mondiaux, fait la jonction entre deux lotissements, Arrowhead et Bachelor Gulch. Le **Vilar Performing Arts Center★** (*✆ (970) 845-8497 - www.vilarpac.org*) propose concerts de musique classique et populaire.

★★ Glenwood Canyon

À 49 miles à l'ouest de Beaver Creek. Sur l'I-70, entre les sorties 133 et 116.

Toute l'histoire géologique du Colorado peut se lire sur les murs de sédiments de cette spectaculaire gorge de près de 18 miles. Les roches les plus anciennes se formèrent il y a 570 millions d'années, durant l'ère précambrienne. Les formations les plus récentes, à 457 m au-dessus de la rivière, sont faites de grès riche en fer. Cette portion de l'I-70, achevée en 1992, fut bâtie en porte-à-faux sur des murs de granite et traverse une série de petits tunnels afin de ne pas nuire au paysage. Une piste pavée pour les cyclistes et les coureurs traverse le Glenwood Canyon de part en part. Celle-ci permet d'accéder à des aires dédiées au rafting et au sentier du **Hanging Lake Trail★★**, qui, sur 1 mile, s'élève de 304 m pour atteindre un splendide lac.

★ Glenwood Springs

À 160 miles à l'ouest de Denver. Prenez la sortie 116 de l'I-70 et suivez la Rte 82.

802 Grand Ave. - ✆ (970) 945-6589 - www.glenwoodchamber.com.

Cette ville de 10 264 habitants est située à l'endroit où Roaring Fork rencontre le fleuve Colorado, sous le canyon de Glenwood.

★★ **Hot Springs Pool** – *401 N. River St. - ✆ (970) 947-2955 - www.hotspringspool.com - 9h-21h - prix variables selon la saison, à partir de 32 $/j.* Elle s'enorgueillit d'être la plus grande station thermale naturellement chauffée du monde.

★★ **Glenwood Caverns Adventure Park** – *5100 Two Rivers Plaza Rd - ✆ (970) 945-4228 - www.glenwoodcaverns.com - été : 9h-19h, vend.-sam. 9h-21h ; hiver :*

1

vend.-sam. 10h-21h, dim. 10h-17h - à partir de 21 $. Un parc d'attractions dont les activités varient au fil des saisons. Une télécabine mène au sommet de la montagne où différentes activités – montagnes russes, zipline... – attendent les visiteurs. Une visite guidée *(1h)* permet aussi de découvrir les portions éclairées des grottes.

★★ Aspen

À 200 miles au sud-est de Denver.

425 Rio Grande Place - (970) 925-1940 - www.aspenchamber.org.

Avec pas moins de quatre domaines skiables sur moins de 12,5 miles, Aspen (6 741 habitants) possède les pistes parmi les mieux équipées d'Amérique du Nord, fréquentées par nombre de célébrités. La société Aspen Skiing Company et l'Aspen Institute for Humanistic Studies, tous deux fondés à la fin des années 1940, ont permis de redonner vie à l'ancienne ville minière. La transformation d'Aspen en une station de renommée mondiale est devenue un modèle pour les autres communautés des Rocheuses.

Célèbre pour ses boutiques et ses restaurants chics, le centre-ville se concentre autour d'une rue piétonne. Jerome B. Wheeler, dirigeant de Macy à New York, vint à Aspen durant les années prospères et, en 1888 puis en 1889, y bâtit trois monuments historiques encore présents aujourd'hui : le très élaboré **Wheeler Opera House★** *(320 E. Hyman Ave. - (970) 920-5770 - www.wheeleroperahouse.com)* propose films et spectacles ; l'**Hotel Jerome★** *(330 Main St. - (855) 331-7213)* a été restauré et rénové avec luxe *(voir « Nos adresses »)* ; le **Wheeler-Stallard House★** *(620 W. Bleeker St. - (970) 925-3721 - www.aspenhistory.org)*, lieu d'exposition de style victorien, sert de musée à la Société historique d'Aspen.

L'école et le **festival de musique d'Aspen** *(225 Music School Rd - (970) 925-3254 - www.aspenmusicfestival.com)* proposent durant l'été des concerts où figurent régulièrement des musiciens de renommée internationale.

★ **Aspen Art Museum** – *637 E. Hyman Ave. - (970) 925-8050 - www.aspenartmuseum.org - mar.-dim. 10h-18h - gratuit.* Il propose des expositions d'œuvres variées, y compris d'artistes de dimension internationale.

Aspen Center for Environnemental Studies - Hallam Lake – *100 Puppy Smith St. - (970) 925-5756 - www.aspennature.org - lun.-vend. 9h-17h - gratuit.* Situé sur le lac Hallam, le centre des études environnementales d'Aspen est un sanctuaire pour la faune et la flore.

★★ Aspen Mountain

(970) 923-1227 - www.aspensnowmass.com.

Les montagnes d'Aspen se dressent directement derrière la ville. Leurs pentes attirent parmi les meilleurs skieurs au monde. La télécabine **Silver Queen Gondola★★**, en fonction durant l'été, vous emmènera à 3 417 m pour profiter de vues magnifiques.

Deux autres stations se trouvent au nord-ouest de la ville, **Aspen Highlands** *(Maroon Creek Rd via Rte 82)* et **Buttermilk Mountain** *(Rte 82)*, cette dernière étant plutôt réservée aux novices. Plus loin encore, la station de **Snowmass★** *(Brush Creek Rd* via *Rte 82)* offre l'un des meilleurs domaines skiables de la région, avec 88 pistes et un dénivelé de 1 343 m.

★★★ Maroon Bells

À 13 miles au sud-ouest d'Aspen, dans la réserve naturelle de Maroon Bells-Snowmass Wilderness.

Le calme **Maroon Lake★★**, qui offre une vue saisissante, est sans aucun doute le lac le plus photographié du Colorado. Durant l'été et les week-ends, les véhicules privés n'ont pas le droit de circuler sur la Maroon Creek Road, longue de 10 miles. Des navettes sont cependant mises à disposition au centre de transit de Rubey Park *(Durant Ave., entre S. Galena St. et S. Mill St.)*.
Le ranch **T-Lazy-7 Ranch** *(3129 Maroon Creek Rd - ✆ 970 925 4614 - www.tlazy7.com)* propose des sorties à motoneige l'hiver et des balades à cheval l'été.

Carnet pratique

S'informer

High Rockies – *✆ (800) 265-6723 - www.colorado.com.*

Agenda

Carnaval d'hiver – *www.steamboatchamber.com.* À Steamboat Springs, début fév. Défilé, feu d'artifice, compétitions sportives.
Cowboys'Roundup Days – *www.steamboatchamber.com.* À Steamboat Springs, les 1-4 juil. Rodéos, défilé de bétail dans les rues, concerts, feu d'artifice et soirée dansante.
Longs Peak Scottish Irish Highland Festival – *www.scotfest.com.* À Estes Park, début septembre. Le plus grand festival celtique d'Amérique du Nord. Défilé, concerts, compétitions sportives, musique folklorique.
Aspen Music Festival – *www.aspenmusicfestival.com.* À Aspen, de fin juin à mi-août. Plus de 350 événements de musique classique durant huit semaines.

1

Nos adresses

Restauration

Premier prix

Way Finder – *900 Moraine Ave. - Estes Park - ✆ (970) 586-3098 - www.wayfinderrestaurant.com - service continu - plats 14,50/20 $.* Quel que soit le repas que vous aurez choisi, vous ne serez pas déçu par la fraîcheur des produits et la qualité des préparations, toujours au rendez-vous. Menu roboratif pour le petit-déjeuner (avec toutes sortes de préparations à base d'œufs), burgers, salades et copieux sandwichs au déjeuner, plats de pâtes, grillades de viande et de poisson au dîner.

Sagebrush BBQ & Grill – *1101 Grand Ave. - Grand Lake - ✆ (970) 627-1404 - www.sagebrushbbq.com - service continu - plats 14/31 $.* L'ancienne prison municipale constitue désormais un lieu de rendez-vous convivial où les convives savourent steaks, travers de porc et saucisses grillées, burgers, tacos, salades et pâtes, servis généreusement.

Westbound and Down Brewing Company – *1617 Miner St. - Idaho Springs - www.westboundanddown.com ✆ (720) 502-3121 - fermé le soir - plats 14/19 $.* Le saloon historique où l'on servait de la viande de bison affiche désormais un décor moderne et une carte de burgers, salades, soupes et sandwichs.

Budget moyen

Aurum Food & Wine – *811 Yampa St. - Steamboat Springs - (970) 879-9500 - www.aurumsteamboat.com - fermé le midi - plats 44/65 $.* C'est un plaisir d'y dîner sur la terrasse au bord de la rivière Yampa. La cuisine de saison surprend par la subtilité de ses arômes et textures. La carte des vins associe des crus américains avec une sélection de vins français et italiens.

Pour se faire plaisir

The Laundry – *127 11th St. - Steamboat Springs - (970) 870-0681 - www.rexsfamily.com - fermé le midi - plats 39/75 $.* Un endroit convivial et trendy, dans le bâtiment en brique d'une ancienne laverie. On y déguste, en salle ou au comptoir, une cuisine inventive sous forme d'assiettes à partager.

Hearthstone Restaurant – *130 S. Ridge St. - Breckenridge - (970) 453-1148 - www.hearthstonebreck.com - fermé le midi - plats 36/64 $.* C'est dans une maison victorienne, à un pâté de maisons de Main Avenue, que s'établit ce restaurant de cuisine régionale à l'ambiance chaleureuse. La baie vitrée à l'étage offre une vue imprenable des montagnes alentour. On y sert de généreuses portions de gibier, de steak ou encore de fruits de mer, et la carte des vins ne comporte que des crus primés.

Sweet Basil – *193 E. Gore Creek Dr. - Vail - (970) 476-0125 - www.sweetbasilvail.com - fermé lun. midi et mar. midi - plats 44/62 $.* Ici, la carte est entièrement revisitée à chaque saison. Ce qui ne change pas, c'est que ce restaurant à la cuisine raffinée et créative ne désemplit jamais. Le bar à vins du rez-de-chaussée est également très prisé.

Krabloonik – *4250 Divide Rd - Snowmass Village - à 8 miles à l'ouest d'Aspen - (970) 923-3953 - www.krabloonik.com - fermé de mai à mi-déc. - plats 48/105 $ - 585 $ (enf. 295 $) la balade en traîneau à chiens et le repas -.* La combinaison d'un bon restaurant et d'un chenil de chiens de traîneau est sans aucun doute ce qui fait de Krabloonik un lieu unique en son genre. Durant l'hiver, les chiens emmènent les amateurs de traîneau à travers le parc de Maroon Bells Wilderness. On se restaure au retour d'une soupe de champignons sauvages, de bœuf, de poisson ou encore de gibier fumé sur place.

Mirabelle at Beaver Creek – *55 Village Rd - Beaver Creek - Avon - (970) 949-7728 - www.mirabelle1.com - fermé dim.-lun. et le midi - plats 45/60 $ - menu 95 $.* Daniel Joly, qui vit avec sa famille à l'étage de cette ancienne ferme (1898), est un grand chef belge émigré aux États-Unis. Un service impeccable fait honneur à une cuisine contemporaine aux accents français, relevée par des plats tels que le filet d'élan, l'agneau du Colorado ou la sole meunière.

Hébergement

Budget moyen

Hot Sulphur Springs Resort – *5609 Spring Rd - Hot Sulphur Springs - (970) 725-3306 - www.hotsulphursprings.com - - 17 ch. 224/286 $; chalet 471 $.* Les chambres, agréables et confortables, sont agrémentées de meubles rustiques en bois de pin. Sept sources naturelles alimentent d'une eau minérale chaude et non filtrée les 21 bassins et bains, ainsi que la piscine de cette station thermale (en été uniquement).

Rabbit Ears Motel – *201 Lincoln Ave. - Steamboat Springs - (970) 879-1150 -*

(800) 828-7702 - www.rabbitearsmotel.com - - 65 ch. 177/277 $. Difficile de rater le souriant lapin rose aux longues oreilles qui sert d'enseigne à cet établissement situé à l'entrée de la ville. Réparties dans trois bâtiments, les chambres moquettées sont équipées d'un réfrigérateur et d'un micro-ondes.

The Gateway Inn – *200 W. Portal Rd - Grand Lake - (970) 627-2400 - gatewayinn.com - - 32 ch. 110/299 $ -* . Un hôtel agréable et sympathique, avec son décor rustique de rondins de bois, sa grande cheminée et ses multiples trophées d'animaux. Chambres spacieuses avec vue sur le lac et les montagnes. Salle de fitness et sauna.

Pour se faire plaisir

The Lodge at Vail – *174 E. Gore Creek Drive - Vail - (970) 429-5044 - www.vail.com - P payant - - 165 ch. 228/965 $ -* . Le Tyrol rencontre les Rocheuses en ce lieu opulent à moins de 30 m des télésièges de Vail. De larges escaliers mènent à des chambres décorées de bois poli et de fauteuils en cuir et chacune possède son balcon. Goûtez au bœuf primeur vieilli chez Elway's et dégustez un bon petit-déjeuner au Cucina. À disposition, deux piscines, six cuves thermales et deux Spa.

The Stanley Hotel – *333 Wonderview Ave. - Estes Park - (970) 577-4000 - www.stanleyhotel.com - - 146 ch. 289/479 $ -* . Souffrant, F. O. Stanley vint chercher dans cette vallée de l'oxygène et ne la quitta plus jamais. Son hôtel de style georgien aurait inspiré à l'écrivain Stephen King son roman *The Shining*. Cheminées à double foyer et escaliers ornent le hall, tandis que les serliennes ouvrent sur de magnifiques paysages. Le petit-déjeuner est servi dans l'hôtel-boutique, le Lodge *(40 ch.)* adjacent au Stanley.

Une folie

The Steamboat Grand – *2300 Mt Werner Circle - Steamboat Springs - (877) 306-2628 - www.steamboatgrand.com - - 328 ch. 575/714 $ -* . Un immense quatre-étoiles situé au pied des pistes de ski. Les chambres sont dotées d'une télévision à écran plat 32'' et de lits avec matelas à plateau-coussin. Spa et salle de fitness. Navettes pour le centre-ville.

Sonnenalp Resort – *20 Vail Rd - Vail - (866) 284-4411 - www.sonnenalp.com - P payant - - 127 ch. 319/1500 $ -* . Unique représentant en Amérique du Nord d'un style bavarois renommé, le Sonnenalp propose essentiellement de grandes suites avec plafonds en stuc et poutres apparentes, dans lesquelles un bon feu de cheminée rappelle l'ambiance d'un chalet alpin. Un Spa, un centre de fitness ainsi qu'un bar à oxygène font la joie des résidents.

Hotel Jerome – *330 E. Main St. - Aspen - (855) 331-7213 - www.aubergeresorts.com - P payant - - 93 ch. 1000/2700 $ - 50/145 $.* Il y a plus d'un siècle, les riches exploitants des mines d'argent de la région se réunissaient au bar de l'hôtel autour de festins. L'élite d'Aspen se retrouve toujours au sein de ce bâtiment historique de trois étages. L'hôtel propose des chambres luxueuses avec rideaux en cachemire, mobilier en cuir typique de l'Ouest et pièces d'art local. Le Prospect Restaurant propose aussi bien des plats copieux que plus légers.

1

Antelope Island State Park.
Aubrey Banning/Getty Images Plus

2

Salt Lake City et le nord de l'Utah

CARTE MICHELIN RÉGION N° 761 – UTAH

A
BOISE
B
IDAHO FALLS
IDAHO
84
15
Logan Scenic Bwy.
Logan
Golden Spike NHS
American West
Heritage Center
Bear River
Migratory Bird Refuge
89
Powder
Mountain
Spiral Jetty
Brigham
City
GREAT
Sun Tunnels
Northern Utah
Ogden
Huntsville
SALT
Snowbasin
Resort
Hill
Aerospace
Museum
NEVADA
LAKE
RENO
Antelope Island SP
Bonneville Salt Flats
Great Salt Lake SP
Salt Lake City
80
Wendover
Big Cottonwood Canyon
Kennecott's Bingham
Canyon Mine
Sundance
Resort
Little Cottonwood Canyon
Lehi
Timpanogos Cave NM
Provo
Springville
1
2
3
SALT LAKE CITY
ET LE NORD DE L'UTAH
Park City
★★ Vaut le détour
Northern Utah
★ Vaut la visite
Ogden
Intéressant
LAS VEGAS

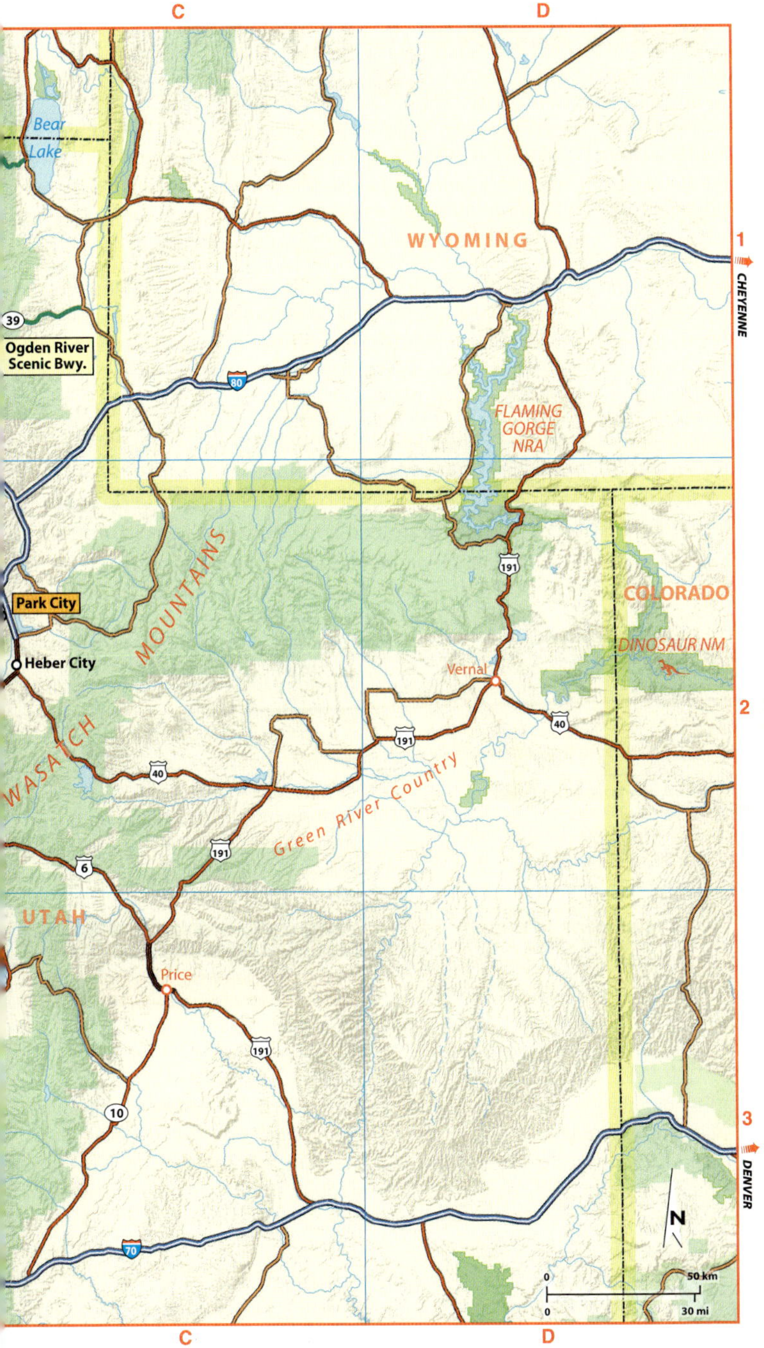
C
D
Bear Lake
WYOMING
1
CHEYENNE
39
Ogden River Scenic Bwy.
80
FLAMING GORGE NRA
191
Park City
COLORADO
MOUNTAINS
DINOSAUR NM
Heber City
Vernal
2
WASATCH
40
191
Green River Country
191
6
UTAH
Price
191
10
3
DENVER
N
70
0
50 km
0
30 mi
C
D

Salt Lake City ★★

Dans son site spectaculaire★★★, entre les âpres reliefs des monts Wasatch et les étendues désertiques du Grand Lac Salé, Salt Lake City est unique. Fondée dans les années 1840 par les Mormons fuyant les persécutions religieuses de l'Est et du Middle West, elle est devenue la capitale de leur Église, caractéristique qui domine encore la vie sociale et politique de l'Utah, et dépasse les limites de l'État. Mais, à rebours de l'image de ville austère et conservatrice qui lui colle à la peau, Salt Lake City a su aussi accueillir la diversité ethnique, religieuse et culturelle. La communauté LGBTQ y est très active et la scène hipster, avec ses restaurants bio, ses disquaires et ses boutiques vintage, fait des adeptes. Des distilleries y produisent du whisky, du gin et de la vodka; les bars à cocktails ne désemplissent pas. Les Jeux olympiques d'hiver de 2002 ont contribué à changer la réputation de Salt Lake City, devenue une terre d'élection pour la pratique des sports de plein air, en particulier le golf, le snowboard et le ski. Depuis les années Covid, la ville est en pleine expansion et prépare déjà les jeux d'hiver de 2036.

Se repérer

204 657 habitants – Utah – *Mountain Time*.

CARTE B2 (P. 96-97) - PLAN (P. 102).

À ne pas manquer

Les panoramas sur la ville depuis Ensign Peak, le capitole, Temple Square.

Organiser son temps

Pour visiter les principaux sites de la ville, une à deux journées suffisent, auxquelles vous pouvez en ajouter une autre dédiée aux sports de plein air (randonnée, ski).

En famille

Le musée The Leonardo; Le Natural History Museum; La volière Tracy Aviary; Chase Home Museum of Utah Folk Arts; This Is The Place Heritage Park; Utah's Hogle Zoo.

Carnet pratique p. 110

Nos adresses p. 111

Se promener

PLAN P. 102

Étendue et aérée, la ville affiche d'immenses perspectives. S'étirant à perte de vue, les **artères en damier** mesurent toutes **44 m de large**, soit la distance jadis nécessaire à un chariot attelé de quatre bœufs pour faire demi-tour. De grands pâtés de maisons (« blocs ») de 4 ha (soit 200 m de côté) partent de Temple Square et se déploient de part et d'autre de Main Street. Le nom des rues indique leur position par rapport à ces deux repères. Ainsi, 251 E. 200 S. signifie 2 blocs à l'est de Main Street et 2 blocs au sud de Temple Square. Certaines rues portent un nom, telle la 300 S. appelée Broadway (W. et E.). Par ailleurs, à l'oral, les habitants utilisent plutôt 3th, 4th, etc. pour désigner les rues 300, 400. etc.

Temple Square dans le centre de Salt Lake City.
Jason Finn/Getty Images Plus

★★ Downtown

2

L'axe principal, **Main Street**, est bordé de hauts immeubles et de quelques édifices dans les styles Art déco ou Beaux-Arts, comme l'ancien grand magasin ZCMI (aujourd'hui Macy's) dont la façade en fonte date de 1876. Le **Walker Center** marque le centre du quartier avec sa flèche éclairée. Il fut longtemps l'édifice le plus élevé de Salt Lake City.

★★ Temple Square AB1

50 W. North Temple St. (entre North Temple St., South Temple St., West Temple St. et State St.) - ✆ (801) 240-8945 - www.churchofjesuschrist.org.

À l'exception du Tabernacle, du musée et du Family Search Library, l'ensemble du complexe est fermé pour une rénovation totale prévue pour s'achever en 2026.

Ces quatre hectares forment le cœur du centre-ville de Salt Lake City et le lieu saint des Mormons du monde entier. On y trouve le temple aux six flèches, le tabernacle au dôme argenté, le splendide Assembly Hall et plusieurs statues et monuments dignes d'intérêt.

Seuls les Mormons baptisés ont le droit de pénétrer dans le **Salt Lake Temple**★ (ou dans tout autre temple mormon). Les fondations de grès rouge ont été établies entre 1853 et 1855, mais la dernière pierre n'a été mise en place qu'en 1892. Les murs de granit de cet édifice étonnant ont 2,75 m d'épaisseur à leur base pour 2 m à leur sommet. Sur la flèche de 64 m, la statue de l'ange Moroni jouant de la trompette par Cyrus E. Dallin est en cuivre doré à 22 carats.

Au nord de la place, les 28 étages du **Church Office Building** s'entourent de jardins et dominent le Centre de conférence de l'église *(angle nord-ouest de Main St. et*

La religion mormone

La naissance de la religion mormone

L'église mormone se fonde sur une révélation. En 1823, alors que le jeune **Joseph Smith** (1805-1844) prie dans un bois près de sa ferme familiale de Palmyra, dans l'État de New York, Dieu et Jésus apparaissent devant lui. Ils lui disent qu'à travers lui l'église originelle de Jésus sera restaurée sur Terre. Quelque temps après, l'ange Moroni apparaît à Smith, et lui révèle l'endroit où sont enterrées des tablettes de métal portant des inscriptions sacrées d'une civilisation ancienne. Smith traduit et publie en 1829 ce texte, sous le nom de *Livre de Mormon*. Difficile de résumer le contenu de cet imposant ouvrage. Pour simplifier, les tribus perdues d'Israël seraient allées en Amérique et seraient les ancêtres des Indiens. Le Christ ressuscité serait apparu au peuple d'Amérique pour lui enjoindre de fonder Sion, la nouvelle Jérusalem. Sur la base de ce texte, Smith fonde la nouvelle Église à New York en 1830. Mais les persécutions l'obligent à fuir vers l'ouest avec ses coreligionnaires : d'abord en Ohio, puis au Missouri et en Illinois, où Smith et son frère Hyrum sont abattus par une foule en armes. En 1846 et 1847, son successeur, Brigham Young (1801-1877) dirige l'exode plus à l'ouest, tel un Moïse américain.

La fondation de Salt Lake City

Le 24 juillet 1847, 148 pionniers mormons conduits par **Brigham Young** fondent Salt Lake City. Premiers Américains non indiens à s'installer dans la vallée, ils entreprennent sur-le-champ de cultiver la terre et de tracer le plan d'une ville. L'année suivante, de nouveaux émigrants les rejoignent. La première récolte est d'abord compromise par une gelée tardive, puis par la sécheresse. Au moment de moissonner, c'est la catastrophe : une nuée de criquets s'abat sur les champs. C'est alors qu'une volée de mouettes, fondant sur les insectes, sauve la production et permet aux pionniers de survivre à l'hiver. La mouette devient l'oiseau emblème de l'Utah.

En 1848, par le traité de Guadalupe Hidalgo, le Mexique cède la vallée du Lac Salé aux États-Unis ; en 1850 naît le Territoire de l'Utah, Brigham Young en est premier gouverneur. Les Mormons appellent leur patrie l'État de Deseret : dans le *Livre de Mormon*, leur ouvrage sacré, l'abeille Deseret est louée pour sa diligence. La ruche devient le symbole de leur État.

Un groupe religieux longtemps resté en marge

La pose d'un tire-fond en or à Promontory Point, à 130 km au nord-ouest de Salt Lake City, marque en 1869 l'achèvement de la première ligne ferroviaire transcontinentale, et la fin de l'isolement de l'Utah. Pendant la Première Guerre mondiale, des centaines de mines de cuivre, d'argent, d'or et de plomb sont ouvertes dans les montagnes à l'est et à l'ouest de Salt Lake City. Les riches hôtels particuliers des propriétaires de mines offrent alors un contraste saisissant avec les modestes maisons des Mormons. Le Congrès américain a accordé à l'Utah le statut d'État seulement lorsque l'Église mormone a renoncé à la polygamie : en 1896, il devient le 45e État, avec pour capitale Salt Lake City.

La foi des Mormons

Les Mormons ont pour textes sacrés la Bible, le *Livre de Mormon*, un certain nombre de révélations faites à Smith, et celles que Dieu offre continuellement aux prophètes de l'Église – Young, bien sûr, mais aussi les dirigeants contemporains. Pour eux, Dieu est un mortel, qui a vécu et est mort sous la forme humaine, pour ressusciter et devenir une intelligence spirituelle. Son fils Jésus a été le seul homme parfait ; son autre fils, le Saint-Esprit, est un esprit désincarné qui, un jour, habitera un corps mortel. Le baptême obligatoire par immersion symbolise l'acceptation de la mort et de la résurrection du Christ. Les ancêtres défunts peuvent, grâce à un baptême par procuration, reconnaître la foi mormone et trouver accès à la vie éternelle. L'accent mis par les Mormons sur la recherche généalogique vient de leur désir de procurer la vie éternelle à tous leurs ancêtres. Tous les jeunes gens sont appelés à exercer pendant deux ans une activité missionnaire, ouverte aussi aux femmes, car les Mormons souhaitent partager la bonne parole avec toute l'humanité.

Une hygiène de vie très stricte

La famille est l'unité fondamentale de la société, temporelle aussi bien que spirituelle. Le mariage unit les époux « pour l'éternité » et non « jusqu'à ce que la mort les sépare ». Les enfants sont aussi unis à leurs parents pour toujours. Les rôles de l'homme et de la femme sont clairement définis. Il est proclamé : « Les pères doivent assurer la subsistance et la protection de leur famille. Les mères sont essentiellement responsables de l'éducation des enfants. » Bien que l'Église mormone ait renoncé dans les années 1890 à autoriser la polygamie, cette pratique clandestine se poursuit. L'Église attache une grande importance à l'assistance aux pauvres et aux victimes de catastrophes naturelles, aux États-Unis comme à l'étranger. Les Mormons sont invités à se passer de deux repas par mois pour faire une « offrande de jeûne » aux démunis. Ils versent aussi 10 % de leurs revenus pour la construction d'églises, la formation, le service des missions, etc. Les membres de l'Église suivent un code de conduite strict, s'abstenant de tout alcool, tabac, stupéfiant, café, thé et acte sexuel hors mariage. Opposés à l'avortement et au mariage homosexuel, les Mormons font preuve d'un fort conservatisme social et, hormis à Salt Lake City, votent en grande majorité républicain. Jusqu'en 1978, les Mormons refusaient aux Noirs la possibilité d'être ordonnés prêtres et le nombre d'Afro-Américains parmi eux est encore très faible.

Une église hiérarchisée et prospère

L'Église mormone est dirigée par une hiérarchie administrative et spirituelle précise. Le président de l'Église est « choisi par Dieu » à la mort (ou l'incapacité) de son prédécesseur. Un quorum de douze « apôtres » l'assiste, ainsi que deux conseillers, dans les décisions et l'administration de l'Église. Les congrégations locales sont dirigées par des laïcs. Quatrième plus grande confession chrétienne des États-Unis (6,6 millions de membres), l'Église mormone revendique 16,6 millions de fidèles dans le monde en 2020. Propriétaires de nombreux terrains, immeubles et ranchs aux États-Unis, elle disposerait d'un patrimoine estimé à plus de 35 milliards de dollars.

SE RESTAURER
Antica Roma 1
The Copper Onion 2
Market Street Grill 3
Valter's Osteria 5
City Creek Food Court 6
O'Shucks Bar 7
Oquirrh 8
White Horse 9
Finca Pintxos Bar 10

SE LOGER
Inn on the Hill 2
Kimpton Hotel Monaco 3
Peery Hotel 4

N. Temple St.), complexe comprenant un auditorium de 21000 places, une salle de 900 places et un jardin suspendu d'où on a une belle **vue★** sur le site et Downtown. Au sud de Temple Square, le long de South Temple St., le **Joseph Smith Memorial Building★** s'abrite dans l'ancien hôtel Utah (1911), de style néo-Renaissance. Juste à côté, le **Brigham Young Monument** (1897) rend hommage au père fondateur de Salt Lake City.

À l'angle sud-est de Temple Square, **The Beehive House★** servit de demeure officielle de 1854 à 1877 au président de l'Église mormone Brigham Young et à sa nombreuse famille. Sur State St., **Eagle Gate** (1859), arche qui marquait autrefois l'entrée de la propriété de Young, est surmontée d'un aigle de 6 m d'envergure pesant près de 3 t, symbole de force, de patriotisme et d'intégrité.

Le minuscule et secret **Brigham Young Family Memorial Cemetery** *(140 E. First Ave., un bloc d'immeuble à l'est)* abrite les tombes de Young et de sa famille.

★ Salt Lake Tabernacle A1

50 N W Temple St. - ✆ (801) 240-2534 - www.churchofjesuschrist.org - avr.-oct. 9h-21h, reste de l'année 10h-20h - entrée libre.

Destiné à abriter les réunions de la communauté, l'édifice a ouvert ses portes en 1867 après trois ans de travaux. Il peut accueillir 6 000 personnes. Ses **orgues★★** remarquables (11 623 tuyaux et presque 10 m de haut), accompagnent le Chœur mormon du **Tabernacle★★** de réputation internationale, qui diffuse (Internet et télévision) tous les dimanches à 9h30 un concert gratuit. Des récitals d'orgue sont donnés chaque jour *(à 12h, dim. à 14h)*. L'acoustique y est d'une qualité rare.
Juste à côté, dans **Assembly Hall★** (1880), cathédrale miniature d'inspiration gothique, se donnent des conférences et concerts gratuits.
Tout près, le monument **Miracle of the Gulls** (1913, Mahonri Young), aussi appelé Seagull Monument, célèbre les mouettes qui ont sauvé la première récolte des pionniers. La cloche de bronze **Nauvoo Temple Bell** (355 kg), transportée en chariot bâché depuis l'Illinois en 1846-1847, égrène les heures sur la place.

★ Church History Museum A1

45 N. West Temple St. - ✆ (801) 240-3310 - www.churchofjesuschrist.org - mar.-jeu. 10h-20h, vend.-sam. et lun. 10h-18h - gratuit.
Il faut voir ce musée très bien présenté, logé dans un bâtiment d'architecture contemporaine, qui fait mieux comprendre l'Église mormone, son évolution et sa doctrine spirituelle. Des expositions pédagogiques interactives retracent sa genèse : la révélation de l'ange Moroni, qui l'a fait naître dans le nord de l'État de New York, l'exode vers l'ouest, l'expansion moderne. Il y a également d'intéressantes salles d'art mormon et amérindien des 19e et 20e s., et des portraits des dirigeants de l'Église. Un film d'introduction complète la visite audioguidée.

★ Family Search Library A1

35 N. West Temple St. - ✆ (801) 240-6996 - www.familysearch.org/en/library www.churchofjesuschrist.org - lun.-vend. 9h-17h - gratuit.
Affairés à rebaptiser les morts, les fidèles de l'Église des saints des derniers jours ont collecté les données de millions de fiches et de registres d'état-civil à travers le monde. Après avoir découvert l'exposition du rez-de-chaussée qui explique l'importance de cette démarche, vous pourrez descendre au sous-sol où se trouve le centre de recherche.
Les plus importantes archives généalogiques du monde, sur microfilms, microfiches et support papier, permettent au public de faire gratuitement des recherches. Assisté par le personnel, sur une base de données très riche et bien agencée *(www.familysearch.org)*, vous pourrez partir à la recherche de vos ancêtres après avoir commencé à construire un arbre généalogique.

★★ Utah State Capitol B1

350 N. State St. - ✆ (801) 538-1800 - utahstatecapitol.utah.gov - 7h-20h, vend.-dim. 7h-18h - gratuit.
Achevé en 1915 (Richard Kletting), ce bel exemple du style néo-Renaissance, orné de colonnes corinthiennes et d'un dôme en cuivre, s'inspire du capitole de Washington. À 50 m au-dessus du foyer, l'intérieur de la coupole est richement orné de mouettes et de scènes historiques. On peut voir les salles très décorées du Congrès, du Sénat, l'ancienne Cour de Justice et le salon de réceptions officielles. Un vaste musée dédié à l'histoire de l'Utah est en construction à l'arrière du capitole, pour une ouverture prévue en 2026.
En face, au 300 North Street, le **Council Hall**, hôtel de ville édifié au milieu des années 1860, a été démonté brique par brique et transporté ici, sur Capitol Hill, en 1963. Il abrite l'Office du tourisme de l'Utah.

★ Ensign Peak

Depuis le centre-ville, suivez State St. au nord du capitole, puis prenez à droite dans E Capitol Blvd. Tournez à gauche dans Ensign Vista Dr où se trouve le point de départ du sentier.

Un sentier balisé, en partie goudronné, permet une randonnée facile *(30mn AR)* jusqu'à un petit monument perché en haut d'une colline. Il rappelle que c'est ici que Brigham Young et sept autres pionniers, deux jours avant de descendre dans la vallée, planifièrent la construction de Salt Lake City. La **vue★★** sur la ville et la vallée y est imprenable.

Pioneer Memorial Museum B1

300 N. Main St. - ✆ (801) 532-6479 - www.isdup.org - tljsf w.-end 9h-16h30 - gratuit.

En face du capitole, direction ouest, ce musée éclectique rassemble sur quatre étages et dans son annexe une foule de souvenirs évoquant la vie des pionniers. Une grande diversité d'objets sacrés et confessionnels rappelle les années 1849-1867. On peut y voir par exemple le chariot où se juchait Brigham Young pour haranguer ses fidèles. Le musée est administré par les Filles des Pionniers de l'Utah.

Utah Museum of Contemporary Art A2

20 S. West Temple - ✆ (801) 328-4201 - utahmoca.org - merc.-jeu. et sam. 11h-18h, vend. 11h-21h - donation suggérée 10 $.

Ce musée est dédié à l'art contemporain sous toutes ses formes : vidéos, photos, installations, etc.

The Leonardo B2

209 E. 500 South - ✆ (801) 531-9800 - theleonardo.org - mar.-dim. 10h-19h - 12 $.

Ce musée moderne et hybride associe art, sciences et techniques dans une présentation interactive et ludique destinée notamment aux enfants et propose des expositions temporaires.

★ Salt Lake City and County Building

Construit de 1891 à 1894, ce vaste et bel édifice de style néoroman est dominé par un haut beffroi agrémenté d'une horloge. Il est entouré d'un agréable parc.

★ South Temple Street et quartier de l'Université HORS PLAN PAR B2

À l'est de Downtown, bordé par les montagnes, ce campus élargi rassemble plusieurs musées intéressants. Pour y aller, vous pouvez utiliser le tramway ou marcher. Empruntez dans ce cas **South Temple Street★**, bordée dans sa première partie par de somptueuses demeures qui évoquent les différents courants de l'architecture américaine des 19e et 20e s. Au passage, visitez la **Cathedral of the Madeleine★** (cathédrale catholique de La Madeleine), bel exemple d'architecture néogothique bâti en grès ocre de 1900 à 1909. L'intérieur est décoré de fresques et de jolis vitraux.

★ University of Utah

Presidents Circle et University St. (à 2 miles à l'est du centre-ville par 200 South) - ✆ (801) 581-7200 - www.utah.edu.

Établi dans les années 1850 pour accueillir l'University of Deseret, ce campus de 600 ha est le plus ancien de l'Utah. Il a abrité le village olympique des athlètes des

Vue du centre-ville de Salt Lake City.
georgeclerk/Getty Images Plus

Jeux olympiques d'hiver de 2002 ; les cérémonies d'ouverture et de clôture des Jeux ont eu lieu dans son stade, Rice-Eccles, qui possède 50 000 places.

2

Fort Douglas Military Museum

32 Potter St. - ✆ (801) 581-1251 - fortdouglas.org - mar.-sam. 12h-17h - gratuit.
Ce petit musée un peu vieillot, installé dans un ancien baraquement militaire, abrite une collection d'uniformes et de maquettes de l'armée américaine, mais vaut surtout le coup d'œil pour son jardin, où l'on trouvera tanks, hélicoptères, jeeps et autres canons. L'ancien terrain du fort est entouré de jolies maisons anciennes du 19e s.

★★ Natural History Museum of Utah-Rio Tinto Center

301 Wakara Way - ✆ (801) 581-4303 - nhmu.utah.edu - 10h-17h (merc. 21h) - 22,95 $.
Lové au pied des monts Wasatch, ce musée (2011, Ennead Architects) séduit d'abord par son architecture étonnante, comme taillée dans la paroi des collines. Ses terrasses en dents de scie, ses passerelles et renfoncements et sa surface extérieure recouverte de plaques de cuivre et de verre réfléchissant évoquent les canyons et les arches aux multiples strates rocheuses des paysages de l'Utah. Conçu dans un souci écologique, le bâtiment tire l'essentiel de son énergie des panneaux solaires installés sur le toit. À travers une collection de plus d'1,2 million d'objets, le musée se donne pour mission d'éclairer le visiteur sur le monde naturel (et spécialement celui de l'Utah), son histoire immémoriale et la place que l'homme y occupe par la recherche scientifique, la sensibilisation et l'éducation. Un vaste atrium central, appelé le « canyon », sépare les ailes nord et sud. Au milieu se dresse une saisissante vitrine peuplée d'un cortège de papillons, coquillages, fossiles et artefacts amérindiens.

Les 4 000 m² d'exposition fournissent une foule d'informations sur la géologie, la flore et la faune de l'Utah, dans une démarche interactive qui fait la part belle aux expériences sensorielles et aux manipulations ludiques. Mention spéciale pour la galerie des dinosaures **Past Worlds** où sont exposés des squelettes de grands reptiles de l'ère secondaire. On peut observer les chercheurs du laboratoire de paléontologie au travail derrière des vitres. Remarquables également, les collections ethnologiques des étages supérieurs, consacrées aux tribus amérindiennes de l'Utah (Ute, Païute, Goshute, Shoshone et Navajo).
De grandes baies vitrées à chaque niveau et une terrasse au dernier étage permettent enfin de profiter du panorama sur Salt Lake City, le Grand Lac Salé et les sommets enneigés des monts Oquirrh.

★ Red Butte Garden

300 Wakara Way, par Foothill Dr. - ✆ (801) 585-0556 - redbuttegarden.org - 9h-21h; avr. et sept. : 9h-19h30; oct.-mars : 9h-17h - 14 $.
Sur une colline semi-aride dominant l'université, ce parc de 60 ha englobe un canyon alimenté en eau par la fonte des neiges. Les jardins soignés alternent avec les fleurs sauvages, les arbustes et 1500 espèces d'arbres.

★ Utah Museum of Fine Arts

410 S. Campus Center Dr. (1725 East) - ✆ (801) 581-7332 - umfa.utah.edu - mar.-dim. 10h-17h (merc. 20h) - 17,95 $.
Un beau bâtiment de quatre étages, aux sols en granit et acajou, accueille le seul musée généraliste d'art de l'Utah. La collection est éclectique. Au rez-de-chaussée, plusieurs salles sont dédiées à l'art américain et régional (18ᵉ et 19ᵉ s.) vantant la nouvelle nation et ses élites, puis des toiles plus nostalgiques du début du 20ᵉ s., célébrant les grands espaces encore vierges des paysages de l'Ouest américain. On découvre, au deuxième étage, les arts du Pacifique, d'Afrique et d'Asie, une sélection issue de la collection d'art moderne et contemporain et une galerie d'art européen du 15ᵉ au 19ᵉ s., avec des artistes comme Bruegel, Gainsborough, Corot, Tischbein et Fragonard. Également quelques antiquités égyptiennes, grecques et mésoaméricaines. Très belles expositions temporaires.

★ This Is The Place Heritage Park

2601 Sunnyside Ave. (à l'est de Foothill Dr.) - ✆ (801) 582-1847 - www.thisistheplace.org - lun.-sam. 10h-17h - 18,95 $ (5 $ en nov.-mars).
En 1847, quand Brigham Young et ses pionniers franchirent les monts Wasatch et redescendirent Emigration Canyon, Young aurait dit, en contemplant la vallée de Salt Lake : « Voici l'endroit. » Pour commémorer le difficile exode des pionniers depuis l'Illinois, lors du centenaire de cet événement, **This Is The Place Monument** a été érigé sur la piste Mormon Pioneer National Historic Trail, longue de 1300 miles. Le **Heritage Village★★** réunit une trentaine de maisons, magasins, fermes, écoles et églises reconstruits à l'identique. D'avril à octobre, des figurants en costume font revivre les modes de vie des pionniers mormons des années 1847-1869 : fabrication de bougies et de briques en adobe (terre crue), filage et teinture de la laine, confection de *quilts* (courtepointe en patchwork), préparation des repas... Un petit train et des calèches font le tour du village. Nombreux jeux et animations pour les enfants.

Utah's Hogle Zoo

2600 Sunnyside Ave. (à l'est de Foothill Dr.) - ✆ (801) 584-1700 - www.hoglezoo.org - 9h-18h (dernière entrée 16h); nov.-fév. : 10h-17h (dernière entrée 16h) - 21,95 $ (oct.-avr. 19,95 $).

Plus de 1000 animaux, de la région ou exotiques, sont présentés dans ce petit zoo. Les enfants adorent le chemin de fer miniature.

Liberty Park HORS PLAN PAR B2

Situé à deux pas du quartier branché 9th & 9th, ce parc ponctué de tilleuls abrite de nombreux terrains de jeu, un lac où l'on peut canoter, deux musées agréables à parcourir avec les enfants et, l'été, des manèges et un parc d'attractions miniature.

Chase Home Museum of Utah Folk Arts

Liberty Park - 1000 S. 600 E. - ✆ (801) 245-7285 - artsandmuseums.utah.gov - jeu.-sam. 10h-16h - gratuit.

Cette charmante maisonnette en bois du 19e s. abrite une petite collection d'art folklorique, dont de nombreux jouets artisanaux, ainsi que des œuvres d'artistes contemporains de l'Utah inspirés par le folklore du monde entier.

★ Tracy Aviary and Botanical Garden

Liberty Park - 589 E. 1300 South St. - ✆ (801) 596-8500 - tracyaviary.org - 9h-17h - 13,95 $.

Créé en 1938, ce parc ornithologique public est l'un des plus anciens d'Amérique. Doté d'une importante mission de conservation, il abrite 450 oiseaux de 150 espèces différentes, dont de nombreux spécimens exotiques et 21 espèces menacées ou en voie de disparition. Des expositions sont organisées de mai à septembre. Ses volières joliment mises en scène, ses spectacles et son vaste terrain de jeux en font un lieu idéal pour une après-midi en famille. Les enfants peuvent venir nourrir les oiseaux *(se rens. à l'accueil pour les horaires).*

À proximité

CARTE P. 96-97

★ Big Cottonwood Canyon B2

Rte 190, s'étendant sur 15 miles à l'est à partir de l'I-215 (sortie 6).

S'enfonçant dans les monts Wasatch depuis le sud-est de Salt Lake City, ce canyon au décor impressionnant est marqué par d'anciennes concessions minières. À son extrémité, deux stations de ski très fréquentées montent à plus de 3000 m. Sur les pentes bien enneigées, le village de **Solitude** est devenu une station de sports d'hiver très courue *(à 28 miles du centre de Salt Lake City - ✆ (801) 536-5786 - www.solitudemountain.com).*

À 2 miles, la paisible station familiale de **Brighton** *(à 30 miles du centre de Salt Lake City - ✆ (801) 532-4731 - brightonresort.com)* attire les amateurs de snowboard.

★ Little Cottonwood Canyon B2

Rte 210, s'étendant sur 14 miles au sud et à l'est à partir de l'I-215 (sortie 6).

Les principaux atouts de cette gorge creusée au sud-est de Salt Lake Valley, plus courte et étroite que Big Cottonwood Canyon, sont deux stations de ski de classe internationale. La plus proche de Salt Lake City, **Snowbird**★ *(à 25 miles du centre de Salt Lake City - ✆ (801) 232-9542 - www.snowbird.com)*, surpasse les autres stations des Wasatch : haut des pistes à 3350 m, dénivelé de 990 m. Le téléphérique qui mène au sommet 125 passagers en 8mn apporte une petite touche européenne. Quelques kilomètres plus loin, **Alta**★★ *(à 27 miles du centre de Salt Lake City - ✆ (801) 359-1078 - www.alta.com)*, ouverte en 1938, est la station de ski la plus fréquentée de l'Ouest après Sun Valley, dans l'Idaho. Réputée pour son ambiance

Le Grand Bassin

Le Grand Lac Salé constitue la frontière nord-est du Grand Bassin des États-Unis, région à l'intérieur des terres de près de 518 000 km² à partir de laquelle aucun cours d'eau n'atteint la mer. Elle est caractérisée par des centaines de petites chaînes de montagnes telles que la chaîne des monts Wasatch. Celles-ci accumulent la neige durant l'hiver et la déversent dans les vallées lors de la fonte. La moitié de l'Utah, une partie du sud de l'Oregon et la quasi-totalité du Nevada sont comprises dans le Grand Bassin, qui compte également le quatrième plus grand désert du pays, avec sa plante typique, l'armoise, et son animal, l'antilocapre.

décontractée à l'ancienne et son enneigement (12,50 m par an), Alta refuse fermement d'autoriser le snowboard ; les tarifs journaliers des remontées mécaniques y sont moins élevés que dans les autres grandes stations.

★★ Kennecott's Bingham Canyon Mine B2

À 4,5 miles au sud-ouest de l'intersection des Rte 48 et 111, près de Copperton, et 29 miles du centre de Salt Lake City par Rte 48, à l'ouest de l'I-15 (sortie 3011). (801) 204-2005 - www.riotinto.com/en/operations/us/kennecott - avr.-oct. : 9h30-14h30 - 6 $ - hors saison visite virtuelle sur le site Internet.

La plus grande mine à ciel ouvert du monde fait plus de 4 km de diamètre et près de 1220 m de profondeur : c'est l'un des deux ouvrages de l'homme visibles depuis l'espace, l'autre étant la muraille de Chine. Depuis 1906, début de l'exploitation, on a extrait 6 milliards de tonnes de matériaux de ce qui était une montagne.

La mine de Bingham Canyon a généré plus de richesse que les ruées vers l'or de Californie, de Comstock Lode et du Klondike réunies : 18 millions de t de minerai de cuivre, 320 000 t de molybdène, 5 400 t d'argent, 620 t d'or. La Kennecott Utah Copper Corporation présente son histoire et celle de la mine dans le **Visitor Center★** installé à l'est du gouffre. On y explique comment se font, à partir du minerai, la concentration, la fusion et le raffinage du cuivre. La terrasse d'observation offre la meilleure vue sur la mine.

Le Grand Lac Salé

Salt Lake City tient son nom du Great Salt Lake voisin, le plus grand lac américain à l'ouest du Mississippi, et plus grand lac salé du continent. Sa taille fluctue beaucoup selon le volume des précipitations. En moyenne, sa superficie est de 4 400 km² et sa profondeur de 4 m, mais la surexploitation de son eau menace le lac de disparition. Le Grand Lac Salé est un vestige d'un lac glaciaire préhistorique dix fois plus grand, le lac Bonneville, qui s'étendait sur toute la partie occidentale de l'Utah, sur l'Idaho et le Nevada. L'eau s'échappe du lac uniquement par évaporation, si bien que les sels s'accumulent au fil du temps. Seule la mer Morte a un taux de salinité plus élevé. Pour cette raison, il n'existe pas de poissons dans le lac. Le seul animal aquatique qui puisse y survivre est l'artémie, un minuscule crustacé dont les œufs sont pêchés en hiver pour être expédiés en Asie, où ils servent à alimenter les crevettes d'élevage et les poissons tropicaux. Sur les îles et les rives abondent près de 257 espèces d'oiseaux aquatiques.

Bonneville Salt Flats.
ablokhin/Getty Images Plus

★★ Great Salt Lake State Park B2

À 18 miles à l'ouest de Salt Lake City, sur l'I-80 (sortie 104). ☎ (801) 250-1898 - stateparks.utah.gov/parks/great-salt-lake.

Ce petit State Park offre une vue magnifique sur le Grand Lac Salé, avec Antelope Island au premier plan *(voir p. 120)*. Le spectacle est magique au soleil couchant. Lorsque le lac est bas, vous pouvez vous arrêter devant la salle de concert aux airs de palais oriental (The Great Saltair), à l'entrée de la route conduisant au State Park, et marcher sur le sol du lac recouvert de sel. Dominant le paysage, impossible de rater l'immense cheminée de la mine de cuivre de Kennecott, presque aussi haute que l'Empire State Building (370 m).

★ Bonneville Salt Flats A2

À Wendover (NV), 120 miles à l'ouest de Salt Lake City, sur l'I-80.

Vestiges du temps où le Grand Lac Salé faisait partie du vaste lac Bonneville, ces paysages connus du monde entier sont uniques en Amérique du Nord. Cette plaine de 260 km^2 couverte de sel (dont l'épaisseur peut atteindre presque 2 m à certains endroits), provient de l'évaporation de l'ancien lac Bonneville survenue après la dernière glaciation. En hiver, une fine couche d'eau recouvre la plaine alors que l'évaporation est moindre que les apports des précipitations. L'eau s'évapore au printemps et en été, tandis que le vent lisse une surface plane qui devient dure comme le roc, empêchant toute croissance végétale. Le site abrite le Bonneville Speedway, une piste de vitesse mondialement connue où des véhicules venus du monde entier s'élancent à des vitesses faramineuses *(juin et sept. - www.saltflats.com)*.

Sun Tunnels A2

À 53 miles au nord de Bonneville Salt Flats.

Subjuguée par le désert, l'artiste plasticienne Nancy Holt y installe cette œuvre de *land art*, faite de quatre cylindres de béton longs de 6 m, en 1976. Perforés et disposés en croix, ils jouent avec le soleil.

Carnet pratique

S'informer

Visitor Information Center – *Salt Palace Convention Center - 90 S. West Temple St. - ☎ (801) 534-4900 - www.visitsaltlake.com. Également un guichet d'accueil à l'aéroport.*

Office de tourisme de l'Utah – *☎ (800) 200-1160 - www.visitutah.com.*

Arriver/partir

En avion

Salt Lake City International Airport – *À 6,8 miles à l'ouest du centre-ville - ☎ (801) 575-2400 - www.slcairport.com.* C'est l'aéroport international le plus proche du parc de Yellowstone *(5h de voiture)*. Liaisons directes avec Paris par AirFrance/Delta.

Pour rejoindre le centre-ville, le plus simple est le métro sur rail dit **TRAX** *(Green Line, ttes les 15/30mn - 15mn de trajet - 2,50 $ - www.rideuta.com).* En **taxi** ou **VTC**, comptez 27/32 $.

En train

Amtrak – HORS PLAN PAR A2 - *340 S. 600 W. - ☎ (800) 872-7245 - www.amtrak.com.* Salt Lake City est desservie par le California Zephyr, la ligne mythique entre Chicago et San Francisco (51h30 de voyage). Depuis Salt City Denver est à 15h, Chicago à 34h, San Francisco (Emeryville) à 18h.

En bus

Greyhound – *300 S. 600 W. (près de la gare ferroviaire) - ☎ (801) 355-9579 - www.greyhound.com.* Liaisons directes pour Denver (10h45) et Cheyenne (8h35).

Se garer

Parking couvert du City Creek center en plein centre-ville.

Se déplacer

On se déplace facilement à pied dans le centre-ville, malgré des distances assez étendues. Nombreux parkings.

Transports en commun

Pour rejoindre le quartier de l'université, empruntez le **métro sur rail TRAX** *(2,50 $ le billet, valable 2h30)*. Bus et TRAX sont gratuits dans le centre-ville.

Vélo

Green Bike – *www.greenbikeutah.org - 3 $/60mn, 9 $/24h avec séquences de 60mn de location illimitée*. Un système de vélos en libre-service émaille les artères du centre-ville ; paiement *via* l'application.

Agenda

Living Traditions Festival – *www.saltlakearts.org.* À la mi-mai, sur Washington Square, expositions d'artisanat, stands culinaires et concerts sur le thème des traditions folkloriques.

Utah Pride Festival – *www.utahpride.org.* Début juin, durant trois jours, le grand rendez-vous de la communauté gay et lesbienne : défilé musical et dansant, festival de cinéma, spectacles.

Utah Arts Festival – *www.uaf.org.* Fin juin, durant quatre jours, sur Library Square et Washington Square. Grande manifestation d'arts pluridisciplinaires réunissant plus de 200 artistes, avec de nombreux spectacles et concerts, et des dégustations culinaires.

International Jazz Festival – *www.slcjazzfestival.com.* Début juillet, un week-end de concerts gratuits en différents lieux de la ville.

Pioneer Day – *www.daysof47.com.* Autour du 24 juillet, commémoration de la fondation de la ville par les pionniers mormons le 24 juillet 1847. Défilé de chars et majorettes, rodéos, *pow-wow* indien, concerts, spectacles et animations.

Nos adresses

PLAN P. 102

Restauration

Premier prix

6 **City Creek Food Court** – B2 - *28 State St. - www.shopcitycreekcenter.com - tlj sf dim. - 10/15 $.* L'endroit parfait pour une pause déjeuner. Le grand centre commercial du centre-ville réunit une dizaine d'enseignes de *street food* : on commande au comptoir et on s'installe à une table de l'immense espace central. Il y en a pour tous les goûts : japonais, italien, grec, burgers, mexicain – avec le comptoir du Red Iguana, un restaurant latino réputé de la ville.

Vertical Diner – HORS PLAN - *234 W 900 S - ✆ (801) 484-8378 - verticaldiner.com - service continu - plats 12/18 $.* Ce *diner* a tous les attributs d'un restaurant américain classique de bord d'autoroute, avec ses *booths* (coins canapés) en skaï, ses fauteuils de bar et son comptoir... mais à la mode vegan ! Les exquis burgers, sandwichs et salades préparés à base d'ingrédients bio, et l'excellente sélection musicale indie pop-rock en font un repaire de branchés.

7 **O'Shucks Bar** – B2 - *22 E. 100 S. - ✆ (801) 359-6770 - www.oshucksutah.com - service continu - plats 10/20 $.* Un endroit un peu atypique. On descend quelques marches pour se retrouver dans un entresol avec d'un côté un *sports bar* avec tables de billard, écrans de télé diffusant les matchs du moment et burgers classiques, et, de l'autre, un bar à sushis. C'est bon, c'est abordable et l'ambiance est plutôt sympathique.

Budget moyen

1 **Antica Roma** – AB2 - *132 South Main St. - ✆ (801) 532-0500 - www.anticaromaslc.com - fermé le midi et dim. - plats 20/30 $.* Un chef venu tout droit d'Italie pour mitonner des spécialités romaines, un cadre façon bistrot plutôt plaisant, un service impeccable : voilà de quoi emporter tous les suffrages. Testez les pâtes et raviolis maison.

2 **The Copper Onion** – B2 - *111 E. Broadway - ✆ (801) 355-3282 - thecopperonion.com - service continu - plats 25/41 $.* Une table gourmande et conviviale façon brasserie où se retrouvent volontiers les bandes d'amis après un film au Broadway Centre Cinemas voisin, le temple du

cinéma indépendant. Au menu, une déclinaison de plats de pâtes, du magret de canard, une truite au yaourt et aux lentilles, ou le *meatloaf* maison.

3 **Market Street Grill** - A2 - *48 W. Market St. - ✆ (801) 322-4668 - www.marketstreetgrill.com - plats 20/106 $.* Aucun autre endroit dans l'Utah ne fait griller autant de crustacés chaque soir que ce restaurant de poissons et crustacés et son bar à huîtres. Jusqu'à 250 convives peuvent s'attabler sous les palmiers artificiels de ce restaurant très animé abrité dans un bâtiment de style new-yorkais datant de 1906. Le poisson frais est livré tous les jours : thon ahi, flétan d'Alaska et bar du Chili, entre autres.

8 **Oquirrh** - B2 - *368 E 100 S. - ✆(801) 359-0426 - www.oquirrhslc.com - fermé le midi en semaine et le soir le w.-end - plats 25/42 $.* Dans leur salle claire avec une touche arty, Angie et Andrew Fuller proposent une cuisine américaine contemporaine préparée uniquement à partir de produits locaux soigneusement sélectionnés. Résultat, une carte courte d'une dizaine de propositions où la tourte de confit de canard voisine avec les *canestri* maison aux légumes et à la truffe. Belle sélection de vins américains.

9 **White Horse** - B2 - *325 S. Main St. - ✆ (801) 363-0137 - www.whitehorseslc.com - service continu - plats 22/38 $.* Les murs de briques et la déco façon brasserie entretiennent une atmosphère chaleureuse qui draine une clientèle de fidèles. Carte savoureuse et éclectique où les fruits de mer (huîtres, crabe, crevettes) rivalisent avec les travers de porc braisés. Planches de charcuterie à partager, salades et délicieuses soupes, avec en vedettes une soupe à l'oignon ou le *clam chowder* : il y en a pour tous les appétits. Bonne sélection de vins et plus d'une trentaine de cidres venus du monde entier.

10 **Finca Pintxos Bar** - B2 - *126 Regent St. - ✆ (801) 441-2975 - www.fincaslc.com - 16h-22h (vend.-sam. 23h) - fermé dim.-lun. - plats 18/36 $.* Au menu de cette adresse plutôt élégante : *pintxos* basques, tapas et spécialités espagnoles (paella, agneau braisé). Le mieux est de commander un assortiment à partager. Bon choix de vins espagnols.

Pago - HORS PLAN - *878 E. 900 East - ✆ (801) 532-0777 - pagoslc.com - 17h-21h - plats 32/50 $.* Agréable endroit pour savourer, dans un décor écolo-chic (murs de brique et tables en bois), une cuisine américaine contemporaine. Le patron, sommelier passionné, déniche des vins nature produits par de petits viticulteurs dans le monde entier. Il les associe à des mets goûteux et artistiquement présentés, à base de produits frais issus de fermes locales. L'occasion aussi de faire un tour dans le 9th & 9th, un sympathique quartier bobo avec ses maisons pimpantes et ses jolies boutiques *(voir Shopping)*.

Provisions - HORS PLAN - *3364 S. 2300 East - ✆ (801) 410-4046 - www.slcprovisions.com - tlj 17h-21h (dim.-lun. 20h), w.-end 10h30-14h (brunch) - plats 15/30 $.* À proximité du quartier branché de Sugar House, un excellent restaurant à la décoration chaleureuse. Le chef Tyler Stokes travaille une cuisine d'inspiration américaine avec des produits issus de circuits courts et de l'agriculture bio ou raisonnée. Les petites assiettes sont délicieuses. L'ambiance est décontractée et le service très attentionné. Un véritable coup de cœur !

Pour se faire plaisir

5 **Valter's Osteria** - A2 - *173 W. Broadway - ✆ (801) 521-4563 - valtersosteria.com - fermé le midi et dim.-lun. - plats 34/42 $, menu 95 $.* Homme chaleureux et enjoué, originaire de Monte San Savino, en Italie, Valter Nassi officie en maestro de l'accueil. Sourires, poignées de mains et accolades généreuses sont délivrés à chaque convive comme s'il s'agissait d'un invité de marque. La salle, à la fois chic et rustique, évoque une ferme toscane. Des *antipasti* aux *dolce*, en passant par de succulentes spécialités de pâtes, la cuisine de Valter, inspirée par les bons petits plats de sa « mama », est divine. Les pâtes sont faites maison le matin même, tout comme le pain et les glaces. Les recettes varient au gré des saisons et des produits disponibles. Réservation impérative.

Petite pause

Tinker's Cat Café - *302 E. 900 S. - ✆ (801) 519-2287 - www.tinkerscatcafe.com - mar.-jeu. 9h-18h, vend.-sam. 9h-19h, dim. 11h-18h.* Que votre chat vous manque ou que vous soyez accro aux félins, ce café vous permettra de passer quelque temps en compagnie de vos animaux préférés : jeux, caresses et ronronnements sont au rendez-vous (mais vous n'êtes jamais à l'abri d'un petit coup de griffe non plus). Le café « troisième génération » est excellent.

Publik Kitchen - *931 E. 900 S. - ✆ (385) 229-4205 - www.publikcoffee.com - 7h-15h30, w.-end 8h-16h30.* Ce café tendance hipster propose d'excellentes moutures du breuvage noir, à déguster sur l'agréable terrasse qui donne sur le quartier le plus bobo de la ville. Sert également de bons petits-déjeuners et d'exquises salades.

Eva's Bakery - *155 S. Main St. - ✆ (801) 355-3942 - www.evasbakeryslc.com - 8h-15h.* Cette mignonne bonbonnière propose croissants et viennoiseries, macarons, cannelés et même... du kouign amann ! Ici les recettes françaises sont à l'honneur avec, *of course*, l'incontournable baguette. À déguster sur place ou à emporter.

Boire un verre

Pour connaître l'agenda de la vie culturelle et nocturne, consultez le journal gratuit *City Weekly (cityweekly.net).*

Vous devrez présenter une pièce d'identité avec photo à l'entrée de tous les établissements servant de l'alcool.

Gracie's - *326 S. West Temple - ✆ (801) 819-7565 - www.graciesslc.com - 11h-1h, w.-end 10h-1h.* Grand bar à bières, fréquenté par des habitués d'âge mûr mais plutôt rock'n'roll, qui viennent applaudir les musiciens locaux lors de jam-sessions *(selon programmation, se rens.)*, dans le patio ombragé.

Fisher Brewing Company - *320 W. 800 S. - ✆ (801) 487-2337 - fisherbeer.com - 11h-23h, vend.-sam. 11h-0h, dim. 11h-22h.* Surfant sur la vague des microbrasseries, cette enseigne agrémentée d'un patio est fréquentée par les hipsters de Salt Lake City. Le décor clinique de brasserie moderne n'a pas de charme, mais la bière est excellente et l'ambiance bon enfant. Restauration sur le pouce (burgers, frites).

Water Witch - *163 W. 900 S. - ✆ (801) 462-0967 - waterwitchbar.com - 15h-1h, jeu.-dim. 12h-1h.* Ce petit bar à la décoration sans apprêts, qui ne sert que des boissons simples (vins, bières et long drinks) est le rendez-vous des fêtards locaux et des branchés de tout poil. Petite terrasse.

Bar X – *155 E. 200 S. - ✆ (801) 355-2287 - barxslc.com - 16h-1h, dim.-lun. 18h-1h.* Une institution à Salt Lake City depuis l'abolition de la prohibition, en 1933. Ce bar est apprécié pour ses bières et ses nombreux cocktails. L'intérieur exsude volontairement un air un peu sombre et fané de « speakeasy » des années 1920. Ambiance cool, terrasse sur rue, concerts de jazz les soirs de week-end.

Cheers to U – *315 Main St. - ✆ (801) 575-6400 - 11h-1h.* Ici, pas de cocktails de créateurs, ni de look hipster soigné. On est plutôt pinte de bière, casquette et chemise à carreaux. On s'arrime au bar prêt à entamer une conversation avec ses voisins, ou on se cale sur une banquette l'œil sur les écrans qui diffusent matchs ou films vintage, à moins d'opter pour une partie de billard au fond de la salle. Un retour aux fondamentaux.

Ivy & Varley – *55 W. 100 S. - ✆ (801) 895-2846 - www.ivyandvarley.com - 11h-1h.* La grande salle et sa déco contemporaine ou le grand patio en été drainent la foule des fêtards de la ville en fin de semaine. Le service est courtois et enjoué et les cocktails maison délicieux. Tout au long de la semaine, DJs ou groupes assurent l'ambiance musicale. Carte de restauration soignée.

Shopping

The Green Ant – *179 E. Broadway - ✆ (801) 595-1818 - thegreenant.com - fermé dim.-mar.* Somptueux meubles et objets décoratifs mid-century modern, dont de nombreuses pièces de grands designers américains. Pour le plaisir des yeux.

Mabo – *925 900 S. - ✆ (385) 222-7838 - maboclothier.com - tlj sf lun.* Cette petite boutique propose une mode éthique et écologique, dessinée et cousue aux États-Unis, pour femme, enfant et bébé. Un chic très frais et sobre, et de jolis cadeaux à rapporter (à des prix toutefois assez élevés) pour vos chères têtes blondes.

Salt & Honey Market – *926 E. 900 S. - ✆ (801) 382-9316 - www.saltandhoneymarket.com - 11h-18h.* Voisin de la boutique précédente dans le même quartier branché du 9th & 9th, au sud de la ville, ce concept store propose les produits de créateurs locaux : objets déco, papeterie, accessoires, produits de beauté…

City Creek Center – *50 S. Main St.- ✆ (801) 521-2012 - shopcitycreekcenter.com - fermé dim.* En face de Temple Square, ce centre commercial à ciel ouvert et traversé par un cours d'eau artificiel accueille de nombreuses boutiques, deux grands magasins (Nordsrom et Macy's) et des restaurants dans un cadre agréable.

En soirée

Eccles Theater – *131 Main St. - ✆ (385) 468-1010 - www.saltlakecountyarts.org.* Depuis son ouverture en 2016, ce magnifique théâtre de 2500 places fait la fierté des habitants. Il accueille les plus fameux spectacles de Broadway tout au long de l'année.

Broadway Centre Cinemas – *111 E. Broadway - ✆ (801) 321-0310 - www.slfs.org.* Partenaire du festival de Sundance, ce cinéma propose tout au long de l'année une riche programmation de films indépendants, américains et du monde entier, en alternance avec de grands classiques.

Hébergement

Salt Lake City

Trouver un hébergement à moindre coût et de bonne qualité s'avère compliqué à Salt Lake City. Notez que les tarifs varient fortement en fonction de la saison et des quartiers.

Premier prix

Comfort Inn Downtown – HORS PLAN - *171 W. 500 S. - ✆ (801) 325-5300 - 85 ch. 88/128 $ ☕.* Standards mais efficaces, les chambres de cet hôtel situé en centre-ville sont spacieuses. Présence d'une salle de remise en forme, patio extérieur avec grand bain bouillonnant.

Budget moyen

② **Inn on the Hill** – B1 - *225 N. State St. - ✆ (801) 328-1466 - www.inn-on-the-hill.com - ▤ - 12 ch. 180/244 $ ☕ et 1 chalet.* Dans le quartier verdoyant du capitole, au milieu d'un jardin, cette maison d'hôte occupe une demeure cossue de 1906 aux airs de manoir anglais. L'intérieur, méticuleusement restauré, affiche un style néo-Renaissance avec vitraux Tiffany et tapis orientaux, salle de billard, salon avec cheminée et boiseries. Accueil chaleureux. Petit-déjeuner délicieux.

④ **Peery Hotel** – A2 - *110 W. Broadway - ✆ (801) 521-4300 - www.peeryhotel.com - ▤ - P payant - ♿ annoncer avant - 73 ch. 131/290 $ - ☕ 15 $ - ✕.* Un grand escalier classique constitue la partie centrale de cet hôtel construit en 1910 dans un style Prairie School, que viennent émailler des motifs néoclassiques. Du riche hall d'entrée au cuir capitonné et au bois de noyer qui décorent les chambres, partout, une touche européenne se dégage, d'une sobre élégance.

③ **Kimpton Hotel Monaco** – B2 - *15 W. 200 South - ✆ (801) 595-0000 - www.monaco-saltlakecity.com - P payant - ♿ - 225 ch. 189/305 $ - ☕ 25 $ - ✕.* Cet hôtel-boutique occupe une ancienne banque d'époque Art déco, à la façade de brique ornée de corniches. Les chambres, spacieuses et veloutées, disposent d'une literie rebondie et surdimensionnée, avec une avalanche d'oreillers et des peignoirs douillets. Salle de fitness, prêt de bicyclettes. Le jeune chef Patrick LeBeau dirige la cuisine du Bambara et propose une cuisine américaine créative qui a fait du lieu l'un des meilleurs restaurants de la ville.

Pour se faire plaisir

The Grand America Hotel – HORS PLAN - *555 S. Main St. - ✆ (801) 258-6000 - www.grandamerica.com - ⛱ - 775 ch. 309/394 $ - ✕.* Earl Holding, dont l'empire hôtelier s'étend jusqu'à la station de Sun Valley dans l'Idaho, n'a pas lésiné lorsqu'il a créé ce joyau en vue des Jeux olympiques de 2002. Avec 24 étages de granit blanc, des jardins intérieurs, son mobilier de merisier français, ses tapis en laine anglaise, ses marbres et ses chandeliers italiens, l'hôtel ne s'épargne aucun luxe.

À proximité

Une folie

Alta Lodge – HORS PLAN - *10230 E. Hwy 210 - Alta - ✆ (801) 742-3500 - www.altalodge.com - ⛱ - 57 ch. 500/850 $ en 1/2 P - 4 nuits mini - ✕.* Une vue panoramique, une atmosphère conviviale et détendue, des lits moelleux dans des chambres cosy (sans télévision) font le charme de l'Alta Lodge. Ouvert à la fin des années 1930 par la compagnie de chemins de fer Denver and Rio Grande Railroad, c'est une véritable institution pour les skieurs. Les habitués y viennent pour son restaurant familial dont les vastes fenêtres donnent sur la chaîne des monts Wasatch.

Nord de l'Utah ★

Northern Utah

Le voyageur qui arrive par l'ouest dans la région du Grand Lac Salé voit s'élever la chaîne des Wasatch, qui dessine un arrière-plan saisissant. Muraille de plus de 2000 m de hauteur aux pics dépassant 3300 m, elle se dresse à l'est de Salt Lake City et court sur 149 miles, de Logan, au nord, à Nephi, au sud. Autrefois obstacle à l'exploration, elle a été franchie à la fin du 19e s. par les prospecteurs d'argent. C'est aujourd'hui pour le pays un des plus riches gisements d'or blanc, cette poudreuse sur laquelle les amateurs du monde entier glissent avec délices. Les plaques minéralogiques de l'Utah vont même jusqu'à vanter « The Greatest Snow on Earth ». Park City, première agglomération de la région à seulement 31,5 miles à l'est de Salt Lake City, a été un des grands centres des Jeux olympiques d'hiver de 2002. La population de l'Utah occupe la région du Wasatch Front, au sud et au nord de Salt Lake City, le long de la face ouest et à l'extrémité nord de la chaîne. Elle s'est également implantée à Provo, à 44,5 miles au sud, siège de la Brigham Young University, ainsi qu'à Ogden, à 34,5 miles au nord.

Se repérer

Utah – *Mountain Time.*

CARTE B1-2 (P. 96-97).

Le terme Northern Utah désigne le ruban de villes qui s'étire le long des monts Wasatch, de Logan au nord à Provo au sud, en passant par Park City.

À ne pas manquer

La rue principale de Park City ; la Logan Canyon Scenic Byway.

En famille

Le North American Museum of Ancient Life, à Lehi ; Heber Valley Historic Railroad ; Utah Olympic Park à Park City ; Hill Aerospace Museum ; George S. Eccles Dinosaur Park ; Bear River Migratory Bird Refuge ; l'American West Heritage Center, à Wellsville ; Antelope Island State Park.

Nos adresses p. 124

Découvrir

CARTE P. 96-97

Provo B2

Au croisement de l'US-89 et de l'US-189 par l'I-15 (sortie 268).

220 W. Center St. - (801) 852-6000 - www.utahvalley.com.

À mi-chemin sur la rive est d'Utah Lake, Provo est, avec 113523 habitants, la troisième ville de l'Utah. C'est le siège de la Brigham Young University, dominée par une colline où se dressent le **Provo Mormon Temple** à la flèche dorée *(N. Temple Dr. par N. 900 East)* et le palais de justice, **Utah County Courthouse** *(Center St. et University Ave.)*, construit dans les années 1920 en blocs calcaires.

Le Mount Timpanogos.
Amy Sparwasser/Getty Images Plus

★ **Brigham Young University** – *Campus Dr. par E. 1230 North - ✆ (801) 422-4636 - www.byu.edu.* Le centre d'enseignement mormon établi en 1877 par Brigham Young est aujourd'hui l'une des plus grandes universités privées des États-Unis. Son campus de 256 ha abrite de beaux musées *(gratuits)*.

Le **Museum of Art** *(✆ (801) 422-8287 - moa.byu.edu - 10h-18h (lun., jeu. et vend. 21h) - fermé dim. - gratuit)* s'intéresse aux beaux-arts et arts décoratifs du 19e s. en Amérique et en Europe. Il possède une extraordinaire collection d'instruments de musique primitifs. Le **Museum of Paleontology**★ *(✆ (801) 422-3680 - geology.byu.edu/museum - lun.-vend. 9h-17h - gratuit)* expose l'un des plus beaux groupes de dinosaures du Jurassique du monde. Le **Monte L. Bean Life Science Museum** *(✆ (801) 422-5050 - lsm.byu.edu - lun.-vend. 10h-21h, sam. 10h-17h - gratuit)* est un agréable musée d'histoire naturelle. Le **Museum of Peoples and Cultures** *(✆ (801) 422-0020 - mpc.byu.edu - lun.-vend. 9h-17h - gratuit)* est dédié aux peuples et aux cultures du monde.

2

UVU Museum of Art

▶ *À 4 miles au nord ouest de Provo - 260 W. 1800 S. St., Orem - ✆ (801) 863-4200 - www.uvu.edu/museum - mar. 12h-20h, merc.-sam. 10h-17h - gratuit.*

L'UVU (Utah Valley University) a ouvert en 2022 cette galerie installée dans une belle demeure du 19e s. Elle y organise des expositions d'art contemporain mêlant œuvres et performances. Les problématiques d'inclusion sont au cœur de ce projet qui se veut un laboratoire pour la création.

★ Springville Museum of Art B2

▶ *À Springville, à 6 miles au sud de Provo. 126 E. 400 South - ✆ (801) 489-2727 - www.smofa.org - mar.-sam. 10h-17h (merc. 20h) - gratuit.*

Sans doute le meilleur musée d'art spécifique à l'Utah, cette petite institution présente dans 29 galeries des œuvres de peintres, de sculpteurs et de graveurs à partir de 1862.

Moutain America Museum of Ancient Life B2

À Lehi (I-15, sortie 287).

Thanksgiving Point Resort, 3003 N. Thanksgiving Way - (801) 768-2300 - thanksgivingpoint.org - lun.-sam. 9h-20h - 27 $ (24 $ en ligne).

Soixante squelettes complets de dinosaures, des présentations interactives et une salle de projection à écran géant animent cet équipement éducatif. Le musée fait partie d'un village à thème, avec des implantations résidentielles, des jardins botaniques, une ferme pour les enfants, des boutiques, des salles de spectacle et un terrain de golf.

★ Timpanogos Cave National Monument B2

À American Fork, sur la Rte 92, 9 miles à l'est de l'I-15 (sortie 287).

(877) 444-6777 - www.nps.gov/tica - juin-oct. : 7h-18h - visite guidée : 12 $ - billet en vente en ligne sur www.recreation.gov jusqu'à 30 j. avant la visite (recommandé en haute saison).

rois salles souterraines naturelles, reliées par des couloirs aménagés par l'homme dans le calcaire, attendent le visiteur sous le versant nord de Mount Timpanogos. On y accède à 325 m au-dessus du Visitor Center, en fond de canyon, au bout de 1,5 mile de pente raide. Les magnifiques formations colorées de stalactites, de stalagmites et d'hélictites s'accroissent inexorablement. Il règne toute l'année une température de 6 °C dans les grottes.

Sundance Resort B2

À Sundance, sur la Rte 92, 15 miles au nord de Provo par l'US-189.

(801) 225-4107 - www.sundanceresort.com.

Skier en Utah

L'industrie du ski en Utah se targue de posséder « la meilleure poudreuse du monde ». Légère et toujours présente, celle-ci pourrait aussi bien être labellisée comme la plus accessible. En effet, pas moins de onze stations de ski se trouvent à moins d'une heure de route de l'aéroport de Salt Lake City, une proximité et une concentration que l'on ne retrouve nulle part ailleurs. Nombreux sont les visiteurs qui prennent une chambre d'hôtel en ville et choisissent au jour le jour la station qui leur fait envie, au gré des conditions climatiques. En moyenne, les précipitations de neige sur l'année atteignent de 7,6 à 15 m à l'est de la ville. Le manteau neigeux dépasse souvent 1,5 m dès janvier. Le climat et les caractéristiques atmosphériques justifient la réputation de poudreuse légère de la neige locale : les climatologues ont en effet démontré que c'est la combinaison des vents, de l'humidité et de l'altitude qui donne aux flocons de neige de l'Utah leur spécificité. Parmi d'autres éléments, les orages à l'ouest font remonter l'humidité du Grand Lac Salé vers les monts Wasatch *via* les canyons à l'est de Salt Lake City. Un autre élément caractérise le ski dans l'Utah : deux des plus grosses stations de la région, Alta et Deer Valley, prohibent l'usage du snowboard. Un seul autre endroit en Amérique du Nord est réservé aux skieurs et plusieurs autres stations sont revenues sur cette interdiction. Alta et Deer Valley sont bien décidées à demeurer réservées aux skieurs et, avec les onze stations de la région, les surfeurs ne manquent pas d'espace. Ni de neige.

Consultez **www.skiutah.com** pour plus d'informations concernant le ski ou le surf des neiges dans l'Utah.

Le célèbre acteur et metteur en scène Robert Redford a acheté la station en 1969 et lui a donné le nom du personnage (né en Utah) qu'il incarnait dans le film Butch Cassidy et le [Sundance] Kid. Cette paisible station familiale au cadre idyllique, parsemée de chalets en rondins de bois et traversée par une rivière de montagne, est appréciée pour sa triple vocation : loisirs, arts, environnement. En hiver, un petit domaine skiable (trois remontées mécaniques) couvre le flanc de Mount Timpanogos (3 581 m). En été, Sundance offre des randonnées à pied et à cheval, et une salle de concert en plein air. C'est ici qu'est né le Sundance Film Festival, créé par Robert Redford. Dédié au cinéma indépendant du monde entier, il s'est aujourd'hui délocalisé à Park City.

★ Heber Valley Historic Railroad C2

À Heber City, 18 miles au sud-est de Park City.
450 S. 600 West St. - ✆ (435) 654-5601 - www.hebervalleyrr.org - horaires et prix variables selon la saison et la formule choisie : se rens. à l'avance.
Tirés par une locomotive à vapeur de 1907, des wagons d'époque restaurés emmènent les passagers en excursion autour du réservoir de Deer Creek jusqu'à Vivian Park, dans le canyon de Provo. Nombreuses excursions à thème, notamment lors des fêtes de fin d'année.

★★ Park City C2

Rte 224, à 5 miles au sud de l'I-80 (sortie 145).
1794 Olympic Parkway - ✆ (435) 658-9616 - www.visitparkcity.com.
À la fin du 19e s., cette région minière était l'une des plus riches d'Amérique ; elle a produit de l'argent pour plus de 400 millions de dollars. Park City a été fondée en 1872 par des mineurs et des hommes d'affaires. Avec près de 10 000 habitants à son apogée, elle entretenait théâtres et lieux culturels, mais aussi saloons, dancings et maisons closes. Un incendie l'a détruite aux trois quarts en 1898, mais de nombreux bâtiments des années 1880 ont survécu. Ils forment une partie du quartier classé **Main Street National Historic District★★** où les visiteurs trouveront aussi galeries d'art, boutiques et restaurants. Installé dans l'ancienne prison, le **Park City Museum** *(528 Main St. - ✆ (435) 649-7457 - parkcityhistory.org - 10h-17h - 15 $)* est le point de départ de la visite historique. Excellent livret de visite en vente. Depuis les années 1960, Park City s'est transformée en station touristique ouverte toute l'année et son nombre d'habitants (8 374) approche celui de son âge d'or. Le calendrier artistique est marqué, fin janvier, par le **Sundance Film Festival** *(festival.sundance.org)*. Les cinéastes indépendants du monde présentent leurs œuvres les plus récentes lors du festival, organisé depuis 1986 par Robert Redford.
Des navettes de bus relient aux stations de ski depuis Main Street. La plus proche, **Park City Mountain Resort★** *(Lowell Ave. - ✆ (435) 649-8111 - www.parkcitymountain.com)*, a intégré la station The Canyons et est l'un des plus grands domaines skiables aux États-Unis. À 1 mile à l'est, l'élégante **Deer Valley Resort★** *(Deer Valley Dr. - ✆ (435) 649-1000 - www.deervalley.com)* affiche son succès. Ces deux stations de taille comparable offrent ensemble des pistes desservies par plus de 60 remontées mécaniques, couvrant au total 2 800 m de dénivelé.
★ **Utah Olympic Park** – *Bear Hollow Dr. (donnant sur la Rte 224) - ✆ (435) 658-4200 - utaholympiclegacy.org - 9h-18h - visite 20 $; plusieurs formules et activités, se rens.* Situé près de The Canyons, ce centre permanent d'entraînement des équipes nationales américaines est équipé de six tremplins de saut de 18 à 120 m,

2

de quatre tremplins de ski acrobatique, et d'une piste de bobsleigh et de luge de 1335 m. Le public peut assister à l'entraînement et aux compétitions, descendre pour le plaisir la piste de bobsleigh ou s'offrir une leçon de saut à ski *(2h)*. En été, on peut y faire de l'escalade, du bobsleigh et des descentes en tyrolienne.

★ Antelope Island State Park B2

À 40 miles au nord-ouest de Salt Lake City par l'I-15 (sortie 332 vers Syracuse), puis suivez les indications sur 6,8 miles par la Rte 108.
Parc : 6h-22h - 15 $/véhicule; Visitor Center (10h-16h) : à l'entrée de l'île après la digue, à gauche, en haut de la butte) - (801) 773-2941 - stateparks.utah.gov.
Attention à la chaleur, parfois écrasante en été, et aux insectes : munissez-vous d'eau, d'un chapeau et d'un répulsif antimoustique.
Une longue chaussée surélevée traverse la frange bourbeuse du Grand Lac Salé jusqu'à la plus grande île du lac, une réserve de flore et de faune de 110 km² (24 km de long sur 7 km de large). De nombreux sentiers invitent à la promenade à pied, à bicyclette ou à cheval. Une carte des itinéraires de randonnée est disponible au **Visitor Center**, qui présente une exposition sur la nature et la géologie de l'île. Une courte marche de 0,5 mile grimpe notamment au **Buffalo Point**, une éminence située à 1459 m d'altitude, d'où s'offre une vue panoramique sur l'île et le Grand Lac salé.
Couverte d'une végétation aride d'herbes rases et de buissons, Antelope Island est peuplée d'oiseaux de montagne, d'oiseaux aquatiques, d'antilopes, mouflons, cerfs à queue noire, coyotes, lynx, et de 600 bisons descendant d'un troupeau de la fin du 19e s. Un rassemblement de la harde est organisé à l'automne. On croise souvent ces bisons sur la rive est de l'île, en direction du **Fielding Garr Ranch** *(9h-18h (17h de mi-sept. à fin mai) - gratuit)*, situé au bout de la route au sud-est. Construit en 1848 en adobe, c'est la plus vieille maison bâtie par des colons en Utah encore intacte. On y visite les enclos, écuries, hangars agricoles et la maison meublée à l'ancienne.

Hill Aerospace Museum B1

À Hill Air Force Base, sur l'I-15 (sortie 338). 7961 Cottonwood St., Hill AFB - (801) 825-5817 - www.aerospaceutah.org - mar.-sam. 9h-16h - gratuit.
Cette grande collection d'avions militaires anciens des États-Unis rassemble, entre autres, plus de 90 bombardiers, avions-cargos et hélicoptères, ainsi que moteurs, missiles, bombes et armements divers, et toutes sortes de souvenirs de l'armée de l'air.

Ogden B1

Sur l'US-89, à l'est de l'I-15 (sortie 344).
2411 Kiesel Ave. - (800) 255-8824 - visitogden.com.
Ancienne ville du chemin de fer, Ogden (86 825 habitants) préserve son passé, avec ses bâtiments restaurés tout le long de **25th Street**. Des plaques sur la façade des constructions historiques rappellent leur histoire. Une agréable promenade jalonnée de boutiques, de bars et de restaurants.
Union Station – *2501 Wall Ave. - (801) 629-8680 - www.ogdencity.com/1337/Visit - merc.-sam. 11h-16h - 7 $.* L'ancienne gare abrite plusieurs musées intéressants. À l'extérieur sont présentées quelques impressionnantes locomotives qui ont fait l'histoire de l'Union Pacific. Le hall rassemble une collection de costumes, de trophées et d'affiches dédiée aux cow-boys de rodéo.

Bisons dans Antelope Island State Park.
T. Steinhardt/Author's Image/Photononstop

Le **Utah State Railroad Museum** rappelle l'épopée de la construction de la ligne et la vie des voyageurs au cours du long périple transatlantique. À voir : le joli train miniature en action qui traverse de spectaculaires paysages. Une section est dédiée à la compagnie d'armes à feu Browning, créée à Ogden en 1878 (collections d'armes et portraits des fondateurs). La dernière section rassemble une collection de voitures anciennes.

2

★ Ogden River Scenic Byway B1

Rte 39 vers l'est, entre Ogden et Huntsville.

Cette route pittoresque de 62 miles remonte le canyon de la rivière Ogden, dépasse le réservoir de Pineview, puis traverse les Wasatch.

En quittant la ville d'Ogden, elle contourne le **George S. Eccles Dinosaur Park** *(- 1544 E. Park Blvd - (801) 393-3466 - www.dinosaurpark.org - 10h-19h, dim. 12h-17h ; hiver : mar.-sam. 10h-17h ; printemps : 10h-17h, dim. 12h-17h ; automne : mar.-sam. 10h-17h, dim. 12h-17h - 8 $)*, qui expose dans un cadre naturel réaliste 98 animaux préhistoriques : tyrannosaure, ptérodactyle...

Du Parc des Dinosaures, la State Route 39 conduit à **Huntsville** (14 miles), un village de montagne typique de l'Ouest qui a tenu à conserver les traces de son histoire. On peut y voir la première cabane de trappeur construite ici en 1861, l'ancienne caserne de pompiers, un magasin de la fin du 19e s. La vedette du village reste le Shooting Star *(11h-21h)*, le plus vieux saloon à l'ouest du Mississipi resté dans son jus et en fonction depuis 1879. L'occasion de grignoter un burger et boire une bière dans une sympathique ambiance, au coude-à-coude avec les habitants du coin. Le village offre également d'agréables possibilités de logement *(voir « Nos adresses »)*.

De Huntsville, on peut monter à **Snowbasin Resort** *(9 miles sud ouest, Rte 226 - ☏ (801) 620-1000 - www.snowbasin.com)*, qui a accueilli la descente et le super-G des Jeux olympiques de 2002, ou à la modeste station de ski de **Powder Mountain** *(14 miles au nord, Rte 158 - ☏ 801 745 3772 - www.powdermountain.com)*.

★★ Bear River Migratory Bird Refuge B1

À 15 miles à l'ouest de Brigham City; à environ 12 miles à l'ouest de l'I-15 (sortie 363).

2155 W. Forest St. - ☏ (435) 723-5887 - www.fws.gov - visite libre en voiture du lever au coucher du soleil - gratuit.

Classé réserve ornithologique depuis 1928, le delta marécageux de la Bear River abrite plusieurs millions d'oiseaux migrateurs de plus de 200 espèces : phalarope, avocette, pélican blanc et échasse d'Amérique, barge marbrée, pluvier, bécasseau d'Alaska, cygne siffleur, ibis à face blanche, goéland de Californie, grèbe à cou noir... sans compter les multiples espèces de canards et d'oies. C'est dans ces marais que furent inventés, dans les années 1940, les premiers bateaux plats à hélices utilisés aujourd'hui en Floride et en Louisiane.

Le Visitor Center présente une exposition sur la vie sauvage des marais. De là part un sentier d'interprétation de 0,5 mile.

En poursuivant la Forest Street sur 12 miles, vous parvenez au départ d'un **autotour★★** accessible de l'aube au crépuscule *(boucle de 12 miles - comptez au moins 2h - à faire de préférence le matin ou le soir)*. Les oiseaux sont partout sur l'eau ou dans les roseaux, voletant et piaillant allègrement.

★ Golden Spike National Historic Site B1

À 32 miles à l'ouest de Brigham City, par les Rte 13 et 83; à 32 miles à l'ouest de l'I-15 (sortie 368).

☏ (435) 471-2209 - www.nps.gov/gosp - Visitor Center 9h-17h (fermé mar.-merc. nov.-avr.) - 20 $/véhicule.

Le site commémore la première liaison ferroviaire transcontinentale. Un tire-fond en or marque l'endroit où, le 10 mai 1869, les lignes de la Central Pacific et de l'Union Pacific se sont rejointes.

Cela fait longtemps que les trains empruntent une autre voie pour traverser le désert du Grand Lac Salé. Mais les répliques en état de marche des deux **locomotives à vapeur** de 1869 permettent, de mai à octobre, la reconstitution de la cérémonie, avec des figurants en costumes d'époque. Le Visitor Center, ouvert toute l'année, rassemble des objets évoquant le chemin de fer et des photographies historiques.

Spiral Jetty B1

À Rozel Point, 33 miles au sud-ouest de Golden Pike NHS.

Robert Smithson signe en 1970 cette œuvre emblématique du land art. À l'aide de basalte noir, il réalisa une digue en spirale qui contraste encore aujourd'hui avec les eaux rouges du Grand Lac Salé.

Logan B1

À 82 miles au nord de Salt Lake City par l'I-15 (sortie 362), puis l'US-89.

199 N. Main St. - ☏ (435) 755-1890 - www.explorelogan.com.

Fondée en 1859 par des pionniers mormons dans la vallée agricole de Cache, cette ville de 54680 habitants étire ses rues en damier autour d'un imposant **temple mormon** aux allures de château mauresque, perché sur une colline. Son

tabernacle, sur Main Street, accueille en été des concerts et des récitals dans le cadre du Utah Festival Opera & Musical Theatre *(utahfestival.org)*. La rue principale est bordée d'une série de maisons en brique de style victorien. Le campus de l'université d'État de l'Utah occupe la partie est de la ville, qui compte une forte population étudiante.

American West Heritage Center B1

À Wellsville, 6 miles au sud de Logan.
4025 South US-89 - (435) 245-6050 - www.awhc.org - lun.-vend. 9h-17h - 7 $ - nombreuses journées à thème au long de l'année, calendrier sur le site internet.
Ce musée en plein air s'organise autour d'une ancienne ferme où des figurants costumés mettent en scène la vie des pionniers dans un village frontière de l'Ouest américain au 19e s. Le public est invité à participer à des jeux et à des activités comme la traite des vaches, l'orpaillage, etc. Pour les enfants, balade en calèche ou poney et rencontre avec les animaux de la ferme. La partie intérieure du musée présente le mode de vie des anciens trappeurs des montagnes et des Indiens Shoshones.

★ Logan Canyon Scenic Byway BC1

US-89 vers le nord-est, sur 40 miles de Logan à Bear Lake.
Dès la sortie de Logan, la route s'enfonce dans ce canyon sinueux, encaissé entre les montagnes de Wellsville et celles de la Bear River. Elle traverse l'épaisse forêt de Wasatch-Cache où d'impressionnantes parois rocheuses affleurent entre les sapins. L'endroit est propice à l'escalade, au VTT, au canoë-kayak et à la pêche à la mouche sur la Logan River. Les multiples randonnées possibles sont détaillées dans une brochure (téléchargeable du Visitor Center de Logan). Pour une balade facile, on peut suivre le **Riverside Nature Trail** qui longe la rivière sur 1,3 mile depuis le Spring Hollow Campground *(7 miles E. de Logan par Hwy 89)*. Le Tony Grove Lake *(29 miles N.E. de Logan par Hwy 89)* est le point de départ de plusieurs randonnées faciles, comme le tour du lac glaciaire aux rives tapissées de fleurs sauvages de juin à août *(1,3 mile)*, ou plus exigeantes, avec l'ascension du Naomi Peak *(6,6 miles)* qui du haut de ses 3041 m d'altitude offre des vues spectaculaires sur la région. Après 30 miles, la Route 89 s'élargit et monte jusqu'au **Bear Lake Overlook★★**, d'où se découvre une superbe vue sur les eaux turquoise de ce grand lac à cheval entre l'Utah et l'Idaho.

Nos adresses

Restauration

Logan

Budget moyen

The Elements Restaurant – *35 E. 640 South - ✆ (435) 750-5171 - www.theelementsrestaurant.com - service continu - fermé dim. - plats 18/37 $.* Appréciable pour sa terrasse au bord de la rivière, cette table moderne propose un large choix de salades, pizzas, pâtes, viandes grillées et poissons à la présentation soignée.

Ogden

Budget moyen

Tona – *210 25th St. - ✆ (801) 622-8662 - tonarestaurant.com - fermé dim.-lun. - plats 20/24 $ - sushi rolls 9/19 $.* Réputé pour l'excellente qualité de ses sushis, ce restaurant japonais cuisine également des *teriyakis, yakitoris, gyozas, tempuras* et d'autres plats asiatiques appétissants.

Park City et ses environs

Budget moyen

Back 40 Ranch House Grill – *1223 N. Highway 40 - Heber City - ✆ (435) 654-3070 - www.back40utah.com - service continu - plats 19/29 $.* Situé à quelques kilomètres de Park City, ce restaurant offre une cuisine à base de produits locaux et bio dans un cadre enchanteur, avec vue sur la plaine et les montagnes environnantes.

Pour se faire plaisir

Chimayo – *368 Main St. - ✆ (435) 649-6222 - www.chimayorestaurant.com - P payant - fermé le midi - plats 42/68 $.* Dans une belle salle du plus pur style colonial espagnol sont servis des plats régionaux du Sud-Ouest des États-Unis aux accents mexicains, en version gastronomique : brochettes d'agneau à la queue de langouste, travers de porc caramélisés, *chicken relleno nacho style.*

350 Main – *350 Main St. - ✆ (435) 649-3140 - www.350main.com - fermé le midi - plats 28/62 $.* Le restaurant occupe un ancien saloon dans le Golden Rule Building, un bâtiment de 1910 entièrement réaménagé pour offrir une salle moderne et sans apprêt. Cuisine contemporaine américaine qui privilégie les produits locaux, truite, volaille, bœuf, subtilement préparés et joliment présentés. Une table qui réjouit l'œil et les papilles.

Twisted Fern – *1300 Snow Creek Drive - ✆ (435) 731-8238 - www.twistedfern.com - fermé le midi - plats 19/52 $.* L'excellente cuisine de ce restaurant passe un peu inaperçue en raison de son emplacement légèrement à l'extérieur du centre-ville, mais vous serez séduits par l'ambiance lumineuse, la décoration moderne et la qualité des plats. Le chef apporte une grande attention au choix de ses ingrédients, à la saisonnalité et au respect de l'environnement. La truite de montagne s'invite volontiers au menu avec son coulis de piments doux, tandis que les légumes de saison sont préparés en cassoulet.

Hébergement

Logan et ses environs

Premier prix

Holiday Inn Express and Suites – *2235 N. Main St. - Logan - ✆ (435) 752-3444 - www.ihg.com - - 75 ch. 107/166 $.* À la sortie nord-est de la ville, sur la Route 89, un hôtel accueillant et bien tenu, aux chambres spacieuses, calmes et confortables, équipées d'un coin cuisine. Piscine intérieure et salle de fitness.

Budget moyen

Beaver Creek Lodge – *11808 US-89 - Garden City - ✆ (435) 946-3400 - www.beavercreeklodge.com - 11 ch. à partir de 189 $* ☕. Dans le Logan Canyon, à 25 miles de Logan et 13 miles de Bear Lake, ce chalet rustique et isolé au bord des montagnes abrite des chambres propres et confortables, avec des baignoires à remous. On y vient faire des balades à cheval l'été ou en motoneige l'hiver.

Park City et ses environs

Budget moyen

Homestead Resort – *700 N. Homestead Drive - Midway - ✆ (435) 654-1102 - homesteadresort.com - 🏊 ♿ - 127 ch. 169/279 $ - ✕.* C'est un fermier suisse qui fit la découverte, il y a plus d'un siècle, de « marmites d'eau minérale chaude » dans la Heber Valley et le nombre de visiteurs s'y rendant dès lors acheva de le convaincre de faire du lieu une station thermale. On peut y louer appartements ou cottages dans un décor Nouvelle-Angleterre ou style sud-ouest. On pourra plonger dans la « marmite thermale » de la propriété.

Une folie

Goldener Hirsch Inn – *7570 Royal St. - Park City - ✆ (435) 649-7770 - aubergeresorts.com - 20 ch. et suites à partir de 467 $ - ✕.* Situé non loin de Silver Lake, dans la station de ski de Deer Valley Resort, à Park City, ce chalet de style autrichien possède un mobilier peint à la main. Linge de Frette, somptueux édredons et salles de bains luxueuses achèvent de parfaire l'ambiance. La majorité des suites possède balcon et cheminée. Situé à 2 438 m d'altitude, on peut s'y rendre à ski et y profiter de Jacuzzis en intérieur et extérieur.

The St. Regis Deer Valley – *2300 Deer Valley Drive E. - ✆ (435) 940-5700 - www.marriott.com - P payant - 🏊 ♿ - 171 ch. à partir de 429 $* ☕ *- ✕.* Dans son écrin de montagnes alpines, cet énorme resort a la particularité d'être séparé de la vallée par un funiculaire privé. Luxe, calme et volupté attendent le voyageur, depuis les vastes chambres à la décoration moderne et soignée (et à la vue époustouflante) jusqu'à la piste de ski qui dégringole au pied de la terrasse de l'hôtel. Spa, restaurant et bar avec vue sur les montagnes ouverts au public.

Stein Eriksen Lodge – *7700 Stein Way - Deer Valley Resort, Park City - ✆ (435) 649-3700 - www.steinlodge.com - P payant - 🏊 ♿ - 170 ch. à partir de 427 $ - ✕.* Les skieurs sont prêts à payer le prix fort pour profiter du décor alpin, du service de premier rang et des privilèges de cet hôtel accessible à ski, nommé le « Stein » en référence au champion norvégien des Jeux olympiques de 1952. Le restaurant The Glitretind sert une cuisine moderne tout au long de l'année.

Huntsville

Budget moyen

Valley House Inn – *7318 E. 200 S. - ✆ (801) 745-8259 - www.valleyhouseinn.com - 4 ch. à partir de 275 $* ☕. Au cœur de ce séduisant village, cette maison de maître millésimée 1872 abrite des chambres d'hôtes douillettes et merveilleusement aménagées : cheminée, balcon pour certaines, parquet et teintes apaisantes...Parfait pour une escapade dans ce coin reculé, mais à proximité de belles excursions. Accueil chaleureux et excellent petit-déjeuner.

Grand Prismatic Spring, Parc national de Yellowstone.
Megan Brady/Getty Images Plus

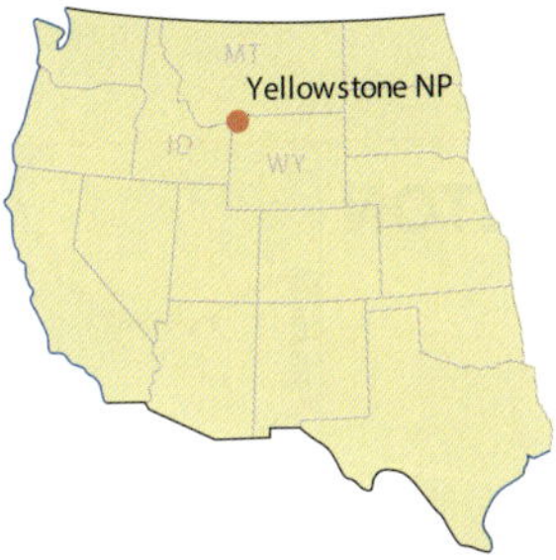

3

Yellowstone et Grand Teton National Parks

CARTE MICHELIN RÉGION N° 761 – WYOMING – IDAHO – MONTANA

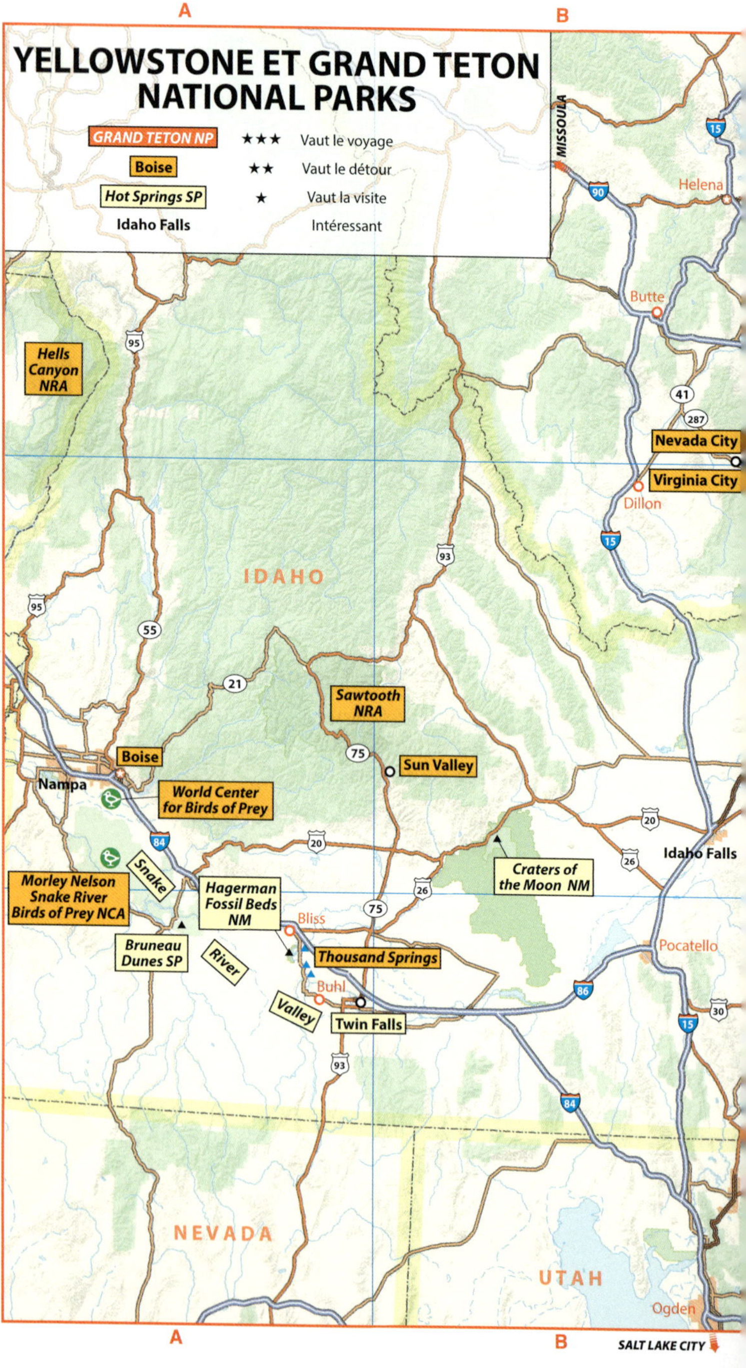
YELLOWSTONE ET GRAND TETON NATIONAL PARKS
GRAND TETON NP ★★★ Vaut le voyage
Boise ★★ Vaut le détour
Hot Springs SP ★ Vaut la visite
Idaho Falls Intéressant
A
B
1
2
3
MISSOULA
Helena
Butte
Nevada City
Virginia City
Dillon
Hells Canyon NRA
IDAHO
PORTLAND SEATTLE
Sawtooth NRA
Sun Valley
Boise
Nampa
World Center for Birds of Prey
Idaho Falls
Craters of the Moon NM
Morley Nelson Snake River Birds of Prey NCA
Snake
River
Valley
Hagerman Fossil Beds NM
Bliss
Thousand Springs
Buhl
Bruneau Dunes SP
Twin Falls
Pocatello
NEVADA
UTAH
Ogden
SALT LAKE CITY

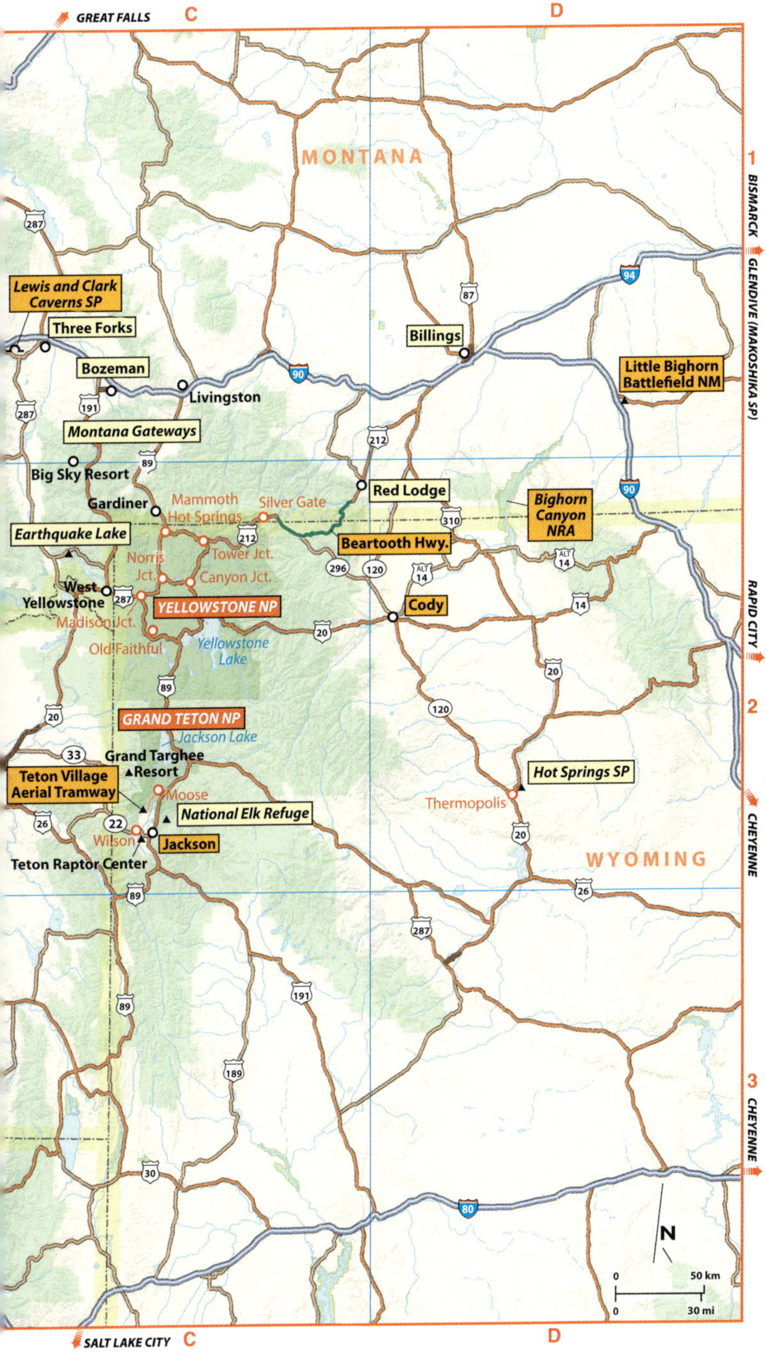
GREAT FALLS
C
D
MONTANA
1
BISMARCK
GLENDIVE (MAKOSHIKA SP)
Lewis and Clark Caverns SP
Three Forks
Billings
Bozeman
Livingston
Little Bighorn Battlefield NM
Montana Gateways
Big Sky Resort
Red Lodge
Gardiner
Mammoth Hot Springs
Silver Gate
Bighorn Canyon NRA
Earthquake Lake
Beartooth Hwy.
Tower Jct.
Norris Jct.
Canyon Jct.
West Yellowstone
Cody
YELLOWSTONE NP
Madison Jct.
Old Faithful
Yellowstone Lake
RAPID CITY
2
GRAND TETON NP
Jackson Lake
Grand Targhee Resort
Teton Village Aerial Tramway
Hot Springs SP
Moose
Thermopolis
National Elk Refuge
Wilson
Jackson
Teton Raptor Center
WYOMING
CHEYENNE
3
CHEYENNE
N
0
50 km
0
30 mi
SALT LAKE CITY
C
D

Montana Gateways ★

Moins de 8 % du parc de Yellowstone s'étend au Montana, l'État du « ciel immense », mais trois de ses cinq entrées s'y trouvent. Celle de West Yellowstone, la plus fréquentée, accueille un tiers des touristes. La zone de Mammoth Hot Springs est proche de Gardiner, à l'entrée nord. La splendide route d'accès par le nord-est monte à près de 3400 m au Beartooth Pass.

Se repérer

Montana – *Mountain Time*.

CARTE BC1-2 (P. 128-129). Les Gateways désignent les régions et villes du Montana situées à la lisière du parc national de Yellowstone.

À ne pas manquer

L'autoroute Beartooth Highway.

En famille

Le Grizzly & Wolf Discovery Center ; Yellowstone Imax Theatre ; Museum of the Rockies ; Lewis and Clark Caverns State Park.

Carnet pratique p. 135

Nos adresses p. 135

Découvrir

CARTE P. 128-129

West Yellowstone C2

Au croisement de l'US-20 et de l'US-287.

30 Yellowstone Ave. (à l'angle de Canyon St., dans le centre-ville) - (406) 646-7701 - destinationyellowstone.com.

En 1907, l'Union Pacific Railroad amena une ligne secondaire à la limite du parc : la ville ainsi créée compte aujourd'hui 1244 d'habitants permanents ; en hiver, elle se veut la « capitale mondiale de la motoneige ».

Yellowstone Historic Center Museum – *104 Yellowstone Ave. - (406) 646-1100 - museumoftheyellowstone.org/yhc - de mi-mai à sept. : lun.-vend. 10h-18h - 10 $.* Dans l'ancienne gare de l'Union Pacific, conçue dans le style « park rustic » par Gilbert Stanley Underwood, ce musée retrace notamment les débuts du tourisme dans la région, à l'époque des voyages en diligence, des trains à vapeur et des premières motoneiges.

À 100 m à gauche du musée, après le poste de police, se dresse l'**Union Pacific Dinning Hall** (1926), une salle monumentale en rocs et troncs d'arbre où l'on pouvait servir jusqu'à mille repas quotidiens.

★★ **Grizzly & Wolf Discovery Center** – *201 S. Canyon St. - (406) 646-7001 - www.grizzlydiscoveryctr.org - 9h-16h (horaires variables, se rens.) - 16,50 $.* Ce centre présente l'habitat et le comportement de l'ours grizzli et du loup gris. L'exposition analyse les relations conflictuelles entre l'homme et ces animaux, plus souvent victimes qu'agresseurs. Une partie du zoo est située en extérieur. Partageant une tanière entourée d'une clôture, une meute de loups respecte sa stricte hiérarchie sociale. À côté, des grizzlis vivent dans un enclos doté de deux étangs et d'un cours d'eau. Relâchés par groupes de deux ou trois, les plantigrades sont encouragés à

Campagne dans les environs de Bozeman.
S. Dykstra/Design Pics RM/age fotostock

utiliser leur talent naturel pour ouvrir les troncs des arbres, fouiller le sol et retourner les pierres pour trouver des insectes. Un commentateur explique leur comportement. Le centre héberge également quelques rapaces, aigles dorés et faucons pèlerins.

Yellowstone Imax Theatre – *101 S. Canyon St. - ✆ (406) 646-4100 ou (888) 854-5862 - www.yellowstonegiantscreen.com - horaires variables, se rens. - 9,75/13,75 $.* Situé à côté du Grizzly & Wolf Center, ce cinéma projette différents films éducatifs, notamment un beau documentaire sur Yellowstone.

★ Earthquake Lake Visitor Center C2

Sur l'US-287, à 25 miles au nord-ouest de West Yellowstone.

✆ (406) 682-7620 - destinationyellowstone.com/explore-west-yellowstone-earthquake-lake-visitor-center - de juin à mi-sept. : 10h-17h - gratuit.

Le 17 août 1959, juste avant minuit, un tremblement de terre de magnitude 7,8 sur l'échelle de Richter, dont l'épicentre était proche de Hebgen Lake, provoque un glissement de terrain. Il ensevelit 28 campeurs au bord de la Madison et détruit des kilomètres de route. Les eaux de la Madison montent rapidement derrière la barrière naturelle ainsi créée, tandis que des fissures apparaissent dans la digue de Hebgen Lake. Si l'une des deux avait cédé, l'inondation aurait détruit plusieurs villes. La tragédie et la façon dont on a évité un deuxième désastre sont l'objet du Visitor Center du Forest Service. Perché sur une colline, ce bâtiment domine les traces de l'éboulement, le barrage naturel, un déversoir construit à la hâte et le nouveau **Quake Lake**, profond de 58 m et long de 10 km.

Beartooth Highway.
Joesboy/Getty Images Plus

★★ Virginia City et Nevada City B1

Sur la Rte 287, à 84 miles au nord-ouest de West Yellowstone.
86 South "C" St. - (775) 847-7500 - visitvirginiacitynv.com.
À 1,5 mile l'une de l'autre, dans la gorge Alder Gulch, ces deux bourgades sœurs montrent une architecture du « Wild West » auréolée par la légende des « vigilantes », milices de citoyens à la justice expéditive. En 1863, une ruée vers l'or les rendit prospères. **Virginia City★★** survécut pour devenir la capitale du Territoire du Montana ; c'est aujourd'hui un véritable musée vivant : la ville entière est inscrite au registre national des monuments historiques. **Nevada City★★**, qui s'était muée en ville fantôme, est désormais un camp de mineurs restauré, avec une petite centaine de bâtiments d'époque, édifices originaux ou récupérés sur d'autres sites.

Gardiner C2

Sur la Rte 89, à 1 mile de l'entrée nord du parc de Yellowstone.
216 W. Park St. - (406) 848-7971 - www.visitgardinermt.com.
Concentrant motels, restaurants, saloons, magasins de vêtements et sociétés de rafting, cette petite bourgade située à l'entrée nord du parc s'étale sur les deux berges de la Yellowstone et dans sa vallée.

Livingston C1

Sur la US-89 au niveau de l'I-90 (sortie 332), à 54 miles au nord de Gardiner.
303 E. Park St. - (406) 222-0850 - livingston-chamber.com.
Fondée en 1882 par la Northern Pacific, Livingston était le point de départ de la ligne conduisant à l'entrée nord du parc de Yellowstone. Le bourg conserve 436 bâtiments de son époque glorieuse.

★ Bozeman C1

Sur la Rte 84 par l'I-90 (sortie 309), à 26 miles à l'ouest de Livingston.
2000 Commerce Way - (406) 586-5421 - visitbozeman.com.

Siège de l'**université d'État du Montana**, cette ville de 56123 habitants doit son nom à John Bozeman, conducteur de convois sur la piste qu'il avait tracée. C'est de là qu'est parti l'embranchement ferroviaire jusqu'à West Yellowstone, au début du 20e s. Restaurants, librairies, galeries d'art et boutiques occupent les bâtiments historiques en brique de part et d'autre de **Main Street** ; à côté, **Wilson Avenue★** est bordée de belles demeures des années 1900.

★★ **Museum of the Rockies** – *600 W. Kagy Blvd - ☏ (406) 994-2251 - museumoftherockies.org - 9h-17h ; horaires variables, se rens. - 20 $.* Ce musée remarquable retrace l'évolution géologique de la Terre, en mettant l'accent sur les Rocheuses. Le **Siebel Dinosaur Complex★★** montre le grand rôle joué par le Montana et le Wyoming dans la paléontologie moderne. Les maquettes animées de grands sauriens sont très appréciées des enfants. Dans un laboratoire en activité, un technicien discute avec les visiteurs tout en nettoyant un vrai fossile. Le **Taylor Planetarium** *(3 $)* offre des spectacles laser sur les étoiles. À l'extérieur, **Tinsley Homestead** recrée la vie quotidienne d'autrefois dans une ferme de la Gallatin Valley.

Big Sky Resort C1-2

Sur la Rte 64, 3 miles à l'ouest de l'US-191 et 50 miles au sud-ouest de Bozeman.

☏ (800) 548-4486 - bigskyresort.com.

Conçue par le journaliste de télévision Huntley, Big Sky est une station de montagne d'hiver et d'été. Ses 39 remontées mécaniques desservent un domaine skiable de 1480 ha. En été, on y pratique le golf, le cheval, le vélo et la pêche. Le parcours en **téléphérique** *(gondola)* sur une partie des 3 398 m de Lone Peak offre de vastes panoramas.

★ Three Forks Area C1

Sur l'I-90, à 28 miles à l'ouest de Bozeman.

Lewis et Clark avaient donné aux trois rivières qui se rejoignent pour former le Missouri les noms d'hommes d'État de l'époque : Madison, Jefferson et Gallatin.

★ **Missouri Headwaters State Park** – *Rte 286, à 5 miles au nord de Three Forks - ☏ (406) 285-3610 - fwp.mt.gov/stateparks/missouri-headwaters - 8 $/véhicule.* Il marque le début du système fluvial du Missouri-Mississippi, le plus long d'Amérique du Nord.

★★ Lewis and Clark Caverns State Park C1

Sur la Rte 2, à 19 miles à l'ouest de Three Forks.

☏ (406) 287-3541 - fwp.mt.gov/stateparks/lewis-and-clark-caverns - mai-sept. : 9h-16h30 ; oct.-avr. : merc.-dim. 10h-16h - 8 $/véhicule ; en haute saison, visites guidées des grottes : à partir de 15 $.

Baptisé par Theodore Roosevelt après la découverte de grottes par des mineurs, ce parc est connu pour ses stalactites et stalagmites vieilles de 3 millions d'années et pour sa colonie de chauves-souris.

Plaisir gourmand... vraiment ?

Attention à la tentation facile, amateurs de fruits de mer, si vous voyez, affichées fièrement sur les cartes des restaurants de Billings ou d'ailleurs dans le Montana, *Rockies Oysters*. Ce ne sont pas des huîtres locales qui vous seront servies (ce qui paraît assez logique vu la géographie de l'État)... mais des testicules de taureaux ! À bon entendeur...

3

★★ Beartooth Highway CD2

Circuit de 67 miles de l'entrée nord-est de Yellowstone à Red Lodge (US-212). Ouvert de mai à oct., suivant l'enneigement.

Charles Kuralt, correspondant de la chaîne de télévision CBS, disait que cette route de 67 miles était « le plus beau trajet en voiture de toute l'Amérique ». À partir de Cooke City, la route monte en pente douce en longeant une série de lacs pittoresques, puis grimpe quelques lacets très raides. Les **vues★★★** sont spectaculaires depuis **Beartooth Pass** (3 337 m) ; le sentier éducatif qui en part est emprunté par les chèvres des Rocheuses autant que par les promeneurs. Le vaste plateau du sommet est couvert en été de fleurs sauvages ; de tous côtés se dressent des pics déchiquetés.

★ Red Lodge C2

Sur l'US-212, à 67 miles de l'entrée nord-est de Yellowstone.

701 N. Broadway Ave. - ☎ (446) 446-1718 - www.redlodge.com.

Longtemps, Red Lodge (2 300 hab.) a vécu du charbon. Après la fin de la mine, elle s'est tournée vers le tourisme. **Main Street** aligne des bâtiments en brique, dont beaucoup construits autour de 1900. Le plus ancien, le **Pollard Hotel** *(2 N. Broadway - ☎ 406 446 0001 - www.thepollard.com)*, de 1893, est inscrit au registre des monuments historiques.

★ Billings D1

Sur l'US-87 (sortie 450 de l'I-90), à 59 miles au nord-est de Red Lodge.

815 S. 27th St. - ☎ (406) 245-4111 - www.visitbillings.com.

La plus grande ville du Montana (109 577 hab.), qui s'étale dans la plaine inondable de la Yellowstone, est une cité vivante et agréable. Billings, fondée en 1882, porte le nom de l'ancien président de la Northern Pacific Railroad, Frederick H. Billings. La ville a réhabilité ses anciens entrepôts, notamment ferroviaires, qui abritent désormais bars, microbrasseries et restaurants. Les amateurs apprécieront la **visite des brasseries et distilleries** concentrées sur 1,5 mile entre N. Broadway, 1st Ave., N. 30st St., Montana Ave. et N. 23th St. *(www.visitbillings.com).*

★ **Moss Mansion** – *914 Division St. - ☎ (406) 256-5100 - www.mossmansion.com - tlj sf mar. 12h-15h, sam. 11h-15h ; sept.-oct. et fév.-mai : tlj sf mar. 12h-15h - 15 $.* Cet hôtel particulier construit en 1903 pour un banquier par Henry Janeway Hardenbergh, l'architecte de l'hôtel Waldorf-Astoria à New York, est le bâtiment le plus intéressant de la ville.

Western Heritage Center – *2282 Montana Ave. - ☎ (406) 256-6809 - www.ywhc.org - mar.-sam. 10h-17h - 5 $.* Semblable à un château, la bibliothèque de 1901 de style roman abrite ce musée d'histoire régionale.

Yellowstone Art Museum – *401 N. 27th St. - ☎ (406) 256-6804 - www.artmuseum.org - tlj sf lun. 10h-17h (jeu. 20h) - gratuit.* Construit autour de l'ancienne prison du comté, il présente des artistes du Montana, comme le peintre cow-boy Will James et la sculptrice Deborah Butterfield. Particularité du lieu, le musée dévoile dans un bâtiment adjacent, le fonds du musée qui n'est pas montré aux visiteurs dans le cadre des expositions en cours. C'est également ici que se trouve l'atelier des artistes en résidence qui travaillent sous l'œil curieux du public.

Zoo Montana – *2100 Shiloh Rd - ☎ (406) 652-8100 - www.zoomontana.org - 10h-14h, w.-end 10h-16h ; hiver : 10h-14h - 12 $.* Ce parc animalier bien conçu recrée les habitats naturels des animaux typiques des Rocheuses et autres régions froides situées au-dessus du 45e parallèle. Les visiteurs y voient des grizzlis, des lynx roux, des tigres de Sibérie, des chouettes lapones, des mouflons d'Amérique, des pandas, ou encore des loups. La botanique est également mise à l'honneur avec des jardins sensoriel et aquatique.

★ Makoshika State Park HORS PLAN PAR D1

À Glendive (1301 Snyder Ave.), 220 miles au nord-est de Billings.

(406) 377-6256 - fwp.mt.gov/stateparks/makoshika - Visitor Center : mai à fin sept. : 9h-17h ; reste de l'année : merc.-dim. 10h-16h - parc : 7h-22h - 8 $/véhicule. Sur la **route du Dakota du Nord,** le plus vaste parc d'État du Montana, mérite une visite pour ses **spectaculaires formations géologiques**. Des falaises escarpées, des buttes arrondies, de profondes gorges et d'impressionnants champignons et flèches donnent au paysage des allures fantasmagoriques. Le parc abrite les fossiles de plus d'une dizaine d'espèces de dinosaures et des ossements sont exposés dans le cadre d'une excellente exposition permanente au **Visitor Center**, étape incontournable avant d'arpenter les sites du parc. Vous y verrez également des maquettes et des chantiers d'excavation.

Carnet pratique

S'informer

Office de tourisme – *(800) 736-5276 - www.visityellowstonecountry.com.*

Nos adresses

Restauration

Billings

Premier prix

The Burger Dive – *114 N. 27th St. - (406) 281-8292 - theburgerdive.com - service continu - fermé dim. - plats 15/25 $.* Végétariens, passez votre chemin ! Ici, on ne sert que des hamburgers, classiques ou préparés de manière originale (avec de la roquette, du gouda fumé, des oignons caramélisés...) dont certains ont gagné des prix gastronomiques !

Bozeman

Budget moyen

Urban Kitchen – *5 W. Mendenhall St. Suite 102 - (406) 577-2003 - www.urbankitchenbozeman.com - service continu - fermé dim. soir et lun. - plats 34/62 $.* Un restaurant de « nouvelle cuisine américaine » agréable (boulettes de bison, grillades, pâtes, etc.). Rien de franchement renversant dans l'assiette mais le cadre décontracté et réussi (néoindustriel) et l'ambiance chaleureuse finissent par remporter l'adhésion.

Plonk – *29 E. Main St. - (406) 587-2170 - plonkwine.com - fermé midi - plats 24/46 $.* Moderne et branché, l'endroit vaut autant pour ses vins et cocktails que pour ses mets raffinés, confectionnés avec des produits bio et proposés sous forme de petites assiettes à partager. La salle, tout en longueur, ornée d'un bar lumineux et d'un plafond couvert d'étain repoussé, se double d'un ravissant patio à l'arrière.

Gardiner

Premier prix

The Corral – *711 Scott St. - ✆ (406) 848-7627 - service continu - fermé merc. - plats 13/20 $.* Parfait pour un burger qui sort de l'ordinaire puisqu'on en prépare ici avec du bison, du saumon, de l'élan, entre autres. Également soupes, salades…

Budget moyen

Wonderland Cafe & Lodge – *206 Main St - ✆ (406) 223-1914 - wonderlandcafeandlodge.com - fermé lun. - plats 15/45 $.* Des plats classiques cuisinés avec goût qui surprennent agréablement les clients. Burgers, poissons et autres plats sont cuisinés à la commande à partir de produits en majorité locaux et bio. Choix végétariens et vegans.

Red Lodge

Premier prix

Café Regis – *501 S. Word Ave. - ✆ (406) 446-1941 - regiscafe.com - fermé mar.-merc. et le soir - plats env. 15 $.* Le patio où l'on déjeune est bordé de lavande et le vaste jardin offre de l'espace aux enfants. Les ingrédients utilisés ici sont de qualité, comme les viandes bio des Rocheuses et les légumes provenant directement du jardin. Le petit-déjeuner inclut des crêpes au sirop d'érable et aux piments jalapeno, tandis que le déjeuner est composé de grandes salades et de sandwichs, ainsi que d'un plat du jour. De nombreux plats végétariens figurent au menu.

Budget moyen

Red Lodge Pizza Co. – *115 S. Broadway Ave. - ✆ (406) 446-3333 - www.redlodgepizzaco.com - service continu - plats 15/30 $.* Lorsque l'on cherche un restaurant familial, des pizzas haut de gamme et une bonne sélection de bières et de vins, il est difficile de trouver mieux que ce restaurant très prisé. Les gros appétits se régaleront avec les ailes de poulet « jumbo », les artichauts et leurs épinards, les pizzas et les calzones, et le « hoagie », un énorme sandwich au poulet et au parmesan.

Bogart's – *11 S. Broadway Ave. - ✆ (406) 446-1784 - www.bogarts.fun - service continu - plats 14/30 $.* Les plats mexicains sont ici servis avec des frites croustillantes et de la salsa gracieusement offertes… et sont accompagnés de carafes de margarita ! Les beignets de piments jalapeno sont faits maison et les frites, coupées à la main, mélangées à de la viande de taco et de la sauce *salsa con queso*, font un plat idéal à partager. La sauce *mole* au chocolat et au piment relève le poulet grillé. Pizzas et hamburgers figurent également au menu.

West Yellowstone

Premier prix

Running Bear Pancake House – *538 Madison Ave. - ✆ (406) 646-7703 - runningbearwestyellowstone.com - fermé le soir - plats moins de 16 $.* Ce lieu est idéal pour qui souhaite partir randonner dans le parc, escalader une falaise ou aller faire du rafting dans la rivière. Les portions y sont énormes : le filet de poulet frit fait la taille de l'assiette ! On y sert également des biscuits et des choses plus originales, comme le pain perdu aux courgettes. Il est courant de devoir attendre, car beaucoup de monde s'y presse.

Budget moyen

Madison Crossing – *121 Madison Ave. - ✆ (406) 646-7621 - madisoncrossinglounge.com - fermé nov. - plats 16/38 $.* Des burgers de bison, des travers de porc, de la truite de rivière ou du Black Angus grillé… Une carte classique et bonnes réalisations pour un établissement très « Western food ». Ambiance sympathique et chaleureuse. L'assurance de passer un bon moment.

Boire un verre

Bozeman

Ne vous fiez pas au sens de son nom **Plonk** *(voir « Restauration »)*, qui signifie « pinard, piquette », ce bar, particulièrement prisé des locaux, est un repaire d'amateurs de bonnes boissons. Décoration sobre mais efficace qui mêle la brique et le bois.

Billings

Carter's Brewing – *2526 Montana Ave. - ✆ (406) 252-0663 - facebook.com/cartersbrewery - 16h-20h, dim. 15h-21h.* Une très bonne option parmi les microbrasseries de Billings. Choix extrêmement large qui convient à tous les palais. L'intérieur est assez sombre (et bruyant) mais la brasserie dispose d'un espace extérieur.

Hébergement

Big Sky

Pour se faire plaisir

320 Guest Ranch – *205 Buffalo Horn Creek Rd - ✆ (406) 995-4283 - www.320ranch.com - chalets (2-6 pers.) 215/535 $ - 3 nuits mini - pas de petit-déj. en nov.-avr.* Au pied des montagnes et au bord de la Gallatin River, des chalets de taille variable parfaitement équipés pour expérimenter la vie en pleine nature au Montana. Parmi les activités, randonnées (de 1h à la journée) et de la pêche à la mouche.

Rainbow Ranch Lodge – *42950 Gallatin Rd - ✆ (406) 995-4132 - www.rainbowranchbigsky.com - - 21 ch. 395/445 $ -* ✕. Tout d'abord : ne soyez pas rebuté par la proximité de la route, la circulation n'est pas dense et le calme, garanti. Rainbow Lodge, c'est l'esprit du ranch mais ancré dans la modernité. Chambres délicieuses à la déco chic mais sobre accentuée de touches contemporaines. Pour certaines, cheminée et terrasse qui jouxte la tumultueuse Gallatin River. Excellent restaurant « farm to table » (déclinaison de truite sauvage, wapiti grillé, etc.). Une expérience vivement recommandée.

Une folie

Lone Mountain Ranch – *750 Lone Mountain Ranch Rd - ✆ (406) 995-4644 - lonemountainranch.com - 24 cabins 549/649 $ - 5 nuits mini en haute sais. -* ✕. Établi dans une vallée verdoyante traversée par de nombreuses rivières, un ensemble de confortables cabanes construites artisanalement (décoration très Wild West avec touches contemporaines) dont beaucoup remontent aux débuts de la propriété, en 1915. Pour une retraite en pleine nature, entre forêts denses de pins et vastes pâturages, Lone Mountain est l'endroit rêvé. Excellent restaurant et nombreuses activités (balades à cheval, randonnées, ski, etc.).

Billings

Budget moyen

The Northern Hotel – *19 N Broadway - ✆ (406) 867-6767 - northern.billingsbesthotels.com/fr - 160 ch. 219/279 $.* Construit

3

en 1902 par deux des magnats des affaires de Billings, P.B. Moss et Henry W. Rowley, l'hôtel occupe un bâtiment historique de Downtown. Entièrement détruit par un incendie en 1940, il fut reconstruit l'année suivante. Tout y est fonctionnel et confortable, et le staff se révèle accueillant et efficace. La meilleure option de la ville.

Bozeman

Pour se faire plaisir

Element – *25 E. Mendenhall St. - ☎ (406) 582-4972 - element-hotels.marriott.com - 104 ch. 219/569 $ ☕.* Cet hôtel au luxe discret est un très bel établissement. Décoration contemporaine dans les chambres, à base de matériaux recyclés, grand espace extérieur avec barbecue, piscine d'eau salée, salle de fitness. Sait être à la fois fonctionnel et chaleureux.

Gallatin River Lodge – *9105 Thorpe Rd - ☎ (406) 388-0148 - grlodge.com - 6 ch. 199/629 $ ☕ - 2 nuits mini en haute sais. - ✕.* Un havre de paix en dehors du centre de Bozeman. Ce lodge dispose de chambres confortables avec mobilier artisanal en chêne. Décoré dans un style à la fois rustique et moderne, le salon commun dispose d'une bibliothèque et d'une cheminée. L'établissement est spécialisé dans les sorties de pêche à la mouche et organise des formules tout compris. Très bon restaurant (sur réserv. mais ouvert aux non-hôtes) avec des recettes à base de produits locaux (excellent pâté chaud de truites le jour de notre visite...).

Gardiner

Budget moyen

Yellowstone Basin Inn – *4 Maiden Basin Drive - à 4 miles au nord de Gardiner, en dir. de Livingston - ☎ (406) 848-7080 - www.yellowstonebasininn.com - ▤ ♿ - 14 ch. 110/260 $ ☕ - 2 nuits mini en haute sais.* On profite ici d'un cadre naturel remarquable, face à la rivière, au pied des montagnes, et d'un accueil familial chaleureux. Les chambres ont la climatisation, la télévision par satellite, du wifi rapide et, pour certaines, une kitchenette équipée. Toutes sont décorées différemment et avec goût. Un Jacuzzi en plein air est disponible, très agréable à la belle étoile. Petit-déjeuner buffet, délicieux et copieux.

Red Lodge

Premier prix

Yodeler Motel – *601 S. Broadway Ave. - ☎ (866) 446-1435 - www.yodelermotel.com - ♿ - 23 ch. 107/115 $.* Cet hôtel se trouve à trois pâtés de maisons du centre-ville et à 6 miles des pistes de ski de Red Lodge Moutain. Les chambres « premier prix » du Yodeler possèdent du caractère. Les services sont nombreux, allant des saunas dans les chambres à un espace de lavage pour motos, en passant par une salle de fart à ski.

Budget moyen

Pollard Hotel – *2 N. Broadway Ave. - ☎ (406) 446-0001 - www.thepollard.com - 39 ch. - à partir de 195 $ - ☕ en sus - ✕.* Un néon en forme d'orignal signale l'entrée de ce bâtiment en brique de 1893. Autrefois, cet hôtel était la vedette de la région ; on y servait du homard grillé et il est dit que Buffalo Bill et Sundance Kid fréquentaient le lieu. Les chambres, entièrement rénovées, sont cependant plutôt modernes et sont toutes différentes.

West Yellowstone

Premier prix

Alpine Motel – *120 Madison Ave. - ☎ (406) 646-7544 - www.alpinemotelwestyellowstone.com -*

- *de mi-mai à oct. - 15 ch. 100/155 $.* À deux pâtés de maisons à peine de l'entrée ouest de Yellowstone, cet hôtel modeste et indépendant a des allures de ranch avec ses panneaux en bois et ses couvre-lits typiques du Sud-Ouest. Il y a aussi une suite de deux pièces (ouverte en saison) et une unité avec cuisine qui peut être reliée à la suite et recevoir jusqu'à dix personnes.

Budget moyen

Lazy Duck Inn – *123 Hayden St. - (406) 640-2088 - thelazyduckinn.com - 15 ch. 215/359 $.* Cet hôtel familial se trouve à moins de 1,2 mile de l'entrée ouest de Yellowstone. Confortables, décorées de panneaux de bois, les chambres possèdent une literie correcte et sont bien entretenues. Certaines disposent d'une petite cuisine. Pour les familles, des lits pliants et des futons sont à disposition.

Clubhouse Inn – *105 S Electric St. - (800) 565-6803 - www.yellowstoneclubhouseinn.com - - 77 ch. 180/360 $.* Une excellente base pour visiter Yellowstone (à 3mn de voiture de la West Entrance). À défaut de charme, l'hôtel se révèle parfaitement fonctionnel et offre toutes les facilités. Très bon accueil.

3

Yellowstone National Park ★★★

À Yellowstone, la terre dévoile ses forces vives, offrant au regard ses éléments en action. Créé à l'origine pour préserver ses sites géologiques - bassins d'eau chaude multicolores, geysers actifs, Grand Canyon impressionnant –, le parc a vu son rôle de protection de la faune prendre une importance capitale. Ses vastes étendues sauvages sont l'un des derniers fiefs de l'ours grizzly et le parc a réintroduit des loups dans son écosystème. Les touristes peuvent compter sur le « Vieux Fidèle » (Old Faithful), qui jaillit à 40 mètres, mais la surprise d'une rencontre imprévue avec un grand mammifère est un moment d'émotion tout aussi inoubliable.

Se repérer

Wyoming, Montana, Idaho – *Mountain Time*.

CARTE C2 (P. 128-129) - CARTE DU PARC (P. 144). Situé à une altitude moyenne de 2400 m, le parc couvre près de 9000 km², dans l'angle nord-ouest du Wyoming. Cinq autoroutes – l'US-20 à l'ouest (par West Yellowstone), l'US-89 au nord (Gardiner), l'US-212 au nord-est, l'US-20 à l'est (Cody) et l'US-89 au sud (Jackson) – permettent d'accéder à sa voie principale, Grand Loop Road.

À ne pas manquer

Mammoth Hot Springs ; Old Faithful ; Grand Prismatic Spring ; Grand Canyon.

Organiser son temps

Difficile de visiter le parc en moins de 3 jours : c'est le minimum pour parcourir les plus beaux geysers et bassins de la partie ouest, d'Old Faithful à Mammoth Hot Springs (2 jours), puis le Grand Canyon et le lac (1 jour). Les amoureux de randonnée, de nature et de faune sauvage resteront facilement une semaine.

En famille

Old Faithful ; Fountain Paint Pots.

Carnet pratique p. 154

Nos adresses p. 155

Circuit conseillé

CARTE DU PARC P. 144

www.nps.gov/yell - 35 $ pour les véhicules (30 $ pour les motos, 20 $ pour les cyclistes et les piétons) ; entrée valable une semaine. Il est toujours préférable de se renseigner sur l'état des routes et la météo (☎ 307 344 2117).

Le parc compte cinq entrées : North (5 miles de Mammoth Hot Springs) et West (14 miles de Madison Junction) permettent de rejoindre rapidement Grand Loop Road. North East permet de prolonger par un long road trip (600 miles env.) vers les Black Hills dans le South Dahoka ; South (70 miles de Jackson) est la sortie privilégiée si vous souhaitez visiter Grand Teton NP. À chaque entrée du parc, les visiteurs reçoivent une carte ainsi qu'un journal saisonnier du parc.

La meilleure façon de découvrir les curiosités qui suivent est de parcourir **Grand Loop Road** dans le sens des aiguilles d'une montre, en commençant et terminant

Opal Terrace, Mammoth Hot Springs.
Gerald Corsi/Getty Images Plus

le trajet par n'importe laquelle des cinq entrées. Longue de 142 miles, la voie principale du parc forme un large huit reliant les principales curiosités. La plupart des visiteurs arrivent par l'entrée ouest, à West Yellowstone, au Montana. Si l'ensemble du parc peut se parcourir en voiture, on ne profite toutefois pleinement de sa magie qu'en parcourant quelques-uns des 1188 miles de sentiers de randonnée que compte le parc. Avant de partir, renseignez-vous auprès des *rangers* sur l'état des sentiers, parfois impraticables à cause de la neige. Ne laissez jamais traîner de nourriture, car cela pourrait attirer les ours. Pour observer la faune sauvage, préférez l'aube et le crépuscule et les plaines près des rivières, en prenant toujours garde de rester à distance des animaux sauvages (25 m minimum et 100 m pour les ours). Enfin, ne marchez pas hors des sentiers tracés autour des geysers et sources chaudes.

La meilleure saison pour visiter Yellowstone NP

Le parc est ouvert toute l'année, mais peu d'hébergements fonctionnent durant l'hiver et la plupart des routes ne sont ouvertes à la circulation que **de fin avril à fin octobre**. Seules les entrées nord et nord-est restent accessibles toute l'année. L'**hiver est précoce** (à partir de mi-octobre), rigoureux, et dure jusqu'à fin avril. Les mois de mai, juin et septembre sont les plus agréables : le temps est alors doux et frais, la nature superbe, il n'y a pas trop de monde et la faune est plus facile à observer. Il faut cependant compter avec les aléas de la météo et la neige qui bloquent souvent l'accès des cols et routes intérieures. Juillet et août sont les mois les plus fréquentés.

La région de Yellowstone

Yellowstone National Park

Le plus ancien parc national d'Amérique, et certainement le plus connu, Yellowstone National Park a été créé en 1872. Une grande partie du parc s'étend sur une ancienne caldeira volcanique effondrée, large de 45 km et longue de 76 km. Cette réserve naturelle de 9 000 km^2, un peu plus grande que la Corse, protège plusieurs fleuves et lacs et la plus importante population d'animaux en liberté des 48 États américains (hors Alaska et Hawaii). Mais elle abrite aussi la plus vaste forêt pétrifiée et la plus grande concentration du monde de phénomènes géothermiques.

Inscrit au Patrimoine mondial, Yellowstone est une des plus belles réussites de l'homme dans la protection de l'environnement.

Un des attraits d'une visite à Yellowstone est que ses sites spectaculaires sont très facilement accessibles. Près de 500 km (310 miles) de routes goudronnées traversent le parc parmi lesquelles le Grand Loop Road qui dessine un huit desservant des curiosités aussi célèbres que le Old Faithful et les geysers qui l'entourent, les terrasses de travertin de Mammoth Hot Springs, le gouffre spectaculaire du Grand Canyon de Yellowstone.

Wapitis, bisons, élans et autres grands mammifères parcourent majestueusement en liberté ce beau royaume embué ; ils s'aventurent souvent dans les campings et les auberges et provoquent des embouteillages quand ils se promènent près des grandes routes.

Les autres curiosités

Immédiatement au sud de Yellowstone, le parc national de Grand Teton montre une petite chaîne de montagnes spectaculaires qui surgit au-dessus de la Snake River, et un chapelet de lacs aux eaux cristallines, créés par des moraines glaciaires. Jackson est la porte d'accès aux monts Teton. Cette petite bourgade d'élevage est devenue la capitale des loisirs du nord des Rocheuses. Elle sait tirer parti de son image de ville de cow-boys, mais est aussi réputée pour ses stations de ski, sa réserve nationale des wapitis et un musée national d'art de la vie sauvage.

À l'est de Yellowstone, Cody a été fondée à la fin du 19e s. par le redoutable Buffalo Bill, de son vrai nom William F. Cody. « Capitale mondiale du rodéo », Cody attire les visiteurs avec son centre Buffalo Bill, musée sans égal consacré à l'histoire et à l'art de l'Ouest.

Chacune des trois voies d'accès au Yellowstone National Park par le Montana présente son intérêt : remarquables paysages alpins de la Beartooth Highway, loisirs de plein air de West Yellowstone, élégance et culture pour Bozeman.

Toute la région est parsemée de villes fantômes évocatrices et d'extraordinaires phénomènes géologiques. La vallée de la Snake quitte Yellowstone pour traverser vers l'ouest le sud de l'Idaho, offrant là aussi une foule d'étapes intéressantes, comme la station traditionnelle de Sun Valley et les paysages de « toit du monde » de la Sawtooth National Recreation Area.

★ Artist's Paint Pot

À 10 miles au nord de Madison Junction et 4 miles au sud de Norris Geyser Basin.
Passé Madison Junction, qui marque l'entrée ouest du parc, la Grand Loop Road remonte la vallée de la rivière Gibbon et ses chutes tombant de 20 m au fond d'un ravin. Elle débouche sur un plateau couvert de pâturages où l'on croise parfois, en fin de journée, des troupeaux de bisons, d'élans ou de wapitis occupés à brouter. À droite de la route, après le parking, un sentier de passerelles serpente au milieu d'un sous-bois, entre une série compacte mais très variée de bassins bruns, bleu-gris ou opale, de mares de boue gargouillantes et de geysers fumants.

★★ Norris Geyser Basin

À gauche (ouest) de Grand Loop Road au niveau de Norris Junction, à 14 miles au nord de Madison Junction, puis 0,25 mile jusqu'au parking.
La zone des sources la plus ancienne et la plus chaude du parc est aussi la plus active : on y a enregistré des températures de 238 °C à seulement 300 m sous terre. Le bassin est régulièrement soumis à des variations de température et d'activité. Le sol blanchâtre est partout troué de bassins d'eau bouillante et acide, de mares de boue et de fumerolles, donnant l'impression de parcourir un livre de géologie à ciel ouvert. Le site est parcouru par deux sentiers en boucle aménagés de passerelles (2,25 miles) : **Porcelain Basin★★** au nord et **Back Basin★** au sud. Du petit musée qui surplombe l'ensemble de Norris Geyser Basin, vue panoramique époustouflante sur Porcelain Basin. Les grands geysers se trouvent au Back Basin, où les phénomènes géothermiques sont disséminés parmi les arbres. **Steamboat Geyser** est le geyser le plus haut du monde. Ses grandes éruptions, assez rares (il peut rester en sommeil pendant 50 ans) atteignent parfois 120 m de haut. **Echinus Geyser**, le plus grand geyser d'eau acide, offre parfois un spectacle divertissant : il se remplit, fait éruption, puis se vide comme une cuvette de W.-C. Il s'élevait autrefois toutes les 40 à 80mn, mais depuis 1998 son activité est beaucoup plus aléatoire : endormi pendant quelques années, le geyser ne se réveille plus que ponctuellement...
Juste au nord de Norris Basin, à l'est de Grand Loop Road, le **Museum of the National Park Ranger** *(✆ (307) 344-7353 - mai à fin sept. : 10h-16h - gratuit)* présente, dans un ancien poste de l'armée, l'histoire des gardiens des parcs.

3

Phénomènes géothermiques

Yellowstone rassemble avec fierté plus de 10 000 phénomènes géothermiques, plus que tous ceux qui existent ailleurs sur la planète. Ils sont dus à un rare phénomène de « point chaud », une intrusion de magma en fusion située seulement entre 1 500 et 5 000 m sous la surface terrestre, formée il y a 17 millions d'années aux confins sud de l'Oregon et de l'Idaho actuels, 500 km au sud-ouest. Les coulées de lave de la plaine de la Snake retracent la « migration » de ce point chaud, poussé par le glissement de la plaque tectonique continentale. La caldeira de Yellowstone a été créée il y a 640 000 ans par une explosion volcanique d'une telle violence qu'elle laisse loin derrière celle du mont St Helens, en 1980. Supervolcan endormi, Yellowstone reste pourtant actif et hautement surveillé. Quelque 3 000 tremblements de terre secouent la zone chaque année, sans présenter de danger particulier. Une éruption majeure devrait néanmoins se produire un jour, provoquant des dégâts considérables, mais heureusement pas avant plusieurs milliers d'années estiment les scientifiques.

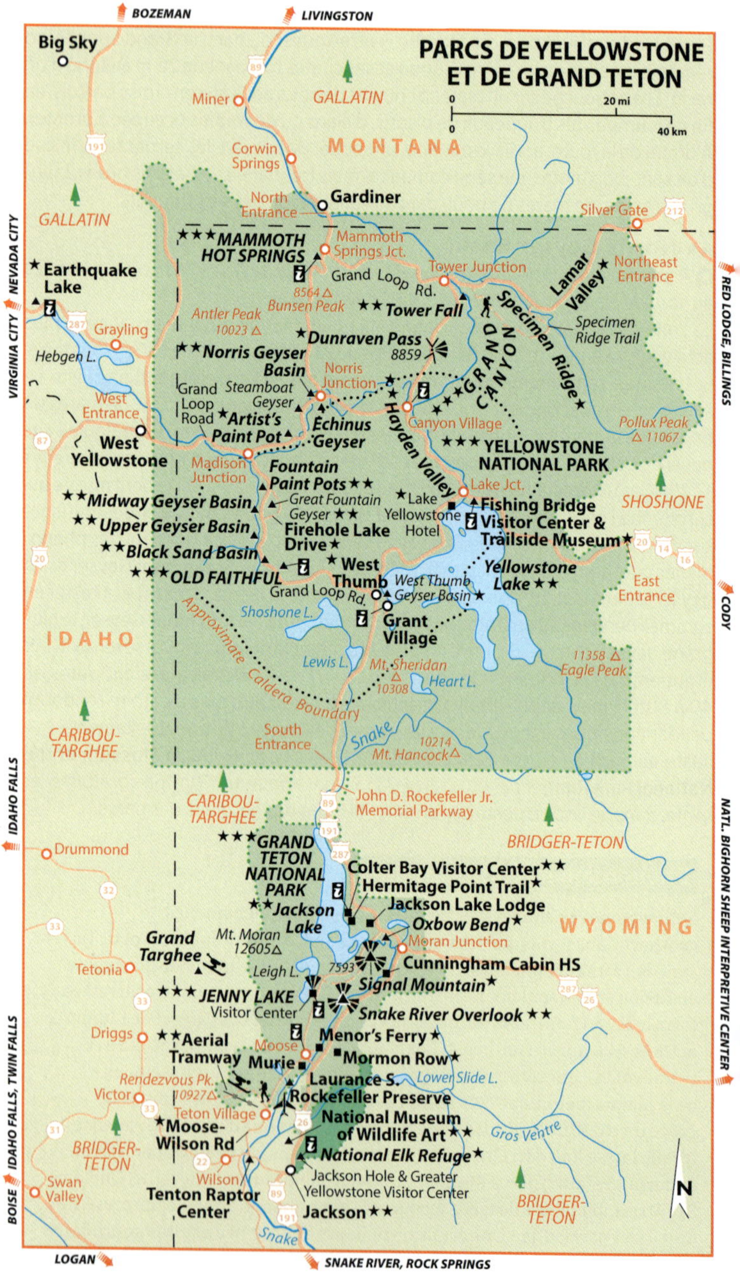

PARCS DE YELLOWSTONE ET DE GRAND TETON
BOZEMAN
LIVINGSTON
VIRGINIA CITY NEVADA CITY
RED LODGE, BILLINGS
IDAHO FALLS
CODY
NATL. BIGHORN SHEEP INTERPRETIVE CENTER
BOISE IDAHO FALLS, TWIN FALLS
LOGAN
SNAKE RIVER, ROCK SPRINGS
MONTANA
IDAHO
WYOMING
Big Sky
Miner
GALLATIN
Corwin Springs
North Entrance
Gardiner
Silver Gate
★★★ MAMMOTH HOT SPRINGS
Mammoth Springs Jct.
Tower Junction
Lamar Valley ★
Northeast Entrance
★ Earthquake Lake
Grand Loop Rd.
8564 Bunsen Peak
Antler Peak 10023
★★ Tower Fall
Specimen Ridge
Specimen Ridge Trail
GRAND CANYON
Grayling
Hebgen L.
★ Dunraven Pass 8859
★★ Norris Geyser Basin
Norris Junction
Grand Loop Road
Steamboat Geyser
★ Artist's Paint Pot
Echinus Geyser
Canyon Village
★★
West Entrance
West Yellowstone
Hayden Valley
Pollux Peak 11067
★★★ YELLOWSTONE NATIONAL PARK
Madison Junction
Fountain Paint Pots ★★
Lake Jct.
SHOSHONE
★★ Midway Geyser Basin
Great Fountain Geyser ★★
★ Lake Yellowstone Hotel
Fishing Bridge Visitor Center & Trailside Museum ★
★★ Upper Geyser Basin
Firehole Lake Drive ★
★★ Black Sand Basin
★ West Thumb
Yellowstone Lake ★★
East Entrance
★★★ OLD FAITHFUL
Grand Loop Rd.
West Thumb Geyser Basin ★
Shoshone L.
Grant Village
Approximate Caldera Boundary
Lewis L.
Mt. Sheridan 10308
Heart L.
11358 Eagle Peak
CARIBOU-TARGHEE
South Entrance
Snake
10214 Mt. Hancock
John D. Rockefeller Jr. Memorial Parkway
BRIDGER-TETON
Drummond
★★★ GRAND TETON NATIONAL PARK
Colter Bay Visitor Center ★★
Hermitage Point Trail ★
★★ Jackson Lake
Jackson Lake Lodge
Oxbow Bend ★
Grand Targhee
Mt. Moran 12605
Moran Junction
Tetonia
Leigh L.
7593
Cunningham Cabin HS
Signal Mountain ★
★★★ JENNY LAKE Visitor Center
Snake River Overlook ★★
Driggs
★★ Aerial Tramway
Moose
Menor's Ferry ★
Murie
Mormon Row ★
Rendezvous Pk. 10927
Lower Slide L.
Victor
Laurance S. Rockefeller Preserve
Teton Village
★ Moose-Wilson Rd
National Museum of Wildlife Art ★★
Gros Ventre
National Elk Refuge ★
Wilson
Jackson Hole & Greater Yellowstone Visitor Center
Swan Valley
Tenton Raptor Center
Jackson ★★
Snake
N
0 20 mi
0 40 km

★★★ Mammoth Hot Springs

Au croisement de North Entrance Rd et Grand Loop Rd, à 5 miles de l'entrée nord et 21 miles de Norris. Les plus belles formations se trouvent en amont de la route. Arrêtez-vous à Upper Drive et sillonnez les passerelles en bois qui les desservent. Comptez de 1h à 2h de visite.

Perché sur une colline surmontée de terrasses multicolores, Mammoth est le quartier général du parc. Les bureaux occupent les bâtiments anciens du complexe. Pelouses vertes et disposition méthodique rappellent que Mammoth était à l'origine un poste militaire.

Les transformations de la nature, visibles dans tout Yellowstone, sont encore plus manifestes sur les terrasses en escalier de Mammoth Hot Springs. Les sources, qui n'atteignent que 77 °C, déposent ici 2 t de calcite par jour. En se chargeant de dioxyde de carbone, l'eau se transforme en acide carbonique, qui dissout le calcaire des couches souterraines. En surface, la solution se refroidit rapidement et laisse échapper le dioxyde de carbone, tout en formant des concrétions calcaires semblables à celles qu'on trouve dans les grottes. Les couleurs éclatantes de ce tableau naturel en trois dimensions viennent des algues et des bactéries qui s'y sont fixées. Elles varient suivant la température et le pH de l'eau ; à cette altitude, aucun organisme ne peut survivre dans de l'eau à plus de 72 °C. L'eau refroidie, alcaline (pH élevé), attire des cyanobactéries jaunes, orange, vertes, rouges ou brunes suivant la température.

En général, on débute la visite en montant à pied à partir des parkings du village. On aperçoit alors la silhouette caractéristique de **Liberty Cap★** qui surgit de terre comme un énorme arbre de Noël. Le cône de cette ancienne source chaude doit son nom aux bonnets phrygiens des partisans de l'Indépendance. De l'autre côté de la route, on ira jeter un œil sur **Opal Terrace★★**, qui a repris un développement rapide en 1926 après des années de sommeil. Souvent, des wapitis s'y reposent. Les formations de travertin y composent de belles sculptures en cascade. Plus au sud, un ponton mène à **Palette Spring★**, une série de bassins en escalier aujourd'hui à sec. La roche calcaire évoque un manteau neigeux parcouru de veines brunes et orangées dues aux bactéries thermophiles. Des passerelles et des escaliers en planches permettent ensuite de grimper entre les coulées sculptées de **Main Terrace** et **Minerva Terrace★★★**. Déjà impressionnante de loin, cette formation est extraordinaire vue de près, car l'enchevêtrement de chutes minuscules et de terrasses multicolores évoque une cascade, figée par un cliché photographique. Plus haut, à l'ouest, un sentier débouche devant le splendide ensemble de **Canary Spring★★★**, où des coulées pétrifiées d'un jaune chatoyant ou d'un blanc crémeux forment au-dessus des vasques d'étranges stalactites. D'autres bassins sont visibles au sommet de la colline, que l'on rejoint en voiture *(prenez la route au sud vers Norris et Madison)* pour parcourir l'**Upper Terrace Loop Drive★**, une route étroite en boucle et à sens unique.

Au nord du site, le village de **Mammoth** mérite également d'être visité. Souvent en pierre, les bâtiments aux toits rouges ont été construits dans les années 1890 et au début du 20e s. pour constituer Fort Yellowstone. Ils abritent aujourd'hui l'administration, les logements du personnel et le **Albright Visitor Center★★** *(☏ (307) 344-2263 - été : 8h-19h ; hiver : 9h-17h)*. Retraçant l'histoire géologique et humaine de Yellowstone, le musée met l'accent sur les peintures de Thomas Moran et les photographies de William Henry Jackson, réalisées en 1871 lors de l'expédition Hayden. C'est aussi le principal centre d'accueil des visiteurs.

3

Les geysers

Les geysers sont dus à l'étranglement des conduits souterrains d'une source chaude. Se pressant comme des banlieusards aux heures de pointe dans le métro, des bulles de vapeur issues des profondeurs forcent le passage dans l'eau qui les surmonte, créant une pression énorme, et faisant jaillir au-dehors une colonne de vapeur et d'eau surchauffée.
Deux tiers des geysers du monde, près de 300, sont situés à Yellowstone.
« Si nombreux et si variés, écrivait le naturaliste John Muir, que la nature semble avoir rassemblé ici des spécimens de ses plus rares fontaines du monde entier, pour exposer en un seul lieu tout ce qu'elle sait faire. »

Une « espèce » en voie de disparition

Les geysers sont des **objets géologiques éphémères**, en voie de disparition. Ce phénomène se produit lorsqu'un gradient géothermique élevé surchauffe l'eau souterraine. Celle-ci, circulant dans un réseau de fissures et de fractures, va atteindre localement et en profondeur une température supérieure à son point d'ébullition (100 °C). Elle se trouve alors dans un état physique instable et lorsque le volume surchauffé atteint une température suffisante pour contrebalancer la pression de la colonne d'eau sus-jacente, il entre en éruption.
La moindre perturbation de la géométrie du réservoir souterrain ou du niveau de la nappe peut entraîner la mort du geyser.
Pour donner un ordre de grandeur du phénomène, on estime à 220 le nombre de sources jaillissantes au 19e s. en Nouvelle-Zélande. Il n'en reste aujourd'hui que 58. Cette baisse drastique provient notamment de la mise en exploitation des ressources géothermiques qui ont eu pour conséquence d'abaisser le niveau de la nappe.

Le cercle très fermé des pays à geysers

Dépendant de conditions géologiques et climatiques très particulières, le phénomène du geyser ne peut être observé que dans une poignée de pays, ainsi que dans certaines zones sous-marines. Le parc national de **Yellowstone** regroupe les deux tiers des geysers de la planète. Parmi eux, l'Old Faithful, un geyser de type « fontaine » qui éjecte eau et vapeur à 40 m toutes les 40 à 120mn. Non loin, le Steamboat et son jet compris entre 90 et 120 m de hauteur de hauteur détient le record du monde actuel. C'est pourtant bien peu comparé à la colonne de 400 m d'eau boueuse que cracha brièvement (1899-1904) et dans un terrible bruit d'explosion le **Waimangu** (eau noire) en Nouvelle-Zélande. D'autres parties du monde où l'activité volcanique est intense comptent des geysers variés et plus ou moins impressionnants. La péninsule russe du Kamtchatka se souvient de sa **vallée des geysers**, malheureusement endommagée par un séisme en 2007. Il en existe également au Japon près de **Nagano**, au fond du cratère du **Mahawu** dans les Célèbes (Indonésie), sur le site **Del Tatio** situé à 4 200 m d'altitude au Chili (80 petits geysers de 6 m maximum), et plus près de nous aux Açores ou en Islande. Au Kenya, autour du lac Bogoria, et à Dallol en Éthiopie, dans une dépression salée à 120 m sous le niveau de la mer, jaillissent de petits geysers gazeux. Plus petits encore, ceux de l'île de Ste-Lucie, hauts de 50 cm à peine...

L'élément le plus intéressant du **Mammoth Hot Springs Hotel** *(☏ (307) 344-7311 - www.yellowstonenationalparklodges.com; voir « Nos adresses »)* de 1937 est une carte des États-Unis, assemblée sur un mur comme un immense puzzle; les États sont découpés dans quinze bois différents provenant de neuf pays.

★ Specimen Ridge

Accès à partir d'un sentier pédestre, 2,5 miles à l'est de Tower Junction (sur l'US-212) et 19 miles à l'est de Mammoth Hot Springs.

Cette crête de 2573 m d'altitude et les 100 km² de hautes terres environnantes englobent la plus grande forêt pétrifiée du monde. On y trouve des vestiges de plus de cent essences différentes, dont des séquoias semblables à ceux de Californie. Cendre et coulées de boue ont recouvert les arbres il y a 50 millions d'années; l'érosion les a dégagés.

Le sentier **Specimen Ridge Trail** *(17,5 miles)* fait l'ascension de l'arête.

★ Lamar Valley

À 14 miles à l'est de Tower Junction par l'US-212 (North-East Entrance Rd).

Cette ancienne vallée glaciaire s'étire en direction de l'entrée nord-est du parc. Elle déroule au pied de pics enneigés ses immenses pâturages où paissent volontiers bisons, *pronghorns* (antilopes d'Amérique), mouflons et orignaux. Peu fréquentée, la vallée constitue l'un des meilleurs endroits pour observer, à l'aube ou au crépuscule, les ours, coyotes et meutes de loups se livrant bataille pour le contrôle de ce territoire riche en proies.

★★ Tower Fall

À 2 miles au sud de Tower Junction.

Cette impressionnante cascade de Tower Creek est serrée entre deux rochers en forme de tour, auxquels elle doit son nom, avant de plonger de 40 m dans le Grand Canyon de la Yellowstone, à son point le plus étroit. Un **sentier** raide *(0,25 mile)* descend de 90 m jusqu'au pied de la cataracte. Le meilleur endroit pour admirer la **gorge★★** spectaculaire est un belvédère à **Calcite Springs**; des piliers de basalte hexagonaux, semblables à ceux qui surplombent la route, bordent les falaises de 150 m sous lesquelles coule la rivière.

★ Dunraven Pass

À 14 miles au sud de Tower Junction. Le col est ouvert en général du 20 mai au 15 octobre (se rens. au ☏ (307) 344-2117).

Point culminant de Grand Loop Road à 2700 m, le col de Dunraven, dominé par **Mount Washburn** (3122 m), offre le meilleur panorama du parc sur la très ancienne caldeira de Yellowstone, avec, à l'est, des **vues★★** spectaculaires sur les chaînes Absaroka et Beartooth. Cette partie du parc, la moins touchée par les incendies de 1988, a conservé ses épaisses forêts où s'abritent grizzlis, loups et wapitis.

Du col, à droite, un sentier de randonnée bien balisé grimpe jusqu'au sommet du mont Washburn *(6,3 miles AR, difficulté modérée, 450 m de dénivelé, comptez 3h)*. De là s'ouvre une **vue★★** magique sur le Grand Canyon, le lac de Yellowstone et les sommets de Grand Teton à l'horizon.

★★★ Grand Canyon of the Yellowstone

Canyon Village, à 19 miles au sud de Tower Junction.

Après le « Vieux Fidèle », ce splendide canyon est sans doute le site le plus connu du parc; long d'environ 32 km, sa profondeur varie de 240 à 360 m, sa largeur de

450 à 1200 m. La teinte éclatante de la rhyolite provient des composants ferrugineux du roc, « cuits » par l'activité hydrothermale. Au fil du temps, le fer s'est oxydé, produisant des nuances de jaune, orange, rouge et brun. Les scientifiques pensent que des barrages de glace s'étaient formés à la sortie du lac Yellowstone à la fin de la dernière glaciation. En se rompant, ils auraient lâché des volumes d'eau énormes dans le cours de la Yellowstone, modelant le canyon. Deux routes longent le canyon, toutes deux très belles.

North Rim Drive – *Cette route à sens unique débute 1,2 mile au sud de Canyon Village (sur la gauche) et longe la rive nord avant de revenir à Canyon Village*. La chute **Lower Falls★★**, haute de 94 m, est particulièrement impressionnante au printemps quand, à son maximum, 240 m^3 par seconde plongent de la crête. Un premier sentier en escalier, **Brink of the Lower Falls Trail★**, descend au bord de la chute *(180 m de dénivelé)* jusqu'à une plate-forme devant laquelle les eaux s'écrasent en libérant des nuages d'embruns. Plus loin, **Red Rock Point★** *(sentier de 150 m de dénivelé)* et **Lookout Point★** offrent une vue d'ensemble sur les chutes inférieures. Plus loin encore, les belvédères de **Grand View★★** et d'**Inspiration Point★★** dévoilent quant à eux des vues vertigineuses sur les entrailles du canyon. Un sentier en partie pavé, **North Rim Trail** *(3 miles)*, permet de rallier ces différentes étapes à pied.

Un peu d'histoire

Pendant des milliers d'années, des tribus nomades vinrent chasser dans la plaine de Yellowstone, mais probablement sans jamais s'y fixer, par respect pour les esprits qui, selon eux, se manifestent par les grondements de la Terre. Ils nommèrent le canyon Mi-tse-a-da-zi, « rivière de la roche jaune », *yellow stone river*. Le premier Blanc à explorer la région aurait été le coureur des bois John Colter, qui quitta l'expédition Lewis et Clark en 1807 pour y poser ses pièges pendant plusieurs mois. À son retour dans l'Est, on prit ses descriptions des splendeurs de Yellowstone pour des vantardises ou des hallucinations dues à une trop longue solitude.

Les générations passèrent, et les rumeurs allaient et venaient, avant que l'expédition privée Washburn-Langford-Doane s'aventure en 1870 dans ces étendues sauvages pour faire la part de la réalité et du mythe. À leur grand étonnement, les explorateurs découvrirent que le mythe n'était que peu de chose face à une réalité stupéfiante. Ils convainquirent le Service d'études géologiques américain d'entreprendre une étude. En juin 1871, le Dr Ferdinand Hayden, son directeur, explora Yellowstone avec 34 hommes, dont le peintre **Thomas Moran** et le photographe **William Henry Jackson** ; l'année suivante, s'appuyant sur le rapport de 500 pages de Hayden et les images de Moran et Jackson, le Congrès proclama cette région vierge parc national : ce sera le premier du monde.

Les touristes ne tardèrent pas à affluer, en particulier quand la liaison ferroviaire de Livingston, au Montana, à Gardiner, près de l'entrée nord, en facilita l'accès. Les premiers administrateurs civils du parc ne réussirent pas à contrôler le braconnage et le vandalisme, et l'armée américaine dut prendre le relais. De 1886 à 1918, 400 soldats postés à Mammoth Hot Springs firent respecter le règlement du parc et protégèrent ses sites principaux.

Grand Canyon de la Yellowstone.
M. Just/age fotostock

Plus au sud, sur la route vers Fishing Bridge, un embranchement conduit au bord d'**Upper Falls★**, une cascade de 33 m aux eaux tumultueuses que seul un garde-corps sépare des spectateurs.

South Rim Drive – *En amont de la route menant à Upper Falls, un embranchement de 2,5 miles traverse la rivière Yellowstone et mène à la rive sud du canyon.* **Uncle Tom's Trail★** descend un escalier métallique abrupt *(150 m de dénivelé)*, jusqu'à un impressionnant belvédère sur Lower Falls. Dans les falaises rocheuses nichent des aigles pêcheurs. La route s'achève à l'est au niveau d'**Artist's Point★★**, qui offre sans doute la plus belle vue sur le canyon et Lower Falls. Comme sur l'autre rive, un sentier en partie pavé, **South Rim Trail** *(1 mile)*, serpente au bord du gouffre d'un point panoramique à l'autre.

Avant de quitter le site, faites une halte au **Canyon Visitor Education Center★** *(☏ (307) 344-2550)*, qui présente une remarquable exposition sur les phénomènes volcaniques et géothermiques du parc à travers des maquettes en relief, des films, des schémas scientifiques et des panneaux interactifs.

★★ Hayden Valley

▶ *À 5-10 miles au sud de Canyon Village.*

En contraste total par son aspect paisible avec le canyon tourmenté, cette verte vallée de prairies et de terres marécageuses est peut-être le meilleur lieu où observer la faune du parc. Hayden Valley abrite de grands troupeaux de bisons, d'orignaux, de wapitis. Au printemps, on y aperçoit des grizzlis. Rencontrer sur son chemin ne serait-ce que quelques bisons de la harde permet d'imaginer la vie dans l'Ouest avant la venue des Européens. C'est au printemps et au début de l'été qu'on a une chance d'apercevoir les ours, friands des bisons et wapitis nouveau-nés.

L'été, les bouchons s'accumulent sur des kilomètres quand des bisons décident de traverser la route. Aux meilleurs points d'observation, des *rangers* prêtent volontiers leurs jumelles aux visiteurs.

À droite de la route en allant vers le sud, **Mud Volcano** regroupe une série de mares boueuses et fumantes dont Dragon's Mouth Spring, une source chaude jaillissant d'une caverne en émettant de bruyants gargouillis. En face, de l'autre côté de la route, les bassins de **Sulfur Caldron** exhalent une odeur fétide d'acide sulfurique.

Fishing Bridge

Au croisement de East Entrance Rd et Grand Loop Rd, à 16 miles au sud de Canyon Village.

Jusqu'en 1973, les pêcheurs se pressaient sur ce pont pour taquiner les nombreuses truites *cutthroat*. La pêche est aujourd'hui interdite pour protéger le frai des poissons et permettre aux ours de pêcher sans être dérangés. Près du rivage du Yellowstone Lake, le **Fishing Bridge Visitor Center and Trailside Museum★** *(✆ (307) 344-2450 ; seulement en été : 8h-18h)* abrite de belles présentations sur les oiseaux du parc national.

★★ Yellowstone Lake

À 2 357 m d'altitude, le plus grand lac de montagne d'Amérique du Nord s'étend sur 352 km² et 177 km de rives, avec une profondeur de près de 120 m. Sa surface est gelée la moitié de l'année, mais au fond du lac, de l'eau chaude jaillit des failles, jusqu'à 122 °C. La rivière Yellowstone pénètre dans le lac par le sud-est et en ressort à Fishing Bridge pour suivre son Grand Canyon, coulant sur 1 080 km pour rejoindre le Missouri. C'est le plus long cours d'eau libre de barrages des 48 États (hors Alaska et Hawaii).

Un refuge pour la faune sauvage

Un orignal sort de la lisière du bois pour grignoter quelques pousses. Coup de frein brutal. Des familles jaillissent de leurs véhicules et braquent leurs appareils photo sur l'animal. En l'espace d'un instant, des dizaines de voitures font halte, provoquant un large embouteillage. Yellowstone, c'est souvent ça… L'un des grands attraits et mérites du parc est d'avoir su préserver une faune abondante : ours noirs, grizzlis, mouflons, castors, renards, belettes, coyotes, cougars, aigles et pygargues. Les visiteurs sont rarement déçus : les chipmunks, de petits écureuils, sautent partout ; à la tombée du jour, les wapitis courent la plaine ; il n'est pas rare de croiser des bisons paissant en toute tranquillité et, avec un peu de chance, d'apercevoir un ours. Concilier le développement du tourisme et le respect de la vie sauvage n'est pourtant pas une mince affaire pour les *rangers* du parc. Chaque jour, ils doivent rappeler à l'ordre des visiteurs qui, négligeant les consignes de sécurité, s'approchent un peu trop près des animaux. Depuis 1995, des loups ont été réintroduits dans le parc. Leur retour a eu de nombreux effets, notamment de sauver les peupliers, saules et trembles. Les jeunes pousses d'arbres étaient en effet mangées ou piétinées par les troupeaux de cervidés qui, faute de prédateurs, se multipliaient. En favorisant la végétation, les loups permettent de lutter contre l'érosion des sols.

À 1 mile au sud de Fishing Bridge, **Elephant Black Trail★** *(boucle de 3 miles, facile, dénivelé 250 m, comptez 2h)* est une randonnée populaire qui permet de découvrir, au sommet d'un plateau dégagé, une vue spectaculaire sur le lac.
À Lake Village *(à 1,5 mile au sud de Fishing Bridge)*, les trois étages du majestueux **Lake Yellowstone Hotel★** *(✆ (307) 344-7311 - www.yellowstonenationalparklodges.com; voir « Nos adresses »)* sont tournés vers l'est. C'est le plus ancien du parc, bâti en 1891 dans le style colonial, en bardeaux jaunes avec des moulures blanches. Son extérieur a été remanié en 1903 : l'architecte Robert Reamer l'a orné de colonnes ioniques et de 15 faux balcons. Vers 1929 ont été ajoutés salle à manger, jardin d'hiver et porte cochère.
À **Bridge Bay** *(3 miles au sud de Fishing Bridge)*, une marina propose des locations de bateau et de matériel de pêche. Les **scenic cruises** ou circuits en bateau sur le lac *(14 juin-8 sept. : 5 à 7 dép./j. - durée 1h - 21 $)* longent les rives boisées de conifères.

★ West Thumb

À 21 miles au sud-ouest de Lake Village et 22 miles de l'entrée sud du parc.
Ce petit cratère effondré à l'intérieur de la grande caldeira de Yellowstone comprend sur son bord ouest le **West Thumb Geyser Basin★**. Il se prolonge sous le lac Yellowstone, où sources chaudes et geysers submergés mêlent leurs eaux bouillantes à celles, glacées, du lac. Un chemin de planches serpente à travers ce site bucolique, montrant des phénomènes géothermiques, comme le bassin bleu cobalt **Abyss Pool★**, profond de 16 m, et **Fishing Cone Geyser★**. Avant l'interdiction de la pêche pour des raisons de sécurité (notamment à cause d'éruptions inopinées, hautes de 12 m), on pouvait taquiner la truite dans le lac et, sans se déplacer, plonger la ligne dans Fishing Cone pour la faire cuire.
Du parking, le **Duck Lake Trail** *(boucle de 1 mile, très facile)* traverse une jeune forêt jusqu'à un joli lac dont on fait rapidement le tour.

Grant Village

À 2 miles au sud de West Thumb.
Hommage au président américain Ulysses S. Grant, signataire du décret de 1872 établissant le parc national, cette localité dispose de tous les services pour se ravitailler. Au **Grant Village Visitor Center** *(✆ 307 242 2650)*, une petite exposition et un film de 20mn expliquent les bénéfices pour la nature des feux de forêt, tout en soulignant les ravages causés par les incendies de l'été 1988.

3

★★★ Old Faithful

À 17 miles au nord-ouest de West Thumb et 16 miles au sud de Madison Junction.
Depuis sa découverte en 1870 par l'expédition Washburn-Langford-Doane, le plus célèbre geyser du monde crache, avec une régularité sidérante, un jet d'eau haut de 40 m en moyenne, qui peut atteindre 55 m. Le « Vieux Fidèle » se donne en spectacle toutes les 40 à 120mn environ (le personnel du parc peut annoncer une éruption 10mn à l'avance). Le spectacle dure de 90s à 5mn, pendant lesquelles le geyser crache de 14 000 à 32 000 litres d'eau bouillante. Seul un tremblement de terre pourrait briser sa régularité…
Un chemin de planches équipé de bancs entoure en demi-cercle le geyser. En haute saison *(juillet et août)*, des milliers de personnes attendent patiemment la prochaine éruption, puis se précipitent vers d'autres curiosités, mouvement que les gens du pays surnomment *gush rush*, « la ruée vers le jet ». Venez de préférence tôt le matin ou en fin d'après-midi afin d'éviter les foules.

Le village proche d'Old Faithful est le plus commerçant du parc, avec ses parkings géants et nombreux bâtiments donnant sur le geyser, notamment l'auberge **Old Faithful Inn★★** *(✆ (307) 344-7311 - www.yellowstonenationalparklodges.com; voir « Nos adresses »)* : classée National Historic Landmark, la plus grande construction de rondins du monde est l'œuvre de Robert Reamer (1903-1904). C'est un parfait exemple de « parkitecture » : haut de six étages, avec un toit pentu surmonté d'une petite terrasse d'observation, une immense réception avec des colonnes en troncs d'arbres, un âtre en pierre et des balustrades tourmentées en pin lodgepole. Également en pierre et bois, **Old Faithful Lodge** *(✆ (307) 344-7311 - www.yellowstonenational parklodges.com; voir « Nos adresses »)*, achevé en 1928, affiche sur une énorme pendule, derrière son comptoir touristique, les horaires des éruptions d'Old Faithful.
Les larges baies vitrées du **Old Faithful Visitor Education Center** *(✆ (307) 344-2751)*, serré entre l'auberge et l'hôtel, permettent aux visiteurs d'observer les éruptions d'Old Faithful de l'intérieur. N'hésitez pas à vous y procurer le plan détaillé de la zone d'Old Faithful et d'Upper Geyser Basin.
À droite d'Old Faithful Lodge, un sentier traverse la rivière Firehole et monte sur **Geyser Hill**, colline d'où l'on dispose d'un bon point d'observation sur les éruptions du geyser Old Faithful. Au pied de la colline, l'**Anemone Geyser** produit toutes les 10mn environ un jet de 6 m. Son voisin, le **Plume Geyser**, se donne en spectacle toutes les heures environ.

★★ Upper Geyser Basin

Suivez le sentier de 1,4 mile qui longe la rivière jusqu'à Morning Glory Pool. Balade à privilégier en fin de journée quand les foules ont déserté le site. Comptez 1h30 à 2h.
Autour d'Old Faithful se trouve la plus grande concentration de geysers du monde, mais la plupart ne sont pas aussi prévisibles que lui. Parmi les plus connus, **Castle Geyser★** explose jusqu'à 27 m de haut, deux fois par jour, durant près de 20mn, de son cône ancien haut de 4 m; **Grand Geyser★** laisse échapper une colonne d'eau de 60 m à des intervalles de 7 à 15h; le jet de **Riverside Geyser★** s'élève toutes les 5 ou 6h à 24 m au-dessus de la rivière Firehole. La diversité des couleurs et des formes des sources chaudes du Upper Geyser Basin renseigne sur leur création et leur composition. Puisqu'aucun organisme ne peut survivre dans l'eau à partir de 72 °C, les sources les plus chaudes ne reflètent que l'azur du ciel. La plus connue, **Morning Glory Pool★★**, n'est plus aussi bleue qu'autrefois, mais la raison en est humaine : sa source chaude a été bouchée par les pièces de monnaie et autres objets jetés dans le bassin par les visiteurs du parc, provoquant son refroidissement.

★★ Black Sand Basin

En sortant de Upper Geyser Basin, sur la route de Madison.
Une halte s'impose sur ce site spectaculaire et moins fréquenté que les grands incontournables, qui regroupe une série de fascinantes cuvettes mordorées et irisées, telles **Emerald Pool★** et **Rainbow Pool★**, où se déclinent toutes les couleurs de l'arc-en-ciel. Ne manquez pas le touchant **Sunset Lake★★** et son atmosphère bucolique à apprécier particulièrement en fin de journée.

Upper Geyser Basin, Morning Glory Pool.
Bertl123/Getty Images Plus

★★ Biscuit Basin

Environ 2 miles plus au nord, sur la gauche.
Biscuit Basin est tout aussi éblouissant avec sa **Sapphire Pool★★** d'un bleu profond. La promenade en boucle sur des passerelles passe également devant le **Jewel Geyser**, qui crache son jet d'eau bouillante toutes les 5 à 10mn et la moins impressionnante **Shell Spring**.

3

★★ Midway Geyser Basin

À 6 miles au nord d'Old Faithful.
La brume du grand **Excelsior Geyser** enveloppe les visiteurs, qui traversent une passerelle pour grimper le long d'une des rives multicolores de Firehole River. Le ruissellement de la source acide **Grand Prismatic Spring★★★** a créé des terrasses, teintes par les algues et souvent ornées d'empreintes de sabots de bisons. Avec 113 m de long et 36 m de profondeur, Grand Prismatic est la deuxième source chaude du monde. Ses tons arc-en-ciel proviennent de la dissolution du fer et d'autres minéraux, donnant le rouge, l'orangé et le noir.

★ Firehole Lake Drive

À 8 miles au nord d'Old Faithful. Cette route à sens unique dessine une boucle de 3 miles à l'est de Grand Loop Rd.
Cette route paisible et sinueuse longe les geysers **Great Fountain★★**, White Dome et Pink Cone, ainsi que le **Firehole Lake**, tous desservis par des embranchements. Entre deux éruptions du Great Fountain, qui durent de 45mn à 1h, à intervalles de 8-12h, l'eau immobile reflète le ciel dans la multitude de terrasses de

son vaste bassin circulaire. Les eaux chaudes de Firehole Lake coulent ici à travers la forêt, donnant aux arbres à tronc gris et pied blanc une apparence de squelettes. L'absorption des minéraux dissous tue les arbres, mais elle les conserve en retardant leur décomposition.

★★ Fountain Paint Pots

À 9 miles au nord d'Old Faithful.

Un court circuit dans cette zone permet de découvrir les quatre types de phénomènes géothermiques offerts par Yellowstone. Un chemin de planches passe devant des tapis chatoyants colorés par les algues et les bactéries, des sources chaudes, et les « pots de peinture », mares bouillonnantes colorées qui lui ont donné son nom. La vision de toute cette « bouillasse » et les émanations bruyantes et nauséabondes de gaz sulfureux amusent les adultes autant que les enfants. Actif en permanence, **Clepsydra Geyser★** est particulièrement pittoresque en hiver, quand les bisons vont et viennent devant son panache. On en a le meilleur point de vue de Grand Loop Road, au nord de Paint Pots, quand la lumière de l'après-midi l'éclaire à contre-jour.

Carnet pratique

S'informer

(307) 344-7381 - www.nps.gov/yell.

Des Visitor Centers sont situés aux carrefours stratégiques du parc (liste complète sur le site Internet) : **Albright Visitor Center** *((307) 344-2263)*, **Old Faithful** *((307) 344-2750)*, **Canyon Village** *((307) 344-2550)*, **Fishing Bridge** *((307) 344-2109)*, et **Grant Village** *((307) 242-2109)*. Certains ne sont ouverts que l'été. Tous présentent des expositions sur le parc, disposent de brochures et de cartes détaillées des sites importants, informent sur les prévisions météo, les excursions et activités au programme et les règles de sécurité à respecter.

Les **rangers** renseignent sur les possibilités de randonnées, les itinéraires, les campings et les *lodges* disponibles.

Arriver/partir

En avion

Bozeman Yellowstone International Airport – *www.bozemanairport.com.* C'est la principale porte d'entrée aérienne du parc de Yellowstone, à 96 miles de North Entrance et 91 miles de West Entrance. L'aéroport est desservi depuis une trentaine de villes (Denver, Salt Lake City, Seattle, Portland, New York, Los Angeles, San Francisco...). Location de voitures (à réserver longtemps à l'avance en haute saison).

Autres aéroports à proximité : Cody et Jackson (Wyoming) ; Idaho Falls (Idaho) et Billings (Montana).

Se déplacer

En voiture

Un véhicule privé est la meilleure façon de se déplacer dans le parc. Les routes ouvrent en théorie à partir de fin avril et ferment entre mi-octobre et début novembre,

mais tout peut varier en fonction des conditions météo.
La vitesse sur les routes est limitée à **45 miles/h** (72 km/h), mais la forte fréquentation estivale provoque d'importants bouchons, sans compter ceux provoqués par le passage des animaux.
Stations-service à Canyon Village, Fishing Bridge, Grant Village, Mammoth Hot Springs, Old Faithful.
Lorsque les animaux sont près de la route, garez-vous sur le bas-côté et non sur la chaussée, pour éviter les bouchons.

En bus

Il n'existe aucune ligne publique à travers le parc, mais Xanterra Parks & Resorts *(✆ (307) 344-7311 - www.yellowstonenationalparklodges.com)* propose des vans et des visites guidées à bord des Historic Yellow Bus.

Location de vélos

Freeheel and Wheel – *33 Yellowstone Av., West Yellowstone - ✆ (406) 646-7744 - www.freeheelandwheel.com.* Vélos de route, VTT et remorques pour enfants. Excellents conseils sur les meilleurs itinéraires.

Big Sky *–405 Scott St. West, Gardiner - ✆ (406) 223-8139 - bigskyebiketours.com.* Location de vélos à assistance électrique pour explorer le nord du parc (Mammoth Hot Springs).

Adresses utiles

Divers – On trouve dans les villages du parc (Old Faithful, Mammoth Hot Springs, Grant Village, Canyon Village, etc.) des stations-service, des distributeurs et des épiceries *(general stores)* pour se ravitailler en boissons, snacks et sandwichs.

Urgences – En cas d'urgence composez le 911. Des services médicaux sont disponibles aux Mammoth Clinic *(✆(307) 344-7965 - ouverte tte l'année)*, Lake Clinic *(✆ (307) 242-7241 - ouv. mai-oct.)* et Old Faithful Clinic *(✆ (307) 545-7325 - ouv. avr.-oct.)*.

Téléphone/Internet – Très peu de réseau dans le parc. On trouve du wifi (payant) dans les parties communes et les chambres de quelques hôtels à Old Faithful, Mammoth Hot Springs, Canyon, Grant Village et Fishing Bridge.

3

Nos adresses

Restauration

En été, l'attente est souvent longue pour dîner le soir dans les restaurants des hôtels. Réservation obligatoire dans certains établissements. Liste complète des possibilités sur *www.yellowstonenationalparklodges.com.*

Premier prix

Le plus économique consiste à s'approvisionner pour un pique-nique dans les épiceries du parc. On trouve aussi des hamburgers, sandwichs, salades et pizzas dans les snacks et cafétérias des villages et hôtels.

Budget moyen

Old Faithful Inn – *1 Grand Loop Rd - Hwy 89 - ✆ (307) 344-7311 - www.yellowstonenationalparklodges.com - service continu - fermé avr. et nov. - réserv. obligatoire pour le dîner - plats 18/35 $.* La côte de bœuf, spécialité de la maison, est servie ici au sein d'une architecture typique de l'Ouest. Une grande cheminée en pierre domine l'ensemble. On y sert à manger dès la pointe du jour et on se laissera tenter par les gâteaux de maïs à la polenta avec leur beurre de myrtille. Au déjeuner et au dîner, les gourmands apprécieront les raviolis de truite fumée ou le bison rôti et sa polenta au cheddar.

Lake Hotel Dining Room – *1 Grand Loop Rd - ℘ (307) 344-7311 - www. yellowstonenationalpark lodges. com - mai-sept. : service continu - réserv. obligatoire pour le dîner - plats 19/36 $.* Ce restaurant d'hôtel (1891) propose un repas classique à l'américaine. Le lieu est spacieux et lumineux. Le déjeuner fait montre de créativité : wrap de saumon noirci ou salade d'épinards de Montrachet. Le menu du dîner, haut de gamme, est de type « ranch » : poisson frais et gibiers. En amuse-gueule, laissez-vous tenter par l'impressionnant canard à la ciboulette cuit dans l'huile de truffes blanches ou, parmi les entrées, par la truite Napoléon : une truite élevée localement enveloppée dans une pâte filo et servies avec des courgettes rôties.

Mammoth Hot Springs Hotel Dining Room – *1 US-89 - ℘ (307) 344-7311 - www. yellowstonenationalparklodges. com - fermé avr. et nov. - plats 16/38 $.* Dans le style bistrot décontracté, ce lieu est décoré de bois riches et bénéficie d'une vue sur l'ancien terrain de parade du Fort Yellowstone. La cuisine, moderne, offre de nombreuses options pour tous les repas : truite sautée et œufs Bénédicte, moules au curry thaïlandais, rumsteck de bison ou poulet au barbecue avec ses myrtilles et ses beignets de maïs.

Activités

Yellowstone Forever Institute – *℘ (406) 848-2400 - www. yellowstone.org - Yellowstone Day Adventures 95 $.* Propose toute l'année un choix de randonnées guidées par des naturalistes et autres activités. Elles permettent de sortir des sentiers battus et d'accéder aux fascinantes régions reculées de Yellowstone.

Hébergement

La sélection présentée ici ne comporte que les établissements au sein du parc. Beaucoup de visiteurs choisissent de séjourner à **West Yellowstone** *(voir p. 139)* qui a l'avantage de ne se trouver qu'à 1 km de l'entrée ouest du parc (West entrance). Les hébergements y sont nombreux et moins onéreux que dans le parc. Autour de **Big Sky** *(voir p. 137)*, de luxueux ranchs permettent une expérience typique du Montana.

Il est expressément recommandé de réserver des mois à l'avance. Tous les établissements ont une seule et unique **centrale de réservation** : *(307) 344-7311 - www. yellowstonenationalparklodges. com.*

Campings

Yellowstone compte douze campings, dont un réservé aux camping-cars, à Fishing Bridge. Dates d'ouverture sur *www.nps. gov/yell.* Réservation obligatoire, plusieurs mois à l'avance.

L'emplacement coûte entre 20 et 40 $ la nuit (89/99 $ à Fishing Bridge). La plupart disposent de douches sur place ou à proximité, hormis Madison et Bridge Bay.

Il est interdit de faire du camping sauvage ou de dormir la nuit dans son véhicule hors des campings. Il existe cependant quelque 300 sites autorisés pour bivouaquer lors d'une randonnée *(backcountry camping)*. Cela nécessite toutefois un permis *(gratuit)*, délivré au maximum 48h à l'avance par les *rangers* dans les Visitor Centers et les Rangers Stations. Les détails figurent sur le site du parc *(www.nps.gov/yell)*.

Lodges et cabins

Tous les hôtels et *lodges* du parc, hormis Old Faithful Inn, Lake Yellowstone Hotel et Grant Village, proposent des « roughrider cabins », des « pioneer cabins » ou des « budget cabins », des chalets rustiques partageant des salles de bains communes pour un prix variant de 99 à 249 $ la nuit.

Budget moyen

Roosevelt Lodge and Cabins – *À Tower Junction - ✆ (307) 344-7311 - www.yellowstonenationalparklodges.com - ♿ - de déb. juin à déb. sept. - 80 chalets 125/201 $ - ✕.* Bâtis en 1920, ces chalets rustiques se trouvent près d'un terrain de camping qu'appréciait beaucoup le président Theodore Roosevelt. Le bâtiment principal possède un très grand porche où sont disposés des fauteuils à bascule. Une gigantesque cheminée en pierre trône dans le hall d'entrée. On aura le choix entre les chalets de style « frontier » et les chalets « roughrider », plus simples, avec salles d'eau communes. Ouverte matin, midi et soir, la Dining Room a fait du rumsteak Teddy avec ses haricots Roosevelt sa spécialité. Parmi les activités proposées, la randonnée à cheval et les barbecues (avec un surcoût).

Lake Lodge Cabins – *82190 Yellowstone National Park - Lake Village - ✆ (307) 344-7311 - www.yellowstonenationalparklodges.com - ♿ - de déb. juin à déb. oct. - 186 chalets 196/352 $.* Tout en rondins, l'hôtel possède deux cheminées, un salon et un vaste porche où sont disposés des fauteuils à bascule pour admirer la vue sur le lac Yellowstone. Trois types de chalets sont situés derrière l'hôtel : les « Western », les « Lake Cottages » et les plus basiques « pioneer cabins ». Tous possèdent une salle de bains privée.

Old Faithful Lodge Cabins – *Old Faithful Bypass Rd - ✆ (307) 344-7311 - www.yellowstonenationalparklodges.com - ♿ - de mai à déb. oct. - 96 ch. 127/211 $ - ✕.* Le bâtiment principal, bâti en 1920, est fait de rondins massifs et de piliers en pierre. Son hall d'entrée, avec son coin cafétéria et sa boulangerie, offre une vue imprenable sur le geyser Old Faithful. Les chalets sont soit de style « frontier » ou, près du hall, de style chalet historique. Ces derniers possèdent des salles d'eau communes. Il n'y a ni téléphone, ni télévision, ni Internet.

Grant Village Lodge – *✆ (307) 344-7311 - www.yellowstonenationalparklodges.com - ♿ - de fin mai à déb. oct. - 300 ch. 179/289 $ - ✕.* Le complexe de la station, avec ses six bâtiments de deux étages, a été bâti près du West Thumb du lac de Yellowstone en 1984 et doit son nom à Ulysses S. Grant. Les chambres, de style chalet, possèdent un ou deux grands lits et une salle d'eau privée. La Dining Room est ouverte matin, midi et soir et sert des spécialités telles que saucisses de bison fumées ou pain de viande de bison et de wapiti. On trouve également dans le village le Lake House Restaurant, le Seven Stool Saloon et une boutique de souvenirs.

Canyon Lodge and Cabins – *À Canyon Village - ✆ (307) 344-7311 - www.yellowstonenationalparklodges.com - ♿ - de mi-mai à* *mi-oct. - 520 ch. 199/389 $ -* ✕. S'étalant à travers la partie est du parc, près du Grand Canyon de la rivière Yellowstone, cette immense propriété comprend les lodges de Dunraven et des Cascades, achevés dans les années 1990. Sinon, on peut opter pour des chalets modernes de type « Western ». Le décor, moderne, est fait de rondins. Les chalets possèdent tous une salle de bains privée, mais pas de TV.

Old Faithful Snow Lodge – *1000 Old Faithful Rd - ☎ (307) 344-7311 - www.yellowstonenationalparklodges.com - ♿ - fermé nov. et avr. - 100 ch. 160/452 $ -* ✕. L'Old Faithful Snow Lodge, avec ses lourdes poutres, ses rondins et son toit de bardeaux en cèdre, est l'hôtel tous services le plus récent du parc. On ne peut y accéder en hiver qu'en utilisant les services payants d'autoneige ou de motoneige. Le principal bâtiment dispose de chambres meublées dans le style de l'Ouest et décorées d'art inspiré par la nature. Tout près se trouvent les chalets « Western », bâtis en 1989, et les chalets en duplex, plus simples, de style « frontier ». Tous possèdent des salles d'eau privées. Ouvert matin et soir, l'Obsidian se spécialise dans la viande de gibier (côte de bison) et le poisson (truite farcie au crabe).

Old Faithful Inn – *1 Grand Loop Rd - ☎ (307) 344-7311 - www.yellowstonenationalparklodges.com - ♿ - mai-mi-oct. - 327 ch. 99/249 $ -* ✕. Plus grand bâtiment en rondins du monde, achevé en 1904, cette auberge de plusieurs étages, sise au sein d'un des centres les plus animés du parc, a vue sur le geyser Old Faithful. Plusieurs fois rénovée, elle a su conserver ses panneaux de verre gravé et ses escaliers en rondins. Le choix des chambres s'étend des suites et demi-suites aux chambres de base avec salle d'eau partagée, en passant par les chambres « West-Wing ». *Voir aussi « Restauration ».*

Lake Yellowstone Hotel and Cabins – *1 Grand Loop Rd - Lake Village - ☎ (307) 344-7311 - www.yellowstonenationalpark lodges.com - ♿ - de mi-mai à déb. oct. - 296 ch. 129/359 $ -* ✕. Le bâtiment, historique, a ouvert ses portes en 1891 et a connu plusieurs rénovations – la dernière, en 2014, s'élevait à plusieurs millions de dollars. Sa majesté toute classique est toujours présente, mais on y trouve maintenant tout le confort moderne : wifi et un salon haut de gamme qui vient compléter la gracieuse Sun Room, où des concerts de piano et de quartets sont organisés chaque soir. Les 150 chambres du bâtiment principal, avec ou sans vue sur le lac ont des lits Queen ou King Size et possèdent une salle de bains. L'hôtel comprend deux suites luxueuses. Il propose aussi une trentaine de chambres moins coûteuses dans un bâtiment annexe de deux étages, ainsi que 110 chalets des années 1920, confortables et entièrement refaits, avec salle de bains privée. Le Dining Room célèbre la nature qui l'entoure en servant poissons frais et gibiers. *Voir « Restauration ».*

Grand Teton National Park ★★★

La spectaculaire chaîne des Tetons, la plus impressionnante d'Amérique, se dresse juste au sud du parc national de Yellowstone, au-dessus d'une large vallée, près du cours supérieur de la Snake. Avec Grand Teton (4197 m) pour point culminant, ces montagnes, qui s'étirent du sud au nord, sont le joyau du parc national de Grand Teton : 1250 km^2 de pics déchiquetés, lacs alpins, torrents, terres marécageuses et plaines couvertes d'armoises et de trembles.

Se repérer

Wyoming – *Mountain Time.*

CARTE C2 (P. 128-129) - CARTE DU PARC (P. 144).

Situé dans le nord-ouest du Wyoming, le parc national s'étire le long de la chaîne des Tetons, au nord de la ville de Jackson et au sud du parc de Yellowstone, sur une distance d'environ 53 miles en suivant l'US 89/191 qui longe la Snake River en passant par Moose et Moran Junction.

À ne pas manquer

Snake River Overlook ; Jenny Lake Scenic Drive.

Organiser son temps

La plupart des visiteurs se contentent de traverser le parc dans la journée, voire en une demi-journée, en suivant l'US-89 ou la Teton Park Road qui longe Jenny Lake. Mais une seconde journée ne sera pas de trop pour profiter des nombreux sentiers de randonnée, d'une descente en rafting sur la Snake River ou encore d'une balade à cheval ou à vélo.

En famille

L'Indian Arts Museum au Colter Bay Visitor Center.

Carnet pratique p. 164

Nos adresses p. 164

Circuit conseillé

CARTE DU PARC P. 144

Le parc est ouvert toute l'année - 35 $ par véhicule (billet valable une semaine).

La meilleure période pour visiter le parc court de mi-juin à mi-septembre. Les fleurs sauvages sont en floraison en juillet.

Un plan et un journal d'information du parc sont remis aux visiteurs. Renseignez-vous sur l'état des routes *(✆ (888) 996-7623 ou www.wyoroad.info).*

Circuit en boucle de 82 miles au départ de Jackson – Comptez une journée.

À la hauteur de Moose Junction *(12 miles au nord de Jackson)*, faites un détour par le **Craig Thomas Discovery & Visitor Center** *(voir « S'informer »)*, qui présente une exposition détaillée sur la nature et l'histoire du parc, avec une intéressante maquette en relief et une vidéo d'introduction.

Revenez à Moose Junction, sur l'US-26/89/191, et prenez vers le nord-est, en suivant le ruban argenté de la rivière Snake.

★ Mormon Row Historic District

À 1 mile au nord de Moose Junction, prenez à droite sur Antelope Flats Rd et continuez encore sur 2 miles.

Vestiges d'une communauté de Mormons en activité au début du 20e s., plusieurs fermes esseulées et granges à pignon galbé subsistent au milieu d'une vaste prairie et composent, avec la chaîne des Tetons en arrière-plan, un cliché très pittoresque. Des fermiers de l'Idaho commencèrent à y migrer dans les années 1890 et y bâtirent une école et une église. La visite est libre. Des bisons rôdent parfois dans les parages.

★★ Snake River Overlook

Sur l'US-89/191, à 8 miles au nord de Moose Junction.

Immortalisé par le photographe Ansel Adams, ce point de vue est le plus fréquenté du parc. Adams a créé une image emblématique noir et blanc de la silhouette déchiquetée des Tetons, avec au premier plan le ruban argenté de la Snake. La vue est plus belle au lever du soleil, quand la lueur rose de l'aube éclaire les cimes et que la brume baigne le canyon.

Cunningham Cabin Historic Site

Sur l'US-89/191, à 3 miles au nord-est de Snake River Overlook.

Cette cabane en rondins à toit plat servit d'abri au trappeur John Pierce Cunningham de 1885 à 1889, avant qu'il ne construise son ranch. Ces terres de pionniers, à l'instar de dizaines d'autres au sein du Grand Teton National Park, sont entourées de prairies ensoleillées et caressées par la chaude brise de la vallée. Des coyotes ont élu domicile non loin.

Moran Junction, à 18 miles au nord de Moose, est la porte d'entrée est du parc national de Grand Teton.

★ Oxbow Bend

Sur l'US-89/191/287, à 4 miles au nord-ouest de Moran Junction.

La Snake effectue presque une boucle à ce coude, bourrelet formé par un ancien méandre. La vue sur les montagnes à l'arrière-plan est somptueuse. C'est un des endroits du parc où on a le plus de chances d'apercevoir des élans, circulant dans l'eau peu profonde en quête de nourriture.

Un peu d'histoire...

Appelés par les Amérindiens Teewinot, « les nombreux pitons », le nom actuel des montagnes vient de trappeurs français qui, arrivant par l'ouest au début du 19e s., les avaient baptisées les Trois Tétons.

Pendant des milliers d'années, les Amérindiens ont utilisé Jackson Hole l'été comme terrain de chasse, mais peu d'entre eux bravaient les rigueurs de son hiver. Des *ranchers* l'ont ensuite exploité pour l'élevage, mais après la création en 1872 du parc national de Yellowstone, le tourisme a peu à peu pris la relève.

La transformation de Grand Teton en parc national n'a pas été facile. Tenaces comme l'hiver des montagnes, les premiers pionniers refusaient que leurs terres passent sous contrôle fédéral. Soucieux d'éviter leur exploitation, le philanthrope John D. Rockefeller Jr. racheta anonymement des terres d'élevage et en fit don au gouvernement. Les premières limites du parc, tracées en 1929, ont été repoussées à leur frontière actuelle en 1950. En 1972, on créa le John D. Rockefeller Jr. Memorial Parkway, un corridor qui relie les parcs nationaux de Grand Teton et de Yellowstone.

Mormon Row, dans le Grand Teton National Park.
Matt Dirksen/Getty Images Plus

★★ Jackson Lake

Le plus grand des sept lacs de moraine du parc (26 km de long, 13 km de large), a été agrandi par la construction d'une série de barrages sur son émissaire, la Snake. Le lac est profond de 144 m. Ses derniers 12 m proviennent de la hausse du niveau de l'eau due à la retenue. Des **croisières** le parcourent tous les jours en été *(dép. de la marina de Colter Bay Village - ✆ (307) 543-2811 - www.gtlc.com - se rens. pour les horaires - durée 1h30/2h30 - 35/85 $).*

Jackson Lake Lodge

Sur l'US-89/191/287, à 6 miles au nord-ouest de Moran Junction. ✆ (307) 543-3100 - www.gtlc.com - voir « Nos adresses ».

Conçu par Gilbert Stanley Underwood, architecte de l'Ahwahnee Hotel, dans le parc national de Yosemite en Californie, cet édifice en verre, acier et béton a été élevé au-dessus des bassins de castors de Willow Flats. Les immenses baies vitrées de l'entrée, hautes de 18 m, encadrent une vue classique des Tetons.

★★ Colter Bay Visitor Center

À 1 mile à l'ouest de l'US-89/191/287, 11 miles au nord-ouest de Moran Junction. *Voir « S'informer » p. 164.*

L'**Indian Arts Museum** expose une des plus belles collections d'art amérindien du Wyoming : ouvrages de perles, armes, mocassins, pipes et boucliers.

★ Hermitage Point Trail

Boucle de 9,5 miles, facile, comptez 4h.

Près du Colter Bay Visitor Center, à droite de la marina, commence une très agréable randonnée au bord du lac Jackson qui fait le tour de la péninsule d'**Hermitage**

Point. Le sentier traverse des forêts de pins tordus, franchit des collines et des vallons tapissés d'armoises et de fleurs sauvages en été, puis contourne deux lacs couverts de nénuphars avant de déboucher sur une grève où s'ouvre un splendide panorama sur les Tetons. La randonnée dispose de plusieurs variantes, plus courtes ou plus longues, aussi, pour ne pas s'égarer, mieux vaut se munir d'un plan détaillé auprès du Visitor Center.

Rebroussez chemin par l'US-89/191 jusqu'à Jackson Lake Junction, puis prenez à droite Teton Park Rd.

★ Signal Mountain

À gauche de Teton Park Rd, 5 miles au sud de Jackson Lake Lodge.

Peu après le croisement du village de Signal Moutain, de l'autre côté de la route, débute l'étroite route sinueuse **Signal Mountain Summit Road**. Elle monte de 240 m en 8 km; les dégagements sont rares. S'élevant à 2 314 m au-dessus de la rive est de Jackson Lake, Signal Mountain offre des **vues★★** spectaculaires sur les Tetons et sur Jackson Hole.

★★★ Jenny Lake Scenic Drive

En quittant Teton Park Rd, à 7 miles au sud de Signal Mountain.

Cette boucle de 4 miles serpente le long de la rive est du merveilleux **Jenny Lake★★★**, avant de rejoindre Teton Park Road. En chemin, les vues sur les hauteurs des Tetons sont nombreuses et impressionnantes.

Au belvédère **Cathedral Group Turnout★**, les pics semblent groupés comme des flèches d'églises.

Le petit **String Lake** relie Jenny Lake à son voisin **Leigh Lake** au nord. Au-delà, la route se rétrécit pour passer à sens unique, en direction du sud. Un groupe de 37 cabanes en rondins entoure **Jenny Lake Lodge** *(✆ (307) 543-3100 - www.gtlc.com - voir « Nos adresses »)*, hébergement rustique de l'extrémité supérieure du parc.

De **Jenny Lake Overlook★★**, la surface du lac reflète les Tetons, qui s'élèvent en pente raide du bord de l'eau.

De la marina en contrebas, la **Teton Boating Company** *(✆ (307) 734-9227 - www.jennylakeboating.com)* organise des promenades en bateau et des navettes qui

... Et de géologie

Les Tetons sont le résultat d'un cycle continu de création et d'érosion du relief. Montagnes jeunes, de 5 à 9 millions d'années seulement, elles continuent à s'élever le long d'une ligne de faille nord-sud. Tandis que s'affaissait le fond de vallée, couche plane de sédiments laissés par une ancienne mer intérieure, les roches englobant les Tetons se sont soulevées, en basculant vers l'ouest. L'érosion a usé le grès tendre qui recouvrait les cimes, tapissant peu à peu le fossé d'une couche de plusieurs milliers de mètres de sédiments.

Les hauts sommets provoquent des précipitations abondantes, notamment de neige en hiver. Une chute de neige plus importante que la fonte a produit des glaciers, qui ont sculpté des cimes étranges, comme celle de Grand Teton. Douze glaciers actifs avancent jusqu'à 9 m par an autour de certains des pics, notamment Grand Teton et Mount Mora (3 842 m). Les débris déposés au pied des montagnes ont formé des moraines latérales et frontales, barrages naturels retenant l'eau de fonte des neiges et créant des lacs.

traversent le lac *(mai-sept. : se rens. pour les horaires - 20 $ AR)*. On peut aussi rejoindre l'autre rive à pied en longeant le lac sur 2 miles.

De là part un sentier de randonnée qui monte à la jolie cascade de **Hidden Falls** *(1 mile)* et, environ 0,5 mile plus haut, à **Inspiration Point★**, où s'offre un panorama grandiose sur le lac. De Hidden Falls, les plus vaillants peuvent poursuivre l'ascension jusqu'à **Cascade Canyon**.

★ Menor's Ferry Historic Site

Teton Park Rd, à 7 miles au sud de Jenny Lake et 1,5 mile au nord de Moose Junction.

Un sentier éducatif (0,5 mile) mène à une réplique du bac que Bill Menor exploitait sur la Snake entre 1894 et 1927. En été, des acteurs rejouent la traversée. La cabane blanche en rondins de Menor est aménagée comme le bazar-épicerie qu'il tenait aussi autrefois.

À quelques pas de là se tient la **Chapel of The Transfiguration**, une petite construction en bois de 1925. Derrière l'autel, une fenêtre ouvre sur les Tetons. Des services y sont célébrés le dimanche en été.

Poursuivez sur Teton Park Rd sur 0,5 mile, puis prenez la Moose-Wilson Rd à gauche.

Murie Ranch

Accès par Murie Ranch Rd, à gauche de Moose-Wilson Rd.

Cet ancien ranch touristique a appartenu au chercheur en biologie marine Olaus Murie et à son épouse, tous deux très actifs durant le mouvement de conservation des années 1940. Leurs efforts contribuèrent à faire passer la loi sur la protection de la nature de 1964 (« Wilderness Act »). On peut visiter leur demeure de rondins et d'autres structures du ranch, toutes inscrites au registre national des monuments en 2006.

★ Moose-Wilson Road

Circuit de 16 miles de Moose à Wilson.

La route touristique du petit bourg de Wilson, au pied du Teton Pass, contourne des bosquets de trembles et une suite de bassins de castors, fermés par des barrages de saules. Au **Sawmill Ponds Overlook**, on aperçoit souvent des élans. Goudronnée (sauf sur 2 miles), la route donne accès à des sentiers conduisant à des sites appréciés du public, notamment le lac couleur émeraude **Phelps Lake★** *(dép. en face du Rockfeller Preserve, 3 miles, facile, comptez 1h30 AR)*. L'hiver, elle est fermée à la circulation, mais fait le bonheur des skieurs de fond.

Laurance S. Rockefeller Preserve

À 4 miles au sud de Moose, sur Moose-Wilson Rd. ✆ (307) 739-3300 - juin-sept. : 9h-17h - gratuit.

John D. Rockefeller Jr. avait conservé ces 1250 ha de terrain autour du lac Phelps pour sa famille. Les quelque 440 ha restants furent donnés au parc en 2001 et constituent la réserve naturelle. Lorsque son fils Laurance hérita de la propriété, il fit don de 810 ha au parc. Ces magnifiques paysages sont parcourus par 13 km de sentiers de randonnée. Au centre d'accueil, ne manquez surtout pas la salle où l'on peut écouter les sons de la nature : grenouille-taureau, oiseaux ou encore wapitis. Une courte promenade en partant du centre d'accueil permettra d'admirer les rapides et les chutes d'eau toutes proches.

3

Carnet pratique

S'informer

(307) 739-3300 - www.nps.gov/grte.
Le parc compte trois centres d'accueil : **Colter Bay Visitor Center** *(Colter Bay Village, 1 mile à l'ouest de l'US-89/191)*, **Jenny Lake Visitor Center** *(à 7,5 miles au nord de Moose)* et **Craig Thomas Discovery & Visitor Center** *(à Moose, 12 miles au nord de Jackson.*

Se déplacer

Start Bus – *(307) 733-4521 - www.jacksonwy.gov - ttes les heures en été - 3 $.* La compagnie locale dessert la vallée de Jackson Hole (de Jackson à Wilson et Teton Village).

Adresses utiles

Grand Teton Medical Clinic – *Jackson Lake Lodge Rd- (307) 543-2514 - www.stjohns.health - mai-sept. : 10h-17h.*

Nos adresses

Restauration

Premier prix
On trouve des épiceries-snacks où se ravitailler à Moose, Jackson Lake, Signal Mountain et Colter Bay. Par ailleurs, les restaurants des *lodges* servent à midi des plats simples, des salades et des burgers à moins de 15 $.

Budget moyen
Dornan's Pizza and Pasta Company – *200 Moose St. - Moose - (307) 733-2415 - dornans.com - 11h30-18h30 - plats 15/28 $.* Il sert des pizzas, pâtes, sandwichs, salades et burgers et dispose d'une terrasse avec une jolie vue à l'étage.
Ranch House – *100 Colter Bay Marina Rd - Colter Bay Village - (307) 543-3335 - www.gtlc.com - fermé d'oct. à mai - plats 17/37 $.* Agréable salle en bois face à la marina. Service diligent et plats corrects (très bons ribs).
Pioneer Grill – *101 Jackson Lake Lodge Rd - (307) 543-2811 - www.gtlc.com - service continu - fermé oct.-fin mai - plats 15,50/32 $.* Dans une belle salle des années 1950, à table ou au comptoir, on déguste ici une cuisine simple et bien préparée, incluant salades, burgers, wraps et sandwichs. Service rapide.

Activités

Voir Jackson, p. 175.

Hébergement

Premier prix
Camping – Il existe huit campings dans le parc (Jenny Lake, Gros Ventre, Signal Mountain, Colter Bay..., liste complète sur *www.nps.gov/grte*), ouverts de mi-mai à déb. ou fin sept. Pas de douches et eau froide uniquement. L'emplacement coûte entre 50 et 80 $. *Réservation obligatoire sur www.recreation.gov.*
Colter Bay Tent Village – *100 Cabin Rd - au bord de Jackson Lake - (307) 543-3100 - de mi-mai à déb. oct. - 66 empl. 98 $.* Les très spartiates « tent cabins » sont des structures bâchées en bois dotées de 6 couchettes superposées. Il faut apporter son sac de couchage. Des douches sont accessibles au village.

Pour se faire plaisir
Signal Mountain Lodge – *Inner Park Rd - Moran - (877) 841-1076 - www.signalmountainlodge.*

com - de mi-mai à mi-oct. - 79 ch. et chalets 308/518 $ - ✕. Organisé comme un petit village, ce lodge détient des chambres et des chalets placés juste au bord du lac, certains avec vue. Le choix s'étend de chalets de montagne rustiques d'une pièce avec salle d'eau privée à des chambres de type « suite » équipées d'une petite cuisine. Il n'y a pas de télévision. Attention, les lieux sont très prisés, mieux vaut réserver plusieurs mois à l'avance.

Jackson Lake Lodge – *101 Jackson Lake Lodge Rd - Moran - ✆ (307) 543-3100 - www.gtlc.com - - de mi-mai à déb. oct. - 385 ch. 449/505 $ -* ✕. Situé à côté de la chaîne des Tetons et du Jackson Lake, la vue depuis cet hôtel est grandiose. Vaste propriété, le lieu possède restaurants, boutiques et magasins de vêtements pour partir à l'aventure. On a le choix entre les chambres au sein de l'hôtel ou les cottages qui l'entourent, certains avec balcon ou patio. Le wifi est disponible partout mais aucune chambre n'est équipée de télévision.

Une folie

Goosewing Ranch – *24400 Cottonwood Creek Rd - Kelly - dans la vallée de Gros-Ventre, à 40 miles au nord-est de Jackson, comptez 2h de route - ✆ (307) 733-5251 - www.goosewingranch.com - - juin-sept. - 11 cabanes (35 pl.) 659/824 $/pers. en pension complète - 3 nuits mini -* ✕. On ne saurait imaginer expérience plus dépaysante et insolite qu'un séjour dans ce ranch-hôtel isolé en pleine nature, au fond d'une vallée sauvage fréquentée par bisons, élans, ours, loups et aigles, et où coule une rivière tumultueuse. Meublées dans un style rustique mais douillet, les cabanes ont une terrasse avec fauteuils à bascule pour jouir de ce décor grandiose. Piscine chauffée en plein air, sauna et Jacuzzi à disposition. Sont compris dans le prix de la nuitée : un cheval pour votre usage personnel ainsi que la mise à disposition d'un buggy.

Jenny Lake Lodge – *Jenny Lake Rd - Moran - ✆ (307) 543-3100 - www.gtlc.com - juin-oct. - 37 ch. 956/1139 $.* C'est l'établissement le plus luxueux du parc. Des cabanes en rondins sont dispersées dans la nature autour du lodge principal, où les hôtes se rassemblent devant la cheminée en pierre ou se détendent dans les rocking-chairs de la véranda, sous des courtepointes à l'ancienne. Le petit-déjeuner, un dîner (tenue correcte) à cinq plats et une balade à cheval ou à vélo sont inclus dans le prix de la chambre.

Jackson ★★

La station de Jackson se trouve à 1935 m d'altitude à l'extrémité sud de Jackson Hole, une vallée de 45 miles qui se dessine entre les monts Tetons et Gros Ventre. Avant la création des parcs nationaux de Yellowstone et de Grand Teton, elle était peu connue ; depuis, son économie a évolué de l'élevage vers le tourisme et les loisirs de plein air. C'est aujourd'hui un paradis pour les amateurs d'aventure. Tout au long de l'année, le choix est vaste entre rafting, randonnée pédestre ou équestre, pêche ou encore escalade. Jackson peut aussi se vanter d'être l'une des meilleures stations de ski du monde. Ses trois domaines skiables, réputés pour la qualité de leur poudreuse, sont rapidement accessibles en voiture ; Jackson Mountain Resort propose le plus grand dénivelé (1261 m) de toutes les stations américaines.

Se repérer

10698 habitants - Wyoming - *Mountain Time*.

CARTE C2 (P. 128-129) - PLAN (P. 168).

À 27 miles au sud de Grand Teton NP et 80 miles de Yellowstone NP *(comptez 1h30 de voiture pour Yellowstone)*. Le domaine skiable s'est développé plus à l'ouest, à Wilson et Teton Village.

À ne pas manquer

Le National Museum of Wildlife Art ; le Million Dollar Cowboy Bar.

Organiser son temps

Réservez au moins une soirée à Jackson pour profiter de l'animation et n'hésitez pas à y passer deux nuits, le temps de visiter le parc de Grand Teton. Toutefois, sachez qu'en raison de l'affluence les tarifs des hôtels s'envolent en été et lors de la saison de ski.

En famille

Children's Museum ; National Elk Refuge ; Museum of Wildlife Art.

Carnet pratique p. 171

Nos adresses p. 171

Se promener

PLAN P. 168

Jackson regorge de bons restaurants, de galeries d'art et de boutiques chics. Mais si la multiplication des appartements modernes attire des résidents aisés lors des vacances, la ville reste résolument attachée à son passé de bourgade du Far West. Le centre-ville, qui se parcourt agréablement à pied, s'étend autour de Town Square.

Town Square

Broadway et Cache Dr. - www.jacksonholechamber.com.

Des arches en bois de wapitis flanquent les quatre coins de ce point central du bourg, une fraction seulement de ceux ramassés dans le National Elk Refuge chaque année au printemps. Avant 1957, on les proposait comme souvenirs. Aujourd'hui, les boy-scouts les vendent aux enchères, à la mi-mai. Des

Jackson et le Million Dollar Cowboy Bar.
Aurora/hemis.fr

100 000 dollars habituellement recueillis, 80 % sont versés pour la nourriture des wapitis de la réserve, le reste au mouvement scout. Les soirs d'été, des animateurs recréent dans Town Square une attaque de diligence et le **Jackson Hole Shootout** *(voir « Agenda »)*, quoique cette prétendue fusillade n'ait jamais eu lieu…
Sur la place, le **Million Dollar Cowboy Bar★** *(25 N. Cache Dr. - ✆ (307) 733-2207)* propose des selles pour tabourets ; son comptoir est incrusté de dollars d'argent.

3

Jackson Hole Children's Museum

174 N. King St. - ✆ (307) 733-3996 - www.jhchildrensmuseum.org - lun.-jeu. 9h30-12h30 et merc.-jeu. 13h30-16h30. - 15 $.

Conçues pour stimuler la créativité des enfants de tous âges, les expositions de ce musée font le lien entre arts, histoire, science, écologie et bien d'autres domaines. Sa fosse, sa pièce à bulles et son mur d'escalade semblent particulièrement plaire aux petits. Le Clubhouse organise des démonstrations de cuisine et de jardinage.

★ Historical Society & Museum

175 E. Broadway - ✆ (307) 733-2414 - jacksonholehistory.org - horaires variables, se rens. - 12 $.

Ouvert en 1958, ce musée possède des trésors issus du passé de Jackson, des Tetons et de la région de Yellowstone. Parmi les pièces maîtresses, on trouvera de nombreux artefacts amérindiens, des armes à feu de l'ère du commerce de la fourrure, des panoplies et du matériel de fermiers. Le musée possède également une collection de 16 000 photographies historiques en noir et blanc.

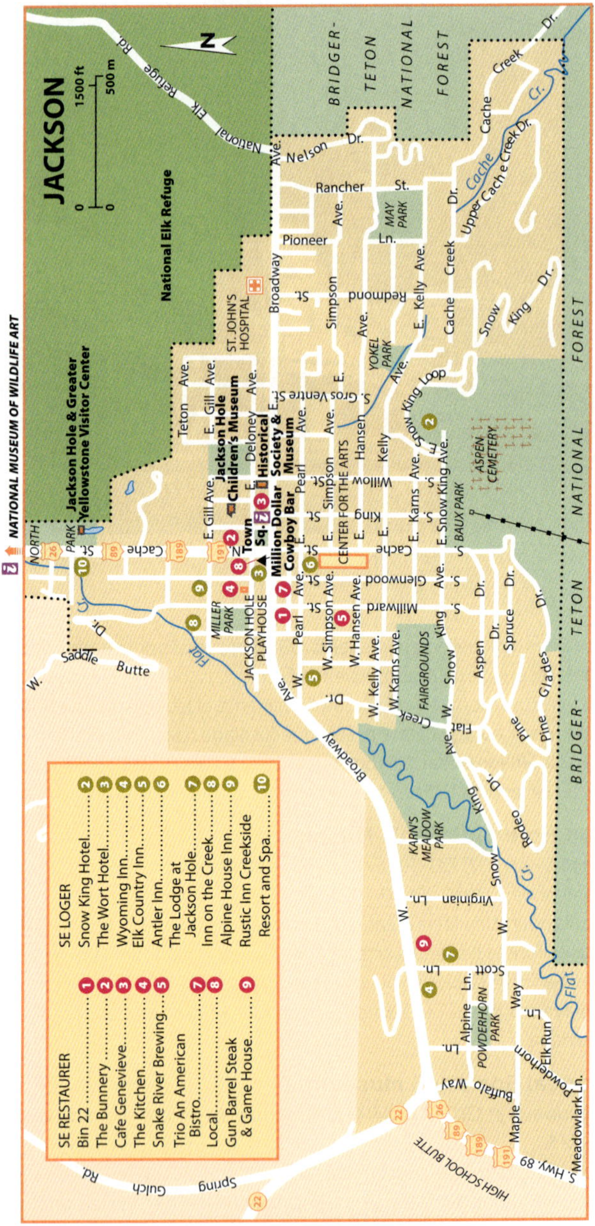
JACKSON
0 1500 ft
0 500 m
N
National Elk Refuge
NATIONAL MUSEUM OF WILDLIFE ART
Jackson Hole & Greater Yellowstone Visitor Center
BRIDGER-TETON NATIONAL FOREST
ST. JOHN'S HOSPITAL
Jackson Hole Children's Museum
Jackson Hole Historical Society & Museum
Town Sq.
Million Dollar Cowboy Bar
JACKSON HOLE PLAYHOUSE
MILLER PARK
CENTER FOR THE ARTS
MAY PARK
YOKEL PARK
ASPEN CEMETERY
BAUX PARK
FAIRGROUNDS
KARN'S MEADOW PARK
POWDERHORN PARK
HIGH SCHOOL BUTTE
SE RESTAURER
Bin 22 1
The Bunnery 2
Cafe Genevieve 3
The Kitchen 4
Snake River Brewing 5
Trio An American Bistro 7
Local 8
Gun Barrel Steak & Game House 9
SE LOGER
Snow King Hotel 2
The Wort Hotel 3
Wyoming Inn 4
Elk Country Inn 5
Antler Inn 6
The Lodge at Jackson Hole 7
Inn on the Creek 8
Alpine House Inn 9
Rustic Inn Creekside Resort and Spa 10

Un peu d'histoire

Des fouilles préhistoriques attestent d'une présence humaine dans la vallée depuis 11 000 ans. Jackson Hole fut d'abord fréquentée par les tribus amérindiennes Blackfeet, Shoshone, Bannock et Gros-Ventre. Au début des années 1800, des trappeurs sillonnaient la région à la recherche de castors, dont les précieuses fourrures servaient à confectionner des chapeaux à la mode sur la côte est. La tradition locale attribue le nom de la vallée au trappeur David Jackson, dont le terrain de chasse favori était les rives du lac qui porte aujourd'hui son nom. Durant l'hiver 1808, John Colter, un membre de l'expédition Lewis et Clark, visita la vallée alors que le groupe regagnait l'Est. À cette époque, Jackson faisait partie du vaste territoire de l'Oregon. En 1871, l'expédition d'études géologiques Hayden explora à son tour la région. L'un de ses membres, William Henry Jackson, prit les premières photographies de la chaîne des Tetons et de Yellowstone. Ses clichés, ainsi que les croquis de l'artiste Thomas Moran, contribuèrent à promouvoir l'idée de préserver Yellowstone et d'en faire un parc national. En 1872, Yellowstone fut désigné par le Congrès des États-Unis comme le premier parc national du pays. La ville de Jackson, dans le comté de Teton, fut baptisée en 1894 et le parc national de Grand Teton fut créé en 1929.

★ National Elk Refuge

Elk Refuge Rd par E. Broadway - ✆ (307) 733-9212 - www.fws.gov/refuge/national_elk_refuge.

De 7000 à 9000 wapitis hivernent dans cette réserve de 100 km², après avoir passé la saison chaude sur les hauteurs des parcs et de la forêt nationale de Bridger-Teton. De novembre à avril, ils ressemblent à des taches de terre brune sur la neige du paysage. La réserve a été créée quand les processus de migration naturelle ont été perturbés par l'élevage et par le développement de la région.

Des **circuits en traîneau**★★ *(sleigh rides)* de 45mn sont proposés tous les jours entre décembre et avril, si le temps le permet. Les chevaux tirent les touristes jusqu'aux hardes de wapitis ; la plupart paissent paisiblement, mais les mâles s'affrontent parfois avec leurs immenses ramures. Dans la réserve hivernent aussi mouflons, bisons, cerfs et loups, parfois *pronghorn* (antilopes d'Amérique) et pumas *(www.nersleighrides.com ; billets en vente en ligne ou sur le parking du Jackson Hole and Greater Yellowstone Visitor Center, voir p. 170).*

★★ National Museum of Wildlife Art

2820 Rungius Rd par l'US-89 (à 3,2 miles au nord de Jackson) - ✆ (307) 733-5771 - www.wildlifeart.org - 10h-17h - fermé lun. en nov.-avr. - 18 $.

Blotti sur un flanc de colline donnant sur la réserve des wapitis, ce complexe en grès (1994) est presque invisible, avec son extérieur rustique évoquant des ruines anasazis.

L'intérieur rassemble douze galeries, une section interactive pour les enfants, un auditorium, des salles de conférences, une bibliothèque et des archives. La collection, exposée par roulement, a pour thème la représentation de la nature et des animaux dans les arts européens et américains. Parmi les 5000 œuvres, couvrant cinq siècles, figurent John J. Audubon, Robert Bateman, Albert Bierstadt, George Catlin, John Clymer, Bob Kuhn, Charles M. Russell. Toutes les techniques y sont représentées : huiles, pastels, acryliques et aquarelles, mais aussi bronzes, pierres sculptées, dessins au crayon et au fusain, lithographies et photographies. L'**American Bison Collection**★ étudie la relation entre l'homme et le bison depuis le 18e s. Le musée abrite aussi un ensemble très complet d'œuvres de Carl Rungius (1869-1959). Une série de sculptures animalières en bronze sont disposées en plein air autour du musée.

Jackson Hole and Greater Yellowstone Visitor Center

532 N. Cache St. (à la sortie nord de la ville) - ✆ (307) 733-3316 - www.jacksonholechamber.com - 9h-17h.

Ce bâtiment contemporain, au toit végétalisé, est équipé d'une plate-forme d'observation donnant sur les marais et la réserve des wapitis (Elk Refuge). Il abrite des expositions éducatives sur la maîtrise des incendies et sur la migration des animaux sauvages. Vous y trouverez toutes les informations utiles pour organiser votre séjour.

À proximité

CARTE P. 128-129

★★ Teton Village Aerial Tramway C2

Sur la Rte 390, à Teton Village - ✆ (307) 733-2292 - www.jacksonhole.com - horaires variables, se rens. - 37/44 $ selon la saison, prix réduits en ligne.

Un téléphérique enlève vivement ses passagers en direction du ciel, rejoignant en 9mn, 1200 m plus haut, l'arête de **Rendezvous Peak** (3185 m) et la station de ski de **Jackson Hole**. À l'est s'ouvre la vallée de Jackson Hole, coupée en deux par la Snake. Les amateurs de randonnée redescendent à pied par **Granite Canyon Trail**, un sentier abrupt de 10 miles, qui possède des terrains de camping ouverts de mai à septembre.

Teton Raptor Center C2

Sur la Rte 22, à l'entrée de Wilson, 7 miles à l'est de Jackson. ✆ (307) 203-2551 - tetonraptorcenter.org - horaires variables, se rens. - 15 $.

Ce centre de protection pour les rapaces a élu domicile dans une ancienne ferme où il soigne des oiseaux de proie blessés. Les visiteurs peuvent y croiser notamment un aigle royal, une buse à queue rousse et un grand-duc d'Amérique et suivre une présentation *(en anglais)* sur les rapaces.

Grand Targhee Resort C2

À Alta, 5 miles à l'est de Driggs (Idaho) et 32 miles au nord-ouest de Jackson par les Rtes 22 et 33.

3300 E. Ski Hill Rd - ✆ (307) 353-2300 - www.grandtarghee.com.

Près de 12 m de neige sèche et légère tombent chaque hiver sur le flanc des Tetons, faisant le bonheur des amateurs de poudreuse. En été, festivals de musique et stages d'écologie viennent compléter les activités de plein air et la découverte du paysage en télésiège.

Carnet pratique

S'informer

Jackson Hole and Greater Yellowstone Visitor Center – *532 N. Cache St. - ✆ (307) 733-3316 - www.jacksonholechamber.com. Voir page ci-contre.*

Arriver/partir

En avion

Jackson Hole Airport – *À 8 miles au nord de la ville, sur la route du parc de Grand Teton - ✆ (307) 733-7682 - www.jacksonholeairport.com.* Liaisons avec Denver, Seattle, Salt Lake City ainsi qu'avec de nombreuses villes américaines (Atlanta, Chicago, Dallas, Los Angeles, San Francisco...).

En bus

Mountain State Express – *✆ (307) 733-4629 - www.mountainstatesexpress.com.* Opère une liaison quotidienne avec Salt Lake City *(5h30 de trajet - 79 $).*

Salt Lake Express – *✆ 208 656 8824 - saltlakeexpress.com.* Liaison quotidienne avec Salt Lake City *(7h30 de trajet - 70 $).*

Se déplacer

Start Bus – *✆ (307) 733-4521 - www.jacksonwy.gov - ttes les 30mn en été.* La compagnie locale assure une navette gratuite à l'intérieur de Jackson. La ligne dessert aussi le National Museum of Wildlife Art. D'autres lignes, payantes, relient Teton Village, Wilson *(3 $)*, Teton Valley et Star Valley *(8 $).*

Adresses utiles

St. John's Medical Center – *625 E. Broadway - ✆ (307) 733-3636 - www.stjohns.health.*

Agenda

Town Square Shootout – *Town Square - de fin mai à déb. sept. : lun.-sam. 18h.* Durant les soirées d'été, des acteurs costumés rejouent l'attaque d'une diligence et une fusillade en ville. Le genre de spectacle qui fait la joie des petits et grands, même s'il s'agit d'une fiction sans fondement historique.

Grand Teton Music Festival – *www.gtmf.org.* C'est l'un des festivals de musique classique les plus réputés du pays. Lancé en 1962, le festival se déroule chaque été. En juillet-août, des concerts, gratuits pour certains, ont lieu dans le Walk Festival Hall de Teton Village, une salle de 685 places à l'acoustique hors pair. L'orchestre du festival, composé de musiciens venus de différents ensembles réputés d'Amérique du Nord, est dirigé par le chef d'orchestre britannique Donald Runnicles.

3

Nos adresses

PLAN P. 168

Restauration

Jackson

Budget moyen

2 **The Bunnery** – *130 N. Cache St. - ✆ (307) 733-5474 - bunnery.com - fermé le soir - plats 14,50/22 $.* À moins d'un pâté de maisons de Town Square, ce café-pâtisserie familial produit son propre granola et ses propres mélanges aux grains entiers pour gaufres et crêpes. On y apprécie tout particulièrement les croissants frais, les muffins, les tartes, les cakes et les rouleaux à la cannelle. Sa terrasse permet

de regarder les passants tout en dégustant une généreuse omelette, une quiche, une soupe maison, une salade composée, un burger ou un des délicieux sandwichs au fromage fondu figurant à la carte.

1 **Bin 22** – *200 W. Broadway - ✆ (307) 739-9463 - bin22jacksonhole.com - service continu - tapas 15/29 $.* Tenu par un sommelier, le Bin 22 est à la fois une cave, un bar à vins, une épicerie fine et un excellent bar à tapas, le tout partageant un même lieu très animé. Une clientèle branchée se presse ici pour déguster le plat du jour, pour goûter la charcuterie importée, les fromages exotiques, les jeunes poulpes roussis accompagnés de haricots marinés de pommes de terre *fingerling*, de poivrons de piquillo et d'olives...

3 **Café Genevieve** – *135 E. Broadway - ✆ (307) 732-1910 - genevievejh.com - fermé le soir - plats 15/23 $.* Ce chalet historique en rondins, bâti en 1906 tout près de Town Square, est délicieusement pittoresque. À la nuit tombée, son éclairage l'habille de lueurs or et rouges. Le patio est particulièrement prisé pour déguster une cuisine maison où figurent des plats tels que le « plateau de biscuits », avec son jambon de Virginie et son fromage pimento, le gibier à la bolognaise ou encore le poulet frit et ses coquillettes au fromage. Des brunchs sont servis jusqu'à 15h. Le nom du restaurant rend hommage à Genevieve Lawton, qui, en 1920, fut élue au conseil de Jackson au sein de ce qui fut appelé « le gouvernement des jupons », le premier conseil exclusivement féminin aux États-Unis.

5 **Snake River Brewing** – *265 S. Milward St. - ✆ (307) 739-2337 - www.snakeriverbrewing.com - service continu - plats 19/33 $.* Cette confortable brasserie au décor de style industriel est bondée de jour comme de nuit, mais l'attente y est récompensée par l'incroyable liste de bières à la pression (la brasserie produit plus de 7 000 fûts par an). La carte n'est pas en reste et propose, entre autres, burgers, pizzas au feu de bois ou poisson frit accompagné de légumes et de *kimchi* fait maison.

Pour se faire plaisir

4 **The Kitchen** – *155 N. Glenwood St. - ✆ (307) 734-1633 - thekitchenjacksonhole.com - fermé midi et dim.-lun. - plats 25/45 $.* Une cuisine sous influence clairement asiatique, des produits frais et de saison, une salle aux murs couverts de panneaux de bois très moderne et chaleureuse, une superbe terrasse pour la belle saison : ce restaurant possède de nombreux atouts et séduit une clientèle curieuse de gourmets. Réservation conseillée. À défaut d'y dîner, on peut y venir pour l'*happy hour* en été et grignoter des tapas en savourant de bons cocktails.

Grill at Amangani – HORS PLAN - *1535 N. E. Butte Rd - ✆ (307) 734-7333 - www.aman.com - plats env. 30/50 $.* Des murs en bois de séquoia, un plafond aux chevrons apparents et de riches fenêtres donnant sur les montagnes forment le cadre de ce restaurant. Les hôtes s'y installent dans des chaises en cuir brut et se font servir viandes et fruits de mer. On accompagnera la tarte aux figues Mission et sa crème glacée au fromage de chèvre de l'Utah d'un porto Graham de 1983.

7 **Trio An American Bistro** – *45 S. Glenwood St. - ✆ (307) 734-8038 - bistrotrio.com - fermé dim. et midi - plats 24/48 $.* Ce restaurant moderne et élégant peut recevoir environ 75 convives. Le service y

est de grande qualité et on saura vous y conseiller en vin. Les belles tables en bois sont rapidement recouvertes de mets tels que soupe avec bacon, carpaccio de bœuf, risotto... Les pizzas sont particulièrement originales avec des ingrédients tels que saucisse de porc hachée ou pesto aux noisettes et au basilic. Une bonne adresse.

8 **Local** – *55 N. Cache St. - ✆ (307) 201-1717 - localjh.com - service continu - fermé dim. - plats 35/50 $.* Stratégiquement situé sur Town Square, un steakhouse au design contemporain et à l'ambiance conviviale, où les gens affluent pour partager de petites assiettes autour du bar central. Cuisine goûteuse et plutôt originale : steak de bison mariné à l'ail, jarret de porc au cheddar, burgers épais et juteux à souhait. Bonne sélection de vins.

9 **Gun Barrel Steak & Game House** – *862 W. Broadway - ✆ (307) 733-3287 - www.gunbarrel.com - fermé le midi - plats 48/72 $.* Cet entrepôt était anciennement un musée d'histoire naturelle. Aujourd'hui, le gibier y fait l'objet d'une autre forme d'attention... Le wapiti aux tomates séchées et les trois pièces de bison sont les vedettes d'un menu qui fait la part belle à la viande rouge et au gibier. La bière Double Barrel saura tenter les amateurs.

Teton Village

Budget moyen

Spur Restaurant and Bar – *3385 Cody Lane - ✆ (307) 732-6932 - www.tetonlodge.com - service continu - plats 39/68 $.* Au cœur du Teton Mountain Lodge and Spa, ce restaurant sophistiqué donne ses lettres de noblesse à la cuisine montagnarde classique. Ce qui signifie qu'en lieu et place de l'habituel rôti à la cocotte, il est servi un « *Flat Iron Saltado* » avec frites à la truffe, piments péruviens et sauce de truffe noire, et qu'un simple sandwich au pastrami est agrémenté de gouda, d'oignons caramélisés et d'une moutarde maison. Les bois polis et les tons sombres dominent dans ce lieu chic et élégant.

Il Villaggio Osteria – *3335 Village Dr. - Hotel Terra - ✆ (307) 739-4100 - jhosteria.com - service continu - plats 24/67 $.* Du four à bois sortent des pizzas à la pâte fine, parfaitement cuites, que viennent garnir en quantité idéale des ingrédients frais tels que fromage de chèvre, poireaux et pancetta. L'ambiance est sophistiquée et le lieu animé grâce à son bar et son comptoir à pizzas où les boules de pâte volent haut dans les airs. Au menu aussi des plats plus raffinés aux saveurs italiennes, bien sûr.

Wilson

Budget moyen

Nora's Fish Creek Inn – *5600 Hwy 22 - ✆ (307) 733-8288 - www.norasfishcreekinn.com - plats 16/44 $.* Fondé par une certaine Nora Tygum, ce restaurant vit le jour en 1982, quand elle transforma un vieux chalet en rondins situé aux portes de la ville en un lieu agréable et confortable. Désormais légendaire, toujours tenu par la famille Tygum, on s'y presse pour goûter la truite aux œufs servie au petit-déjeuner, le hamburger aux piments verts, les salades, soupes, plats du jour et spécialités mexicaines au déjeuner.

3

Petite pause

Jackson

Moo's Gourmet Ice Cream – *110 N. Center St. - à l'angle de E. Deloney Ave - ✆ (307) 733-1998 -*

www.moosjacksonhole.com - 12h-22h. Ce créateur de crème glacée bio composée uniquement d'ingrédients naturels propose plus de 75 saveurs différentes ainsi que 15 parfums de sorbet. Les chaises et les tables style années 1950 permettent de s'attabler à l'extérieur.

Boire un verre

Jackson

Million Dollar Cowboy Bar – *25 N. Cache St. - ✆ (307) 733-2207 - www.milliondollarcowboybar.com - 16h-1h - fermé dim.-jeu. hors sais. - interdit aux -21 ans.* Ce bar est connu pour les selles qui coiffent ses tabourets et les pièces d'un dollar incrustées dans son zinc. Entre une partie de billard et quelques pas de danse, on peut apprécier les animaux empaillés, les peintures murales et la collection d'objets (colts, éperons...) en rapport avec le western. Ouvert à la fin des années 1890, ce lieu est aussi la plus ancienne brasserie du Wyoming et un point de rassemblement très prisé des habitants locaux comme des visiteurs, ce qui explique qu'il est souvent bondé. On y trouve une sélection de bières artisanales à la pression, ainsi qu'une bière peu alcoolisée et des bières de saison telles que l'épicée Pumpken Bushs. Des orchestres de rock, folk ou country s'y produisent tous les soirs, sauf le dimanche. Cours de danse le jeudi à 19h en saison.

Snake River Brewing – *Voir « Restauration ».* Vaste et aérée, cette microbrasserie est l'endroit parfait pour goûter aux bières locales en grignotant un morceau.

Teton Village

Mangy Moose Saloon – *3295 Village Dr. - ✆ (307) 733-4913 - mangymoose.com - 9h-22h.* Ce bar historique a ouvert ses portes en 1967. Durant la saison de ski, c'est un lieu extrêmement prisé pour se détendre après une journée dans la poudreuse. Musique live tous les jours et on peut y danser. Le restaurant possède une agréable terrasse en bois couverte.

Shopping

Jackson

Hide Out Leathers – *40 Center St. - ✆ (307) 733-2422 - www.hideoutleathers.com.* Impossible de passer près de ce magasin sans sentir la forte odeur de cuir qui s'en dégage. Un coup d'œil à l'intérieur révèle des vêtements pour hommes et femmes de toutes sortes, de la veste en cuir au sac à main en passant par les chapeaux de cow-boy et les ceintures. Pourquoi ne pas se laisser tenter et essayer une paire de jambières en cuir ?

Teton Mountaineering – *170 N Cache St. - ✆ (307) 733-3595 - www.tetonmtn.com.* Situé près de l'American Legion Post, ce magasin spécialisé depuis 1971 dans le matériel et les vêtements d'escalade, de ski et de randonnée tenterait même ceux qui ne pratiquent pas ces sports de plein air.

Galeries d'art

Jackson compte plus de 30 galeries d'art, exposant des œuvres allant des paysages de l'Ouest à la peinture animalière en passant par la photographie. Les plus anciennes, dont certaines en activité depuis plus de trente ans, sont :

Trailside Galleries – *130 E. Broadway - ✆ (307) 733-3186 - www.trailsidegalleries.com - fermé dim.*

Mangelsen Images of Nature – *170 N. Cache St. - ✆ (307) 733-9752 - mangelsen.com.*

Wilcox Gallery II – *60 Center St. - ✆ (307) 733-3950 - wilcoxgallery.com - ♿ - fermé dim.*

En soirée

Jackson

Center for the Arts – *265 Cache St. - ✆ (307) 734-8956 - www.jhcenterforthearts.org.* À deux pâtés de maisons de Town Square, le Performing Arts Pavilion est l'endroit où aller pour voir opéras, comédies musicales pour enfants et autres spectacles. La salle peut accueillir 500 personnes. Le centre, situé 240 S. Glenwood St., programme des événements toute l'année.

Jackson Hole Playhouse – *145 W. Deloney Ave. - ✆ (307) 733-6994 - www.jhplayhouse.com.* À deux pâtés de maisons de Town Square, cette salle de théâtre colorée possède une fausse façade dans le style de l'Ouest. Les spectacles ne sont programmés qu'en été (et pour Noël). Avant une représentation, on pourra dîner au tout aussi coloré Saddle Rock Saloon, juste à côté.

Teton County Fair & Jackson Hole Rodeo Grounds – *447 W. Snow King Ave. - ✆ (307) 733-7927 - jhrodeo.com - merc.-sam. à 20h.* Spectacles de rodéo.

Activités

Canoë, rafting

Il est possible de louer un canoë-kayak dans le parc de Grand Teton, aux marinas de Colter Bay Village, Jenny Lake et Signal Mountain.

De nombreuses compagnies programment par ailleurs la descente des rapides de la Snake River à des prix assez similaires *(80/125 $ la demi-journée).*

Mad River Boat Trips – *1255 South Hwy 89 - à 2 miles au sud de la ville - ✆ (866) 275-8077 - mad-river.com - 8h-17h - 95/110 $.*

Escalade

Exum Mountain Guides – *✆ (307) 733-2297 - exumguides.com - se rens.* Organise l'ascension des Tetons pour grimpeurs débutants ou expérimentés.

Location de vélos et VTT

Hoback Sports – *520 W. Broadway - ✆ (307) 733-5335 - hobacksports.com - 8h-18h - vélos 47/85 $, VTT 81/95 $.*

Teton Mountain Bike Tours – *545 N. Cache St. - ✆ (307) 733-0712 - www.tetonmtbike.com - 10h-17h - vélos 50/65 $/4h, VTT 100 $/j.* Location de VTT et promenades guidées.

Montgolfière

Wyoming Balloon Co. – *✆ (307) 739-0900 - wyomingballoon.com - vol 4h - 425 $.* Propose des survols de la vallée de Jackson.

Pêche à la mouche

Grand Teton Fly Fishing – *225 W. Broadway - ✆ (307) 690-0910 - www.grandtetonflyfishing.com - 775/800 $/2 pers. pour la journée, 695 $/2 pers. pour la demi-journée.* Propose d'aller taquiner la truite sur la Snake River et ailleurs.

Promenades à cheval

Des sorties équestres sont organisées en saison dans le parc de Grand Teton par le **Jackson Lake Lodge** *(voir p. 165)*, le **Jenny Lake Lodge** *(voir p. 165)*, le ranch **Triangle X** *(✆ (307) 733-2183 - www.trianglex.com)* et bien d'autres prestataires, dont la liste complète figure au Visitor Center.

Jackson Hole Tours – *532 N. Cache St. - ✆ (888) 838-6606 - www.jacksonholewy.com - de mi-déc. à déb. avr. - 10h-16h - durée 8h : 199 $.* L'agence organise en hiver des visites du National Elk Refuge en traîneau tiré par des chevaux de trait, à la rencontre des wapitis.

3

Balade en diligence – *Town Square - à l'angle de Broadway et Cache St. - mai-sept. - durée 10mn : 10 $.* Promenades en ville à bord d'une réplique de diligence ancienne tirée par des chevaux.

Ski

On dénombre trois domaines skiables à proximité de Jackson : **Jackson Hole Mountain Resort** – *Teton Village - à 12 miles à l'ouest de Jackson par la Rte 390 - ☎ (307) 733-2292 - www.jacksonhole.com.* Il offre le plus important dénivelé (1261 m) et un téléphérique de 100 places qui hisse les skieurs au sommet ; **Grand Targhee Ski Resort** s'étire sur les pentes ouest des Tetons ; **Snow King Mountain Resort** a été construit en 1936.

Hébergement

☺ Le prix de l'hébergement à Jackson est élevé, en été notamment ; en s'éloignant un peu du centre-ville, on peut trouver des tarifs plus modérés.

Jackson

Pour se faire plaisir

Spring Creek Ranch – HORS PLAN - *1600 N. East Butte Rd - 1800 Spirit Dance Rd - ☎ (800) 443-6139 - www.springcreekranch.com - ♿ - 125 ch. 300/488 $ - ✕.* Bâtie au sommet de East Gros Ventre Butte, au cœur de Jackson Hole, cette station-ranch de plus de 400 ha offre des vues imprenables sur la chaîne des Tetons. Les chambres sont meublées de pin et possèdent une cheminée. On y pratique l'équitation et le tennis.

Elk Refuge Inn – HORS PLAN - *1755 US-89/191 - ☎ (307) 200-0981 - www.elkrefugeinn.net - 25 ch. 130/431 $.* Adossé aux collines qui entourent le National Elk Refuge, cet hôtel offre une vue appréciée sur la montagne. Il est situé à 5mn en voiture du centre-ville de Jackson et de l'entrée du parc national de Grand Teton. Les chambres sont confortables, certaines sont équipées d'une kitchenette ou disposent d'un balcon.

(5) **Elk Country Inn** – *480 W. Pearl Ave. - ☎ (307) 733-2364 - www.townsquareinns.com - ♿ - 88 ch. 138/388 $.* Motel assez central et agréable, avec ses cabanes en rondins entourées de pelouses. Chambres propres et spacieuses, avec cafetière, four micro-ondes et réfrigérateur. Comme partout ailleurs, les prix, raisonnables hors saison, grimpent de façon excessive durant l'été.

(6) **Antler Inn** – *43 W. Pearl Ave. - ☎ (307) 733-2535 - www.townsquareinns.com - ♿ - 106 ch. 129/350 $.* Un motel plutôt confortable et bien situé, doté de chambres classiques ou de cabanons plus rustiques, certains avec cheminée. Salle de fitness et laverie.

Une folie

(2) **Snow King Hotel** – *400 E. Snow King Ave. - ☎ (307) 733-5200 - www.snowking.com - P payant - ♿ - 203 ch. 191/579 $ - ✕.* L'ambiance est au style « Western » luxueux, avec poutres et mobilier en bois dans toutes les chambres. Le Hayden's Post fait écho à cet esprit cow-boy avec son poulet au porto.

(3) **The Wort Hotel** – *50 N. Glenwood St. - ☎ (307) 733-2190 - www.worthotel.com - 55 ch. 354/854 $ - 18 $ - ✕.* Situé tout près de Town Square, ce chalet ouvert en 1941 figure au registre national des monuments historiques. Beau décor à base de bois sombre et de cuir. On y trouve notamment cinq suites sur le thème

du Sud-Ouest, dont la suite Shoshone et son art amérindien. À défaut d'y loger, allez prendre un verre au Silver Dollar Bar, dont le comptoir en S est incrusté de 2032 pièces d'un dollar datant de 1921.

4 **Wyoming Inn** – *930 W. Broadway St. - ✆ (307) 734-0035 - www.wyominginn.com - ♿ - 68 ch. 189/579 $ - ✕.* Cet hôtel constitue une excellente et confortable base arrière pour explorer la région. Un arrêt de bus se trouve tout près. La grande cheminée qui l'occupe fait du hall un lieu accueillant. Les chambres et les salles de bains sont relativement spacieuses et décorées dans des tons marron clair. Certaines chambres possèdent leur propre cheminée.

7 **The Lodge at Jackson Hole** – *80 Scott Lane - ✆ (307) 739-9703 - lodgeatjh.com - ▤ ⛱ ♿ - 154 ch. 181/541 $ ☕ - ✕.* De faux ours pointent leur truffe aux quatre coins de ce grand hôtel en pierre et rondins, qui s'ouvre par un vaste lobby orné de multiples trophées de chasse et d'un lustre en bois de wapitis. Les chambres (des mini-suites) arborent un style moderne, avec climatisation et coin salon. Piscines intérieure et extérieure, Spa. Une bonne adresse.

8 **Inn on the Creek** – *295 N. Millward St. - ✆ (307) 739-1565 - www.innonthecreek.com - ▤ - 11 ch. 438/638 $ ☕ - 2 nuits mini.* Ce B & B de style anglais donne sur un ravissant jardin face à la rivière Flat Creek, avec sa gloriette et sa pelouse bien tondue. Le couple de propriétaires réserve un accueil chaleureux. Les plus belles chambres disposent d'un balcon, d'un Jacuzzi et d'un coin cheminée, tandis que le studio peut accueillir 4 personnes. Délicieux petit-déjeuner, vin et fromage offerts à l'heure de l'apéritif.

9 **Alpine House Inn** – *285 N. Glenwood St. - ✆ (307) 739-1570 - www.alpinehouse.com - ▤ - 27 ch. 205/529 $ ☕.* Cossu, élégant, possédant un Spa finlandais (l'enveloppement à la boue chaude a fait la réputation du lieu), le bâtiment principal de cet hôtel est entièrement en bois de sapin. Les chambres, de style scandinave, y sont chauffées par des cheminées au gaz et les cottages privés, au bord de la rivière Flat Creek, possèdent leur propre patio. Divin petit-déjeuner avec crêpes aux myrtilles et à la ricotta citronnée ou omelettes de saumon fumé.

10 **Rustic Inn Creekside Resort and Spa** – *475 N. Cache St. - ✆ (800) 323-9279 - rusticinnatjh.com - ▤ ⛱ - 167 ch. 269/539 $ - ✕.* Les chalets privés, de près de 40 m², semblent encore plus grands grâce aux grandes fenêtres donnant sur la rivière Flat Creek et sur les montagnes. Des chaises longues vous attendent sous les vérandas privées et le Spa propose des soins relaxants. Les chambres, récemment rénovées, possèdent pour certaines une cheminée.

Amangani – HORS PLAN - *1535 N. E. Butte Rd - ✆ (307) 734-7333 - www.aman.com - ▤ ⛱ - 40 suites 1300/2200 $ - 2 nuits mini en haute sais. - ✕.* Souvent considéré comme le meilleur hôtel d'Amérique du Nord, ce fleuron de la chaîne Aman est perché sur une crête qui fait face aux monts Teton. L'imposant décor de pierre et de bois des chambres est de style amérindien. La piscine, très appréciée, surplombe la vallée. Le service est parfait.

Teton Village

Premier prix

The Hostel – *3315 Village Dr. - ✆ (307) 733-3415 - www.thehostel.us - 55 ch. 99/219 $ - 3 nuits mini.* Situé au pied de Rendezvous Peak,

3

l'hôtel est accueillant. Bien que les chambres soient basiques, elles possèdent toutes un grand lit ou quatre lits superposés et une salle de bains privée. Blanchisserie et salle de jeux disponibles sur place.

Une folie

Hotel Terra – *3335 Village Dr. - ✆ (307) 201-6065 - www.hotelterrajacksonhole.com - ♿ - 132 ch. 369/819 $ - ☕ 25 $ -* ✕. Moderne et sophistiqué, cet hôtel abrite dans son hall d'entrée une galerie d'art très fournie. La piscine extérieure est chauffée et surplombe les pelouses du village et les boutiques. Le Il Villaggio Osteria sert des pizzas cuites au feu de bois pour gourmets. Niché au pied de la station de ski de Jackson Hole Mountain, l'hôtel est idéal pour les amateurs de ce sport. Les chambres et les suites, modernes et élégantes, possèdent toutes cheminées et balcons.

Teton Mountain Lodge and Spa – *3385 Cody Lane - ✆ (307) 201-6066 - www.tetonlodge.com - 145 ch. 369/799 $ - ☕ 25 $ -* ✕. À 1 mile du parc national de Grand Teton, près de Jackson Hole, cette destination de luxe donne tout son sens au mot « élégance » avec ses cheminées au gaz en pierre, ses appareils pour faire sécher les chaussures, son mobilier en cuir et ses cuisines complètes dans les suites. Un Spa tous services offre le nec plus ultra en la matière. Enfin, le Spur Restaurant élève la cuisine montagnarde au rang de haute cuisine.

Four Seasons Resort Jackson Hole – *7680 Granite Loop Rd - ✆ (307) 732-5000 - www.fourseasons.com - ♿ - 156 ch. 1315/2365 $ -* ✕. Au cœur du village, au pied du Grand Teton, cet établissement de luxe avec Spa incarne le style Four Seasons : des chambres somptueuses avec cheminée au gaz, bois sombre, pierre naturelle, mobilier en cuir et baignoire en marbre. La majorité possède un balcon ou une terrasse. Au quatrième étage, le Westbank Grill a fait de sa spécialité le steak cuit à près de 1000° C.

Wilson

Une folie

Bentwood Inn B & B – *4250 Raven Haven Rd - 83014 Wilson - ✆ (307) 739-1411 - www.bentwoodinn.com - ♿ - 5 ch. 239/698 $ ☕ - 2/3 nuits mini en haute sais. -* ✕. Cet immense bâtiment en bois perdu au cœur de 1,2 ha de forêt ne possède que cinq chambres thématiques, luxueusement décorées, avec cheminée, Jacuzzi et un balcon ou une terrasse en bois. Une belle cheminée en pierre occupe le hall d'entrée et les murs, en bois d'arbres de Yellowstone, rappelle l'esprit du lieu. Avec la chambre sont compris un petit-déjeuner copieux et des hors-d'œuvre le soir.

Cody ★★

En 1896, vingt ans après avoir visité la région comme éclaireur de l'armée, William F. Cody, alias Buffalo Bill, créa cette ville, avec l'idée de faire se rencontrer ici Far West et Ouest moderne. À 49,5 miles à l'est du parc national de Yellowstone, le site est idéal pour attirer les visiteurs de passage. Buffalo Bill y fonde même un hôtel qu'il confie à sa fille, Irma. Connue pour son rodéo nocturne en été et pour son remarquable musée consacré à la vie de Buffalo Bill et à l'Ouest américain, cette paisible bourgade traversée par la rivière Shoshone s'efforce de perpétuer la légende des cow-boys d'antan. Pour le plus grand plaisir des touristes, qui trouveront ici quelques galeries d'art, boutiques d'artisanat et de souvenirs conçues à leur intention.

Se repérer

10 224 habitants – Wyoming – *Mountain Time*.

CARTE D2 (P. 128-129).

À 49,5 miles à l'est du parc national de Yellowstone par l'US-16/14/20, Cody s'organise autour de Sheridan Avenue, l'artère principale, dont le centre se situe approximativement entre les 9th et 16th Streets.

À ne pas manquer

Buffalo Bill Historical Center; Little Bighorn Battlefield National Monument.

Organiser son temps

Cody constitue une bonne étape entre Yellowstone et la région des Black Hills et du mont Rushmore. Consacrez-lui un après-midi et une soirée.

En famille

Cody Nite Rodeo; Buffalo Bill Center of The West; Old Trail Town.

Carnet pratique p. 183

Nos adresses p. 183

3

Découvrir

La **Cody Country Chamber of Commerce** *(voir « S'informer »)* renseigne sur la visite à pied de la ville ancienne, comprenant l'**hôtel Irma** *(1192 Sheridan Ave.)*. Cet hôtel historique a été construit en 1902 par Buffalo Bill pour sa fille cadette, il s'orne d'un bar en merisier ouvragé en France, et envoyé par bateau à Cody par la reine Victoria.

En été se déroule le **Cody Nite Rodeo**★ *(au rodéo ground, W. Yellowstone Hwy, à la sortie ouest de la ville - www.codystampederodeo.com - juin-août : 19h - 23 $)*. Véritable institution depuis 1938, cet événement est une introduction à ce sport national.

Les concurrents doivent chevaucher broncos et taureaux, attraper un veau au lasso *(calf roping)*, faire chuter un taureau *(bulldogging)* ou slalomer à cheval autour de tonneaux *(barrel racing)*. Le commentateur explique avec humour les règles des épreuves, et leur rapport avec les travaux des cow-boys dans les ranchs. Un des clous de la soirée est le *Calf Scramble*, où les enfants poursuivent un veau à la queue nouée d'un ruban jaune.

★★★ Buffalo Bill Center of The West

720 Sheridan Ave. (à l'entrée ouest de la ville) - ✆ (307) 587-4771 - centerofthewest. org - 8h-18h; 16 sept.-oct. : 8h-17h; mars-avr. et nov. : 10h-17h; déc.-fév. : jeu.-dim. 10h-17h - 23 $.

Cinq musées de renommée internationale et une bibliothèque de recherche occupent trois niveaux de ce complexe en éventail, consacré à l'histoire de l'Ouest américain. On trouve aussi sur le site la maison d'enfance de William Cody-Buffalo Bill, transportée en 1933 par train depuis l'Iowa.

★★ **Whitney Western Art Museum** – Il présente tout un choix de peintures et sculptures de l'Ouest, avec des huiles de George Catlin, Albert Bierstadt et Charles Marion Russell et des bronzes de Frederick Remington. Ce musée porte le nom de Gertrude Vanderbilt Whitney, dont la sculpture pleine de vie *L'Éclaireur*, au nord du complexe, représente Buffalo Bill à cheval.

★★ **Buffalo Bill Museum** – Il retrace la vie du héros, en dissociant l'homme du mythe. La plupart des objets rassemblés concernent son *Wild West Show*, et la manière dont il a influencé l'image du Far West. On peut voir des armes à feu, des vêtements, des selles cloutées d'argent, et des extraits de films sur la vie publique et privée de Cody.

★★ **Plains Indian Museum** – Il présente l'histoire culturelle et le talent artistique des tribus Arapaho, Blackfoot, Cheyenne, Comanche, Crow, Gros-Ventre, Kiowa,

« Buffalo Bill » Cody

Plus qu'un autre, le colonel William F. Cody, dit Buffalo Bill (1846-1917), a su combler le fossé entre passé et modernité, entre Est et Ouest. Figure emblématique de l'exploration et de la colonisation de l'Ouest, ce visionnaire doué pour la communication a su faire de sa vie aventureuse un grand spectacle, pour le plaisir d'un public enthousiaste, dans l'est des États-Unis comme en Europe.

À 15 ans, Cody se distingua en ne mettant que 21h40 pour effectuer les 518 km du parcours du Pony Express, changeant vingt fois de cheval. Éclaireur pour les nordistes pendant la guerre de Sécession, il fut chargé, pour 500 dollars par mois, par la Kansas Pacific Railroad de tuer les bisons *(buffaloes)* pour nourrir les ouvriers du rail. On raconte qu'il en tua 4 280 en huit mois ; il gagna son surnom de Buffalo Bill dans une compétition contre un chasseur concurrent. Après la guerre de Sécession, Cody devint éclaireur dans la cavalerie, et aida à résoudre les conflits entre les Indiens et les pionniers qui ne respectaient pas les traités. Son savoir et son endurance devinrent légendaires. Dans l'Est, les auteurs de romans à quatre sous en quête d'un héros de l'Ouest ne pouvaient trouver mieux que le jeune Cody. Ses exploits, réels ou imaginaires, animaient les chaumières. Des milliers de livres sur Buffalo Bill furent publiés en série par Ned Buntline et d'autres auteurs. Doué d'un excellent sens du spectacle, Cody tira parti de sa médaille, attribuée en 1872 par le Congrès pour bravoure au combat. Il partit à New York entamer une carrière d'acteur, interprétant son propre rôle dans la pièce de Buntline, *Scouts of the Prairie*. Aussi doué pour la scène que pour la selle, Cody lança son célèbre **Wild West Show** en 1883, faisant jouer les événements historiques par leurs véritables protagonistes, dont le chef indien Sitting Bull. L'ascension de Cody au firmament de la profession fut fulgurante, et il conserva longtemps sa place : son show tourna pendant trente ans, dont dix en Europe.

Old Trail Town.
AlbertPego/Getty Images Plus

Pawnee, Shoshone et Sioux. Elle intègre la tradition orale à la présentation d'objets anciens et contemporains. La galerie **Paul Dyck Plains Indian Buffalo Culture Gallery** vous fera découvrir une collection de rang mondial de 80 pièces illustrant le lien entre les Amérindiens et les bisons.

★ **Cody Firearms Museum** – Il illustre l'évolution des armes à feu avec une collection complète de pièces américaines et européennes à partir du 17e s., au total près de 4 000. Sont aussi exposés des trophées de gros gibiers, à la taille record.

★★ **Draper Natural History Museum** – Il se consacre à l'écosystème de la grande région du Yellowstone et aux relations entre l'homme et la nature, en privilégiant l'interactivité. Parmi les immanquables, les squelettes de dinosaures et les dioramas d'animaux préservés. Le **Raptor Experience** *(se rens. pour les horaires)* permet aux visiteurs d'approcher de près un faucon, un aigle, un hibou et un vautour aura tout en apprenant sur ces animaux de la bouche de leur dresseur.

Cody Heritage Museum

1092 Sheridan Ave. - ✆ (307) 586- 4272 - codyheritagemuseum.org - juin-sept. : mar.-sam. 10h-16h, dim. 12h-16h ; reste de l'année sur RV.

Installé dans la maison historique DeMaris (1907), ce petit musée est consacré à l'histoire de Cody. Les premières familles de la ville, son économie, ses activités agricoles, d'élevage et industrielles, ainsi que la culture locale (cow-boys, rodéo) sont racontées grâce aux nombreux objets exposés.

★ Old Trail Town

1831 DeMaris Dr., par W. Yellowstone Hwy (près du rodéo ground, à 0,6 mile à l'ouest de la ville) - ✆ (307) 587-5302 - www.oldtrailtown.org - 15 mai-30 sept. : 8h-18h - 12 $.

Ce musée en plein air ressuscite à merveille l'ambiance western des anciennes villes pionnières. Plus de 100 chariots et 25 bâtiments de 1879 à 1901, rapportés de différents coins du Wyoming et du Montana, occupent le site d'origine de Cody City. Les maisons sont meublées comme autrefois et exposent de nombreux objets et photographies anciennes. On pénètre ainsi dans un saloon aux murs criblés d'impacts de balles, dans l'atelier d'un maréchal-ferrant, une cabane de trappeur, une épicerie ou encore la tanière où se réunissaient Butch Cassidy, Sundance Kid et leur gang de hors-la-loi. Le site abrite quelques tombes, dont celle du trappeur des montagnes Jeremiah Johnson.

Buffalo Bill Dam

4808 N. Fork Hwy (sur l'US-14/20/16 vers Yellowstone, à 7 miles à l'ouest de Cody) - (307) 527-6076 - bbdvc.com - mai-sept. : 9h-18h, w.-end 9h-17h - gratuit.
Une navette électrique dessert l'accès de ce barrage édifié sur la Shoshone, qui était le plus haut du monde (99 m) lors de son inauguration en 1910.

À proximité

CARTE P. 128-129

★★ Bighorn Canyon National Recreation Area D2

Par la Rte 37, à 3 miles au nord-est de Lovell. Sur l'US-14A, à Lovell (48 miles au nord-est de Cody). (307) 548-5406 - www.nps.gov/bica - 24h/24 - Visitor Center : été : 8h-18h ; hiver : 8h30-16h30 - gratuit.
Bighorn Lake, lac de retenue de 96 km du Yellowtail Dam (hauteur 160 m) dans le Montana, est serré entre des falaises de 670 m. Il attire les amateurs de canotage et de pêche. La vaste chaîne **Pryor Mountain Wild Horse Range** borde à l'ouest la zone de loisirs. Des groupes de chevaux sauvages (100 à 200 bêtes) y galopent en liberté.

★ Hot Springs State Park D2

Au croisement de l'US-20 et de Park St., à Thermopolis, 83 miles au sud-est de Cody. (307) 864-2176 - 6h-22h - wyoparks.wyo.gov - 12 $/véhicule.
En 1896, les Indiens Shoshones et Arapahos ont vendu ces sources chaudes au Wyoming, à condition qu'elles restent ouvertes au public. Aujourd'hui, 500 m^3/h d'eau à 57 °C coulent de Monument Hill, traversant par un conduit le centre de deux terrasses de 6 m de travertin, formées par un siècle de dépôt continuel de 27 minéraux différents. Les thermes **Wyoming State Bathhouse** *(8h-17h30 - gratuit)* sont placés entre deux bâtiments commerciaux, au pied des sources.

★★ Little Bighorn Battlefield National Monument D1

Sur l'US-212, à Crow Agency (Montana), 15 miles au sud de Hardin (Montana) et 210 miles au nord-ouest de Belle Fourche (Dakota du Sud). De Cody, comptez 166 miles, soit environ 3h de route. (406) 638-2621 - www.nps.gov/libi - 15 $, 25 $/véhicule.
C'est là, dans ces collines herbeuses battues par les vents, que, les 25 et 26 juin 1876, dans l'une de leurs dernières tentatives pour défendre leur mode de vie, les guerriers Sioux lakotas et Cheyennes ont tué 272 soldats de la cavalerie américaine, dont le lieutenant-colonel George A. Custer. Les Amérindiens appellent cet événement la « bataille de l'herbe grasse » ; les Américains en parlent plutôt comme du « dernier combat de Custer ». Ce fut la dernière grande victoire des Indiens de l'Ouest. On peut regarder les cartes, les photos, la vidéo

d'introduction et les dioramas du **Visitor Center and Museum** *(8h-18h ; nov.-mars : 8h-16h30)* et découvrir en se promenant des monuments commémoratifs et un cimetière national qui donne toute sa mesure au site. En 2003, un mémorial dédié aux guerriers amérindiens morts durant la bataille a été inauguré, qui vient contrebalancer l'obélisque qui honore les troupes du 7e régiment de la cavalerie américaine.
Au sud du site, là où se trouvait le camp de Sitting Bull, le **Custer Battelfield Museum** *(4185 Garyowen Rd, US-90, sortie 514 - ✆ (406) 638-1876 - www.custermuseum.org - juin-août : 8h-17h ; reste de l'année : 9h-17h (14h en hiver) - 8 $)* conserve une intéressante collection de photographies, ainsi que des objets indiens et de la cavalerie trouvés lors des fouilles. Il présente aussi un large diorama des différentes étapes de la bataille. Chaque année, durant la troisième semaine d'août, se déroule au bord de la rivière Little Bighorn le **Crow Fair & Rodeo** *(www.crow-nsn.gov)*, un *pow-wow* qui constitue le plus important rassemblement indien du pays, attirant près de 45 000 participants.

Carnet pratique

S'informer

Cody Country Chamber of Commerce – *836 Sheridan Ave. - ✆ (307) 587-2277 - www.codychamber.org.*

Arriver/partir

En avion

Yellowstone Regional Airport – *2101 Roger Sedam Drive (à 2 miles au sud-est du centre-ville) - ✆ (307) 587-5096 - flyyra.com.* Liaisons quotidiennes avec Denver.

Agenda

Cody Gunfighters – De juin à septembre, du lundi au samedi à 18h, des fusillades de cinéma sont organisées devant l'hôtel Irma. Une troupe de comédiens incarne les *desperados* tels Wild Bill Hickok, Calamity Jane et autres as de la gâchette.

3

Nos adresses

Restauration

Budget moyen

Proud Cut Saloon – *1227 Sheridan Ave. - ✆ (307) 527-6905 - www.proudcutsaloon.com - service continu - fermé jeu. - plats 15/37 $.* En face du Irma Hotel, ce gril à l'ambiance western est doublé d'un agréable patio à l'arrière. Bons steaks et burgers à petits prix.

Irma Grill – *1192 Sheridan Ave. - ✆ (307) 587-4221 - www.irmahotel.com - service continu - menu 13,50/30 $.* Avec son impressionnant décor (bar en merisier offert par la reine Victoria, miroirs anciens, trophées de chasse, lustres en bois de cerf), le restaurant de l'hôtel Irma a tout d'une étape obligée pour les visiteurs de Cody. Sa cuisine satisfera les plus gros appétits avec ses côtes de bœuf, ses tourtes et ses faux-filets de bison. Attenant au restaurant, le bar du Silver Saddle Saloon vous transporte à l'époque de l'Ouest héroïque.

Cassie's s Steakhouse – *214 Yellowstone Ave. - ✆ (307) 527-5500 - www.cassiessteakhousecody.com - fermé lun. midi et mar. - plats 24/48 $.* Fondé en 1922, cet établissement qui servait jadis de lupanar attire aujourd'hui les amateurs de bonnes viandes grillées, de poissons et crustacés. À midi, la carte propose des pizzas, burgers, sandwichs et salades. Mais c'est aussi un pilier des soirées de Cody.

En soirée

Cassie's s Steakhouse – *Voir « Restauration ».* Se targuant d'être le « meilleur grill du Wyoming », ce lieu animé évoque le Far West à travers son décor de cornes de vaches, d'animaux empaillés et d'autres objets typiques. Trois bars, des tables de billard et une piste de danse en font plus qu'un simple restaurant. Idéal pour une soirée animée, surtout en fin de semaine.

Cody Cattle Company – *1910 Demaris Dr. - ✆ (307) 272-5770 - www.thecodycattlecompany.com - de fin mai à mi-sept. : à partir de 17h.* Malgré son nom, cet établissement n'a rien à voir avec l'industrie du bétail. C'est un restaurant familial où l'on dîne en profitant d'un bon spectacle (début à 18h30). Un chariot bâché fait office de buffet à volonté et l'on y trouve les plats typiques de l'Ouest : poitrine de bœuf, haricots blancs à la sauce tomate et pain au maïs. Musique country entraînante, assortie de sketchs humoristiques et de numéros pour se détendre.

Activités

Rafting

Red Canyon River Trips – *1119 12th St. - ✆ (307) 587-6988 - www.codywyomingadventures.com - observation des mustangs 65 $.* Une agence sérieuse qui organise des descentes sur la Shoshone *(à partir de 45 $).* Elle propose également d'aller observer les hardes de mustangs sauvages dans les prairies des McCollough Peaks, à l'est de Cody.

Hébergement

Budget moyen

Irma Hotel – *1192 Sheridan Ave. - ✆ (307) 587-4221 - www.irmahotel.com - ▤ - 39 ch. 111/220 $ - ✕.* Buffalo Bill aurait dit de ce bâtiment historique (1902) en brique que c'était « un joyau » (l'hôtel porte le nom de sa fille, Irma). L'établissement aurait également hébergé Annie Oakley et Calamity Jane. Certaines chambres sont d'origine, comme celle de Buffalo Bill, tandis que celles situées dans la nouvelle aile, sont plus modernes mais manquent de cachet. Simples mais confortables, les chambres historiques, conservées dans leur jus, possèdent mobilier et papiers peints d'époque et toutes ont une salle d'eau privée.

Cody Legacy Inn and Suites – *1801 Mountain View Dr. - au sud-ouest de la ville, près du Beck Lake - ✆ (307) 587-6472 - www.codylegacyinn.com - ♿ - 12 ch. 75/219 $.* Moderne, spacieux et élégant, cet hôtel conserve un style rustique grâce à ses poutres en bois et sa cheminée en pierre dans le hall d'entrée. Le mobilier des chambres standard est fait de rondins de bois et les suites, plus modernes, peuvent accueillir jusqu'à 6 personnes et sont équipées d'une cuisine. Centre de remise en forme sur place.

Robin's Nest Bed & Breakfast – *1508 Alger Ave. - ✆ (307) 527-7208 - ✆ (866) 723-7797 - www.robinsnestcody.com - 4 ch. 175/185 $* ☕. Cette belle demeure de deux étages en briques rouges arbore un style typique de l'Ouest avec ses lits en rondins et ses couettes faites main. Le petit-déjeuner comprend des spécialités telles que le toast retourné au fromage frais et aux pralines ou les saucisses de bison. Vente de souvenirs (photographies anciennes, paniers indiens).

The Cody – *232 W. Yellowstone Ave. - entrée ouest de la ville - ✆ (307) 587-5915 - www.thecody.com -* ♿ *- 75 ch. 139/339 $* ☕. À côté du stade de rodéo et du musée Buffalo Bill, un établissement confortable et stylé, flanqué d'un beau jardin. Les chambres, spacieuses et bien agencées, sont dotées de larges écrans plats, de cafetières et autres aménités. Piscine intérieure avec Jacuzzi et salle de fitness.

Chamberlin Inn – *1032 12th St. - ✆ (888) 587-0202 - chamberlininn.com - ch. 159/329 $, suites, appart. et cottages.* Bien que chargé d'histoire, ce bâtiment en brique (1903) présente un aspect moderne avec sa façade de verre et son bar à cocktail sous la véranda. Les chambres, modernes, conservent de vieux murs de brique et un élégant mobilier avec quelques touches Art déco. Les salles d'eau, privées, possèdent des lavabos sur pied et des douches vitrées. Les suites sont plus spacieuses et certaines chambres possèdent également une petite cuisine. Une adresse intime et pleine de charme.

Sur la route de Yellowstone

Budget moyen

Pahaska Tepee Resort – *183 N. Fork Hwy - à 2 miles de l'entrée est de Yellowstone et 50 miles de Cody - ✆ (307) 527-7701 - www.pahaska.com - 52 ch. 180/230 $ - 2 nuits mini -* ✕. Ancien relais de chasse fondé au début du 20e s. par Buffalo Bill lui-même, ce lodge rustique comprend un ensemble de bungalows répartis à l'orée d'une forêt, près d'une rivière. Les chambres sont basiques et plutôt défraîchies, mais les prix n'ont rien de scandaleux. Le restaurant est décoré de trophées. À côté, demandez à voir le Buffalo Bill Hunting Lodge, conservé intact avec son mobilier d'époque. Sur place aussi, une boutique de souvenirs et une station-service.

Bill Cody Ranch – *2604 Yellowstone Hwy - à mi-chemin, soit 26 miles, entre Cody et l'entrée est de Yellowstone - ✆ (307) 587-2097 - billcodyranch.com - 17 chalets (2-8 pers.) 185/289 $ -* ✕. Bâti en 1925 dans un canyon de montagne, au cœur de la forêt nationale de Shoshone, le lieu est dédié à l'équitation et à la détente en pleine nature. Le petit-fils de Buffalo Bill a été le propriétaire du ranch à une période et, au fil des ans, d'autres bâtiments sont venus s'ajouter. Les chalets possèdent un mobilier « western » réalisé à la main. Le restaurant, avec son petit-déjeuner de cow-boy et le dîner, est correct.

Vallée de la Snake ★

Snake River Valley

La Snake prend sa source dans le Wyoming, traverse les parcs nationaux de Yellowstone et de Grand Teton, puis décrit un arc dans le sud de l'Idaho, creusant de profonds canyons et enrichissant les terres agricoles. Une série de barrages a transformé sa haute plaine volcanique en sol fertile, faisant vivre plusieurs villes de taille moyenne. La mer intérieure qui occupait autrefois la région s'est écoulée vers l'ouest lorsque le relief s'est soulevé. De la lave, issue des failles, a recouvert les riches sédiments marins. Au sud, l'immense Lake Bonneville, long de 550 km et large de 220 km, couvrait la plus grande partie de l'Utah et de l'est du Nevada actuels. La rupture, il y a 15000 ans, de sa digue volcanique naturelle a provoqué une inondation digne du Déluge : pendant huit semaines, avec une puissance triple de celle de l'Amazone, elle a emporté des millions de tonnes de roche et de débris, façonnant les splendides gorges de la Snake et de Hells Canyon.

Se repérer

Idaho – *Mountain Time.*

CARTE AB2-3 (P. 128-129). Au sud de l'Idaho, la Snake River suit l'I-15 en direction du sud jusqu'à l'I-86, puis l'I-84 vers l'ouest jusqu'à Twin Falls.

À ne pas manquer

Le World Center for Birds of Prey.

En famille

Bruneau Dunes State Park ; Museum of Idaho ; Morrison Knudsen Nature Center ; le Julia Davis Park avec le Discovery Center of Idahoet le Zoo Boise.

Carnet pratique p. 192

Nos adresses p. 192

Découvrir

CARTE P. 128-129

Idaho Falls B2

Au croisement de l'US-20 et de l'US-26 (sortie 118 de l'I-15), à 90 miles à l'ouest de Jackson.

355 River Parkway - (208) 523-1010 - visitidahofalls.com.

Ce centre agricole est la porte de l'**Idaho National Laboratory** *(inl.gov)*. Sur un domaine volcanique de 2300 km², on a installé 52 réacteurs nucléaires, la plus grande concentration du monde. Le premier surgénérateur américain, Experimental Breeder Reactor 1 ou **EBR-I★**, a fonctionné de 1951 à 1964. Il est possible de visiter l'installation *(Van Buren Blvd, Atomic City, à 48 miles à l'ouest d'Idaho Falls - 208 526 0050 - de fin mai à déb. sept. : 9h-17h ; reste de l'année se rens. - gratuit).*

Museum of Idaho – *200 N. Eastern Ave. - (208) 522-1400 - museumofidaho.org – 10h-18h, dim. 13h-17h - 14 $.* Ce musée d'histoire et de sciences naturelles aborde des thématiques variées (archéologie, paléontologie, histoire et

Perrine Bridge au-dessus de Snake River Canyon.
haveseen/Getty Images Plus

culture des populations). On y découvre de nombreux objets documentant l'histoire de la région, des fossiles et un impressionnant mammouth grandeur nature. D'importantes expositions temporaires complètent la visite.
Tout près, à Pocatello, l'étonnant **Museum of Clean★**, conçu par un magnat des services de conciergerie, Don Aslett, est dédié à tout ce qui est propre : installations sanitaires, hygiène, santé, et modes de vie *(711 S. 2nd Ave. - ✆ (208) 236-6906 - www.museumofclean.com - mar.-sam. 10h-17h - 10 $).*

3

★ Twin Falls A3

Sur l'US-93, à 6 miles au sud de l'I-84 et 159 miles à l'ouest d'Idaho Falls.
2015 Neilsen Point Place - ✆ (208) 733-3974 - twinfallschamber.com.
Les voyageurs de l'I-84 entrent dans Twin Falls (51807 hab.) par **Perrine Bridge**, qui domine de 148 m **Snake River Canyon**, avec la plus longue portée de l'Ouest américain. On voit toujours la rampe que le motocycliste cascadeur Evel Knievel utilisa en 1974 en tentant, sans succès, de franchir les 460 m qui séparent les deux rives.
★★ **Shoshone Falls** – *3300 East Rd (à 5 miles à l'est de Twin Falls via Falls Ave.) - ✆ (208) 733-3974.* Surnommées « Niagara de l'Ouest », ces chutes hautes de 65 m dépassent de 16 m leurs cousines de l'Est. Au printemps, avant que les prélèvements pour l'irrigation en amont n'apaisent son tonnerre, le mur de 300 m offre un spectacle impressionnant en s'écrasant dans un nuage de brume.
★ **Herrett Center for Arts and Science** – *315 Falls Ave. W., College of Southern Idaho - ✆ (208) 732-6655 - herrett.csi.edu - mar. et vend. 9h30-21h, merc.-jeu. 9h30-16h30, sam. 13h-21h - gratuit.* Réputé pour sa section d'anthropologie qui privilégie les cultures amérindiennes, ce musée possède également le plus grand planétarium du Nord-Ouest Pacifique.

★★ Thousand Springs Scenic Route AB3

Sur l'US-30, entre Buhl (à 18 miles à l'ouest de Twin Falls) et Bliss (I-84, sortie 141).
℡ 208 837 9131 - hagermanvalleychamber.com.

Thousand Springs Visitor Center – *Billingsley Creek, Highway 30 - ℡ (208) 933-4105 - www.nps.gov/hafo.* Le centre accueille les visiteurs des sources de Thousand Springs et du Hagerman Fossil Beds National Monument et organise des activités. On y découvre notamment une exposition des fossiles découverts sur le site.

Les sources de **Thousand Springs**★★ suintent ou jaillissent de la paroi nord du canyon de la Snake, résurgences des « rivières perdues » qui disparaissent dans la plaine poreuse de la Snake pour ressortir par les fractures du rocher. Dans la vallée, de nombreux **élevages piscicoles**, notamment de truites, profitent de la pureté de l'eau.

★ **Hagerman Fossil Beds National Monument** – *W. 2700 South Rd - ℡ (208) 933-4105 - www.nps.gov/hafo - accès au monument jusqu'à la tombée de la nuit.* Le plus grand gisement de fossiles du Pliocène en Amérique du Nord se trouve sur un escarpement de la rive sud-ouest de la Snake. Les fouilles ont débuté dans les années 1930, quand des scientifiques de la Smithsonian Institution y ont découvert un équidé de la famille des zèbres, disparu depuis plus de trois millions d'années. Le site propose des sentiers et des points de vue, mais aucun service.

★ Bruneau Dunes State Park A3

Sur la Rte 78, à 18 miles au sud de Mountain Home (sortie 95 de l'I-84).
℡ (208) 366-7919 - parksandrecreation.idaho.gov.

Les plus hautes dunes (140 m) d'Amérique du Nord occupent une cuvette de 240 ha dans un ancien méandre de la Snake. Des sentiers escaladent ces dunes fixes, composées principalement de grains de quartz et de feldspath. Un petit observatoire attire le week-end les amoureux des étoiles.

★★ Boise A2

À 120 miles au nord-ouest de Twin Falls par l'I-84 (sortie 53).
1101 W. Front St. - ℡ (208) 344-7777 - visitboise.com.

La rivière Boise (boye-zi) donne un caractère particulier à cette ville de 236 634 habitants, capitale de l'Idaho et centre commerçant et culturel de l'État. À l'heure du déjeuner, on voit les salariés des industries high-tech pêcher la truite au lancer, debout dans la rivière, tandis que les étudiants de Boise State University dérivent sur des rafts ou des chambres à air.

★ **Idaho State Capitol** – *700 W. Jefferson St. - ℡ (208) 334-2100 - 7h-19h, w.-end 9h-17h - gratuit.* Construit en grès local entre 1905 et 1920 sur le modèle du capitole de

Les Basques de Boise

Les ancêtres des habitants de Boise sont des Basques venus des Pyrénées dans le sud de l'Idaho dans les années 1890, pour travailler comme bergers, bûcherons ou mineurs. Dans le centre-ville, sur Grove Street (entre 6th Street et Capitol Blvd), le **Basque Block** possède des restaurants, des boutiques et un marché basques *(608 W. Grove St.)*. Les restaurants y servent le traditionnel agneau et des plats de porc épicés de poivrons et de chorizo. Le **Bar Gernika** *(202 S. Capitol Blvd - ℡ (208) 344-2175 - www.bargernika.com)* sert une authentique cuisine basque dans une ambiance familiale. **Leku Ona** *(117 S. 6th St. - ℡ (208) 345-6665)* propose des spécialités telles que le ragoût d'agneau et le poulpe, ainsi que de la bière basque.

Idaho Shakespeare Festival

Il est conseillé de visiter Boise entre juin et septembre, de façon à pouvoir assister à une pièce. Outre les tragédies et les comédies de Shakespeare, la troupe a produit des classiques comme *La Souricière* d'Agatha Christie et *Un mari idéal* d'Oscar Wilde, ainsi que des pièces plus contemporaines telles que *Noises Off*, de Michael Frayn. Les représentations se font sous les étoiles, dans un amphithéâtre de 770 places où l'on peut louer une chaise de jardin si l'on ne possède pas de couverture. Avant la levée du rideau, les comédiens de la Fool Squad font rire et participer le public.
Amphitheater & Reserve - 5657 Warm Springs Ave. (à l'est du centre-ville) - ✆ (208) 336-9221.

Washington, ce bâtiment néoclassique a été le premier du monde doté d'un chauffage central géothermique. Depuis 1892, 2600 m³ d'eau à 78 °C sont pompés tous les jours dans une nappe aquifère voisine du **Warm Springs Historic District**. 400 maisons particulières et 8 bâtiments officiels bénéficient de ce type de chauffage.
Le centre-ville s'articule autour de **Grove Plaza** *(8th Ave. et Grove St.)*, vaste esplanade piétonnière.
Basque Museum and Cultural Center – *611 Grove St. - ✆ (208) 343-2671 - basquemuseum.eus - mar.-vend. 10h-16h, sam. 11h-15h - 7 $.* Il honore les immigrants qui ont fait de Boise la plus importante communauté basque hors de France et d'Espagne. Petit musée ouvert en 1985 dans la maison Cyrus Jacobs-Uberuaga *(607 Grove St.)*, le centre s'est développé et comprend maintenant des archives sonores et une bibliothèque. On trouve parmi ses collections objets, photographies, manuscrits et enregistrements.
La **Boise River Greenbelt★★**, un réseau de pistes pédestres et cyclables, relie en 25 miles une série de parcs en bord de rivière à travers la ville :
Julia Davis Park – *Julia Davis Dr. et Capitol Blvd.* Situé le plus près du centre, ce parc abrite l'**Idaho State Museum** *(214 S. Broadway Ave. - ✆ (208) 334-2120 - history.idaho.gov - 10h-17h, dim. 12h-17h - 10 $)*, le **Boise Art Museum** *(670 Julia Davis Dr. - ✆ (208) 345-8330 - boiseartmuseum.org - mar.-sam. 10h-17h, dim. 12h-17h - 9 $)* et le centre interactif **Discovery Center of Idaho★** *(131 Myrtle St. - ✆ (208) 343-9895 - www.dcidaho.org - 10h-16h30, dim. 12h-16h30 - 25,50 $).*
Zoo Boise – *355 N. Julia Davis Dr. - ✆ (208) 608-7760 - zooboise.org - été : 9h-17h ; hiver : 10h-17h - 9,50 $.* Ce zoo est englobé dans le Julia Davis Park. En plus d'abriter 200 animaux, il possède un carrousel. Des « rencontres » sont organisées avec les girafes et d'autres animaux *(5 $)*. On y trouve également une ferme où les enfants pourront nourrir les chèvres et les agneaux.
★ **Morrison Knudsen Nature Center** – *600 S. Walnut St. (à l'est du parc) - ✆ (208) 334-3700 - idfg.idaho.gov - promenade de l'aube au crépuscule ; Visitor Center : mar.-dim. 10h-15h - gratuit.* On y a recréé le cycle naturel d'un torrent de montagne. Suivez la piste jusqu'aux baies vitrées sous-marines et ne manquez pas les pierres de lave, la fenêtre sur les œufs de truite et le jardin de plantes natives de la région.
★ **Old Idaho Penitentiary** – *2445 Old Penitentiary Rd, par Warm Springs Blvd (à 2 miles à l'est) - ✆ (208) 334-2844 - history.idaho.gov - été : 10h-17h ; hiver : 12h-17h (dernière entrée 16h) - 8 $.* C'est l'une des quatre prisons territoriales américaines toujours debout. Bâti par des détenus en 1870, cet édifice à l'allure de forteresse, aux murs en grès, est resté en service jusqu'en 1973. Il reste aujourd'hui

quelque 30 bâtiments historiques. On peut visiter les cellules ainsi que le **J. Curtis Earl Memorial Exhibit of Arms and Armaments** (exposition sur les armes à feu).

★★ World Center for Birds of Prey A2

À 6 miles au sud de Boise (sortie 50 de l'I-84). 5668 W. Flying Hawk Lane, par S. Cole Rd - ✆ (208) 362-8687 - www.peregrinefund.org - mar.-dim. : 10h-17h (dernière entrée 16h15) ; déc.-fév. : mar.-dim. 10h-16h - 12 $.

La **Peregrine Fund** a été créée en 1970 pour sauver le faucon pèlerin, alors menacé d'extinction. La fondation met aujourd'hui à profit son expérience dans la reproduction des oiseaux en captivité pour tenter de réintroduire d'autres espèces en danger, comme le condor de Californie, l'aigle harpie d'Amérique du Sud et le faucon aplomado du Sud-Ouest américain. Caméras vidéo et glaces sans tain permettent aux touristes d'observer sans les déranger les oiseaux et les chambres d'incubation. Un **enclos à condors de Californie**, unique en son genre en dehors de cet État, permet d'observer ces animaux dans un habitat naturel.

Au sud de Boise, la plus grande concentration du monde de rapaces niche sur des falaises dominant la Snake. Par Swan Falls Road, on accède à **Morley Nelson Snake River Birds of Prey National Conservation Area★★**, réserve ornithologique de 1950 km² *(3 miles à l'ouest de Kuna et 20 miles au sud de Boise par la sortie 44 de l'I-84 - ✆ (208) 384-3300)*. Les périodes les plus intéressantes pour la visite sont la fin du printemps, quand les oisillons viennent d'éclore, et le début de l'automne, au moment où les oiseaux se rassemblent pour migrer vers le sud.

Nampa Train Depot Museum A2

À Nampa, 22 miles à l'ouest de Boise par l'I-84. 1200 Front St. - ✆ (208) 467-7611 - canyoncountyhistory.org - vend. 10h-16h, sam. 11h-15h - 5 $ (donation).

Au début des années 1880, Nampa était une gare. C'est aujourd'hui une ville en plein essor qui accueille chaque année le **Snake River Stampede Rodeo.**

Ce magnifique dépôt de trains (1903), dans le style château, servait à l'origine de gare sur la ligne Oregon Short Line, qui partait de Granger, dans le Wyoming, pour atteindre McCammon, dans l'Idaho. Il abrite aujourd'hui un musée et ses expositions sur l'histoire des chemins de fer et du comté de Canyon. Ne manquez pas la collection de tasses à moustaches !

★★ Hells Canyon National Recreation Area A1

Voir p. 334.

★★ Sun Valley B2

Sur la Rte 75, à 83 miles au nord de Twin Falls et 151 miles à l'est de Boise.
491 Sun Valley Rd, Ketchum - ✆ (208) 726-3423 - www.visitsunvalley.com.

Les plateaux volcaniques

Dans l'Ouest américain, d'immenses plateaux volcaniques s'étendent dans l'ombre pluvieuse de la chaîne des Cascades, à une altitude allant de 600 à 900 m. Le plateau de la Columbia recouvre la majeure partie de l'est de l'État de Washington et quelques parties de l'Oregon et de l'Idaho. Plus à l'est s'élèvent plusieurs petites chaînes de montagnes, dont les monts Wallowa, qui sculptent le mur ouest du gigantesque Hells Canyon de la Snake River, profond de 2 440 m. En amont, la Snake River Plain forme un troisième plateau volcanique fertilisé par les eaux de la Snake.

La vallée de la rivière Wood était une zone forestière inexploitée jusqu'aux années 1870, quand la découverte d'or, d'argent et de plomb la transforma en région minière active. Plus tard, l'élevage des moutons prit la relève et l'ancien village de tentes de **Ketchum** devint le deuxième centre d'exportation d'ovins du monde. Puis W. Averell Harriman, alors directeur général de l'Union Pacific Railroad, acheta un ranch de 1600 ha pour implanter une station de ski de style européen. À son ouverture en 1936, **Sun Valley Lodge★★** *(1 Sun Valley Rd, Sun Valley - ✆ (800) 786-8259 - www.sunvalley.com)* attira une clientèle hollywoodienne et lança ce qui, à l'époque, était la plus belle station de ski du monde, équipée du premier télésiège, sur le modèle d'un palan servant à décharger les bananes des bateaux. Sun Valley s'est développée autour du village d'origine. La station attire des sportifs du monde entier, avec un téléphérique, 18 remontées mécaniques sur deux montagnes, dont **Bald Mountain** (2789 m, 1000 m de dénivelé). Les fondistes parcourent les 21 miles du **Wood River Trail System**. L'été, on peut pratiquer golf, tennis, équitation, cyclisme et de nombreux autres sports, et admirer les démonstrations de patinage sur glace de certains des meilleurs patineurs du monde.
L'écrivain Ernest Hemingway (1899-1961) a vécu la fin de sa vie à Ketchum, où il est enterré; un buste et une épitaphe marquent son souvenir au **Ernest Hemingway Memorial** *(Trail Creek Rd, à 1 mile au nord-est de Sun Valley Lodge).*

★★ Sawtooth National Recreation Area AB2

Bureau sur la Rte 75, à 8 miles au nord de Sun Valley.
✆ (208) 737-3200 - www.fs.usda.gov/sawtooth.
Englobant 3000 km² de montagnes déchiquetées, dont 40 pics de 3000 m, 1000 lacs et les sources de quatre fleuves, cette région est l'une des plus spectaculaires mais compte parmi les moins connues des États-Unis.
La Route 75 monte la vallée de la Wood jusqu'à son point culminant, **Galena Summit★★** (2652 m), avant de redescendre dans le bassin de la Salmon River. À l'est se dressent les splendides monts Boulder et White Cloud, tapissés de sapins; à l'ouest, les cimes menaçantes des Sawtooth (dents de scie), impressionnant escarpement de failles où règne le granit, sculpté par la glace, le vent et la pluie depuis sa formation, il y a 50 à 70 millions d'années. L'érosion y a creusé des vallées et des lacs.
Des quatre grands lacs de moraine du versant oriental des Sawtooth, le mieux équipé est **Redfish Lake★★**, qui doit son nom au saumon rouge sockeye qui venait frayer dans ses eaux. Le Visitor Center, un *lodge* en rondins, une marina et la plage en font une destination recherchée.
Le hameau de **Stanley★★** *(Rte 21 et Rte 75, à 61 miles au nord-ouest de Ketchum et 134 miles au nord-est de Boise - ✆ (208) 774-3411 - stanleycc.org)* rappelle la Suisse. Sur les 100 habitants endurcis de cette superbe combe (il tombe en moyenne 2,40 m de neige en hiver), on compte une vingtaine de vendeurs de matériel pour la randonnée à pied ou à cheval, le raft et la pêche.

★ Craters of the Moon National Monument B2

Au croisement des US-20/26/93, à 18 miles au sud-ouest d'Arco et 65 miles au sud-est de Sun Valley. ✆ (208) 527-1335 - www.nps.gov/crmo - 10 $/pers., 20 $/ véhicule.
Ici comme nulle part ailleurs, le passé volcanique de la plaine de la Snake est mis en évidence. Créée en 1924, cette réserve de 215 km² surprend mais déroute aussi, avec son chaos de fissures, tunnels de lave, cônes de projectiles et collines de

3

cendres, véritable musée en plein air, si impressionnant qu'il n'a pas encore été entièrement exploré. Les scientifiques pensent que la lave basaltique a suinté par des fissures de la croûte terrestre. Le terrain est si semblable à la surface de la Lune qu'il a servi aux astronautes pour l'entraînement à l'alunissage.

Au départ du modeste **Visitor Center** *(été : 8h-18h ; hiver sf fin nov.-fin janv. : 9h-16h30)*, une route goudronnée de 7 miles serpente entre les curiosités naturelles. À la fin du printemps, les pentes de cendre noire se transforment en tapis de fleurs sauvages. La température y dépasse 32 °C en été, mais en hiver, les amateurs de ski de fond sillonnent le parc.

Carnet pratique

Agenda

Grove Plaza – *À Boise - au croisement de 8th et 9th Sts. (au sud de Main St.).* Cette place accueille les concerts gratuits du festival **Alive after Five** *(déb. juin à déb. sept. : merc. 17h-20h).*

Oinkari Basque Dancers – *À Boise - www.oinkari.org.* Cette troupe très réputée de danseurs basques a débuté en 1960 au Sheepherder's Ball. Son répertoire compte aujourd'hui 40 numéros qui reflètent les diverses provinces du Pays basque. Habillés de rouge, de noir et de blanc, les danseurs sont accompagnés de musique traditionnelle où l'accordéon, l'alboba, le txistu et le pandero ont bonne place. Généralement la troupe se produit au **Jaialdi Festival** *(fin juil.-déb.août - www.jaialdi.com)* et anime des soirées au **Basque Center** *(601 W. Grove St. - ✆ (208) 342-9983 - www.basquecenter.com).*

Nos adresses

Restauration

Boise

Premier prix

Goldy's Breakfast Bistro – *108 S. Capitol Blvd - ✆ (208) 345-4100 - goldysbreakfastbistro.com - fermé le soir - plats moins de 20 $.* Ce vétéran du centre-ville est un endroit très prisé pour commencer sa journée. Parmi les spécialités, les œufs à l'andalouse et la possibilité d'élaborer son propre plat en choisissant viande, œufs, pommes de terre et pain. Expresso, café crème et mimosa vous aideront à vous réveiller. L'endroit est souvent bondé en semaine, on peut s'attendre à devoir patienter pour une table le week-end.

Andrade's Restaurante Mexicano – *4903 W. Overland Rd - ✆ (208) 344-1234 - andradesrestaurant.com - service continu - fermé lun. - plats 15,50/21,50 $.* Ce restaurant plaisant propose une cuisine mexicaine traditionnelle, mais possède aussi ses propres spécialités comme les *pollitos* (ailes de poulet épicées), servies en entrée, et le *tostada vallarta* (fourré au crabe et aux crevettes). Il est possible de combiner plusieurs plats. Menu végétarien disponible.

Budget moyen

Leku Ona – *117 S. 6th St. - ✆ (208) 345-6665 - www.boisebasquefood.com - service continu - fermé dim.-lun. - plats 29/45 $.* Ce restaurant basque est meublé simplement et l'on y dîne dans une ambiance familiale. Au menu : paella, chipirons, truite au cidre et, en entrée, croquettes, crevettes à l'ail.

Activités

Descente de la Boise River

Durant l'été, enfants et adultes descendent les eaux froides de la Boise en kayak gonflable, en raft ou en bouée. La mise à l'eau se fait au **Barber Park**, où l'on peut louer le matériel, et la descente au **Ann Morrison Park** *(au croisement de Capitol et Americana Blvd)* au sud-ouest du centre-ville de Boise. Une navette fait la liaison entre les parcs.

Epley's River Fun – *4049 Eckert Rd - ✆ (208) 577-4584 - boiseriverraftandtube.com - P payant - 11h-18h, w.-end 10h-18h - fermé en hiver.*

Hébergement

Boise

Budget moyen

Modern Hotel and Bar – *1314 W. Grove St. - ✆ (208) 424-8244 - themodernhotel.com - ♿ - 39 ch. et suites 189/299 $ - ✕.* Réincarnation chic d'un ancien hôtel TraveLodge, cet hôtel-boutique n'utilise que des produits de toilette sans paraben et à base de soja, ainsi que des emballages biodégradables et recyclés. Les chambres, spacieuses, sont sobres dans un style 1950. Des écrans plats et des douches hydromassantes comptent parmi les plus.

Pour se faire plaisir

The Grove Hotel – *245 S. Capitol Bd - ✆ (208) 333-8000 - www.grove hotelboise.com - ▤ ⛱ ♿ - 250 ch. 209/367 $ - ✕.* Trônant au cœur du centre-ville, ce bâtiment de 16 étages est adjacent au Centre des congrès et situé à trois pâtés de maisons du capitole de l'État d'Idaho. Les chambres sont meublées dans des tons discrets. Parmi les plus, on trouvera des peignoirs en coton, un service de chambre pour le café et une piscine en intérieur. Le Trillium sert une cuisine américaine moderne dans un décor lumineux.

Sun Valley

Pour se faire plaisir

Sun Valley Lodge – *1 Sun Valley Rd - ✆ (800) 786-8259 - www.sunvalley.com - ▤ ⛱ - ch. 312/524 $ et cottages - ✕.* La société Union Pacific Railroad a ouvert cet établissement luxueux en 1936, offrant ainsi à la société de la côte est l'occasion de pratiquer ses loisirs avec style. Il attire toujours les riches visiteurs venus pratiquer ski et golf. Les panneaux de chêne d'origine décorent toujours les lieux. Côté restauration, le Lodge Dining Room propose une cuisine régionale sur fond de musique jazz, tandis que le Gretchen's est plus familial. Le Sun Valley Resort possède au total plus de 500 chambres, réparties entre l'hôtel, les cottages de l'auberge Valley Inn et les appartements en location.

Kayak sur le lac Bowman, Glacier National Park, Montana.
Jon Arnold Images/hemis.fr

4

Région de Glacier National Park

CARTE MICHELIN RÉGION N° 761 – MONTANA ET IDAHO

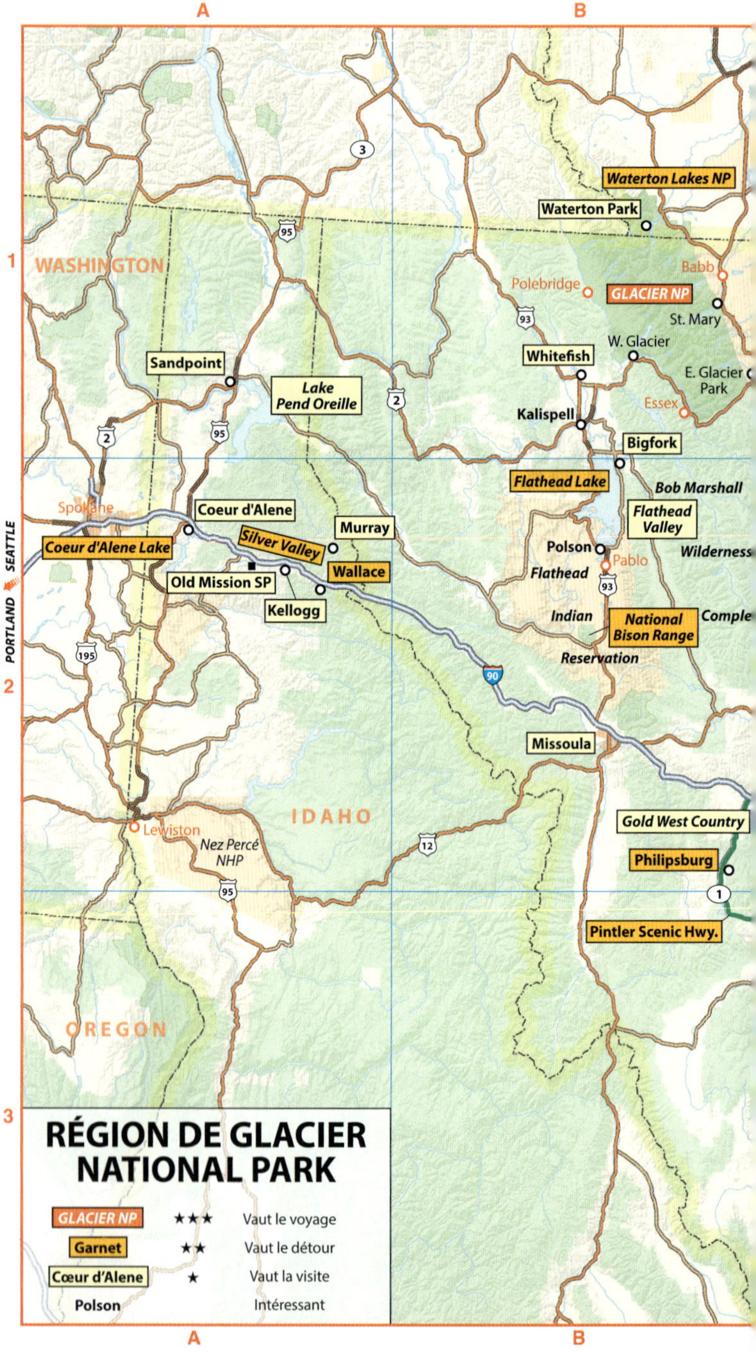
A
B
1
2
3
WASHINGTON
IDAHO
OREGON
PORTLAND
SEATTLE
Waterton Lakes NP
Waterton Park
Babb
Polebridge
GLACIER NP
St. Mary
W. Glacier
Whitefish
E. Glacier Park
Essex
Kalispell
Bigfork
Sandpoint
Lake Pend Oreille
Flathead Lake
Bob Marshall
Flathead Valley
Wilderness
Spokane
Coeur d'Alene
Murray
Coeur d'Alene Lake
Silver Valley
Polson
Pablo
Flathead
Wallace
Old Mission SP
Kellogg
Indian
National Bison Range
Comple
Reservation
Missoula
Gold West Country
Philipsburg
Pintler Scenic Hwy.
Lewiston
Nez Percé NHP
3
95
93
2
195
90
12
1
RÉGION DE GLACIER NATIONAL PARK
GLACIER NP ★★★ Vaut le voyage
Garnet ★★ Vaut le détour
Cœur d'Alene ★ Vaut la visite
Polson Intéressant

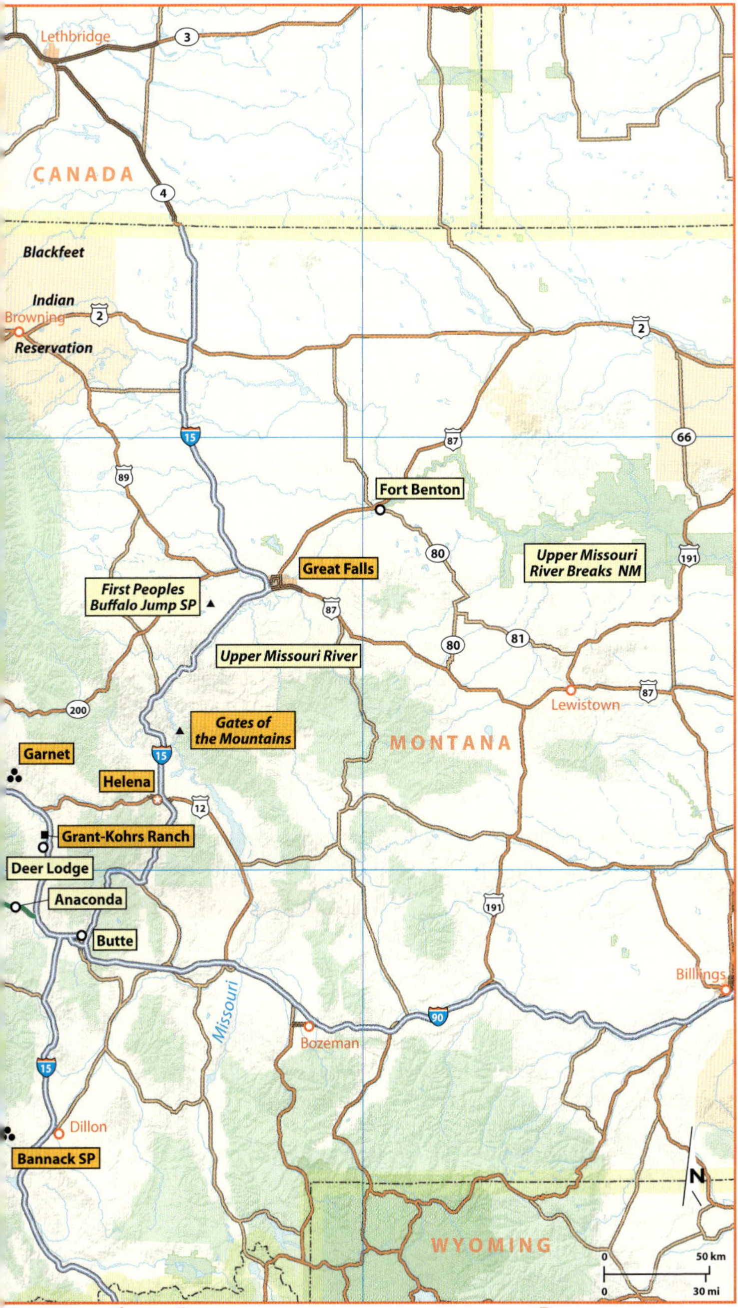
C
D
1
2
3
Lethbridge
CANADA
Blackfeet
Indian
Browning
Reservation
First Peoples
Buffalo Jump SP
Great Falls
Fort Benton
Upper Missouri
River Breaks NM
Upper Missouri River
Gates of
the Mountains
Garnet
Helena
Grant-Kohrs Ranch
Deer Lodge
Anaconda
Butte
MONTANA
Lewistown
Missouri
Bozeman
Billings
Dillon
Bannack SP
WYOMING
N
0
50 km
0
30 mi
IDAHO FALLS

Glacier National Park ★★★

Peu de paysages dans le monde peuvent rivaliser avec la beauté grandiose du parc de Glacier, impressionnante mosaïque de cirques alpins, de lacs, de torrents, de cascades et de glaciers aujourd'hui menacés par le réchauffement climatique. Modelée par les glaciers, la région se caractérise par le relief âpre de ses montagnes et vallées. Il y a 75 millions d'années, le phénomène géologique appelé « poussée de Lewis » a fait basculer, et a repoussé à 80 km vers l'est, une portion de la croûte terrestre de 5 à 6 km d'épaisseur, recouvrant de roches précambriennes anciennes les roches du Crétacé plus récentes. Ces montagnes dominent aujourd'hui les fonds de vallée de 900 à 2000 m et forment une partie de la ligne de partage des eaux, le Continental Divide. Les versants à l'est de cette ligne, terres arides à végétation clairsemée, contrastent avec les pentes ouest, écosystème humide, favorable aux conifères.

Se repérer

Montana – *Mountain Time*.

CARTE B1 (P. 196-197) - CARTE DU PARC (P. 202).

Dans le nord du Montana, le parc se prolonge au Canada par le Waterton Lakes National Park. Il est traversé par la Going-to-the-Sun Road, qui relie West Glacier à St Mary.

À ne pas manquer

La Going-to-the-Sun Road.

Organiser son temps

Le parc est ouvert toute l'année, mais la plupart des services ne fonctionnent que de mi-mai à fin septembre. La meilleure période pour le visiter court de juin à mi-août, lorsque la Going-to-the-Sun Road a été déneigée. Les fleurs sauvages fleurissent deux fois par semaine durant l'été.

Carnet pratique p. 206

Nos adresses p. 207

Découvrir

CARTE DU PARC P. 202

www.nps.gov/glac - pass pour le parc valable 7 j. : 35 $ par véhicule en été (25 $ en hiver) - de fin mai à déb. sept. : 6h-15h - réservation supp. pour l'accès aux secteurs de Going-to- the-Sun Road et Many Glacier pour éviter la surfréquentation (2 $/ véhicule pour chaque secteur) - billet en vente en ligne sur www.recreation.gov (achat possible 120 j. avant la date d'entrée).

Carte et guide saisonnier sont remis aux visiteurs aux postes d'accès du parc *(voir « S'informer »).*

Hungry Horse

En rejoignant Glacier National Park depuis Kalispell, on traverse le village de Hungry Horse (cheval affamé), ainsi nommé car, un hiver, deux chevaux égarés manquèrent d'y mourir de faim.

Going-to-the-Sun Road.
YinYang/Getty Images Plus

Hungry Horse Dam – *West Reservoir Rd (à 4 miles au sud de l'US-2) - ✆ (406) 387-5241.* Dominant un lac de retenue long de 34 miles, ce barrage offre des **vues** grandioses vers l'amont du bras sud de la Flathead, sur la réserve Bob Marshall Wilderness. Au départ du Visitor Center *(tlj sf lun. 8h30-15h30)*, la visite guidée montre les turbines et les générateurs de ce barrage-voûte en béton haut de 172 m.

West Glacier

Cette charmante ville constitue l'une des portes du parc et regroupe à ce titre de nombreux services pour les visiteurs. La gare restaurée accueille les trains Amtrak, ainsi que la Glacier Natural History Association.
Construit par la compagnie du Great Northern en 1910, **Belton Chalet** *(12575 US-2 - ✆ (844) 868-7474 - www.glacierparkcollection.com - voir « Nos adresses »)* a été rénové et classé bâtiment historique.

★★★ Going-to-the-Sun Road

Circuit de 52 miles de West Glacier (US-2) jusqu'à St Mary (US-89).

La route est fermée pour cause d'enneigement de mi-octobre à fin mai, voire mi-juin. Vérifiez l'état de la route avant de prendre la voiture, car les chutes de neige sont encore possibles, même lorsque celle-ci est officiellement ouverte.
Cette route classée National Historic Landmark est probablement la plus spectaculaire d'Amérique. Considérée comme une merveille technique à son achèvement en 1932, cette chaussée étroite et sinueuse courant d'ouest en est gravit 1000 m jusqu'à la ligne de partage des eaux, au **Logan Pass**. Coupant le parc en deux, elle traverse des vallées boisées, des alpages et des herbages d'altitude. Les voitures

Un milieu naturel préservé

Une des destinations les plus spectaculaires d'Amérique du Nord est le **parc international de la Paix Waterton-Glacier** : pics déchiquetés, lacs glaciaires et vallées en auge de part et d'autre de la frontière États-Unis-Canada. À 404 miles à l'est de Seattle et 267 miles au nord du parc de Yellowstone, son relatif isolement accroît son charme sauvage.

Il y a 100 millions d'années, la plaque continentale nord-américaine a bousculé une plaine qui bordait une mer ancienne. La croûte terrestre s'est plissée, poussant vers le haut les montagnes Rocheuses. Les glaciers sont venus raboter les vallées fluviales préexistantes, donnant des angles vifs aux montagnes, creusant les vallées et les cuvettes lacustres des parcs nationaux de Glacier et des Lacs-Waterton.

Certains glaciers descendus vers le sud ont englobé la Clark Fork River et créé l'immense **lac glaciaire Missoula**, à l'emplacement actuel du lac Pend-d'Oreille (Idaho). Plus important que les lacs Ontario et Érié réunis, ce lac s'étendait de la région des Flathead jusqu'aux monts Bitterroot. Au moins à quarante reprises, la rupture d'une barrière de glace a causé de graves inondations dans le bassin du fleuve Columbia jusqu'au Pacifique ; mais chaque fois, un nouveau bouchon de glace obstruait le déversoir, et le lac se remplissait à nouveau. Les dépôts sédimentaires fertiles qu'il y a laissés enrichissent les vallées Mission et Bitterroot.

L'expédition Lewis et Clark (1804-1806) traversa ces terres rudes, *via* Bitterroot Valley et le bassin de la Columbia. Des coureurs des montagnes s'engagèrent vers l'ouest. Sur leurs talons, des missionnaires chrétiens, suivi de colons qui arrivèrent en bateau par le Missouri, puis par chemin de fer. Rapidement, les ranchs d'élevage se développèrent sur la prairie. La découverte d'or attira des hordes de prospecteurs vers les riches filons du Montana et de l'Idaho. L'afflux de pionniers créa des tensions avec les Amérindiens et poussa à la création de réserves : les Indiens durent abandonner leur mode de vie libre et nomade.

L'économie de la région reposait sur la mine et le bois. Avec le déclin des marchés et l'épuisement des ressources, les villes durent s'adapter. Elles optèrent pour le tourisme de plein air, tirant parti de leurs splendides espaces. L'isolement relatif des 4 100 km² du parc en fait l'habitat idéal des **grizzlis**, des **chèvres des Rocheuses**, des **mouflons *bighorns*** et des **wapitis**.

Le parc national est menacé par le réchauffement climatique. Ses glaciers ont déjà subi une fonte importante depuis le 20e s. Il ne reste aujourd'hui que 27 glaciers sur les 150 recensés au milieu du 19e s.

Un peu d'histoire

Les tribus Blackfeet appelaient cette région « le pays des montagnes étincelantes ». À la fin du 19e s., le Homestead Act en ouvrit l'accès aux colons. L'arrivée du Great Northern Railway en 1891 augmenta les pressions pour la création d'un parc : le Congrès l'approuva en 1910. La compagnie de chemin de fer construisit un grand nombre d'hôtels et de chalets dans le style suisse. Cinq sont toujours exploités.

particulières *(une limite de gabarit exclut les gros camping-cars)* partagent la route avec les autocars rouges typiques du parc de Glacier, qui transportent les visiteurs depuis les années 1930.

À 2 miles de West Glacier, le village d'**Apgar** regroupe logements, cafés et boutiques au bord du **Lake McDonald★** encerclé de montagnes. Comme la plupart des eaux du parc, le lac est alimenté par la fonte des neiges et l'écoulement glaciaire ; l'été, la température moyenne en surface est, hélas, de 13 °C. La vedette *DeSmet*, un bateau traditionnel en bois construit en 1930, propose des excursions sur le lac au départ de **Lake McDonald Lodge** *(Mile 11 - 1h de promenade, 26,30 $ - ✆ (406) 257-2426 - www.glacierparkboats.com)*, une auberge rustique ouverte l'été. Depuis 1895, un hôtel a toujours occupé cet endroit. Accessible en fauteuil roulant, le chemin de planches du **Trail of the Cedars★** *(Mile 16,5)* serpente dans une forêt touffue de cèdres et sapins du Canada et longe un ravin tourmenté. Les marcheurs peuvent ensuite monter tranquillement sur 2 miles jusqu'à **Avalanche Lake**, alimenté par les cascades qui tombent de Sperry Glacier.

Au-delà, la route monte sur une arête crénelée, Garden Wall. Les chutes **Bird Woman Falls** cascadent du mont Oberlin. Celle de **Weeping Wall★** jaillit ou goutte, suivant la saison, d'une paroi rocheuse bordant la route.

Logan Pass★★★ *(Mile 33 - 2 025 m)* ouvre sur de vastes alpages de fleurs sauvages. Un sentier *(2,7 miles AR)*, émaillé en été de grappes blanches d'asphodèles, mène à **Hidden Lake Overlook★★**, belvédère surplombant un lac dans un cirque entouré de montagnes. Des rochers de plus d'un milliard d'années striés par les glaciers bordent le chemin, sur lequel on peut apercevoir des chèvres des Rocheuses. Un Visitor Center bien documenté attend au sommet du col de Logan, mais il est souvent difficile de se garer.

En descendant sur l'autre versant, arrêtez-vous **Jackson Glacier Overlook** (belvédère, *Mile 37*) ou continuez jusqu'à **Sun Point★** *(Mile 41)*, en bordure de **St Mary Lake** (aire de pique-nique). De là partent deux très courts sentiers menant à **Sunrift Gorge** et aux chutes **Baring Falls** *(0,6 mile AR, facile)*.

Rising Sun *(Mile 45)* est le point de départ de pittoresques **croisières en bateau★** *(90mn)* à bord du *Little Chief*, construit en 1925 *(www.glacierparkboats.com)*.

Le **St Mary Visitor Center** *(Mile 51)*, un bâtiment de pierre et de verre étincelant, se trouve à 1 mile à l'ouest du bourg de **St Mary**. Les nombreuses expositions qui y sont proposées détaillent l'histoire des peuples indigènes du parc et de son voisinage.

★★★ Many Glacier

À 12 miles à l'ouest de Babb et 21 miles au nord-ouest de St Mary par l'US-89.

Au-dessus du lac Grinnell, trois petits glaciers composent une toile de fond impressionnante pour la vallée. On y accède par un sentier de randonnée de 5 miles, maillon du réseau très complet qui sillonne le parc sur près de 745,5 miles. On peut également les admirer depuis le célèbre **Many Glacier Hotel★** de 1915 *(✆ (855) 733-4522 - www.glaciernationalparklodges.com - voir « Nos adresses »)*, qui fut longtemps le plus beau fleuron des Rocheuses, ou bien du pont des bateaux de croisière sur les eaux cristallines des lacs Swiftcurrent et Josephine.

★ Two Medicine

À 28 miles au sud de St Mary par l'US-89 et 3 miles au nord-ouest de East Glacier Park par la Rte 49.

Blottie dans une vallée glaciaire, Two Medicine constitue une retraite paisible. Lors d'une « causerie au coin du feu » radiophonique offerte ici par Franklin Roosevelt, le

Triple Divide

Situé au sud-est de St Mary, ce pic solitaire (2 444 m) en forme de triangle est un lieu géographiquement unique en Amérique du Nord. En effet, l'eau s'écoule de ce pic vers les trois océans qui bordent le continent.

Les précipitations sur le flanc ouest de Triple Divide s'écoulent dans le Pacifique *via* le bassin de la Columbia. Celles du flanc sud se jettent dans l'Atlantique en rejoignant le cours du Missouri et, enfin, celles du flanc nord terminent leur course dans l'océan Arctique, *via* la rivière Saskatchewan.

On appelle ce phénomène un « sommet hydrologique ». Il n'existe dans le monde qu'une poignée de lieux où les eaux s'écoulent ainsi dans trois océans différents.

Le pic est visible depuis l'US-89 au nord de la ville de Browning, dans la partie est du parc de Glacier.

président avait dit aux Américains : « Les hautes montagnes, les glaciers, les lacs, les arbres me donnent envie de rester ici tout l'été. » On y trouve une épicerie générale et on peut y faire des excursions en bateau, mais l'hébergement se limite à un camping.
Running Eagle Falls Nature Trail – À partir de la route qui mène à Two Medicine Lake, un court sentier *(0,6 mile AR, facile)* mène à des chutes peu communes. Surnommées Trick Falls (les chutes « tour de passe-passe »), elles jaillissent non pas d'une mais de deux ouvertures dans la falaise.
Non loin de Two Medicine se trouve le pic **Triple Divide**, qui culmine à 2 444 m *(voir encadré page ci-contre).*

East Glacier Park

Au croisement de l'US-2 et de la Rte 49, à 30 miles au sud de St Mary.
Cette petite ville de la réserve indienne des Blackfeet abrite depuis 1913 le **Glacier Park Lodge★** *(☏ (844) 868-7474 - www.glacierparkcollection.com - voir « Nos adresses »)*, auberge à l'entrée ornée de piliers en troncs de très vieux pins Douglas. En plus des équipements habituels et de sa gare Amtrak, le village dispose d'auberges de jeunesse et d'agences de location de vélos et de matériel d'équitation.

Lisière sud du parc

De **Marias Pass** (1590 m), col sur la ligne du Continental Divide, on a des vues magnifiques sur la « poussée de Lewis ».
Sur le bras médian de la Flathead, le hameau d'**Essex** *(à 25 miles à l'est de West Glacier)* abrite l'auberge à colombages **Izaak Walton Inn** *(☏ (406) 888-5700 - izaakwaltoninn.com)*, bâtie en 1939 pour loger les cheminots. Aujourd'hui, c'est un paradis des amoureux du rail, qui peuvent dormir dans les fourgons d'époque. Elle séduit aussi les amateurs de ski de fond.
Entre East Glacier Park et West Glacier, l'US-2 sépare sur 57 miles le parc de la zone **Great Bear Wilderness** *(voir ci-après).*

À voir aussi

CARTES P. 196-197 ET DU PARC P. 202

Blackfeet Indian Reservation BC1

Au croisement de l'US-2 et de l'US-89.
À l'est de Glacier National Park, bordée au nord par le Canada, la réserve indienne des Blackfeet s'étend sur 50 miles de collines vallonnées et de prairies. L'été y est chaud et sec, l'hiver cinglé par les vents. Vers 1700, les Blackfeet ont émigré des Grands Lacs vers l'ouest pour occuper les plaines à bisons au pied des Rocheuses. Au milieu du 18e s., ils dominaient ces étendues du Nord-Ouest, et s'étaient fait une réputation d'agressivité. Aujourd'hui, trois tribus de la confédération des Pieds-Noirs *(Blackfoot Confederacy)* vivent au Montana et dans la province canadienne de l'Alberta, principalement de l'élevage et de l'agriculture.
Le centre administratif de la réserve de 6 200 km² est **Browning**, sa première ville avec environ 1 000 habitants. Sans grand caractère, elle ne s'anime qu'en juillet à l'occasion des **North American Indian Days**, quatre jours de *pow-wow* hauts en couleur.
★ **Museum of the Plains Indian** – *19 Museum Loop - ☏ (406) 338-2230 - www.doi.gov/iacb/museum-plains-indian-location - juin-sept. : mar.-sam. 9h-16h45 ; oct.-mai : mar.-vend. 10h-16h - 6 $ (gratuit d'oct. à mai).* Le musée présente l'histoire et l'artisanat des tribus des Grandes Plaines du Nord, avec des objets aussi divers que des poupées, des costumes brodés de perles et des coiffures de guerre.

Bob Marshall Wilderness Complex BC1-2

Accès depuis l'US-2 au sud ou par des routes forestières au sud et à l'est de Hungry Horse Reservoir. Pas de route ni d'accueil touristique dans cette zone forestière.

Bob Marshall Wilderness Foundation – *(406) 387-3822 - www.bmwf.org.*

Deux grands territoires sauvages s'étendent au sud de Glacier National Park. **Great Bear Wilderness** (1150 km²) est un corridor forestier qui protège la flore, la faune et l'habitat du grizzli, ainsi que le bassin hydrographique de la Flathead, réseau de rivières « sauvage et pittoresque » le plus long d'Amérique du Nord. **Bob Marshall Wilderness** doit son nom à un forestier écologiste. Cette zone sans routes englobe prairies, montagnes, larges vallées et sentiers de randonnée. Ses 4 080 km² attirent les chasseurs de gros gibier, les adeptes du rafting et les randonneurs, à pied ou à cheval. Le site le plus photographié du « Bob » est **Chinese Wall**, (la muraille de Chine), imposant escarpement calcaire du Continental Divide, long de 21,5 miles.

À proximité

CARTES P. 196-197 ET P. 202

★★ Waterton Lakes National Park B1

À 47 miles au nord de St Mary (1h15 de route) par Chief Mountain International Hway, puis Rte 5 en Alberta (Canada). Passeport exigé à la frontière.

Park Entrance Rd, Waterton Park - mywaterton.ca - le parc est ouvert tte l'année - 11 $ canadiens - Visitor Center : 404 Cameron Falls Drive, Waterton Park - (403) 859-5133 - parks.canada.ca/pn-np/ab/waterton/activ/accueil-visitor - 9h-16h30.

Réunis depuis 1932, le parc national de Glacier et le parc national canadien des Lacs-Waterton partagent une même topographie et un passé de coopération : leur nom collectif est Waterton/Glacier International Peace Park. L'ensemble est inscrit au Patrimoine mondial de l'Unesco depuis 1994.

Waterton Lakes National Park occupe une superficie de 526 km², soit 1/8ᵉ de celle

Un peu d'histoire

Les montagnes de cette réserve naturelle des Rocheuses, sculptées par l'érosion et les glaciations successives, forment un paysage de pics acérés, de crêtes étroites et de vallées en forme de U emboîtées les unes dans les autres. Le parc comprend trois lacs dans une profonde vallée en auge, les Lacs-Waterton, que l'on nomme lac Waterton Inférieur, Moyen et Supérieur. Ils se déversent dans la rivière Waterton. Le lac Waterton Supérieur enjambe la frontière canadienne en son milieu dans le sens de la longueur. Ancienne place forte des Indiens Blackfeet, la région fut explorée lors de l'expédition Palliser, en 1858. Les lacs tirent leur nom du naturaliste anglais du 19ᵉ s., Charles Waterton. La région est devenue un parc national canadien en 1895. Juste au sud de la « capitale » Waterton Town, se dresse le mont Richards, que jouxte le mont Bertha, reconnaissable à ses marbrures vert pâle dues à des avalanches qui ont emporté les arbres. De l'autre côté du lac s'élèvent le pic Vimy et la crête Vimy. À la limite ouest de Waterton Park, les chutes de Cameron tombent du haut d'une falaise à plusieurs niveaux.

Bison dans Waterton Lakes National Park.
M. Wheatley/All Canada Photos/age fotostock

de Glacier. Il s'organise autour de la ville canadienne de Waterton Park, au bord d'Upper Waterton Lake. C'est un endroit charmant pour flâner en découvrant les mouflons et les cerfs à queue noire qui se mêlent aux promeneurs.

★ Waterton Park

Le hameau de Waterton Park (Waterton pour faire court) possède une aire d'observation près du lieu où le lac Waterton Supérieur se rétrécit et devient le détroit de Bosporus, qui le sépare du lac Moyen. En dépit de sa taille, ce village d'une centaine d'habitants possède d'excellentes infrastructures à destination des touristes : hôtels, restaurants, boutiques, magasins de vêtements et bien plus. Les chèvres descendent souvent de la montagne et se promènent dans les rues, où elles lèchent le sel qui se dépose sous les voitures en stationnement. En plus de dîner et de passer la nuit à Waterton, on peut y pratiquer l'équitation, louer un bateau ou faire un tour au Spa.

★★ Prince of Wales Hotel – *Au bord du lac Waterton Supérieur - ✆ (403) 859-2231 - www.glacierparkcollection.com - voir « Nos adresses ».* Visible à des kilomètres à la ronde, cet immense hôtel de sept étages s'élève sur un promontoire surplombant le lac Waterton Supérieur. Bâti en 1927, il fait partie de la chaîne d'hôtels construite par la compagnie Great Northern Railway dans le parc national de Glacier pour y attirer des visiteurs. Il tient son nom du prince de Galles, futur roi Édouard VIII. Semblable à un très grand chalet suisse, l'hôtel est entièrement fait de bois et possède un clocher de 9 m de haut. Son hall d'entrée possède de grandes baies vitrées qui offrent une vue imprenable sur le lac et la ville. Chaque après-midi, on y déguste traditionnellement le thé.

4

★ Buffalo Paddock

Sur la Rte 6, à 2 miles au nord de l'entrée du parc.

Un petit troupeau de bisons occupe ici un grand enclos avec vue sur les monts Bellevue et Galway. Il est possible d'emprunter la route *(1,8 mile)* pour voir les

Bison ou buffle ?

Alors que pour la majorité des gens, ces deux mots sont interchangeables, pour les puristes, seul le terme de bison s'applique à ces animaux lorsqu'ils sont d'Amérique du Nord. Les premiers pionniers appelaient bien les bisons « buffles », car ils leur voyaient des similitudes avec le buffle d'Asie et d'Europe. En vérité, les ancêtres des bisons modernes auraient migré en Amérique du Nord depuis l'Asie en empruntant le détroit de Béring, il y a des milliers d'années, lorsqu'un pont naturel unissait encore les deux continents. Il y a 200 ans, les bisons des plaines habitaient les prairies. Les bisons des bois, plus gros et moins nombreux, habitaient pour leur part à l'orée des forêts boisant les prairies du Nord-Ouest. Les bisons sont des bovidés sauvages de la même famille que les bœufs. Un adulte mâle peut peser près d'une tonne et charger à près de 65 km/h. Les bisonneaux pèsent jusqu'à 30 kg à la naissance et sont capables de marcher au bout de 20mn seulement. Les bisons atteignent la maturité à trois ans et peuvent vivre une trentaine d'années.

animaux, mais par mesure de sécurité, il est conseillé de ne pas sortir de son véhicule. Les bisons sont aussi imprévisibles que dangereux.

★ Red Rock Canyon

À 12 miles au nord-ouest de Waterton Park (tournez à gauche à Blakiston Creek).
La route allant de Red Rock Parkway à ce petit canyon offre des vues splendides sur les montagnes de la région, avec notamment le **mont Dungarvan** (2 566 m). Une piste de randonnée d'un peu plus de 1,5 mile suit l'étroit canyon de Blakiston Creek, où les formations de roche rouge ont été arrondies par les flots.

★★ Cameron Lake

À 14 miles au sud-ouest de Waterton Park en empruntant l'Akamina Hwy.
Ce lac étincelant se trouve juste en dessous de la ligne continentale de partage des eaux et, à l'instar du lac Waterton Supérieur, il traverse la frontière canadienne. Il est entouré de pistes de randonnée. Dominant l'horizon de l'autre côté du lac se trouvent le **mont Custer** (2 707 m) et le **pic Forum**.

Carnet pratique

S'informer

(406) 888-7800 - www.nps.gov/glac. Vous trouverez des Visitor Centers à **St Mary**, à **Logan Pass** et à **Apgar**.
Des informations sur la région sont également disponibles en ligne sur www.glaciermt.com.

Arriver/partir

En avion

Glacier Park International Airport – *4170 US-2 East, Kalispell - (406) 257-5994 - www.iflyglacier.com.* Liaisons tte l'année avec Seattle, Salt Lake City et Denver et en saison avec Portland, Chicago, Minneapolis, San Francisco, Los Angeles, Las Vegas...

En train

Amtrak – ✆ *(800) 872-7245 - www.amtrak.com.* Les gares de Browning, East Glacier, Essex, West Glacier et Whitefish sont desservies par l'**Empire Builder**, un train qui va de Chigaco à Portland et Seattle, en passant par Minneapolis, Milwaukee et Spokane.

En voiture

La ville de Kalispell (proche de l'entrée ouest du parc de Glacier) se trouve à 10h de route de Salt Lake City, 9h de Seattle, 6h30 du parc de Yellowstone et 4h de Spokane.

Se déplacer

En voiture

État des routes – L'état des routes peut varier en fonction des conditions météo. Contactez le ✆ (800) 226-7623, consultez le site www.nps.gov/glac ou écoutez les prévisions données à la radio sur la fréquence 1610 AM.

En bus

Red Bus – ✆ *(855) 733-4522 - www.glaciernationalparklodges.com/red-bus-tours - de mi-juin à mi-sept. - env. 40 $ la demi-journée et 98 $ la journée.* Les fameux bus rouges au look *vintage* des années 1930, remis à neuf et équipés de moteurs non polluants, proposent chaque jour plusieurs circuits entre Lake McDonald Lodge à l'ouest, St Mary Lodge et Many Glacier Hotel à l'est, et Glacier Park Lodge au sud-est.

Les Red Bus assurent aussi des **navettes payantes** entre la gare de West Glacier et McDonald Lodge/Village Inn (côté ouest), ainsi qu'entre le Visitor Center de St Mary et Many Glacier Hotel/Swiftcurrent Motor Inn (côté est). Ces navettes sont souvent bondées, il est recommandé de se présenter en avance.

Par ailleurs, en juillet-août, des **navettes gratuites** parcourent la Going-to-the-Sun Road entre les Visitor Centers d'Apgar et de St Mary *(7h-19h - dép. env. ttes les 20mn - rens. dans les Visitor Centers).*

Adresses utiles

Santé

En cas d'urgence, composez le **911**.

Nos adresses

Restauration

Budget moyen

Johnson's of St Mary Cafe – *21 Red Eagle Rd - St Mary -* ✆ *(406) 732-5565 - johnsonsofstmary.squarespace.com - fermé de déb. oct. à mi-mai - plats 22/29 $.* Cet agréable café propose de copieuses portions de poulet frit ou de steak de bison des Black Hills. Situé près du Red Eagle Motel, à environ 1 mile de l'entrée du parc national de Glacier, l'endroit est idéal pour prendre ou reprendre des forces, que ce soit au petit-déjeuner, au déjeuner ou au dîner. Une délicieuse part de tarte maison conclura parfaitement le repas.

Russell's Fireside Dining Room – *Lake McDonald Lodge, voir « Hébergement » - plats 28/48 $.* Dans un cadre rustique et chaleureux (trophées de chasse, grande cheminée et charpente de cèdre rouge) avec une belle vue sur le lac, on savoure au déjeuner des salades gourmandes et de copieux sandwichs. La carte du soir, plus raffinée, propose de succulents steaks ou de la truite de montagne.

Ptarmigan Dining Room – *Many Glacier Hotel, voir « Hébergement » - plats 26/44 $.* Dans cette salle spacieuse où trône une énorme cheminée, on se régale d'une cuisine typiquement régionale : truite locale, côte de bison...

Belton Chalet – *12575 US-2 - 59936 West Glacier - ✆ (844) 868-7474 - www.glacierparkcollection.com - fermé le midi - réserv. conseillée* via *le site internet - plats 25/52 $.* Bâti en 1910 par la compagnie Great Northern Railway, cet hôtel de style chalet suisse abrite un restaurant de qualité. Au menu : pain à la viande de bison ou encore boulettes de viande de bison.

Activités

Randonnée

Il est conseillé de remplir un **Day Trip Plan** (plan de randonnée) avant une grande randonnée. Il s'agit d'un formulaire qu'on laisse à l'hôtel ou à un ami et qui permet de savoir où vous vous rendez. Il est disponible au Backcountry Office et en ligne. Partir seul, en particulier sur les terres des ours, est fortement déconseillé.

Glacier Guides – *11970 Hwy 2 E. - 59936 West Glacier - 1,5 mile à l'ouest de la ville sur l'US-2 - ✆ (406) 387-5555 - glacierguides.com - fermé oct.-mai.* Organise des randonnées à la journée ou avec bivouac à travers le parc *(à partir de 165 $)*, ainsi que des descentes en rafting, des balades à vélo ou de la pêche à la mouche. La société possède un chalet en pleine nature dans le parc pour héberger les randonneurs.

Activités nautiques

Il est possible de louer bateaux à moteur, canots, pédalos et kayaks à Apgar, Lake McDonald Lodge, Two Medicine et Many Glacier.

Glacier Park Boat Co. – *59434 Glacier National Park - ✆ (406) 257-2426 - glacierparkboats.com - de mi-mai à fin sept. - croisières 19,70/39,45 $.* Organise des croisières *(1h)* sur les lacs McDonald, Swiftcurrent, St Mary et Two Medicine. Fleuron de sa flotte, le DeSmet, un bateau en bois des années 1930, navigue depuis le Lake McDonald Lodge.

Waterton Shoreline Cruise Co. – *101 Waterton Ave. - Marina de Waterton - Canada - ✆ (403) 859-2362 - www.watertoncruise.com - de juin à déb. oct. - croisières 61 $.* Propose également des croisières.

Activités de pleine nature

Great Northern Rafting – *59936 West Glacier - ✆ (800) 735-7897 - greatnorthernresort.com - mai-sept. - 80 $ la demi-journée.* L'agence propose des descentes en rafting à la demi-journée ou à la journée, ainsi que des sorties de pêche à la mouche, paddleboard et navigation douce.

Hébergement

Si vous avez l'intention de **camper dans la nature** lors d'une randonnée, n'oubliez pas de vous procurer un **permis** au Agpar Backcountry Office, au St Mary Visitor Center ou auprès des gardes forestiers *(10-23 $ en été)*.

Budget moyen

Red Eagle Motel – *16 Red Eagle Rd - 59417 St Mary - ✆ (406) 732-4453 - www.redeaglemotelrvpark.com - de nov. à mi-avr. - 23 ch. 150/172 $.* Ce motel à moins de 1,5 mile de l'entrée est du parc est proche des restaurants, des boutiques et d'une station-service. Les chambres sont basiques, mais confortables. Deux chalets et un mobil-home équipé d'une cuisine sont également disponibles.

Swiftcurrent Motor Inn – *Columbia Falls - Many Glacier - ✆ (855) 733-4522 - www. glaciernationalparklodges.com - ▤ ✕ ♿ - de mi-juin à mi-sept. - 95 chalets et ch. 149/234 $.* Niché au pied des pics enneigés, à un mile du Many Glacier Hotel, cet établissement (1933) apprécié des randonneurs se trouve au départ de nombreux sentiers. Il propose des chalets basiques avec salle de bains commune et de petites chambres type motel, propres et bien équipées, avec salle de douche. L'insonorisation, en revanche, laisse un peu à désirer.

Lake McDonald Lodge – *288 Loop Rd - 59936 West Glacier - ✆ (855) 733-4522 - www.glacier nationalparklodges.com - ✕ ♿ - de mi-mai à fin sept. - 82 ch. 169/449 $.* Situé sur la rive est du lac McDonald, cet hôtel de style suisse est ouvert depuis 1914 et figure au registre national des monuments historiques. Le sol du hall d'entrée est gravé de phrases en langue kootenai (un dialecte amérindien local) telles que : « nouvelle vie à ceux qui boivent ici » ou encore « portant le regard vers la montagne ». Ce lieu historique propose des chambres modestes dans le bâtiment principal, des chalets en duplex rustiques et un motel de deux étages datant des années 1950 où sont aménagées quelques chambres basiques avec salle de bains commune.

St. Mary Village – *3 Going-To-The-Sun Rd - 59417 St. Mary - ✆ (844) 868-7474 - www. glacierparkcollection.com - ▤ ✕ - de déb. juin à fin sept. - 127 ch. 173/279 $.* À l'est du parc, dans un village doté d'épiceries, de boutiques et d'une station-service, ce lodge propose un choix assez inégal de chambres, certaines de type motel, étroites et sommairement équipées, d'autres plus confortables, dans d'agréables chalets en rondins, les plus belles, enfin, dans le Great Bear Lodge, bénéficiant d'un balcon avec vue. Le Snowgoose Grill sert une cuisine régionale soignée et le Curly Bear Café de la restauration rapide.

Glacier Park Lodge – *499 MT-49 - East Glacier Park Village - ✆ (406) 226-5600 - ✆ (844) 868-7474 - www.glacierparkcollection.com - ✕ - de déb. juin à fin sept. - 161 ch. 259/375 $.* En 1913, lorsque l'hôtel et son immense restaurant ont été construits, on pensait que les rondins qui avaient servi à sa construction avaient de 500 à 800 ans d'âge, ce qui valut au lieu de recevoir la bénédiction des Indiens Blackfeet. Les chambres sont rustiques, mais agréables, et les salles d'eau petites. Une nouvelle aile possède des chambres modernes décorées avec style, mais elles sont également équipées de petites salles de bains.

Pour se faire plaisir

Many Glacier Hotel – *1 Many Glacier Rd - 59411 Babb - ✆ (855) 733-4522 - www. glaciernationalparklodges.com - ✕ - de juin à mi-sept. - 214 ch. à partir de 320 $.* La façade de type chalet suisse de cet établissement historique (1915), ainsi que le hall et son atrium ont traversé l'épreuve du temps. Niché sur les berges du lac Swiftcurrent, cet hôtel immense mais très retiré abrite plusieurs restaurants *(voir « Restauration »)*.

Waterton National Park

Pour se faire plaisir

Prince of Wales Hotel – *Waterton Park - ✆ (403) 859-2231 - ✆ (844) 868-7474 - www.*

4

Prince of Wales Hotel.
milehightraveler/Getty Images Plus

glacierparkcollection.com - ✕ - de fin mai à mi-sept. - 86 ch. 289/550 $. Bâti en 1926 par la compagnie Great Northern Railway, cet hôtel de style chalet suisse surplombe de ses sept étages le spectaculaire lac Waterton Supérieur. Le lieu est si reculé que, lors de sa construction, on dut faire venir le bois à dos de mules. On accède à ses chambres minimalistes en empruntant le hall d'entrée, tout en hauteur, qui fait office d'atrium. Le thé y est traditionnellement servi l'après-midi (13h-17h), avant l'ouverture de la Royal Stewart Dining Room, où sont servis des plats d'inspiration canadienne.

Vallée de la Flathead ★

Dans la vallée de la rivière Flathead, les montagnes, omniprésentes, suivent le voyageur comme son ombre. Les anciens glaciers ont raboté ces cimes déchiquetées et une fertile vallée fluviale, aujourd'hui riche domaine agricole. Cette remarquable région englobe les sites naturels de la réserve indienne des Flatheads (Têtes-Plates) et du lac de même nom. Les loisirs de plein air prennent peu à peu la place de l'exploitation forestière au premier rang de l'économie locale.

Groupe de baigneurs au bord du lac Flathead.
gsbarclay/Getty Images Plus

Se repérer

Montana – *Mountain Time*.

CARTE B1-2 (P. 196-197).

Au sud-ouest du parc national de Glacier. La principale ville de la région est Kalispell.

À ne pas manquer

Flâner au bord du lac Flathead ; la réserve National Bison Range.

Organiser son temps

Porte d'entrée du parc national de Glacier, la région réserve de belles opportunités aux amateurs de nature et de sports de plein air. Pour en profiter, prévoyez au moins une nuit à Kalispell, Whitefish ou Bigfork.

Carnet pratique p. 214

Nos adresses p. 214

Découvrir

CARTE P. 196-197

Kalispell B1

Au croisement de l'US-2 et de l'US-93, à l'ouest de Glacier National Park.

2 S. Main St., Suite 205 - (406) 758-2811 - discoverkalispell.com.

Centre commerçant du comté de Flathead, cette ville de 28 450 habitants concerve quelques traces du Montana d'autrefois.

★ **Conrad Mansion** – *330 Woodland Ave. - (406) 755-2166 - conradmansion.com - de mi-mai à mi-oct. : mar.-vend. 10h-16h (horaires variables, se rens.) - 20 $.* Proche du merveilleux Woodland Park, cette élégante demeure (1895) de style néo-roman ne compte pas moins de 26 pièces et conserve surtout du mobilier d'époque.

The Hockaday Museum of Art – *302 2nd Ave. E. - (406) 755-5268 - hockadaymuseum.com - mar. 11h-17h, merc.-sam. 11h-16h - 5 $.* Le musée occupe le bâtiment néoclassique (1903) de la bibliothèque Carnegie, où il présente des expositions tournantes d'art régional.

★ Whitefish B1

Sur l'US-93, à 14 miles au nord de Kalispell.

505 Second St. E. - (877) 862-3548 - explorewhitefish.com.

Cette petite ville (8 915 hab.) allie gracieusement sa double vocation de commune de l'Ouest et de station touristique. **Whitefish Lake**★ attire les amateurs de camping, de pêche et de ski nautique pendant l'été. À 2134 m d'altitude, le **Whitefish Mountain Resort**★ *(Big Mountain Rd, à 8 miles au nord de Whitefish - (406) 862-1960 - whitefishoutfitters.com)* séduit quant à lui les amoureux de sports d'hiver. À la belle saison, les touristes montent en téléphérique jusqu'au sommet, d'où ils jouissent de **vues**★★ superbes sur Glacier National Park et les Rocheuses canadiennes.

★★ Flathead Lake B2

Entre l'US-93 et la Rte 35, à 11 miles au sud de Kalispell.

Long de 27 miles, le plus grand lac naturel de l'ouest du Mississippi offre les plaisirs du canotage, de la voile et de la pêche, avec des **vues**★ splendides sur les montagnes. Il remplit un bassin formé par les glaciers, qui ont raboté le fond de vallée et déposé une moraine terminale à l'endroit où se trouve aujourd'hui la petite ville de Polson.

★ **Bigfork** – *Sur la Rte 35, à 17 miles au sud-est de Kalispell - Visitor Center : (406) 837-5888 - bigfork.org.* Avec son architecture typique de l'Ouest américain et son cadre idyllique en bord de lac, Bigfork est un centre culturel et gastronomique. Galeries d'art, boutiques de souvenirs, cafés et restaurants dotés d'agréables terrasses bordent sa grand-rue. Son théâtre réputé, **Bigfork Summer Playhouse** *((406) 837-4886 - bigforksummerplayhouse.com)* joue à guichets fermés des pièces et comédies musicales de Broadway. Au sud de Bigfork, des cerisaies émaillent la rive est du lac.

Flathead Indian Reservation B2

Sur l'US-93 entre Kalispell et Missoula.

(406) 675-2700 - www.csktribes.org.

Les tribus indiennes Salish et Kootenai du Montana vivent dans cette réserve créée en 1855. Exploité surtout en fermes et pâturages, ce territoire de 5 030 km² englobe la moitié sud de Flathead Lake et les Mission Mountains. Chaque année, en juillet, les **fêtes**★ traditionnelles des villages Elmo et Arlee offrent aux visiteurs danses, musique et jeux traditionnels amérindiens. Situé au bout du lac Flathead,

le chef-lieu commerçant de la réserve est **Polson** *(au croisement de l'US-93 et de la Rte 35, à 49 miles au sud de Kalispell et 65 miles au nord de Missoula - Chamber of Commerce : ✆ (406) 883-5969 - www.polsonchamber.com)*. On peut y pratiquer de nombreux sports nautiques et y trouver des boutiques d'équipements sportifs.
À proximité, **Kerr Dam Overlook** *(Kerr Dam Rd, à 6 miles à l'ouest de Polson - ✆ (406) 883-1113)* ouvre sur le barrage-voûte (1938), haut de 62 m, qui coupe le canyon des Buffalo Rapids en aval du lac Flathead. La Confédération des tribus Salish et Kootenai sont devenus propriétaires du barrage en 2015 appelé depuis Seli's Ksanka Qlispe'Dam.
De nombreuses cuvettes laissées dans la prairie par les glaciers il y a 12 000 ans attirent plus de 180 espèces d'oiseaux au **Ninepipe National Wildlife Refuge** *(sur l'US-93, à 15 miles au sud de Polson - ✆ (406) 750-8242 - www.fws.gov)*, qui couvre 800 ha de terrains marécageux.
À Pablo, le **Three Chiefs Culture Center** *(36042 Major Houle Rd, Glacier Bank Building - St Ignatius - ✆ (406) 675-0160 - threechiefs.org - lun.-vend. 8h-17h ; horaires étendus en été, se rens. - dons libres)* expose des objets traditionnels, des œuvres artisanales et retrace l'histoire des tribus Salish, Kootenai et Pend-d'Oreilles.
Avec pour toile de fond les majestueuses Mission Mountains, l'église néogothique de **St Ignatius Mission★** (1891) *(300 Bear Track Ave. - St Ignatius. Accès par l'US-93, à 29 miles au sud de Polson)* s'orne de fresques et de peintures murales réalisées par le père Joseph Carignano (1853-1919), originaire de Turin, en Italie.

★★ National Bison Range B2

À Moiese, sur la Rte 212, à 31 miles au sud de Polson. ✆ (406) 644-2211 - bison range.org - 7h-20h (8h-18h nov.-avr.) - 20 $/véhicule.
Autrefois, du Mexique au Canada, cinquante millions de bisons parcouraient l'Amérique du Nord. Pendant des milliers d'années, ils ont pourvu aux besoins de générations successives d'Indiens des Plaines : peaux pour les vêtements et les abris, os pour les outils et les armes, organes et viande pour la subsistance. Les troupeaux se multiplièrent jusqu'à la fin du 19e s., quand les chasseurs commencèrent à les tuer uniquement pour leur langue et leur peau, en laissant pourrir les carcasses. Alors que l'espèce était en voie d'extinction, on créa cette réserve en 1908 pour protéger une petite harde. Environ 350 de ces puissants bovidés parcourent aujourd'hui la prairie en liberté ; ils fournissent en reproducteurs les ranchs privés d'Amérique du Nord, qui en élèvent jusqu'à 300 000. Le **Visitor Center** *(horaires variables selon la saison)* explique leur comportement et retrace l'histoire de ces animaux superbes et ombrageux. En suivant en voiture le circuit de 19 miles de **Red Sleep Mountain**, vous pourrez apercevoir des bisons, mais aussi *pronghorns* (antilopes d'Amérique), mouflons, wapitis et chèvres des Rocheuses, sur plus de 7 400 ha de beau paysage.

Les « Têtes-Plates »

Cette vallée tire son nom des Indiens Flatheads (Têtes-Plates), en référence à une coutume selon laquelle le crâne des nourrissons était déformé en le comprimant avec une planche. Pourtant, si les premiers récits ont ainsi qualifié les Indiens de la région, ni les Salish, les Kootenai ou les Pend-d'Oreilles, aujourd'hui confédérés et connus sous ce nom de « Flathead », n'ont jamais pratiqué l'aplatissement de la tête.

Carnet pratique

S'informer

Flathead Convention & Visitor Bureau – *Bigfork - ✆ (406) 756-9091 - www.fcvb.org.*

Nos adresses

Restauration

Bigfork

Premier prix

Pocketstone Cafe – *444 Electric Ave. - ✆ (406) 837-7223 - www.pocketstonecafe.com - fermé le soir - moins de 20 $.* La terrasse de ce restaurant logé dans une bâtisse digne d'un vieux western est parfaite pour savourer un copieux petit-déjeuner de pancakes et œufs Bénédicte ou quelques plats élémentaires (omelettes, sandwichs, burgers et salades composées). À l'image des confitures, tout est cuisiné maison avec des produits frais.

Whitefish

Premier prix

The Buffalo Cafe & Nightly Grill – *514 3rd Street E. - ✆ (406)862-2833 - buffalocafewhitefish.com - fermé lun. soir et w.-end soir - moins de 20 $.* Ce restaurant propose une cuisine traditionnelle appréciée, dans une ambiance familiale : pâté de viande de bison, burrito de porc et une appétissante carte de burgers maison.

Budget moyen

Wasabi Sushi Bar and Ginger Grill – *419 2ndSt. E. - ✆ (406) 863-9283 - www.wasabimt.com - fermé lun. et midi - plats 20/45 $ - sushi rolls 15/26 $.* Une série de petites pièces crée une intimité propice à la découverte de plats magnifiques. Le poisson frais, livré plusieurs fois par semaine, sert à confectionner makis arc-en-ciel ou makis « Smoking », avec homard, crabe dormeur, asperge, noix de saint-jacques, bacon, mayonnaise Sriracha ou saumon rouge grillé.

Tupelo Grille – *17 Central Ave. - ✆ (406) 862-6136 - www.tupelogrille.com - fermé le midi - plats 18/42 $.* Nous sommes loin du delta du Mississippi, mais l'on se presse ici tous les soirs pour déguster des spécialités comme le *gumbo* (poulet, crevettes, crabe et saucisse) ou le *jambalaya* typiquement du Sud (poulet, saucisse, crevettes et riz).

Pour se faire plaisir

Whitefish Lake Golf Restaurant – *1200 US-93 - ✆ (406) 862-5285 - www.whitefishlakerestaurant.com - fermé midi - plats 38/56 $.* Avec ses bois chauds, ses rideaux fleuris et ses tapis sombres, le bar-restaurant du club de golf convient parfaitement aux familles. Le patio est idéal pour admirer le terrain de golf bâti en 1934 et le coucher du soleil. La cuisine, traditionnelle, y est toujours bonne. On peut y déguster notamment des travers de porc cuisson lente ou des steaks de viande de bœuf parfaitement maturée. Menu enfant.

Activités

Zip Line – *Whitefish Mountain Resort - ✆ (406) 862-2900 - skiwhitefish.com - de fin mai à* *déb. sept. - 87 $, durée 2h - réserv. recommandée.* Ce fabuleux circuit de tyroliennes comprend sept parcours, dont une traversée vertigineuse de 600 m de long. Le site propose aussi des descentes en VTT et de l'accrobranche. On peut également emprunter le téléphérique qui grimpe à 2000 m et redescendre par un sentier.

Croisières

Flathead Lake Boat Tours – *dép. de la marina de Lakeside, à 14 miles au sud de Kalispell - ✆ (406) 844-2628 - flatheadlakeboattour.com - ♿ - 35 $ la balade de 1h45.* En été, croisière sur le lac Flathead à bord du Far West.

Rafting

Wild River Adventures – *11900 Hwy 2 E. - 59937 West Glacier - Whitefish - ✆ (406) 387-9453 - www.riverwild.com.* Organise notamment des descentes de la Flathead River à la demi-journée (79 $).

Équitation

Près de Whitefish, le **Bar W Guest Ranch** *(voir p. 216)* organise des balades allant de 1h à une journée.

VTT

Le Whitefish Trail offre 47 miles de pistes VTT en forêt et en bords de lac, informations sur *www.whitefishlegacy.org.*

Hébergement

Kalispell

Budget moyen

The Kalispell Grand Hotel – *100 Main St. - ✆ (406) 755-8100 - kalispellgrand.com - ▤ -40 ch. 104/360 $ ☕.* Ouvert depuis 1912, cet établissement historique du centre-ville a conservé son décor d'antan, notamment son grand escalier en chêne. Chambres chaleureuses et confortables. Préférez les Grand View, côté montagne, à l'écart du bruit de la rue.

Whitefish

Budget moyen

The Duck Inn – *1305 Columbia Ave. - ✆ (800) 344-2377 - duckinn.com - 15 ch. 99/259 $ ☕ et suites - 3 nuits mini en haute sais.* Posé au bord d'un calme cours d'eau, mais proche du centre-ville de Whitefish, cette auberge propose des chambres spacieuses qui ont toutes vue sur la rivière ou le jardin.

Whitefish Mountain Resort – *3889 Big Mountain Rd - ✆ 406 862 3687 - skiwhitefish.com - ✕ ♿ - 226 ch. 186/316 $.* Très prisée des skieurs, mais moins fréquentée que d'autres stations de ski, Whitefish Mountain est un véritable petit village, avec dix restaurants et plusieurs bars. On peut y louer des appartements, des chalets de montagne et des chambres d'hôtel. La proximité des pistes et le côté familial des hébergements sont une valeur ajoutée supplémentaire.

Grouse Mountain Lodge – *2 Fairway Drive - ✆ (406) 862-3000 - ✆ (844) 868-7474 - www.glacierparkcollection.com - ✕ 🏊 ♿ - 145 ch. 123/364 $.* Situé entre l'un des parcs de Whitefish et un terrain de golf, cet hôtel typique de l'Ouest propose chambres standard et suites qui peuvent recevoir jusqu'à 4 personnes. Le décor est dominé par les tons terre, le bois et la pierre. Les nombreux services incluent, entre autres, un Spa et un centre de fitness. Navette gratuite pour le centre-ville de Whitefish.

Garden Wall Inn – *504 Spokane Ave. - ✆ (406) 862-3440 - gardenwallinn.com - 5 ch. et suites 285/435 $ ☕ - 2 nuits mini en haute sais.* Situé dans le centre-ville, ce charmant hôtel de style néocolonial, avec ses murs couverts de bardeaux et ses baignoires à pattes de lion, tire son nom des falaises abruptes qui forment la ligne continentale de partage des eaux. Les gardiens des lieux sont des explorateurs chevronnés, qui concoctent un délicieux petit-déjeuner.

Pour se faire plaisir

Good Medicine Lodge – *537 Wisconsin Ave. - ✆ (406) 862-5488 - goodmedicinelodge.com - ▤ ✕ - 9 ch. 266/433 $ ☕ - 3 nuits mini en haute sais.* Vous ne regretterez pas de faire escale dans ce cosy B & B : la maison et son jardin sont au calme et la plupart des chambres, soigneusement décorées, ont un balcon. Un verre de bienvenue est offert, des boissons et cookies sont à disposition et le petit-déjeuner est excellent.

Kandahar Lodge – *3824 Big Mountain Rd - ✆ (406) 862-6098 - www.kandaharlodge.com - ▤ ✕ - 50 ch. 227/402 $ ☕.* Cet hôtel de style européen ressemble à une maison en pain d'épice. À flanc de colline, il est situé tout près de la station de ski de Whitefish Mountain Resort. Son hall en rondins et panneaux de bois mène, via un grand escalier, à des chambres modernes et spacieuses. On peut également louer des lofts avec cuisine ou des suites complètes.

Lodge at Whitefish Lake – *1380 Wisconsin Ave. - ✆ (406) 863-4000 - lodgeatwhitefishlake.com - ✕ ⛱ ♿ - 150 ch. 211/634 $ - 2 nuits mini en haute sais.* Cet hôtel familial ouvert en 1945 a subi de nombreuses transformations au fil des ans, avec notamment trois nouveaux bâtiments près du lac, un bâtiment central, et le nouveau « Viking Lodge », surplombant la réserve naturelle de Viking Creek. Ce dernier propose des chambres plus traditionnelles, avec cheminée, tandis que le bâtiment principal comprend surtout des suites, avec cheminée, petite cuisine et balcon. Les appartements possèdent de deux à trois chambres et une cuisine. Une marina, un golf 18 trous, une piscine extérieure et un Spa haut de gamme permettent de se détendre. Le Boat Club Dining Room est renommé pour ses côtes de bœuf lentement rôties.

Une folie

Bar W Guest Ranch – *2875 US-93 - à 4 miles à l'ouest de Whitefish - ✆ (406) 863-9099 - www.thebarw.com - ✕ - 13 ch. 2700/3850 $/pers./6 nuits, pension complète et activités comprises.* Les 1200 ha de pâturages et de forêts de la propriété, près des montagnes et du lac Spencer, invitent à de belles chevauchées. L'équitation est en effet l'attraction principale de ce ranch, qui propose aussi d'autres activités, comme de s'initier aux tâches de gardien de bétail. Les hôtes ont le choix entre les chambres et suites classiques du logde, les chalets en rondins bâtis par des artisans amish ou les tentes pour une immersion en pleine nature.

Upper Missouri River ★

Le fleuve Missouri a joué un rôle clé au 19e s. dans l'expansion vers l'ouest des États-Unis. Il a amené dans la région l'expédition Lewis et Clark, puis les trappeurs et les marchands de fourrures, les chercheurs d'or et les colons, mais il a aussi formé un tronçon de la très longue voie fluviale et terrestre qui relie Saint Louis à l'océan Pacifique. Aujourd'hui, les 149 miles du haut Missouri constituent un couloir sauvage, riche en faune, en flore et en canyons vierges. Traversant les paysages de buttes et de prairies immortalisés par le peintre Charles Marion Russell, c'est le dernier cours d'eau de cette voie historique qui coule sans entraves. Les paysages pittoresques de la rivière attirent ici de nombreux amateurs de canoë-kayak.

Se repérer

Montana – *Mountain Time.*

CARTE CD2-3 (P. 196-197).

La région du cours supérieur du Missouri s'étend entre Helena, la capitale du Montana, Great Falls, Fort Benton et les Upper Missouri River Breaks National Monument plus à l'est.

À ne pas manquer

Le C.M. Russell Museum, à Great Falls.

En famille

Le Childrens Museum of Montana et l'Electric City Water Park à Great Falls.

Carnet pratique p. 221

Nos adresses p. 221

Découvrir

CARTE P. 196-197

★★ Helena C2

Au croisement de l'I-15 et de l'US-12.

105 Reeder's Alley - (406) 449-2107 - helenamt.com.

Capitale du Montana, Helena est bâtie sur Last Chance Gulch, un des filons d'or les plus riches d'Amérique. Ville raffinée de 33 885 habitants en dépit de son passé tumultueux, Helena regorge de demeures anciennes et de légendes de la période minière. La ville natale de l'acteur Gary Cooper abrite un agréable centre piétonnier.

On peut y voir **St Helena's Cathedral★** *(530 N. Ewing St. - (406) 442-5825 - www.sthelenas.org)* avec ses deux flèches et ses nombreux vitraux, et **Original Governor's Mansion★** *(304 N. Ewing St. - (406) 444-4789 - mar.-sam. visites guidées seult. ttes les heures de 13h à 15h (sam. seult de mi-sept. à mi-mai - gratuit)*, la résidence de style Queen Anne (1888) du premier gouverneur.

★★ Montana State Capitol – *1301 E. 6th Ave. - (406) 444-4789 - lun.-vend. 7h-18h.* Couronné d'un dôme de cuivre, ce grandiose édifice à l'élégante rotonde Renaissance française renferme l'œuvre monumentale de Charles Russell, *Lewis* *et Clark rencontrant des Indiens à Ross's Hole* (1912), avec d'autres illustrations de l'histoire du Montana.

Montana Heritage Center – *225 N. Roberts St. - ✆ (406) 444-2694 - montanamuseum.org - fermé pour travaux.* Le futur musée de la Montana Historical Society doit ouvrir en 2025 à côté du Capitole. Il sera consacré à l'histoire et la géologie du Montana.

★★ Gates of the Mountains C2

À 18 miles au nord d'Helena par I-15 (sortie 209). ✆ (406) 458-5241 - www.gatesofthemountains.com.

Le Missouri passe par un canyon spectaculaire formé de roches sédimentaires précambriennes et de calcaire du Mississippi. Une illusion d'optique donne l'impression que les imposantes parois rocheuses sont les gardiennes du passage, d'où leur nom de « portails », donné par Merriwether Lewis.

Au départ de **Upper Holter Lake**, des croisières commentées *(2h)* présentent l'histoire naturelle et humaine du site et permettent parfois d'apercevoir des chèvres des montagnes, des mouflons et des aigles *(de fin mai à mi-sept. - 20 $)*.

★★ Great Falls C2

Au croisement de l'US-87 et de l'US-89, à 90 miles au nord d'Helena par l'I-15.

Centre culturel et commerçant, Great Falls est célèbre pour avoir contraint Lewis et Clark à faire du portage pour franchir cinq chutes d'eau (aujourd'hui noyées ou domestiquées par des barrages) durant leur périple vers l'Ouest. Avec 60 382 habitants, Great Falls est la troisième ville du Montana.

Paris Gibson Square Museum of Art – *1400 1st Ave. N. - ✆ (406) 727-8255 - www.the-square.org - mar. 10h-21h, merc.-vend. 10h-17h, sam. 10h-15h - gratuit.* Ce gigantesque bâtiment en grès à l'architecture romane fut un lycée. Devenu un musée d'art moderne et un centre culturel, il expose temporairement des œuvres d'artistes locaux et régionaux. La collection permanente compte pour sa part plus de 600 œuvres d'art amérindien contemporain et 234 sculptures en bois de peuplier d'Amérique. Son nom rend hommage au père de Great Falls, l'homme d'affaires Paris Gibson, qui fonda la ville en 1884.

Charlie et Judith

Les peintures de **Charles Marion Russell** (1864-1926) ont généralement pour sujet les Amérindiens et les premiers cow-boys, représentés dans leur steppe avec des monts enneigés à l'horizon. Surnommé « l'artiste cow-boy », Russel a grandi dans le Missouri mais l'a quitté à l'âge de seize ans pour aller travailler dans un ranch de moutons du Montana. Il passa le reste de sa vie dans cet État et demeura presque toujours à Great Falls ou dans le Judith Basin, une vallée des Grandes Plaines entre Great Falls et Billings ceinturée par Little Belt, Big Snowy et les monts Highwood. Encore très reculée de nos jours, cette région fournit à Russel un foyer où il pratiqua pendant un demi-siècle l'élevage, la chasse et la pêche. Elle lui fournit également l'inspiration pour peindre ses quelque 2 000 tableaux, célèbres pour leur lyrisme. Russell est connu pour son humour et l'amour avec lequel il dépeignait tous ses sujets, que ceux-ci soient des Indiens, des cow-boys, des pionniers ou des soldats. Son tableau *The Custer Fight* rend compte de la bataille de Little Big Horn du point de vue des Sioux.

Montana State Capitol à Helena.
powerofforever/Getty Images Plus

★★ **C.M. Russell Museum** – *400 13th St. N. - ✆ (406) 727-8787 - cmrussell.org - 10h-17h - fermé mar.-merc. en oct.-avr. - 16 $.* Charles Marion Russell (1864-1926), qui a immortalisé le Far West de la légende dans ses sculptures, huiles et aquarelles, s'était établi à Great Falls *(voir encadré page ci-contre)*. Aujourd'hui, le musée qui lui est dédié abrite la plus grande collection de ses chefs-d'œuvre, ainsi que sa maison (1900) et son atelier en rondins (1903). Vous pourrez notamment y découvrir son *Breaking Camp* (1897) et *The Fireboat* (1918), qui ont tous deux pour motifs des Indiens dans les plaines. Ne manquez surtout pas les lettres illustrées *(Galerie 5)*. Autre curiosité, la **Browning Firearms Collection** (collection d'armes à feu Browning), qui vous fera découvrir les fusils, carabines et pistolets de ce fabricant.
★ **River's Edge Trail** – *À 5 miles au nord de Great Falls par l'US-87 - thetrail.org.* Cette piste de 60 miles qui suit les berges de la rivière Missouri, traversant des paysages somptueux, permet d'approcher de près les cinq chutes d'eau décrites par Lewis et Clark en 1905. Munissez-vous d'une carte des chutes, des aires d'observation et de la piste au Visitor Center. On peut admirer les Black Eagle Falls, Rainbow Falls et Crooked Falls depuis les aires d'observation aménagées sur la River Drive North.
★★ **Lewis et Clark National Historic Trail Interpretive Center** – *4201 Giant Springs Rd - ✆ (406) 727-8733 - www.nps.gov- été : 9h-17h ; reste de l'année : mar.-sam. 9h-17h, dim. 12h-17h - 8 $.* Ce musée rend hommage à l'expédition et aux Indiens des Plaines qui l'ont assistée. Après un **film**★ de 30mn, les visiteurs découvrent les présentations interactives qui retracent l'odyssée des voyageurs.
★ **Giant Springs State Park** – *4600 Giant Springs Rd - ✆ (406) 727-1212 - fwp.mt.gov/stateparks - de 8h au crépuscule - 8 $/véhicule de fin mai à fin sept.* Plus bas sur la route se trouve la Roe, une des plus grandes sources du pays, mais aussi une de ses plus courtes rivières avec seulement 61 m. Il est possible de s'approcher de l'eau pour voir les plantes vertes qui y poussent. À l'écloserie toute proche, on élève des truites destinées à peupler les cours d'eau du Montana. On peut découvrir leur cycle de vie au **Visitor Center** *(lun.-vend. 8h-17h)*. Le parc est idéal pour pique-niquer à l'ombre des peupliers blancs et d'immenses peupliers d'Amérique.
Children's Museum of Montana – *22 Railroad Sq. - ✆ (406) 452-6661 - www.childrensmuseumofmontana.org - lun.-sam. 9h30-17h - 10 $.* Conçu pour les

Missouri River.
World Pictures/age fotostock

enfants de 12 ans et moins, ce musée propose des expositions interactives dans le domaine des sciences, de la santé, de la technologie et bien plus. Dans l'une des salles, les enfants apprennent à faire leur marché parmi des rayons de produits sains et bons pour la santé. Des ateliers et des aires de jeu complètent les activités.

Electric City Water Park – *1700 River Dr. S. - ✆ (406) 771-1265 - greatfallsmt.net - de juin à fin août : 12h-18h - 9 $.* L'endroit possède une gigantesque piscine chauffée en plein air avec couloirs de natation, ainsi qu'un non moins gigantesque toboggan.

On peut faire de la planche ou du *body surf* avec le Flow Rider, plonger de 6 m de haut avec le Power Tower Plunge, se laisser flotter sur une bouée sur les méandres de la Lazy River ou encore barboter dans les eaux calmes de la Kids Zone Soak.

★ First Peoples Buffalo Jump State Park C2

À Ulm, 18 miles à l'ouest de Great Falls par l'I-15. 342 Ulm-Vaughn Rd - ✆ (406) 866-2217 - fwp.mt.gov/stateparks - 8h-18h ; oct.-mars : merc.-sam. 10h-16h, dim. 12h-16h - 8 $/véhicule en été.

Ce parc naturel à l'extérieur de la ville inclut une falaise de grès d'un mile qui conserve les traces du passage des troupeaux de bisons. Pendant 600 ans, les tribus de la région s'en sont en effet servi pour y précipiter les bisons à la mort et ainsi récupérer leur viande et leurs peaux.

Des monceaux de squelettes de bisons hauts de 5 m peuvent être aperçus au pied de la falaise. Des pistes de découverte, un tipi et un Visitor Center vous feront découvrir la culture du bison chez les Amérindiens.

★ Fort Benton D2

Sur la Rte 80, à 38 miles au nord-est de Great Falls par l'US-87.

1421 Front St. - ✆ (406) 622-3864 - www.fortbentonchamber.org.

Ultime étape de la remontée du Missouri pour les bateaux à vapeur, Fort Benton s'est développé en port fluvial. C'était l'extrémité est de la Mullan Road (642 miles) qui reliait les bassins du Missouri et de la Columbia à Walla Walla, dans l'État de Washington.

★★ **Fort Benton Heritage Complex** - *1900 River St. - ✆ (406) 622-5316 - fortbentonmuseums.com - fin mai-sept. : 10h30-16h30, dim. 12h-16h - 15 $.* La vie des Indiens et des pionniers confrontés à la dureté des hautes plaines est ici bien représentée à travers, entre autres, une reconstitution partielle du fort, le **Museum of the Northern Great Plains** (musée des Hautes Plaines du Nord), le **Museum of the Upper Missouri** (musée du Missouri supérieur) et la **Starr Gallery of Western Art** (galerie Starr de l'art de l'Ouest) qui met l'accent sur les travaux de Karl Bodmer et les sculptures de Bob Scriver.

★ Upper Missouri River Breaks National Monument D2

Accès par le fleuve au départ de Fort Benton. ✆ (406) 622-4000 - gratuit.
Composée d'affleurements rocheux, de falaises abruptes et de plaines herbeuses, cette région isolée couvre les 15 200 ha du parc national du Haut Missouri.
Elle n'a guère changé depuis que Lewis et Clark s'y sont aventurés en 1805. Elle a été classée parc national en janvier 2001, sous la direction du Bureau of Land Management, pour sa valeur historique, culturelle, géologique et écologique.
À Fort Benton, plusieurs agences organisent des excursions en bateau et canoë pour descendre le fleuve sur les 149 miles du parcours.
À l'est du parc, la réserve fédérale **Charles M. Russell National Wildlife Refuge** *(✆ (406) 538-8706 - www.fws.gov)* entoure le réservoir de Fort Peck et s'étend sur 4 450 km^2 dans la partie sauvage du Missouri, peuplée de wapitis, de *pronghorns* (antilopes d'Amérique), de spatulaires (poissons remontant à la préhistoire) et de 200 espèces d'oiseaux. Un circuit routier en boucle de 20 miles débute à 67 miles au nord de Lewistown *(sur l'US-191, à 175 miles à l'est de Great Falls par l'US-87).*

Carnet pratique

S'informer

Central Montana Travel and Tourist Information - *✆ (406) 761-5036 - centralmontana.com.*

Great Falls Montana Tourism Office - *15 Overlook Dr. - Great Falls - ✆ (406) 761-4436 - visitgreatfallsmontana.org.*

Nos adresses

Restauration

Fort Benton

Budget moyen

The Union Grille - *1 Grand Union Square - Grand Union Hotel - ✆ (406) 622-1882 - www.grandunionhotel.com - fermé midi et lun.-mar. de l'automne au printemps - plats 25/47 $.* Situé en bord de rivière, ce restaurant est prisé des gourmets qui apprécient sa cuisine classique mais inventive. Les produits sont de saison. En hiver, la salade marie courges butternuts rôties, légumes verts frais, graines de citrouille grillées et poires cuites, le tout servi avec une vinaigrette au miel et au cumin. Parmi les spécialités régionales figure le steak de bison grillé.

Great Falls

Budget moyen

Jakers Bar and Grill - *1500 10th Ave. S. - ✆ (406) 727-1033 - service continu - plats 22/41 $.* C'est son immense et très abordable bar à salades qui fait la réputation de cet établissement. On y trouve crevettes, bisque de homard et fruits, ainsi que salades et fruits frais. Les portions sont très généreuses, mais il est possible de prendre une petite assiette. Le restaurant propose aussi d'excellents plats de viande et de poisson.

Shopping

Great Falls

Candy Masterpiece - *120 Central Ave. - ✆ (406) 727-5955 - www.candymasterpiece.com - mar.-sam. 9h30-17h30.* Caramels mous, bonbons, toffees, truffes, cerises au chocolat, etc. : Candy Masterpiece fait tout. Les parfums sont nombreux, de l'amaretto à la menthe en passant par la mangue, le beurre de cacahuète, la citrouille, le citron vert et bien d'autres.

Hoglund's Work and Western Wear - *306 1st Av. S. - ✆ (406) 452-6911 - www.hoglundsww.com - 9h-17h30 (17h sam.), dim. 12h-16h.* Cette grande boutique du centre-ville propose ses vêtements pour hommes, femmes et enfants depuis plus de 60 ans. On y trouve chapeaux et accessoires dans le style de l'Ouest classique ou moderne, ainsi que des articles de mode dernier cri. La sélection de bottes est immense.

Activités

Canoë

Upper Missouri River Guides - *2220 Main St. - ✆ (406) 261-3297 - www.uppermissouri.com - à partir de 935 $/pers./3 j.* Excursions en canoë avec un guide.

Hébergement

Fort Benton

Budget moyen

Grand Union Hotel - *1 Grand Union Square - ✆ (406) 622-1882 - grandunionhotel.com - ▤ ✕ - 26 ch. et suites 179/229 $ ☕.* Bâti en 1882, ce joyau de l'âge d'or de Fort Benton est décoré de bois de noyer poli, de brocarts et de lambris, restaurés pour retrouver leur lustre d'origine. Beaucoup de chambres offrent une jolie vue sur la rivière Missouri.

Great Falls

Budget moyen

The Historic Hotel Avon - *118 1st Ave. S. - ✆ (406) 952-1101 - www.hotelarvon.com - ✕ - 33 ch. 145/195 $ ☕.* Cet hôtel charmant est installé dans un bâtiment construit en 1890 par un émigrant gallois. Le Celtic Cowboy, restaurant et pub, propose une cuisine d'inspiration irlandaise et un grand choix de bières à la pression.

Helena

Budget moyen

The Sanders - *328 N. Ewing St. - ✆ (406) 442-3309 - sandersbb.com - 7 ch. 160/280 $ ☕.* Bâti en 1875, ce B & B fut la demeure du politicien Wilbur Fisk Sanders et de son épouse, la suffragette Harriet Fenn Sanders, jusqu'en 1905. Enregistrée au registre national des monuments historiques, la maison a été entretenue avec amour par Rock Ringling (rejeton de la famille du cirque) et Bobbi Uecker. La majeure partie du mobilier est d'origine.

Gold West Country ★

Il y a 75 millions d'années, une intrusion de granit en fusion dans la croûte terrestre a créé le Boulder Batholith, riche en minerais, source de la prospérité et du folklore mouvementé du sud-ouest du Montana. Pendant la deuxième moitié du 19e s., ses gisements d'or, d'argent et de cuivre ont attiré les pionniers. Avec ses mines et ses villes fantômes, la région offre l'attrait de ce riche passé historique.

Se repérer

Montana – *Mountain Time.*

CARTE BC2-3 (P. 196-197).

Au sud d'Helena, le long des I-15 et I-90, les villes de Butte, Anaconda et Deer Lodge balisent cet ancien haut lieu de la ruée vers l'or.

À ne pas manquer

Pintler Scenic Highway.

Organiser son temps

Prévoyez si possible une journée pour explorer Butte et les villes fantômes du Montana, en passant la nuit à Missoula.

Carnet pratique p. 226

Nos adresses p. 227

Découvrir

CARTE P. 196-197

★ Butte C3

Au croisement de l'I-15 et de l'I-90 (sortie 126), à 68 miles au sud d'Helena et 85 miles à l'ouest de Bozeman.

1000 George St. - (406) 723-3177 - butteelevated.com.

Old Butte Historical Adventures *(117 N. Main St. - (406) 498-3424 - butte tour.info - avr.-oct. : lun.-sam. ttes les h de 10h à 14h - durée 1h30 - 20 $)* propose une visite détaillée du quartier historique, incluant l'ancienne prison municipale et un bar clandestin souterrain du temps de la prohibition.

Ancienne ville minière, Butte se considère comme « la colline la plus riche du monde ». Si on mettait bout à bout les galeries du sous-sol de cette ville de 34 768 habitants, elles courraient sur plus de 497 miles, soit toute la longueur du Montana. Butte connut son heure de gloire à la fin du 19e s., avec la découverte d'un colossal filon de cuivre, dont elle devint le plus grand site mondial de production. D'une poignée de prospecteurs en 1864, la population de la ville et de ses alentours grimpa à près de 60 000 en 1920. Pendant les années 1950, les grèves de mineurs entraînèrent la fermeture des puits de mine, laissant en souvenir des chevalets et d'élégants bâtiments fin de siècle. Parmi eux, le **Dumas Brothel** *(45 E. Mercury St. - (406) 351-9922 - www.dumasbrothel.com - en été : sam. 11h-18h)* l'une des plus célèbres maisons closes de la ville, en activité de 1890 à 1982. Ce bâtiment en brique de deux étages est l'un des vestiges du *red light district* qui, vers 1894, ne comptait pas moins de 165 saloons et 6 maisons closes, où venaient se détendre les mineurs de toutes nationalités. Tout près, le modeste **Mai Wah Museum** *(17 W. Mercury St. - (406) 723-3231 - www.maiwah.org - juin-sept. : mar.-sam. 10h-16h - 8 $)* retrace l'histoire des migrants chinois dans la ville.

Avec ses beaux vitraux et plafonds ornés de fresques, la maison du « roi du cuivre », **Copper King Mansion★** *(219 W. Granite St. - ☏ (406) 782-7580 - www.thecopperkingmansion.com, visite guidée tlj 10h, 12h, 14h et 15h30 - 20 $)* rappelle l'âge d'or de Butte. La demeure abrite également des chambres d'hôtes (*voir « Nos adresses »*).

Au départ de la Chambre de Commerce *(1000 George St.)*, un circuit en tramway, le **Trolley Tour** *(☏ (406) 723-3177 - de fin mai à sept. - durée 2h - 25 $)*, traverse le centre historique et passe par **Berkeley Pit★** *(extrémité est de Mercury St., près de Continental Dr. - mars-nov. : se rens. pour les horaires - 2 $)*, la plus grande mine de cuivre à ciel ouvert des États-Unis. Entre 1955 et 1982, les camions-bennes ont remonté plus de 290 millions de tonnes de minerai de cuivre. Le total du cuivre extrait à Butte pourrait former un ruban de 10 cm d'épaisseur couvrant toute la surface d'une autoroute sur plus de 700 km jusqu'à Salt Lake City. Le cratère fait plus de 1,5 km de diamètre et 490 m de profondeur ; un lac toxique en occupe le fond.

Le **Granite Mountain Mine Memorial** *(N. Main St., Walkerville)* honore les 168 mineurs qui ont péri en 1917. Des témoignages écrits laissés par certains des mineurs emmurés évoquent la tragédie.

Au **World Museum of Mining★** *(extrémité ouest de Park St. - ☏ (406) 723-7211 - miningmuseum.org - avr.-oct. : 10h-16h, - 12 $)*, on peut visiter un camp de mineurs reconstitué et un musée dans un bâtiment d'extraction, ou parcourir le dernier carreau de mine resté intact, **Anselmo Mine★** *(Bloc 600, N. Excelsior St.)*. Le musée organise également une impressionnante visite guidée dans une galerie de mine à 30 m sous terre *(25 $ comprenant l'entrée du musée ; réserv. plusieurs mois à l'avance)*.

★ Deer Lodge C2

Sur l'I-90, à 41 miles au nord-ouest de Butte.

Traditionnellement une ville d'élevage, Deer Lodge attire aujourd'hui les amoureux du Far West.

★★ **Grant-Kohrs Ranch National Historic Site** – *À 0,75 mile à l'ouest de l'I-90 (sortie 184) - ☏ (406) 846-2070 - www.nps.gov/grko - été : 9h-17h15 ; hiver : 9h-16h30 - gratuit.* Sur ce domaine de 600 ha des *rangers* du parc en tenue de cow-boys évoquent la vie de ce ranch dont l'empire s'étendait sur quatre États américains et deux provinces canadiennes, soit une superficie équivalente à celle de la Suisse. La visite comprend la fastueuse **ranch house** de 1890 *(visite guidée seult - horaires et inscriptions au Visitor Center)*.

★ **Old Montana Prison** – *1106 Main St. - ☏ (406) 846-3111 - pcmaf.org - 10h-16h - 18 $.* La première prison territoriale de l'Ouest permet d'imaginer les prisonniers du temps jadis. Au nombre des six musées qui lui sont intégrés(*même billet*) figurent le **Montana Auto Museum★** qui rassemble roadsters et modèles spéciaux, et le **Frontier Museum**, qui expose des armes et toutes sortes d'objets de saloon.

★★ Pintler Scenic Highway BC2-3

Rte 1, entre les sorties 208 et 153 de l'I-90.

Cette superbe route de 63 miles serpente autour de ranchs, franchit un col et longe des lacs. À l'extrémité sud, **Anaconda★** *(Rte 1, à 24 miles à l'ouest de Butte par l'I-90 - ☏ (406) 563-2400 - discoveranaconda.com)*, ancienne cité minière de 9 510 habitants, conserve une salle de spectacle Art déco, **Washoe Theater** *(305 Main St.)*, et la cheminée de sa fonderie de cuivre, repère des voyageurs. L'**Old Works Golf Club** *(1205 Pizzini Way - ☏ (406) 563-5989 - www.playoldworks.com)*,

Missoula, un paradis littéraire

Romanciers, essayistes, poètes... Ils sont nombreux à avoir choisi les grands espaces du Montana pour résidence et lieu d'inspiration. L'aventure littéraire débuta à Missoula dans les années 1960, autour du poète Richard Hugo, dont les ateliers d'écriture firent rapidement des émules. Il a été suivi par d'autres écrivains devenus célèbres comme Richard Brautigan, Norman Maclean (auteur du roman *La Rivière du sixième jour*, adapté à l'écran par Robert Redford sous le titre *Et au milieu coule une rivière*), Richard Ford et bien sûr, Jim Harrison. Sans former véritablement une école, ces auteurs et autrices ont en commun la passion des grands espaces et d'une nature encore sauvage auxquels se confronte l'individu.
Missoula compte une dizaine de librairies, dont l'incontournable **Fact & Fiction Bookstore** *(facebook.com/factandfictionbooks)*, des galeries d'art et de nombreux bars où se rencontrent écrivains et étudiants, autour d'une pinte de bière.

un terrain de golf pour championnats, est bâti sur le site abandonné et anciennement toxique d'une fonderie.
L'ancien bourg minier de **Philipsburg★★** *(Rte 1, à 55 miles au nord-ouest de Butte - ✆ (406) 859-3388 - philipsburgmt.com)* a pour intérêt principal le **Granite County Museum★** *(135 S. Sansome St. - ✆ (406) 859-3020 - www.granitecountymuseum.com - mai-sept. : 12h-16h; reste de l'année sur RDV - 5 $)*. Ce musée propose une exposition souterraine sur les mines de Granite Mountain et une galerie consacrée aux *ghost towns*, ces villes fantômes du Montana *(voir encadré p. 226)*. Dans un rayon de 100 km se trouvent 21 villes abandonnées, la mieux conservée étant **Garnet★★**, un camp de chercheurs d'or des années 1890 *(à 39 miles à l'est de Missoula par la Rte 200 et Garnet Range Rd, ou 57 miles au nord-ouest de Philipsburg par l'I-90 et Bear Gulch Rd - ✆ (406) 329-3914 - www.garnetghosttown.org)*.

★ Missoula B2

▶ *Au croisement des US-12 et US-93, au niveau de l'I-90.*
ℹ *101 E. Main St. - ✆ (800) 526-3465 - destinationmissoula.org.*
Centre commerçant et culturel abritant l'université du Montana, Missoula est une ville animée de 76 955 habitants. Construit en 1877 pour protéger la ville des attaques indiennes, **Fort Missoula** *(South Ave. W., à l'ouest de Reserve St. - ✆ (406) 728-3476 - www.fortmissoulamuseum.org - 10h-17h, dim. 12h-17h - 4 $)* a servi de camp d'internement pour les Américains d'origines italienne et japonaise pendant la Seconde Guerre mondiale. Cette douloureuse histoire est évoquée dans le musée qui abrite également une importante collection de photographies anciennes illustrant le passé de la ville.
Le **Missoula Art Museum** *(335 N. Pattee St. - ✆ (406) 728-0447 - missoulaartmuseum.org - mar.-sam. 10h-17h (19h jeu.) - gratuit)* présente des expositions temporaires d'art contemporain de bonne qualité.
L'**Aerial Fire Depot and Smokejumpers Visitor Center★** *(5765 W. Broadway, à côté de l'aéroport, par l'US-90, sortie 99 - ✆ (406) 329-4934 - visite guidée à 10h, 11h, 13h, 14h, 15h et 16h, durée 45mn - gratuit)* explique comment le corps d'élite des pompiers combat les incendies.

Les villes fantômes du Montana

Pioneer, Garnet, Kendall, Bannack, Coloma, Rocky Point, Aldridge, Virginia City... le Montana, comme bien d'autres États de l'Ouest américain, regorge de villes fantômes, preuves d'une colonisation anarchique et tumultueuse. Fondées à la fin du 19e s. à l'occasion des ruées vers l'or et autres filons de minerais précieux, ces bourgades minières connurent un boom rapide avant de dépérir lentement ou de péricliter lors de la Grande Dépression. Ainsi, **Garnet**, édifiée dans les années 1860 pour exploiter des gisements d'or et de grenats, déclina à mesure que ceux-ci s'épuisaient, puis fut ravagée par un incendie en 1912. **Bannack** comptait à son apogée 10 000 habitants, 3 hôtels, 3 boulangeries, 2 boucheries, 1 épicerie, 1 restaurant, 1 brasserie, 1 dancing et 4 saloons. Ses derniers résidents sont partis dans les années 1970, mais le village a conservé une soixantaine d'édifices en rondins de bois, la plupart en bon état et pouvant être visités. Beaucoup de *ghost towns* se réduisent à des ruines balayées par le vent, quelques baraquements en bois à l'abandon, puits de mine rouillés et voies ferrées envahies d'herbes folles, mais ces lieux fantomatiques ouvrent une fenêtre sur le passé à travers laquelle le visiteur voit resurgir les légendes de fusillades et de trésors cachés.

À proximité

CARTE P. 196-197

★★ Bannack State Park C3

Au sud de la Rte 278, à 26 miles au sud-ouest de Dillon et 88 miles au sud de Butte par l'I-15 (sortie 59). ✆ (406) 834-3413 - fwp.mt.gov/stateparks/bannack- state-park - site de 8h au crépuscule (21h en été) - Visitor Center : juin-sept. : 10h-18h - 8 $/ véhicule.

Camp de mineurs prospère des années 1860, situé près des Pioneer Mountains, Bannack a été la première capitale territoriale du Montana. La cinquantaine de bâtiments d'origine est restée dans l'état où on les a laissés, une fois le gisement épuisé. La visite autoguidée parcourt la grand-rue déserte, qui s'anime le 3e week-end de juillet avec les **Bannack Days** : des figurants en costumes d'époque y font revivre le 19e s.

Le citoyen le plus célèbre de Bannack, le **shérif Henry Plummer**, menait une double vie comme chef d'une bande de malfrats, qui tua et vola plus de cent personnes. Ses concitoyens l'ont pendu, mais le butin n'a jamais été retrouvé...

Carnet pratique

S'informer

Southwest Montana Travel Information – *1105 Main St. - Deer Lodge - ✆ (800) 879-1159 - www.southwestmt.com.*

Nos adresses

Restauration

Butte

Budget moyen

Uptown Café – *47 E. Broadway St. - ✆ (406) 723-4735 - uptowncafe.com - fermé lun.-merc. soir, sam. midi et dim. - plats 29/65 $.* La meilleure table en ville, dressée de nappes blanches. Les plats du jour invitent à se régaler de raviolis, bœuf Wellington ou crabes d'Alaska.

Missoula

Premier prix

The Bridge Pizza – *600 S. Higgins Ave. - ✆ (406) 542-0002 - bridgepizza.com - service continu - pizza 16/24 $ - plats 12,50/17,50 $.* Ce café de quartier occupe deux niveaux d'une vieille salle de bal populaire, à côté d'un petit cinéma. Depuis deux générations, les propriétaires servent avec passion pâtes, pizzas, salades et sandwichs.

Budget moyen

Tamarack Brewing Co – *231 W. Front St. - ✆ (406) 830-3113 - www.tamarackbrewing.com - service continu - plats 16/34 $.* Face à la rivière et au carrousel, cette brasserie animée sert d'excellentes bières maison et de savoureux plats, aux portions énormes : tacos, *fish & chips*, *enchiladas*, salades, côtes de bœuf, burgers, pizzas...

Boire un verre

Missoula

Charlie B's – *428 N. Higgins Ave. - ✆ (406) 549-3589 - 8h-2h.* Inutile de chercher l'enseigne de ce repaire connu de tous. Entre les murs tapissés de gueules locales et un immense comptoir se mêlent, dans un déluge de décibels, écrivains, bûcherons, hippies, cow-boys et étudiants arrimés à leur pinte de Moose Drool, la brune locale.

Hébergement

Butte

Budget moyen

The Copper King Mansion – *219 W. Granite St. - ✆ (406) 782-7580 - thecopperkingmansion.com - 4 ch. 200/359 $ ☕.* Bâtie en 1888 par un millionnaire du cuivre, cette opulente résidence victorienne propose même une visite guidée, qui part de l'escalier du hall, passe dans la salle de bal, la bibliothèque et la salle de billard, toutes ornées de vitraux, plafonds en cuir doré et marqueterie. Chambres ornées de meubles et bibelots d'époque.

Missoula

Budget moyen

Goldsmith's B and B – *803 E. Front St. - ✆ (406) 728-1585 - missoulabedandbreakfast.com - 6 ch. à partir de 215 $ ☕ - 2 nuits mini en haute sais.* Plantée sur la berge de la rivière Clark Fork, cette maison d'hôte datant de 1911 abrite des chambres douillettes et joliment décorées. Des fauteuils sous le porche permettent de profiter de la vue sur le flot grondant.

Coeur d'Alene ★

Au début du 19e s., les coureurs des bois francophones du Canada commencèrent le négoce des fourrures avec les Indiens de la région du Panhandle. Durs en affaires, ces derniers y gagnèrent la réputation de « cœurs d'alène » (l'alène est un poinçon destiné à percer le cuir). Lorsqu'en 1862 la Mullan Road fut ouverte, le nord montagneux de l'Idaho s'ouvrit aux pionniers. Les mineurs, venus pour l'or, restèrent pour exploiter les autres richesses de la région, qui devint l'une des premières du monde pour la production d'argent, de plomb et de zinc. Coeur d'Alene n'est pas un but de voyage, mais un passage entre Montana et Washington. Elle séduira les amateurs de villégiature, qui pourront aussi séjourner à Sandpoint, et les passionnés d'histoire minière.

Lake Pend Oreille.
gjohnstonphoto/Getty Images Plus

Se repérer

56 733 habitants – Idaho – *Pacific Time*.

CARTE A1-2 (P. 196-197).

À 33 miles à l'ouest de Spokane (Washington) et 166 miles au nord-ouest de Missoula (Montana), par l'I-90.

À ne pas manquer

Coeur d'Alene Lake, Lake Pend Oreille.

Organiser son temps

Une demi-journée est suffisante pour visiter Coeur d'Alene, car ce n'est généralement qu'une étape entre les États du Montana et de Washington.

Nos adresses p. 231

Découvrir

CARTE P. 196-197

105 N. 1st St. (à l'angle de Sherman Ave., en face de la marina) - (208) 664-3194 - coeurdalene.org. Voir aussi www.visitnorthidaho.com.
Cet ancien port des bateaux à vapeur est devenu un site de villégiature, apprécié des amateurs d'activités nautiques et de loisirs de plein air.

★★ Coeur d'Alene Lake

Coeur d'Alene Lake est classé parmi les cinq plus beaux lacs du monde par le magazine *National Geographic*. On peut en faire le tour en bateau, ou suivre à vélo **Centennial Trail**, une piste goudronnée de 62 miles entre Coeur d'Alene et Spokane *(voir p. 404)*.

Museum of North Idaho

115 Northwest Blvd, en face du Visitor Center - (208) 664-3448 - museumni.org - juin-sept. : 11h-17h ; avr.-mai et sept.-oct. : mar.-sam. 11h-17h - 6 $.
Il est consacré à l'histoire de la région.

Coeur d'Alene Resort

Front Ave., au niveau de 2nd St. - (855) 703-4648 - www.cdaresort.com - voir « Nos adresses ».
Ce complexe offre une belle marina et un golf 18 trous posé sur le lac, le seul parcours flottant du monde. À côté de la station, le promontoire boisé de **Tubbs Hill** est aménagé en parc public avec de petites baies, des plages et de belles vues sur le lac.

À proximité

CARTE P. 196-197

★ Lake Pend Oreille A1

À 25-50 miles au nord de Coeur d'Alene par l'US-95.
Au bord de ce lac profond de 350 m fut aménagé durant la Seconde Guerre mondiale le camp d'entraînement de la marine de Farragut, qui servit ensuite de centre de détention pour les prisonniers allemands. Installé dans les constructions survivantes du camp, le musée **Museum at the Brig** rappelle l'histoire du lieu (*Farragus State Park, à 3,7 miles à l'est d'Athol par la Rte 54 - (208) 683-2425 - de mai à déb. sept. : 10h-17h - gratuit, donation appréciée).*

★ Sandpoint

1202 5th Ave. - (208) 263-2161 - www.sandpointchamber.org.
Premier bourg du lac Pend Oreille avec 9 777 habitants, Sandpoint possède des boutiques pittoresques et un petit musée d'histoire. Un télésiège emmène au sommet de la station de ski **Schweitzer Mountain** (1950 m) *(Schweitzer Mountain Rd - (208) 263-9555 - www.schweitzer.com)* offrant des **panoramas★★** inoubliables sur le lac et les montagnes.

★★ Silver Valley A2

Le long de l'I-90, à l'est de Coeur d'Alene.
La « vallée d'argent » doit son nom aux importants gisements trouvés dans les montagnes qui dominent la rivière Coeur d'Alene.

★ Old Mission State Park

À Cataldo, 24 miles à l'est de Coeur d'Alene par l'I-90 (sortie 39).

31732 S Mission Rd, Cataldo - ✆ (208) 682-3814 - parksandrecreation.idaho.gov - été : 9h-17h ; hiver : 10h-15h - 7 $/véhicule.

Le parc possède le bâtiment le plus ancien de l'Idaho, la **mission jésuite de Cataldo** bâtie en 1850. L'église restaurée de style gréco-romain s'élève sur une butte herbeuse donnant sur la vallée de Coeur d'Alene. Le **Visitor Center** projette un film *(18mn)* sur les Indiens et les missionnaires ou « Robes Noires ».

★ Kellogg

À 36 miles à l'est de Coeur d'Alene par l'I-90 (sortie 51)

10 Station Ave. - ✆ (208) 784-0821 - www.silvervalleychamber.com.

Plus grande que Wallace *(voir ci-après)*, Kellog s'est peu à peu convertie de l'industrie minière au tourisme. Sans équivalent ailleurs, des sculptures de matériaux récupérés, les **junk-art sculptures** de David Dose, ornent le paysage urbain de manière saugrenue. Le week-end, en été, le téléphérique de la station de **Silver Mountain** *(610 Bunker Ave. - ✆ (208) 344-2676 - www.silvermt.com - 8h15-17h - 27/30 $)* transporte les visiteurs au sommet de Kellogg Peak (1920 m), d'où on découvre des **vues**★★ spectaculaires à 360° embrassant une partie du Canada et des États de Washington et du Montana.

Shoshone County Mining & Smelting Museum – *Staff House, 820 W. McKinley Ave. - ✆ (208) 786-4141 - miningandsmeltingmuseum.org - mai-oct. : tlj sf mar. 10h-18h - 5 $.* Aménagé dans l'ancienne demeure (1906) du directeur de la Bunker Hill & Sullivan Mining & Concentrating Company, ce musée abrite une vaste collection de minerais, ainsi qu'une maquette de mine représentant 215 km de galeries.

★★ Wallace

À 49 miles à l'est de Coeur d'Alene par l'I-90 (sortie 61)

✆ (208) 753-7151 - www.wallaceid.fun.

Au 20e s., on a extrait plus de 30 000 t d'argent à Wallace, autoproclamée la « capitale mondiale de l'argent ».

★★ **Sierra Silver Mine** – *420 5th St. - ✆ (208) 752-5151 - silverminetour.org - juin-août : 10h-16h ; mai et sept.-oct. : 10h-14h - visite guidée (1h15) ttes les 30mn - 18 $.* Des mineurs retraités font visiter un puits authentique et font des démonstrations de matériel : *muckers* pour dégager les déchets et *slushers* pour les évacuer. La visite guidée de la mine comprend un parcours commenté en trolleybus dans la ville.

★ **Northern Pacific Depot Railroad Museum** – *219 6th St. (au niveau de Pine St.) - ✆ (208) 752-0111 - www.npdepot.org - 15 avr.-15 oct. : 9h-17h - 5 $.* Abritant des souvenirs du rail, le musée occupe une gare de style « château » remarquablement restaurée (1901).

Wallace District Mining Museum – *509 Bank St. - ✆ (208) 556-1592 - www.wallaceid.fun - horaires variables, se rens.* Le musée projette des films sur l'évolution de l'industrie minière de l'Idaho, complétés par des expositions d'échantillons de minerai et d'objets anciens.

Les rues de Wallace sont ouvertes aux véhicules tout-terrain empruntant les 994 miles de pistes qui en partent.

★ Murray

À 18 miles au nord de Wallace par les Forest Rd 456, puis Forest Rd 9.

Deux saloons d'époque, une banque transformée en auberge, un vieux cimetière et des souvenirs sont tout ce qui reste de cette ancienne ville-champignon de la ruée vers l'or. On sait tout de cet ancien camp de mineurs quand on a vu les tas de stériles près de la rivière et cherché l'or à la batée. Pour goûter à l'ambiance particulière de la ville, n'hésitez pas à faire un arrêt au musée-restaurant **Sprag Pole** *(6353 Prichard Creek Rd)* un endroit baigné d'une atmosphère au charme délicieusement désuet : la nourriture y est correcte et vous pourrez y admirer des collections de vieux objets.

Nos adresses

Restauration

Coeur d'Alene

Premier prix

Hudson's Hamburgers – *207 E. Sherman Ave. - ✆ (208) 664-5444 - www.hudsonshamburgers.com - fermé soir et dim. (sf en été) - moins de 15 $.* On fait toujours la queue devant ce snack-bar populaire, tenu par la même famille depuis 1907. À consommer sur place, au comptoir, ou à emporter, les divins hamburgers sont préparés devant vous par le cuisinier. Pour les accompagner, pas de frites, juste du soda ou de la bière et, peut-être, un morceau de tarte du jour.

Wallace

Premier prix

1313 Club – *608 Bank St. - ✆ (208) 752-1941 - facebook.com/1313Club - fermé mar.-merc. - moins de 15 $.* Ce bâtiment historique (1891) en brique possède un certain cachet, tout comme la salle de restaurant à la décoration bigarrée. Assis sur des tabourets, on y mange des plats mexicains, des fondues, des burgers de bison, des wraps, des salades et des steaks d'assez bonne qualité.

Activités

Croisières

Coeur d'Alene Cruises – *115 S. 2nd St. - dép. de la marina - ✆ (208) 292-5670 - www.cdacruises.com - de mi-avr. à fin sept.* Propose notamment des croisières de 90mn sur le lac *(28,75 $).*

VTT

Coeur d'Alene possède un vaste réseau de pistes cyclables, dont une de 73 miles le long de Silver Valley.

Hébergement

Coeur d'Alene

Budget moyen

Greenbriar Inn – *315 E. Wallace Ave. - ✆ (208) 667-9660 - www.greenbriarlodging.com - ✕ - 7 ch. 135/350 $ ☕.* Inscrite sur le National Registry of Historic Places, cette auberge construite en 1908 se trouve à une dizaine de minutes à pied du lac de Coeur d'Alene. Les chambres disposent d'un mobilier traditionnel.

Pour se faire plaisir

The Coeur d'Alene Resort – *115 S. 2nd St. - ✆ (855) 703-4648 - www.cdaresort.com - ▤ ✕ ⛱ - 337 ch. - à partir de 300 $.* L'une des meilleures stations d'Amérique : ce complexe offre des options allant de chambres abordables à des appartements de luxe aménagés dans un bâtiment de 18 étages. Située au bord du lac Coeur d'Alene, la station possède une plage privée, une marina, cinq restaurants, et offre de très nombreux services.

4

Parc national des Badlands, Dakota du Sud.
pabradyphoto/Getty Images Plus

5

Dakota et région des Black Hills

CARTE MICHELIN RÉGION N° 761 – DAKOTA DU SUD ET DAKOTA DU NORD

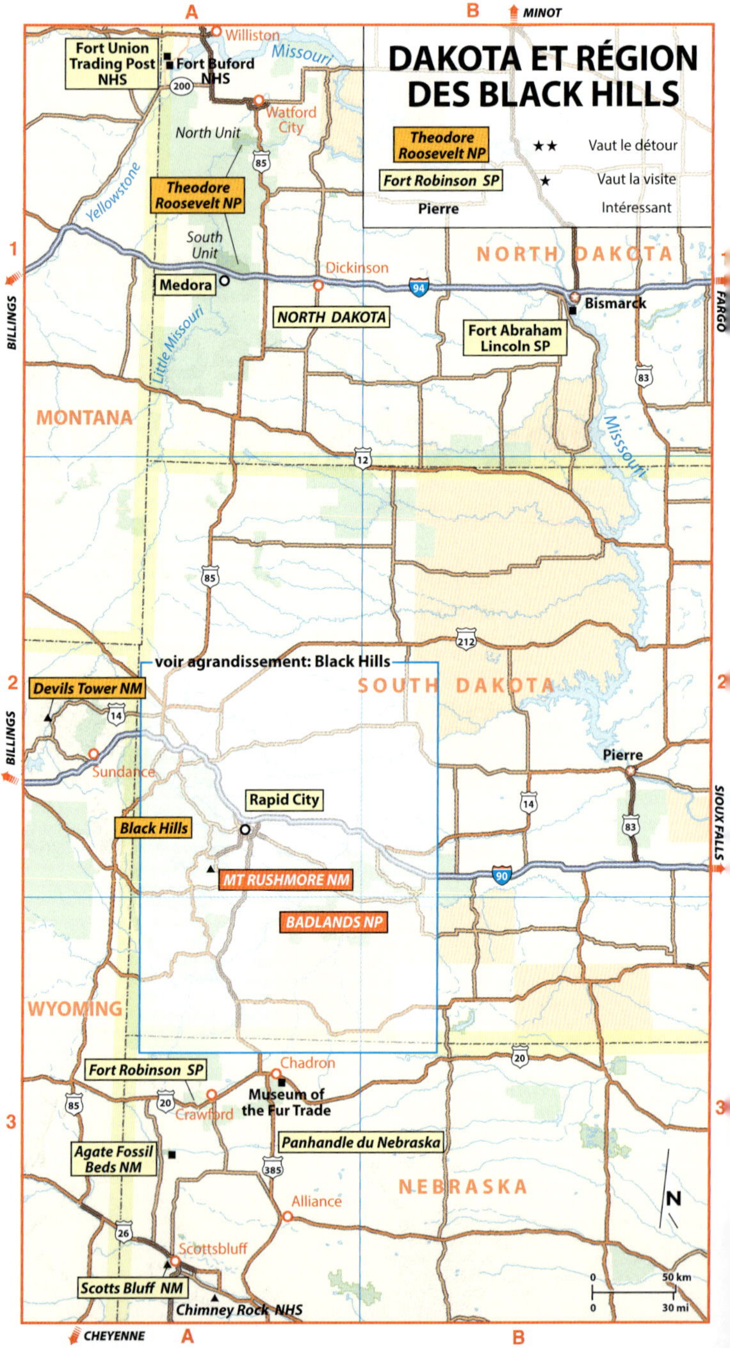

DAKOTA ET RÉGION DES BLACK HILLS
Theodore Roosevelt NP ★★ Vaut le détour
Fort Robinson SP ★ Vaut la visite
Pierre Intéressant
A
B
MINOT
Williston
Missouri
Fort Union Trading Post NHS
Fort Buford NHS
200
Watford City
North Unit
85
Theodore Roosevelt NP
Yellowstone
South Unit
1
NORTH DAKOTA
Dickinson
Medora
94
Bismarck
FARGO
BILLINGS
NORTH DAKOTA
Fort Abraham Lincoln SP
Little Missouri
83
MONTANA
Missouri
12
85
212
voir agrandissement: Black Hills
2
Devils Tower NM
SOUTH DAKOTA
14
Sundance
Pierre
Rapid City
14
SIOUX FALLS
83
Black Hills
90
MT RUSHMORE NM
BADLANDS NP
WYOMING
Chadron
20
Fort Robinson SP
85
20
Crawford
Museum of the Fur Trade
3
Agate Fossil Beds NM
Panhandle du Nebraska
385
NEBRASKA
N
Alliance
26
Scottsbluff
Scotts Bluff NM
Chimney Rock NHS
0 50 km
0 30 mi
CHEYENNE
A
B

C D

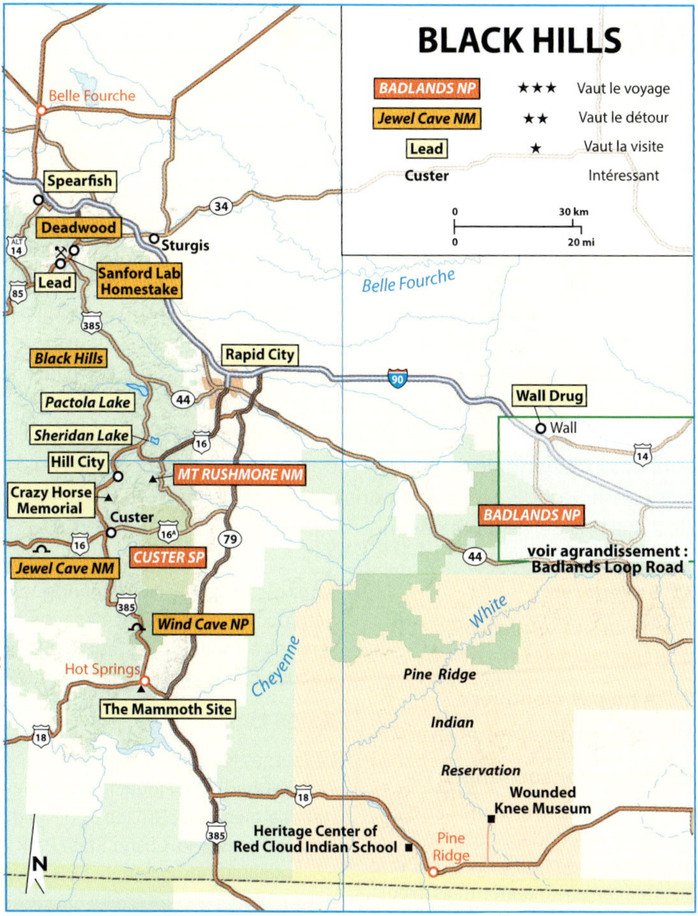

1 2

C D

E F

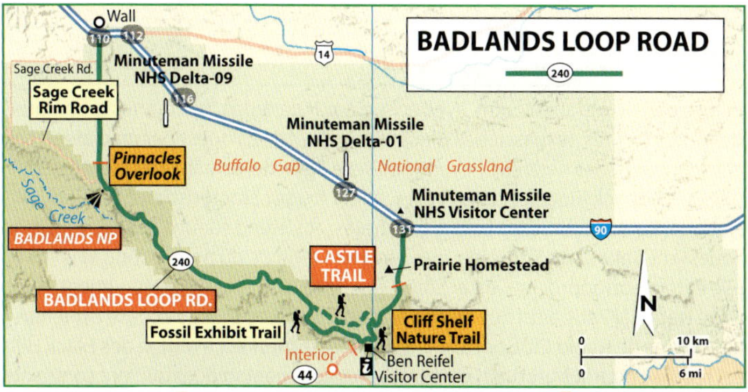

3 3

E F

Black Hills ★★

Les Black Hills forment l'un des plus vieux massifs montagneux au monde, dont le point culminant est le plus haut sommet entre le continent nord-américain et... les Pyrénées! Surgissant au-dessus des immenses plaines du Dakota et du Wyoming, ils offrent un concentré de nature dans ce qu'elle peut avoir de plus grandiose, de plus authentique et de mieux préservé. Grottes, canyons, lacs, sentiers de randonnée, petites villes pittoresques (Hill City, Hull...), les Black Hills recèlent une multitude de merveilles et d'activités qui méritent que l'on s'y attarde. Remontez le temps, sur les traces des Indiens sioux, des trappeurs français du 18e s., des pionniers scandinaves ou allemands qui s'installèrent ici au 19e s., en compagnie des « tatankas », ces bisons que vous croiserez en liberté dans le grandiose Custer State Park. Mais les Black Hills sont aussi un symbole du patriotisme américain, au cœur d'une région très conservatrice, avec le mémorial du mont Rushmore, qui attire plus de 2 millions de visiteurs par an.

Se repérer

Dakota du Sud – *Mountain Time*.

CARTE DES BLACK HILLS C1-2 (P. 235).

À ne pas manquer

Mount Rushmore et Custer State Park.

Organiser son temps

À une demi-heure de route l'un de l'autre, les mémoriaux du mont Rushmore et de Crazy Horse peuvent se visiter en une matinée mais mieux vaut compter une journée en incluant Rapid City. La concentration de sites et activités est forte sur un territoire assez restreint à l'échelle américaine. Vous pouvez passer facilement une semaine à dix jours dans les Black Hills si vous aimez les randonnées.

En famille

Le Journey Museum et Dinosaur Park, à Rapid City; Mount Rushmore National Memorial; Broken Boot Gold Mine, à Deadwood, Custer State Park et ses animaux en liberté.

Carnet pratique p. 247

Nos adresses p. 247

Découvrir

CARTE DES BLACK HILLS P. 235

Ellipse de 200 km sur 105 km, avec en son cœur de rudes montagnes granitiques de toutes formes, le massif des Black Hills est bordé à l'ouest par un plateau calcaire, encadré des rivières Cheyenne et Belle Fourche, et limité par la crête escarpée de Hogback Ridge et la Red Valley, au sol rouge caractéristique. La Black Hills National Forest couvre les collines centrales, et s'étend sur une grande partie de l'ouest du Dakota du Sud, ainsi que certaines régions du nord-est du Wyoming. Elle entoure ou approche Custer State Park, Jewel Cave National Monument, Wind Cave National Park, ainsi que huit villes, dont Deadwood. Elle s'achève à quelques kilomètres de Rapid City, porte d'entrée de ce territoire. La région des Black Hills est réputée pour ses grottes. Les mêmes pressions géologiques qui l'ont contrainte

Troupeau de bisons dans les plaines des Black Hills, Dakota du Sud.
zrfphoto/Getty Images Plus

à se dresser vers le ciel, il y a 60 millions d'années, ont fissuré les couches calcaires déposées précédemment par une mer intérieure. En s'infiltrant, l'eau a progressivement dissous la roche pour créer un labyrinthe de passages souterrains. Avec des centaines de kilomètres de cavernes, l'ensemble forme le deuxième complexe souterrain du monde. Huit des grottes sont aménagées pour recevoir le public.

★ Rapid City C1

Au croisement de l'US-16 et de la Rte 79 par l'I-90.

512 Main St. - ✆ (605) 718-8484 - www.visitrapidcity.com.

Porte principale de la région des Black Hills, cette ville de taille moyenne a été fondée à l'occasion de la ruée vers l'or en 1876. L'économie de cet ancien centre minier, d'exploitation forestière et d'élevage dépend de plus en plus du tourisme. Le centre historique (Downtown), composé de quelques pâtés de maisons, se révèle agréable et compte de nombreux bars et restaurants. Vous y découvrirez quelques bâtiments anciens, ainsi qu'une allée entièrement dédiée aux fresques murales d'artistes locaux. Depuis 2000, une série de statues en bronze grandeur nature des **présidents américains** ont été érigées dans le centre-ville, le long de la 7th Street, entre Main Street et St Joseph Street. On en compte aujourd'hui 43, de George Washington à Barack Obama.

★★ The Journey Museum – *222 New York St. - ✆ (605) 394-6923 - www.journeymuseum.org - jeu.-sam. 10h-17h, dim. 13h-17h - 14 $.* Au moyen d'une technologie multimédia d'avant-garde, le musée retrace l'histoire de la région des Black Hills sur 2,5 millions d'années. Le vaste bâtiment réunit les collections de cinq musées différents – le **Museum of Geology★** ; un **Archaeological Research Center** ; le **Native American Museum★★** ; le **Museum of Paleontology** ; et le **Pioneer**

Sur les terres sacrées des Sioux

Des collines ondulent à l'infini dans le nord des Grandes Plaines, seulement ponctuées çà et là par un ranch ou une pompe d'extraction de pétrole. On peut voir parfois un cavalier franchir la crête d'une colline pour rassembler une centaine de bêtes dans un corral. Des orages répétés traversent l'étendue du ciel. Sur ces espaces largement ouverts se dressent par endroits de hautes buttes qui servaient de points de repère aux pionniers en route vers l'ouest.
Dans l'ouest du Dakota du Sud, les principaux reliefs sont les Black Hills et les Badlands. Il y a soixante millions d'années, les Black Hills constituaient une chaîne imposante de montagnes de plus de 4 000 m. Soumise pendant des millions d'années à l'érosion de mers intérieures et à des soulèvements brutaux, la chaîne aux sommets arrondis domine aujourd'hui de 1 000 à 1 200 m les plaines qui l'entourent. De loin, les collines recouvertes d'une dense forêt semblent presque noires, d'où leur nom. À l'est, sur la rive opposée de la rivière Cheyenne, l'érosion rapide de sédiments argileux au cours des 500 derniers millénaires a formé ce qu'on appelle les Badlands.
L'homme fit son apparition ici il y a onze mille ans. Aux premiers chasseurs de mammouths succédèrent les tribus nomades. Au 18e s., la domestication du cheval assura la suprématie des Sioux Lakotas dans les plaines du Nord, jusqu'à ce que les comptoirs de la Compagnie de la baie de Hudson, le long de la Red River et du Missouri, prennent le contrôle de la région. Les premiers soldats, mineurs et fermiers arrivèrent dans les années 1850 ; peu après, le chemin de fer amena les immigrants européens. Dans les années 1870, on découvrit de l'or dans les Black Hills, terrains de chasse et terres sacrées des Sioux Lakotas. Le traité qui leur avait alloué ce territoire à perpétuité fut révoqué, et les prospecteurs s'y ruèrent pour extraire du sol ses trésors. La guerre était inévitable. En 1876, les Sioux et les Cheyennes remportèrent la bataille de Little Big Horn dans le Montana voisin, mais ce fut leur chant du cygne. En 1890, le massacre de Wounded Knee marqua la soumission définitive des tribus autochtones.
Le 20e s. a vu se développer le tourisme, favorisé par l'attrait des sculptures monumentales du mont Rushmore et les nombreux parcs nationaux créés dans toute la région. De nos jours, les Black Hills et leurs environs attirent des visiteurs de toutes sortes, routards, spéléologues, passionnés du jeu et fans de moto.

Un peu d'histoire

Pendant des siècles, les Indiens sont venus pratiquer leur culte dans ces rudes montagnes couronnées de pins ponderosa, qu'ils nommaient *Paha Sapa*, les collines noires. En 1874, la découverte d'or par un membre de l'expédition du général Custer provoque la ruée des prospecteurs dans le Dakota du Sud. Il fallut attendre près d'un quart de siècle avant que le président Cleveland établisse, en 1897, la Black Hills Forest Reserve, qui deviendra Black Hills National Forest. À Lead se trouvait Homestake Gold Mine, la plus ancienne mine d'or du monde à avoir été exploitée sans interruption jusqu'à sa fermeture, fin 2001.

Museum★★. La visite commence par la projection d'un film d'orientation *(14mn)* et se poursuit individuellement avec des audiophones empruntant les voix d'Indiens Lakotas ou de pionniers. Les textes donnent un aperçu de la mentalité des guerriers indiens et des secrets de leurs montagnes sacrées. Un archéologue attaché au musée répond aux questions sur les fouilles préhistoriques. Un conteur lakota en hologramme, l'éclairage spécial des murs illustrant les récits et une sonorisation d'ambiance mettent en valeur les présentations.
À noter, quelques curiosités hors du centre :
★ **Stavkirke Chapel in the Hill** – *3788 Chapel Lane Dr., par Jackson Blvd - www.chapel-in-the-hills.org*. Bâtie en 1969, cette chapelle est la parfaite réplique de l'église norvégienne de Borgund construite en bois au 12e s. Elle se dresse dans un beau site boisé qui n'est pas sans évoquer la Scandinavie, dont sont originaires beaucoup de familles du Dakota.
D'autres attractions, certaines d'un kitsch assez touristique, bordent la route du mont Rushmore, juste à la sortie de Rapid City :
Dinosaur Park – *940 Skyline Dr. W. (par Quincy St.) - juin-juil. 8h-20h, août 8h-18h, sept.-mai. 9h-17h - gratuit.* Au sommet d'une crête dominant la ville, ce parc abrite sept reproductions en béton d'animaux préhistoriques, dont un brontosaure visible à des kilomètres à la ronde.
Reptile Gardens – *Sur l'US-16 (à 6 miles au sud du centre-ville) - www.reptilegardens.com - juin-août : 8h-18h ; mars-mai : 9h-16h, sept.-oct. : 9h-16h ; nov. : 9h-15h ; dernière entrée 1h av. fermeture - fermé déc.-fév. - 20/24 $ selon la saison.* Ce parc abrite une large collection de reptiles, ainsi que des amphibiens, des oiseaux exotiques et des rapaces. Aux heures des spectacles, les gardiens se mesurent aux alligators et excitent les serpents venimeux pour qu'ils mordent des leurres.
Bear Country USA – *Sur l'US-16 (à 9 miles au sud de Rapid City) - (605) 343-2290 - www.bearcountryusa.com - horaires variables (voir le site internet) - fermé de déc. à mi-avr. - 18 $.* Ce zoo en plein air que l'on visite en voiture rencontre aussi un franc succès : ours, élans, rennes s'y promènent en liberté.

★★★ Mount Rushmore National Memorial C2

Sur la Rte 244, à 23 miles au sud-ouest de Rapid City par l'US-16.
(605) 574-2523 - www.nps.gov/moru - 5h-21h - parking 10 $.
Privilégiez la visite le matin, quand le soleil éclaire la montagne d'une belle lumière dorée. Attention, il y a beaucoup de monde de juin à septembre.
Difficile d'être insensible à ces immenses sculptures mythiques immortalisées dans le film *La Mort aux Trousses* d'Alfred Hitchcock ! Pendant 14 ans, entre 1927 et 1941, **Gutzon Borglum** a sculpté cette paroi de granit pour faire du mont Rushmore un « temple de la démocratie », dédié aux quatre présidents qui ont amené la nation de l'ère coloniale au 20e s. : **George Washington**, commandant de l'armée de l'Indépendance et premier président ; **Thomas Jefferson**, auteur de la Déclaration d'indépendance ; **Abraham Lincoln**, qui rétablit l'Union entre les États du Nord et ceux du Sud après la guerre de Sécession, et mit fin à l'esclavage ; **Theodore Roosevelt**, dont l'ouverture et la vision ont guidé des réformes clés dans la protection de l'environnement, les affaires et le commerce mondial.
L'**Avenue of Flags**, avec les drapeaux de tous les États et Territoires des États-Unis, mène jusqu'à **Grand View Terrace**, amphithéâtre de plein air, ainsi qu'au **Lincoln Borglum Museum**, qui comprend un musée, une librairie et des cinémas.

Des photographies de 3 m de haut, quelques marteaux-piqueurs et des panneaux racontent l'histoire de la transformation du mont Rushmore. Des écrans diffusent des documentaires ; l'un d'eux propose aux visiteurs d'appuyer sur un déclencheur virtuel pour provoquer une explosion de dynamite.

Le sentier **Presidential Trail** *(0,5 mile)* conduit les promeneurs vers la pente douce du mont, qu'il contourne jusqu'à l'atelier de l'artiste, d'où un chemin paisible sous les arbres rejoint le complexe touristique. Dans la première partie du sentier, le **Lakota, Nakota et Dakota Heritage Village** met en valeur les coutumes et traditions des communautés amérindiennes locales qui ont peuplé cette région pendant des années.

Les soirs d'été, un vaste amphithéâtre de plein air offre un spectacle son et lumière *(30mn)* suivi de feux d'artifice sur les figures de la falaise.

★ Crazy Horse Memorial C2

Sur l'US-16/385, à 17 miles au sud-ouest du mont Rushmore.

(605) 673-4681 - www.crazyhorsememorial.org - été : 8h-21h, se rens. pour le reste de l'année - 12/15 $/pers. ou 24/30 $/véhicule avec 2 pers. et 30/35 $/véhicule avec plus de 2 pers.

Le plus grand monument sculpté du monde (quand il sera achevé !) est une effigie de 172 m du célèbre chef sioux Crazy Horse (vers 1842-1877) dressé sur sa monture. Plus grand que la face du Sphinx (sa hauteur équivaut à un immeuble de 9 étages !), le visage du guerrier, terminé en 1998, est saisissant de réalisme. Cet ouvrage colossal a commencé en 1948, quand les chefs sioux ont demandé au sculpteur Korczak Ziolkowski (1908-1982) de réaliser un monument qui fasse pendant au mont Rushmore, pour que « l'homme blanc comprenne que le Peau-Rouge a, lui aussi, de grands héros ». La famille de Ziolkowski poursuit toujours la réalisation du projet.

La **Mountain Carving Gallery** retrace l'histoire de ce projet d'envergure. Des artisans de différentes tribus démontrent leur savoir-faire dans le **Native American Educational and Cultural Center★**, au pied de la montagne. À côté, l'**Indian Museum of North America** propose des exemples d'artisanat et des photographies

Le grand rallye moto de Sturgis

Tous les motards d'Amérique du Nord connaissent le Dakota du Sud pour son grand rassemblement de motos, un des plus importants du monde. Tous les ans, la deuxième quinzaine d'août, environ 400 000 motocyclistes traversent États-Unis et Canada pour rejoindre Sturgis, à 27 miles au nord-ouest de Rapid City. Cette manifestation est née en 1938, quand J.-C. « Pappy » Hoel, propriétaire d'un magasin de motocyclettes local, organisa le premier rallye avec 19 concurrents. De nos jours, *poker runs* (courses où les joueurs accumulent des cartes à jouer), courses de *dragsters*, épreuves en côte, balades sur route et démonstrations se succèdent pendant sept jours complets. Même les non-spécialistes viennent y découvrir les nouveautés et admirer au **Sturgis Motorcycle Museum & Hall of Fame** *(999 Main St. - (605) 347-2001 - www.sturgismuseum.com - 9h-17h ; oct.-mai 10h-16h - 10 $)* plus de 100 motos anciennes, y compris la plus vieille Harley-Davidson (1907) qui fonctionne sans avoir été restaurée, ou le modèle Cyclone de 1915 de l'acteur Steve McQueen.

sépia du début du 20e s., illustrant la vie des Indiens. Sculptures et objets anciens sont exposés dans l'atelier en rondins où logeait Ziolkowski.

Custer C2

Sur l'US-16/385, à 4 miles au sud de Crazy Horse Memorial et 41 miles au sud-ouest de Rapid City.

615 Washington St. - (605) 673-2244 - www.custersd.com.

Implantée pendant la ruée vers l'or des années 1870 près du campement d'origine de George Custer, cette bourgade entourée de collines conserve son atmosphère fin 19e s.

★★ Jewel Cave National Monument C2

Sur l'US-16, à 13 miles à l'ouest de Custer.

(605) 673-8300 - www.nps.gov/jeca - visite guidée seult : horaires très variables selon la saison, se rens. - 6 $.

Découvertes en 1900 et classées peu après, ces grottes montrent plus de 190 km de galeries, seulement 2 % du total estimé. On ne connaît dans le monde qu'un seul ensemble plus vaste, Mammoth Cave, dans le Kentucky, avec plus de 560 km de galeries.

Le **Scenic Tour★** *(80mn - 16 $)* commence par une descente de 71 m en ascenseur. On poursuit par un passage en béton et un escalier d'aluminium jusqu'à 112 m sous terre. Il y règne une température fraîche et constante de 9 à 10 °C. Dans les salles immenses scintillent des formations de calcite : c'est aux cristaux allongés de spath aux facettes taillées comme des pierres précieuses que la caverne doit son nom.

Pour le **Lantern Tour** *(1h45 - 16 $)*, les visiteurs munis de lanternes à bougies avancent de 800 m sur les traces des premiers explorateurs. Avant d'entamer le **Wild Caving Tour** *(3 à 4h - 45 $)*, qui suppose une bonne forme physique, il faut prouver qu'on peut se faufiler dans un boyau haut de 22 cm et large de 61, installé sur le patio.

★★★ Custer State Park C2

Au croisement de l'US-16A et de la Rte 87, à environ 13,5 miles à l'est de Custer.

(605) 394-2693 - gfp.sd.gov/state-parks ou www.custerstatepark.com - 20 $ par véhicule.

Soyez prudents ! De nombreux animaux sauvages ou ne craignant pas les hommes se promènent sur les routes (comme les ânes Burros toujours en quête de nourriture). Ne descendez jamais de voiture et n'approchez pas les bisons, qui, selon leur humeur du jour, peuvent charger. Restez sur les chemins balisés et surveillez la météo, car elle évolue rapidement. Enfin, en période de sécheresse, attention aux feux de forêts, parfois dévastateurs.

Le Custer Park, un des plus grands des États-Unis, entoure prairies blondes à l'herbe drue, dépressions marécageuses, forêts luxuriantes et pics de granit. Wapitis, cerfs, antilopes, mouflons et oiseaux chanteurs évoluent parmi les fleurs sauvages, cactus, pins et épicéas. Un troupeau de 1400 bisons fait partie du domaine.

Un grand rassemblement des bêtes a lieu en septembre : le **« Buffalo Roundup »** est un spectacle à ne pas manquer. Il permet en outre de vérifier la santé des animaux, de les vacciner et de les recenser.

Visitor Center – *au croisement de Wildlife Loop Road et de l'US-16A - été : 9h-20h (18h ou 16h le reste de l'année).* Le centre d'accueil des visiteurs du parc présente de nombreuses cartes interactives, ainsi qu'un très beau film *(20mn, ttes les 30mn)* auquel l'acteur Kevin Costner a prêté sa voix… en souvenir du film *Danse avec les loups*, tourné en grande partie dans le Dakota du Sud.

Trois parcours pittoresques et sinueux permettent de traverser le parc. Deux d'entre eux font partie de la petite route de 66 miles dite **Peter Norbeck Scenic Byway** *(US-16A, Routes 87, 89 et 244)* :

Longue de 18 miles, **Wildlife Loop Road★★** s'étend au sud et à l'ouest, de State Game Lodge jusqu'à Blue Bell Resort. Les visiteurs découvrent de larges étendues de prairies et des collines boisées, où évoluent en liberté bisons, *pronghorns* (antilopes d'Amérique), chiens de prairie et les animaux familiers du parc, les ânes « mendiants ».

Iron Mountain Road★★ *(US-16A)*, qui mène en 17 miles au mont Rushmore, comprend plusieurs ponts en treillis conçus dans les années 1930 pour enjamber des pentes abruptes sur de courtes distances. Trois tunnels étroits dévoilent des perspectives insolites sur le mont Rushmore.

D'élégants pics de granit, dont Harney Peak, point culminant du Dakota du Sud (2 207 m), bordent les 14 miles de la spectaculaire **Needles Highway★★★** *(Rte 87)*, qui traverse la pointe nord-ouest du parc. La route en épingle à cheveux contourne des formations rocheuses effilées, dont les Cathedral Spires (« flèches de cathédrale »). Remarquez, au passage, après l'étroit tunnel du **Needle Eye** (« trou d'aiguille »), le rocher percé qui a donné son nom à la route.

★★ **Sylvan Lake** – Ce lac enchanteur est bordé d'énormes rochers qui plongent dans ses eaux translucides. Ses berges bien aménagées (beaucoup de monde en saison) permettent baignade et farniente. De là part le sentier de randonnée vers Harney Peak.

★★ **Harney Peak** – Point culminant du Dakota du Sud, cette montagne granitique est l'une des plus anciennes des États-Unis, remontant à 200 millions d'années. Le sentier *(6,6 miles A/R, difficulté moyenne, prévoyez de l'eau et une casquette)* qui y conduit est très agréable, et révèle de somptueux **panoramas★★★** sur les aiguilles du massif, les forêts de sapins (très abîmés, hélas), ainsi que les vastes plaines des Badlands ou du Wyoming.

★★ Wind Cave National Park C2

Sur l'US-385, à 10 miles au nord de Hot Springs et 22 miles au sud de Custer.

(605) 745-4600 - www.nps.gov/wica - visite guidée seult : horaires et formules très variables selon la saison, se rens.

Sous un terrain de seulement 2,5 km² se trouve un domaine souterrain vierge considéré comme l'un des dix plus grands du monde. Les 135 km de passages répertoriés représentent sans doute seulement 5 % de ce labyrinthe souterrain.

Bien que les légendes indiennes fassent déjà mention de cavités d'où « souffle le vent », la découverte officielle de cette grotte date de 1881 : un certain Tom Bingham, intrigué par un sifflement, trouva une faille d'où sortait un vent qui faisait s'envoler son chapeau. En 1903, Wind Cave (la grotte du vent) fut le premier ensemble souterrain à être classé parc national.

Parmi les visites guidées par des *rangers*, on peut notamment choisir **Garden of Eden Tour** *(1h15 - 14 $)*, qui gravit 150 marches, ou **Wild Cave Tour** *(4h - 45 $, -17 ans non admis)*, où il faut beaucoup ramper. On passe une porte à tambour pour entrer dans la caverne ; on circule ensuite dans des escaliers et des couloirs en béton. L'atmosphère qui règne dans Wind Cave, murs resserrés, passages étroits,

plafonds bas, est plus intime que celle de Jewel Cave. Les parois en nids d'abeille de Wind Cave sont un phénomène unique. Elles font penser aux casiers utilisés autrefois pour le tri du courrier. Créés par le dépôt de calcite alimenté par la dissolution du calcaire, ce sont des croisillons de minces lignes d'aspect fragile en saillie sur les murs.
Une étendue sauvage de 114 km² recouvre Wind Cave, prairie de graminées et pins ponderosa.

★ The Mammoth Site C2

1800 US-18 Bypass, à Hot Springs.
www.mammothsite.org - visite guidée seult (30mn) - 22 mai-19 août : 8h-18h ; 20 août-31 oct.et 1er mars-fin mai : 9h-17h ; nov.-fév. : 9h-15h30 - dernier dép. 1h av. fermeture - 14 $.
Il y a 26000 ans, l'effondrement d'une caverne karstique a créé un piège mortel profond de 18 m pour les mammifères du Pléistocène venus se désaltérer à son point d'eau trompeur. Comblée ensuite par le limon, la cavité est restée cachée jusqu'en 1974, quand des pelleteuses l'ont mise au jour. Aujourd'hui, ce trésor de fossiles de l'âge glaciaire fait le bonheur des scientifiques, mais aussi des visiteurs,

Wild Bill Hickok, un as du colt

Une étouffante nuit d'août 1876, James Butler Hickok, dit « Wild Bill », US-marshall et éclaireur de l'armée, est invité à une partie de poker au Saloon n° 10 de Deadwood. La seule chaise libre l'oblige à tourner le dos à la porte. Il hésite à s'asseoir, mais, raillé par ses compagnons de jeu, s'installe et commande un gin. Après avoir perdu beaucoup, il emprunte 15 $ au barman et regarde sa main suivante. L'aventurier Jack McCall pousse nonchalamment la porte du saloon, sort un revolver rouillé et tire. Hickok, 39 ans, meurt sur le coup. Dans sa main, une paire d'as et une de huit noirs, que les joueurs de poker appellent depuis « la donne du mort ».
Wild Bill reconnaissait avoir tué entre 15 et 100 hommes avant ses 27 ans, mais, disait-il, « seulement en légitime défense, ou dans l'exercice de mon devoir. Je n'ai jamais, de ma vie, profité lâchement d'un avantage sur un ennemi... Mais je pourrais bien mourir les bottes aux pieds. » L'as de la gâchette Wild Bill n'est resté à Deadwood que 67 jours, mais la ville, et la région des Black Hills, restent imprégnées de sa légende. Une des fiertés de l'**Adams Museum** *(voir p. 244)* est le portrait au crayon d'Hickok par Nathaniel Wyeth. Les conservateurs surnomment affectueusement une statue de Wild Bill qui, au fil des ans, a perdu la tête, les bras et les pieds, « notre Hickok de Milo ». On rejoue l'assassinat de Hickok au **Old Style Saloon N° 10** ou dans un diorama du **Journey Museum** *(voir p. 237)* à Rapid City, sur fond de musique de bastringue et de coups de feu. À Deadwood, Lee Street s'orne d'un buste de Wild Bill par Korczak Ziolkowski. Wild Bill Hickok est enterré sur « la colline aux bottes » de Deadwood, **Mount Moriah Cemetery★**, à côté de Martha Canary alias « Calamity Jane », cow-girl à poigne devenue une légende du Far West. Des circuits d'une heure partent en tramway de Main Street pour le cimetière aux milliers de tombes, aux inscriptions savoureuses, comme « mort d'un ramollissement du cerveau ».

qui peuvent suivre l'histoire de la planète au cours d'un circuit guidé. Les paléontologues poursuivent les fouilles sur le site recouvert; à ce jour, ils ont identifié 61 mammouths et de nombreux autres animaux.

★ Hill City C2

Sur l'US-14A, à 27 miles à l'ouest de Rapid City par l'US-16.

Idéalement située au cœur des Black Hills, cette petite ville a un charme très « Far West ». De nombreuses galeries d'art, boutiques et restaurants en tout genre jalonnent sa rue principale. Un petit **train touristique** *(www.1880train.com - comptez 2h30 AR - 39 $ AR)* permet également de parcourir la campagne.

★ **Sheridan Lake** – *sheridanlakemarina.com.* On peut faire le tour de ce joli lac en voiture ou à vélo. De nombreuses aires de camping réglementées permettent d'effectuer un séjour agréable en communion totale avec une nature très préservée.

★ **Pactola Lake** – *www.fs.usda.gov* - La route passe sur la digue *(parking avec belvédères)* qui retient les eaux de ce vaste lac, dont les versants arborés sont également très prisés des vacanciers amoureux de la nature.

★★ Deadwood C1

Sur l'US-385, à 27 miles à l'ouest de Sturgis et 41 miles au nord-ouest de Rapid City par l'I-90.

501 Main St. - (605) 578-1876 - www.deadwood.com.

Dans la partie nord des Black Hills, cet ancien camp de chercheurs d'or, le plus tumultueux de l'Ouest, a bénéficié de la restauration historique la plus complète des États-Unis.

Au printemps 1876, quelque 25000 aventuriers envahirent les collines de Deadwood Gulch. Prospecteurs, anciens soldats de la cavalerie, manœuvres chinois, femmes légères et flambeurs à la gâchette facile édifièrent une grand-rue où se côtoyaient tentes, magasins et banques, sans oublier 53 saloons et 33 maisons closes. 52 trains arrivaient et repartaient chaque semaine. Le jeu fut prohibé en 1905, puis légalisé à nouveau en 1989. L'afflux d'argent qui l'accompagna ranima la ville.

Aujourd'hui, on s'y amuse 24h/24 : boîtes de nuit, dîners-spectacles, musées et autres attractions. Les anciens tripots, banques et maisons closes sont devenus des magasins et des restaurants, et bien sûr des maisons de jeu, 80 au total, dans une douzaine de pâtés de maisons victoriennes.

Main Street★★ est particulièrement animée : ses façades et maisons anciennes vous plongent tout droit dans l'histoire de la ville. Notez les nombreux détails de l'architecture locale, les jolies sculptures, les enseignes... Beaucoup de couleurs et une ambiance « Far West ».

Old Style Saloon N° 10 – *657 Main St. - (800) 952-9398 - www.saloon10.com.* C'est ici que le célèbre « Wild Bill » Hickok connut une fin tragique *(voir encadré p. 243)*. Il abrite aujourd'hui 1043 objets disparates; le plancher recouvert de sciure permettait de récupérer la poudre d'or.

★ **Adams Museum** – *54 Sherman St. - (605) 578-1714 - www.deadwoodhistory.com - mai-sept. : 9h-17h; oct.-avr. : mar.-sam. 10h-16h - 5 $.* Le musée expose une pépite d'or de 7,75 onces (241 g) découverte par « Potato Creek Johnny » en 1929.

★ **Adams House** – *22 Van Buren St. - (605) 578-3724 - mai-sept. : 9h-16h; oct.-avr. : mar.-sam. 10h-16h - 12 $.* Ce manoir de 1892, bâti dans le style Queen Anne, conserve son mobilier d'origine.

Main Street de Deadwood.
P. Frilet/hemis.fr

Broken Boot Gold Mine – *Upper Main St. et US-14A (à 1 mile du centre) - ✆ (605) 578-9997 - www.brokenbootgoldmine.com - de mi-mai à mi-sept. : 8h-18h ; visite guidée ttes les 30mn - 8 $.* On peut visiter la mine souterraine et chercher l'or à la batée *(10 $)* ; également, parfois, des visites nocturnes éclairées à la bougie.

★★ Sanford Lab Homestake C1

À Lead, 3 miles au sud-ouest de Deadwood. 160 W. Main St. - ✆ (605) 584-3110 - sanfordlab.org/slhvc - visite guidée en bus (1h) - mai-sept. : tlj sf merc. 9h-17h - 15 $.
Un peu plus haut que Deadwood, dans la ville de **Lead★**, aux pentes abruptes parsemées d'anciens abris de mineurs, se trouvait l'un des plus riches filons d'or jamais découverts. Jusqu'à sa fermeture en décembre 2001, ce fut la mine d'or la plus grande, la plus profonde et la plus productive des États-Unis. Elle aurait permis d'extraire au total 1250 tonnes d'or et d'argent. L'exploitation atteignait plus de 2 400 m sous terre.

Entre 1965 et 1994, le site de Homestake a été le théâtre d'expériences scientifiques sur les neutrinos solaires. Depuis 2007, les 1100 km de tunnels, cavernes et puits souterrains ont été reconvertis au profit d'un centre de recherches, le **Sanford Underground Research Laboratory**, qui mène des expériences de physique nucléaire sur la matière noire et les neutrinos.

Très bien conçu, le **Visitor Center★** plonge les visiteurs dans la vie de la mine et des mineurs. Le tour en bus permet de découvrir l'**Open Cut★**, une énorme carrière large de 550 m, longue de 1,5 km et profonde de 300 m. Il se prolonge par la découverte des gigantesques palans construits dans les années 1930 pour permettre de descendre dans les galeries. Ils sont toujours utilisés aujourd'hui.

Devils Tower.
Gary Tognoni/Getty Images Plus

★ Spearfish C1

Sur l'US-14A au niveau de l'I-90, à 50 miles au nord-ouest de Rapid City.
106 W Kansas St. - (605) 642-2626 - www.spearfishchamber.org.
Avec son intéressant quartier historique regroupé autour de son opéra de 1906, Spearfish passe pour être l'une des petites villes les plus séduisantes des États-Unis. Au sommet de la colline, à la limite est de la ville, le **High Plains Western Heritage Center** *(825 Heritage Dr. - (605) 642-9378 - www.westernheritage-center.com - mars-avr. et nov.-déc. : mar.-sam. 9h-16h, mai-oct. : 9h-16h, dim. 13h-16h, janv. et fév. sur RDV - 12 $)* accueille une exposition mettant à l'honneur les Amérindiens et les premiers pionniers de cette région composée de cinq États.

★★ **Spearfish Canyon** – On peut remonter en voiture le long de ces gorges sauvages et arborées en suivant l'US-40 qui serpente entre ses parois calcaires sur environ 20 miles au sud de Spearfish. En chemin, on peut faire une halte aux **Roughlock Falls**, des chutes d'eau au cadre enchanteur.

À proximité

CARTE DU DAKOTA P. 234

★★ Devils Tower National Monument A2

À 10 miles au sud de Hulett (Wyoming) par la Rte 24 et 52 miles à l'ouest de Belle Fourche (Dakota du Sud) par la Rte 34.
(307) 467-5288 - www.nps.gov/deto - tlj 24/24h; Visitor Center : horaires très variables selon la saison, se rens. - 25 $/véhicule.
Devils Tower, lieu sacré des Amérindiens, a été classé monument national en 1906. Ce monolithe cannelé se dresse sur 263 m ; son sommet couvre 0,6 ha. Il vous semblera sans doute familier si vous avez vu *Rencontres du Troisième Type* de Steven Spielberg ! Butte striée aux parois verticales, Devils Tower est le noyau

d'une intrusion de roche ignée, mis à nu par l'érosion des roches sédimentaires environnantes. La première ascension du sommet a eu lieu le 4 juillet 1893, devant plus de mille spectateurs. Aujourd'hui, 5 000 varappeurs se mesurent chaque année à ses parois *(il est interdit d'escalader en juin)*.

Le parking est souvent bondé, mais la butte mérite le détour, surtout pour suivre à pied le sentier goudronné **Tower Trail★** *(1,3 mile)*, ponctué de panneaux explicatifs, qui fait le tour de sa base. Plus escarpé, le sentier **Red Beds Trail** *(3 miles)* qui part en face du Visitor Center permet d'apercevoir les monts Big Horn, à 150 miles à l'ouest.

Carnet pratique

S'informer

Black Hills Visitor Center – *1851 Discovery Cir. - Rapid City (I-90, sortie 61) - ☏ (605) 355-3700 - www.blackhillsbadlands.com.*

Arriver/partir

En avion

Rapid City Regional Airport – *www.rapairport.com.* Liaisons directes avec Denver, Las Vegas, Los Angeles, Minneapolis, Chicago.

Nos adresses

Restauration

Deadwood

Budget moyen

Deadwood Grille – *100 Pine Crest - ☏ (605) 571-2120 - www.deadwoodlodge.com - fermé vend. et sam. soir - plats 23/43 $.* Sans doute la meilleure table de la ville, située dans le complexe de l'hôtel et casino The Lodge at Deadwood. Les entrées suffisent à rassasier, mais on optera surtout pour les viandes grillées, qui sont succulentes.

Hill City

Premier prix

Alpine Inn – *133 E. Main St. - ☏ (605) 574-2749 - www.alpineinnhillcity.com - fermé dim. - plats 16/18 $.* Dans cette belle maison de bois située au cœur du village, on sert une solide cuisine d'inspiration allemande (notamment pour le déjeuner). Menu unique le soir, avec de délicieuses viandes, salades et frites maison. Réservation plus que conseillée. Chambres au premier étage.

Budget moyen

Prairie Berry Winery – *23837 US-385 - ☏ (877) 226-9453 - www.prairieberry.com - fermé le soir - plats 18/32 $.* Du vin dans le Dakota, au milieu des montagnes ? Et oui ! Ne vous fiez pas à l'aspect grand lodge de cette vaste maison. Elle abrite une vraie cave à vins, dont la découverte aussi inattendue que ludique comblera les papilles

les plus exigeantes. La dégustation gratuite permet de découvrir quatre vins de votre choix, comme les étonnants Red ass Rhubarb ou Chuckleberry... Gamme de vins variés, à base de cépages classiques (merlot, cabernet, zinfandel) et aromatisés... Une grande diversité que vous pourrez apprécier plus tranquillement au restaurant qui sert de délicieuses assiettes gourmandes.

Rapid City

Premier prix

Everest Cuisine – *2328 W. Main St. - ✆ (605) 343-4444 - www.theeverestcuisine.com - fermé mar. - plats 16/18 $.* Un goût d'exotisme bienvenu pour changer des steaks de bisons et des hamburgers d'élan ! Ici cuisines indienne et népalaise sont à l'honneur avec un choix de *tandooris* et *byrianis* savoureux ; grand buffet à l'heure du déjeuner.

Budget moyen

Firehouse Brewing Company – *610 Main St. - ✆ (605) 348-1915 - www.firehousebrewing.com - service continu - plats 15/30 $.* Venez déguster les bières locales, déjeuner ou dîner dans le cadre très « trendy » et chaleureux d'une ancienne caserne de pompiers à l'ambiance très midwest. La cuisine fait la part belle aux spécialités de viandes de bœuf, avec également de délicieux ribs. La boutique attenante permet d'acheter les produits de la brasserie et de la cave à vins.

Minerva's Restaurant and Bar – *2111 N. Lacrosse St. - Best Western Rampuka - ✆ (605) 394-9505 - www.minervasrestaurants.com - service continu - plats 20/36 $.* Ambiance cosy et cuisine de bonne qualité font de cette adresse un choix judicieux.

Petite pause

Rapid City

Tally's Silver Spoon – *530 6th St. - ✆ (605) 342-7621 - www.tallyssilverspoon.com - 7h-21h.* Commencer la journée par un petit-déjeuner dans ce *diner* emblématique de la ville constitue un excellent moyen de prendre des forces avant d'arpenter les chemins des Black Hills ! De solides plats ou formules sont proposés, dans la salle ou en terrasse.

Boire un verre

Rapid City

Blind Lion – *510 9th St. - ✆ (605) 939-0095 - jeu. 17h-22h, vend.-sam. 17h-0h - réserv. conseillée.* Un authentique *speakeasy* à Rapid City ? Des barbes de hipsters derrière le comptoir ? Des cocktails dignes des bars des grands hôtels new-yorkais ? Il sera difficile de quitter ce bar qui offre une ambiance décalée, mélange de « coolitude » et de « savoir-faire » d'une équipe chaleureuse... Et si c'était le meilleur secret des Black Hills ?

The Hotel Alex Johnson – *523 6thSt. - ✆ (605) 342-1210 - www.alexjohnson.com - 16h-0h (vend.-sam. 2h).* Alex Johnson a bâti cet hôtel pour y faire connaître la culture sioux. Mais on s'y rendra principalement pour son Vertex Sky Bar, au onzième étage de l'hôtel, qui possède une vue agréable sur la ville et ses environs.

Shopping

Rapid City, Hill City et Deadwood comptent de nombreuses galeries d'art, mais ce ne sont pas seulement des objets que vous pourrez ramener : sous vide, les saucissons de bison ou autres délices à base de viande, les vins et bières constituent autant de souvenirs d'un territoire mémorable.

Rapid City

Prairie Edge – *606 Main St. - ✆ (800) 541-2388 - prairieedge.com - 10h-18h, dim. 11h-16h.* Musée, galerie d'art ou concept store dédié au Sud Dakota ? Prairie Edge, c'est un peu tout cela. Point de passage obligé à Rapid City, le magasin propose de magnifiques objets d'art indien, du petit souvenir au tableau de maître, en passant par de splendides coiffes, lustres ou sculptures. Un régal pour les yeux !

Hébergement

Custer State Park

Nombreux lodges et campings dans le parc. Veillez à réserver votre hébergement au moins 2 mois à l'avance. Consultez le site *www.custerresorts.com.*

Budget moyen

State Game Lodge – *13389 US-16A - Custer State Park - ✆ (605) 255-4541 - ✆ (888) 875-0001 - custerresorts.com - ouv. de fin avr. à fin. oct. - ✕ ♿ - 101 ch. à partir de 232 $.* Bâti en 1920, cet hôtel – jadis lieu de villégiature des présidents Coolidge et Eisenhower – propose plusieurs catégories de chambres et des chalets plus intimes.

Deadwood

Premier prix

The Historic Silverado Franklin Hotel – *709 Main St. - ✆ (605) 578-3670 - www.silveradofranklin.com - ✕ - 75 ch. 89/219 $, suites 219/345 $.* Le Franklin, qui fait partie d'un casino, a ouvert ses portes en 1903. Ses chambres ont pour thèmes stars du cinéma, champions de rodéo et présidents des États-Unis. Son hall regorge de meubles anciens et possède un ascenseur manuel, tandis que la Durty Nelly est la plus vieille salle de jeux de Deadwood.

Lead

Budget moyen

Spearfish Canyon Lodge – *10619 Roughlock Falls Rd - ✆ (605) 584-3435 - www.spfcanyon.com - ✕ ♿ - 54 ch. 147/211 $.* Une charpente de bois surplombe l'énorme cheminée en pierre qui trône dans la grande salle de ce chalet classique. Les suites possèdent Jacuzzi et terrasse avec vue sur le canyon.

Rapid City

Rapid City, porte des Black Hills, dispose d'hôtels et motels. L'offre est plutôt axée sur le moyen de gamme, mais reste confortable.

Budget moyen

Sweetgrass Inn – *9356 Neck Yoke Rd - en face des Reptile Gardens, à 7 miles au sud de la ville par l'US-16 - ✆ (605) 343-5351 - www.sweetgrassinn.com - ▤ ✕ - 8 ch. 87/267 $ ☕.* La famille Lee reçoit ses hôtes avec beaucoup de considération. Située en pleine campagne, leur maison est charmante. Chaque chambre possède sa décoration personnalisée. Le délicieux petit-déjeuner est servi sous le porche en été.

The Rushmore Hotel and Suites – *445 Mount Rushmore Rd - ✆ (605) 348-8300 - therushmorehotel.com - ✕ - 177 ch. 93/209 $ ☕.* Situé en plein cœur de Downtown, cet hôtel d'apparence moderne et banale cache pourtant des chambres au design original, avec des thématiques locales (coup de cœur pour les Dakota Rooms). Si la climatisation peut être un peu bruyante, la taille des chambres ainsi que le service du petit-déjeuner et du restaurant rendent le séjour agréable.

Badlands ★★★

La lumière de l'aube pare les rochers de douces teintes de bleu et de rose qui virent au rouge, pour recouvrir progressivement des strates de schiste pourpre, sable châtain, oxyde de fer orange et cendres volcaniques blanches. Les arêtes aiguisées par le vent des parois fortifiées projettent des ombres noires. La région des Badlands s'enorgueillit d'un remarquable passé géologique, mais c'est la beauté grandiose, plus évidente, de ses paysages changeant au fil des saisons, voire au fil des heures, qui captive les visiteurs. Acérés ou arrondis, les reliefs évoquent de loin quelques cités en ruine... Laissez-vous guider par votre inspiration pour vivre cette expérience de découverte unique et magique !

Se repérer

Dakota du Sud – *Mountain Time*.

CARTE DES BLACK HILLS D1-2 (P. 235).

À l'est des Black Hills et du mont Rushmore. La principale localité de la région, Wall, est située à 55 miles à l'est de Rapid City par l'I-90.

À ne pas manquer

Parcourir la route et s'arrêter à tous les belvédères, le centre commercial de Wall Drug, unique aux États-Unis.

Organiser son temps

Prévoyez une demi-journée minimum depuis Rapid City. L'excursion peut s'intégrer dans un circuit d'une journée avec les Black Hills. Pour apprécier la beauté des lieux, il est conseillé de commencer la visite très tôt le matin et d'y consacrer une journée complète, en faisant au moins deux des promenades suggérées.

Carnet pratique p. 254

Nos adresses p. 254

Découvrir

CARTES DES BLACK HILLS ET DES BADLANDS P. 235

★ Wall Drug D1

À Wall, 51 miles à l'est de Rapid City par l'I-90 (sortie 109 ou 110). 510 Main St. - (605) 279-2175 - www.walldrug.com.

Wall Drug est le plus célèbre drugstore du monde... ou bien un immense piège à touristes, les avis sont partagés : même sur l'île de Pâques on trouve des panneaux qui en indiquent la direction. Derrière une devanture de Far West s'étend un centre commercial de 7 000 m² regroupant plus de 20 boutiques, remplies de photographies anciennes, de 6 000 bottes de cow-boy, de présentations de faune et de flore, livres et autres souvenirs. Une des **collections★** les plus importantes d'**art du Far West**, dont de très beaux tableaux de **Harvey Dunn**, grand peintre du Dakota du Sud (1884-1952), est exposée, de manière désordonnée, dans cinq salles à manger. Dans l'arrière-cour, une aire de jeux pour les enfants propose des fontaines à eau glacée ainsi qu'un **tyrannosaure** qui rugit et crache de la vapeur toutes les 12mn, faisant s'égailler les bambins.

Dans les années 1930, Ted et Dorothy Hustead tenaient ici une pharmacie, qui périclitait. Ils eurent l'idée d'offrir gratuitement de l'eau glacée aux voyageurs ; depuis,

Badlands National Park.
fotoguy22/Getty Images Plus

trois générations de Hustead ont transformé Wall Drug en une trépidante oasis touristique, qui accueille l'été en pleine saison plus de 15 000 visiteurs par jour.

★★★ Badlands National Park D1-2 ET EF3

À 55 miles à l'est de Rapid City par l'I-90 jusqu'à Wall (sortie 110), puis Rte 240 (Badlands Loop Rd) sur 8 miles au sud.

Ben Reifel Visitor Center – *25216 Ben Reifel Rd Cedar Pass (à 15 miles au sud de l'I-90, sortie 131) - (605) 433- 5361 - www.nps.gov/badl - été : 7h-19h ; reste de l'année : 8h-17h. Entrée du parc : 30 $/véhicule.*

Un peu d'histoire

Le nom « Badlands » de la région vient des Sioux Lakotas, qui l'appelaient *mako sica* (les terres arides). Les coureurs des bois français parlaient des « mauvaises terres à traverser ». On a retrouvé dans ce secteur des fossiles datant de 77 millions d'années, notamment ceux de mammifères préhistoriques comme le brontothère de l'éocène, ancêtre du rhinocéros. L'érosion arrache aux Badlands 2,5 cm par an, mais les touristes d'aujourd'hui n'ont pas à s'inquiéter : il faudra encore un demi-million d'années avant que ne disparaissent ces formes et ces couleurs extraordinaires. La rangée d'aiguilles et de crêtes en dents de scie, muraille de sédiments sculptée atteignant 300 m de haut, s'étend sur 150 km du Dakota du Sud au Nebraska, bordée de part et d'autre par la prairie. Une partie des Badlands, située entre les rivières Cheyenne au nord et White au sud, a été classée en parc national.

Attention à ne pas vous éloigner des sentiers balisés, car les éboulements sont fréquents et le parc est si vaste que l'on peut facilement s'y perdre... Loin des foules les serpents à sonnettes *(rattlesnakes)* pullulent, donc faites attention où vous mettez les pieds!

Le parc national des Badlands regroupe quatre zones différentes. Le bureau se trouve au **Ben Reifel Visitor Center** *(voir p. précédente)*, à l'extrémité est de la route qui traverse le parc. La zone nord, **North Unit**, desservie par Badlands Loop Road, et l'étendue voisine sauvage de **Sage Creek Unit**, sont entourées des prairies de **Buffalo Gap National Grassland**. Les zones non aménagées de **Stronghold** et **Palmer Creek** appartiennent à la réserve indienne de Pine Ridge, au sud; elles sont du ressort du **White River Visitor Center** *(à 25 miles au nord de Wounded Knee - ✆ (605) 455-2878 - ouverture de juin à août).*

La plupart des visiteurs ne voient qu'une partie de ce parc qui couvre 970 km^2, mais c'est la plus spectaculaire. Une route de 39 miles, **Badlands Loop Road★★★**, traverse la frange nord de ces terres dénudées, où l'herbe de la prairie laisse place aux buttes et aux cheminées de fées. La route longe de hautes herbes blondes agitées comme une nappe par le vent, puis traverse des gorges ou y descend. De nombreux belvédères sont aménagés pour permettre des arrêts ou des promenades.

Entrez dans le parc par la Northeast Entrance.

Le **Cliff Shelf Nature Trail★★** *(0,5 mile)* est agréablement ombragé de genévriers. Son chemin de planches serpente à travers une dépression humide, qui a créé une oasis verdoyante dans ce pays aride.

Une piste de 4,5 miles, **Castle Trail★★★**, est spectaculaire au petit matin, quand les premiers rayons du soleil illuminent le paysage lunaire et les pics acérés.

Le chemin de planches du **Fossil Exhibit Trail★** *(0,25 mile)* conduit jusqu'à l'endroit où on a découvert, en 1847, le premier fossile de la région.

Vous roulez ensuite vers l'ouest pour rejoindre **Pinnacles Overlook★★**, qui offre un panorama spectaculaire vers le sud. Les formations sont blanchies par le temps au sommet, puis semblent suinter d'un sang rosé, qui tourne plus bas au fauve. Les petites fleurs blanches des phlox de Hood apportent une touche subtile dans la grande étendue de gris.

La **Sage Creek Rim Road★** offre un tout autre aspect : elle est bordée exclusivement de plaines peuplées de bisons au nord, tandis que les rochers de couleur se découpent dans la vallée au sud.

Revenir vers Wall par la Rte 502 puis la 590.

Minuteman Missile National Historic Site EF3

À l'est de Rapid City par l'I-90.

✆ (605) 433-5552 - www.nps.gov/mimi - Visitor Center : mar.-sam. 8h-16h (9h-15h en hiver) - visite guidée seult - gratuit.

Durant la guerre froide, quelque 1000 missiles étaient cachés sous terre dans la région des grandes plaines. Cette installation permet de visiter le silo du missile Delta 09, ainsi que le centre de lancement du missile Delta 01, tous deux distants d'une quinzaine de kilomètres. Le Visitor Center projette un film expliquant cette angoissante période de l'histoire américaine.

Pine Ridge Indian Reservation D2

US-18 et dessertes sud de Badlands National Park.

✆ (605) 455-2685 - www.pineridgechamber.com.

Au sud de l'I-90 et au sud-est des Black Hills, le foyer des Sioux Oglalas *(www.oglalalakotanation.org/oln/Home.html)* couvre près de 7800 km^2 dans la partie

occidentale du Dakota du Sud. Environ 20 000 Oglalas vivent dans cette réserve, créée en 1878, qui constitue un site important dans l'histoire des Amérindiens. En 1890, les Sioux suivirent Wovoka, un homme-médecine païute qui avait eu une vision de la disparition de l'homme blanc, du retour du bison ainsi que la résurrection des ancêtres. Il fallait d'abord, disait Wovoka, exécuter la danse sacrée des Esprits, **Ghost Dance**, en témoignage de foi. Peu convaincu, le gouvernement américain envoya la troupe pour juguler les Ghost Dancers. Fin 1890, deux semaines après la mort du chef indien **Sitting Bull** au cours de son arrestation « préventive », plus au nord, le chef **Big Foot**, entouré des siens, quitta Pine Ridge pour trouver refuge dans les Badlands. La cavalerie les intercepta. Le 29 décembre, alors que l'armée fouillait les Indiens pour rechercher des armes, un coup fut tiré, déclenchant un feu nourri qui ne cessa qu'avec la mort de Big Foot et d'environ 250 Oglalas, hommes, femmes et enfants. Trente soldats tombèrent sous le feu, dont beaucoup victimes des balles de leur propre camp. Au sommet d'une petite colline, une fosse commune marquée par un monument de pierre grise et un panneau en bois constitue le site (privé) du **massacre de Wounded Knee** *(Tribal Route 27, juste à l'ouest de la Rte 28)*.
Le **Heritage Center of Red Cloud Indian School** *(100 Mission Dr., Pine Ridge - ✆ (605) 867-1105 - www.redcloudschool.org - lun.-vend. 8h-17h - gratuit, donation bienvenue)* renferme une belle collection d'artisanat des Indiens des Plaines, objets récents et anciens, dont certains du 19e s.
La tombe du célèbre chef indien **Nuage Rouge** (Red Cloud) se trouve au sommet d'une colline dominant la mission Holy Rosary.
Le **Wounded Knee Museum** *(600 Main St., à Wall - ✆ (605) 279-2573 - www.woundedkneemuseum.org - mi-mai-mi-oct. : 9h-17h30 - 6 $)* propose des expositions sur le massacre et sur les débats qui ont toujours cours à son sujet, ainsi que sur les polémiques autour de la culture indienne dans l'Amérique moderne.

À voir aussi

CARTE DU DAKOTA P. 234

Pierre B2

US-14, US-83 et Rte 34, à 188 miles à l'est de Rapid City.
800 W. Dakota Ave. - ✆ (605) 224-7361 - www.pierre.org.
Cette petite ville à l'atmosphère un peu surannée est la capitale du Dakota du Sud, mais pas la plus grande ville de l'État. Environ 14 000 personnes vivent à Pierre, au bord du Missouri, juste en aval du sinueux **Oahe Lake**, qui s'étire en amont sur 372 km jusqu'au Dakota du Nord.
South Dakota State Capitol – *500 E. Capitol Ave. - ✆ (605) 773-3688 - boa.sd.gov - 8h-17h - gratuit.* Le capitole de l'État, dont l'architecture aux colonnes ioniques s'inspire de la Grèce antique, a été construit en 1910 en pierre locale, calcaire de l'Indiana et marbre italien. Le bâtiment restauré en 1989 se distingue par son sol en terrazzo : on a demandé aux 66 artisans italiens qui l'ont réalisé de placer où bon leur semblait un carreau de céramique bleue en guise de signature.
★ **South Dakota Cultural Heritage Center** – *900 Governors Dr. - ✆ (605) 773-3458 - history.sd.gov - fermé pour travaux, réouv. prévue en 2026.* À flanc de colline, à quelques pâtés de maisons du capitole, cet ensemble a été conçu sur le modèle d'une habitation de terre arikara (1989, Blake Holman). À la fois centre d'archives et musée, il relie dans une suite de présentations fascinantes l'histoire des Amérindiens et des pionniers et promet un nouveau parcours d'exposition interactif.

Carnet pratique

S'informer

The Wall Badlands Area Chamber of Commerce – ✆ *(605) 279-2665 - www.wall-badlands.com.*

Nos adresses

Restauration

Prévoyez votre pique-nique avant d'entrer dans le parc. Pour cela, faites vos courses à Wall. Vous pourrez également déjeuner dans le centre commercial Wall Drug, et déguster les fameux *donuts*. Le Ben Reiffel Visitor Center, dans le parc, propose également un restaurant et dispose d'une supérette.

Pierre

Budget moyen

La Minestra – *106 E. Dakota Ave. - ✆ (605) 224-8090 - fermé sam. midi et dim. - plats 24/34 $.* Le chef Mark Mancuso montre son savoir-faire derrière le bar en acajou de sa cuisine ouverte. Une tonalité vieille Europe baigne ce restaurant italien qui occupe un bâtiment de 1896. Au menu : pâtes maison, steaks et produits de la mer.

Shopping

Wall

Impossible de ne pas craquer devant le centre commercial **Wall Drug** : galeries d'art, artisanat, librairie, authentiques bottes de cow-boy, tee-shirts, donuts... une vingtaine de boutiques dont vous ne ressortirez pas sans un souvenir des Badlands *(voir p. 250)*.

Hébergement

Wall

Porte des Badlands, Wall propose quelques hôtels et motels de bon confort.

Pour se faire plaisir

Badlands Frontier Cabins Motel – *1101 S. Glenn St. - ✆ (605) 279-2619 - frontiercabins.net - ▤ - d'avr. à mi-nov. - 33 ch. 315/415 $.* Face à la prairie, d'agréables chalets en rondins, meublés dans un style western rustique, bien équipés et d'une propreté immaculée.

Pierre

Budget moyen

ClubHouse Hotel & Suites – *808 W. Sioux Ave. - ✆ (605) 494-2582 - www.pierre.clubhouseinn.com - ✕ 🏊 ♿ - 79 ch. à partir de 160 $.* Bien situé, près des rives du Missouri, cet hôtel élégant dispose de chambres confortables à des prix avantageux. Sans doute la meilleure adresse en ville. Salle de fitness et prêt de vélos.

Dakota du Nord ★

Le Dakota du Nord est une parfaite illustration des paysages des Grandes Plaines : petits lacs et collines boisées au nord ; *badlands* tourmentés du Little Missouri et grandes prairies agricoles qui se poursuivent jusqu'au Dakota du Sud. Ici, les ranchers rassemblent plutôt leurs troupeaux en véhicule 4x4 qu'à cheval. C'est un pays piqueté de petites villes, où les magasins arborent des devantures de Far West et des poignées de porte en forme de piège à ours ; une contrée aux climats extrêmes, des blizzards glacés de l'hiver aux violents orages de l'été. Mais les grands espaces sauvages et les immenses champs de céréales du Dakota du Nord possèdent une forme de beauté âpre. La richesse de sa faune et de sa flore et, surtout, les activités de pleine nature ne manquent pas d'attirer les visiteurs.

Un bison dans le Theodore Roosevelt National Park.
jtstewartphoto/Getty Images Plus

Se repérer

Central Time et Mountain Time.

CARTE DU DAKOTA AB1 (P. 234).

Bordé par le Montana à l'ouest, le Canada au nord, le Minnesota à l'est et le Dakota du Sud au sud, le Dakota du Nord forme un vaste rectangle d'une superficie de 183 273 km² au relief plat. Sa capitale est Bismarck et sa ville principale Fargo.

À ne pas manquer

Theodore Roosevelt National Park.

En famille

North Dakota Heritage Center à Bismarck ; Fort Abraham Lincoln SP.

Carnet pratique p. 262

Nos adresses p. 262

5

Découvrir

CARTE DU DAKOTA P. 234

★ Medora A1

Sur la Rte 10 (Contournement par l'I-94).

(800) 633-6721 - medora.com - Mountain Time.

Porte d'entrée du Theodore Roosevelt National Park, cette charmante ville préserve ses origines fin 19e s. avec ses façades de style pionnier et l'accueil sympathique de ses habitants. La ville a été fondée en 1883 par un aventurier français, le marquis de Morès, et porte le prénom de son épouse, Medora von Hoffman. Morès y créa un ranch et une compagnie de diligences. Il se livra à l'élevage intensif du bétail et imagina créer son propre abattoir à Medora pour alimenter les boucheries du pays. Son caractère impétueux l'amena à engager de nombreux duels au pistolet, pour lesquels il fut arrêté à maintes reprises, mais toujours acquitté. Les relations avec son illustre voisin Theodore Roosevelt furent souvent orageuses. Mais son entêtement à lutter seul contre les groupements d'éleveurs et les ténors de Chicago le plongea progressivement dans une situation économique devenue ingérable, l'obligeant à un retour prématuré en France…

Le **Chateau de Mores** peut se visiter en compagnie d'un guide *((701) 623-4355 - www.history.nd.gov - fin mai-déb. sept. : 8h30-17h30; 10 $)*. On traverse les 26 pièces que compte la demeure dont certaines ont conservé leur mobilier d'époque.

Les soirs d'été, le **Burning Hills Amphitheater** (2900 places), un amphithéâtre en plein air aménagé sur la colline qui domine la ville, accueille des spectacles musicaux très *western style* dédiés à l'héritage du 26e président américain, Theodore Roosevelt, et à sa présence dans les *badlands* du Dakota du Nord *(réserv. en ligne sur www.medora.com)*.

Autre attraction locale, le **North Dakota Cowboy Hall of Fame** *(250 Main St. - (701) 623-2000 - northdakotacowboy.com - mar.-dim. 9h-16h; fermé oct.-mai - 9 $)* a pour vocation de préserver l'histoire, de promouvoir la culture des communautés amérindiennes et d'exposer les modes de vie des habitants du Dakota du Nord, centrés autour de l'élevage et rythmés par les rodéos.

★★ Theodore Roosevelt National Park A1

Sur l'I-94 et l'US-85, entre Medora et Watford City. (701) 623-4730 - www.nps.gov/thro - 30 $ par véhicule.

Le parc compte trois Visitor Centers : South Unit *(à l'entrée sud de Medora - été : 9h-17h; reste de l'année 9h-16h30)*, Painted Canyon *(9h-16h30, fermé en basse saison)* et North Unit *(à l'entrée nord - tlj 9h-17h, en basse sais. jeu.-lun. 10h-17h)*.

Theodore Roosevelt a dit que, sans son expérience du Dakota du Nord, il ne serait jamais devenu président des États-Unis. Telle est la puissance de la nature ici, belle et sauvage. Le parc de 290 km² montre en toile de fond des *badlands*, traversées de peupliers longeant les cours d'eau et bordées de broussailles et de prairies. La rivière Little Missouri relie la zone sud (South Unit), Elkhorn Ranch et la zone nord (North Unit), tout comme la **Maah Daah Hey Trail**, la piste à une voie la plus longue d'Amérique du Nord (120 miles, soit 192 km).

Il y a environ 58 millions d'années, des couches de lignite, d'arbres pétrifiés et de bentonite fossilifère ont commencé à se superposer, formant un énorme « pudding » géologique. L'érosion du vent, de la pluie et du gel a éliminé les roches tendres, ne laissant que des arêtes acérées, des versants de scories rouges et les buttes érodées appelées *badlands*.

★★ **South Unit** – *Rte 10 par la rocade de l'I-94, Medora (à 16 miles à l'ouest de Belfield) - ☎ (701) 623-4466 - Mountain Time.* Zone la plus visitée, ne serait-ce que parce qu'elle est proche de l'autoroute, on la découvre le mieux en suivant une route touristique en boucle de 36 miles. **Scoria Point Overlook** et **Boicourt Overlook** offrent des panoramas de buttes ocre, gris et rouge brun. Le sentier **Wind Canyon Trail** *(0,2 mile)* suit le bord d'une corniche très abrupte pour admirer les parois sculptées d'un canyon. Les troupeaux de chevaux sauvages qui paissent sur les plateaux d'altitude offrent un spectacle merveilleux, mais les mascottes du parc sont certainement les chiens de prairie. Ces rongeurs vivent en colonies pouvant atteindre plusieurs milliers. Ils amusent les visiteurs avec leur hyperactivité, leurs cris aigus et leurs corps dodus. Derrière le **South Unit Visitor Center** se trouve la cabane de Theodore Roosevelt, **Maltese Cross Cabin**, restaurée et déplacée ici. Sur le site d'**Elkhorn Ranch** *(à 35 miles au nord de Medora)*, seules les fondations du ranch bâti par Roosevelt en 1885 sont encore visibles.

★★ **North Unit** – *US-85 (à 16 miles au sud de Watford City) - ☎ (701) 842-2333 - Central Time.* Surplombant de manière spectaculaire la large plaine du Little Missouri, une route de 14 miles monte au **Oxbow Overlook**, 150 m au-dessus de la rivière. De nombreux belvédères offrent de beaux points de vue le long de la route. Cinq sentiers de randonnée, du **Little Mo Nature Trail** *(1 mile)* à l'**Achenbach Trail** *(16 miles)*, traversent vallées boisées, collines herbeuses et *badlands*. Au départ d'Oxbow Overlook, un tronçon de 2 miles du sentier Achenbach mène à **Sperati Point★**, le plus étroit passage vers les *badlands*.

★ Fort Union Trading Post National Historical Site A1

Sur la Rte 1804 (Lewis & Clark Trail), à 25 miles au sud-ouest de Williston. ☎ (701) 572-9083 - www.nps.gov/fous - Visitor Center : été : 9h-17h - gratuit.

Les palissades blanches hautes de 5,50 m de Fort Union étincellent au milieu d'un grand talus proche du confluent de la Yellowstone et du Missouri. L'intérieur reconstitué du fort est dominé par **Bourgeois House**, riche demeure du directeur

Teddy Roosevelt

Véritablement l'une des plus grandes figures de l'histoire américaine, Theodore « Teddy » Roosevelt (1858-1919) fut soldat, aventurier, homme d'État, auteur, réformiste, président, fervent défenseur de la nature et également, toute sa vie durant, visiteur régulier des *badlands* du Dakota du Nord. Son ancien ranch se trouve dans le parc national qui porte son nom. Leader militaire durant la guerre hispano-américaine de 1898, sa gloire le fit élire président par deux fois (1901-1909).
Durant ses mandats, il prit des mesures drastiques à l'encontre des monopoles, se fit le défenseur de la sécurité alimentaire et pharmaceutique et étendit considérablement la présence américaine à travers le monde grâce à une flotte largement renforcée. Par-dessus tout, il donna le statut de réserve naturelle à 93 millions d'hectares de terres publiques, ce qui est plus que tous les autres présidents réunis. Roosevelt participa à la sauvegarde du bison américain et est le seul président à avoir donné son nom à un jouet : le *teddy bear* (ours en peluche).

L'expédition Lewis et Clark

En 1803, Bonaparte vendit la Louisiane aux jeunes États d'Amérique. Le président Jefferson nomma alors une mission scientifique pour explorer le nouveau territoire. À sa tête, **Meriwether Lewis**, son secrétaire personnel, et **William Clark**, militaire de carrière. L'expédition quitta Saint Louis le 14 mai 1804. Elle était de retour le 23 septembre 1806, après avoir couvert plus de 13 000 km : remontée du Missouri, traversée des Rocheuses, descente des rivières Snake et Columbia, retour. Lewis et Clark ne sont pas les premiers à avoir atteint l'océan Pacifique en partant de la côte est ; l'explorateur canadien Alexander McKenzie y était déjà parvenu une dizaine d'années plus tôt. Mais ils ont fait découvrir un territoire inconnu à une nation en plein devenir, et ouvert la voie à d'autres explorations et à la colonisation des nouvelles terres.

Des équipements jalonnent la piste **Lewis and Clark National Historic Trail** *(www.nps.gov/lecl)* dans chacun des onze États traversés. Dans les deux Dakotas, les visiteurs peuvent suivre le Missouri en voiture, en bateau ou à pied, et se renseigner sur l'expédition grâce aux panneaux descriptifs, musées et Visitor Centers. La piste est souvent impressionnante, sur le plan géographique autant qu'historique.

Le **North Dakota Lewis and Clark Interpretive Center** est une bonne introduction à la découverte de la piste *(2576 8th St. S.W., Washburn, 40 miles au nord de Bismarck - ✆ (701) 462-8535 - www.history.nd.gov/historicsites/lcic - 9h-17h, fermé dim. oct.-mars - 8 $)*. Grâce aux diverses présentations interactives, vous pourrez y revivre l'expédition épique des deux grands explorateurs de l'Ouest Américain, et leurs rencontres avec les tribus amérindiennes. Le musée regorge de détails sur l'expédition et recèle nombre d'objets, comme les cadeaux qui faisaient office d'échanges entre les pionniers et les tribus amérindiennes rencontrées, des costumes ou tout ce qui constituait le kit de survie. Le visiteur découvre également les « seconds rôles » essentiels de l'expédition, comme le Prince Maximilian, aristocrate et naturaliste, dont les dessins (exposés) font figure de témoignage unique.

On peut se faire indiquer le chemin jusqu'au **Fort Mandan Historic Site** *(2 miles à l'ouest ; fermé nov.-mars)*, qui reproduit le fort triangulaire construit par les explorateurs pour passer l'hiver.

À 3 miles en amont, dans **Knife River Indian Villages National Historic Site** *(Rte 37, à 0,5 mile au nord de Stanton - ✆ (701) 745-3300 - www.nps.gov/knri)*, on peut voir un film *(15mn)* évoquant la tribu Mandan Hidatsa qui aida Lewis et Clark à passer ce rude hiver. Des pistes serpentent sur 11 miles en passant trois villages enfouis et une hutte de terre reconstituée. Dans un de ces villages s'était établi Toussaint Charbonneau, trappeur canadien français, engagé pour servir d'interprète à l'expédition avec sa femme, une Shoshone nommée Sacagawea. C'est elle qui a guidé le corps expéditionnaire vers l'ouest et facilité les relations avec les Sioux et les autres tribus.

du comptoir, souvenir du commerce florissant des fourrures de la John Jacob Astor's American Fur Company. Entre 1828 et 1867, les Amérindiens échangeaient peaux de castors et autres fourrures contre tissus, couteaux d'acier de Sheffield et verroterie. Dans la demeure aménagée en Visitor Center, les objets exposés retracent l'histoire du commerce de la fourrure à Fort Union et en Amérique du Nord. Des reconstitutions historiques ont souvent lieu en été.

Fort Buford National Historic Site A1

Au croisement des Rte 180 et 58, à 22 miles au sud-ouest de Williston.
(701) 572-9034 - www.history.nd.gov/historicsites/buford - Visitor Center : de fin mai à déb. sept. 10h-17h30 - 5 $.
Fort Buford est un ancien poste militaire établi en 1866 à la confluence des rivières Missouri et Yellowstone. Nommé en l'honneur du major général John Buford, il fut bâti pour protéger les routes terrestres et fluviales de la région. Siège de batailles intenses avec les Indiens, le fort doit sa renommée à la reddition du chef Sitting Bull, qui y capitula le 20 juillet 1881. Après la fin des guerres indiennes, Fort Buford perdit de son importance et commença à se détériorer, avant d'être abandonné en 1895. Le site actuel compte trois bâtiments d'origine, dont le quartier des officiers qui abrite maintenant un musée relatant l'histoire tourmentée des lieux.

Minot HORS PLAN PAR B1

À 122 miles à l'est de Williston par les routes 1804 et 2.
1020 S Broadway - (701) 857-8206 - visitminot.org.
Cette ville universitaire de près de 47 759 habitants, qui se dresse au cœur de l'État, a pour slogan touristique *« Why not Minot ? »*. Pourquoi pas en effet, si on considère son attrayant Air Museum et l'hommage rendu aux origines scandinaves d'une partie de sa population (40 % env.) à travers son étonnant Scandinavian Heritage Park.
★ **Dakota Territory Air Museum** – *100 34th Ave. NE - (701) 852-8500 - www.dakotaterritoryairmuseum.com - de mi-mai à mi-oct. : lun.-sam. 10h-17h, dim. 13h-17h - 10 $.* Ce musée a été créé en 1986 à l'initiative de Oswin H. Elker, soldat durant la Seconde Guerre mondiale qui a fait une importante donation permettant à ce lieu de voir le jour. La localisation du musée n'est pas anodine : la base américaine de Minot-AFB, apparue durant la Guerre froide pour abriter les flottes de bombardiers stratégiques, est désormais la principale base des forces nucléaires américaines. Une unité de commandement y est en effet déployée. Dans trois hangars, vous pourrez voir des voitures de particuliers et des véhicules pour transporter des chevaux couvrant la période 1910-1927, construits par la compagnie *American LaFrance* mais surtout près de 60 avions dont les faits d'armes s'étalent du début du 20e s. à la Seconde Guerre mondiale. Fait amusant, chaque année, une tombola *(ticket à 100 $)* permet à l'heureux gagnant de repartir avec un avion (Piper J-3) !
Scandinavian Heritage Park – *1020 S Broadway - (701) 852-9161 - scandinavian heritage.org - mi-mai-oct. : lun.-sam. 9h-16h, dim. 12h-16h - gratuit.* Ouvert en 1988, ce parc est certainement l'un des seuls au monde (si ce n'est le seul) à célébrer les cultures des 5 pays nordiques (Suède, Norvège, Danemark, Finlande, Islande). Des statues de guerriers islandais et de skieurs norvégiens, des maisons reconstituant l'habitat traditionnel et les coutumes des campagnes suédoises de la première moitié du 20e s., et surtout une impressionnante réplique d'une **église norvégienne** ornent le parc. Celle-ci, construite en pin par trois entreprises locales et du Minnesota, est le modèle d'un édifice bâti en 1250 dans les environs d'Oslo. Fin septembre, se déroule le plus important festival scandinave du continent, le **Norsk Høstfest**.

Un peu d'histoire

Occupées par les Amérindiens pendant au moins quinze millénaires, les hautes plaines de l'État virent arriver au milieu du 18e s. les marchands de fourrures européens. La région se développa lentement jusqu'à l'arrivée du chemin de fer dans les années 1870, qui amena de nombreux fermiers souhaitant cultiver le blé. Le territoire devint État en 1889. Depuis la fin des années 1950, une multitude de derricks ponctuent le paysage. Depuis 2008, l'exploitation du pétrole de schiste par fracturation hydraulique a permis au Dakota du Nord de connaître un nouveau boom économique et de renouer avec la prospérité. Grâce au gisement de Bakken, le Dakota du Nord est devenu le deuxième plus grand producteur de pétrole des États-Unis, derrière le Texas. En 2022, la production était supérieure à 1 100 000 barils par jour. Les tours de forage, torchères et chevalets de pompage se dressent désormais par milliers au milieu des prairies dans le nord-ouest de l'État, où des bâtiments en préfabriqué et champs de caravanes ont été installés à la hâte afin d'accueillir des travailleurs toujours plus nombreux.

Bismarck B1

I-94 (sortie 157) et US-83.

1600 Burnt Boat Drive - (701) 222-4308 - noboundariesnd.com.

Campement établi en 1872 pour les ouvriers du chemin de fer, Bismarck est devenu un port florissant du Missouri, nommé en l'honneur du chancelier allemand Otto von Bismarck. Aujourd'hui centre agricole de 74 445 habitants, c'est un pivot pour les activités de sports nautiques sur Lake Oahe, au sud, et Lake Sakakawea, au nord. La ville présente toutefois un intérêt relatif pour le visiteur de passage. N'oubliez pas, dans les environs, l'intéressant North Dakota Lewis and Clark Interpretive Center *(voir p. 258)*.

North Dakota State Capitol – *600 E. Boulevard Ave. - 701 328 2471 - www.omb.nd.gov - lun.-vend. 8h-17h - fermé w.-end.* Cet impressionnant édifice en calcaire de 18 étages à l'architecture austère a été bâti en 1933. Le **Memorial Hall**, haut de plafond, est son joyau Art déco, avec ses murs de marbre noir de Belgique et ses luminaires de 3,50 m en forme de gerbes de blé.

★ **North Dakota Heritage Center** – *612 E. Boulevard Ave. - (701) 328-2666 - state museum.nd.gov - lun.-vend. 8h-16h, w.-end 10h-16h - gratuit.* Au sud du domaine du capitole, ce musée expose des pièces évoquant la vie des Grandes Plaines du Nord, des origines (fossiles de la State Fossil Collection) à nos jours. La grande galerie dédiée à la préhistoire présente plusieurs moulages de squelettes de tyrannosaures et tricératops, ainsi qu'un mastodonte avec ses défenses vieux de 10 000 ans. La galerie de l'Innovation met en lumière le mode de vie nomade des anciennes tribus amérindiennes Mandans. En face du centre se dresse une statue de la célèbre Sacagawea, la *Femme-oiseau* (Leonard Crunelle, 1910).

★ Fort Abraham Lincoln State Park B1

4480 Fort Lincoln Rd (Rte 1806), à 7 miles au sud de Mandan et 13 miles au sud-est de Bismarck.

(701) 667-6340 - www.parkrec.nd.gov/fort-abraham-lincoln-state-park - Visitor center mar.-sam.13h-15h - 7 $/véhicule.

Au confluent de la rivière Heart et du Missouri, en face de Bismarck, ce parc de 400 ha joint l'intérêt historique aux loisirs. Il se divise en trois sites principaux.

Cavalry Square comprend **Custer House**, la maison d'où partit Custer en 1876 pour livrer son dernier combat à Little Bighorn. Des guides en costume d'époque vous accompagnent pour visiter la maison, ainsi que d'autres bâtiments de Fort Abraham Lincoln, abandonné en 1891 mais restauré par la suite. On a reconstruit en partie un village indien, **On-A-Slant Indian Village**, dont six huttes en terre utilisées par les Mandans entre 1550 et 1750.
En hauteur se trouvent les vestiges des fortins d'un ancien poste d'infanterie et son centre d'information. Un bateau à aubes restauré propose des croisières sur le Missouri.

★ Fargo HORS PLAN PAR B1

196 miles à l'est de Bismarck par la I-94.
2001 44th St. S - (701) 282-3653 - www.fargomoorhead.org.
Connue mondialement grâce au film éponyme des frères Coen, puis de la série (les deux ne se déroulant d'ailleurs pas à Fargo), la plus grande ville du Dakota du Nord, blottie contre la frontière avec le Minnesota, est une cité tranquille, à l'ambiance décontractée et bohème.
Première étape de votre séjour, le **Visitors Center de Fargo-Moorhead** (Moorhead étant la ville jumelle côté Minnesota), qui est un lieu de visite en soi, avec son bison multicolore et son Walk of Fame, avec les mains et les signatures de ses plus illustres visiteurs (KISS, Neil Diamond, Bill Gates, etc.) et sa *woodchipper*, une déchiqueteuse à bois qui fait référence à une scène mythique du film des frères Coen.
Calme la semaine, Fargo s'agite les week-ends, dans son petit *downtown*, articulé autour de Broadway et 1st Ave. et dont l'emblème est son **théâtre-cinéma indépendant** à la façade Art Déco édifié en 1926 *(fargotheatre.org)*. Torréfacteurs, magasins de design scandinaves, microbrasseries et restaurants constituent le décor d'un **centre-ville revivifié** grâce au programme *Renaissance Zone*, débuté en 1999 et qui exempte les nouveaux développeurs d'impôts fonciers et sur le revenu pendant cinq ans. Pionnier de la résurgence du centre-ville, le très arty **Hotel Donaldson**, connu sous le nom de HoDo accueille poètes, musiciens et peintres. Il abrite également un très bon restaurant, et un rooftop avec jacuzzi, *Sky Prairie (voir « Nos adresses »).*
★ **Plains Art Museum** – *704 1st Ave. N - (701) 551-6100 - plainsart.org - 11h-17h, jeu. 11h-21h - entrée libre.* Ce musée des Beaux-Arts, logé dans un ancien entrepôt magnifiquement réhabilité, contient un fond d'environ 3 000 œuvres, dont de l'art contemporain national et régional, de l'art indien traditionnel et de l'art populaire traditionnel, exposées par roulement. Si l'écrin est superbe, les expositions sont également de qualité, éveillant la curiosité et/ou suscitant un réel intérêt.

Carnet pratique

S'informer

(701) 328-2525 - www.ndtourism.com.

Nos adresses

Restauration

Bismarck

Premier prix

Texas Roadhouse – *1505 Burnt Boat Dr. - (701) 250-6746 - fermé lun.-jeu. midi - plats 13/27 $.* Un restaurant de chaîne, parfait pour les gros appétits à petit budget, avec de copieux steaks, hamburgers et des salades composées. Service rapide et ambiance conviviale.

Budget moyen

Peacock Alley Bar & Grill – *422 E. Main Ave. - (701) 221-2333 - www.peacock-alley.com - fermé dim. - plats 19/50 $.* Près du capitole, cet établissement aménagé dans un ancien hôtel des années 1930 est fréquenté par les politiciens. Des photos d'anciens champions de boxe sont accrochées aux murs. Au menu, éclectique, figurent hamburgers, steaks, pâtes et salades.

Fargo

Budget moyen

Mezzaluna – *309 Roberts St. N - (701) 364-9479 - dinemezzaluna.com - fermé dim.-lun. et midi - plats 20/53 $.* Une référence à Fargo. Il faut dire que Mezzaluna soigne parfaitement son image, entre un décor chic et tendance (fauteuils de cuir, grands miroirs, comptoir en marbre) et une cuisine inventive et maîtrisée. On peut aussi se rendre uniquement au bar pour déguster l'un des excellents cocktails.

Medora

Budget moyen

Theodore's Dining Room – *301 3rd Av. - (701) 623-4444 - medora.com - fermé lun.-mar. soir - plats 18/52 $.* Le restaurant du Rough Riders Hotel constitue sans doute la meilleure opportunité pour un dîner en ville. Salle élégante autour d'une vieille cheminée en brique. Parmi les plats appréciés, la bisque de homard et l'osso-buco de bison. Bonne carte de vins.

Minot

Budget moyen

10 North Main – *10 Main St. - (701) 837-1010 - facebook.com/10northmain - fermé dim.-lun. et midi - plats 25/89 $.* Dans le downtown de Minot, voici l'un des incontournables de la ville. Propriété de l'acteur américain Josh Duhamel, natif de Minot, le 10 North Main propose une cuisine généreuse qui s'autorise des grands écarts, du *crab cakes* à la viande de bœuf mariné (les plats existent aussi en version tapas). Exposition du travail d'artistes locaux. Un endroit sympathique.

Boire un verre

Fargo

Proof Artisan Distillers – *414 4th Ave. N - proofdistillers.com - lun.-vend. 9h-17h.* Dans un bâtiment historique édifié en 1928 et totalement rénové, s'est installée une distillerie qui produit vodka, gins, whiskies et liqueurs de qualité. Au bar, des cocktails sont préparés avec les produits maison. Les amateurs seront comblés, d'autant plus que l'endroit est superbe et le personnel, accueillant.

Medora

Little Missouri Saloon – *440 3rd St. - ✆ (701) 623-4404 - www.littlemosaloon.com - 11h-1h.* Avec ses grappes de billets et ses chapeaux de cow-boys suspendus au plafond, ses chanteurs folks et country qui y défilent le week-end et ses bières locales, ce bar est une excellente introduction pour qui veut expérimenter le style très Western du Dakota du Nord.

Hébergement

Bismarck

Budget moyen

Hampton Inn & Suites – *2020 Schafer St. - ✆ (701) 751-5656 - www.hilton.com - 98 ch. 149/273 $.* Situé un peu à l'écart du centre-ville, près de l'I-94 (sortie 157), un établissement moderne, calme et très confortable, aux chambres spacieuses et équipées d'une bonne literie. Centre de fitness.

Dickinson

Premier prix

La Quinta Inn & Suites – *552 W. 12th St. - ✆ (701) 300-8906 - www.wyndhamhotels.com - 79 ch. 94/198 $ - 55 $.* Bien situé en centre-ville, l'établissement offre de nombreuses commodités (piscine intérieure, fitness, wifi haut débit) et des chambres agréables avec de larges écrans de télévision.

Medora

Budget moyen

Rough Riders Hotel – *301 3rd Av. - 3rd St. - ✆ (701) 623-4444 - medora.com - 76 ch. 99/279 $.* Roosevelt avait pour habitude de déguster viande de bison et autres gibiers dans cet hôtel bâti en 1883 et restauré en 1962. Les chambres, climatisées, possèdent toutes mobilier ancien et poste de télévision. L'établissement comprend également une aile moderne de 68 chambres avec ascenseur. Les prix sont identiques, sauf pour les suites.

AmericInn Lodge & Suites – *75 S. East River Rd - ✆ 844 581 4982 - www.wyndhamhotels.com - 79 ch. 101/342 $.* Rénové, doté d'une agréable piscine couverte avec sauna et Jacuzzi, cet hôtel propose des chambres confortables et bien insonorisées.

Fargo

Budget moyen

Hotel Donaldson – *101 Broadway N - ✆ (701) 478-1000 - www.hoteldonaldson.com - 17 ch. 199/249 $.* Le Donaldson est un superbe hôtel, situé dans le quartier historique de Fargo. Dans les chambres, œuvres d'art exposées, mobilier design et enceintes Bose. Des concerts et des manifestations artistiques sont souvent organisés. Restaurant bar Hodo parfaitement recommandable et rooftop avec bar et jacuzzi. On adore !

Panhandle du Nebraska ★

Trois rivières coulant vers l'est définissent le Panhandle (« queue de poêle ») du Nebraska, qui s'étire sur 136 miles des Black Hills jusqu'à la frontière du Colorado. Au nord, au-dessus de la White River, les falaises blanches et les buttes déchiquetées de Pine Ridge décrivent un arc jusqu'aux Badlands du Dakota du Sud. Plus au sud, la Niobrara River coupe des terrains fossilifères de 19 millions d'années, traverse les vastes terres d'élevage et les dunes des Sand Hills. Dominant la North Platte River, les formations de Chimney Rock et Scotts Bluff servent de repères.

Scotts Bluff National Monument.
pddurham/Getty Images Plus

Se repérer

Nebraska – *Mountain Time*.

CARTE A3 (P. 234). La région ouest du Nebraska se situe entre le Colorado au sud, le Dakota du Sud au nord et le Wyoming à l'ouest. La ville principale est Scottsbluff.

À ne pas manquer

Scotts Bluff National Monument.

Organiser son temps

La région s'intègre bien dans un itinéraire entre le Wyoming et le Dakota du Sud. Prévoyez une nuit à Scottsbluff.

En famille

Agate Fossil Beds National Monument.

Nos adresses p. 267

Découvrir

CARTE P. 234

www.westnebraska.com.

Museum of the Fur Trade A3

Sur l'US-20, à 3 miles à l'est de Chadron.
6321 Highway 20 - (308) 432-3843 - www.furtrade.org - mai-oct. : 8h-17h; le reste de l'année sur RV - 6 $.
Cette collection rassemble quelque 6 000 objets parmi ceux qu'échangeaient Indiens et Américains d'origine européenne dans le commerce des fourrures des 18e et 19e s. On y voit 300 fusils fabriqués à l'intention des Indiens entre 1750 et 1900. Derrière le musée se trouve le petit comptoir commercial rustique de James Bordeaux, qui a commercé avec les Sioux jusqu'en 1872.

★ Fort Robinson State Park A3

Sur l'US-20, à 3 miles à l'ouest de Crawford et 28 miles à l'est de Chadron.
(308) 665-2900 - outdoornebraska.gov/location/fort-robinson.
Fort Robinson, le plus grand parc du Nebraska et le plus chargé d'histoire, couvre 88 km² au cœur de la région de Pine Ridge. Construit en 1874, le fort est resté en service jusqu'en 1948. Beaucoup des grands épisodes des guerres indiennes de la fin du 19e s. s'y sont déroulés, comme l'assassinat du chef **Crazy Horse** en 1877, et la révolte des Cheyennes de 1879, une tentative manquée d'évasion de 149 hommes, femmes et enfants, emprisonnés et mourant de faim. À la fin du 19e et au début du 20e s., le fort abritait une garnison d'Afro-Américains, les Buffalo Soldiers.
Caserne de 1909, le **Fort Robinson State Park Inn & Lodge** fait office de centre d'information touristique; d'ici partent les circuits en train et les visites à pied.
En face, le **Fort Robinson Museum** *(20 mai-4 sept. : 9h-16h, dim. 10h-14h; 5 sept.-5 nov. : sam. 9h-16h, dim. 10h-14h - 5 $)* occupe le quartier général de 1905. Consacré à l'histoire militaire, il abrite une intéressante présentation sur les chiens dressés à détecter les mines, porter les messages et tirer les traîneaux.
Le **Trailside Museum of Natural History** *((308) 665-2929 - www.trailside.unl.edu - mai-sept. : 9h30-16h; avr. et oct. : mar.-dim. 9h30-16h30 - 4 $)* vous fera découvrir les os de deux mammouths, ainsi que des défenses restées imbriquées lors d'une joute et trouvées non loin.

★ Agate Fossil Beds National Monument A3

À 44 miles au nord de Scottsbluff par la Rte 29 et 50 miles au sud-ouest de Crawford.
301 River Rd - (308) 665-4113 - www.nps.gov/agfo - gratuit. Visitor Center : 9h-17h en été; 8h-16h en hiver.

Un peu d'histoire

Au 19e s., l'ouest du Nebraska était une importante zone de transition entre les Grandes Plaines et les Rocheuses. La célèbre **piste de l'Oregon** *(voir p. 500)* suit la North Platte River jusqu'à Fort Laramie, au Wyoming; les négociants en fourrure exerçaient leur commerce plus au nord, le long de la White River. Après la ruée vers l'or de 1874 dans les Black Hills, on édifia Fort Robinson pour protéger les pionniers et les voyageurs des attaques indiennes.

5

La prairie entoure sur 1200 ha un étonnant Visitor Center niché près de la Niobrara River. Il abrite les restes fossilisés, vieux de 19 millions d'années, de rhinocéros et d'autres animaux disparus. Un diorama grandeur nature montre un point d'eau très ancien, dont on voit les vestiges en suivant **Fossil Hills Trail** *(2 miles)* au départ du centre. On découvre aussi l'impressionnante **James H. Cook Collection★**, plus de 100 objets fabriqués par les Sioux Oglalas. Y figure une pierre à aiguiser ayant appartenu au chef indien Crazy Horse.
Partant de la Route 29, tout près de l'entrée ouest du parc, le sentier **Daemonelix Trail** *(1 mile)* permet de voir les terriers bien conservés, en forme de tire-bouchon, de castors ou de blaireaux préhistoriques.

★ Scotts Bluff National Monument A3

Sur la Rte 92, à 5 miles au sud-ouest de Scottsbluff.
(308) 436-9700 - www.nps.gov/scbl - entrée libre.
Les immenses falaises en grès et calcaire dominent d'environ 250 m la rivière North Platte. À partir de 1838, suivant un couloir de pistes utilisées depuis bien longtemps par les Amérindiens et, plus récemment, par les trappeurs européens, les vagues successives de chariots des pionniers ont emprunté les 3500 km de l'**Oregon Trail**. Tout comme Chimney Rock, piton rocheux à 25 miles à l'est, cette falaise de 20 millions d'années a marqué pour 350000 émigrants le début des deux derniers tiers du chemin.
À ses pieds, un tronçon de la piste longe l'**Oregon Trail Museum and Visitor Center** *(fin mai-déb. sept. 9h-17h, reste de l'année 8h30-16h30)* qui abrite des présentations didactiques et l'œuvre du célèbre pionnier, peintre et photographe William Henry Jackson.
Une route goudronnée et le sentier de promenade **Saddle Rock Trail** *(1,6 mile)* mènent à un parking au sommet de la falaise pour admirer la **vue★★** panoramique sur la vallée de la North Platte.

Chimney Rock National Historical Site A3

Sur la Rte 92, à 23 miles au sud-est de Scottsbluff.
(308) 586-2581 - www.history.nebraska.gov/rock.
Dans leurs carnets de bord, les pionniers en route vers l'ouest ont dessiné et décrit cette extraordinaire aiguille, visible des deux côtés de la North Platte. Classé site national en 1956, le site de 33 ha entoure un **Visitor Center** et un **musée** *(mai-sept. 9h-16h, reste de l'année merc.-dim. 9h-16h - 8 $)*, dont les baies encadrent la flèche rocheuse de 145 m, distante de 1200 m.

Nos adresses

Restauration

Scottsbluff

Budget moyen

The Tangled Tumbleweed – *1823 Ave. A - ✆ (308) 633-3867 - tangledtumbleweed.com - fermé dim.-mar. - 16/25 $.* Dans un cadre boisé et chaleureux, cette adresse appréciée des locaux propose un menu varié qui évolue en fonction des produits de saison : assiettes à partager, galettes garnies, plats de pâtes, viandes ou encore poutine. Bières artisanales et sélection de vins.

Hébergement

Crawford

Premier prix

Fort Robinson State Park Lodge – *Fort Robinson State Park - à 3 miles à l'ouest de Crawford - ✆ (308) 665-2900 - outdoornebraska.gov - ouv. avr.-nov. - - 22 ch. 70 $.* Ancien poste militaire, le lodge du parc propose un hébergement correct mais basique. Les chambres sont bien tenues et l'hôtel dispose d'un restaurant pour dîner. Seuls bémols : pas d'ascenseur pour le deuxième étage et un signal wifi assez faible.

Scottsbluff

Premier prix

Econo Lodge – *2202 Delta Dr. - au croisement Rte 26 et 21st Av. - ✆ (308) 275-4555 - www.choicehotels.com - - 55 ch. 88/161 $* . Rien à redire de ce petit motel sinon qu'il offre d'excellentes prestations pour un prix modeste. Chambres propres et calmes, service souriant, agréable piscine intérieure.

5

Painted Hills, John Day Fossil Beds National Monument.
D. Leffel/age fotostock

6

Oregon

CARTE MICHELIN RÉGION N° 761 – OREGON

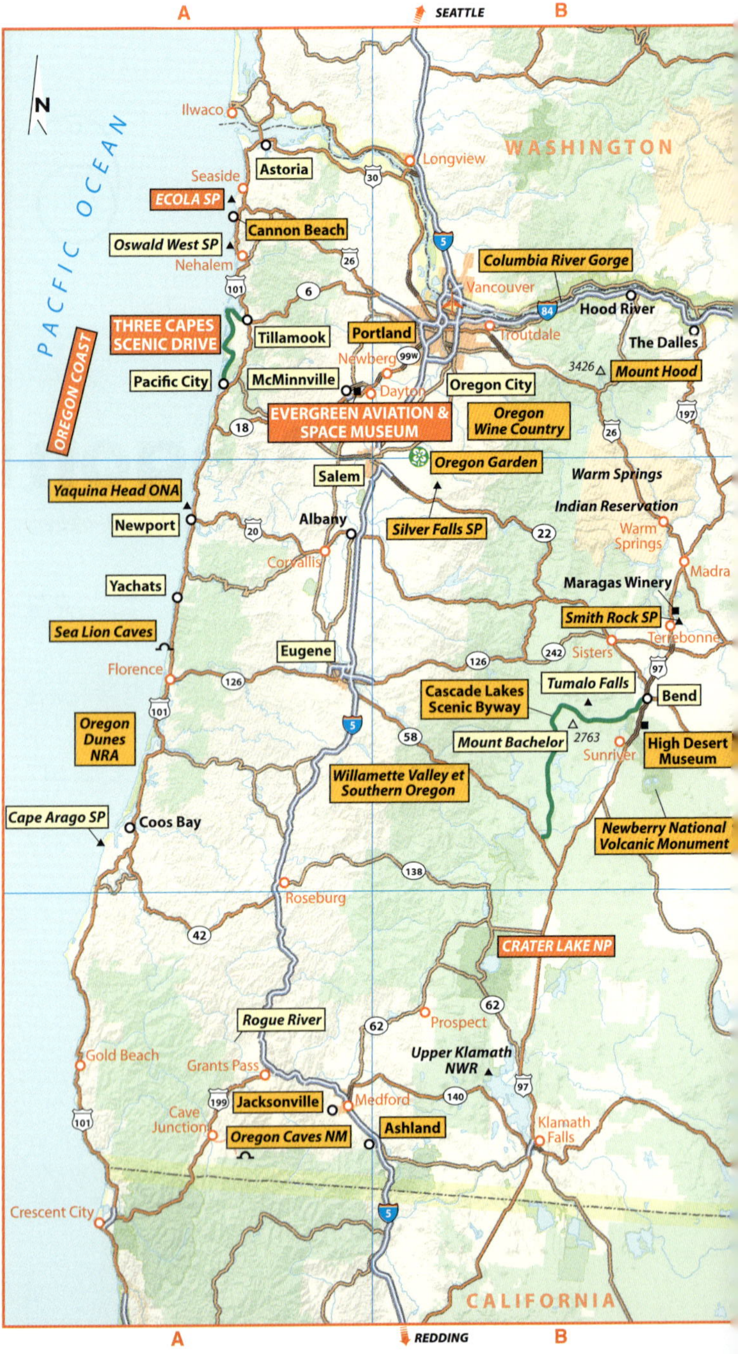
A
SEATTLE
B
PACIFIC OCEAN
N
OREGON COAST
WASHINGTON
CALIFORNIA
1
2
3
A
REDDING
B
Ilwaco
Astoria
Seaside
ECOLA SP
Cannon Beach
Oswald West SP
Nehalem
Longview
Columbia River Gorge
Vancouver
Hood River
The Dalles
THREE CAPES SCENIC DRIVE
Tillamook
Portland
Troutdale
Newberg
Pacific City
McMinnville
Dayton
Oregon City
3426
Mount Hood
EVERGREEN AVIATION & SPACE MUSEUM
Oregon Wine Country
Oregon Garden
Salem
Warm Springs Indian Reservation
Yaquina Head ONA
Newport
Albany
Silver Falls SP
Warm Springs
Corvallis
Madra
Yachats
Maragas Winery
Sea Lion Caves
Smith Rock SP
Terrebonne
Eugene
Sisters
Florence
Tumalo Falls
Cascade Lakes Scenic Byway
Bend
Oregon Dunes NRA
Mount Bachelor
2763
High Desert Museum
Sunriver
Willamette Valley et Southern Oregon
Cape Arago SP
Coos Bay
Newberry National Volcanic Monument
Roseburg
CRATER LAKE NP
Rogue River
Prospect
Upper Klamath NWR
Gold Beach
Grants Pass
Jacksonville
Medford
Cave Junction
Oregon Caves NM
Ashland
Klamath Falls
Crescent City

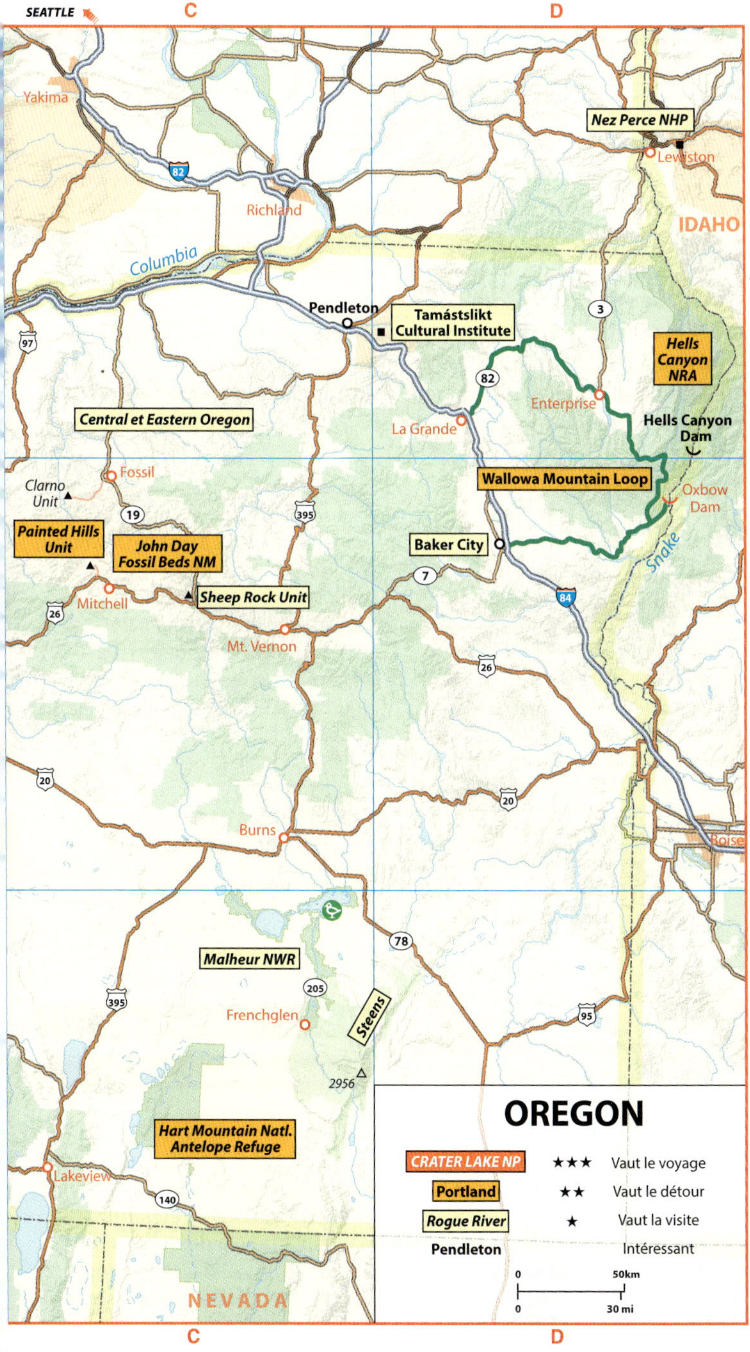
SEATTLE
C
D
Yakima
82
Richland
Columbia
Nez Perce NHP
Lewiston
IDAHO
1
Pendleton
Tamástslikt Cultural Institute
3
97
Hells Canyon NRA
82
Enterprise
Central et Eastern Oregon
La Grande
Hells Canyon Dam
Wallowa Mountain Loop
Oxbow Dam
Clarno Unit
Fossil
19
395
Painted Hills Unit
John Day Fossil Beds NM
Baker City
Snake
7
84
Mitchell
Sheep Rock Unit
26
Mt. Vernon
26
2
20
20
Burns
Boise
78
Malheur NWR
205
395
Frenchglen
Steens
95
2956
Hart Mountain Natl. Antelope Refuge
Lakeview
140
NEVADA
OREGON
CRATER LAKE NP ★★★ Vaut le voyage
Portland ★★ Vaut le détour
Rogue River ★ Vaut la visite
Pendleton Intéressant
0 50km
0 30 mi
3
C
D

Portland ★★

La première impression peut parfois être trompeuse : si l'on considère la douzaine de ponts métalliques aux structures arachnéennes qui enjambent la Willamette River et l'absence de grâce des édifices qui composent le centre-ville, on imagine aisément une ville industrielle et sans charme. Loin de là... Bouillonnante d'idées et d'énergie créatrice, la principale ville de l'Oregon, dont le plan d'urbanisme établi en 1972 a maintenu les forêts aux portes de la cité, est en avance sur son temps. Imaginative, anticonformiste et arty, composée d'une multitude de petits quartiers, Portland cultive un certain art de vivre tourné vers le développement durable, l'économie solidaire et la vitalité culturelle. Et si l'on ajoute que la gastronomie est l'une des plus fameuses du pays, quelles raisons pourraient vous pousser à ne pas la visiter ?

Se repérer

635 067 habitants – Oregon – *Pacific Time*.

CARTE B1 (P. 270-271) - PLAN I (P. 276) ET PLAN II (P. 274-275).

À ne pas manquer

Le quartier de Pearl District ; l'International Rose Test Garden et le Japanese Garden à Washington Park ; les *food carts* et les nombreux restaurants et bars créatifs de la ville.

Organiser son temps

Comptez 2 jours pour avoir un bon aperçu de Portland. Le premier peut être consacré à la visite de Downtown (jardin chinois, Museum of Art, librairie Powell's Books) et de Pearl District, avec la découverte des *food carts* au déjeuner. Le second vous mènera à Washington Park en matinée (roseraie et jardin japonais en priorité), puis, l'après-midi, dans le charmant Nob Hill, avant une soirée dans les quartiers à l'est de Downtown (Northeast ou Southeast). De juin à septembre, la météo est plutôt agréable, avec des températures moyennes de l'ordre de 26 °C en juillet et en août. C'est la haute saison touristique et la période de l'année où la culture de plein air bat son plein en ville. Les vacances de Noël dévoilent de nombreuses attractions culturelles et les amateurs de ski peuvent se rendre au mont Hood.

En famille

L'OMSI (Oregon Museum of Science and Industry) ; World Forestry Center Discovery Museum ; Oregon Zoo.

Carnet pratique p. 290

Nos adresses p. 292

Se promener

Si la majorité des curiosités se trouve dans Downtown et Washington Park, il est intéressant d'explorer les quartiers *trendy* de Pearl District et Northwest, au nord-ouest de Downtown, et de franchir la Willamette pour découvrir Northeast et Southeast Portland, qui concentrent des adresses très tendance (gastronomie, cafés, shopping). Le mont Hood, à l'est du centre-ville, est un point de repère bien pratique tant qu'il reste visible.

La ville de Portland et le mont Hood.
4nadia/Getty Images Plus

★ Downtown PLAN II D2-3 P. 274-275

Le centre-ville est délimité par la rivière Willamette à l'est et par l'I-405 à l'ouest.
Le centre-ville de Portland, vivant, comprend deux quartiers distincts : le **Pioneer District** (D2) concentre boutiques de luxe, grands magasins, restaurants et hôtels autour du **Pioneer Courthouse Square★**. Le **Cultural District** *(D3 - délimité par S.W. Salmon St., S.W. Market St., S.W. Broadway et S.W. 10th Ave.)*, est concentré sur les douze pâtés de maisons des **South Park Blocks★**, une oasis de verdure entourée de musées et de lieux dédiés aux performances artistiques, comprenant l'**Oregon Historical Society★★**, le **Portland Art Museum★★** et **Portland'5 Centers for the Arts**. Les bâtiments de la **Portland State University** et son campus de 20 ha, où étudient quelque 21000 étudiants, entourent de chaque côté les South Park Blocks.

★ Pioneer Courthouse Square D2

Créée suite à la destruction du Portland Hotel, palace du début du 20e s., cette place est entourée de gratte-ciel bâtis pour la plupart dans les années 1910, dont la pittoresque **Jackson Tower** et son horloge monumentale ou le très élégant **Meier & Frank Building** aux façades recouvertes de terracotta. La **Pioneer Courthouse★**, édifice de style néoclassique construit en 1869, abrite le palais de justice depuis 1875. À l'heure du déjeuner, la place fait le plein autour de ses *food carts*.

★★ Oregon Historical Society D3

1200 S.W. Park Ave. - ✆ (503) 222-1741 - www.ohs.org - ♿ - 10h-17h, dim. 12h-17h - 10 $.
Rappelant l'expédition de Lewis et Clark *(voir p. 258)* et l'aventure de l'Oregon Trail *(voir p. 500)*, des peintures murales en trompe-l'œil, hautes de huit étages,

6

C
D
1
2
3
Northrup St.
Marshall St.
Lovejoy St.
Kearney St.
Johnson St.
Irving St.
Hoyt St.
Glisan St.
Flanders St.
Everett St.
Davis St.
Couch St.
Burnside St.
Alder
Washington St.
Morrison
Yamhill St.
Taylor
Salmon St.
Main St.
Jefferson
Columbia St.
Clay
Market St.
Montgomery St.
Mill
Harrison St.
Oak
Harvey
Milk
Lovejoy Ramp
Broadway
21st Ave
20th Pl
20th
19th Ave.
18th Ave.
17th Ave.
16th Ave.
15th Ave.
14th Ave.
13th Ave.
12th Ave.
11th Ave.
10th Ave.
9th Ave.
8th Ave.
Park Ave.
6th Ave.
5th
4th
1st
Trinity Pl
Northwest 13th Avenue
South Park Blocks
Tanner Springs Park
Jamison Square
COUCH PARK
NORTH PARK BLOCKS
PEARL DISTRICT
Oregon Jewish Museum and Center for Holocaust Education
Powell's City of Books
PROVIDENCE PARK
MULTNOMAH COUNTY PUBLIC LIBRARY
PIONEER DISTRICT
Pioneer Courthouse Square
PIONEER COURTHOUSE
DOWNTOWN
Portland Art Museum
Portland'5 Centers for the Arts
Oregon Historical Society
CULTURAL DISTRICT
LOWNSDALE SQUARE
PORTLAND BLDG.
CHAPMAN SQUARE
CITY HALL
TERRY SCHRUNK PLAZA
WELLS FARGO CENTER
PORTLAND STATE UNIVERSITY
IRA KELLER FOUNTAIN
PETTYGROVE PARK
405
26
N
SE RESTAURER
Fuller's 9
Higgins 10
Mother's Bistro & Bar 11
Pine Street Market 12
Clarklewis Restaurant 13
Shalom Y'all 14
Cheryl's on 12th 15
Andina 16
Deschutes Brewery 17
Screen Door 18
Arden 19
Jake's Famous Crawfish 20

PORTLAND
plan II
SE LOGER
Dossier 2
Hotel Lucia 3
ACE Hotel 4
The Benson Hotel 5
Sentinel 6
The Nines 7
The Hotel Zags Portland 8
The Heatman Hotel 9
Kimpton RiverPlace Hotel 10
Inn at Northrup Station 11
Woodlark 12
E
F
1
2
3
VETERANS MEMORIAL COLISEUM
MODA CENTER
Rose Quarter Transit Center
OREGON CONVENTION CENTER
UNION STATION
Broadway Bridge
Steel Bridge
Burnside Bridge
MORRISON BRIDGE
Hawthorne Bridge
WILLAMETTE
Lan Su Chinese Garden
CHINATOWN
Portland Chinatown Museum
Merchant Block
OLD TOWN
Shanghai Tunnels
Chinatown Gate
WHITE STAG SIGN
U.S. BANCORP TOWER
Saturday Market
ANKENY PARK
Skidmore Fountain
GLAZED TERRA-COTTA HISTORIC DISTRICT
Dekum Building
YAMHILL DISTRICT
HARKER BLDG.
LOVE BLDG.
SALMON STREET SPRINGS
Portland Spirit River Cruises
RIVERPLACE MARINA
EAST BANK RIVERFRONT PARK
CENTRAL EASTSIDE
SOUTHEAST
Naito Parkway
Transit Mall
Waterfront Park
Tom McCall Naito Pkwy
Governor
Lloyd Blvd.
Multnomah St.
Holladay St.
Martin Luther King Jr Blvd
Grand Ave
Davis St.
Couch St.
Burnside St.
Ankeny St.
Ash St.
Pine St.
Oak St.
Stark St.
Alder St.
Morrison St.
Belmont St.
Yamhill St.
Taylor St.
Salmon St.
Main St.
Madison St.
Hawthorne Blvd.
Clay St.
Water Ave.
SE. 2nd Ave.
Everett
Washington St.
Southwest 2nd Avenue
Southwest 1st Avenue
3rd
4th
5th
1/4 mi
250 m
PORTLAND AERIAL TRAM
OREGON MUSEUM OF SCIENCE AND INDUSTRY (OMSI)

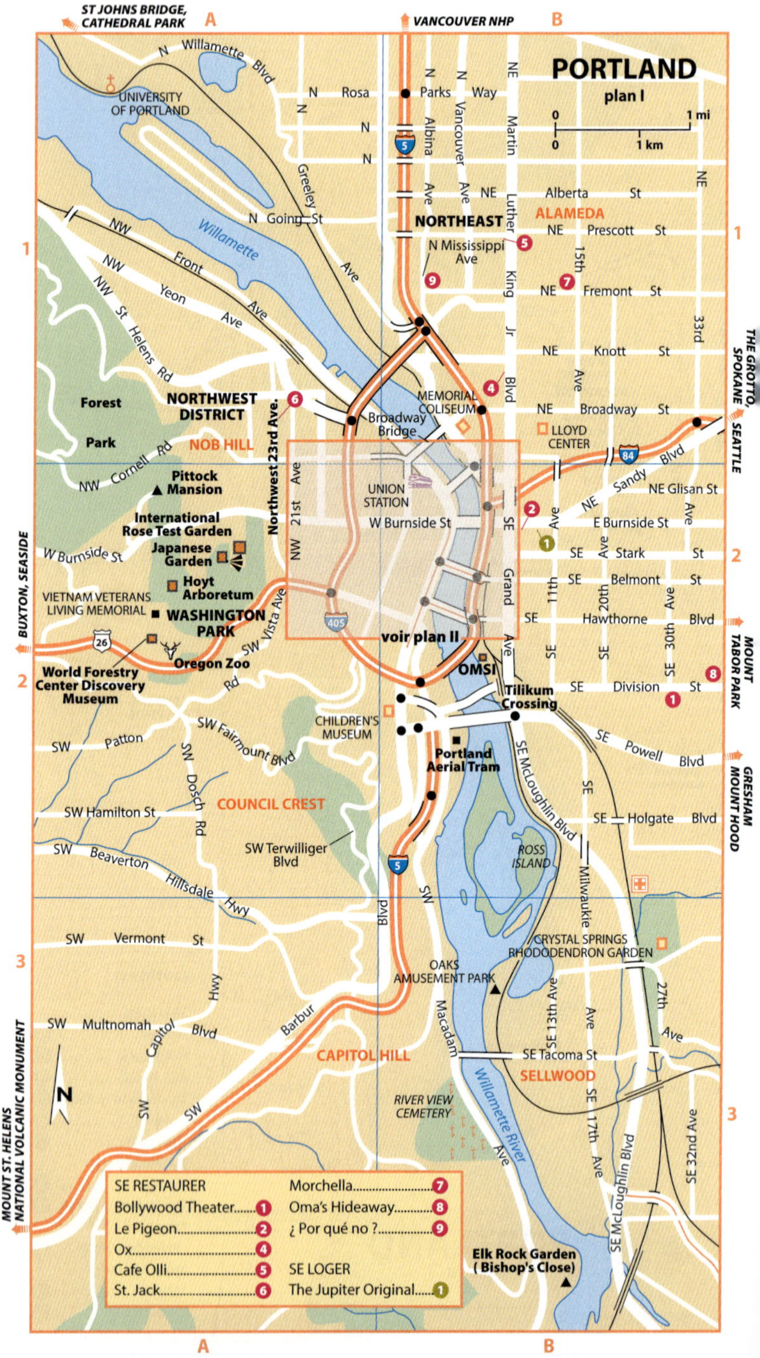
PORTLAND
plan I
0 1 mi
0 1 km
ST JOHNS BRIDGE, CATHEDRAL PARK
VANCOUVER NHP
THE GROTTO, SPOKANE
SEATTLE
MOUNT TABOR PARK
GRESHAM MOUNT HOOD
BUXTON, SEASIDE
MOUNT ST. HELENS NATIONAL VOLCANIC MONUMENT
UNIVERSITY OF PORTLAND
Willamette
NORTHEAST
ALAMEDA
Forest Park
NORTHWEST DISTRICT
NOB HILL
Northwest 23rd Ave.
MEMORIAL COLISEUM
Broadway Bridge
LLOYD CENTER
UNION STATION
W Burnside St
Pittock Mansion
International Rose Test Garden
Japanese Garden
Hoyt Arboretum
VIETNAM VETERANS LIVING MEMORIAL
WASHINGTON PARK
Oregon Zoo
World Forestry Center Discovery Museum
voir plan II
OMSI
Tilikum Crossing
CHILDREN'S MUSEUM
Portland Aerial Tram
COUNCIL CREST
ROSS ISLAND
CRYSTAL SPRINGS RHODODENDRON GARDEN
OAKS AMUSEMENT PARK
CAPITOL HILL
SELLWOOD
RIVER VIEW CEMETERY
Willamette River
Elk Rock Garden (Bishop's Close)
SE RESTAURER
Bollywood Theater 1
Le Pigeon 2
Ox 4
Cafe Olli 5
St. Jack 6
Morchella 7
Oma's Hideaway 8
¿ Por qué no ? 9
SE LOGER
The Jupiter Original 1

dominent l'entrée de ce musée consacré à l'histoire de l'Oregon. L'exposition permanente Experience Oregon brosse un tableau géographique, historique et humain de ce territoire vers lesquels ont convergé plusieurs dizaines de milliers d'émigrants empruntant l'Oregon Trail au milieu du 19e s. Les présentations interactives rendent la visite particulièrement attrayante. Le musée accueille également d'intéressantes expositions temporaires.

★★ Portland Art Museum D3

1219 S.W. Park Ave. - ✆ (503) 226-2811 - portlandartmuseum.org - ✕ ♿ - jeu.-vend. 10h-20h, sam.-dim. 10h-18h - fermé lun.-merc. - 25 $.

Le plus ancien (1892) musée d'art du Nord-Ouest Pacifique occupe un bâtiment peu élevé en brique souligné de travertin qui a ouvert ses portes en 1932, sur des plans de l'architecte Pietro Belluschi (1899-1994), un des tenants du Mouvement moderne aux États-Unis. Le bâtiment a fait l'objet de plusieurs extensions par la suite, jusqu'à sa rénovation complète en 2024. Ses nombreuses salles offrent en quelques heures une vision globale des mouvements artistiques, depuis les **sculptures et porcelaines d'Extrême-Orient** (Chine, Corée, Japon, 14e-19e s.), jusqu'aux **créations contemporaines★**, comme celles signées Damien Hirst. Entre-temps, vous aurez eu le plaisir d'admirer les finesses de la **céramique de Kütahya** (Turquie, 16e-20e s.). Dans la **section Art européen★**, se trouvent les œuvres des plus illustres **impressionnistes** (Claude Monet, *Les Nénuphars*, 1914-1915 ; Pierre-Auguste Renoir, *La Seine à Argenteuil*, 1874 ; Edgar Degas, *Portrait de Madame de Nittis*, 1872 ; Paul Gauguin, *Vue d'un jardin à Rouen*, 1884 ; Vincent Van Gogh, *Charrette de bœuf*, 1884). Vous découvrirez ensuite le travail des maîtres de la **peinture moderne** (Max Beckmann, Marc Chagall, Andy Warhol, Roy Lichtenstein, Jean-Michel Basquiat). Les spécificités du musée se trouvent également dans deux de ses sections : le **Center for Northwest Art** met à l'honneur les artistes régionaux, tandis que le passionnant **Center for Native American Art★★** montre les créations de plus de 200 groupes amérindiens, de la préhistoire à l'art contemporain, avec une sélection d'œuvres très originales et parfois surprenantes.

À l'extérieur, une halle de sculptures présente des œuvres de Henry Moore, Barbara Hepworth et Pierre-Auguste Renoir.

★ Broadway D1-3

Bordée de gratte-ciel historiques, d'hôtels, de restaurants et traversant Downtown du nord au sud, cette artère s'élève en pente douce vers l'université. Parmi les édifices les plus emblématiques, remarquez **The Benson**, construit en 1913 par Samuel Benson, un des premiers mécènes de la ville, de style éclectique français et italien. Jetez un œil à son superbe hall d'entrée. Plus haut, le **Arlene Schnitzer Concert Hall** *(voir « Nos adresses »)*, théâtre de style Art déco construit en 1928 et reconnaissable à son enseigne, est un des emblèmes de Portland. C'est le seul qui subsiste sur l'avenue.

★ Dekum Building E2

519 S.W. 3rd Ave.

Construit en 1892 dans le style néoroman, c'est un des plus beaux gratte-ciel anciens de la ville. L'élévation des étages de brique, rythmée d'arcades, contraste avec les premiers niveaux et le portail monumental de pierre grise, grossièrement taillée.

Le bonheur est dans le pré

Portland, ville gourmande et locavore, accueille plusieurs marchés de producteurs entre le début du printemps et la fin de l'automne. Les plus importants se situent dans le **Cultural District** *(Shemanski Park Market, entre S.W. Park Ave. et S.W. Salmon St. - merc. 10h-14h)*, surtout au niveau de la **Portland State University** *(S.W. Park Ave. et S.W. Montgomery St. - mars-oct. : sam. 8h30-14h ; nov.-fév. : sam. 9h-14h)*. Une centaine d'exposants y vendent des produits frais, provenant de la région du Grand Portland : truffes blanches, charcuterie, fromages, pâtisseries maison, jus de fruits frais (canneberge), fruits et légumes ou encore noisettes, dont l'Oregon est un gros producteur. On profite de l'ambiance familiale, en écoutant de la musique *live* et en dégustant de savoureux plats cuisinés. Si les étals de fruits et légumes sont si prisés, c'est que nombre d'habitants de Portland se revendiquent *veggie*.

★★ Pearl District PLAN II CD1-2 P. 274-275

Délimité par W. Burnside St., N.W. Lovejoy St., N.W. 8th Ave. et N.W. 15th Ave. Le tramway traverse le cœur du Pearl (10th et 11th Ave.). Voir aussi « Nos adresses ».

Situé au nord-ouest de Downtown, ce quartier tendance symbolise parfaitement l'un des principes de la ville : réhabiliter les sites industriels et en faire des espaces fonctionnels. Aujourd'hui, le quartier s'anime autour de boutiques décalées, de galeries d'art, de bars à vins et de restaurants à la mode, abrités pour la plupart dans des bâtiments historiques en brique. Chaque premier jeudi du mois, la **First Thursday Gallery Walk** attire les foules dans les galeries d'art ouvertes en soirée pour l'occasion. Entre deux séances de shopping, prenez l'air dans les beaux espaces verts que sont le **Tanner Springs Park**, avec son étang surplombé par un petit pont en bois, et **Jamison Square**, où l'eau des fontaines tombe en cascade sur une série de marches et va remplir un bassin avant de se retirer, à la façon des marées.

★ Les galeries d'art

Il y a 20 ans, le quartier était connu pour ses voies de triage et ses entrepôts. Aujourd'hui, il se distingue par ses nombreuses galeries d'art, dans lesquelles vous pourrez apercevoir des œuvres de Miró, Warhol ou Lichtenstein. Ne manquez pas, entre autres, la **Froelick Gallery** *(714 N.W. Davis St. - froelickgallery.com - mar.-sam. 11h-17h30)* qui présente des artistes liés à l'Oregon et expose des œuvres de Native Americans. La galerie **Augen** *(716 N.W. Davis St. - www.augengallery.com - mar.-sam. 11h30-17h)* représente la scène contemporaine.

★★ Oregon Jewish Museum and Center for Holocaust Education

724 N.W. Davis St. - ✆ (503) 226-3600 - www.ojmche.org - merc.-dim. 11h-16h - 10 $.

Trois expositions consacrées à la diaspora juive dans l'Oregon tournent en permanence dans ce musée. Au cœur du dispositif se trouvent l'histoire des discriminations et des résistances du peuple juif dans la région, l'Holocauste racontée par des survivants oregoniens, et une installation sur la vie quotidienne des Juifs en Oregon. Des expositions temporaires sur les rites religieux, les objets sacrés ou l'art juif contemporain complètent la visite de ce musée à taille humaine.

★ Northwest 13th Avenue

C'est la rue qui évoque le plus l'aspect ancien du quartier, avec les vastes entrepôts de brique, leurs quais surélevés pour le débarquement des marchandises, et les anciennes publicités peintes sur certains murs. Désormais, boutiques, bars et restaurants en font une des rues les plus animées de Pearl District.

★★ Old Town et Chinatown PLAN II E1-2 P. 274-275

Délimité par les S.W. Naito Pkwy, S.W. Oak St., 3rd Ave. et N.W. Davis St.
Old Town conserve l'une des plus grandes collections de bâtiments à l'architecture métallique de Portland. Le quartier accueille le très couru **Saturday Market** *(www.portlandsaturdaymarket.com - de mi-avril à la veille de Noël - sam. 10h-17h)*, un grand marché d'artisanat avec *food carts* et animation musicale. Old Town englobe le minuscule **Chinatown** *(délimité par N.W. 2nd Ave. et 5th Ave., W. Burnside St. et N.W. Glisan St.)* dont l'entrée est marquée par **Chinatown Gate**, une grande arche édifiée sur cinq niveaux. Depuis quelques années, Old Town est devenu le refuge de centaines de SDF, une situation de crise en plein cœur de la ville.

★ Southwest 2nd Avenue E2-3

Entre Pine Street et Skidmore Fountain *(voir ci-dessous)*, l'avenue est bordée de vieux immeubles construits en brique, en pierre ou en fonte. De belles façades s'ornent de mille détails, comme celle du **Pine Street Market** *(voir p. 292)*, d'inspiration très sobre, ou celle plus foisonnante du **New Market Building**, de style Renaissance.

★ Skidmore Fountain E2

Située sur la place piétonne d'Ankeny Square, cette fontaine du sculpteur **Olin Levi Warner** (1888) est la plus ancienne œuvre d'art publique de Portland. Elle fut imaginée par Stephen G. Skidmore, célèbre pharmacien et riche bienfaiteur de la ville, d'après les fontaines du château de Versailles. La ressemblance est loin d'être frappante, tant l'ouvrage est typique de l'architecture de la fin du 19e s. américain, avec ses lignes néoclassiques épurées.

Portland Chinatown Museum E2

127 N.W. 3rd Ave. - ✆ (503) 224-0008 - www.portlandchinatownmuseum.org - jeu.-dim. 11h-15h - 8 $.

Les « food carts »

Symbole de la singularité de la ville, les *food carts* proposent de faire un tour du monde culinaire, de l'Argentine à la Corée en passant par l'Écosse, la Géorgie ou l'Afrique du Sud. Loin de la *junk food*, nombre de ces camions-cuisines ont été primés et plusieurs chefs reconnus y ont débuté leur carrière. À l'heure du déjeuner, des files d'attente se forment devant les plus réputés. Les plats peuvent se consommer sur place. Si ces *food carts* – on n'en compte pas moins de 600 – sont présents dans toute la ville, les meilleurs endroits où goûter cette cuisine sont les *pods* (souvent des parkings publics), où les stands sont nombreux *(dans Downtown : à l'angle de S.W. 3rd St. et Harvey Milk St. et de S.W. 5th St. et Harvey Milk St.)*. Un des plus courus est le Midtown Beer Garden au coin de S.W. 5th Ave. et Harvey Milk St.
Pour en savoir plus : **www.foodcartsportland.com**.

Portland cultive la différence

Pourquoi Portland est unique…

– Parce que son plan d'urbanisme original, élaboré à partir de 1972, a empêché la construction de banlieues résidentielles en dehors du centre-ville, laissant forêts, vergers et potagers s'épanouir aux portes de Downtown.
– Parce qu'avec ses écoquartiers, la priorité laissée aux cyclistes, le développement des voitures électriques et l'encouragement à utiliser les transports en commun, Portland est un laboratoire pour le reste du pays. On peut par exemple y trouver un immeuble chauffé grâce à un four à pizza situé en rez-de-chaussée ou des ascenseurs fonctionnant grâce à des éoliennes installées sur le toit d'un bâtiment.
– Parce que Portland, qui a fait du locavorisme un de ses maîtres-mots, a banni de son centre les *fast-foods*. Seule chaîne présente, Burgerville propose des *burgers* faits à partir de produits locaux.
– Parce qu'avec Cologne, en Allemagne, la ville, surnommée « Beervana », est celle qui compte le plus de microbrasseries (près de 70 en 2023). Ces dernières s'appuient principalement sur les ressources locales : orge et houblon biologiques et eau de source naturelle.
– Parce que ses habitants véhiculent dans le reste du pays une telle image de « locavores » cool, proches de la nature, tatoués et alternatifs, obsédés par leur hygiène alimentaire, qu'ils font l'objet d'une série moquant (gentiment) leur quotidien, *Portlandia*, diffusée de 2011 à 2018.

Terre de cultures alternatives

Si le slogan *Keep Portland Weird* (« Maintenons l'étrangeté de Portland ») s'affiche fièrement sur les murs de la cité, rassurez-vous, Portland est bien saine d'esprit. Réfutant la culture dite *mainstream* (de masse), la ville est devenue le berceau d'une certaine contre-culture américaine. C'est peut-être dans le domaine musical que celle-ci est la plus tangible. Nombre d'artistes s'y sont installés, entraînant dans leur sillage la multiplication de clubs et salles de concerts *(voir Mississippi Studios, Wonder Ballroom, Crystal Ballroom, p. 298)* et le développement de labels indépendants.
Dans d'autres domaines artistiques, des célébrités contribuent à la bulle créatrice de la ville : des écrivains (Chuck Palahniuk, auteur de *Fight Club*), des cinéastes (Gus Van Sant, Todd Haynes), des scénaristes (Matt Groening, le père des *Simpson*).

Un modèle en crise ?

En 2020, durant plus de trois mois, à la suite de la mort de George Floyd, un Afro-Américain tué par un policier lors de son arrestation, la ville a connu de violents affrontements entre manifestants, policiers et militants d'extrême-droite. À cette crise a succédé celle des sans-abri dont les campements sont installés jusqu'au beau milieu de Downtown. La municipalité en a dénombré officiellement près de 6 300 en 2023, soit une augmentation de 65 % en huit ans. Comme d'autres villes américaines, Portland est touchée par le fléau du fentanyl, une drogue bon marché et très puissante.
Enfin l'attractivité de Portland est contrebalancée par l'augmentation du coût de la vie, supérieur de 24 % à la moyenne des villes américaines.

Ce petit musée inauguré en 2018 à l'initiative de la communauté chinoise ouvre une fenêtre intéressante sur l'histoire du Chinatown de Portland. On y voit notamment de jolies reconstitutions – boutique, pharmacie traditionnelle… – et de nombreux documents et photos. Les bénévoles présents sur les lieux se feront un plaisir d'enrichir votre visite de leurs commentaires.

Shanghai Tunnels E2

Shanghai Tunnels Tours - 226 N.W. Davies St., ✆ (503) 222-9999 - www.shanghaitunnels.com - visite commentée de deux heures ; plusieurs départs/j. sur réservation - 38 $.

Sous les rues de Chinatown court un réseau de tunnels qui a enflammé les imaginations : prisons secrètes où étaient retenus de pauvres hères enlevés pour être vendus en esclavage – on disait alors qu'ils étaient « shanghaïsés » –, passages secrets vers des fumeries d'opium et des maisons closes. La visite guidée fait revivre ces légendes avec en prime la possibilité de croiser un des fantômes qui hantent les lieux…

★ Merchant Block E2

131 N.W. 2nd Ave.

Ancien hôtel chic construit en 1880, il se distingue notamment par sa décoration très fine de colonnettes de fonte et de têtes d'angelots, sa couleur jaune et beige, et ses escaliers extérieurs jouant avec les branches des arbres.

★ Lan Su Chinese Garden E1

239 N.W. Everett St. - ✆ (503) 228-8131 - www.lansugarden.org - 10h-16h - 14 $.

Avec ses bassins, ses pavillons reliés par des ponts, ses sentiers serpentant entre les fontaines et ses salles de méditation, ce très beau jardin caché derrière de hauts murs d'enceinte vous fera aisément oublier le tumulte de la ville. De la taille d'un pâté de maisons (3 700 m^2), il possède quelques joyaux, parmi lesquels un « lac » de 650 m^2, des rochers de pierre Taihu (dont 500 t ont été importés directement de Chine !) et des centaines d'espèces de plantes chinoises. Munissez-vous des fiches explicatives distribuées à l'entrée, elles permettent de comprendre le sens de l'architecture du lieu, qui est riche et complexe. Les visiteurs trouveront la sérénité dans l'excellent salon de thé du jardin, appelé la « Tour des reflets cosmiques »

★★★ Washington Park PLAN I A2 P. 276

Entrée au sud de W. Burnside Rd et à l'ouest de S.W. Vista Ave. - ✆ (503) 319-0999 - www.explorewashingtonpark.org.

Rejoignant au nord l'élégant quartier de Portland Heights, cette oasis urbaine serpente vers le sud le long de la corniche qui borde l'ouest de la ville. Le parc rassemble dans son cadre paysager de remarquables jardins.

★★ International Rose Test Garden

400 S.W. Kingston Ave. - ✆ (503) 823-3636 - www.portlandoregon.gov/parks - 7h30-21h.

Quoi de plus normal pour celle que l'on surnomme « City of Roses » que de bénéficier de cette magnifique roseraie expérimentale, établie en 1917 sur des terrasses étagées qui dominent aujourd'hui le centre-ville. Un voyage baigné de couleurs et de parfums au milieu de 10 000 rosiers issus de 600 variétés différentes. La plus ancienne date de 1943 (Grand Duchess Armstrong Bed E-23).

★★★ Japanese Garden

611 S.W. Kingston Ave. - ✆ (503) 223-1321 - www.japanesegarden.com - de mi-mars à sept. : lun. 12h-19h, mar.-dim. 10h-19h ; d'oct. à mi-mars : tlj sf. mar. 10h-18h - 21,95 $.

Un peu plus haut sur la colline, les 2 ha méticuleusement soignés du jardin japonais composent, au moyen de plantes, de pierres et d'eau, des paysages à la beauté envoûtante et sereine, propices à la méditation. Il faut voir le pittoresque pont de lune, le pavillon de thé et le jardin de pierre d'inspiration zen. Il est désormais précédé par les bâtiments évoquant des temples, aux lignes pures, dus à l'architecte Kengo Kuma. L'agréable **Umami Café** *(9h-16h30)*, dans son élégant écrin de verre et de verdure, sert des plats japonais et des pâtisseries accompagnés de thé.

Hoyt Arboretum

4000 S.W. Fairview Blvd - ✆ (503) 865-8733 - www.hoytarboretum.org - Visitor Center : 10h-16h ; parc : 5h-22h - gratuit.

Sur ses 70 ha sont réunies plus de 1000 espèces d'arbres du monde entier. 21 chemins *(11 miles)* serpentent autour de beaux spécimens de magnolias, de chênes et d'érables.

★ World Forestry Center Discovery Museum

4033 S.W. Canyon Rd - ✆ (503) 228-1367 - www.worldforestry.org - merc.-dim. 11h-16h. - 8 $.

Du commerce maritime à la ville verte

Bien avant l'ouverture de l'Oregon Trail en 1842, les Amérindiens, puis, plus tard, les coureurs des bois et les pionniers, s'installèrent au point de confluence de la Willamette et de la Columbia. La première ville, Oregon City, fut bâtie à 19 km au sud, mais l'essor de Portland commença dans les années 1880, avec l'arrivée du chemin de fer : sa situation à la jonction de deux cours d'eau, lui assurait l'avantage comme port d'embarquement. Lorsque le commerce s'étendit, notamment vers la Chine, goélettes et bateaux à aubes se pressèrent le long des quais. Les immigrants arrivaient du monde entier, dans l'espoir de faire fortune grâce au commerce maritime, au bois ou à l'or. Pendant les années de guerre, la forte demande en ouvriers pour les chantiers navals, accrut considérablement la population. Si la ville vivait de l'industrie de transformation et demeure un grand centre de commerce et de transport, le Portland d'aujourd'hui, avec l'essor des entreprises de haute technologie et des industries créatives (Nike a été créé en Oregon et le siège d'Adidas aux États-Unis est situé à Portland), a vu son économie se diversifier de façon spectaculaire.

Portland est réputée comme un modèle d'urbanisme depuis 1972, quand son programme pour le centre-ville définit les lignes directrices du développement, de l'architecture et des transports. Souhaitant devenir la ville la plus verte du pays, Portland se lance dans des projets colossaux de construction d'éco-quartiers, avec des immeubles autosuffisants en eau et en énergie, édifiés à partir de matériaux locaux et respectant les normes environnementales. La ville a aussi décidé d'imposer la réalisation de toits végétalisés sur toutes les nouvelles constructions d'immeubles.

Le Japanese Garden dans Washington Park.
GarysFRP/Getty Images Plus

Après des travaux de rénovation pour un coût global de l'ordre de 7 millions de dollars, ce musée originellement dédié à la sylviculture évoque désormais le développement durable. Sur 1860 m², des collections interactives permettent de comprendre le rôle et l'importance des forêts dans le monde, notamment celles du nord-ouest des États-Unis. Si vous parlez anglais, ne ratez pas l'amusante exposition vidéo qui vous fait voyager dans un train russe, un bateau chinois et une jeep en Afrique du Sud, à la découverte des forêts du monde.

★★ Oregon Zoo

4001 S.W. Canyon Rd - ✆ (503) 226-1561 - www.oregonzoo.org - de fin mai à déb. sept. : 9h30-18h ; reste de l'année : 9h30-15h30 - achat des billets en ligne obligatoire : 24 $.

Dans un environnement agréable, vert et ombragé, le zoo de Portland présente plus de 230 espèces, dont un des plus grands troupeaux d'**éléphants d'Asie★**, qui se reproduisent en captivité. Un espace est dédié au condor de Columbia, le plus imposant oiseau d'Amérique du Nord, espèce aujourd'hui menacée d'extinction. Le zoo est en perpétuelle évolution et de nouveaux espaces consacrés à l'ours polaire, au rhinocéros et aux singes ont ouvert en 2021. Un petit train emmène les visiteurs du zoo à la roseraie de l'International Rose Test Garden *(voir p. 281)*.

★ Northwest District PLAN I A1-2 276

Autour de N.W. 23rd Ave. Voir aussi « Nos adresses à Portland ».

Accessible par le tramway depuis le centre-ville, ce quartier possède bien des ressemblances avec celui du même nom à San Francisco. Les rues, étroites et ombragées, sont jalonnées de belles demeures victoriennes, transformées pour beaucoup en boutiques. Plus gourmet que fêtard, le quartier recèle quelques-uns des meilleurs restaurants de la ville. **Northwest 23rd Street** est la principale rue commerçante, concurrencée par **Northwest 21th Street** qui concentre de nombreux bars et de charmantes boutiques, ainsi que le *Cinema 21*, le premier cinéma indépendant de la ville. Au-delà, le **Forest Park★** offre une échappée verte.

★ Nob Hill A1

C'est dans les artères arborées perpendiculaires aux 21e et 23e rues de Nob Hill que vous verrez les plus jolies maisons de ce quartier, l'un des plus charmants de la ville grâce à la richesse des styles architecturaux qui s'y trouvent. L'ancienne **Mackenzie House**, désormais William Temple House (615 N.W. 20th Ave.), construite en 1892, présente le même style néoroman que les premiers étages du Dekum Building *(voir p. 277)*. **Irving Street** est dotée d'un ensemble de maisons de style anglais Queen Anne construit en 1893, entre N.W. 17th et 18th St. Sur **Overton Street**, entre les 23rd et 24th Street, vous pourrez voir des maisonnettes colorées voisinant avec une élégante maison coloniale, face à une résidence de style années 1950...

★ Pittock Mansion A2

3229 N.W. Pittock Dr. (donnant sur N.W. Barnes Rd) - ✆ (503) 823-3623 - www.pittockmansion.org - juil.-oct. : 10h-17h (à partir de 12h le mar.) ; nov.-juin : 10h-16h (à partir de 12h le mar.) - fermé janv. - 16,50 $.

La plus somptueuse demeure de Portland est perchée à 286 m sur une crête d'Imperial Heights avec, à l'est, des vues sur la ville, la rivière et le mont Hood. Ce manoir aux murs de grès a été construit en 1914 dans le style néo-Renaissance « château français » pour Henry Pittock, propriétaire du journal *The Oregonian*. Des visites guidées ou libres permettent d'admirer 23 des 44 pièces du manoir, ses marbres et ses boiseries, ainsi que l'ameublement luxueux du début du 20e s.

★ Forest Park A1-2

✆ (503) 223-5449 - www.forestparkconservancy.org - 5h-22h.

Ce parc de plus de 2 000 ha, situé dans les montagnes Tualatin, est l'une des forêts urbaines les plus vastes du pays. Autrefois habitée par des tribus indiennes, la forêt au nord-ouest de Portland fut vidée de sa population lors de l'arrivée des colons européens au 19e s. En 1903, les frères Olmsted, fils du paysagiste de Central Park, à New York, proposèrent d'en faire un parc forestier ; l'idée ne fut entérinée qu'en 1948.

★ Le long de la Willamette

★ Les ponts PLAN II P. 274-275 EF1-3 ET PLAN I P. 276 B2

Les ponts de Portland donnent à la ville une touche spectaculaire. Les parcourir à pied, à vélo ou en voiture constitue une expérience inoubliable. Parmi les huit ponts qui enjambent la Willamette, le **Steel Bridge★** (1912), qui relie Old Town au Northeast, est le seul pont qui possède un double tablier levant télescopique. Le **Hawthorne Bridge★** (1910), de couleur vert foncé, est quant à lui le plus ancien pont à tablier levant du monde toujours en fonction.

Tilikum Crossing★ est surnommé « The Bridge of the People » (*Tilikum* signifie « peuple » dans la langue des Indiens natifs de la région). Cet élégant pont à haubans est un bel exemple des valeurs de Portland : construit avec des matériaux non polluants, il est réservé aux piétons, cyclistes et transports en commun. Il s'illumine le soir : 178 lumières changent alors de teinte et de rythme en fonction des variables de l'eau du fleuve (vitesse, hauteur, température). Au nord de la ville, **St. Johns Bridge★** vaut aussi le coup d'œil *(voir p. 287)*.

★ Governor Tom McCall Waterfront Park PLAN II E2-3

Entre Marquam Bridge et Steel Bridge.

Ce parc de 9 ha couvert de gazon s'étire le long d'une esplanade de 2 miles en bord de la Willamette ; c'était autrefois le bruyant port fluvial de Portland. Dans le cadre du programme de rénovation du centre-ville des années 1970, la Ville a récupéré le terrain. Elle lui a donné le nom de **Tom McCall** (1913-1983), gouverneur de 1967 à 1975 et initiateur du programme. Terrain de jeu privilégié des joggeurs et cyclistes, le parc accueille des concerts et des festivals, en particulier le **Rose Festival** en juin. Depuis l'esplanade, vous pourrez admirer huit des ponts de la ville *(voir ci-contre)*.

Toute l'année, **Portland Spirit River Cruises★** *(✆ (503) 224-3900 - portlandspirit.com)* organise des croisières au départ de Salmon Street Springs.

★ Yamhill District PLAN II E2

Le long de **Southwest 1st Avenue** subsistent d'intéressantes maisons de la fin du 19e s. Parmi les façades colorées, votre regard sera attiré par une inscription sur le **Harker Building** (au n° 728) qui se distingue par sa couleur gris anthracite : « Je ne veux pas travailler »... un petit refrain que vous entonnerez sûrement. Eh oui, il s'agit bien de l'immeuble du célèbre groupe de musique originaire de Portland, Pink Martini, propriété de son leader Thomas Lauderdale depuis 1996.

★★ Oregon Museum of Science and Industry (OMSI) PLAN I B2

1945 S.E. Water St. - ✆ (503) 797-4000 - www.omsi.edu - ✕ ♿ - en été : 9h30-17h30, vend.-sam. 9h30-19h ; reste de l'année : 9h30-17h30 (sam. 9h30-19h) - fermé lun. - 19 $.

Sur le site d'une ancienne centrale électrique au bord de la Willamette, ce remarquable bâtiment de brique et de verre (1992, Zimmer Gunsul Frasca) abrite la principale attraction de l'est de Portland : ce centre culturel regroupe une pléiade d'expositions interactives, une salle Omnimax et un planétarium.

Les expositions du rez-de-chaussée permettent aux enfants de construire des ponts, de lancer des bateaux, de concevoir et de tester des avions ; les plus jeunes disposent d'une aire de jeux créatifs. À l'étage sont proposées de nombreuses expériences parmi lesquelles le **Turbine Hall** qui permet aux visiteurs de créer eux-mêmes une machine volante et de programmer un robot.

Amarré derrière le musée, le sous-marin diesel-électrique **U.S.S. Blueback**, construit en 1959 et désarmé en 1990, est ouvert aux visites guidées *(2e et 4e dim. du mois)* : centre de commandement, chambre des torpilles, quartiers des officiers et de l'équipage, mess.

★ Portland Aerial Tram PLAN I B2

3303 S.W. Bond Ave. - www.gobytram.com - lun.-vend. 5h30-21h30, sam. 9h-17h fermé dim. - l'accès peut être réservé aux patients et visiteurs de l'hôpital, se rens. - AR 8 $.

Ce téléphérique permet de profiter de vues magnifiques sur la ville, le mont Hood et d'autres pics au cours d'un trajet de 4mn (150 m de dénivelé sur 1 km) qui conduit de la rive de la Willamette à l'Oregon Health & Science University, sur Marquam Hill.

★ Eastside

Si vous cherchez le côté hipster-écolo de Portland, rendez-vous dans ces quartiers moins huppés que Northwest, moins embourgeoisés que Pearl District, et qui recèlent une multitude d'adresses, des plus gourmandes aux plus décalées. *Voir aussi « Nos adresses à Portland ».*

Central Eastside PLAN II F2

Fondé en 1845, le quartier se révéla vite le centre industriel et commercial de la cité, notamment avec l'arrivée du chemin de fer en 1869. Avec son développement, il se couvrit de nombreux entrepôts. Progressivement réhabilités, les anciens bâtiments abritent désormais des restaurants et des boutiques, ainsi que des lieux de fabrication. C'est en effet ici qu'a commencé la révolution culinaire qui a fait de Portland l'un des fleurons de la scène *foodie* américaine, à la fin des années 2000. Vous voilà donc parti pour une balade mi-architecture mi-shopping, où vous aurez toutes les chances de croiser un de ces trains de marchandises immenses (parfois plus de deux kilomètres !) qui traversent encore le quartier (prudence en franchissant les voies de chemin de fer !). Vous découvrirez également çà et là des **murals**, murs peints qui contribuent à l'atmosphère artistique de Portland. Commencez votre escapade au bout du **Southeast Morrisson Bridge**, et remontez vers Washington Street. Vous gagnerez ensuite Grand Avenue avant de redescendre vers Southeast. Le **Weatherley Building** *(516 SE Morrison St.)*, est l'immeuble le plus haut du quartier. Datant de 1928, il est reconnaissable à sa couleur grise et ses arcades plaquées sur les façades.

Southeast District PLAN II F3

Southeast, gourmet et nocturne, abrite une faune bohème et des myriades de boutiques vintage intéressantes. Assez vaste, le quartier se parcourt plus facilement en voiture, mais si vous aimez marcher ou pédaler, vous apprécierez de vous perdre dans ses rues et avenues tour à tour animées ou tranquilles, où vous verrez de nombreuses maisons typiques du Portland des années 1900-1930.

Rendez-vous d'abord dans **Division Street**, une artère prisée des gourmands. Au tout début de la rue, entre la 9e et la 10e avenue, se trouve l'un des « iconiques » murs peints de Portland, œuvre de l'Irlandais **Fin Dac**, représentant une femme dont l'opulente chevelure est en fait un élément végétal du mur.

Au nord de Division, autour de **Ladd Circle**, vaste place circulaire couverte de pelouse, se développe un quartier résidentiel aux avenues soigneusement et géométriquement tracées. Il fait partie des premières tentatives d'urbanisme à Portland, dirigées par l'ancien maire William Ladd.

En poursuivant vers le nord, vous rencontrerez **Hawthorne Boulevard**, une longue artère, très commerçante et animée, plus populaire à son extrémité vers le mont Tabor. La **Southeast Belmont Street** est également à parcourir : de la délirante salle de jeux vidéo d'arcade envahie d'enfants et de nostalgiques des années 1980 (Avalon Theater & Wunderland) aux bars sombres hantés par des musiciens aux cheveux longs et au cuir fatigué, c'est tout l'esprit du Portland fauché et déjanté qui souffle encore ici. Plus au nord encore, le quartier de **Laurelhurst**, autour de Coe Square et sa statue dorée de Jeanne d'Arc (réplique de celle de la place des Pyramides à Paris), enroule et déroule ses rues chics et arborées, bordées de belles demeures.

★ Mount Tabor Park PLAN I HORS PLAN PAR B2

Accessible en voiture ou à pied pour les plus courageux *(env. 1h20 au dép. de Hawthorne Bridge)* ou, moins long, à vélo *(env. 35mn)*, ce grand parc de la ville recouvre les pentes d'un ancien volcan de petite taille (200 m de haut environ), dont on voit encore les roches noires pétrifiées de l'ancienne caldeira transformée en amphithéâtre. Ses allées arborées de hauts sapins conduisent au sommet d'où l'on jouit d'un **panorama★★** superbe sur la ville et le Mount Hood *(voir p. 288)*. C'est au coucher de soleil que la vue est la plus spectaculaire. Ce parc abrite également d'importants réservoirs d'eau autour desquels sont aménagées des promenades.

Northeast District PLAN I B1

Juste en face de Old Town, **Lloyd District** est un quartier très animé puisqu'il héberge le Convention Center (centre des congrès), le **Moda Center** pour des concerts ou des événements sportifs et le Lloyd Center *(voir p. 300)*, le plus vaste centre commercial de Portland. De ses rues et certains de ses hôtels et bars, on jouit d'une jolie vue sur la rivière et la *skyline* de la ville.

North Mississippi Avenue se composait autrefois de bâtiments aux façades décrépies avant qu'une réhabilitation réussie ne lui confère un pouvoir d'attraction auprès des familles et des jeunes branchés. La rue, qui rassemble boutiques décalées et adresses gourmandes, offre le visage classique de ces quartiers de l'est de la ville : jeunes circulant à vélo dans des tenues que rêveraient de pouvoir afficher les magazines de mode, travailleurs free-lance attablés devant leur ordinateur dans des cafés au décor néo-industriel (tables en bois, tuyauterie apparente, murs bruts), échoppes de vêtements d'occasion fréquentés par des Portlandais aux chemises à carreaux et aux barbes fournies exhibant fièrement leurs tatouages... Vous retrouverez la même ambiance du côté de **Northeast Alberta Street**, un quartier tranquille où s'alignent de coquettes maisons, égayé par les nombreuses galeries d'art, boutiques indépendantes, cafés et restaurants, aux murs souvent recouverts de fresques colorées.

À voir aussi

PLAN I P. 276

★ Elk Rock Garden (Bishop's Close) B3

S.W. Military Lane (à 6 miles au sud du centre de Portland par S.W. Macadam Ave.) - www.elkrockgarden.org - lun.-vend. 8h-17h - gratuit.

En 1916, Peter Kerr, un riche négociant en grains, a construit sur une falaise un manoir de style écossais. Il en a fait le point central d'un parc à l'anglaise, dessiné par John Olmsted, qu'il a enrichi de plantes rapportées de ses voyages autour du monde. La maison et le parc appartiennent aujourd'hui à l'Église épiscopale.

★ St. Johns Bridge et Cathedral Park HORS PLAN PAR A1

À 9 miles au nord de Downtown par l'US-30 W.

En remontant vers son embouchure avec la Columbia River, une zone industrielle importante borde le port des deux côtés de la Willamette. Parmi les bâtiments se distingue, sur la rive gauche, l'immense entrepôt de Montgomery Park, construit en 1920. **St. Johns Bridge★** est le pont le plus important de Portland. Il fut construit entre 1929 et 1931, au cœur de la grande Dépression, et permit à des centaines de Portlandais d'avoir un travail. Ses deux hautes piles d'acier culminent à 122 m au-dessus de la rivière. Sa silhouette élancée s'apprécie d'autant mieux de **Cathedral**

Park *(5h-0h)* où l'on peut se balader sous les piles de béton du colosse, dont les arcs en ogive créent des perspectives dignes d'une cathédrale gothique.

★ The Grotto HORS PLAN PAR B1

8840 N.E. Skidmore St. (à 9 miles à l'est de Downtown par l'I-84 E. 8840) - ✆ (503) 254-7371 - www.thegrotto.org - mi-mai-août : 9h-20h ; reste de l'année : horaires réduits, se rens. - accès au jardin suspendu 9,95 $.

Ce parc original, apaisant et luxuriant à la fois, vaut l'escapade. Alors qu'il était enfant, le pasteur Ambrose Mayer promit un monument dédié à la Vierge si celle-ci sauvait la vie de sa mère qui allait mourir en couches. Le miracle eut lieu. En 1923, le Père Mayer racheta une ancienne carrière de l'Union Pacific Railroad Company pour la transformer en sanctuaire. L'énorme grotte artificielle est surmontée d'un jardin méditatif, ponctué de chapelles exotiques, de statues de saints et même d'un labyrinthe mystique. De la chapelle vitrée Marilyn Moyer, superbe vue sur le mont St Helens *(voir p. 394)*.

À proximité

CARTE P. 270-271

★★ Mount Hood B1

Sur l'US-26, à 50 miles à l'est de Portland.

✆ (503) 655-8490 - www.mthoodterritory.com.

Point culminant de l'Oregon, le sommet enneigé de Mount Hood atteint 3 426 m. Les touristes peuvent se promener sur les sentiers forestiers, admirer les glaciers alpins, suivre les routes pittoresques, s'arrêter dans les auberges rustiques rencontrées en chemin et skier, toute l'année, sur des pistes exigeantes. En 1805, les explorateurs Lewis et Clark ont été les premiers Américains blancs à poser les yeux sur ce cône volcanique, qui devait son nom de « capuche » à des marins britanniques. Au milieu du 19e s., sa vue annonçait aux milliers d'émigrants épuisés la fin du voyage sur la piste de l'Oregon. À l'ouest de **Barlow Pass** *(Rte 35, à l'est de l'US-26)*, on peut encore discerner les ornières laissées par leurs chariots bâchés. Tout près de là, **Timberline Lodge★** *(donnant sur l'US-26, à 6 miles au nord de Government Camp - ✆ (503) 272-3311 - www.timberlinelodge.com)*, édifié en 1936-1937 et célèbre pour avoir servi de décor au film *Shining* de S. Kubrick (1980), présente de beaux exemples d'artisanat américain : bois sculpté, marqueterie, vitraux. De là, les randonneurs peuvent aborder les 40 miles du pittoresque **Timberline Trail★★** pour voir de superbes paysages de montagne, de préférence à la fin de l'été quand l'état du sentier est le meilleur.

Le paradis des véliplanchistes

Bondissant au-dessus des vagues comme des poissons volants multicolores, les amateurs de planche à voile ont trouvé leur paradis à **Hood River** *(I-84, sortie 63)*, paisible ville des gorges de la Columbia. Dans une brèche naturelle de la chaîne des Cascades, la rencontre de vents d'est soutenus et de forts vents d'ouest fait qu'il souffle toujours, en été, un vent de 30 à 40 km/h.
Ce spot a été découvert dès le milieu des années 1980, procurant un regain d'activité à la ville. Bien que les compétitions ne soient plus aussi fréquentes qu'il y a quelques années, Hood River draine chaque été un grand nombre de véliplanchistes passionnés.

Mount Hood.
Ron and Patty Thomas/Getty Images Plus

De Government Camp, rejoignez le parking de Mirror Lake Trailhead *(attention ne rien laisser dans la voiture, bris de glaces possibles)* pour faire la jolie balade de **Mirror Lake★** *(2h30 AR, aucune difficulté)*. Le chemin grimpe dans la forêt où on peut apprécier la biodiversité de l'Oregon, ainsi que quelques curieux arbres aux troncs déformés, en forme de coude : cela servait aux natifs américains indiens de panneau indicateur. Certains de ces arbres ont plusieurs siècles. Depuis le lac, la **vue★★** sur le mont Hood se reflétant parfaitement dans l'eau est superbe, surtout tôt le matin.
Avec ses prairies d'altitude, la station de ski de **Mount Hood Meadows★** *(US-35, à 9,6 miles au nord de Government Camp - ✆ (503) 337-2222 - www.skihood.com)* est l'un des endroits les plus agréables du Nord-Ouest pour pratiquer le ski. La remontée mécanique la plus haute s'élève à 2225 m et offre une vue imprenable sur les autres volcans de la chaîne.

★★ Columbia River Gorge Scenic Area B1

Sur l'I-84, à partir de Troutdale (à 16 miles à l'est de Portland) jusqu'à The Dalles (à 81 miles à l'est de Portland).

S'étirant de la banlieue de Portland à l'embouchure de la rivière Deschutes, la Columbia River Gorge Scenic Area (1440 km^2) englobe plus de 90 chutes d'eau, des parcs nationaux et des falaises hautes de plus de 200 m, du bord desquelles on découvre de magnifiques panoramas. Second plus grand fleuve des États-Unis par sa longueur, la Columbia se fraye un passage à travers le basalte volcanique le long de la frontière entre l'Oregon et l'État de Washington.
Alternative possible à l'Interstate, la **Historic Columbia River Highway★★** *(US-30)* offre de splendides paysages. Complétée en 1915, on ne peut aujourd'hui l'emprunter que sur deux sections distinctes reliées par l'I-84 : 21,2 miles entre Troutdale *(sortie 17)* et Ainsworth State Park *(sortie 40)*, et 15,4 miles entre Mosier *(sortie 69)* et The Dalles *(sortie 84)*. Les plus belles vues sont à découvrir au **Portland Women's Forum State Park★★★** *(Mile 10)* et à la **Vista House** de **Crown Point★★** *(Mile 11 - ✆ (503) 344-1368 - www.vistahouse.com - vend.-lun. 10h-16h - entrée libre)*.
La gorge cache de spectaculaires chutes d'eau, notamment celles de **Multnomah Falls★★** *(I-84, sortie 31 - de fin mai à mi-sept., réservation obligatoire en ligne :*

6

www.recreation.gov/timed-entry/10089144), qui tombent de 189 m de hauteur. Les Visitor Centers de **Bonneville Lock and Dam★** *(I-84, sortie 40 - ✆ (541) 374-8820 - www.nwp.usace.army.mil/bonneville)* et **The Dalles Lock and Dam★** *(I-84, sortie 87 - ✆ (541) 296-9778 - www.nwp.usace.army.mil/The-Dalles)*, gérés par le Corps des ingénieurs de l'armée des États-Unis, vous permettront de découvrir de quelle manière la rivière a été maîtrisée et exploitée et observerez le passage des poissons.

★★ **Columbia Gorge Discovery Center** – *5000 Discovery Dr. - The Dalles - ✆ (541) 296-8600 - www.gorgediscovery.org - 9h-17h - 12 $.* Des présentations interactives permettent aux visiteurs de découvrir les éruptions et les inondations cataclysmiques qui ont formé la gorge, ainsi que le voyage de Lewis et Clark sur le fleuve Columbia. L'exposition **Ice Age Exhibit** possède une reproduction de mammouth à taille réelle.

★ Oregon City B1

Sur la Rte 99E, à 11,5 miles au sud de Portland par l'I-205.

✆ (503) 656-1619 - www.oregoncity.org.

Fondée en 1844 à l'extrémité des 3 200 km de l'Oregon Trail, cette ville de 37 327 habitants a été le premier village de la Willamette Valley et la première capitale du Territoire de l'Oregon.

★ **End of the Oregon Trail Interpretive Center** – *1726 Washington St. - ✆ (503) 657-9336 - www.historicoregoncity.org - ♿ - 9h-17h, dim. 10h-17h - 15 $.* Sur les 3,4 ha d'Abernathy Green, point d'arrivée principal de la piste de l'Oregon, ce centre occupe trois bâtiments hauts de 15 m, en forme de chariots bâchés. Des guides costumés décrivent l'exode des pionniers, qui durait six mois, et un spectacle retrace les vies (fictives) de trois émigrants.

Carnet pratique

S'informer

Portland Visitor Center – *1132 S.W. Harvey Milk St. - ✆ (888) 503-3291- www.travelportland.com.*

Arriver/partir

En avion

Aéroport international de Portland (PDX) – *✆ (503) 460-4234 - www.flypdx.com.* À 12 miles au nord-est du centre-ville. Comptez 20 à 30mn par la route en fonction de la circulation. Liaisons quotidiennes vers les principales villes des États-Unis, mais pas de vol direct depuis/vers Paris (liaisons directes avec Amsterdam par Delta et Londres par British Airways). Pour rejoindre le centre-ville, vous pouvez prendre le Tri-Met MAX Red Line *(ttes les 15mn env. durée 40mn - 2,80 $)* ou un taxi *(env. 50 $).*

En train

Amtrak – *Union Station (*PLAN II DE1 *- à l'angle de N.W. 6th Ave. et N.W. Irving St.) - ✆ (800) 872-7245 - www.amtrak.com - tramway lignes Green, Orange et Yellow vers le centre-ville.* Quatre lignes de trains relient quotidiennement Portland à

Seattle *(3h30)*. Liaison quotidienne avec Vancouver *(8h10)*. Portland est également desservie par les lignes Coast Starlight entre Seattle et Los Angeles *(30h50 depuis Portland)*, et Empire Builder entre Portland et Chicago *(46h) via* Glacier National Park.

En bus

Greyhound – *1090 N.W. Station Way - au nord de Union Station. - ✆ (800) 231-2222 - www.greyhound.com.* Liaisons directes avec Seattle *(4h)*, Vancouver *(8h)*, Boise *(10h40)*...

FlixBus – *700 N.W. Station Way (au nord de Union Station) - ✆ (855) 626-8585 - www.flixbus.com.* Liaisons avec la région du Nord Ouest : Seattle, Coeur d'Alene, Spokane, Salem...

Se garer

Garez-vous du côté est de la Willamette, moins onéreux que le centre-ville, dans lequel vous pourrez vous rendre aisément à pied en empruntant l'un des nombreux ponts de la ville. Nul besoin de la voiture pour se déplacer dans Portland.

Se déplacer

☺ Portland est l'une des rares villes du pays où il n'est pas nécessaire de posséder un véhicule privé étant donné la qualité des transports en commun.

Transports en commun

MAX Light Rail – *✆ (503) 238-7433 - www.trimet.org/max - dép. ttes les 15mn.* Portland est connue pour son système de transport exceptionnel, dont ce train léger est la pièce maîtresse, avec 5 lignes reliant la ville, la région et l'aéroport.

Portland Streetcar – *✆ (503) 222-4200 - www.portlandstreetcar.org.* Le tramway est un moyen de transport rapide et efficace pour voyager à travers la ville *(2,50 $/trajet)*. Deux lignes, l'une suivant l'axe nord-sud en passant par le centre-ville, l'autre en boucle traversant la Willamette (des tramways circulent simultanément en sens horaire et anti-horaire), sont desservies tous les jours toutes les 15mn.

Vélo

Pour vivre comme un vrai Portlander, rien de tel que le vélo. À Portland, le cycliste est roi et des voies réservées (près de 400 miles) lui permettent de circuler aisément, même en plein Downtown. En outre, c'est un moyen agréable de flâner le long de la Willamette River et d'explorer les quartiers périphériques décrits dans ce guide. L'office de tourisme délivre une carte gratuite des pistes cyclables.

Location de vélos : Cycle Portland – *180 N.W. 3rd Ave., dans Old Town/Chinatown - ✆ (844) 739-2453).* Vélos classiques ou à assistance électrique *(à partir de 18 $/2h, 27 $/j.)*. De mai à sept., la société propose également des visites guidées à vélo.

Vélos en libre-service : Biketown – *biketownpdx.com.* 2000 vélos à assistance électrique dans 200 stations à travers la ville. *1 €/vélo + 0,30 $/mn. Paiement* via *l'application.*

Agenda

Portland Rose Festival – *www.rosefestival.org.* Fin mai-déb. juin, la « City of Roses » honore son statut avec un festival riche en couleurs : parades avec chars couverts de roses, courses de bateaux, feux d'artifice et, bien sûr, l'inévitable élection de la Rose Queen.

Portland Pride – *portlandpride.org.* À la mi-juin, défilé et concerts pour le plus grand événement annuel de la communauté LGBTQ.

Pickathon Festival – *pickathon.com - À Pendarvis Farm, Hagen Rd, Happy Valley (à 16 miles de Portland).* Déb. août, ce festival rock'n folk prisé des familles pour son côté écolo se tient dans la forêt, avec une scène entièrement construite en branches d'arbres !

World Naked Bikeride – *worldnakedbikeride.org* - en août 10 000 cyclistes pédalent de nuit, nus.

Portland Craft Beer Festival – *www.portlandcraftbeerfestival.com.* 1er w.-end de juil. Le grand rendez-vous des producteurs (exclusivement locaux) de bière mais aussi de vin et de cidre.

Portland Night Market – *www.pdxnm.com.* Environ deux à trois jours par mois, ce grand marché gastronomique couvert réunit, le soir *(16h-23h, 100 S.E. Alder St.)*, les meilleurs chefs et *food carts* de la ville et des stands d'artisanat ou de design.

Nos adresses

PLAN I P. 276 ET PLAN II P. 274-275.

Restauration

Un budget serré n'empêche pas de goûter aux plaisirs de l'incroyable scène gastronomique de Portland. Dans la capitale de l'**happy hour**, *(env. 16h30-18h30)*, un menu réduit vous permet souvent d'essayer un restaurant branché à moitié prix. Pensez aussi aux incontournables **food carts** dont la plupart se trouvent à Downtown (liste complète sur *www.travelportland.com*). L'une des plus grandes concentrations de *food carts* (« pod ») est le Midtown Beer Garden, à l'angle de S.W. Oak St. et S.W. 5th Av. (PLAN II E2). Pour une poignée de dollars *(5/15 $ le plat)*, toutes les traditions culinaires du monde s'offrent à vous... *(voir p. 279).*

Downtown et Pearl District

Premier prix

9 Fuller's – PLAN II D2 - *136 N.W. 9th Ave. - ✆ (503) 222-5608 - www.fullerscoffeeshop.com - fermé soir - moins de 15 $.* Un incontournable pour un petit-déjeuner à l'ancienne. La clientèle d'habitués se salue de part et d'autre des comptoirs entre lesquels les serveuses déambulent, cafetière à la main, pour dire un mot à chacun et déposer une assiette de pancakes couverts de sirop d'érable ou des *hash browns* accompagnés de bacon croustillant. Oubliez le temps : les années 1950 sont toujours là.

12 Pine Street Market – PLAN II E2 - *126 S.W. 2nd Ave. - www.pinestreetpdx.com - service continu.* Très en vogue, ce « food court » a ouvert dans un lieu chargé d'histoire, tour à tour garage de diligences, entrepôt à bois, night-club et usine à spaghetti ! Aujourd'hui monument historique, ce beau bâtiment situé près du fleuve permet de naviguer selon ses envies entre spécialités chinoises, ramen, donuts... accompagnés d'un jus de fruit bio.

15 Cheryl's on 12th – PLAN II D2 - *1135 S.W. Washington St. - ✆ (503) 595-2252 - www.cherylson12th.com - 7h-16h (sam.-dim. 8h-16h) - plats 10/18 $.* Une grande salle claire et aérée : l'endroit idéal pour un bon petit-déjeuner à piocher dans une carte copieuse d'œufs sous toutes leurs formes (préparés à la Bénédictine, c'est un régal). À l'heure du déjeuner, la maison propose aussi de bons petits plats, salades, burgers, poulet aux champignons...

Budget moyen

17 Deschutes Brewery – PLAN II D2 - *210 N.W. 11th Ave. - ✆ (503) 296-4906 - www.deschutesbrewery.com - service continu - plats 18/25 $.* Sous la haute charpente de cet ancien entrepôt, une des brasseries les plus en vue de Portland a ouvert un lieu de restauration gourmand où l'on peut déguster le *meatloaf* maison ou des saucisses au *jalapeño* et à la mangue. À accompagner d'une des 24 bières proposées à la pression, classiques ou expérimentales pour les papilles curieuses (la Tropical fresh IPA, avec ses saveurs d'agrumes, accompagne à merveille les préparations sucrées-salées).

18 Screen Door – PLAN II D2 - *1131 N.W. Couch St. - ✆ (503) 542-0882 - www.screendoorrestaurant.com - 9h-14h (brunch), 16h30-21h - plats 24/35 $.* Une adresse très courue où l'on vient à grandes tablées se régaler d'une cuisine du Sud sans chichis, et notamment de l'incontournable poulet frit ou de la gargantuesque assiette de BBQ : porc fumé, saucisse maison, brochettes de bœuf et ailes de poulet frites... le tout escorté de haricots rouges.

11 Mother's Bistro & Bar – PLAN II E2 - *121 S.W. 3rd Ave - (hôtel Embassy Suites)- ✆ (503) 464-1122 - www.mothersbistro.com - fermé lun.-mar. midi - plats 25/38 $ - réserv. recommandée.* Dans cette grande salle claire avec parquet et tables de bois, on célèbre les recettes familiales concoctées par les Moms : rillettes de saumon sauvage, pâté de foie de volaille, *meatloaf* en sauce ou bœuf mitonné cinq heures. Le restaurant distingue chaque mois la Mother of the Month, venue des États-Unis ou d'ailleurs ; son portrait s'affiche dans la salle et ses spécialités à la carte.

Pour se faire plaisir

16 Andina – PLAN II D1 - *1314 N.W. Glisan St. - ✆ (503) 228-9535 - www.andinarestaurant.com - fermé dim.-lun. et midi - plats 30/56 $.* Des lignes claires et une décoration discrète et soignée servent de cadre à un voyage culinaire dans les Andes. Le *ceviche* s'accompagne de patates douces, de maïs grillé et d'*aji amarillo*, le piment emblématique du Pérou, le yuca se décline en croquettes et le gigot d'agneau est escorté de haricots Mayocoba et de riz à l'ail. Une table plébiscitée depuis son ouverture en 2003.

19 Arden – PLAN II D1 - *417 N.W. 10th St. - ✆ (503) 206-6097 - www.ardenpdx.com - fermé dim. et le midi - plats 23/38 $, menu dégustation en quatre services 70 $.* Dans un cadre chic et reposant, le chef Erik Van Kley propose une cuisine subtile aux influences japonisantes revendiquées dans une carte courte, au plus près de la saisonnalité des produits : la caille est accommodée façon yakitori et les noix de saint-jacques sont accompagnées d'un curry de coco fermenté. Carte des vins exceptionnelle, avec des grands crus d'Oregon mais aussi du monde entier (France, Espagne, Italie, Grèce...). Le restaurant propose aussi chaque mois un menu dégustation autour de la production d'un vigneron (calendrier et réservation sur le site internet).

20 Jake's Famous Crawfish – PLAN II D2 - *401 S.W. 12th Ave. - ✆ (503) 226-1419 - www.jakesfamous.com - service continu - plats 35/50 $.* Boiseries, tableaux, nappes blanches : la décoration *old style* particulièrement chaleureuse est fidèle à l'histoire de l'établissement ouvert en 1892. La vedette ici, c'est le crabe de Dungeness, pêché sur les côtes nord-ouest et à la chair particulièrement savoureuse. En salade, accompagné de crevettes dans le cake signature de la maison, ou en bouillabaisse... Belle carte des vins et cocktails bien réalisés. Réservation conseillée.

10 **Higgins** – PLAN II D3 - *1239 S.W. Broadway - ✆ (503) 222-9070 - higginsportland.com - fermé lun. et le midi sf merc.-vend. - plats 30,50/50,50 $.* Une table élégante pour découvrir les produits du riche terroir de l'Oregon. Du confit de canard en cassoulet aux légumes qui subliment le risotto, les produits sont issus de fermes de la région. Très belle carte des vins où les vignobles de l'Oregon se taillent la part du lion. Jolie terrasse. Réservation conseillée.

Northwest

Pour se faire plaisir

6 **St Jack** – PLAN I A1 - *1610 N.W. 23th Ave. - ✆ (503) 360-1281 - stjackpdx.com - fermé midi - plats 36/50 $.* Au cœur de la trendy et animée 23th Ave., ce restaurant français jouit d'une belle notoriété grâce à une carte qui revisite les classiques de la cuisine hexagonale (escargots, foie gras, canard à l'orange), travaillés avec les légumes et les fruits locaux. Belle carte des vins avec les meilleurs vignobles français à l'honneur et d'excellents crus de l'Oregon et de Californie.

Northeast

Premier prix

9 **¿ Por qué no ?** – PLAN I B1 - *3524 N. Mississippi Ave. - ✆ (503) 467 4149 - porquenotacos.square.site - service continu - moins de 15 $.* Une taqueria rose bonbon éclairée aux lampions. Espace confiné à l'intérieur et décoration chargée, un poil kitsch mais plutôt charmante, pour déguster des tacos, galettes de maïs fourrées. Petite terrasse. Ambiance décontractée. La margarita est paraît-il l'une des meilleures de la ville. Autre adresse : 4635 S.E. Hawthorne Blvd.

Budget moyen

Urdaneta – PLAN I HORS PLAN PAR B1 - *3033 N.E. Alberta St. - ✆ (503) 288-1990 - www.urdanetapdx.com - fermé lun. et le midi - pintxos 6/10 $, plats 25/28 $.* Spécialités basques sous la houlette d'un chef tout droit venu d'Espagne. On commence par se régaler de *pintxos* – les tapas à la basque – que l'on fait suivre par exemple d'un *marmitako*, le ragoût de poisson spécialité de Saint-Sébastien. Txakoli et cidres basques figurent à la carte des boissons en compagnie d'une intéressante sélection de vins espagnols. Agréable terrasse. C'est aussi l'occasion de découvrir hors des sentiers battus le quartier animé d'Alameda.

5 **Cafe Olli** – PLAN I B1 - *3925 N.E. Martin Luther King Blvd. - ✆ (503) 206-8604 - cafeolli.com - fermé lun. et dim. soir - plats 20/32 $.* Ce café-restaurant met l'accent sur la saisonnalité et la fraîcheur des produits locaux. Du petit-déjeuner au dîner, il propose des plats simples et savoureux : pizzas au feu de bois, salades, soupes et sandwichs améliorés. Ici on prend également le café au sérieux et sous toutes ses formes !

7 **Morchella** – PLAN I B1 - *1315 N.E. Fremont St. - ✆ (503) 764-9941 - www.morchellapdx.com - fermé dim.-mar. et midi - plats 20/45 $.* Bistro américain contemporain qui privilégie produits locaux et de saison. Le chef affectionne particulièrement les produits sauvages, herbes et fleurs de l'Oregon qui viennent relever ses préparations, tartare de gibier ou cailles farcies.

Pour se faire plaisir

4 Ox – PLAN I B1 - *2225 N.E. Martin Luther King Jr Bd - ✆ (503) 284-3366 - oxpdx.com - fermé midi - plats38/68 $.* Énorme succès pour ce restaurant argentin dont la réputation n'est plus à faire à Portland. Une cuisine au gril et feu de bois pour déguster flétan, saumon, poulpe, bœuf ou saucisse, bien relevés par d'excellentes sauces et de généreuses garnitures à base de légumes locaux (chou frisé, courgettes, radis, etc.). Un sans-faute. Réservation recommandée. Belle carte de vins.

Une folie

2 Le Pigeon – PLAN I B2 - *738 E. Burnside St. - ✆ (503) 546-8796 - www.lepigeon.com - fermé dim. et le midi - menu dégustation 135 $; accords mets-vins 55/85 $.* Gabriel Rucker fut l'un des premiers chefs à susciter l'enthousiasme des critiques gastronomiques américains pour son restaurant de Portland. Dans cette petite salle au décor rustique-chic et à la cuisine ouverte, vous dégusterez une cuisine inventive et raffinée, élaborée à partir de produits d'exception. Réservation fortement conseillée. Dans la maison voisine, le chef a ouvert le Canard, une table bistronomique aux prix plus doux mais aux préparations tout aussi soignées.

Southeast

Budget moyen

1 Bollywood Theater – PLAN I B2 - *3010 S.E. Division St. - ✆ (503) 477-6699 - www.bollywoodtheaterpdx.com - fermé mar. et midi - plats env. 20 $.* Ambiance bohème et décontractée dans ce grand espace épuré avec profusion d'objets rappelant les voyages des propriétaires sur le sous-continent indien. Les assiettes, parfumées, colorées et généreuses s'inspirent de la street food locale et permettent de se sustenter avec plaisir et à petits prix. Autre adresse : 2039 N.E. Alberta St.

14 Shalom Y'all – PLAN II F3 - *117 S.E. Taylor St. - ✆ (503) 208-3661 - www.shalomyallpdx.com - service continu - plats 12/20 $.* Référence incontournable à Portland pour les amoureux de « street food » israélienne, Shalom Y'All (« salut tout le monde ») cuit pains traditionnels, grillades et légumes dans les hautes flammes de son four à pierre, pour composer d'exquises petites assiettes à partager. Savoureux choix de *mezzes*, *chakchouka* irréprochable et *chawarma* parfait.

8 Oma's Hideaway – PLAN I B2 - *3131 S.E. Division St. - ✆ (971) 754-4923 - omashideaway.com - service continu - plats 15/32 $.* La cachette d'une « oma », nommé ainsi en l'honneur de la grand-mère du chef et propriétaire des lieux, Thomas Pisha-Duffly. Plats savoureux et colorés fortement inspirés des cuisines malaisienne et singapourienne, dont le fameux et réconfortant *Wonton Mee*. Excellente (quoique succincte) carte de cocktails aux noms aussi évocateurs que Satan in a Skirt, Deviant Behaviour ou encore That's Mai Type.

Pour se faire plaisir

13 Clarklewis Restaurant – PLAN II F3 - *1001 S.E. Water Ave. - ✆ (503) 235-2294 - www.clarklewispdx.com - service continu - plats 27/52 $.* Ce grand et beau restaurant d'inspiration italienne, est un incontournable de la scène « foodie » de Portland. La cuisine est parfumée, inventive et fraîche, les serveurs et les barmaids sont aussi branchés que leurs cocktails. Installé dans un ancien garage, il en a gardé le charme industriel, avec ses grandes portes vitrées ouvertes sur la rue. L'ambiance est conviviale et, pour les petites bourses, l'*happy hour (17h-18h)* sur le menu consommé au bar vaut vraiment le coup.

Petite pause

Downtown et Pearl District

Courier Coffee – *923 S.W. Oak St. - ✆ (503) 545-6444 - fermé mar.-merc. et soir.* Un petit établissement où déguster un excellent café et se délecter de pâtisseries maison. À l'origine, les propriétaires n'avaient pas de local et livraient leurs cafés à vélo, mais devant le succès rencontré, ils ont pu s'établir dans cet endroit à la décoration épurée. Bonne musique en fond (rock/folk).

Stumptown Coffee – *128 S.W. 3rd Av. - ✆ (503) 295 6144 - www.stumptowncoffee.com - 7h-15h, w.-end 7h-17h.* Le premier torréfacteur artisanal de Portland est une institution. Le café, issu du commerce équitable, ravit les habitués qui s'y attardent en travaillant sur leurs ordinateurs portables. Et comme souvent à Portland, ambiance cool et décontractée... Cinq autres adresses en ville.

Voodoo Doughnut – *22 S.W. 3rd Av. - ✆ (503) 241-4704 - www.voodoodoughnut.com- 6h-23h (3h vend.-sam.).* Une adresse mythique! On sait qu'on s'en approche quand se multiplient dans la rue les passants portant une petite boîte en carton rose. Ambiance psychédélique, donuts plus extravagants les uns que les autres, festival de goûts et de couleurs. Il faut y passer au moins une fois... et ne pas se laisser décourager par la longue file d'attente.

Northwest et Southeast

Salt and Straw – *838 N.W. 23rd Av. - ✆ (971) 271-8168 - saltandsraw.com - 11h-23h.* Le glacier le plus célèbre de Portland, dont le travail s'inscrit parfaitement dans la philosophie de la ville : produits locaux et bio pour soutenir l'économie locale!

Boire une bière

Ce n'est pas un hasard si Portland est surnommée « Beervana »! Avec près de 70 microbrasseries répertoriées, la ville est un paradis pour amateurs de houblon. Vous en trouverez en centre-ville, et encore davantage à l'est de la Willamette (liste sur *www.travelportland.com*). Voici une sélection.

Downtown

10 Barrel Brewery – *1411 N.W. Flanders St. - ✆ (503) 224-1700 - www.10barrel.com - 12h-21h (22h vend.-sam., 20h dim.).* Dans un cadre post-industriel, la maison propose une vingtaine de bières à la pression, une carte de snacking et surtout un rooftop qui permet de voir la ville de haut, un verre à la main.

Von Evert Brewing – *131 N.W. 13th Ave. - ✆ (503) 820-7721 - www.vonebertbrewing.com - merc.-dim. 12h-21h.* Une demi-douzaine de bières maison élaborées dans le style allemand. Le cadre est agréable avec ses grandes baies vitrées ouvrant sur la rue et sa petite terrasse.

... et du côté est

Baerlic Brewery – *2239 S.E. 11th Ave. - ✆ (503) 477-9418 - www.baerlicbrewing.com - 11h-22h.* Dans une salle sans chichis, une vingtaine de bières à la pression de tous styles, tchèque, belge, stout, IPA... Excellentes pizzas.

Grand Fir Brewing – *1403 S.E. Starck St. - ✆ (503) 477-6011 - www.grandfirbrewing.com - tlj sf lun. 12h-22h.* Une microbrasserie au plein sens du terme : à la barre, un jeune couple qui produit une dizaine de bières (IPA, ambrée style tchèque, et leur produit phare, la *coconut stout* au chocolat) et prépare les petits plats qui vont avec. Sympathique ambiance style pub de quartier.

Cascade Brewing Barrel House – *939 S.E. Belmont - ✆ (503) 265-8603 - www.cascadebrewingbarrelhouse.com - 16h-22h, vend.-sam. 12h-22h, dim. 12h-20h - fermé lun.-mar.* Grand choix de bières maison pour tous les goûts, carte de snacking, et le point fort : le grand patio bien agréable quand arrivent les beaux jours.

Boire un verre

Downtown et Pearl District

Multnomah Whiskey Library – *1124 S.W. Alder St. - ✆ (503) 954-1381 - mwlpdx.com - mar.-jeu. 16h-22h, vend.-sam. 16h-23h.* Un incontournable de Portland. Incroyable mur de bouteilles délicatement éclairées derrière un vieux bar en bois, fauteuils Chesterfield, briques et tapisseries. Service d'un professionnalisme absolu. Petite restauration dont la qualité épouse parfaitement l'élégance du lieu. Une adresse chic et distinguée dans laquelle on se sent particulièrement à l'aise.

Teardrop – *1015 N.W. Everett St. - ✆ (503) 445-8109 - www.teardroplounge.com - à partir de 16h.* Cet autre bar à cocktails joue dans un registre différent, plus cool et branché. Décoration sobre privilégiant l'épure (murs blancs, petites touches contemporaines) et grand bar circulaire derrière lequel on s'assoit pour observer la fabrication des excellents cocktails...!

Domaine Serene Wine Lounge – *1038 S.W. Alder St. - ✆ (503) 850-7001 - www.domaineserenewinelounge.com - merc.-jeu. 15h-21h, sam. 13h-21h, dim. 13h-19h.* Créé en 1989 dans la Willamette Valley par un amoureux du pinot noir et du chardonnay, le domaine s'est affirmé aujourd'hui comme un des vignobles vedettes des États-Unis. Dans son élégant lounge de Portland sont proposées plusieurs formules dégustation de différents crus *(40/75 $)*. Une petite carte de restauration (assiettes de fromages, de charcuterie, huîtres) permet d'accompagner le voyage. Musique *live* vend.-sam. 18h30-20h30.

Oregon Wines On Broadway – *515 S.W. Broadway - ✆ (503) 228-4655 - www.oregonwinesonbroadway.com - merc.-jeu. 12h-18h, vend. 12h-20h, dim. 14h-19h.* Si la façade, discrète, n'a rien de spécialement engageant, ce petit bar en longueur sait soigner les amateurs de pinot noir d'Oregon. Large sélection parmi les plus belles productions, au verre, à la bouteille ou en mode dégustation (associations de petits verres).

Oldtown et Chinatown

Tope – *15 N.W. 4th Ave. - ✆ (503) 770-0500 - thehoxton.com - 16h-22h30.* Murs blancs carrelés, plantes vertes et tables en bois constituent le cadre agréable de ce bar/taqueria situé au dernier étage de l'hôtel Hoxton. Si l'on ajoute la vue sur les toits de Portland et les excellents cocktails dont le mezcal est roi, aucune raison de se priver d'y faire une halte.

Northeast

Laurelthirst Public House – *2958 N.E. Glisan St. - ✆ (503) 232-1504 - www.laurelthirst.com - lun.*

16h-22h, mar.-merc. 16h-0h, jeu. 16h-0h30, vend. 16h-1h, sam. 12h-1h, dim. 12h-0h. Ce pub rock et country, complètement authentique et qui pratique des prix tout à fait abordables, accueille des groupes locaux sur sa petite scène à l'esprit familial et bohème. On y danse en bottes de cow-boy et on rencontre tous les vieux loups de mer de la Willamette en fumant une cigarette sur le trottoir. La jeunesse croise les piliers de bar et tout y est comme avant la gentrification...

Scotch Lodge – *215 S.E. 9th Ave. - ✆ (503) 208-2039 - scotchlodge.com - 16h-0h.* Bar cosy proposant une très belle sélection de whiskies et scotchs à déguster tels quels, à moins que vous ne préfériez opter pour l'un des cocktails savamment concoctés par l'équipe de mixologues des lieux. Les propriétaires du lieu ont eu la riche idée de proposer également une restauration simple et efficace *(plats 24/31 $).*

Southeast

Division Winemaking Company – *2005 S.E. 8th Ave. - ✆ (503) 208-2061 - www.divisionwineco.com - mar.-sam. 14h-16h30.* Une adresse très pointue pour déguster les nectars de l'Oregon en suivant les conseils des maîtres des lieux. Agréable petit salle cosy façon salon particulier.

The Coffin Club – *421 S.E. Grand Ave. - merc.-sam. 20h-2h15.* Si la décoration gothique un peu cheap peut en rebuter certains, les amateurs de musique industrielle, de dark wave et de minimal wave trouveront ici leur compte, tout comme les étudiants fauchés, qui apprécieront les prix du bar, plus doux qu'ailleurs. Petite piste de danse pour se défouler devant des groupes locaux.

Sortir

Musique classique, opéra et théâtre

Artists Repertory Theatre – *1515 S.W. Morrison St. - ✆ (503) 241-1278 - www.artistsrep.org.* Les acteurs résidents de cette troupe proposent des productions classiques comme contemporaines tout au long de la saison, dans des salles intimes.

Oregon Ballet Theatre – *720 S.W. Bancroft St. - ✆ (503) 227-0977 - www.obt.org.* Les danseurs de cette compagnie proposent six spectacles par saison. Classiques, incontournables du 20e s. ou œuvres contemporaines, ces performances sont à découvrir au Keller Auditorium et Newmark Theatre. La compagnie est connue pour son répertoire de ballets de George Balanchine.

Oregon Symphony - Arlene Schnintzer Concert Hall – *1037 S.W. Broadway - ✆ (503) 228-1353 - www.orsymphony.org.* Fondé en 1896, cet orchestre propose grands classiques et musique populaire au Arlene Schnitzer Concert Hall.

Portland Center Stage at The Armory – *128 N.W. 11th Ave. - ✆ (503) 445-3700 - www.pcs.org - ♿.* Le Gerding Theater et le Ellyn Bye Studio, deux salles de spectacle, proposent grandes et petites productions.

Keller Auditorium – *222 S.W. Clay St. - ✆ (503) 248-4335 - www.portland5.com/keller-auditorium.* Le Keller Auditorium, abrité au sein du Portland Center for the Performing Arts, est le foyer de l'opéra de Portland.

Rock, pop, folk

Crystal Ballroom – *1332 W. Burnside St. - ✆ (503) 225-0047 - www.crystalballroompdx.com.* Bâtie en 1914 pour y accueillir des spectacles de danse, cette salle offre une programmation variée allant de la musique folk à du rock plus musclé. L'espace au troisième étage, ouvert dans les années 1990, possède de magnifiques peintures murales, des chandeliers éclatants et d'immenses plafonds. On peut prendre une bière et dîner au Ringler's Pub et dormir au Crystal Hotel, dont chaque chambre, au style psychédélique assez déroutant, porte le nom d'un groupe ayant joué au Crystal Ballroom *(51 ch. avec sdb privée ou commune, 155/255 $ - piscine d'eau de mer).*

Wonder Ballroom – *128 N.E. Russell St. - ✆ (503) 284-8686 - www.wonderballroom.com - ♿ - prix et horaires variables selon concerts.* Bâtie également en 1914, cette vénérable demeure historique de Northeast abrite l'une des salles les plus en vue de la ville. Programmation éclectique, du blues au hip-hop en passant par l'électro rock.

Mississippi Studios – *3939 N. Mississippi Ave. - ✆ (503) 288-3895 - www.mississippistudios.com - 11h-1h (2h vend.-sam.).* Ce temple de la musique indépendante est à la fois un bar, un restaurant et une salle de concerts. On y respire vraiment l'esprit anticonformiste de Portland et on s'imprègne de l'énergie contagieuse des quartiers du Nord-Est. Programmation assez pointue (rock, pop folk) et ambiance décontractée.

Aladdin Theater – *3017 S.E. Milwaukie Ave. - ✆ (503) 234-9694 - www.aladdin-theater.com - ♿ annoncer avant.* Dans Southeast, cette salle de 620 places, anciennement théâtre de boulevard, a conservé quelque chose du style années 1920. Célèbre pour son excellente acoustique, l'Aladdin programme jazz, blues, pop et musiques du monde.

Voir également **Doug Fir Lounge**, *(www.dougfirlounge.com).*

Shopping

Downtown et Pearl District

Powell's City of Books – *1005 W. Burnside St. - ✆ (800) 878-7323 - www.powells.com - 10h-21h.* Les amateurs de livres et les curieux seront fascinés par la librairie Powell's, qui occupe tout un pâté de maisons et aligne plus d'un million de titres. Première aux États-Unis à mêler livres d'occasion et ouvrages neufs dans ses rayonnages, cette librairie pionnière est considérée comme la plus grande du monde. Quelque 6000 personnes visitent quotidiennement son labyrinthe de salles à code couleur. Ils organisent des visites guidées aussi, le dimanche 10h-16h.

Union Way – *1022 W. Burnside St. - 10th Ave. - ✆ (503) 235-5743 - 11h-19h, lun. et vend. 11h-22h - horaire variable selon boutique.* Cette petite galerie commerçante au design élégant, au cœur de Downtown, abrite des boutiques « stylées » qui font la réputation de Portland comme Danner (vêtements style Northwest).

Tender Loving Empire – *412 S.W. 10th Ave. - ✆ (503) 548-2925 - tenderlovingempire.com - 11h-19h.* Créée par le fondateur d'un label indépendant célèbre en ville, cette boutique mêle astucieusement disques et vinyles de groupes locaux signés sur le label et artisanat local.

MadeHere PDX – *40 N.W. 10th Ave. - ✆ (503) 224-0122 - www.madehereonline.com - 11h-18h.* Les créateurs de Portland exposent et vendent leurs créations de bijoux, cuirs, vêtements ou accessoires de déco pour la maison. Un espace élégant, de qualité, quoiqu'un peu cher.

Canoe – *1233 S.W. 10th Ave. - 12th Ave. - ✆ (503) 889-8545 - canoe.design - mar.-sam. 11h-18h.* Cette boutique de décoration et d'ameublement intérieur présente de très jolies pièces, pratiques et design.

Saturday Market - *2 S.W. Naito Parkway.* *Voir p. 279.*

Northeast

811 Design Center – *811 E. Burnside St. - horaire variable selon boutique.* Ce centre de « contre-culture » abrite sur plusieurs étages une multitude de boutiques indépendantes. Les produits vendus ici viennent de designers locaux. Vêtements vintage, art local et services de création graphique également présents.

Lloyd Center – *2201 Lloyd Center - Au croisement de N.E. 9th Ave. et Multnomah - ✆ (503) 282-2511 -* **www.lloydcenter.com** *- ♿ - 11h-19h, dim. 11h-18h - horaire variable selon boutique.* Plus vaste centre commercial de l'Oregon, avec près de 200 boutiques, le Lloyd Center abrite également des restaurants, 8 salles de cinéma et une patinoire couverte.

Northwest et Northeast

The Meadow – *805 N.W. 23rd Ave. - ✆ (503) 305-3388 - themeadow.com - 10h-20h.* Mark Bitterman connaît toutes les facettes du sel et du chocolat. Il propose dans sa boutique un passionnant voyage gourmand autour du monde sur ces produits. Vous trouverez également du vin et des condiments. *Autre adresse : 3731 N. Mississippi Ave.*

Sport

Portland Timbers – *1844 S.W. Morrison St. - ✆ (503) 553-5400 - www.timbers.com.* Providence Park (1844 S.W. Morrison St.) est l'antre des Portland Timbers, l'une des équipes de la MLS (Major League Soccer), dont la réputation tient beaucoup à ses supporters, parmi les plus fervents du pays. Rens. et billets sur www.timbers.com.

Portland Trail Blazers – *1 Center Court, suite 150 - ✆ (503) 231-8000 - www.nba.com/blazers - P payant - ♿ - billetterie : 8h30-17h30 - fermé w.-end.* Les « pionniers » de Portland constituent l'une des équipes les plus compétitives de la NBA (National Basket Association). Spectacle garanti au Moda Center, anciennement Rose Garden Arena (1 N. Center Ct St.). Rens. et billets sur www.nba.com/blazers.

Hébergement

Downtown et Pearl District

Budget moyen

(5) **The Benson Hotel** – PLAN II D2 - *309 S.W. Broadway - ✆ (503) 228-2000 - bensonhotel.com - P payant - ♿ - 287 ch. 151/242 $ - ☕ 23 $.* Le baron du bois de charpente Simon Benson a achevé la construction de cet hôtel en 1913 et son opulence a traversé les époques. Des chandeliers de cristal autrichiens illuminent le marbre des sols et le bois de noyer des murs. Les chambres offrent un confort moderne tout en sobre élégance.

(2) **Dossier** – PLAN II D2 - *750 S.W. Alder St. - ✆ (503) 294-9000 - www.dossierhotel.com - ♿ - 205 ch. 149/223 $ - ☕ 14 $.* Luxueux et branché tout à la fois, ce bel hôtel allie le charme nerveux de Downtown au service d'un établissement de très bon standing. Les chambres modernes et soignées sont garnies de lits si confortables qu'il vous sera difficile de vous en arracher. Le

bar-restaurant de l'hôtel, le Bar Alder, est très réputé pour ses cocktails. Location de vélos et prêt de parapluies (ce qui s'avère utile à Portland), voiturier.

(3) **Hotel Lucia** – PLAN II D2 - *400 S.W. Broadway - ✆ (503) 225-1717 - www.hotellucia.com - ♿ P payant - 127 ch. 144/209 $.* Un bel hôtel où de petites attentions agrémentent le séjour : la radio allumée en entrant dans la chambre crée une ambiance chaleureuse, ou la bière locale, offerte entre 18h et 21h, qui favorise les rencontres. Prêt de vélos. Espace de fitness.

(4) **ACE Hotel** – PLAN II D2 - *1022 S.W. Stark St. - ✆ (503) 228-2277 - www.acehotel.com - ✕ - 79 ch. 130/255 $.* Un hôtel-boutique superbe qui affiche sa singularité dès la réception : panneaux vintage, personnel « looké », vélos à louer. Des parties communes aux chambres, la tendance est au style arty chic et décontracté (mobilier de récupération, fresques murales, panneaux de bois sur rails qui remplacent les portes, etc.).

(6) **Sentinel** – PLAN II D2 - *614 S.W. 11th Ave. - ✆ (503) 224-3400 - www.sentinelhotel.com - ▤ ✕ P payant - ♿ - 100 ch. 173/334 $ - ☕ 23 $.* Des peintures murales évoquent l'expédition de Lewis et Clark au 19e s. et le dôme de verre teinté et les sols carrelés sont d'origine (1909). Cet hôtel classique combine dans sa large enceinte détails en acajou et grandes chambres modernes.

(8) **The Hotel Zags Portland** – PLAN II D3 - *515 S.W. Clay St. - ✆ (855) 523-6914 - www.thehotelzags.com - ▤ ✕ P payant - ♿ - 174 ch. 129/199 $.* Cet hôtel-boutique huppé allie le plus beau style des années 1960 au confort moderne. Les chambres affichent une unité de sobriété relevée de touches colorées. Souci du détail et œuvres contemporaines réalisées par des artistes locaux agrémentent l'ensemble. Le restaurant Zags, à l'agréable patio, propose des plats simples : poulet ou saumon grillés, travers de porc et pizzas.

(9) **The Heathman Hotel** – PLAN II D3 - *1001 S.W. Broadway - ✆ (503) 241-4100 - heathmanhotel.com - ✕ P payant - ♿ - 150 ch. 187/279 $ - ☕ 14 $.* Fondé en 1927, The Heathman a conservé les marqueurs de ses origines : boiseries, ferronneries, verrières... Il s'est aussi offert un sérieux coup de jeune en privilégiant les coloris contemporains, les meubles design, les œuvres d'art moderne, dans les parties communes comme dans les chambres. The Library, cœur historique de l'établissement, est un beau prétexte pour prendre un cocktail. Une étape hype à Portland.

(12) **Woodlark** – PLAN II D2 - *813 S.W. Alder St. - ✆ (503) 548-2559 - www.woodlarkhotel.com - ✕ P payant - 150 ch. à partir de 170 $.* Arborant une façade néobaroque en plein centre-ville, l'hôtel est né en 1908. Certaines parties anciennes ont été scrupuleusement conservées, comme la Bullard Tavern, avec ses boiseries et ses papiers peints. Chambres impeccables et accueil très enlevé, par une équipe jeune et dynamique. Le plus : une foule de bars et des restaurants à quelques minutes à pied.

Pour se faire plaisir

(7) **The Nines** – PLAN II D2 - *525 S.W. Morrison St. - ✆ (503) 222-9996 - www.thenines.com - ▤ ✕ P payant - ♿ - 331 ch. 274/400 $ - ☕ 18 $.* Perché au-dessus du grand magasin Meier & Frank, en plein Downtown, le Nines s'impose grâce à l'association luxe discret et modernité assumée. Des motifs

6

floraux couleur ivoire réhaussent le papier peint couleur taupe, chandeliers de verre et pièces d'art moderne d'artistes locaux décorent les pièces. Le linge somptueux et les épais fauteuils ajoutent au confort. Dans un atrium de plusieurs étages, le restaurant Urban Farmer *(www.urbanfarmersteakhouse.com)* se spécialise dans le bœuf de pâturage de l'Oregon.

10 **Kimpton RiverPlace Hotel** – PLAN II E3 - *1510 S.W. Harbor Way - ✆ (503) 228-3233 - www.riverplacehotel.com - ✕ P payant - ♿ - 85 ch. 226/386 $.* Hôtel-boutique du groupe Kimpton, le RiverPlace est posé au bord de la Willamette. Les chambres, chics et chaleureuses, offrent des vues splendides sur la rivière grâce à leurs immenses fenêtres allant du sol au plafond. L'hôtel, pourtant proche du centre, se tient à l'écart du tumulte de la ville et donne l'impression de s'en échapper. Le nom du restaurant annonce la couleur : au King Tide Fish & Shell, les produits de la mer sont en vedette. À déguster sur l'agréable terrasse au bord de l'eau.

Northwest

Budget moyen

11 **Inn at Northrup Station** – PLAN II C1 - *2025 N.W. Northrup St. - ✆ (503) 224-0543 - www.northrupstation.com - ▤ ♿ - 70 ch. 164/269 $ ☕.* Le vert citron, le violet éclatant et d'autres couleurs vives accueillent les hôtes de cet hôtel-boutique du quartier à la mode de Nob Hill. Les chambres, décorées avec malice, disposent d'une petite cuisine avec meubles en érable et plan de travail en granit. Des pièces d'art moderne décorent l'ensemble. L'établissement fournit gratuitement des tickets de tramway à ses hôtes : l'arrêt le plus proche se trouve en effet à l'entrée de l'hôtel.

Northeast

Budget moyen

1 **The Jupiter Original** – PLAN I B2 - *800 E. Burnside St. - ✆ (503) 230-9200 - jupiterhotel.com - ▤ ✕ P payant - 81 ch. 95/190 $ - 2 nuits mini le w.-end en haute sais.* La version revisitée du motel à l'américaine : déco vintage très années 1950, chambres à la décoration minimaliste et épurée mais soigneusement élaborée. Tout Portland résumé dans ce style, chic mais discret.

Vallée de la Willamette et sud de l'Oregon ★★

Si Portland est le visage que l'Oregon présente au monde, son cœur reste la grande étendue fertile de la Willamette Valley. Sur 110 miles environ du sud de Portland jusqu'à Eugene, et 30 miles entre les Cascades et les chaînes côtières, cette plaisante vallée au climat tempéré a attiré dès les années 1840 les pionniers de la piste de l'Oregon qui y établirent fermes, vignobles, élevages de moutons et bourgades. Aujourd'hui, la vallée est la région la plus peuplée de l'État après la métropole de Portland, mais elle a conservé sa vocation rurale : terres cultivées, vignes, champs de tulipes, vergers de noisetiers, surplombés de ponts couverts. Plus au sud par l'Interstate-5, de hautes terres s'étirent sur 96 miles au nord de la frontière californienne, des champs de blé du bassin de Klamath aux eaux vives des rivières Rogue et Umpqua. Volcans en sommeil, forêts touffues, canyons et lacs alpins créent un paysage plus accidenté. Une ruée vers l'or sans lendemain y a amené une vague de colons au milieu du 19e s. Beaucoup d'entre eux ont choisi de rester, malgré la tentative des Indiens Klamaths et Modocs pour reconquérir leurs terres dans les années 1870. Les grands attraits de cette région sont Crater Lake, seul parc national de l'Oregon, et, à Ashland, un festival Shakespeare réputé.

Se repérer

Oregon – *Pacific Time*.

CARTE AB1-3 (P. 270-271).

Pour faire la route de Portland à Ashland, la ville la plus au sud de l'Oregon sur l'I-5, comptez environ 5h. Les villes de Medford et Eugene possèdent les principaux aéroports régionaux.

À ne pas manquer

Crater Lake ; Oregon Shakespeare Festival ; Evergreen Aviation & Space Museum ; Oregon Caves.

Organiser son temps

Mai, septembre et octobre offrent un temps clément et la foule est moins nombreuse pour profiter de l'Oregon Shakespeare Festival. Crater Lake est à visiter entre juillet et début septembre, seule période où les routes ne sont pas enneigées. La vallée de la Willamette est superbe au printemps, tandis que fin septembre-début octobre marque le temps des vendanges et les forêts des Cascades offrent le spectacle de leur feuillage d'automne.

En famille

Evergreen Aviation & Space Museum, à McMinnville ; Gilbert House Children's Museum, à Salem ; Historic Carousel and Museum, à Albany.

Carnet pratique p. 313

Nos adresses p. 313

Découvrir

CARTE P. 270-271

★★ Oregon Wine Country AB1

Par la Rte 99W à l'ouest de l'I-5, de 20 à 40 miles au sud-ouest de Portland.
www.willamettevalley.org.
Les meilleures bases pour explorer la région sont Newberg, Dundee et McMinnville.

À la même latitude que la Bourgogne, le **nord de la vallée de la Willamette** est devenu, au fil des années, l'une des régions les plus en vue dans le monde viticole (malgré une faible notoriété auprès du grand public), avec plus de 500 domaines. Ses vins, vifs et nerveux, se distinguent par leur arôme délicat et leur faible teneur en alcool. Établie dans les années 1960, l'industrie vinicole de l'Oregon n'était guère connue du public avant que ne se produise, en 1979, l'inimaginable : un pinot noir d'Eyrie Vineyards *(voir p. 306)* remporta la palme dans une dégustation organisée par des Français, devançant plusieurs vins français réputés…

Des terroirs favorables, une longue période de végétation avec sécheresse estivale, fraîcheur à l'automne et hiver humide, tempérés par l'influence océanique, forment des conditions idéales. Elles conviennent parfaitement au pinot noir, mais aussi aux autres cépages : chardonnay, merlot, cabernet sauvignon, pinot gris.

Des douzaines d'entreprises vinicoles exploitent plus d'une centaine de vignobles éparpillés sur les collines verdoyantes. La plupart sont de petites entreprises familiales, souvent ouvertes au public pour visites et dégustations *(payantes)*. Au bord des routes de campagne peu encombrées s'alignent vignobles et vergers, avec des stands de vente.

Black Walnut Inn and Vineyard – *De Dundee, prenez la dir. de Lafayette, tournez à droite sur S.W. 9th St. puis continuez sur N.E. Worden Hill Rd, le domaine se détache sur la droite - ☏ (503) 538-8663 - www.blackwalnutvineyard.com - dégustation 6 vins avec amuse-gueules (1h) 10h-16h - 125 $.* Ce domaine figure parmi les valeurs sûres. Dominés par une imposante propriété de style toscan, les 6 ha de vignes couvrent les collines, offrant de belles vues sur la vallée. Là sont joliment travaillés pinots gris et noir et chardonnay.

Alexana – *Continuez sur N.E. Worden Hill Rd, le domaine Alexana est sur la gauche - ☏ (503) 537-3100 - www.alexanawinery.com - dégustation 10h-17h - 50 $ - réserv. obligatoire.* Étalées sur 32 ha, les vignes du domaine sont constituées de riesling, chardonnay et pinot noir. Si le riesling dégage une belle fraîcheur (arômes pêche blanche, citron et jasmin), le chardonnay se distingue d'abord par une certaine nervosité contrebalancée par une bouche longue et grasse et beaucoup de minéralité. Quant aux pinots, ils excellent, présentant une palette complète de ce que ce cépage peut offrir.

Domaine Drouhin – *De Dundee, prenez la direction de McMinnville et tournez dans la première petite route à droite, McDougal Rd, puis prenez tout de suite à droite Breyman Orchards Rd - ☏ (503) 864-2700 - www.domainedrouhin.com - dégustation (6 vins) 10h-15h sur RV - 70 $.* Ce grand domaine de 91 ha est l'un des plus célèbres de la région. Gérée par Véronique Drouhin, qui tient également avec ses trois frères les rênes du réputé domaine bourguignon, la maison a acquis en 2014 Roserock Vineyards (112 ha), plaçant ces Beaunois d'origine parmi les plus grands producteurs de pinot en Oregon. Les pinots noirs, sur des arômes de cassis et de framboise, légèrement épicés et fumés, respectent le plus pur style bourguignon,

Dundee Hills, Oregon Wine Country.
tomwachs/Getty Images Plus

tout en s'adaptant aux caractéristiques géographiques de la Willamette Valley. Les amateurs de blancs préféreront les chardonnay.

Sokol Blosser – *De Dundee, prenez la direction de McMinnville, après 2 miles, accès par Sokol Blosser Ln, à droite - ✆ (503) 864-2282 - www.sokolblosser.com - dégustation : jeu.-lun. 10h-16h - 35 $.* Ce domaine possède une superbe salle de dégustation mêlant verre et lamelles de bois brut, prolongée par une terrasse dégageant une vue plongeante sur les 40 ha de vignes du domaine. Pinot gris, pinot noir rosé et pinot noir sont proposés à la dégustation, même si d'autres cépages sont représentés comme le chardonnay ou le sangiovese. Mentions spéciales pour les pinots noirs qui se distinguent par des tanins fondus, des arômes de cerise délicatement épicés, de cassis et de pain grillé, avec une belle longueur en bouche.

Brooks Winery – *À 14 miles au sud-est de McMinnville par la Rte 99W, puis la Rte 153 - 21101 S.E. Cherry Blossom Ln - Amity - ✆ (503) 435-1278 - www.brookswine.com - 11h-17h.* Depuis 1998, ce domaine fondé par Jimi Brooks a fait de la culture biodynamique son credo. Établi face à la chaîne des Cascades, le chai est agrémenté d'un très bel espace de dégustation où l'on peut aussi déjeuner, avec vue (sublime par beau temps !). Un joli jardin fleuri précède les rangs de vignes sagement taillées. Si le pinot noir est roi, vous pourrez y déguster également de délicieux gewurztraminers.

★ McMinnville A1

Sur la Rte 99W, à 41,5 miles au sud de Portland.

✆ (503) 857-0182 - visitmcminnville.com.

La capitale du comté de Yamhill est au centre des **terres viticoles** de la partie nord de la vallée de la Willamette. La ville est un camp de base idéal pour parcourir la région : cafés, restaurants et petites boutiques d'antiquités ont investi les bâtiments 19e s. du centre historique préservé. Au départ de McMinnville, de petites routes de campagne mènent aux dizaines de fermes et d'exploitations viticoles disséminées à travers des collines boisées de chênes.

Eyrie Vineyards – *935 E. 10th Ave. - ☏ (888) 440-4970 - www.eyrievineyards.com.* Ce domaine de 24 ha occupe une place particulière dans l'histoire des vins de l'Oregon puisque c'est l'un de ses pinots noirs qui révéla au monde le travail des viticulteurs locaux. La maison continue à produire d'excellents crus, des pinots gris légèrement fumés mais rafraîchissants aux pinots noirs remarquablement travaillés. Sans oublier chardonnay, chasselas, muscat, melon de Bourgogne.

★★★ Evergreen Aviation & Space Museum A1

À 3,5 miles au sud de McMinnville. Sortez de la ville par S.E. 3 Mile Lane, qui prolonge N.E. 3th St., puis prenez à gauche l'US-18 (E. Salmon River Hwy). Le musée (indiqué) apparaît sur la gauche.

500 N.E. Capt. Michael King Smith Way - ☏ (503) 434-4180 - www.evergreenmuseum.org - 9h-17h - 22 $, inclus le musée de l'aviation, celui de l'espace et une entrée au cinéma IMAX) ; parc aquatique : 29,99 $ pour 4 heures, horaires à consulter sur le site Internet avant la visite ; visite du cockpit du Spruce Goose, réserv. sur place seult.

Cet énorme complexe comprend plusieurs espaces distincts : deux hangars consacrés l'un à l'**histoire de l'aviation** et l'autre à la **conquête de l'espace**, un **cinéma IMAX** *(rens. sur le site Internet pour les horaires des projections)* et le parc aquatique **Wings and Waves Waterpark**, doté de dizaines de toboggans.

Parmi les 200 modèles présentés dans le hangar consacré à l'aviation figure le plus grand avion de l'époque (1947), le légendaire **Spruce Goose** du milliardaire Howard Hughes. Ce « monstre » à l'ossature en bois (du fait des restrictions sur le métal à l'époque) symbolise le rêve fou d'un homme qui voulait conquérir le ciel. Malheureusement pour lui, et malgré un coût de construction de 25 millions de dollars, son projet se limita à un seul vol... d'une minute, sur 1 mile, à 70 pieds (20 m d'altitude) ! Parmi les autres pièces d'exception présentées dans cet espace, remarquez la **première machine volante**, élaborée en 1903. L'homme qui l'inaugura put ainsi voler, en position couchée, 12 secondes à 120 pieds (36,5 m) à une vitesse de 27 miles/h (43 km/h). Voyez aussi les célèbres avions de guerre **Curtiss P-40 N. Warhawk**, célèbres pour la mâchoire et les yeux de requins dessinés à l'avant de l'appareil et utilisés pendant la Seconde Guerre mondiale pour les attaques contre les Japonais. Les guerres du 20e s. sont ainsi largement revisitées à travers les fleurons de l'aviation américaine, parmi lesquels l'avion le plus rapide du monde, l'impressionnant **SR-71 Blackbird**, utilisé durant toute la guerre froide à des fins de surveillance et d'espionnage photographique. Autre ambiance dans le second hangar, dédié à l'histoire de la conquête spatiale. Panneaux, photos, vidéos relatent la lutte impitoyable que se livrèrent Russes et Américains pour affirmer leur suprématie et leur maîtrise de l'espace, en pleine guerre froide. Les passionnés seront conquis par le travail de rétrospective présenté sur les différentes missions spatiales et par les fusées, satellites et autres missiles exposés (dont le missile balistique intercontinental **Titan II**).

★ Salem A1-2

À 44 miles au sud de Portland par l'I-5 et 26 miles au sud de McMinnville par la Rte 99W et la Rte 221.

630 Center St. N.E. - ☏ (503) 581-4325 - www.travelsalem.com.

Capitale de l'Oregon, dont elle est la troisième ville avec 177 487 habitants, Salem a été fondée en 1840, quand Jason Lee, dirigeant d'une mission méthodiste, la déplaça au cœur de la vallée de la Willamette.

★★ **Willamette Heritage Center at the Mill** – *1313 Mill St. - ✆ (503) 585-7012 - www.willametteheritage.org - mar.-sam. 10h-16h - 10 $.* Ce parc historique de 2 ha abrite la maison de Lee, plusieurs autres bâtiments de cette époque, dont la filature **Thomas Kay Woolen Mill** (1889), ouverte à la visite.

★ **Oregon State Capitol** – *900 Court St. N.E. - ✆ (503) 986-1388 - oregoncapitol.com - visite suspendue jusqu'en 2025 en raison de travaux de restauration.* Se dressant au centre de la ville, le dôme du capitole, construit en 1938 par Francis Keally dans un style néoclassique grec, est dominé par une statue de 7 m en bronze doré à la feuille figurant un pionnier.

★ **Gilbert House Children's Museum** – *116 Marion St. N.E. - ✆ (503) 371-3631 - www.acgilbert.org - mar.-dim. 10h-17h - 14 $.* Aménagé dans trois maisons historiques, ce musée pour enfants, où l'on peut toucher du doigt les collections, est célèbre pour son train modèle « American Flyer S-gauge », sa salle à bulles et son immense terrain de jeux en extérieur (1 900 m²). Juste à côté, le **Riverfront City Park** accueille également le très beau manège du **Riverfront Carousel** et ses animaux de bois sculptés à la main par des volontaires.

Willamette University – *900 State St. – ✆ (503) 370-6300 - www.willamette.edu.* Fondée en 1842 par les méthodistes, cette petite université réputée est le plus ancien établissement d'enseignement supérieur de l'Ouest américain. Sur le campus, le **Hallie Ford Museum of Art**★ *(700 State St. - ✆ (503) 370-6855 - mar.-sam. 12h-17h - 8 $)* rassemble des collections venues d'Europe, d'Asie et d'Amérique du Nord. Les œuvres du Nord-Ouest et l'art de la vannerie amérindienne sont sa spécialité.

Willamette Mission State Park – *Au nord de Salem en quittant l'I-5 (sortie 263) - stateparks.oregon.gov.* Ce parc protège des fermes et des vergers pastoraux. On y trouve aussi le plus grand peuplier d'Amérique. Tout proche, à Wheatland Road *(suivez les panneaux)*, le **Wheatland Ferry**, tracté par des câbles, permet aux véhicules de traverser la Willamette.

Left Coast Estate – *À Rickreall, 15 miles au nord-est de Salem par la route 22 - 4225 N. Pacific Hwy 99 W. - ✆ (503) 831-4916 - www.leftcoastwine.com - 12h-16h en hiver; se rens. pour les horaires d'été.* Situé au cœur de la vallée de la Willamette, à 60 km de la côte pacifique et 96 km de Portland, ce domaine viticole fondé en 2003 s'est rapidement imposé comme l'un des plus réputés du Nord-Ouest Pacifique. À la pointe de la gestion responsable (recyclage, panneaux solaires, ruches d'abeilles, restauration des forêts de chênes environnantes, etc.), Left Coast totalise neuf vignobles et cultive notamment pinot noir, pinot blanc, viognier, syrah, chardonnay ou encore le pinot meunier. Suzanne (qui parle couramment le français), son époux Bob, leur fils Taylor (formé à Bordeaux) et leur belle-fille Christina accueillent les visiteurs à l'occasion de dégustations et de déjeuners thématiques avec des ingrédients sourcés localement. L'accueil chaleureux, la qualité des vins et le cadre enchanteur invitent à prendre son temps et à profiter des lieux.

★★ Oregon Garden B1

À Silverton, 13,5 miles au nord-est de Salem par la Rte 213.
879 W. Main St. - ✆ (503) 874-4294 - www.oregongarden.org - avr.-oct. : 10h-16h; nov.-mars : 10h-15h - 12/8 $ selon la saison.

Ce parc botanique de 32 ha vous fera découvrir 20 jardins spécialisés, dont un dédié au chêne de Garry. Celui-ci abrite le plus grand spécimen de l'État, haut de 30 m et âgé de plus de 400 ans.

★★ Silver Falls State Park B2

À Sublimity, 14 miles au sud-est de Salem par la Rte 214.
(503) 873-8681 - stateparks.oregon.gov.
Le plus grand parc d'État de l'Oregon couvre 3500 ha. Mis à part un *lodge* historique et toute une gamme d'activités de loisirs, sa principale curiosité est le **Trail of Ten Falls★★**, une boucle de 7 miles qui longe la Silver Creek, traverse une forêt épaisse et passe devant dix cascades, dont les hauteurs varient de 8 à 54 m.

Albany A2

À 25 miles au sud de Salem par l'I-5.
112 Ferry St. S.W. - (541) 928-0911 - www.albanyvisitors.com.
Située au centre de la vallée de la Willamette, cette petite ville plaisante est chargée d'histoire. Ses quartiers comptent plus de 700 bâtiments classés, des bungalows de style Craftsman aux demeures de style Queen Anne.

★ **Monteith House** – *518 2nd Ave.- (541) 220-0421 - www.monteithhouse.org - sam. 11h-15h - 3 $.* Cette maison-musée remplie d'objets d'époque est classée au Centre des monuments nationaux (National Register of Historic Places).

Albany Historic Carousel and Museum – *503 First Ave. W. - (541) 497-2934 - www.albanycarousel.com - merc.-dim. 11h-16h - gratuit ; tour de manège 2 $.* Situé en plein quartier historique, ce musée est en constante évolution depuis des années. Des bénévoles de la ville y construisent en effet un carrousel de style Dentzel, dont les animaux de bois sont sculptés, polis et peints à la main. Une fois achevé, il devrait compter 52 animaux.

★ Eugene A2

Au croisement des Rte 99 et Rte 126, à l'ouest de l'I-5, 45 miles au sud d'Albany.
3312 Gateway St. - Springfield et 754 Olive St. - (541) 484-5307 - www.eugenecascadescoast.org.
L'économie de la deuxième ville de l'État (177 923 habitants) a gardé ses racines agricoles et forestières, mais repose surtout aujourd'hui sur l'**University of**

Crater Lake National Park.
Photographer and videographer from Ukraine/Getty Images Plus

Oregon★ *(1585 E. 13th St. - www.uoregon.edu)*. Fondé en 1876, le bâtiment d'origine, **Deady Hall**, existe encore. Sur le campus, **Hayward Hall** *(mar.-vend. 10h-12h, gratuit)* est un espace aménagé sous les gradins du stade : un ingénieux système de parois coulissantes permet d'avoir une vision au ras de la piste, accompagné de dispositifs interactifs. L'université accueille plus de 20 000 étudiants : Eugene reflète bien cette présence « subversive » avec la tenue vestimentaire décontractée de ses habitants, ses magasins de produits diététiques et ses organisations écologistes.

★★ **UO Jordan Schnitzer Museum of Art** – *Memorial Quadrangle (près de Kincaid St.) - ✆ (541) 346-3027 - jsma.uoregon.edu - merc. 11h-20h, jeu.-dim. 11h-17h - 5 $.* Aménagé dans un bâtiment de brique finement travaillée, ce musée fut construit en 1933 pour abriter une collection de 3 700 œuvres d'art oriental. Il fait encore aujourd'hui sa spécialité des arts venus d'Asie, plus particulièrement des arts japonais et coréens, aussi bien classiques que modernes. The Schnitzer possède également l'une des plus grandes collections d'œuvres du peintre expressionniste Morris Graves, originaire du Nord-Ouest, ainsi que de ses contemporains.

★ **Museum of Natural and Cultural History** – *1680 E. 15th Ave. - ✆ (541) 346-3024 - mnch.uoregon.edu - merc.-dim. 10h-17h (jeu. 20h) - 6 $.* Ce musée se consacre surtout aux populations autochtones, notamment à la culture kalapuya locale.

À Eugene se trouve aussi le **Hult Center for the Performing Arts★** *(7th Ave. et Willamette St. - ✆ (541) 682-5000 - www.hultcenter.org)*. L'impressionnant édifice hérissé de pointes (1982, Norman Pfeiffer & Lutes Amundson) accueille chaque année des centaines de spectacles, concerts et événements.

★★★ Crater Lake National Park B3

▶ *À l'ouest de l'US-97 par les Rte 62 et Rte 138 et à 145 miles au sud-est d'Eugene.*
ℹ *✆ (541) 594-3000 - www.nps.gov/crla - parc ouvert tte l'année, mais l'accès nord est fermé de nov. à juin - 20 $/véhicule (nov.-mai), 30 $/véhicule (mai-nov.). Steel Visitor Center ouv. tlj de juin à fin sept. : 9h30-17h.*

Le lac le plus profond des États-Unis (589 m) occupe une caldeira, cratère circulaire d'un volcan effondré qui dépassait autrefois 3 600 m. Dans son écrin de montagnes, blanchies presque toute l'année par la neige, ce lac pittoresque de 10 km de diamètre, aux eaux pures couleur saphir, attire promeneurs, géologues et curieux intrigués par le mystérieux œil bleu de la caldeira. Il y a 7700 ans, une éruption cataclysmique projeta 75 km³ de pierres ponces et de cendres dans l'atmosphère et les vallées avoisinantes. En s'effondrant, la montagne a laissé une caldeira, que les eaux pluviales ont emplie peu à peu. Aucun ruisseau n'alimente le cratère ni ne s'en écoule. Mais les précipitations et l'évaporation gardent son niveau à peu près constant.

Le **Rim Drive★★** *(accès de mi-juin à déb. oct. - 33 miles)* fait le tour du lac, offrant des vues spectaculaires. Les plus belles sont **Sinnott Memorial Overlook** *(Rim Village, rive sud du lac)* et **Cloudcap**, point le plus élevé du Rim Drive (2397 m). Encore plus splendide, la perspective qu'ouvrent les 2721 m du **Mount Scott★★** récompense ceux qui ont le courage d'atteindre à pied le point culminant du parc *(5 miles AR)*. Du Rim Drive, un embranchement de 7 miles mène à **The Pinnacles★★**, où des fumerolles se sont peu à peu fossilisées en fines aiguilles de 25 m.

Parmi les nombreuses autres attractions du lieu figurent les randonnées dans les forêts de pin à altitude moyenne ou le célèbre tour en bateau de **Wizard Island★**, minuscule île au centre du lac *(dép. du ponton de Cleetwood Cove, sur la rive nord du lac, accessible par un sentier en pente de 1,2 mile, comptez 30mn de marche - ✆ 866 292 6720 - www.travelcraterlake.com - de fin juin à mi-sept. - dép. tlj 9h - 55 $.* L'historique **Crater Lake Lodge** (1915), chalet rénové perché sur le bord du cratère, offre des vues magnifiques sur le lac.

★★ Ashland A3

Sur la Rte 99, à 180 miles au sud d'Eugene par l'I-5 (sortie 14).

110 E. Main St. - ✆ (541) 482-3486 - www.ashlandchamber.com.

Sur le flanc est des Siskiyou Mountains, entourée de vergers, de vignobles et d'élevages de chevaux arabes, Ashland n'était au début du 19e s. qu'un modeste comptoir. Cette agréable ville de 21285 habitants est pourtant devenue en quelques dizaines d'années l'un des premiers centres culturels du Nord-Ouest grâce à son **Oregon Shakespeare Festival** *(voir encadré ci-dessous)* qui a acquis une renommée mondiale pour la qualité de ses mises en scène théâtrales.

La ville est également le foyer de très nombreux artisans, dont le travail est visible dans les 30 galeries du centre-ville, ainsi qu'au **Schneider Museum of Art**

Shakespeare Festival

Après avoir tenté, sans succès, de devenir une ville d'eau internationale grâce à ses sources riches en lithium, Ashland a répondu aux rêves d'un professeur d'art dramatique en transformant son vieux kiosque à musique en théâtre de plein air. En 1935, elle lance le premier **Oregon Shakespeare Festival**.

De février à octobre, ce festival présente onze pièces dans ses trois théâtres, dont quatre de Shakespeare, mais aussi d'autres auteurs classiques ou contemporains. Cette impressionnante scène élisabéthaine en plein air vous fera découvrir ou redécouvrir les classiques du maître sous les étoiles. La **visite des coulisses★**, très divertissante, va de la confection de costumes à la peinture des décors; les guides présentent la régie où on règle les lumières et le son et racontent des anecdotes savoureuses sur l'envers du décor.

Plus d'info: 15 S. Pioneer St. - ✆ (800) 219-8161 - www.osfashland.org.

Un moulin à l'ancienne

À Eagle Point *(à 12 miles au nord de Medford en direction de Crater Lake)*, le **Butte Creek Mill and General Store** *(402 N. Royal Ave. - ✆ (541) 690-5356 - merc.-sam. 10h-16h, dim. 13h-16h - www.buttecreekmill.com)* donne un aperçu de ce que pouvait être la vie d'antan. Les engrenages et les courroies de ce moulin à eau grincent, cliquettent et grondent en broyant le grain. La boutique d'antiquités adjacente vous permettra d'acheter la farine du moulin, ainsi que spécialités locales, lampes-tempêtes, assiettes en étain et autres vestiges du passé.

(555 Indiana St. - ✆ (541) 552-6245 - sma.sou.edu - mar.-sam. 10h-16h - gratuit), sur le campus de la **Southern Oregon University**. Les 500 pièces de la collection du musée mettent essentiellement l'accent sur le travail du papier au 20e s. De nombreuses auberges et *bed & breakfast* occupent maisons et bâtiments historiques rénovés et l'on trouve en ville pléthore de cafés et de boutiques.

L'eau bouillonnante de l'Ashland Creek traverse la ville et alimente les fontaines de son eau minérale naturelle lithinée, pompée à la source, qui a rendu la ville célèbre. Le **Lithia Park★** (37,6 ha) est une réserve naturelle constituée de jardins, de bois et d'aires de pique-nique qui suivent le cours de l'Ashland Creek jusqu'aux pieds des collines Siskiyou.

Plus haut, le **mont Ashland** *(✆ (541) 482-2897 - www.mtashland.com)* accueille l'unique station de ski municipale de l'Ouest.

★★ Jacksonville A3

▶ *Sur la Rte 238, à 14 miles au nord-ouest d'Ashland.*

ℹ *185 N. Oregon St. (à côté de la Poste) - ✆ (541) 899-8118 - www.jacksonvilleoregon.org - tour de ville en trolley juin-août : tlj sf lun. ; mai et sept-oct. : vend.-dim. - 10 $.*

Au milieu de collines verdoyantes et de vergers de pommiers et de poiriers, Jacksonville est fière de posséder plus de 100 édifices en bois du milieu du 19e s. Leur nombre a valu à cette ville minière, tombée dans l'oubli après la ruée vers l'or des années 1850, d'être entièrement classée National Historic Landmark District. En été, le **Britt Festival** *(✆ (800) 882-7488 - www.brittfest.org)* fait résonner les collines de musique classique, jazz, blues et rock.

Tout proche, le circuit d'**Applegate Valley Wine Trail★** *(www.applegatewinetrail.com)* mène à travers 20 petites exploitations vinicoles réparties dans la vallée et offre de splendides panoramas.

★★ Oregon Caves National Monument A3

▶ *Sur la Rte 46, à 20 miles à l'est de Cave Junction et 92 miles à l'ouest d'Ashland par l'I-5 et l'US-199. ✆ (541) 592-2100 - www.nps.gov/orca - avr.-sept. : jeu.-lun. 8h30-16h - 10 $ - visite guidée seult (90mn) - réservation fortement conseillée.*

Dans l'angle sud-ouest de l'État s'étend tout un réseau de grottes de marbre et de calcaire, ornées de stalactites, stalagmites et autres magnifiques concrétions de calcite. Près de 3 miles de galeries ont été créés, il y a des millions d'années : la roche s'est dissoute dans l'eau acide s'infiltrant par les failles de la montagne. Pendant la visite (1h30), les touristes escaladent 500 marches et suivent d'étroits tunnels pour pénétrer dans des salles appelées **Watson's Grotto** ou **Ghost Room** (la salle du Fantôme).

À la surface, le parc est une réserve naturelle de forêts primaires majestueuses. Un sentier assez raide, **Big Tree Trail**★ *(2,9 miles)*, mène à un pin douglas ayant la plus grande circonférence de tout l'Oregon.

★ Rogue River A3

Accès aux rapides depuis Grants Pass, à 42 miles à l'ouest d'Ashland par l'I-5.

Ce fleuve sauvage prend sa source dans la chaîne des Cascades, près de Crater Lake, et se jette 215 miles plus loin dans le Pacifique. Ce cours d'eau puissant traverse des zones sauvages peuplées de cerfs, d'ours bruns et de loutres. C'est l'un des fleuves de l'Ouest les plus prisés pour pratiquer le **rafting**. Les descentes vont de la sortie familiale d'une demi-journée à des excursions mouvementées de plusieurs jours pour les amateurs de rapides.

Au départ de Grants Pass, la compagnie **Hellgate Jetboat Excursions** *(℘ (541) 479-7204 - www.hellgate.com)* organise des excursions en bateau rapide jusqu'au **Hellgate Canyon**, point de départ des rapides de la Rogue River.

À l'est de Grants Pass, les coteaux qui bordent la vallée de la Rogue River sont couverts de vignobles où dominent les cépages de cabernet sauvignon, merlot, cabernet franc et syrah, dont l'origine remonte à la fin du 19e s. Parmi les domaines ouverts à la dégustation, **Kriselle Cellars** *(12956 Modoc Rd, White City - ℘ (541) 830-8466 - www.krisellecellars.com - 11h-17h30 - 14 $ la dégustation de 6 vins)* et **Del Rio Vineyards** *(52 N. River Rd, Gold Hill - ℘ (541) 855-2062 - www.delriovineyards.com - de mi-juin à mi-sept. : 11h-18h; de mi-sept. à mi-juin : 11h-17h - 10 $).*

Upper Klamath National Wildlife Refuge B3

À 20 miles au sud des chutes de Klamath par l'US-97 ou la Rte 39.

℘ (530) 667-2231 - www.fws.gov

Le Klamath Basin National Wildlife Complex, qui s'étend sur la frontière entre l'Oregon et la Californie, est un vaste bassin de lacs peu profonds et de marais d'eau douce qui attirent des nuées d'oiseaux d'eau en automne. En effet, plus de 6 millions d'entre eux s'y retrouvent, parmi lesquels le pélican d'Amérique et plusieurs espèces de hérons.

Dans la partie située dans l'Oregon, le canoë est le meilleur moyen de profiter de la nature. Un **parcours balisé** de 5 miles est ouvert toute l'année et les canoës se louent chez les concessionnaires sur place.

Le **Lower Klamath Refuge**, établi en 1908, fut la première réserve naturelle pour les oiseaux d'eau du pays.

Carnet pratique

S'informer

Willamette Valley – *(866) 548-5018 - willamettevalley.org.*

Southern Oregon – *(541) 708-1994 - www.southernoregon.org.*

Arriver/partir

Vallée de la Willamette

En avion – **Portland International Airport** (PDX) – *(503) 460-4040 - www.flypdx.com.* C'est le principal aéroport de la région.

En train – Les trains du réseau **Amtrak** *((800) 872-7245 - www.amtrak.com)* circulent quotidiennement (ligne *Amtrak Cascades*) entre Portland, Oregon City, Salem, Albany et Eugene.

En bus – **Greyhound** *((214) 849-8966 - www.greyhound.com)* dessert régulièrement les localités de la vallée.

Sud de l'Oregon

En avion – **Rogue Valley International-Medford Airport** (MFR) – *(541) 776-7222 - www.flymfr.com.* Il dessert le sud de l'Oregon. C'est le plus proche de Crater Lake National Park. Liaisons directes avec une douzaine de villes de l'Ouest Portland, Seattle, Salt Lake City, Denver, San Francisco, Los Angeles...

En bus – **Greyhound** *(voir plus haut)* dessert régulièrement les localités du sud de l'Oregon.

Le **Rogue Valley Transportation District** *((541) 779-2877 - www.rvtd.org)* assure des liaisons locales, notamment pour Medford, Ashland et Jacksonville.

Nos adresses

Restauration

Ashland

Premier prix

Brickroom – *35 N. Main St. - (541) 708-6030 - www.brickroomashland.com - service continu - plats 14/16 $.* Un endroit dont on peut pousser la porte à toute heure : pour le petit-déjeuner – et le brunch le dimanche –, au déjeuner pour avaler un bon sandwich, à l'heure de l'apéritif pour boire un cocktail ou au dîner pour déguster des travers de porc au poivre du Sichuan ou des gnocchis aux champignons sauvages. En prime, l'endroit est sympathique, avec les briques apparentes de la maison historique et de jolies teintes claires contemporaines.

Dayton

Une folie

Joel Palmer House – *600 Ferry St. - (503) 864-2995 - www.joelpalmerhouse.com - fermé. dim.-lun. et le midi - menu 145 $.* Christopher Czarnecki représente la quatrième génération d'une famille qui se passionne pour les champignons. Il porte cet héritage au restaurant fondé par son père dans une maison classée des terres viticoles de la Willamette où il marie champignons et vins. Le chef cueille lui-même les champignons et les truffes qui viennent agrémenter la soupe de champignons sauvages ou encore l'esturgeon et sa duxelles sautée.

Dundee

Budget moyen

Red Hills Market – *155 S.W. 7th St. - (971) 832-8414 -*

6

www.redhillsmarket.com - service continu - plats 20/27 $. Une épicerie fine au décor chaleureux où l'on vient faire le plein de bons produits ou s'attabler pour une pause revigorante. Pizzas au feu de bois, généreux sandwichs, soupes gourmandes, chacun y trouvera son bonheur. Une bonne adresse. En face, le Dundee Bistro présente un cadre plus chic et une ambiance plus feutrée, et la cuisine y est plus qu'honorable.

Jacksonville

Budget moyen

Gogi's – *235 W. Main St. - ✆ (541) 899-8699 - www.gogisrestaurant.com - fermé dim.-mar.. et le midi - réserv. conseillée - plats 30/69 $.* Le restaurant est installé dans une bâtisse victorienne de la ville. Bouquets de fleurs et nappes en lin créent une certaine intimité, mais l'on viendra surtout pour la carte très bistrot. Ici, tout est fait maison. Une table plutôt orientée viande, toujours de grande qualité et finement préparée.

MacMinnville

Une folie

Okta –*618 N.E. 3rd St. - ✆ (503) 376-5353 - www.oktaoregon.com - fermé lun.-mar. et le midi - menu dégustation 175/295 $.* Le chef Matthew Lightner, distingué par deux étoiles au Guide Michelin pour son restaurant précédent à New York, figure parmi les stars de la gastronomie américaine. L'Okta a été classé parmi les 50 meilleurs restaurants du pays en 2023 par le *New York Times*. Installé en Oregon, Matthew Lightner propose toujours sa cuisine inventive et élégante qui sublime les meilleurs produits de la région. Le restaurant est situé dans le luxueux Tributary Hotel *(www.tributaryhotel.com).*

Newberg

Une folie

The Painted Lady – *201 S. College St. - ✆ (503) 538-3850 - www.thepaintedladyrestaurant.com - fermé dim.-lun. et le midi - menu 145 $.* Ce restaurant installé dans une demeure victorienne est réputé pour la présentation sophistiquée de ses plats, dont tous les ingrédients viennent de l'océan tout proche ou des fermes locales. Les menus sont renouvelés régulièrement.

Salem

Budget moyen

Word of Mouth – *140 17th St. N.E. - ✆ (503) 584-1927 - www.ilovewom.com - fermé le soir - plats 15/19 $.* Tout est fait maison dans ce chaleureux bistrot qui propose des petits-déjeuners et des déjeuners variés. Le matin, on peut déguster une crème brûlée, spécialité de la maison, une omelette ou un hachis, et à midi, des hamburgers, salades et sandwichs.

Hébergement

Ashland

Budget moyen

Ashland Springs Hotel – *212 E. Main St. - ✆ (888) 795-4545 - www.ashlandspringshotel.com - ▤ ♿ - 70 ch. 137/306 $ ☕ - ✕.* Le hall de cette auberge historique (1925), située dans le centre-ville, est une plaisante entrée en matière avec ses couleurs claires et ses grands palmiers. Le charme opère aussi dans les chambres aux teintes safran et au décor inspiré par la botanique. Le restaurant Larks propose des plats locaux de saison magnifiquement préparés et sa liste de vins est des plus sérieuses.

Country Willows Inn – *1313 Clay St. - ✆ (541) 488-1590 - www.*

countrywillowsinn.com - - 9 ch. 228/244 $ - 2 nuits mini le w.-end en haute sais. Cette charmante ferme, à la bordure de la ville, offre une alternative au tumulte urbain. Les couleurs taupe, beige et turquoise décorent les chambres, dont certaines sont aménagées dans l'ancienne étable. On y trouve également un cottage près d'une piscine. L'auberge est réputée pour ses petits-déjeuners somptueux.

Autour de Crater Lake

Premier prix

Prospect Historic Hotel – *391 Mill Creek Dr. - Prospect (à 28 miles au sud-ouest de Crater Lake par la Rte 62) - (541) 560-3664 - www.prospecthotel.com - 24 ch. 117/137 $ (inclus pour les chambres situées dans la maison principale) - 2 nuits mini en haute sais.- plats 28/39 $.* Ancien relais de diligence (1880) situé en bord de forêt, ce B & B pittoresque a reçu des hôtes prestigieux tels Theodore Roosevelt et Jack London. Il propose de petites chambres, désuètes mais charmantes, avec dessus-de-lit et papiers peints fleuris. D'autres, plus modernes et ordinaires, mais équipées d'une kitchenette, sont proposées dans l'annexe. Accueil dévoué et bons dîners.

Dundee

Une folie

Black Walnut Inn – *9600 N.E. Worden Hill Rd - (503) 538-8663 - www.blackwalnutvineyard.com - 9 ch. 349/558 $ - 2 nuits min. en haut sais.*Pour le plaisir de dormir dans un beau domaine viticole. Cette grande maison aux murs jaunes, réplique d'une propriété toscane, abrite de confortables chambres à la décoration classique mais à l'élégance certaine. Grandes salles de bains et balcon avec vue sur les vignes. Petit-déjeuner pour gourmets et dégustation des vins du domaine incluse.

Eugene

Pour se faire plaisir

Inn at the 5th – *205 E. 6th Ave. - (541) 743-4099 - www.innat5th.com - P payant - - 69 ch. et suites 243/406 $ - .* Cet hôtel-boutique se trouve à l'intérieur du marché situé sur 5th Street, un labyrinthe de boutiques de luxe et de cafés. Les chambres y sont spacieuses et dotées de cheminées au gaz, la literie est très confortable et la déco se compose d'œuvres originales et de fauteuils en cuir rouge. La cuisine du très élégant Marché est inspirée de la tradition française avec, par exemple, un saumon cuit au four à bois avec ses chanterelles.

Grants Pass

Budget moyen

The Lodge at Riverside – *955 S.E. 7th St. - (541) 955-0600 - www.thelodgeatriverside.com - - 33 ch. 180/301 $.* Au bord de la Rogue River, l'établissement possède des chambres d'une taille impressionnante, dont certaines avec un balcon donnant sur la rivière, dotées d'une bonne literie et d'un équipement fonctionnel. Les suites disposent d'un Jacuzzi et d'une cheminée. Le personnel réserve un accueil souriant aux clients. Une dégustation de vin et de fromage, des cookies et le petit-déjeuner continental sont inclus.

McMinnville

Premier prix

Hotel Oregon – *310 N.E. Evans St. - (503) 472-8427 - www.mcmenamins.com - 42 ch. 94/195 $ - .* Anciennement dépôt de bus, le bâtiment en brique (1905) qui abrite l'Hotel Oregon a subi

6

une transformation spectaculaire. C'est aujourd'hui à la fois un lieu de rassemblement et un hôtel historiquement lié aux vignobles, avec un pub au rez-de-chaussée, un premier bar au sous-sol et un second sur le toit. La Paragon Room fait office de salle de billard le jour et de salle de concerts à la nuit tombée. L'histoire du lieu survit à travers les photographies et le décor début 20e s. Les chambres sont spacieuses, munies de couvre-lits en chenille et d'armoires anciennes. Certaines partagent une salle de bains commune.

Pour se faire plaisir

Atticus Hotel – *375 N.E. Ford St. - ✆ (503) 472-1975 - www.atticushotel.com - 36 ch. à partir de 350 $.* Situé dans le quartier historique de la ville, cet hôtel élégant joue la carte de l'ancrage local : artistes et artisans du coin ont été conviés pour la décoration de l'établissement. Atmosphère très cosy, avec les confortables salons des parties communes et les chambres douillettes où il fait bon se glisser entre les draps en coton égyptien.

Newberg

Une folie

The Allison Inn & Spa – *2525 Allison Lane - ✆ (503) 554-2525 - www.theallison.com - ♨ ♿ - 77 ch. 401/630 $ - ✕.* Cet hôtel niché au milieu des terres viticoles de l'Oregon est un chalet moderne et luxueux qui ravira les amateurs de vin. L'auberge possède la certification LEED Or pour son respect des normes écologiques. Les chambres d'hôte, aux tons neutres, sont garnies de linge de qualité, de pièces d'art originales et possèdent des fenêtres donnant sur la colline ou le vignoble. Un Spa et une piscine ajoutent encore au luxe du lieu. Le Jory combine cuisine des vignobles et une carte des vins où figurent 800 labels.

Côte de l'Oregon ★★★

Le paysage sauvage de la côte pacifique de l'Oregon - 361 miles de plages et de caps rocheux balayés par les flots - n'est que superficiellement marqué par la civilisation. Même lorsque des villes bordent le rivage, la nature garde l'avantage. Depuis des milliers d'années, ce paysage luxuriant a favorisé la colonisation humaine. Les trésors de la mer et de la forêt, associés au climat tempéré, ont permis à de nombreuses tribus indiennes de fonder des villages. Les premiers colons blancs commencèrent à s'installer dans les années 1840, fondant de petites communautés en bord de mer. Celles-ci sont restées isolées jusqu'à la construction de l'autoroute du littoral dans les années 1930. Aujourd'hui, la côte attire de nombreux touristes qui, à défaut de baignade, viennent admirer la mer et les falaises, observer les oiseaux et les baleines, et se promener sur les plages battues par les déferlantes.

Se repérer

Oregon - *Pacific Time*.

CARTE A1-2 (P. 270-271).

L'US-101, la principale autoroute qui longe la côte, suit le tracé du littoral à quelques kilomètres du rivage. 234 miles séparent Astoria, au nord, de Coos Bay, au sud.

À ne pas manquer

Sea Lion Caves ; Cape Perpetua ; Oregon Dunes NRA ; observer les baleines au large.

Organiser son temps

Les températures sont toujours douces (de 10 à 21 °C en moyenne). Beaucoup considèrent que le mois de septembre est la période idéale pour visiter la côte. En été, le temps est en effet particulièrement imprévisible et l'on passe facilement du soleil au brouillard. La haute saison amène par ailleurs ses flots de touristes et les embouteillages sont nombreux. Deux jours devraient vous suffire pour longer entièrement le littoral.

En famille

L'Oregon Coast Aquarium et Hatfield Marine Science Center, à Newport.

Carnet pratique p. 323

Nos adresses p. 323

Découvrir

CARTE P. 270-271

★ Astoria A1

Au croisement des US-26, US-30 et US-101, à 96 miles au nord-ouest de Portland.

111 W. Marine Dr. - (503) 325-6311 - www.travelastoria.com.

Ancien comptoir pour la traite des fourrures fondé en 1811, Astoria a été la première colonie américaine à l'ouest des Rocheuses. Havre prospère à l'embouchure de la Columbia dans les années 1850, il reste un port actif de 10 182habitants, malgré le déclin progressif de l'industrie locale reposant sur la pêche au saumon et sur le bois. Avec ses rues escarpées, ses maisons victoriennes colorées s'étageant à flanc de colline, son immense pont enjambant l'estuaire du fleuve et sa douceur de vivre, Astoria a souvent été surnommée « le petit San Francisco ».

L'observation des baleines

Menacées d'extinction par les excès de la chasse au 19e s., plus de 18 000 baleines grises longent aujourd'hui le littoral de l'Oregon de juin à mi-novembre, lors de leur migration de 10 000 km entre mer de Béring et Mexique. Dans les grandes villes de la côte, les agences de tourisme organisent des excursions pour les observer de plus près. Lorsque la mer est calme, les curieux peuvent voir, depuis les nombreux promontoires, l'eau projetée à 4 m de haut par les baleines qui font surface. Lorsque les baleines sont assez nombreuses, on peut en effet les observer depuis le rivage. Depoe Bay, au nord de Newport, est le point d'observation le plus couru.

★★ **Columbia River Maritime Museum** – *1792 Marine Dr. - ✆ (503) 325-2323 - www.crmm.org - 9h30-17h - 18 $.* Ce musée passionnant illustre la longue tradition maritime de la région, depuis les canoës amérindiens jusqu'aux gardes-côtes et sauveteurs intrépides qui surveillent la redoutable embouchure du fleuve Columbia. Celle-ci est en effet parsemée de centaines d'épaves en raison d'un mascaret ravageur, dont les vagues monstrueuses peuvent atteindre jusqu'à 12 m de hauteur durant les tempêtes.

Le musée est situé sur le **Riverwalk★**, un agréable sentier qui longe la rive du fleuve sur plus de 6 miles et que l'on parcourt à pied, à vélo ou à bord du petit train **Astoria Riverfront Trolley** *(1h - 2 $ - horaires sur www.old300.org).*

Au sud, la **colonne d'Astoria** *(www.astoriacolumn.org - du lever au coucher du soleil, gratuit - parking 5 $)*, élevée en 1926, se dresse au sommet d'une colline de 182 m. Semblable à la colonne Trajane de Rome, elle est ouverte au public. On peut gravir les 164 marches qui mènent au sommet pour profiter de la vue sur l'océan et, à l'ouest, sur le pont **Astoria-Megler Bridge**, le plus grand pont à treillis du monde. Pour les férus d'histoire, la Clatsop County Historical Society *(✆ (503) 325-2203 - astoriamuseums.org)* propose de visiter la **Flavel House** *(441 8th St. - oct.-avr. : 10h-16h ; mai.-sept. : 10h-17h - 7 $)*, une demeure de style Queen Anne (1886) dont le mobilier est d'époque, tandis que le **Heritage Museum**, abrité dans l'ancienne mairie *(à l'angle de 16th St. et Exchange St. - mai-sept. : 10h-17h ; oct.-avr. : merc.-dim. 10h-16h - 5 $)*, vous fera découvrir sa collection de paniers indiens ou sa reconstruction partielle d'un saloon à l'ancienne.

★★ **Fort Clatsop National Memorial** – *92343 Fort Clatsop Rd (à 6 miles au sud-ouest de l'US-101) - ✆ (503) 861-2471 - www.nps.gov - de déb. sept. à fin juin : 9h-18h ; le reste de l'année : 9h-17h - 10 $.* Le fort a été édifié sur le site où l'expédition de Lewis et Clark passa l'hiver 1805-1806 *(voir p. 258)*. C'est une réplique du camp original. Les odeurs de viande fumée, de fourrures séchées et de bois humide évoquent concrètement cette grande aventure.

En 1805, le président Thomas Jefferson envoya William Clark et Meriwether Lewis explorer les terres fraîchement acquises suite à l'achat de la Louisiane. Près du site où se trouve aujourd'hui Astoria, ils établirent un camp rustique, Fort Clatsop, du nom d'une tribu indienne locale. Malgré un hiver « humide, froid et désagréable », ils décrivirent la côte du Pacifique comme étant « le plus formidable, le plus plaisant des espoirs ». Ne manquez pas le film « Conte d'hiver de Clatsop » *(12mn)* et les objets exposés, dont un mousquet de 1795, un carquois en peau d'ours et des reproductions des pages du journal tenu par les explorateurs.

Cannon Beach.
zschnepf/Getty Images Plus

★★ Cannon Beach A1

Sur l'US-101, à 22 miles au sud d'Astoria et 80 miles à l'ouest de Portland.
207 N. Spruce St. - (503) 436-2623 - www.cannonbeach.org.
Ce village de 1519 habitants doit son charme à la courbe gracieuse de sa longue **plage de sable fin**. Il a attiré une colonie d'artistes, qui à leur tour attirent les voyageurs aisés.
★★ **Haystack Rock,** colossal pinacle de basalte taillé par l'érosion, domine l'eau de 70 m et sert de refuge à de nombreux oiseaux marins.
★★★ **Ecola State Park** – *US-101 (à 2 miles au nord de Cannon Beach) - (503) 812-0650 - stateparks.oregon.gov - 5 $/voiture.* Ce parc offre un **point de vue**★★★ embrassant 9 miles de forêt luxuriante et de littoral décrits par Lewis et Clark. Les sentiers de randonnée, dont nombre traversent de denses forêts, incluent une portion de près de 8 miles de l'**Oregon Coast Trail**. La plage d'Indian Beach est le point de départ d'un sentier de découverte *(1 mile)*. Le parc est prisé pour ses aires d'observation des baleines, pour la pratique du surf et celle du **« beachcombing »**, activité consistant à ratisser le sable pour y dénicher des objets de valeur.

★ Oswald West State Park A1

Sur l'US-101, à 10 miles au sud de Cannon Beach.
(800) 551-6949 - stateparks.oregon.gov.
Ce parc est l'un de ceux qui possèdent les plus belles vues de l'État. Les sentiers de randonnée, parmi lesquels une portion de 14 miles de l'**Oregon Coast Trail**, sillonnent de magnifiques forêts primaires ou grimpent au sommet des promontoires côtiers. À l'écart, la plage de **Short Sands Beach**, dominée par les falaises de Smugglers Cove (crique des contrebandiers), est appréciée des surfers et des amateurs de kayak.

★ Tillamook A1

Sur l'US-101, à 41 miles au sud de Cannon Beach.

208 Main Ave. - ✆ (503) 842-7525 - www.gotillamook.com.

Située à l'intérieur des terres agricoles, cette municipalité de 5 236 habitants fédère un réseau de fermes laitières qui alimentent une célèbre fromagerie.

Tillamook Creamery – *4165 N. Hwy 101 (à 2 miles au nord de la ville) - ✆ (503) 815-1300 - www.tillamook.com - 10h-18h - gratuit.* La plus grande fabrique de fromage (cheddar) du Nord-Ouest américain accueille plus d'un million de visiteurs par an. Elle produit près de 80 t de fromage par jour, gardé en affinage entre deux mois et trois ans. La visite permet de découvrir le processus de fabrication et de conditionnement et s'achève par une dégustation de fromages *(gratuite)* et de crèmes glacées *(payante)*, notamment d'une excellente glace à la noisette et au caramel salé.

Tillamook Air Museum – *6030 Hangar Rd - ✆ (503) 842-1130 - www.tillamookair.com - été : 10h-17h, reste de l'année mar.-dim. 10h-16h - 13 $.* Au sud de la ville, un immense hangar qui servait à fabriquer des ballons dirigeables durant la Seconde Guerre mondiale abrite ce musée de l'air. On y découvrira plus de 30 modèles d'avions militaires restaurés. Les objets liés à l'aviation et le café années 1950 évoquent l'époque de la guerre.

★★★ Three Capes Scenic Drive A1

Route de 40 miles reliant Tillamook à Pacific City, à l'ouest de l'US-101, 63 miles au sud d'Astoria. De Tillamook, prenez 3rd St. W. et suivez les panneaux.

Cette très jolie route longe des exploitations laitières, des baies où plongent les pélicans, la forêt côtière, des hameaux en bord de mer et des dunes de sable fin. Les parcs d'État établis sur les promontoires de Cape Meares, Cape Lookout et Cape Kiwanda, offrent de beaux panoramas sur le Pacifique.

Si vous disposez de peu de temps, vous pouvez vous rendre directement à Cape Meares. Un phare de 1890, au sommet de la falaise, domine les vagues du Pacifique qui viennent s'écraser sur les rochers noirs.

★ Pacific City A1

Sur Cape Kiwanda Dr. ou sur l'US-101, à 25 miles au sud de Tillamook.

www.pacificcity.com.

La longue plage de sable prisée des surfers est un peu à l'écart de la cité balnéaire, assez animée. Elle donne accès au relief tourmenté qui hésite entre dune et rochers de **Cape Kiwanda**, où vous pourrez faire de jolies balades (soyez prudents et respectez les consignes de sécurité) et profiter de magnifiques **vues★★** sur la côte et l'océan.

★ Newport A2

Sur l'US-101, à 136 miles au sud d'Astoria et 88 miles à l'ouest de Salem.

555 S.W. Coast Highway - ✆ (541) 265-8801 - www.discovernewport.com.

À la différence de ses voisines, cette petite ville de 10 412 habitants allie le tourisme et son économie traditionnelle : agriculture, pêche et exploitation forestière. Le long de son front de mer pittoresque s'alignent bateaux de pêche industrielle, galeries d'art et boutiques de bibelots.

★★ Oregon Coast Aquarium – *2820 S.E. Ferry Slip Rd (400 m à l'est de l'US-101) - ✆ (541) 867-3474 - www.aquarium.org - 10h-17h (18h en été) - 25,95 $.* De l'autre côté du pont de Yaquina Bay, cet excellent aquarium, qui fut jusqu'en 1998 la demeure de l'orque Keiko, vedette du célèbre film *Sauvez Willy*, constitue l'une

des principales attractions de la côte. Les quelque 250 espèces marines qu'il présente, originaires pour la plupart de la côte de l'Oregon, offrent un fascinant aperçu de la vie marine et intertidale du Pacifique Nord. Les très courus **Passages of the Deep** permettent aux visiteurs de traverser un tunnel de verre sous-marin de plus de 60 m et d'y observer plusieurs espèces de requins. Ne manquez pas non plus la **volière d'oiseaux marins**, avec ses macareux rhinocéros et ses macareux huppés. La partie dédiée aux mammifères rassemble lions de mer, phoques et loutres de mer. L'aquarium compte également un laboratoire et une salle de cinéma.
★ **Hatfield Marine Science Center** – *2030 S. Marine Science Dr. - ✆ (541) 867-0100 - hmsc.oregonstate.edu - 10h-16h (fermé mar.-merc. sept.-mai) - 5 $ - réservation en ligne obligatoire.* À 400 m au nord de l'aquarium, ce centre universitaire réputé pour la recherche marine abrite un éventail d'expositions interactives fondées sur l'océanographie et les sciences de la mer. Une pieuvre géante accueille les visiteurs dans le hall où sont présentés des aquariums de poissons colorés, des bassins où les enfants peuvent toucher du doigt les animaux marins, et plusieurs installations abordant des phénomènes naturels tels que les tsunamis, l'érosion et le réchauffement climatique.
★★ **Yaquina Head Outstanding Natural Area** – *750 N.W. Lighthouse Dr. (à 4 miles au nord de la ville par l'US-101) - ✆ (541) 574-3100 - www.yaquinalights.org - centre d'interprétation 10h-16h (juil.-sept. 17h) - 7 $/voiture, valable 3 j.* Ce parc protège une ancienne coulée de lave qui s'avance dans le Pacifique. Autour des falaises campent des colonies de mouettes, cormorans, macareux, macreuses et guillemots. Un centre éducatif y propose des expositions de qualité sur l'histoire naturelle et l'occupation humaine du promontoire.
Dominant le cap, le **Yaquina Head Lighthouse★** (1873) est, avec ses 28 m, le phare en activité le plus haut de l'Oregon (à ne pas confondre avec le Yaquina Bay Lighthouse situé plus au sud). Pour obtenir une vue fantastique sur l'océan, gravissez ses 110 marches *(12h-16h)*. À marée basse se forment sur la plage rocheuse d'intéressantes bassines où l'on peut observer la vie de l'estran (oursins, crabes, anémones et étoiles de mer).

★ Yachats A2

Sur l'US-101, à 24 miles au sud de Newport et 88 miles à l'ouest d'Eugene.
✆ (541) 547-2345 - www.yachats.org.
Le village de Yachats repose sur un terrain plat en bord de mer, bordé de hautes collines et de promontoires imposants. Il permet l'accès à **Cape Perpetua Scenic Area★★** *(US-101, à 3 miles au sud de Yachats - Visitor Center ✆ (541) 547-3289 - www.fs.usda.gov/siuslaw - 5 $ par voiture)*, 1100 ha d'une magnifique forêt côtière et de littoral déchiqueté. Ces caps spectaculaires font partie des plus belles vues de la côte. Les sentiers qui traversent des forêts d'épicéas sculptés par les vents mènent à une côte volcanique torturée où se concentrent les forces des vagues.
Spouting Horn et **Devils Churn**, accessibles par des sentiers, offrent un magnifique spectacle à marée haute. À marée basse, des bassines ouvrent une fenêtre sur le monde minuscule des anémones et des étoiles de mer.
À 13 miles au sud de Yachats s'élève le **Heceta Head Lighthouse★**, le phare le plus photographié de tout l'Oregon. D'un blanc éclatant, il trône sur un promontoire rocheux à 65 m au-dessus du Pacifique. La maison du gardien abrite désormais un gîte *(voir « Nos adresses »)*.

★★ Sea Lion Caves A2

À Florence, à 15 miles au sud de Yachats. 91560 US-101 N. - (541) 547-3111 - www.sealioncaves.com - 9h-16h - 18 $.

À 10 miles au nord de Florence, ces grottes naturelles à flanc de falaise – les plus grandes grottes marines du pays –, sont peuplées d'otaries à l'odeur forte et aux rugissements vigoureux. Les otaries de Californie et les lions de mer de Steller qui s'y rassemblent en grand nombre, parfois jusqu'à 1000 à la fois, se prélassent ou se chamaillent bruyamment pour une place sur les rochers. Les mâles peuvent peser plus d'une tonne pour une longueur de 3 m et vivre une cinquantaine d'années. On accède aux cavernes par un passage souterrain situé au niveau de la mer, après être descendu par un ascenseur de 63 m percé dans la falaise. Au retour, passage obligé par une boutique de cadeaux souvenirs.

★★ Oregon Dunes National Recreation Area A2

Au sud de Florence, le long du littoral, jusqu'à Coos Bay.

855 Highway 101 - (541) 271-6000 - www.fs.usda.gov/siuslaw.

Cette bande côtière de 38,5 miles de dunes, dont certaines atteignent 60 m de hauteur, laisse une impression inoubliable. Grâce à un grand nombre de sentiers, de points de vue et de routes, les visiteurs peuvent explorer un écosystème varié mêlant sable, marais, estuaires, plages et îles boisées.

Au **Sand Master Park** *(5351 US-101, à la sortie nord de Florence - (541) 997-6006 - www.sandmasterpark.com - été : 9h30-18h ; le reste de l'année : 10h-17h - fermé lun.-jeu.)*, les amateurs de sensations fortes pourront s'essayer au surf des sables *(sandboarding)* ou à des balades en buggy dans les dunes.

À l'**Oregon Dunes Visitor Center** *(855 US-101, à l'extrémité nord de Reedsport - lun.-vend. et le sam. en été 8h-16h)*, situé à équidistance de Florence et Coos Bay, des *rangers* conseillent aux touristes les chemins à suivre.

Dans la **Siltcoos Recreation Area★** *(Siltcoos Beach Rd par l'US-101, 7 miles au sud de Florence)*, on peut longer sur 1 mile un ponton encerclant une lagune où le coassement des grenouilles fait écho aux appels des canards huppés.

Une randonnée sur le **Umpqua Scenic Dunes Trail★★** *(US-101, 11 miles au sud de Reedsport)* traverse 0,5 mile de forêt, puis escalade les plus hautes dunes de la région, pour atteindre un splendide point de vue sur les collines de sable, la plage et l'océan.

Coos Bay A2

Sur l'US-101, à 234 miles au sud d'Astoria et 109 miles au sud-ouest d'Eugene.

50 Central Ave. - (541) 269-0215 - www.oregonsadventurecoast.com.

Le plus grand port naturel entre le Puget Sound et la baie de San Francisco s'est spécialisé au 20e s. dans l'exportation du bois. Cet estuaire très profond, autrefois territoire des Indiens Coos, a attiré les colons européens dans les années 1850. Aujourd'hui, les villes limitrophes de Coos Bay et North Bend forment la première agglomération de la côte de l'Oregon.

★ **Cape Arago State Park** – *Cape Arago Hwy (à 14,5 miles au sud-ouest de Coos Bay) - (541) 888-3778 - stateparks.oregon.gov - de l'aube au crépuscule.* De Coos Bay, la Cape Arago Highway longe le littoral, ses plages et falaises tourmentées où deferlent les vagues, et mènent au **Arago Cape Lighthouse**, très photogénique au couchant. Du haut de ses falaises de 45 m, on peut observer oiseaux marins, baleines, phoques et lions de mer.

Carnet pratique

S'informer

(541) 574-2679 - www.visittheoregoncoast.com.

Nos adresses

Restauration

Astoria

Premier prix

South Bay Wild Fish House – *262 9th St. - (503) 741-3000 - www.southbaywild.com - fermé dim.-mar. - plats 16/21 $.* Le cœur de l'activité de cette adresse est un chalutier de pêche qui part au large chaque nuit taquiner le saumon sauvage, le thon ou la sole, sans oublier de remonter des paniers de crabes en retournant vers le port. Le tout se déguste dans une ambiance décontractée et joyeuse.

Budget moyen

Bridgewater Bistro – *20 Basin St. - sur le front de mer, près du pont - (503) 325-6777 - www.bridgewaterbistro.com - service continu - plats 34/43 $ - réserv. conseillée.* Sans aucun doute la meilleure table d'Astoria. Sa belle et vaste salle (un ancien hangar à bateaux), ouvre sur la mer par de grandes baies vitrées. Elle est souvent égayée d'un feu de cheminée et par des musiciens le soir. Cuisine de la mer de haute volée, avec des cuissons et des assaisonnements parfaitement maîtrisés. Le saumon sauvage ou le thon mi-cuit au poivre figurent parmi les spécialités, ainsi que la bouillabaisse à la langouste. Service impeccable

Silver Salmon Grille – *1105 Commercial St. - (503) 338-6640 - www.silversalmongrille.com - fermé mar. - plats 29/38 $.* La salle aux lumières tamisées abrite un superbe comptoir en bois de cerisier et des fresques murales de bancs de saumons, le poisson roi du lieu, cuisiné de multiples manières. Au menu figurent aussi crevettes, huîtres, palourdes, calamars, flétan, crabe, ainsi que des viandes, burgers, pâtes et salades. Le menu déjeuner affiche des prix plus légers.

Cannon Beach

Budget moyen

Dooger's Seafood & Grill – *505 Broadway St. - Seaside (à 9 miles au nord de Cannon Beach) - (503) 738-3773 - www.doogersseafood.com - ♿ - service continu - plats 21/54 $.* Au cœur d'une station balnéaire très touristique, une adresse appréciée des locaux pour ses succulentes chaudrées de palourdes, mais aussi ses huîtres, calamars frits, gâteaux au crabe, *fish & chips*, coquilles saint-jacques, filets de flétan et autres spécialités de la côte de l'Oregon. Les portions sont généreuses et le service rapide.

Une folie

Stephanie Inn Restaurant – *2740 S. Pacific St. - (855) 977-2444 - www.stephanieinn.com - service continu - menu 99 $ - réserv. conseillée.* Avec ses chaises à dossier haut rembourrées et ses stores romains, le Stephanie possède un air européen assez formel. Pourtant, la nourriture servie y est d'une grande simplicité. Le chef prépare tous les soirs un

6

menu de quatre plats à prix fixe avec de nombreuses options. On se laissera tenter par des cakes au crabe dormeur ou le gâteau au chocolat. La salle ne donne pas sur l'océan, mais la jolie cheminée compense largement ce manque.

Newport

Budget moyen

Ocean Bleu Seafoods at Gino's – *808 S.W. Bay Bd - ✆ (541) 265-2424 - www.oceanbleuseafoods.com - service continu - plats 19/33 $.* La devanture décorée de filets et flotteurs de pêche donne le ton de ce restaurant de poissons et fruits de mer sans prétention, où l'on se rassasie de chaudrées de palourdes, *fish & chips* de flétan ou de saumon, filets de cabillaud à la poêle, huîtres, moules et pâtes aux crevettes. C'est bon et frais, les prix sont honnêtes et l'on est reçu en général avec le sourire, malgré la foule des touristes.

Pacific Kitchen – *740 W Olive St. - ✆ (541) 264-8672 - pacifickitchenatnyebeach.com - fermé lun.-mar. - plats 18/33 $.* Pacific Kitchen fait la part belle aux produits locaux de l'océan : huîtres, pâtés de crabe, tacos de poissons, saumon sauvage, cabillaud, etc. Quelques plats de viandes également. Cadre simple et service attentionné.

Local Ocean Seafood – *213 S.E. Bay Bd - ✆ (541) 574-7959 - www.localocean.net - ♿ - service continu - plats 26/41 $.* Réservation conseillée. On ne trouve pas de poisson plus frais qu'au Local Ocean, qui est à la fois un marché et un café. Situé sur l'eau, dans le charmant quartier de Bayfront, derrière le pont de Yaquina Bay, le restaurant possède de grandes portes en verre qui laissent voir les bateaux des pêcheurs au loin dans le port. On y déguste une variété de petits plats en entrée, telles que les moules Totten Inlet, les palourdes ou les huîtres cuites à la poêle avant le plat principal de saumon ou de flétan délicieusement grillés.

Pacific City

Budget moyen

The Pelican Pub and Brewery – *33180 Cape Kiwanda Dr. - ✆ (503) 965-7007 - pelicanbrewing.com - service continu - plats 24/26 $.* Passée maître dans l'art d'associer les mets et les bières artisanales, cette brasserie très conviviale avec sa terrasse ouvrant sur une plage fréquentée par les surfers propose chaudrées de palourdes, huîtres frites, burgers, pizzas, *fish & chips* et saumon en croûte de malt. Adresse très fréquentée en été, prévoyez de l'attente le soir.

Activités

Sorties en bateau

Newport Tradewinds – *653 S.W. Bay Bd, Newport - Newport - ✆ (541) 265-2101 - www.newporttradewinds.com.* Organise des sorties en mer pour la pêche au thon, saumon ou flétan, *(à partir de 100 $)* ou pour observer des cétacés (60 $/1h30).

Whale Research EcoExcursions – *234 S.E. Hwy 101, Depoe Bay - ✆ (541) 912-6734 - www.oregonwhales.com - 55 $/1h30.* Sorties en mer pour observer les baleines, accompagné de naturalistes compétents et soucieux du bien-être animal.

Surf

Oregon Surf Adventures – *1116 S. Roosevelt Dr. - Seaside (à 9 miles au nord de Cannon Beach) - ✆ (503) 436-1481 - www.oregonsurfadventures.com - mars-oct.* Propose des leçons *(129 $ les 3h)* ou de la location de matériel.

Golf

Bandon Dunes Golf Resort – *57744 Round Lake Rd - Bandon - à*

20 miles au sud de Coos Bay - ✆ (855) 220-6710 - www.bandondunesgolf.com. Complexe de 4 golfs mythiques conçu dans l'esprit des plus beaux greens écossais.

Artisanat

Lincoln City Glass Center – *4821 S.W. Hwy 101 - Lincoln City - ✆ (541) 996-2569 - www.lincolncityglasscenter.com - 10h-18h.* Venez admirer ou alors fabriquer vous-même votre boule ou autre objet de verre. Il y en a pour tous les goûts et toutes les couleurs sont disponibles.

Hébergement

Astoria

Budget moyen

Clementine's Guest House – *847 Exchange St. - ✆ (503) 325-2005 - clementines-bb.com - ♿ - 5 ch. 187/198 $ ☕ et 2 chalets 159/259 $.* C'est, comme dans la chanson, une maison bleue adossée à la colline... une jolie bâtisse victorienne (1888) située près de la Flavel House. La charmante propriétaire, Judith, entretient un jardin aussi fleuri que le papier peint des chambres et donne des cours de cuisine à ses hôtes. Du mobilier ancien décore la maison et les chambres. Les copieux petits-déjeuners sont un pur bonheur.

Une folie

Cannery Pier Hotel – *10 Basin St. - ✆ (503) 325-4996 - cannerypierhotel.com - ♿ - 46 ch. et suites 259/657 $ ☕.* Occupant l'ancien site d'Union Fish Cannery, cet hôtel moderne est bâti sur les bords du fleuve Columbia. Les photographies d'époque et les bateaux passant tout près contribuent à son atmosphère si particulière. Les chambres, aux couleurs taupe, possèdent des balcons avec vue sur la mer. La ville était anciennement peuplée de Finlandais et le petit-déjeuner inclut des spécialités finlandaises. De la même façon, le Spa comprend un sauna finlandais.

Cannon Beach

Une folie

The Ocean Lodge – *2864 S. Pacific St. - ✆ (888) 777-4047 - www.theoceanlodge.com - ♿ - 45 ch. à partir de 500 $.* En bord de mer, avec vue sur Haystack Rock, ce lodge est un havre de paix. Une double-cheminée et des poutres en pin douglas décorent le hall. Les chambres possèdent des garnitures en pin et offrent toutes une belle vue sur l'océan.

Stephanie Inn – *2740 S. Pacific St. - ✆ (855) 977-2444 - www.stephanieinn.com - ♿ - 41 ch. à partir de 550 $ ☕ - ✕.* Sur son site isolé en bord de plage, le Stephanie s'intègre bien au paysage avec son architecture mêlant poutres en bois et pierre locale. Toutes ses fenêtres ouvrent sur la mer ou sur la montagne. Son porche donne directement sur la plage.

Surfsand Resort – *148 W. Gower - ✆ (503) 436-2274 - www.surfsand.com - 🏊 - 95 ch. à partir de 550 $ - ✕.* Près de la plage, avec une vue sur le Haystack Rock, cet établissement moderne et stylé est idéal pour une escapade romantique. Ses quatre bâtiments abritent des chambres et des suites avec ou sans vue, terrasse ou balcon. Toutes sont dotées d'aménagements luxueux, de cheminées au gaz et de lecteurs de DVD. Piscine chauffée, Jacuzzi, sauna, salle de fitness et un bon restaurant agrémentent le séjour.

Gold Beach

Pour se faire plaisir

Tu Tu' Tun Lodge – *96550 N. Bank Rogue - ✆ (800) 864-6357 - www.*

tututun.com - ♿ - 20 ch. à partir de 350 $, deux nuits minimum en haute sais. Les balcons des chambres permettent d'observer le tumulte de la rivière Rogue et les cerfs de la région. La taille du lieu permet aux hôtes de faire connaissance le soir autour d'un verre de vin. La clientèle d'habitués apprécie ses chambres calmes et spacieuses. Certaines sont équipées d'un Jacuzzi en plein air. Le restaurant *(mai-oct.)* propose des spécialités locales (esturgeon grillé, champignons sauvages...).

Pacific City

Une folie

Headlands Coastal Lodge & Spa – *33000 Cape Kiwanda Dr - ✆ (503) 483-3000 - www.headlandslodge.com - 33 ch. 553/636 $ (2 nuits mini) -* ✕. Posé au-dessus de la plage, cet hôtel très cosy à la décoration soignée réserve de belles surprises dans ses chambres et suites, toutes avec vue sur mer. Le Spa et sa petite piscine extérieure sont très agréables. Laissez-vous tenter par un chaleureux *diner* dans le cadre très design du restaurant Meridian.

Newport

Budget moyen

Sylvia Beach Hotel – *267 N.W. Cliff St. - ✆ (541) 265-5428 - www.sylviabeachhotel.com - 21 ch. 272/314 $* ☕ - ✕. Accrochée à la colline au bord d'une belle plage, cette maison victorienne abrite un hôtel dédié aux amateurs de livres. Les chambres portent les noms d'écrivains et sont décorées dans l'esprit du travail d'auteurs comme Jules Verne, Colette, Agatha Christie, Mark Twain, etc. Les livres sont nombreux dans la grande bibliothèque du salon de lecture et la télévision, le téléphone et la radio sont bannis afin de ne pas troubler la sérénité des lieux. Le restaurant, Tables of Content, met à l'honneur les huîtres fraîches qui font la renommée de Newport.

Pour se faire plaisir

Shilo Inn Suites Oceanfront – *536 S.W. Elizabeth St. - ✆ (541) 265-7701 - www.shiloinns.com - ♿ - 179 ch. à partir de 310 $* - ✕. Édifié sur une colline face à la mer et une immense plage, l'hôtel invite à se relaxer en contemplant le flux et le reflux des vagues. Les chambres, d'un confort simple mais grandes et bien équipées, offrent une vue fantastique. L'hôtel possède une piscine chauffée et un restaurant.

Yachats

Budget moyen

Overleaf Lodge & Spa – *280 Overleaf Lodge Lane - ✆ (800) 338-0507 - www.overleaflodge.com - 54 ch. 248/308 $* ☕. Les vagues viennent se fracasser sur la côte rocheuse devant l'hôtel. Confortables et décorées simplement, les chambres sont dans des tons ivoire. Celles du rez-de-chaussée possèdent une terrasse. Le Spa propose des soins d'hydrothérapie.

Pour se faire plaisir

Heceta Head Lighthouse – *92072 US Hwy 101 S. - à 7 miles au sud de Yachats - ✆ (866) 547-3696 - www.hecetalighthouse.com - 6 ch. à partir de 380 $* ☕ - *2 nuits mini le w.-end en haute sais.* La maison du gardien du phare (1894) accueille un B & B de charme décoré de mobilier ancien. Le soir, après une promenade, on se réchauffe autour de la cheminée du salon. Certaines chambres ont une vue imprenable sur l'océan et le phare. Petit-déjeuner succulent et excellent accueil. Le prix est toutefois trop élevé pour le standing des lieux, surtout pour les deux chambres qui partagent leur salle de bains.

Centre et est de l'Oregon ★

La dorsale des Cascades divise l'Oregon en deux régions très contrastées : le versant ouest verdoyant, avec ses fermes, ses vergers et sa forêt pluviale, et le versant est, plus élevé, plus ouvert, plus sec et moins peuplé. C'est un pays de larges vallées herbues, montagnes boisées, profonds canyons, *badlands* et hauteurs désertiques. Bousculée par les forces tectoniques, recouverte par les coulées de lave et les dépôts de cendres, cette région née de cataclysmes volcaniques a été modelée par l'érosion.

Se repérer

Oregon – *Pacific Time.*

CARTE BCD1-2-3 (P. 270-271).

Bend sert de base pour visiter la région. Les attractions plus à l'est peuvent être visitées à partir de Pendleton.

À ne pas manquer

Le High Desert Museum et les Painted Hills du John Day Fossil Beds NM.

Organiser son temps

La fin du printemps et le début de l'automne sont des périodes idéales pour visiter la région, car les températures n'y sont pas trop élevées. La température moyenne en juillet à Bend est d'environ 28 °C, mais atteint souvent jusqu'à 37 °C en été. Le mont Bachelor attire nombre de skieurs en hiver. Prévoyez deux ou trois jours dans la région.

En famille

High Desert Museum ; Cascade Lakes Scenic Byway et canoé sur les lacs ; Lava River Cave ; Museum at Warm Springs.

Carnet pratique p. 335

Nos adresses p. 336

Découvrir

CARTE P. 270-271

Le centre de l'Oregon

★ Bend B2

Au croisement de l'US 20 et de l'US-97, à 163 miles au sud-est de Portland.

750 N.W. Lava Rd (à l'angle d'Oregon Ave.) - (541) 382-8048 ou (877) 245-8484 - www.visitbend.com.

Capitale touristique du centre de l'Oregon, cette ville de 103 254 habitants, la plus grande de l'État à l'est des Cascades, occupe un site magnifique sur les rives de la Deschutes. Vers l'ouest, les Three Sisters et d'autres cimes enneigées composent une toile de fond spectaculaire. Dans le centre-ville, restaurants, cafés, galeries et magasins d'antiquités animent les bâtiments du début du 20e s.

Le **mont Bachelor** s'élève à 19 miles à l'ouest et les nombreuses attractions du **Newberry National Volcanic Monument** se trouvent à 9 miles au sud de la ville. Prisée des amateurs de loisirs de plein air, la ville sert d'arrière-base à ceux qui

viennent faire du ski, de la randonnée, du rafting, du VTT et autres activités sportives de pleine nature. Bend est également l'épicentre d'une région parsemée de **terrains de golf** : on en dénombre plus de 25 dans le centre de l'Oregon. Bend possède enfin près de 49 miles de pistes et de sentiers, dont le très prisé **Deschutes River Trail★** *(13 miles de Bend à Sunriver, niveau facile, très faible dénivelé - plan détaillé sur www.bendparksandrec.org)* que l'on peut parcourir à pied ou VTT.
La ville possède un grand nombre de galeries d'art, mises à l'honneur lors du First Friday Gallery Walk *(www.downtownbend.org)*. Le quartier historique de **Old Mill District**, une enclave entièrement rénovée de boutiques et de restaurants située le long de la rivière, offre des vues splendides sur le mont Bachelor. Sur l'autre rive, le **Hayden Homes Amphitheater** est un lieu de concerts en été *(www.bendconcerts.com)*. De nombreux parcs dans la ville jalonnent la route vers Deschutes, notamment **Riverfront Park** et ses pelouses luxuriantes.
Bend est une des rares villes à posséder dans son enceinte un cône de cendres volcaniques, **Pilot Butte**, duquel on profite de vues magnifiques sur les pics des Cascades. Pour se renseigner sur l'histoire de cette ville florissante, visitez le **Deschutes Historical Museum** *(129 N.W. Idaho Ave. - ✆ (541) 389-1813 - www.deschuteshistory.org - mar.-sam. 10h-16h30 - 10 $)*.

★★ Cascade Lakes Scenic Byway B2

Route forestière 46. De Bend, prenez Century Dr. en direction du sud-ouest et faites 4 miles jusqu'à l'intersection avec Bachelor View Dr.
✆ (541) 382-8048 - www.visitbend.com ou www.byways.org.
Serpentant à travers les Cascades à l'ouest de Bend, cette route historique de 66 miles traverse un paysage volcanique jalonné de quatorze lacs alpins. Lorsque l'eau est calme, nombre de ces lacs reflètent le mont Bachelor, Broken Top et les montagnes Three Sisters. Les forêts de pins alentour sont prisées des randonneurs en été et le lac attire pêcheurs et plaisanciers qui y pratiquent des activités nautiques.
★ **Tumalo Falls** – *Depuis Bend, faites 12 miles sur Skyliner's Rd puis prenez la route forestière 4603 - www.visitbend.com ou www.fs.usda.gov.* Un joli sentier de randonnée dans un cadre boisé permet d'approcher cette impressionnante cascade, mur d'eau de plus de 30 m de haut.
★ **Mount Bachelor** – *À 22 miles à l'ouest de Bend - ✆ (541) 382-1709 - www.mtbachelor.com - téléski en été 27 $ AR, forfait ski à la journée 84/139 $.* Des 2763 m du Mount Bachelor, la **vue★★★** est à couper le souffle. La **station de ski** passe pour être la meilleure du Nord-Ouest Pacifique. Un télésiège dessert le sommet toute l'année.

Un peu d'histoire

En route pour la vallée fertile de la Willamette, les premiers pionniers blancs passèrent sans s'arrêter dans la partie centrale et orientale de l'Oregon, depuis longtemps territoire amérindien. Mais les suivants trouvèrent que la région convenait parfaitement pour l'élevage et l'exploitation minière. Les ressources naturelles alimentaient l'économie, mais la population resta faible jusqu'aux années 1960-1970, quand l'industrie touristique se développa avec les loisirs de plein air.
À la pêche et la chasse s'ajoutèrent, entre autres, le ski, le VTT et le rafting, de plus en plus appréciés des citadins fuyant les grandes villes pour un style de vie plus décontracté.

Le mont Bachelor et son reflet dans le lac Sparks, Oregon.
DC_Colombia/Getty Images Plus

De novembre à mai, la montagne attire skieurs, surfers des neiges et amateurs de randonnées en raquettes. Son réseau de dix remontées mécaniques (dont sept rapides) donne accès à 1 500 m² de pistes. La station a fourni de nombreux efforts pour attirer les skieurs et surfeurs *freestyle* avec un *half-pipe* olympique. Durant l'été, des kilomètres de chemins de randonnée et de VTT permettent de découvrir les hauteurs.

★★ High Desert Museum B2

Sur l'US-97, à 8 miles au sud de Bend. 59800 S. US-97 - ☏ (541) 382-4754 - www.highdesertmuseum.org - avr.-oct. : 9h-17h ; nov.-mars : 10h-16h - 20 $, hiver 17 $.

Niché dans une forêt de conifères, ce splendide ensemble regroupe un petit zoo et un musée consacré à l'histoire, à la culture et aux arts de la région. Plusieurs dioramas grandeur nature et des effets sonores racontent la vie haute en couleur des premiers habitants de la région. Un *desertarium* met en valeur les écosystèmes de ce plateau aride. À l'extérieur, des sentiers de promenade font découvrir la faune locale dans son habitat naturel, notamment les loutres et les oiseaux de proie. Une scierie et un ranch d'époque servent de décor pour des reconstitutions historiques de la vie des travailleurs au début du 20e s. Différentes animations pédagogiques ont lieu au cours de la journée en été : renseignez-vous auprès des *rangers* à l'accueil.

★★ Newberry National Volcanic Monument B2

À 16 miles au sud de Bend par l'US-97 (sortie 143).

S'étendant depuis la Deschutes River, à 24 miles au sud-est du sommet de Paulina Peak (2 434 m), ce parc de 22 000 ha englobe des cavernes et des tunnels de lave, des cônes de pierre ponce et de cendres, des champs d'obsidienne, des sites archéologiques, et deux magnifiques lacs de cratère. L'impressionnant

Painted Hills, John Day Fossil Beds National Monument.
Arun Gopalakrishnan Kannan/Getty Images Plus

paysage a été formé par l'accumulation de coulées de lave boursouflées et déchiquetées. L'éruption la plus récente du volcan de Newberry s'est produite il y a seulement 1300 ans, et des sources chaudes continuent de bouillonner sous la surface des lacs.

★★ **Lava Lands Visitor Center** – *58201 S. US-97 - ☏ (541) 593-2421 - www.fs.usda.gov - juin-août : 9h-17h ; sept.-oct. : 9h-16h ; mai : jeu.-lun. 10h-16h - fermé nov.-avr. - 5 $ par véhicule.* Vous y découvrirez le fonctionnement des forces volcaniques et leur impact sur le paysage. Le sentier de découverte du **Trail of Molten Lands**★ serpente à travers un champ de lave et le cône de cendres adjacent. Le sommet de la **Lava Butte**, un cône volcanique en grande partie dénudé culminant à 50 m au-dessus de la forêt environnante, est accessible par une petite route.

★ **Lava River Cave** – *Forest Rd 9720 (à 12 miles au sud-est du Visitor Center).* À l'aide d'une lanterne que l'on peut louer à l'entrée de la grotte *(5 $)*, on visite un tube de lave de 1 mile. La température y est de 5,5 °C toute l'année.

À côté, un sentier en boucle *(1 mile)* traverse un paysage surréaliste formé d'une forêt de pins pétrifiés depuis 6 000 ans : la lave fluide a recouvert les arbres, les a carbonisés et a pris leur forme en se solidifiant.

★★ **Newberry Crater** – *Rte 21 (à 25 miles au sud-est du Visitor Center).* Ce cratère de 47 km² contient deux lacs jumeaux, **Paulina Lake** et **East Lake**, alimentés en eaux cristallines par des sources. La seule brèche dans les parois de la caldeira, formée d'à-pics de 200 à 500 m, crée la cascade **Paulina Falls**, qui chute de 24 m sur la face extérieure du cratère. Les Indiens Païutes extrayaient autrefois l'obsidienne noire du cratère pour fabriquer armes et outils.

Une route de 4,6 miles grimpe au sommet du **pic de Paulina**★★ (2 434 m), qui offre un panorama sur des centaines de kilomètres de montagnes et de déserts.

Tout près, la **Big Obsidian Flow**★★ *(randonnée d'1 mile)* formée il y a 1300 ans, est une coulée couvrant plus de 283 ha à flanc de montagne, entièrement composée d'obsidienne, une lave vitrifiée noire et brillante.

★★ Smith Rock State Park B2

À Terrebonne, 23 miles au nord de Bend.
N.E. Crooked River Dr. - (541) 548-7501 - stateparks.oregon.gov - 5 $.
Mondialement réputées auprès des amateurs de varappe pour leurs difficultés, de spectaculaires falaises multicolores encadrent le canyon de la Crooked. Composées d'affleurements du magma volcanique érodés par l'eau et par le vent depuis des millions d'années, elles dominent de 170 m la rivière. Avec ses parois verticales, le **Monkey Face** est l'un des pics d'escalade les plus difficiles du monde. La randonnée et le VTT y sont également prisés et permettent d'observer aigles, faucons des prairies, cerfs mulets, loutres et castors.

Maragas Winery B2

À Culver, 5 miles au nord de Terrabone et 28 miles au nord de Bend. 15523 S.W. Hwy 97 - (541) 546-5464 - www.maragaswinery.com - tlj sf. mar. 12h-17h - dégustation 10/25 $. En sortant du Smith Rock State Park, n'hésitez pas à faire une halte dans ce domaine viticole pour goûter quelques excellents crus de différents cépages – malbec, syrah, merlot, chardonnay...

Warm Springs Indian Reservation B2

Sur l'US-26, à 55 miles au nord de Bend et 108 miles au sud-est de Portland.
Créée en 1855, la plus grande des huit réserves indiennes de l'Oregon couvre 40 000 km² des territoires des tribus Wascos et Sahaptos. Les visiteurs y trouveront un hôtel et un casino, mais surtout un musée.

★★ **Museum at Warm Springs** – *2189 US-26, Warm Springs - (541) 553-3331 - museum.warmsprings-nsn.gov - mar.-sam. 9h-17h - 7 $.* Ce musée réputé pour son architecture étonnante rassemble des objets et des photographies appartenant à l'héritage culturel indien ; c'est l'une des plus importantes collections de ce genre aux États-Unis. Il présente aussi un rappel historique, et la maquette d'un village avec différents types d'habitations.

★★ John Day Fossil Beds National Monument C2

Trois lieux distincts à 90/120 miles au nord-est de Bend. (541) 987-2333 - www.nps.gov/joda - parc ouvert de l'aube au crépuscule - gratuit.

Thomas Condon Paleontology Center – *Sheep Rock Unit, sur la Rte 19 (à 2 miles au nord de l'US-26, entre Dayville et Kimberly) - 9h-17h.* Les **champs de fossiles** de ce parc national de 25 000 km² sont parmi les plus vastes du monde, remarquables entre autres pour leurs séquences entières d'animaux et de plantes de « l'ère des mammifères » qui a immédiatement suivi l'extinction des dinosaures. Les fossiles trouvés ici exposent l'évolution de la flore et de la faune, l'histoire des changements climatiques et des écosystèmes sur une période couvrant plus de 40 millions d'années. Plus de 2 200 espèces de plantes et d'animaux y ont été recensées à ce jour. Le parc, qui tire son nom de la rivière voisine, comprend trois régions. Chacune possède ses routes et ses sentiers de randonnée, permettant de découvrir les formidables formations géologiques.

★ **Sheep Rock Unit** – *Au croisement de la Rte 19 et de l'US-26.* Cette partie du parc offre l'introduction la plus complète à l'histoire de la région. Le **Thomas Condon Paleontology Center**★ *(voir ci-dessus)*, musée de Paléontologie qui sert aussi de Visitor Center, renferme de captivants dioramas et des peintures murales sur l'ère cénozoïque, époque où la nature était un véritable paradis pour d'étranges animaux. Des salles exposent les fossiles de certaines de ces créatures : chien-ours, tigre à dents de sabre, rhinocéros préhistorique et entélodonte (un sanglier de la taille d'un bison). On aperçoit derrière les vitres le laboratoire où s'activent des scientifiques. Près du musée, l'historique **Cant Ranch House**, fondé par des immigrants écossais, a conservé son apparence des années 1930. De là part le **Sheep Rock Overlook Trail★** *(0,5 mile)* qui conduit à un beau point de vue sur la vallée de la John Day River. Environ 5 miles au nord, un sentier interprétatif *(1 mile)* traverse les saisissants paysages argileux du **Blue Basin★**, des ravines en amphithéâtre où affleurent des sédiments vieux de 29 millions d'années.

★★ **Painted Hills** – *Burnt Ranch Rd (à 7 miles au nord de l'US-26 et 88 miles au nord-est de Bend).* Ces collines spectaculaires sont célèbres pour leurs couleurs vives (or, jaune, rouge et noir), auxquelles les fleurs sauvages ajoutent encore quelques tons au printemps (avril-mai). Elles sont très photogéniques sous les lumières chaudes de fin de journée. Plusieurs sentiers sont à parcourir dans le secteur, notamment la courte promenade sur planches de **Painted Cove Trail★★**, qui serpente entre des mamelons argileux aussi rouges que les paysages martiens.

Clarno – *Sur la Rte 218 (à 101 miles au nord-est de Bend et à 18 miles à l'ouest de Fossil).* Cette région est réputée pour ses falaises pittoresques. Le sentier **Trail of the Fossils★★** *(0,25 mile)* est le seul où l'on peut voir des fossiles encore prisonniers de la pierre.

★★ Hart Mountain National Antelope Refuge C3

Hart Mountain Rd, à 238 miles au sud-est de Bend. ☎ (541) 947-3315 (refuge) - www.fws.gov.

Cette réserve naturelle est l'un des endroits les plus courus pour observer les animaux sauvages dans leur habitat. Cerfs, mouflons, coyotes et antilocapres se partagent le refuge, qui fut créé pour eux en 1936.

Tout près se trouve la montagne **Steens★** (2 956 m), dont on peut atteindre le sommet en empruntant une route secondaire, la **Steens Mountain Backcountry Byway**. Longue de près de 50,5 miles, c'est la route la plus élevée du Nord-Ouest. De là-haut, on peut observer les gorges creusées par les glaciers et le désert d'Alvord, 1 829 m plus bas.

Au pied de la montagne, la réserve naturelle de **Malheur National Wildlife Refuge★** *(☎ (541) 493-2612 - www.fws.gov)* est l'une des étapes les plus importantes pour les oiseaux migrateurs. Les amateurs s'y retrouvent pour observer plus de 320 espèces, dont le carouge à tête jaune.

L'est de l'Oregon

★ Baker City D2

Au croisement de l'US-30 et de la Rte 7 sur l'I-84, à 230 miles à l'est de Bend et 95 miles de Pendleton.

490 Campbell St. - ☎ (541) 523-5855 - www.visitbaker.com.

À l'ombre de l'Elkhorn Range, une chaîne appartenant aux **Blue Mountains**, Baker City se trouve à l'extrémité est d'une vaste prairie. En 1861, la découverte d'or dans les contreforts voisins provoqua la ruée des prospecteurs ; une vingtaine d'années plus tard, l'arrivée du chemin de fer assit l'importance de la ville.

Sur **Main Street**, pivot du quartier historique en brique rouge et tuf volcanique, le **Geiser Grand Hotel★**, édifié en 1889 dans le style Renaissance italien, a été restauré et fonctionne toujours.

La tragédie des Nez-Percés

Pendant 8 000 ans, Hells Canyon et les Wallowa Mountains ont été le territoire des Nez-Percés et de leurs ancêtres. Cette tribu se déplaçait suivant les saisons pour pêcher, chasser, récolter les racines de camas et en faire commerce. Elle était réputée pour l'habileté de ses cavaliers. C'est elle qui sélectionna le cheval appaloosa. En 1805, elle est venue en aide à **Lewis et Clark**. Mais, trois générations plus tard, quand des prospecteurs trouvèrent de l'or sur son territoire, on lui demanda d'abandonner ses terres aux colons blancs. Un groupe de Nez-Percés vivant près de Clearwater River, en Idaho, signa en 1863 un traité créant une réserve dans cette région. Mais un autre groupe rejeta cet accord qui l'obligeait à quitter ses terres ancestrales.

Parmi eux se trouvait Chef Joseph (vers 1840-1904), un chef de tribu Wallowa qui, pendant des années, coopéra avec les autorités fédérales pour résoudre les conflits. Il demandait simplement à rester « ... un homme libre ; libre de voyager, de choisir mes propres maîtres, de suivre la religion de mes ancêtres ; libre de parler, penser et agir par moi-même ; alors je respecterai toutes les lois – ou en accepterai les condamnations ».

En juin 1877, Chef Joseph partit des monts Wallowa et traversa Hells Canyon à la tête des 750 membres de sa tribu, hommes, femmes et enfants, avec 2 000 chevaux et têtes de bétail. Il fit route vers l'Idaho, où il rejoignit le chef Looking Glass. Un raid violent de Nez-Percés d'un autre groupe contre des pionniers blancs entraîna une escarmouche avec la cavalerie américaine. Par crainte de représailles, Joseph et Looking Glass fuirent vers l'est sur l'autre versant des Rocheuses, traversèrent le Yellowstone, puis se dirigèrent vers le nord, presque jusqu'au Canada. Leur odyssée couvrit 2 000 km. Dans les Bear Paw Mountains du Montana, Looking Glass fut tué. Chef Joseph se rendit, avec les 417 survivants de la tribu. Plus de 5 000 soldats de l'armée américaine les avaient poursuivis pendant quinze semaines.

Le discours de reddition de Joseph fut l'un des plus poignants de l'histoire de l'Ouest américain. « Je veux avoir le temps de rechercher mes enfants et de voir combien je peux en retrouver ; je les trouverai peut-être parmi les morts. Écoutez-moi, mes chefs. Je suis fatigué. Mon cœur est lourd et malade. De là où se trouve maintenant le soleil, je ne combattrai plus ; à jamais. »

En 1885, après son exil en Oklahoma, la tribu de Chef Joseph revint dans la réserve des Nez-Percés de l'Idaho. Mais Chef Joseph fut séparé à jamais de son peuple ; il mourut dans la réserve Colville, dans l'État de Washington.

★★ Oregon Trail Interpretive Center – *Sur la Rte 86 (à 5 miles à l'est de l'I-84) - ☏ (541) 523-1843 - www.blm.gov - 12h-17h.* Perché au sommet de Flagstaff Hill, le musée protège des ornières laissées par les chariots bâchés de l'Oregon Trail *(voir p. 500)*. Expositions interactives et dioramas grandeur nature rappellent avec réalisme les tribulations des pionniers sur la piste et le sentier de découverte *(4 miles)* permet d'explorer les lieux par soi-même.

★★ Hells Canyon National Recreation Area D1

▶ *Le canyon s'étire sur environ 80 miles de part et d'autre de la frontière Oregon-Idaho, à 200 miles au nord-est de Baker City et 350 miles à l'est de Portland.*

ℹ **Wallowa-Whitman National Forest** – *1550 Dewey Ave., Baker City - ☏ (541) 523-6391 - www.fs.usda.gov.*

La rivière **Snake** trace la frontière entre Oregon et Idaho dans le canyon le plus profond d'Amérique du Nord. Loin des implantations touristiques, ignoré des visiteurs non avertis, le précipice de **Hells Canyon** (canyon de l'enfer) offre un panorama vertical exceptionnel : ses parois sombres aux pieds herbeux tombent à pic de 1800 à 2400 m, du Wallowa Range et des Seven Devils Mountains, jusqu'à la Snake qui bouillonne vers le nord. Couvrant près d'un tiers de cette étendue sauvage (plus de 2500 km^2), la Recreation Area s'étend sur les deux rives du canyon et les hautes terres qui le bordent.

L'accès au fond du **canyon★★** se fait sous le barrage de **Hells Canyon** *(par la Rte 86, à 91 miles à l'est de Baker City)*. La découverte se poursuit en bateau ou à pied. Canots gonflables et bateaux rapides à moteur *(jetboats)* permettent aujourd'hui de descendre cette rivière tumultueuse *(voir « Nos Adresses »)*. Les vues les plus spectaculaires du canyon émaillent les 208 miles du **Wallowa Mountain Loop★★**, en Oregon *(depuis LaGrande, sur l'I-84, prenez en direction du nord-est la Rte 82, traversez Enterprise et Joseph, poursuivez sur la Rte 350 vers le sud, puis la Rte 39, pour enfin reprendre vers l'ouest la Rte 86 via Halfway jusqu'à Baker City)*. Bien qu'un peu difficile, ce circuit magnifique comporte des passages non goudronnés. Il offre des panoramas impressionnants et la chance d'apercevoir la faune locale : mouflons, chèvres des Rocheuses, wapitis, cerfs et ours noirs.

★ Nez Perce National Historical Park D1

▶ *Le parc s'étend entre Oregon, Idaho, Washington et Montana, à environ 115 miles au sud de Spokane et 150 miles au nord-est de Pendleton - gratuit.*

Ce parc comprend 38 sites répartis sur quatre États, incluant tous les champs de bataille de la guerre de 1877 et de nombreux hauts lieux de tradition tribale. Le **Visitor Center** et le musée *(39063 US-95, Spalding, Idaho, à 11 miles à l'est de Lewiston - ☏ (208) 843-7001 - www.nps.gov/nepe - 8h30-16h - fermé dim.-lun. en hiver)* présentent de manière détaillée l'histoire de la tribu grâce à la **Spalding-Allen Collection★★** de 1836, fabuleuse présentation d'objets et de vêtements en peau décorés de crocs, d'aiguilles de porc-épic et de dents d'élan.

Pendleton C1

▶ *Au croisement de l'US-395 et de la Rte 11, au niveau de l'I-84, à 209 miles à l'est de Portland.*

ℹ *501 South Main St. - ☏ (541) 276-7411 - travelpendleton.com.*

Au pied de hautes falaises, sur les rives ombragées de l'Umatilla, Pendleton est restée fidèle à ses cow-boys d'antan. Son passé revit dans les maisons victoriennes de la rive nord et son quartier commerçant, aux nombreuses selleries et boutiques d'antiquités. Dans le quartier historique, le **Heritage Station Museum** *(108 S.W. Frazer St. - ✆ (541) 276-0012 - www.heritagestationmuseum.org - lun.-sam. 10h-16h; oct.-déc. : mar.-sam. 10h-16h - fermé dim. et janv.-fév. - 5 $)* et le **Pendleton Underground Tours★** *(31 S.W. Emigrant St. - ✆ (541) 276-0730 - www.pendleton undergroundtours.org - tlj sf mar. et dim. 10h-17h - visite guidée sur réserv. de l'ancien Red Light District souterrain - durée 90mn - 20 $)*, donnent l'occasion de s'instruire sur l'histoire de la ville et l'héritage de l'Ouest.

Pendleton est aussi réputée pour ses chemises et couvertures de laine.

★ **Pendleton Woolen Mill** – *1307 S.E. Court Pl. - ✆ (541) 276-6911 - www.pendleton-usa.com - visite guidée lun.-vend. 11h et 15h - boutique : lun.-vend. 6h-18h, sam. 8h-16h.* La visite de cette manufacture lainière montre le processus complet de production, du dos du mouton à la boutique. L'une des dernières filatures de laine encore en activité dans le pays, Pendleton Woolen Mill, ouverte depuis 1909, fabriquait originellement des couvertures destinées au commerce avec les Indiens. On peut aujourd'hui découvrir ses machines et des couvertures d'inspiration amérindienne dans le petit musée attenant à la boutique.

★ **Round-Up Hall of Fame** – *1114 S.W. Court (Round-up Grounds, I-84, sortie 207) - ✆ (541) 276-2553 - www.pendletonroundup.com - lun.-vend. 9h-17h, sam. 10h-17h - gratuit, dons appréciés.* Le **Pendleton Round-up** est l'un des plus grands rodéos du monde. Depuis 1910, cette semaine de manifestations et épreuves sportives hautes en couleur se déroule en septembre. Le reste de l'année, le musée qui honore l'événement et ses champions est ouvert à la visite.

★ Tamástslikt Cultural Institute D1

À 10 miles à l'est de Pendleton par l'US-89 (sortie 216). 47106 Wildhorse Blvd - ✆ (541) 429-7700 - www.tamastslikt.org - mar.-sam. 10h-17h - 12 $.

Au cœur de la réserve indienne Umatilla, cet excellent musée retrace l'histoire des tribus de la région – Cayuse, Umatilla et Walla Walla – au moyen d'une ingénieuse présentation d'objets, de vidéos, de dioramas et de récits de légendes amérindiennes. Ces trois tribus du plateau du Nord-Ouest Pacifique rentrèrent en contact avec l'expédition de Lewis et Clark entre 1804 et 1806, et aidèrent les explorateurs. Quarante ans plus tard, la piste de l'Oregon traversait leur terre. Le musée de 1300 m² est l'un des plus pertinents concernant les Indiens d'Amérique.

Carnet pratique

S'informer

Visit Central Oregon – *✆ (800) 800-8334 - www.visitcentraloregon.com.*

Visit Eastern Oregon – *✆ (800) 332-1843 - www.visiteasternoregon.com.*

Arriver/partir

En avion – **Redmond Airport** – *✆ (541) 504-3499 - www.flyrdm.com.* À 14,4 miles au nord de Bend. Liaisons directes avec Denver, Portland, Salt Lake City, Seattle...

En bus – Bend est desservie par le service de bus régional de **Central Oregon Breeze** *(✆ (541) 389-7469 - www.cobreeze.com)*, au départ de Portland.

Nos adresses

Restauration

Baker City

Budget moyen

Barley Brown's Brewery – *2190 Main St. - ✆ (541) 523-4266 -www. barleybrownsbeer.com - fermé dim.-lun. et le midi - plats 18/25 $.* Cette brasserie familiale propose la dégustation de ses bières, primées à plusieurs reprises, et une carte de restauration où les viandes juteuses voisinent avec pâtes et sandwichs copieux. Ambiance sympathique et sans chichis.

Bend

Budget moyen

Deschutes Brewery Bend – *1044 N.W. Bond St. - ✆ (541) 382-9242 - www.deschutesbrewery.com - ♿ - service continu - plats 15/19 $.* Les amoureux de la nature se retrouvent dans cette brasserie au bord de rivière, lieu de rassemblement local. Des pains aux saucisses, tout est fait maison. Même les hamburgers sont locaux : le bœuf y est nourri de drêches (résidus d'orge) de brasserie. Le menu comprend également *fish & chips* et macaronis au fromage.

The Pine Tavern – *967 N.W. Brooks St. - ✆ (541) 382-5581 - www. pinetavern.com - fermé lun. - plats 15/30 $.* Construite autour d'un pin jaune de 60 m qui traverse le plafond, cette taverne est le plus ancien et le plus célèbre restaurant de l'Oregon. Réputée pour sa viande en provenance des ranchs de la région, la cuisine convient parfaitement à cette ville de bûcherons : truite poêlée, pain de viande et côtes au barbecue faisaient déjà partie de la carte des premiers propriétaires.

Pendleton

Budget moyen

Hamley's Steakhouse – *8 S.E. Court Ave. - ✆ (541) 278-1100 - www. hamley.com - fermé dim.-lun. et le midi - plats 22/59 $.* Avec son décor western de vieilles boiseries et sa boutique de souvenirs attenante, on s'attend plutôt à un piège à touristes. Il n'en est rien et cette adresse animée vaut le détour. On y déguste de savoureuses et juteuses pièces de bœuf, grâce à une viande de grande qualité, sélectionnée chez les meilleurs éleveurs de la région, et des salades appétissantes.

Activités

Hells Canyon Adventures – *4200 Hells Canyon Dam Rd - ✆ (800) 422-3568 - www. hellscanyon.biz.* Sorties en *jetboat* dans le Hells Canyon. Montée d'adrénaline garantie (*165/206 $*).

Hébergement

Baker City

Budget moyen

Geiser Grand Hotel – *1996 Main St. - ✆ (888) 434-7374 - www.geiser grand.com - ▤ ♿ - 30 ch. 217/293 $ - ✕.* Cet établissement historique (1889) mêle les styles victorien et Renaissance italienne. Il arbore de magnifiques hauts plafonds, vitraux, chandeliers en cristal et colonnes en mahogany. Comme il se doit, des légendes de fantômes circulent à son sujet. Restaurant de cuisine locale, salle de fitness et bar à vin.

Bend

Budget moyen

Old St. Francis School – *700 N.W. Bond St. - ✆ (541) 382-5174 - www. mcmenamins.com - 🏊 ♿ annoncer avant - 60 ch. à partir de 196 $ - ✕.*

Occupé autrefois par une école catholique, ce bâtiment de 1936 a été converti en hôtel. Entièrement rénové, le Old St. Francis est aujourd'hui un lieu convivial avec son pub, sa brasserie et son immense bassin décoré de carrelage mural.

Campfire Hotel – *721 N.E. 3rd St.- ✆ (541) 382-1515 - www.campfirehotel.com - - 100 ch. à partir de 260 $ -* ✕. Un sympathique hôtel de vacances façon motel chic. Les couleurs pimpantes escortent les hôtes du hall d'entrée jusque dans les chambres à la déco originale. Très belle piscine pour se relaxer après une journée d'excursion avant de se retrouver autour du feu de camp allumé chaque soir. Vous êtes prié d'apporter votre guitare !

Pour se faire plaisir

Juniper Preserve – *65600 Pronghorn Club Dr. - ✆ (866) 320-5024 - www.juniperpreserve.com - - 152 ch. à partir de 400 $ -* ✕. Les bâtiments en bois et pierre sont nichés au milieu d'un paysage de lave et de genévriers. Chambres claires, confortables et fonctionnelles. Les deux terrains de golf voisins comptent parmi les plus prisés de l'est de l'Oregon.

Sunriver Resort – *17600 Center Dr. - Sunriver - à 18 miles au sud de Bend - ✆ (855) 420-8206 - www.sunriverresort.com - ♿ - 240 ch. à partir de 350 $ -* ✕. Situé dans une grande forêt sous les monts Bachelor et Paulina, ce vaste et luxueux complexe de loisirs réunit chambres d'hôtel, appartements et maisons à louer, restaurants, deux terrains de golf, des tennis, un observatoire astronomique, 35 miles de sentiers pour VTT, un centre équestre, un centre aquatique et une marina sur la rivière Deschutes, où l'on peut faire du rafting et du canoë-kayak. Idéal pour se relaxer en famille

Pendleton

Premier prix

Red Lion Hotel – *304 S.E. Nye Ave. - accès par la Rte 11, en haut de la colline - ✆ (541) 276-6111 - www.redlion.com - ♿ - 170 ch. à partir de 150 $ -* ✕. Cet hôtel de chaîne, pratique et sans surprise, réserve des chambres agréables, dont certaines avec balcon. Petite piscine extérieure chauffée, salle de fitness et petit-déjeuner buffet. L'ensemble manque un peu d'âme, mais les prix sont raisonnables.

Budget moyen

Pendleton House – *311 N. Main St. - ✆ (541) 612-8311 - www.pendletonhousebnb.com - - 6 ch. et suites 250 $* . Dans une maison rose comme un gâteau en pâte à sucre, ce coquet et romantique B and B constitue une étape calme et relaxante. Jolies chambres meublées à l'ancienne et excellent petit-déjeuner. Les bienveillants propriétaires aiment dorloter leurs hôtes.

Fossil

Budget moyen

Wilson Ranches Retreat – *15809 Butte Creek Rd - à 2 miles de Fossil - ✆ (541) 763-2227 - www.wilsonranchesretreat.com - - 6 ch. à partir de 180 $* . Situé au sein d'un ranch en activité, au milieu d'une belle prairie, ce B and B familial constitue une base idéale pour explorer le parc national de John Day Fossil Beds. Phil et Nancy Wilson, les charmants propriétaires, ont une personnalité hors du commun et reçoivent leurs hôtes comme de vrais amis. Des promenades à cheval sont possibles et l'on peut également s'initier au gardiennage de troupeau. Les chambres partagent des salles de bains communes, hormis celles en demi-sous-sol. Une adresse sereine et authentique.

Le Space Needle et les gratte-ciel de Seattle.
Jeremy Edwa[illegible]y Images Plus

7

Washington

CARTE MICHELIN RÉGION N° 761 – WASHINGTON

A
B
1
2
3
Strait of Georgia
Vancouver
Vancouver Island
Bellingham
Ross Lake NRA
North Cascades NP
San Juan Island
Orcas Island
Neah Bay
Strait of Juan de Fuca
Victoria
Lopez Island
Mt. Vernon
Skagit Valley
Salt Creek RA
Whidbey
Port Townsend
Coupeville
Lake Crescent
Port Angeles
Puget Sound Area
Sequim
Island
Everett
Boeing Future of Flight
HOH RAIN FOREST
Hurricane Ridge
Flying Heritage & Combat Armor Museum
Mountains
Hood Canal
OLYMPIC NP
SEATTLE
Woodinville
Kirkland
Bainbridge Island
Bellevue
Snoqualmie Falls
Olympic Peninsula
Museum of Flight
Tacoma
Nisqually NWR
Olympia
Northwest Trek WP
Wolf Haven International
OCEAN
Centralia
MOUNT RAINIER NP
Long Beach Peninsula
Long Beach
Cascade
Longview
MOUNT ST. HELENS NVM
PACIFIC
Fort Vancouver NS
Maryhill Museum
Vancouver
Portland
Salem
5
1
20
101
104
2
90
410
12
8
507
706
7
84

C
D
WASHINGTON
OLYMPIC NP
★★★
Vaut le voyage
Walla Walla
★★
Vaut le détour
Northwest Trek WP
★
Vaut la visite
Port Angeles
Intéressant
CANADA
1
Winthrop
97
155
395
Lake Chelan
Columbia
174
Grand Coulee Dam
97
17
155
Leavenworth
2
2
Spokane
Coeur d'Alene
Dry Falls
90
Wenatchee
Ephrata
28
28
195
2
Eastern Washington
97
Ellensburg
90
23
17
Steptoe Butte
The Palouse
26
24
26
395
Yakima
Pullman
Hanford Reach NM
127
24
240
Snake
12
Yakima Valley
Tri-Cities Area
Richland
Lewiston
82
Pasco
124
97
Kennewick
12
Walla Walla
Columbia
3
N
84
OREGON
0
50 km
0
30 mi
C
BOISE
D

Seattle ★★★

Couvrant les collines verdoyantes qui surplombent le Puget Sound, cette ancienne bourgade de rudes bûcherons est devenue l'un des porte-drapeaux culturels des États-Unis. Réputée pour sa qualité de vie, la tolérance et le dynamisme de sa population, la ville portuaire, cernée par de vertes collines occupées par de charmants quartiers résidentiels, s'inscrit dans des paysages grandioses émaillés de grands lacs : à l'est, le mont Rainier et la chaîne des Cascades ; à l'ouest, les monts Olympiques. Érigée en modèle pour avoir donné naissance à de grandes entreprises, de Boeing à Microsoft en passant par Amazon et Starbucks, Seattle, attractive et séduisante, se laisse découvrir facilement, loin des clichés de la « Rainy City » que l'on a encore trop aisément tendance à lui accoler...

Se repérer

749 256 habitants – Washington – *Pacific Time.*

CARTE B2 (P. 340-341) - PLAN I (P. 344-345) ET PLAN II (P. 346) - CARTE RÉGION DE SEATTLE (P. 361).

À ne pas manquer

Pike Place Market, l'âme de Seattle ; Seattle Art Museum ; Chihuly Garden and Glass ; MoPOP ; la vue depuis la Space Needle ; le Woodland Park Zoo.

Organiser son temps

Si vous ne disposez que d'une journée, visitez Pike Place Market et l'aquarium dans la matinée, déjeunez de fruits de mer autour du marché et consacrez l'après-midi au Seattle Center : Chihuly Garden and Glass et MoPOP, avant de profiter des vues magiques sur la ville, au soleil couchant, depuis le sommet de la Space Needle.
Les noctambules profiteront des restaurants et clubs de Belltown, Capitol Hill ou Ballard. Si vous restez à Seattle un jour de plus, ne ratez pas le Seattle Art Museum et les quartiers périphériques de Fremont et Ballard.

En famille

Seattle Aquarium ; Seattle Great Wheel ; Harbor Cruise ; Space Needle ; Pacific Science Center ; Museum of History & Industry ; Center for Wooden Boats ; Woodland Park Zoo ; Hiram M. Chittenden Locks ; Museum of Flight.

Carnet pratique p. 365

Nos adresses p. 366

Se promener

★★ Downtown PLAN II P. 346

★ Pioneer Square F3

Délimité par Alaskan Way, S. King St., 4th Ave. S. et Cherry St. - ✆ (206) 667-0687 - www.pioneersquare.org.

Quartier historique classé, au cœur d'un paysage urbain résolument moderne, Pioneer Square, pivot du centre-ville, protège 18 pâtés de maisons et bâtiments

Le totem sur Pioneer Square, dans le centre-ville de Seattle.
gregobagel/Getty Images Plus

commerciaux du début du 20e s. Première implantation permanente de la ville, il conserve le charme nostalgique d'une bourgade ancienne.
Rappelant ses origines de ville de bûcherons au milieu du 19e s., le quartier est toujours traversé par la longue pente de **Yesler Way**, l'ancienne rampe *(skid road)* sur laquelle on faisait glisser les troncs d'arbres, enduits de graisse d'ours, jusqu'à la scierie, avant qu'ils soient expédiés vers Portland ou San Francisco, où ils servaient à la construction. Le grand incendie de 1889 détruisit la majorité du centre-ville et sonna le glas des constructions en bois, progressivement remplacées par de la brique. Au cours de la reconstruction, Seattle se développa plus au nord et à l'est. Pioneer Square laissé à l'abandon, la glissière Skid Road devint **Skid Row**, célèbre pour ses maisons closes et ses tripots. Classé National Historic District en 1969, le quartier abrite aujourd'hui places et jardins publics, galeries, restaurants et clubs de jazz (on en compte 13 dans le quartier). Il draine une foule hétéroclite, des jeunes cadres dynamiques aux sans-abri.

Sous les eaux ?

Seattle a une réputation de ville pluvieuse. La saison des pluies s'étire en effet d'octobre à mai, mais le temps est généralement ensoleillé et sec de début juillet à début octobre, avec une température moyenne comprise entre 21 et 23 °C en juillet et août. Au cœur de l'hiver, les températures sont en moyenne de 7 °C et la neige y est exceptionnelle. Le mont Rainier domine l'horizon au sud-est de Seattle : les habitants ont pour habitude de dire que lorsqu'il est visible, « la montagne est sortie », ce qui signifie généralement que le temps sera clément.

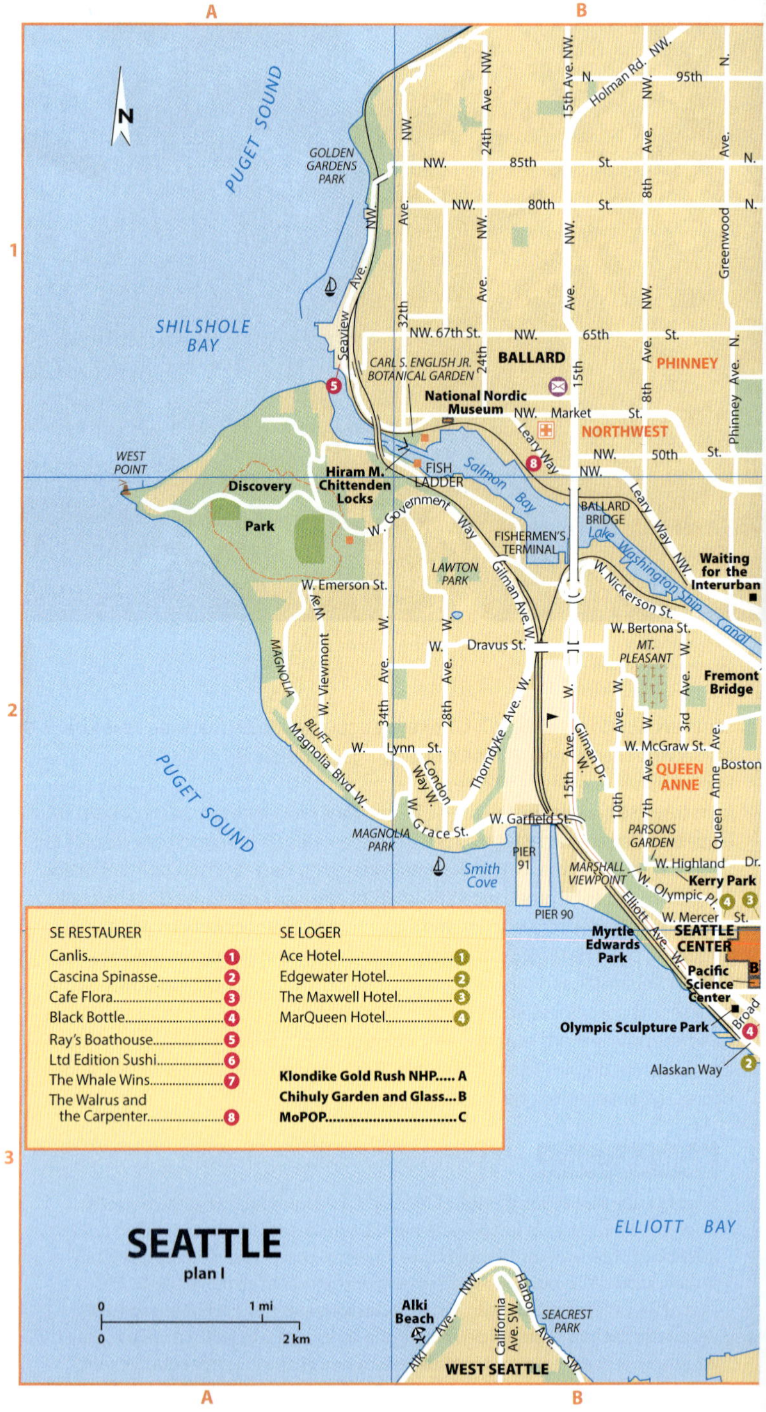

A
B
1
2
3
N
PUGET SOUND
GOLDEN GARDENS PARK
SHILSHOLE BAY
Seaview Ave. NW.
32th Ave. NW.
24th Ave. NW.
15th Ave. NW.
Holman Rd. NW.
N. 95th
8th Ave. NW.
Greenwood Ave. N.
NW. 85th St.
NW. 80th St.
NW. 67th St.
NW. 65th St.
CARL S. ENGLISH JR. BOTANICAL GARDEN
BALLARD
PHINNEY
National Nordic Museum
NW. Market St.
Leary Way
NORTHWEST
NW. 50th St.
Phinney Ave. N.
WEST POINT
Discovery Park
Hiram M. Chittenden Locks
FISH LADDER
Salmon Bay
W. Government Way
BALLARD BRIDGE
FISHERMEN'S TERMINAL
Lake Washington Ship Canal
Leary Way NW.
Waiting for the Interurban
LAWTON PARK
W. Emerson St.
W. Nickerson St.
W. Bertona St.
Gilman Ave. W.
W. Dravus St.
MT. PLEASANT
Fremont Bridge
MAGNOLIA
W. Viewmont Way W.
34th Ave. W.
28th Ave. W.
Thorndyke Ave. W.
15th Ave. W.
Gilman Dr. W.
10th Ave. W.
7th Ave. W.
3rd Ave. W.
W. McGraw St.
Boston
QUEEN ANNE
Queen Anne Ave.
BLUFF
Magnolia Blvd W.
W. Lynn St.
Condon Way W.
W. Grace St.
W. Garfield St.
PUGET SOUND
MAGNOLIA PARK
PIER 91
Smith Cove
PARSONS GARDEN
W. Highland Dr.
MARSHALL VIEWPOINT
W. Olympic Pl.
Kerry Park
PIER 90
W. Mercer St.
Elliott Ave. W.
SEATTLE CENTER
Myrtle Edwards Park
Pacific Science Center
Broad
Olympic Sculpture Park
Alaskan Way
SE RESTAURER
Canlis 1
Cascina Spinasse 2
Cafe Flora 3
Black Bottle 4
Ray's Boathouse 5
Ltd Edition Sushi 6
The Whale Wins 7
The Walrus and the Carpenter 8
SE LOGER
Ace Hotel 1
Edgewater Hotel 2
The Maxwell Hotel 3
MarQueen Hotel 4
Klondike Gold Rush NHP A
Chihuly Garden and Glass B
MoPOP C
ELLIOTT BAY
SEATTLE
plan I
0 1 mi
0 2 km
Alki Beach
Alki Ave. NW.
California Ave. SW.
Harbor Ave. SW.
SEACREST PARK
WEST SEATTLE

SHORELINE
C
D
1
2
3
NORTH SEATTLE COMMUNITY COLLEGE
Sand Point Way
NATIONAL OCEANIC AND ATMOSPHERIC ADMINISTRATION WESTERN REG. CENTER
Green Lake
Woodland Park Zoo
WOODLAND PARK ROSE GARDEN
RAVENNA
RAVENNA PARK
Ravenna Blvd.
CALVARY
Burke Museum of Natural History and Culture
UNIVERSITY DISTRICT
FREMONT
WALLINGFORD
Henry Art Gallery
QUAD
University of Washington
LAURELHURST
Fremont Troll
SHIP CANAL BRIDGE
UNIVERSITY BRIDGE
Union Bay
AURORA BRIDGE
Portage Bay
MONTLAKE BRIDGE
FOSTER I.
WEBSTER POINT
Gas Works Park
MONTLAKE
MADISON PARK
BELLEVUE
Lake Union
LAKE VIEW CEMETERY
Washington Park Arboretum
CONSERVATORY
Seattle Asian Art Museum
Museum of History & Industry
Volunteer Park
Japanese Garden
Center for Wooden Boats
SOUTH LAKE UNION
CAPITOL HILL
Space Needle
LAKE WASHINGTON
MADRONA PARK
voir plan II
BELLTOWN
SEATTLE UNIV.
Frye Art Museum
WATERFRONT PARK
FIRST HILL
DOWNTOWN
INTERNATIONAL DISTRICT
LESCHI PARK
SODO DISTRICT
Amtrak
Wing Luke Museum
Lumen Field
T-Mobile Park
MERCEL ISLAND
RENTON

SE RESTAURER

- Emmett Watson's Oyster Bar ... 9
- Ivar's Acres of Clams ... 10
- Metropolitan Grill ... 11
- Pike Place Chowder ... 12
- Elliott's Oyster House ... 13
- Dahlia Bakery ... 14
- Oriental Mart ... 15
- Matt's In The Market ... 16

SE LOGER

- Mayflower Park Hotel ... 5
- Hotel Vintage ... 6
- Hotel Max ... 7
- Inn at the Market ... 8
- Hotel Ändra ... 9
- Alexis Hotel ... 10
- Kimpton Palladian Hotel ... 11
- Fairmont Olympic ... 12
- Loews Hotel 1000 ... 13
- Thompson Seattle ... 15

Site du tout premier carrefour de Seattle, **Pioneer Place★** *(1st Ave. et Yesler Way)* est marquée par un grand totem en bois de cèdre, réplique de celui volé aux Indiens Tlingits vers 1890, et par le buste en bronze du chef indien Sealth qui donna son nom à la ville. Sur la place, on peut pousser la porte du Merchant Café & Saloon *(109 Yesler Way)*, le plus ancien restaurant de la ville créée en 1890.
Au bout de la perspective de Yeslay Way se dresse la haute silhouette des 35 étages de la **Smith Tower**, le premier gratte-ciel de Seattle construit en 1914. L'ascenseur Otis d'origine mène à son sommet, où une terrasse panoramique offre une vue à 360° sur la ville. Un bar y a été aménagé dans le style des *speakeasies* de la prohibition (*500 2nd Ave.- ✆ (206) 624-0414 - www.smithtower.com - merc.-dim. 12h-20h*).
La visite guidée **Beneath the Street** offre une découverte « en profondeur » des sous-sols de la ville *(102 Cherry St. - ✆ (206) 624-1237 - www.beneath-the-streets.com - 10h30-16h30 - 30 $)*. Cette promenade insolite émaillée d'anecdotes part à la rencontre de la ville d'avant l'incendie de 1889. On y voit notamment des rues avec les façades de leurs boutiques, ensevelies après la reconstruction. Est également proposée une visite – toujours souterraine – à ne pas mettre entre toutes les oreilles : celle du Red Light District *(vend.-sam. 18h30 - 32,20 $)*.
Le bâtiment de cinq étages **Pioneer Building** *(610 1st Ave.)*, commencé après l'incendie de 1889 et achevé en 1892, édifié dans le style néoroman avec une robuste arche en pierre, passait autrefois pour le plus bel édifice du pays situé à l'ouest de Chicago.
À environ 200 m au sud, l'annexe à Seattle du **Klondike Gold Rush National Historical Park** *(PLAN I C3 - 319 2nd Ave. S - ✆ (206) 220-4240 - www.nps.gov/klse - merc.-dim. 10h-17h - gratuit)*, dont la partie principale est à Skagway, en Alaska, rassemble des objets et des photos rappelant la ruée vers l'or du Yukon et ses répercussions sur la ville. Quand le vapeur *Portland* accosta à Seattle le 17 juillet 1897, chargé de 2 t d'or du Klondike, la ville fut touchée par la fièvre de l'or : films et documents évoquent ces journées d'ivresse. Beaucoup d'habitants firent fortune en équipant les prospecteurs, tandis que d'autres s'embarquèrent pour le Yukon, *via* Skagway.
Au sud de Pioneer Square, le quartier de SoDo (PLAN I C3) abrite le stade de **Lumen Field** (68 000 places) dominé par ses arches blanches, foyer des footballeurs américains des **Seahawks** *(www.seahawks.com)* et des joueurs de l'équipe de soccer des **Sounders** *(www.soundersfc.com)*. Tout près, **T-Mobile Park** (47 500 places), au toit rétractable noir, accueille pour sa part l'équipe de base-ball des **Mariners** *(seattle.mariners.mlb.com)*, qui joue en ligue américaine.

★★★ Seattle Art Museum E2

1300 1st Ave. (à l'angle de University St.) - ✆ (206) 654-3100 - www.seattleartmuseum.org - merc.-dim. 10h-17h - collections permanentes 33 $.
Appelé aussi SAM, le musée d'art de Seattle occupe un bâtiment lumineux conçu en 1991 par l'architecte Robert Venturi et agrandi en 2006. Loin de se focaliser sur un style, une période ou une aire géographique, le musée offre la possibilité de découvrir de nombreuses formes d'art et de techniques du monde entier.
Ses collections comprennent ainsi plus de 25 000 œuvres d'une qualité exemplaire, allant des antiquités gréco-romaines et égyptiennes à l'art moderne et contemporain, en passant par l'art européen du Moyen Âge et de la Renaissance, mais aussi les arts africain, islamique, amérindien, océanien et asiatique, le mobilier, les textiles, les bronzes ou encore les verreries de la Pilchuck Glass School.

7

Parmi les salles thématiques, on s'attardera sur celle consacrée à l'**art américain**, où figurent des œuvres de peintres expressionnistes abstraits, Pop art ou minimalistes (Jackson Pollock, Frank Stella, Arshile Gorky, Kenneth Noland, Barnett Newman, Willem de Kooning, Robert Rauschenberg), ou d'autres artistes à l'ancrage plus local comme le peintre afro-américain Jacob Lawrence (1917-2000) et Marc Tobey (1890-1976), fondateur de l'école du Nord-Ouest, avec Guy Anderson, Kenneth Callahan et Morris Graves.

La collection d'**art européen** comprend des toiles de Rubens, Van Dyck, Lucas Cranach l'Ancien, quelques peintures impressionnistes ainsi que des œuvres modernes signées Max Ernst, Robert Delaunay et Joan Miró.

L'**art asiatique** (Chine, Japon, Corée) est bien représenté, notamment à travers

Un peu d'histoire

À la fin du 18e s., George Vancouver pénètre dans le Puget Sound et jette l'ancre en vue d'Alki Point (aujourd'hui West Seattle). Mais il estime que l'arrière-pays ne mérite pas d'être exploré. Le premier groupe important de colons ne s'installe ici que dans les années 1850 : les chercheurs d'or déçus par la Californie et les agriculteurs pionniers de la région d'Olympia commencent à remonter vers le nord. Par une journée grise et glacée de novembre 1851, deux petits groupes de pionniers, arrivés l'un par voie de terre, l'autre à bord d'une goélette, se rencontrent à Alki et fondent un village dans Elliott Bay. En 1853, le plan d'une nouvelle ville est tracé. Elle portera le nom d'un chef respecté des Indiens Duwamishs, Sealth. L'activité commerciale s'organise autour de la scierie construite par un nouvel arrivant, Henry Yesler.

Dans la deuxième moitié du 19e s., la ville doit gérer des problèmes de croissance. Elle souffre de l'absence du chemin de fer (jusqu'à 1887), de révoltes indiennes, de l'hostilité grandissante envers les immigrants chinois. Finalement, un grand incendie détruit entièrement le quartier des affaires et le bord de mer. Mais, en 1897, avec l'arrivée d'un vapeur chargé d'or du Klondike (Yukon, Canada), Seattle devient du jour au lendemain le trépidant centre d'approvisionnement d'une nouvelle ruée vers l'or. Au début du 20e s., deux magnats du bois de construction, Frederick Weyerhaeuser et William Boeing, s'installent à Seattle ; très vite, Boeing se tourne vers la technologie toute nouvelle de l'aviation.

Durant le siècle qui suit, ces deux géants de l'industrie vont alimenter l'économie régionale. Pendant la première moitié du 20e s., Seattle connaît des hauts et des bas ; mais après la Seconde Guerre mondiale, l'économie se stabilise. L'Exposition universelle de 1962 dote la ville de l'un de ses monuments les plus précieux, son Seattle Center futuriste. Il abrite le « Space Needle », le Monorail et une quantité d'espaces culturels.

À la fin des années 1960, les habitants se mobilisent pour la préservation du quartier historique entourant Pioneer Square et Pike Place Market. Dans le quartier des affaires du centre, une explosion de constructions ajoute de nouveaux gratte-ciel au paysage urbain. L'ancien campement rustique de bûcherons lance maintenant des modes cool, donnant au pays le goût du vrai café, de la musique *grunge* et de la *start-up*. Le port de Seattle continue de prospérer grâce au commerce avec la bordure pacifique et l'Alaska.

les collections de porcelaines, des masques rituels et parures d'Afrique alternent par ailleurs avec des peintures aborigènes d'Australie, mais ce sont surtout les collections d'**art amérindien** qui retiennent l'attention, avec de précieux totems, masques, statuettes et vanneries de la côte nord-ouest.

Le SAM organise également d'importantes expositions temporaires. La boutique du musée, d'excellente qualité, s'efforce de promouvoir des créateurs locaux.

Sur la 1st Avenue, la statue *Hammering Man* (homme martelant) de Jonathan Borofsky, est devenue l'un des emblèmes de la ville.

En face de l'entrée du musée, sur 2nd Avenue, **Benaroya Hall★★** *(200 University St. - ✆ (206) 215-4747 - www.seattlesymphony.org)* est le foyer ultramoderne (1998) du Seattle Symphony Orchestra.

À l'angle de Spring Street et de la 4th Avenue, ne manquez pas la surprenante **Seattle Public Library** conçue par l'architecte néerlandais Rem Koolhaas (2004). Dans un bâtiment de forme irrégulière recouvert de verre, où les lignes se coupent, l'architecte a conçu des espaces ludiques, colorés et aérés. Loué à ses débuts par les journalistes spécialisés, le projet a depuis suscité des commentaires plus acerbes et une certaine défiance de la population, mécontente de voir le bâtiment empiéter largement sur le trottoir.

★★★ Pike Place Market E1-2

85 Pike St. - ✆ (206) 682-7453 - www.pikeplacemarket.org - 9h-17h.

Allez-y de préférence le matin afin d'éviter le flot des touristes. Si vous comprenez l'anglais, suivez le *Food Tour* guidé des étals du marché avec Savor Seattle *(www.savorseattletours.com, durée 2h, 55 $).*

Âme de Seattle, ce marché couvert est une institution depuis 1907. Amusant et charmant, il a conservé l'esprit communautaire d'un village, tandis que la ville moderne se développait autour. L'abondance et la fraîcheur des fleurs, des produits de la ferme et des délices de la mer émerveillent les nombreux touristes. En dépit des dépressions économiques, des guerres et de l'exode citadin, Pike Place a résisté au temps, accueillant aussi bien les respectables ménagères que les sans-abri.

Au début des années 1960, un projet de rénovation urbaine a failli le faire disparaître ; il devait être rasé pour faire place à un gigantesque hôtel. Mais les habitants de la ville ont voté à une écrasante majorité pour que le marché soit préservé, avec les îlots qui l'entourent. Aujourd'hui, plus de 3 ha de terrain et une douzaine de bâtiments sont classés, de 1st Avenue à Western Avenue, et d'Union Street à Virginia Street.

À l'entrée de Pike Place Market se trouve un cochon en bronze. C'est Rachel, la mascotte du marché, une tirelire qui reçoit chaque année entre 6 000 et 9 000 dollars, destinés à des associations caritatives.

Des centaines de stands, de petits restaurants et de boutiques bordent les rues et ruelles bondées et bruyantes, et occupent un labyrinthe de locaux sur plusieurs niveaux. Le marché d'origine, **Main Arcade** *(Pike Place, entre Pike St. et Stewart St.)* reste au cœur de l'activité avec sa rue emplie d'étals colorés débordant de fruits et légumes de saison, de fleurs coupées ou séchées, de poissons fraîchement pêchés, saumon, flétan et crabe de Dungeness luisant sur la glace pilée. La clientèle se presse souvent autour de **Pike Place Fish**, où les marchands vantent bruyamment la prise du jour, prennent la pose pour les photographes et se lancent des poissons par-dessus la tête des clients.

Remarquez, tout près de l'entrée principale du marché, la longue file d'attente devant **Starbucks** *(1912 Pike Place)*. C'est le premier établissement de la chaîne, ouvert en 1972, avant qu'elle ne conquît le monde entier (plus de 38 000 établissements disséminés sur tous les continents).

Près de là, **Post Alley**, un passage aux allures européennes, serpente entre les bâtiments du marché, abritant d'autres boutiques et plusieurs restaurants haut de gamme. Là se cache le **Gum Wall** *(vers le nº 1428)*, lieu pour le moins insolite et franchement peu hygiénique. Des pans entiers de murs sont en effet tapissés de chewing-gums, pour un effet coloré déroutant. À l'origine (vers 1993), les clients du théâtre voisin, patientant avant d'entrer, collaient leurs chewing-gums sur le mur en y glissant, de temps en temps, une petite pièce. Le phénomène a depuis pris une telle ampleur que ces pans de mur sont devenus une véritable attraction touristique (malgré la nette désapprobation des responsables du Pike Place Market voisin).

Le **Hillclimb Corridor** descend vers le front de mer par une volée d'escaliers décorés de fresques et de sculptures et flanqués de magasins et de cafés.

Belltown PLAN I BC3

Situé entre Downtown et Seattle Center, Belltown, autrefois populaire, s'est transformé ces dernières décennies en un quartier *trendy*, où fleurissent les restaurants, les boutiques et les *night-clubs (voir encadré p. 353)*.

Seattle NFT Museum PLAN II E1

2125 1st Ave. - www.seattlenftmuseum.com - 12h-17h, w.-end 10h-17h - fermé mar. - 15 $.

Reposant sur la technologie de la *blockchain*, les NFTs s'imposent peu à peu sur le marché de l'art et ont désormais leur premier musée. Ouvert en 2022, le NFT Museum expose sur des écrans ces œuvres d'art numériques uniques, certifiées par des jetons dits « non fongibles », qui en garantissent l'authenticité. La visite permet de mieux comprendre ce phénomène encore obscur pour une majorité de personnes. L'ambition du musée est de penser cette nouvelle et énigmatique forme d'art en la faisant découvrir au grand public.

★ Olympic Sculpture Park PLAN I B3

2901 Western Ave. - ✆ (206) 654-3100 - www.seattleartmuseum.org - du lever au coucher du soleil - gratuit.

Tout au nord du front de mer, ce parc, annexe du Seattle Art Museum *(voir p. 347)*, accueille les œuvres monumentales d'artistes contemporains de rang international tels que Alexander Calder, Richard Serra, Louise Bourgeois, Louise Nevelson et Claes Oldenburg.

Adjacent, le **Myrtle Edwards Park★** est une étroite bande de terre qui possède un sentier de randonnée *(1,25 mile)* et de petites plages de sable fin qui donnent accès à l'océan.

★ Front de mer PLAN II P. 346

Une promenade sur le front de mer, **Alaskan Way**, est un incontournable de Seattle. Malgré ses airs de parc d'attractions, il se dégage de ses vieux pontons et de ses bâtiments en bois patiné un charme désuet. Les parcs permettent de profiter de la vue, tandis que les nombreux restaurants de fruits de mer comblent les estomacs vides *(voir « Nos adresses »)*.

La *skyline* de Seattle, avec le mont Rainier en arrière-plan.
espiegle/Getty Images Plus

Depuis 2013, la ville mène d'importants travaux sur le front de mer qui devraient s'achever en 2025. Les aménagements permettront d'ouvrir le marché sur Alaskan Way et d'améliorer les voies de circulation.

★ **Harbor Cruise** (CROISIÈRE DANS LE PORT) PLAN II E2
1101 Alaskan Way, Pier 55 - ✆ (206) 623-1445 - www.argosycruises.com - horaires variables consultez le site Internet - fermé 25 déc. - 39 $; vous pouvez bénéficier de billets moins chers si vous les achetez au moins 5 j. à l'avance. Certaines croisières vont également autour des écluses, sur les lacs ou jusqu'à Tillicum Village.
Cette agréable visite commentée du port *(1h)* permet d'embrasser la ville d'un seul regard et de comprendre l'importance de sa situation géographique pour son développement au bord du Puget Sound. À la fin de la visite, le bateau s'approche des immenses grues et cargos en partance pour l'Asie : impressionnant !

★ **Seattle Great Wheel** PLAN II E2
1301 Alaskan Way, Pier 57 - ✆ (206) 623-8607 - www.seattlegreatwheel.com - 11h-21h, vend.-sam. 10h-22h, dim. 10h-21h - 18 $ le tour d'env. 15mn.
Cette grande roue très appréciée, avec ses cabines fermées et climatisées, emmène les visiteurs à plus de 50 m au-dessus du sol pour profiter de la vue sur le front de mer et les ferries de l'Elliott Bay, les bâtiments du centre-ville et les montagnes Olympiques au loin.
À l'extrémité sud du front de mer, le Pier 52 accueille le terminal des **Washington State Ferries**. C'est de là que partent les bateaux pour **Bainbridge Island** et la péninsule Olympique.

★ Seattle Aquarium PLAN II E2

1483 Alaskan Way, Pier 59 - ✆ (206) 386-4300 - www.seattleaquarium.org - 9h30-18h - à partir de 33,95 $ (prix variable selon les jours).

Cet aquarium abrite quelque 380 espèces de plantes, poissons, oiseaux, mammifères et invertébrés marins du Puget Sound. À ne pas manquer : les **phoques**, les malicieuses loutres, l'exposition **Window on Washington Waters** avec son bassin de 450 000 litres et le tout nouveau **Pavillon de l'Océan**, qui met à l'honneur les espèces tropicales du Triangle de Corail (situé entre l'Indonésie et les îles Salomon). Plus au sud, **Miners Landing** (Pier 57) est dédié aux loisirs avec son carrousel et sa grande roue.

★ International District PLAN I C3 P. 344-345

Ce quartier coloré à l'est de Pioneer Square, où les dragons accrochés aux lampadaires sont censés apporter chance et prospérité, accueille les minorités chinoise, philippine, japonaise, vietnamienne et d'Asie du Sud-Est de la ville, rappelant l'importance des communautés asiatiques à Seattle (12 à 13 % de la population). La plupart des boutiques sont familiales, les canards rôtis sont suspendus derrière les vitrines des restaurants et, sur les trottoirs, les étals regorgent de produits exotiques. **Uwajimaya** *(600 5th Avenue S.)*, une immense épicerie et drugstore, propose une multitude de produits importés.

Au croisement de South King Street et de 5th Avenue South, l'arche très élaborée de **Chinatown Gate** marque l'entrée ouest du vieux Chinatown (le troisième plus grand quartier chinois des États-Unis) et, tout près, le **Hing Hay Park** *(423 Maynard Ave. S.)* abrite son Grand Pavilion, couleur rouge pompier. Les fans d'arts martiaux et les cinéphiles nostalgiques remarqueront, au 220 South King Street, le club de kung-fu où **Bruce Lee**, venu à Seattle avec sa tante lorsqu'il avait 20 ans, s'est durement entraîné. Des festivals animent le quartier tout au long de l'année : le nouvel an lunaire (en janvier-février), Bon Odori et le Dragon Fest (en juillet).

★★ Wing Luke Museum

719 S. King St. - ✆ (206) 623-5124 - www.wingluke.org - tlj sf mar. 10h-17h - visite guidée (45mn) : mar.-sam. ttes les h de 10h30 à 15h30 - 17 $. Le musée propose aussi plusieurs visites guidées de Chinatown.

L'histoire fascinante et méconnue de l'immigration asiatique dans le Nord-Ouest est ici détaillée à travers des présentations interactives qui mettent l'accent sur la justice sociale. Abrité dans un bâtiment historique, le musée propose aussi des visites guidées du magasin Yick Fun, reconstruit tel qu'il était il y a un siècle, et d'un hôtel historique de Chinatown.

First Hill PLAN I C3 P. 344-345

Ça grimpe pour accéder à ce petit quartier coincé à l'est du Downtown et au sud de Capitol Hill, où les hôpitaux sont nombreux.

★ Frye Art Museum

704 Terry Ave. (au niveau de Cherry St.) - ✆ (206) 622-9250 - www.fryemuseum.org - merc.-dim. 11h-17h - gratuit.

Bijou blotti au milieu du complexe médical de First Hill, ce musée expose des œuvres représentatives de peintres américains, français et surtout allemands, des 19e et 20e s. Baignées par la lumière du jour, les galeries offrent un cadre charmant et intime propice à la contemplation sereine. La collection centrale de peintres de

Nuits blanches à Seattle

Seattle, vibrante et dynamique, offre à la nuit tombée un spectacle intense. Petits conseils pour s'y repérer :

Ballard *(voir p. 358)*, envahi de trentenaires *trendy*, se démarque par un côté sophistiqué et une ambiance plutôt chic et sage. Une kyrielle de restaurants et bars à la décoration étudiée sont concentrés dans Ballard Avenue Historic District *(Ballard Ave. N.W., entre N.W. Market St. et N.W. Dock Place)*. **Notre conseil** : le Tractor Tavern, excellente salle de concerts à la programmation folk-rock particulièrement soignée *(voir p. 370)*.

Capitol Hill *(voir p. 356)* est la Mecque des noctambules. Quartier gentiment turbulent, il cultive un côté alternatif avec ses tatoueurs, ses petits bars et ses magasins ethniques. Le spectacle se trouve aussi dans les rues grâce au rassemblement de communautés diverses qui en ont fait leur bastion : gays excentriques, jeunes *yuppies* aux tenues soignées, *hipsters* arborant fièrement tatouages et barbes fournies. Les fans de musique ne manqueront pas la statue en bronze de Jimi Hendrix, l'idole locale *(au croisement de Broadway St. et Pine St.)*. **Notre conseil** : rendez-vous entre Broadway et E. John Street et faites votre choix selon votre humeur !

Belltown, entre Downtown et Seattle Center, est un ancien temple du *grunge* qui s'est depuis embourgeoisé. Il abrite encore des établissements qui font sa réputation, depuis ses bars aux façades colorées abritant une clientèle bruyante et très rock'n'roll, aux clubs prisés des groupes de rock indépendant du monde entier. **Nos conseils** : le Bathtub Gin, petit bar chic aux cocktails savoureux *(voir p. 369)*, et The Crocodile, club mythique de la ville où s'est notamment produit Nirvana *(voir p. 370)*.

l'école de Munich (fin du 19e s.-début du 20e s.) est la première d'Amérique, avec pour têtes de file Franz Seraph von Lenbach et Wilhelm Leibl. Les peintres américains, dont Albert Bierstadt, Winslow Homer, John Singer Sargent et Thomas Eakins figurent dans les collections permanentes, mais ne sont pas toujours exposés.

★★ Seattle Center PLAN I B3 P. 344-345

Circonscrit par Denny Way, Broad St., 5th Ave. N., Mercer St. et 1st Ave. N. - ✆ (206) 684-7200 - www.seattlecenter.com.

Pour vous rendre de Downtown au Seattle Center, empruntez le **Monorail** *(www.seattlemonorail.com - 7h30-21h, vend. 7h30-23h, sam. 8h30-23h, dim. 8h30-21h - dép. ttes les 10mn du Westlake Center, à l'angle de 5th Ave. et Pine St. - 3,50 $ le trajet)*, de concept suédois, qui parcourt les 1,3 mile en moins de 2mn. Comptez facilement une journée pour découvrir Seattle Center et profiter de ses activités : n'hésitez pas à faire une pause à Armory, une aire de restauration au milieu du parc, pour vous reposer, prendre un café ou grignoter. Au nord du centre-ville, aux pieds de Queen Anne Hill, Seattle Center attire des millions de visiteurs avec ses musées, ses salles de spectacle et ses festivals. Ce parc animé de près de 30 ha était à l'origine le site de l'Exposition universelle de 1962, dont le titre officiel était *Century 21 Exposition*. Cette dernière avait pour thème le modernisme et a ainsi inspiré le Monorail ou des créations comme la Space Needle (l'aiguille de l'espace), devenue l'emblème de la ville.

★★ Space Needle

400 Broad St. (en face de 4th Ave. N.) - ✆ (206) 905-2100 - www.spaceneedle.com - 10h-20h, w.-end 9h-21h - 35/42,50 $ (selon le jour et l'heure de visite), billet combiné avec le Chihuly Garden and Glass 59,50 $. Réserv. recommandée.

Véritable phare de Seattle, cette gracieuse tour de métal à trois pieds haute de 183 m (1962, Victor Steinbrueck et John Graham Jr.) incarnait la vision de l'avenir dans les années 1960. Des ascenseurs à parois de verre propulsent les visiteurs à l'étage, où une plate-forme d'observation offre des **vues panoramiques★★** sur les gratte-ciel du centre-ville, Elliott Bay et le Puget Sound, les monts Olympiques et la chaîne des Cascades.

★★ Chihuly Garden and Glass

305 Harrison St. - ✆ (206) 753-4940 - www.chihulygardenandglass.com - 10h-17h, vend.-sam. 10h-19h - 35 $.

Ce musée vous fera découvrir les sculptures monumentales de Dale Chihuly, pionnier de l'art sur verre. Né en 1941 à Tacoma, au sud de Seattle, cet artiste exposé dans de nombreux musées à travers le monde, de Londres (Victoria and Albert Museum) à Montréal (musée des Beaux-Arts), a étudié les techniques du verre à Murano. Présentées de façon éblouissante grâce à une scénographie bien étudiée (jeux de lumières, occupation de l'espace), ses installations et ses œuvres, colorées et complexes, invitent à des voyages imaginaires dans des forêts tropicales, des jardins botaniques, des paysages côtiers. Une expérience saisissante.

★★ MoPOP (Museum of Pop Culture)

325 5th Ave. N. (au niveau de Broad St.) - ✆ (206) 770-2700 - www.mopop.org - 10h-17h - fermé merc. - à partir de 25 $ (selon le jour et l'heure). Projet personnel du cofondateur de Microsoft, Paul Allen, ce bâtiment conçu par l'architecte Frank Gehry (2000), aux couleurs psychédéliques et aux vagues ondulantes inspirées d'une guitare électrique démembrée, rend un bel hommage à la culture pop en général, et au rock'n'roll en particulier, à travers des expositions interactives variées. Pièce maîtresse du musée, une immense et impressionnante sculpture intitulée *Roots and Branches*, hommage à la culture populaire nord-américaine, entremêle jusqu'au plafond plus de 500 instruments de musique. Au niveau 2, le **Sky Church**, un écran géant sur lequel sont projetés clips vidéo et concerts, crée une ambiance festive.

Le monde du rock eut, à la fin des années 1980, les yeux rivés sur Seattle, où un nouveau courant, porté par les groupes locaux Nirvana et Pearl Jam, secoua l'industrie musicale : le **grunge**, dérivé d'un punk rock aux riffs acérés et aux textes rageurs et dépressifs, fut massivement adopté par la jeunesse mondiale et ses illustres représentants idolâtrés, en particulier **Kurt Cobain** (1967-1994). C'est cette épopée que le musée propose de revivre à travers des concerts retransmis sur écrans géants et des documents d'époque (costumes de scène, instruments, témoignages, photos, etc.). Une section est également dédiée à l'autre star locale, **Jimi Hendrix** : le musée possède en effet plus de 8 000 objets en relation avec l'artiste, des carnets de route aux tenues de scène. Les visiteurs peuvent s'essayer à former leur propre groupe dans l'une des salles d'activités interactives qui accueillent également des studios d'enregistrement. Les fans ne rateront sous aucun prétexte la **boutique** du musée, qui regorge de tee-shirts, disques et autres objets dédiés au rock.

Au sous-sol, le **Science Fiction Museum and Hall of Fame** s'intéresse aux grands auteurs de science-fiction et à tout ce qui s'y rapporte : extraits de films cultes et

Le monorail et le Museum of Pop Culture (MoPOP) conçu par Frank Gehry.
oksanaphoto/Getty Images Plus/Architectural Works by Franck O. Gehry and Gehry Partners, LLP

objets, dont l'authentique fauteuil du capitaine Kirk de *Star Trek* ou le costume de Superman.

★★ Pacific Science Center

200 2nd Ave. N. (au niveau de Denny Way) - ✆ (206) 443-2001 - www.pacificsciencecenter.org - merc.-dim. 10h-17h - 26,95 $.

Dominant l'extrémité sud du Seattle Center, six bâtiments en U, reliés par de belles arches, forment un complexe subventionné par les géants locaux, dont Boeing et Microsoft. Des expositions interactives sont proposées : centre de météorologie virtuelle, dinosaures robotisés, serre aux papillons tropicaux. Dans la section « high-tech » de réalité virtuelle, d'astucieux programmes informatiques permettent de composer de la musique, de créer des œuvres d'art ou de « piloter » un deltaplane. Des salles de projection laser et IMAX enrichissent encore ces ressources pédagogiques.

Au nord de Seattle Center, le **McCaw Hall** accueille la troupe du **Pacific Northwest Ballet**, célèbre pour son *Casse-Noisette* mis en scène par Maurice Sendak et donné chaque année à la période des vacances, et le **Seattle Opera**, qui programme l'*Anneau du Nibelung* de Richard Wagner tous les quatre ans. On trouve également le superbe **Seattle Children's Museum**★ *(✆ (206) 441-1768 - www.thechildrensmuseum.org - tlj sf mar. 10h-16h30 - 14 $)*, entièrement interactif.

Lake Union et South Lake Union PLAN I C2 P. 344-345

www.discoverslu.com

Au cœur de Seattle, encadré par l'Aurora Bridge reliant Queen Ann à Fremont, à l'ouest, et par le Ship Canal Bridge qu'emprunte l'US-5, à l'est, **Lake Union** est l'un des lacs autour desquels la ville s'organise. Des voiliers voguent sur ses flots paisibles, tandis que les hydravions de Kenmore Air *(www.kenmoreair.com)* y décollent pour survoler la ville ou partir en direction des îles San Juan.

South Lake Union désigne le quartier situé au sud du lac, qui connait une expansion fulgurante depuis l'arrivée du campus d'Amazon, l'entreprise de vente en ligne fondée en 1994 à Bellevue, dans la banlieue de Seattle, et qui emploie près de 55 000 personnes en ville. D'autres bâtiments dernier cri et *eco-friendly* ont récemment été construits et se répartissent autour de la Biosphère, deux sphères géantes en verre avec armature métallique apparente.

★ Museum of History & Industry

860 Terry Ave. N. - ✆ (206) 324-1126 - www.mohai.org - 10h-17h (20h le jeu. en juillet et août et le 1er jeu. du mois) - 22 $.

Installé dans un beau bâtiment de l'armurerie navale du quartier de South Lake Union, le MOHAI se compose de présentations interactives qui guident les visiteurs à travers la riche histoire de la ville. Parmi les meilleures attractions, une galerie maritime, le premier avion commercial de Boeing.

★ Center for Wooden Boats

1010 Valley St. - ✆ (206) 382-2628 - www.cwb.org - de mi-mars à mi-sept. : merc.-vend. 12h-19h (18h w.-end) ; de mi-sept. à fin oct. - merc.-dim. 10h-18h ; reste de l'année : merc.-dim. 10h-16h - fermé lun.-mar. et de mi-déc. à déb. janv.

Véritable musée en plein air comptant plus de cent bateaux amarrés sur le Lake Union, ce centre préserve l'héritage maritime du Nord-Ouest. On peut y louer un **voilier** ou une **barque d'époque** *(à partir de 75 $/h)* pour voguer sur le lac. Une promenade sur les quais offre l'occasion d'admirer les vieux gréements parfaitement conservés.

Capitol Hill PLAN I C2-3 P. 344-345

Situé au nord-est de Downtown, ce quartier tendance et *gay friendly* compte à la fois de grandes avenues animées et une partie résidentielle chic et très calme dans les rues en retrait. En journée, pour prendre le pouls du quartier, savourez d'abord un café au grand **Starbucks** *(1124 Pike St.)*, où l'on peut observer – et humer ! – la torréfaction du café *(Voir « Nos adresses »)*, puis passez au **Melrose Market** *(1531 Melrose Ave.)* où sont installés petites échoppes locales et restaurants réputés. Remontez ensuite East Pike Street jusqu'à Broadway, qui ne s'anime vraiment qu'à partir de la fin d'après-midi et, surtout, le soir quand le quartier prend vie *(voir encadré p. 353)*.

★★ Seattle Asian Art Museum PLAN I C2

1400 E. Prospect St., Volunteer Park - ✆ (206) 654-3100 - www.seattleartmuseum.org - jeu.-dim. 10h-17h - 18 $.

Logé dans un splendide bâtiment Art déco (1933, Carl Gould) qui abritait jusqu'en 1991 le Seattle Art Museum, le musée conserve plus de 7 000 pièces d'art asiatique, dont seulement un quart est exposé à la fois. C'est une des dix premières collections de ce genre hors d'Asie.

Cet espace baigné de silence, convient parfaitement aux sculptures bouddhistes et hindoues d'Asie du Sud, poteries chinoises vieilles de 4 000 ans, céramiques et objets de culte japonais finement ouvragés.

★ Fremont PLAN I BC2 P. 344-345

www.fremont.com.
Au nord du centre-ville, au-delà du Lake Washington Ship Canal, le quartier de Fremont, artistique et décalé, se présente comme étant tout simplement... le centre de l'univers ! Ce village libertaire, indépendant avant d'être « annexé » par Seattle, ne ressemble à aucun autre. Tout à Fremont respire la culture alternative, de ses friperies à ses boutiques de vêtements en passant par ses petits restaurants, ses cafés et pâtisseries. Son art de rue, provocateur et décalé, interpelle. Le **Fremont Troll★★**, une gigantesque sculpture publique, en est un exemple frappant *(à l'angle de N. 36th St. et de Troll Ave.)*. La créature de 5,5 m, coincée sous le pont autoroutier d'Aurora Bridge, joue avec une Coccinelle de Volkswagen !
Tout près *(à l'angle de N. 36th Ave. et d'Evanston)*, une **sculpture** en bronze de près de 5 m de haut représentant Lénine a été sauvée de la destruction lors de la chute du bloc soviétique et rapportée de Slovaquie.
À un pâté de maisons au sud *(à l'angle de N. 35th Ave. et d'Evanston)*, une **fusée** datant des années 1950, pointée vers le ciel, semble prête à décoller.
Waiting for the Interurban *(à l'angle de N. 34th St. et de Fremont Ave. N.)*, une sculpture en aluminium représentant un groupe de voyageurs attendant un train

Les parcs de Seattle

Avec 125 parcs, « Emerald City » (la cité émeraude) a largement mérité son surnom ! Voici quelques incontournables *(www.seattle.gov/parks)* :
★ **Discovery Park** PLAN I A1-2 – *3801 Discovery Park Blvd.* Ce parc de 216 ha sur la colline de Magnolia Hill, ancienne propriété militaire, est aujourd'hui le plus grand parc de la ville. Situé au sommet d'une falaise surplombant le détroit du Puget Sound, une **forêt primaire★** et le **West Point Lighthouse★**, on y profite de superbes **vues★★** sur le détroit et les monts Olympiques. Les randonneurs et joggeurs peuvent emprunter un sentier en boucle de 2 miles qui traverse des ravins boisés et des forêts d'érables.
★ **Kerry Park** PLAN I B2 – *Accès depuis Queen Anne Ave. N. puis Highland Dr. à gauche (pente raide) - comptez 20mn à pied depuis Sea*
ttle Center. Avis aux photographes : c'est certainement depuis le petit Kerry Park, niché dans le quartier résidentiel chic de Queen Anne, que vous aurez la meilleure vue pour immortaliser Downtown, la Space Needle et le majestueux mont Rainier en arrière-plan.
★ **Gas Works Park** PLAN I C2 – *2101 N. Northlake Way, dans le quartier de Fremont.* Un ancien site industriel où trône encore une usine délabrée, a été réhabilité en espace vert. Sur les collines qui bordent le **Lake Union**, on jouit de vues superbes sur les gratte-ciel de Downtown et les marinas du lac. Le Lake Union a la particularité de compter près de 500 *house boats* (maisons flottantes). Saurez-vous reconnaître celle de Tom Hanks dans *Nuits blanches à Seattle* (1993) ?
★ **Volunteer Park** PLAN I C2 – *1247 15th Ave. E., dans le quartier branché de Capitol Hill.* L'un des parcs les plus populaires de la ville abrite le Seattle Asian Art Museum *(voir p. ci-contre)*. On peut pénétrer dans l'ancien château d'eau et gravir ses 107 marches pour avoir une vue à 360° sur le parc, la Space Needle et Elliot Bay, ou profiter de la serre qui abrite palmiers, cactus et plantes tropicales.
★ **Myrtle Edwards Park** PLAN I B2-3 – *voir p. 350.*

7

qui ne passe jamais, est surprenante, car la tête du chien a été remplacée par un visage humain. En l'occurrence, celui d'Armen Stepanian, ancien maire honoraire de Fremont qui s'était opposé à l'artiste. Sournoise vengeance!

Juste à côté, le **Fremont Bridge** est entré dans le *Livre Guinness des records* : il s'ouvre et se referme 54 fois par jour pour laisser passer les voiliers et leurs grands mâts!

Parmi les bonnes adresses du quartier, citons **Theo Chocolate** *(3400 Phinney Ave. N. - ✆ (206) 632-5100 - www.theochocolate.com)* qui torréfie des fèves de cacao bio issues du commerce équitable pour en faire de riches truffes et des barres chocolatées aux saveurs uniques. On peut également suivre la visite de son **usine**, qui se conclut par une dégustation.

Le **Fremont Sunday Market** *(Stone Way et N. 34th St. - dim. 10h-16h - www.fremontmarket.com)* attire les chalands de toute la région pour ses produits artisanaux. Le **Fremont First Friday Art Walk** offre encore plus de choix en matière d'artisanat et d'art.

La communauté libre de Fremont organise les festivals les plus originaux qui soient, comme le **Moisture Festival** *(de fin mars à mi-avril)* ou la **Solstice Parade** *(fin juin)*, à l'occasion de laquelle on peut s'attendre à tout, y compris à voir défiler des cyclistes nus aux corps artistiquement peints... ce qui n'est pas autorisé, mais qui réapparaît traditionnellement chaque année!

★★ Autour de Green Lake PLAN I C1 P. 344-345

À 6 miles au nord du centre-ville, entre Aurora Ave. N. et l'I-5.
7201 E. Greenlake Dr N. - ✆ (206) 684-4075 - www.seattle.gov/parks.

Le lac, ses espaces verts et ses loisirs sont très prisés des habitants de Seattle qui viennent s'y promener *(sentier de 4,5 miles)*, courir ou pratiquer le skate-board. Le parc est une réserve naturelle qui abrite des centaines d'espèces d'arbres et de plantes, de nombreux oiseaux, dont le carouge à épaulettes (au printemps). Le centre communautaire du parc possède une **piscine** couverte et deux **plages** surveillées durant la haute saison.

Un petit centre artisanal loue **pédalos** et **voiliers**, mais on peut également se contenter d'un simple pique-nique au bord de l'eau pour profiter de ses incroyables paysages.

★★ Woodland Park Zoo

750 N. 50th St. - ✆ (206) 548-2500 - www.zoo.org - mai-août : 9h30-18h ; sept.-avr. : 9h30-16h - prix variables selon la saison, à partir de 15 $.

Ce remarquable zoo est très admiré pour avoir recréé l'environnement naturel de ses 1100 pensionnaires, de 300 espèces différentes. Il regroupe 26 ha de prairie, toundra, marais, forêt tropicale et autres habitats, dont le plus vaste est une savane africaine. Des éléphants d'Asie circulent dans les ruelles d'un village thaïlandais. Loups et wapitis se partagent une taïga rappelant l'Alaska.

John Olmsted a conçu en 1909 la plupart des bâtiments originaux du zoo ; le parc a été amélioré dans les années 1930, et entièrement rénové à la fin des années 1980 avec l'aménagement d'espaces ouverts sans grilles. La Bamboo Forest Reserve accueille des ours paresseux et une volière d'oiseaux tropicaux.

Ballard PLAN I B1 P. 344-345

Situé à 4 miles au nord-ouest du centre de Seattle, de l'autre côté de Salmon Bay, Ballard abritait à l'origine une communauté scandinave et était connu pour sa flotte

Bill Gates et Microsoft

Né en 1955, le cofondateur de Microsoft, Bill Gates, a gagné son premier milliard à l'âge de 31 ans. Entrepreneur combatif, William Henry Gates III grandit à Seattle. Son père est avocat, sa mère éducatrice. Adolescent, il découvre l'ordinateur et s'initie seul à la programmation. Entouré d'un petit groupe d'amis partageant sa passion, Gates développe des programmes informatiques intéressant le marché, capables de tout faire, de la gestion des bulletins de paye au contrôle de circulation routière.
Alors qu'il achève brillamment le lycée, la société TRW, Inc. lui propose un salaire annuel de 20 000 dollars : il quitte un an ses études pour travailler. Il suit les cours de Harvard pendant deux ans, puis les abandonne se consacrer à plein temps à la programmation. Gates a su prévoir la révolution qui devait « mettre un ordinateur dans chaque foyer ».
En 1975, Bill Gates et son ami d'enfance Paul Allen créent à Albuquerque (Nouveau-Mexique) la société de logiciels Microsoft. En 1979, ils la déplacent dans la banlieue de Seattle. Un an plus tard, IBM commande à Microsoft un système d'exploitation pour les ordinateurs personnels : le MS-DOS® voit le jour. La suite de l'histoire fait partie de la légende de l'entreprise... En 2020, Bill Gates quitte le conseil d'administration de Microsoft pour se consacrer à la philanthropie.

de bateaux de pêche. Mais cette petite banlieue prospère s'est transformée au cours des dernières années pour devenir un quartier prisé des noctambules *(voir encadré p. 353)*, autour duquel s'érigent de plus en plus de hauts immeubles. Le dimanche s'y tient le **Ballard Farmers'Market★★**, l'un des meilleurs marchés de la ville *(5300 Ballard Ave. N.W.)*.
Seuls vestiges de ce passé scandinave, le **National Nordic Museum★** *(2655 N.W. Market St. - www.nordicmuseum.org - mar.-dim. 10h-17h - 20 $)*, qui retrace l'histoire de l'immigration scandinave, le **Scandinavian Specialties** *(6719 15th Ave.)*, un café-restaurant couplé à une boutique de souvenirs, et la parade annuelle de **Syttende Mai** (fête nationale norvégienne), le 17 mai.

★★ Hiram M. Chittenden Locks

3015 N.W. 54th St. - www.nws.usace.army.mil - merc.-dim. 10h-18h (nov.-avr. : merc.-dim. 10h-15h) - visite guidée gratuite à 14h de mai à sept.

Le génie de l'armée gère ce système d'écluses, sur le canal reliant les eaux douces du lac Washington et du lac Union, à l'est de Seattle, aux eaux salées du Puget Sound. Ouvert en 1917, le complexe montre deux écluses, un barrage, un déversoir, un jardin botanique et un Visitor Center.
Chaque année, environ 100 000 navires de plaisance, de pêche, cargos ou scientifiques passent par les écluses, au grand plaisir des spectateurs rassemblés sur la rive nord. Sur le bord sud, une **échelle à saumons** permet aux poissons de remonter le courant en période de frai. Les visiteurs peuvent les observer à travers une baie sous-marine *(7h-20h30)*.

University District PLAN I CD2 P. 344-345

On vient jusqu'au « U District » pour le beau campus de l'université de Washington, mais aussi pour faire du shopping à la boutique **Apple** *(2656 N.E. University Village St.)*, la seule de Seattle.

University of Washington PLAN I CD2

Délimitée par 15th Ave. N.E., N.E. 45th St., Union Bay et Portage Bay - ✆ (206) 543-2100 - www.washington.edu.

Les 280 ha de cette université réputée dominent la rive nord-est du canal du lac Washington. Elle accueille 50 000 étudiants par an, ce qui en fait l'un des plus grands établissements d'enseignement supérieur de la côte ouest. Le parc du campus, créé au début du 20e s. par l'architecte paysager John Olmsted, entoure deux excellents musées :

★ **Burke Museum of Natural History and Culture** – *17th Ave. N.E. et N.E. 45th St. - ✆ (206) 616-3962 - www.burkemuseum.org - tlj sf lun. 10h-17h - 22 $.* Deux étages d'exposition illustrent la diversité géologique, archéologique et ethnologique des pays de la bordure pacifique. Au niveau inférieur, photographies et objets font découvrir les cultures de la côte nord-ouest des États-Unis, des îles du Pacifique, de l'Asie de l'Est et du Sud-Est. Le niveau principal est consacré à la géologie, avec des squelettes de dinosaures, des échantillons de minéraux et une exposition sur les plaques tectoniques.

★ **Henry Art Gallery** – *15th Ave. N.E. et N.E. 41st St. - ✆ (206) 543-2280 - www.henryart.org - jeu. 10h-19h, vend.-dim. 10h-17h - gratuit, don suggéré 1/20 $.* Réputé pour ses choix audacieux, ce petit musée (1927, Carl Gould) encourage la production et l'exposition d'œuvres d'avant-garde. La collection permanente, parfois relayée par des expositions temporaires, met l'accent sur les mouvements artistiques du 20e s. en France et en Amérique. La collection d'art contemporain réunit des œuvres de Robert Motherwell, Max Weber et Robert Rauschenberg et, pour la photographie, Man Ray, Ansel Adams et Imogen Cunningham.

★ **Washington Park Arboretum** – *2300 Arboretum Dr. E. (entre Union Bay et Lake Washington Blvd. E.) - ✆ (206) 543-8800 - botanicgardens.uw.edu.* Sur 90 ha de terrains boisés au sud du campus, ce jardin botanique est en grande partie l'héritage des frères John et Frederick Law Olmsted, architectes paysagers. Entre 1909 et le début des années 1930, ils ont dessiné plusieurs jardins et une route aux courbes gracieuses. Dans cet espace protégé, les sentiers serpentent autour des 5 500 arbres, fleurs et plantes d'espèces différentes, traversent un jardin japonais, un vallon fleuri de rhododendrons, une rocaille et une allée bordée d'azalées.

West Seattle PLAN I B3 P. 344-345

Le plus grand quartier de Seattle est bordé au nord par une belle plage.

★ Alki Beach

▶ À 7 miles au sud-ouest du centre-ville par Alaskan Way Viaduct et S.W. Admiral Way. Le King County Water Taxi (www.kingcounty.gov - dép ttes les 30mn du lun.

Des paysages multiples

L'État de Washington possède un des plus beaux éventails de paysages du pays. Entourée d'épaisses forêts de conifères, la superbe baie du Puget Sound découpe la côte pacifique. Au centre, les dômes volcaniques des monts Rainier et St Helens marquent la dorsale déchiquetée du haut massif des Cascades. Descendant des contreforts des Rocheuses, la rivière Columbia traverse les plaines à blé de l'Ouest, formant presque toute la frontière sud avec l'Oregon.

au vend., et ttes les h le w.-end - 2,75 $) fait la navette entre Downtown (angle 3rd Ave. et Pine St.) et Alki.

2665 Alki Ave. S.W. - (206) 684-4075 - www.seattle.gov/parks.

Les premiers colons de la ville, connus sous le nom de **Denny Party**, passèrent l'hiver 1851 sur la plage d'Alki Beach avant de s'installer à l'emplacement de Pioneer Square. La silhouette du centre-ville et le détroit du Puget Sound fournissent ici de très belles vues. En été, la plage attire les baigneurs et les joueurs de beach-volley, tandis que la **promenade du front de mer★**, longue de 2,5 miles, est le lieu de rendez-vous des joggeurs et des amateurs de roller. Les terrasses des cafés permettent de profiter du spectacle.

Au sud de la ville CARTE DE LA RÉGION DE SEATTLE CI-DESSUS

★★ Museum of Flight

À Tukwilla, 7 miles au sud du centre-ville par l'I-5 (sortie 162).
9404 E. Marginal Way S., Boeing Field - (206) 764-5720 - www.museumofflight.org - 10h-17h - 26 $, gratuit le 1er jeu. du mois de 17h à 21h.

Le plus grand musée de l'air et de l'espace de l'Ouest abrite des présentations interactives qui font revivre l'aventure de l'aviation, depuis Leonard de Vinci et les premières montgolfières jusqu'à la navette spatiale et les avions furtifs. Le bâtiment central renferme une vaste collection d'appareils civils et militaires, environ

150 aéronefs, des premiers planeurs aux capsules spatiales. Plusieurs simulateurs de vol *(payants)* initient les visiteurs au pilotage d'avions de chasse ou de ligne ; une des salles est en liaison directe avec la réception satellite de la NASA. Une aile du bâtiment est dédiée aux exploits des pilotes durant la Seconde Guerre mondiale.
Aujourd'hui déplacée sur ce site, la **Red Barn** (grange rouge) de 1909 est l'atelier d'origine de la première société de William Boeing, Pacific Aero Products Company. Les objets exposés retracent l'histoire de la compagnie Boeing.
Un pont enjambe la route et permet ensuite d'accéder à la **Space Gallery** consacrée à la conquête de l'espace et, à l'extérieur, au **Airpark★★**, où l'on peut visiter plusieurs appareils mythiques tels le Concorde, l'avion présidentiel Air Force One utilisé de 1959 à 1972 et le premier Boeing 747 Jumbo-Jet.

★ Rhododendron Species Botanical Garden

À Federal Way, 24 miles au sud du centre-ville par l'I-5 (sortie 143). 2525 S. 336th St. - ✆ (253) 838-4646 - www.rhodygarden.org - tlj sf lun. 10h-16h - 10 $.
Plus de 1000 espèces de rhododendrons fleurissent le long des chemins, à l'ombre de cette réserve située sur le campus du siège de Weyerhaeuser Corp. Le climat du détroit du Puget Sound est le seul qui convienne parfaitement à ces arbrisseaux, dont une espèce est native de la région. Mieux vaut visiter le lieu entre avril et juin, durant la floraison.

À proximité

CARTE DE LA RÉGION DE SEATTLE P. 361

★ Bellevue

De l'autre côté du lac Washington, à 10 miles à l'est de Seattle par l'I-90.
www.visitbellevuewa.com.
La très riche agglomération de Bellevue (152 767 habitants) peut se targuer de posséder des restaurants très prisés et la plus grande concentration de boutiques

Un peu d'histoire

Bien avant l'arrivée des Européens, les Indiens de la côte tiraient déjà grand profit des abondantes ressources de la forêt et des rivières. En témoignent les canoës, totems et masques richement sculptés de ce peuple prospère.
La première grande expédition menée par des Européens remonte à 1792, quand le capitaine britannique George Vancouver fait des relevés détaillés de la région du Puget Sound. Au début du 19e s., la région est incluse dans le vaste territoire de l'Oregon Country, âprement disputé entre Britanniques et Américains pour le commerce des fourrures. Le flot constant de colons américains entraîne l'intégration du territoire au sein des États-Unis. Des villes se développent rapidement sur la côte : Seattle, Port Townsend.
En 1916, William Boeing s'installe à Seattle. Il assure ainsi l'avenir de la ville dans l'ère aéronautique, que va célébrer l'Exposition universelle de 1962. Douze ans plus tard, à Spokane, une exposition plus engagée alerte sur la nécessité de respecter l'environnement. La nature se manifeste à son tour en 1980, quand le mont St Helens fait éruption, sous les yeux fascinés du monde entier. Seattle et l'État de Washington occupent alors le devant de la scène. Tout en prenant en compte les besoins d'une population croissante, ils s'opposent aux autres États du Nord-Ouest pour limiter l'exploitation des ressources naturelles.

Bainbridge Island.
benedek/Getty Images Plus

de la région, avec notamment **The Bellevue Collection★** *(délimité par la N.E. 4th et la N.E. 10th, la 100th Ave. N.E. et la 106th Ave. N.E. - ✆ (425) 646-3660 - bellevuecollection.com)* et ses nombreux centres commerciaux chics.

Le **Bellevue Arts Museum★** *(510 Bellevue Way N.E. - ✆ (425) 519-0770 - www.bellevuearts.org - merc.-dim. 11h-17h - 15 $)* est dédié aux arts et à l'artisanat du Nord-Ouest, au sujet desquels le musée propose des expositions tournantes. Le centre des arts du spectacle de Bellevue, le **Theatre at Meydenbauer Center** *(✆ (425) 450-3810 - www.meydenbauer.com/theatre)* est également le foyer de l'**Opéra de Bellevue**.
Enfin, sur 21 ha, le **Bellevue Botanical Garden★** *(12001 Main St. - ✆ (425) 452-2750 - bellevuebotanical.org - de l'aube à la tombée de la nuit)* vous fera découvrir sa réserve de jardins cultivés, de bois et de zones humides.

Kirkland

▶ *À 5 miles au nord de Bellevue par l'I-405.*

Avec ses rues ombragées bordées de charmantes **boutiques** et de galeries colorées, Kirkland est un petit coin de paradis pour les amateurs de shopping. On trouve en ville des restaurants huppés, dont un certain nombre avec vue sur le lac Washington, ainsi que le **Kirkland Performance Center** *(✆ (425) 828-0422 - www.kpcenter.org)*, où se produisent des artistes de grande renommée. On n'oubliera pas de faire le tour du lac avec **Argosy Cruise** *(✆ (888) 623-1445 - www.argosycruises.com)*.
La balade permet de découvrir les superbes façades des demeures en bord de lac, notamment celle, colossale, que Bill Gates fit construire entre 1988 et 1996.

Woodinville

▶ *À 8 miles au nord de Kirkland par l'I-405.*

ℹ *www.woodinvillewinecountry.com*

On ne trouve pas de vignes à Woodinville, mais c'est ici que le vin de Washington est produit et vendu, dans des salons de dégustation ou dans les entrepôts. Le vénérable **Chateau Ste Michelle**, ouvert en 1976, a fait office de catalyseur pour les exploitations viticoles. Dans la partie « Entrepôts » de la ville, **Efeste Winery** *(19730 144th Ave. N.E.)* est une bonne introduction aux vins de qualité de la région, comme leur syrah appelé « Jolie Bouche ».

★★ Snoqualmie Falls

À Snoqualmie, 29 miles à l'est de Seattle par l'I-90 (sortie 25).

À une demi-heure de route à l'est de Seattle, les eaux de la Snoqualmie River se précipitent d'un rebord rocheux pour aller s'écraser, quelque 82 m plus bas dans un bassin de basalte. Ces célèbres chutes constituent l'une des principales attractions de la région, tout particulièrement après la saison des pluies.

À proximité, le **Salish Lodge & Spa** est une destination de luxe, avec sa vue sur les chutes et son restaurant renommé, qui propose des spécialités du Nord-Ouest. Les chutes de Snoqualmie et le Salish Lodge & Spa constituent l'un des paysages récurrents de la série *Twin Peaks*, tournée en 1989.

Au large

CARTE DE LA RÉGION DE SEATTLE P. 361

★ Bainbridge Island

À l'ouest de Seattle, de l'autre côté du détroit du Puget Sound. Accès en bateau avec les Washington State Ferries à partir de Pier 52, sur Alaskan Way (☏ (206) 464-6400 - www.wsdot.com/ferries - dép. ttes les 20mn - 35mn de traversée - aller simple 9,25 $).

Une spectaculaire traversée en ferry permet d'accéder à cette île très appréciée pour ses paisibles routes de campagne, ses parcs et ses jardins. La principale ville, **Winslow**, se trouve à 5mn à peine du débarcadère des ferries. Très animé, son pittoresque centre-ville possède de nombreuses boutiques et bijouteries ainsi que d'excellents restaurants *(voir « Nos adresses dans le Puget Sound »)*.

À la fin du 19e s. et au début du 20e s., des fermiers japonais faisaient pousser des fraises dans les vastes champs qui parsèment l'île, dont on découvrira l'histoire au **Bainbridge Island Historical Museum** *(215 Ericksen Ave. N.E. - ☏ (206) 842-2773 - www.bainbridgehistorymuseum.org - merc.-dim. 10h-16h - gratuit)*.

★★ **Bloedel Reserve** – *7571 N.E. Dolphin Dr. - ☏ (206) 842-7631 - bloedelreserve.org - juin-août : mar.-merc. 10h-16h, jeu.-dim. 10h-18h ; le reste de l'année : mar.-dim. 10h-16h - 22 $.* Cette réserve de 60 ha englobe des prairies, forêts et vallons représentatifs des superbes paysages du Nord-Ouest. La flore locale foisonne dans un cadre naturel subtilement paysager. Des sentiers longent des marais peuplés d'oiseaux aquatiques, indigènes et migrateurs, une forêt de sol humide, un bosquet de buissons à fleurs, un jardin japonais d'inspiration zen et un jardin de mousses. Le Visitor Center occupe le manoir de **Collinswood**, demeure classique de 1932, dans le style château français.

Carnet pratique

S'informer

Visit Seattle – *Pike Place Market - ✆ (206) 228-7291 - www.visitseattle.org.*

Pass touristique

City Pass – *www.fr.citypass.com/seattle - 127 $.* Inclut la montée dans la Space Needle, le Seattle Aquarium, et trois des cinq visites suivantes : une croisière dans le port avec Argosy Cruises, le MoPOP, le zoo, le Chihuly Garden ou le Pacific Science Center. Il est amorti au bout de trois attractions. À acheter en ligne ou dans l'un des sites partenaires.

Arriver/partir

En avion

Seattle - Tacoma International Airport (SEA) – *✆ (206) 787-5388 - www.portseattle.org.* Liaisons directes avec les principales villes des États-Unis. Vol direct avec Air France depuis Paris.

La ligne de tramway **Link Light Rail** *(www.soundtransit.org)* assure une liaison entre l'aéroport et le centre-ville *(ttes les 10mn - durée 40mn - 3 $).* En taxi, tarif fixe vers le centre-ville de 40 $ *(30mn de trajet).*

En train

Amtrak – *✆ (800) 872-7245 - www.amtrak.com - King Street Station (*PLAN I C3*, 303 S. Jackson St. ✆ 206 382 4124),* Seattle est desservie par trois lignes : **Coast Starlight**, Seattle-Los Angeles *via* Portland ; **Cascades**, Vancouver-Eugene (Oregon) *via* Seattle et Portland ; **Empire Builder**, Chicago-Seattle *via* Minneapolis, Fargo et Minot.

SoundTransit – *✆ (888) 889-6368 - www.soundtransit.org.* Assure les dessertes locales, en train ou en bus, dans le Puget Sound, entre Seattle, Everett et Tacoma.

Se déplacer

Bus

King County Metro – *✆ (206) 553-3000 - metro.kingcounty.gov.* Service de bus à travers la ville et ses alentours.

Seattle Center Monorail – *✆ (206) 905-2620 - www.seattlemonorail.com.* Le moyen le plus rapide *(2mn, 3,50 $)* de relier Downtown (Westlake) à Seattle Center.

Taxi

Yellow Cab *(✆ (206) 622-6500 - seattleyellowcab.com)*

Voiture

Une voiture n'est pas utile pour circuler en ville, mais elle est nécessaire pour les excursions dans la région. L'I-5 traverse la ville du nord au sud, entre Capitol Hill et Downtown.

Dans la rue, le stationnement est limité à 2h, avec paiement à des bornes automatiques *(4 $/h, gratuit après 20h et le dim.)*, et les parkings surveillés sont nombreux mais chers *(30/40 $ la nuit)*. Le site *www.downtownseattle.com* permet de localiser le parking le plus proche de votre destination.

Pour se repérer, les avenues sont en général orientées nord-sud et les rues est-ouest.

Nos adresses

PLAN P. 344-345 ET P. 346

Restauration

Downtown

Premier Prix

❾ **Emmett Watson's Oyster Bar** – PLAN II E1 - *1916 Pike Pl. - ✆ (206) 448-7721 - 🅿 payant - fermé mar.-merc. et le soir - plats 13/17 $.* Un endroit simple mais agréable pour conclure la visite de Pike Place Market, notamment pour sa petite terrasse, qui permet, lorsque le temps est clément, de déguster au calme palourdes, huîtres et autres saveurs marines. Intéressantes bières locales à la pression.

⓯ **Oriental Mart** – PLAN II E1-2 - *1506 Pike Pl. - ✆ (206) 622-8488 - fermé le soir - plats autour de 15 $.* Un immanquable pour un déjeuner sur le pouce. Tenu par la même famille depuis trois générations, ce petit comptoir régale une clientèle d'habitués de savoureux plats philippins. À déguster au micro-comptoir.

⓬ **Pike Place Chowder** – PLAN II E1 -*1530 Post Alley, Pike Place Market - ✆ (206) 267-2537 - www.pikeplacechowder.com - service continu - soupe 9,45/11,95 $; formule « dégustation » de 4 soupes 19,95 $.* Cette adresse est réputée pour ses soupes de poisson, les *chowders*. Aux palourdes, au saumon ou encore aux ingrédients frais choisis par le chef. On passe commande, on est servi au comptoir et on tente de trouver une table dans la petite salle ou en terrasse. Seconde adresse au centre commercial Pacific Place Center *(600 Pine St., 4e étage - fermé le soir).*

⓮ **Dahlia Bakery** – PLAN II E1 - *2001 4th Ave. - ✆ (206) 441-4540 - www.dahliabakery.com - fermé le soir - moins de 15 $.* Le menu de cette célèbre boulangerie se compose de sandwichs élaborés, chauds ou froids, et de nombreux délicieux desserts tels que des tartes ou d'originaux « mochi donuts », création de la maison qui revisite avec succès la recette du célèbre beignet.

Budget moyen

❿ **Ivar's Acres of Clams** – PLAN II E3 - *1001 Alaskan Way - Pier 54 - ✆ (206) 624-6852 - www.ivars.com - service continu - plats 25/58 $.* Installé dans un ancien entrepôt sur le port historique, le restaurant créé en 1938 fait figure d'institution. Réputation méritée : on y déguste de succulentes spécialités de poisson et de fruits de mer (palourdes marinières, pâtes au crabe, ou le *fish & chips* signature de la maison). Très agréable terrasse au bord de l'eau.

Pour se faire plaisir

⓰ **Matt's In The Market** – PLAN II E1-2 - *94 Pike St. (3e étage) - ✆ (206) 467-7909 - www.mattsinthemarket.com - fermé dim. soir et lun. - plats 46/60 $.* L'entrée est plutôt discrète : il faut prendre un ascenseur au fond d'un couloir pour se retrouver au dernier étage de l'immeuble dans une jolie salle carrelée avec de larges fenêtres ouvrant sur les toits. Au menu, assiettes d'huîtres, plateaux de charcuterie à partager et en plat le délicieux *seafood stew* de la maison dans un bouillon tomaté. Belle carte des vins et atmosphère très conviviale.

⓭ **Elliott's Oyster House** – PLAN II E2 - *1201 Alaskan Way - Pier 56 - ✆ (206) 623-4340 - www.elliottsoysterhouse.com - service continu - plats 32/72 $.* Les fruits de mer frais du Nord-Ouest sont la spécialité de cet élégant restaurant installé sur les quais.

En entrée ne passez pas à côté du *crabe cake*. Plateaux de fruits avec huîtres, crevettes, noix de saint-jacques...

Une folie

11 **Metropolitan Grill** – PLAN II F2 - *820 2nd Av. - ✆ (206) 624-3287 - www.themetropolitangrill.com - P payant - fermé le midi - plats 40/195 $.* Meilleur gril de la ville, le très prisé Metropolitan accommode merveilleusement le bœuf originaire de l'État, notamment celui produit dans le Double R Ranch, vieilli puis grillé à haute température au bois de mesquite pour en exprimer toutes les saveurs. Les grands classiques figurent également à la carte, parmi lesquels la salade César. Avec son laiton étincelant, le décor rappelle les chophouses (grills) de la côte est.

Ballard

Budget moyen

8 **The Walrus and the Carpenter** – PLAN I B1 - *4743 Ballard Ave. N.W. - ✆ (206) 395-9227 - thewalrusbar.com - fermé le midi - plats 19/30 $.* Depuis son ouverture en 2010, l'endroit connaît un succès qui ne se dément pas, conforté par les louanges de la presse gastronomique nationale. La première vocation du lieu était d'être un bar à huîtres : on en propose ici un large choix, pioché dans les élevages de la région. Également carpaccio de coquilles saint-jacques ou des calamars pochés accompagnés d'aïoli et d'une sauce au yuzu. Le tout dans une ambiance chaleureuse autour de tables hautes.

Pour se faire plaisir

5 **Ray's Boathouse** – PLAN I A1 - *6049 Seaview Ave. N.W. - ✆ (206) 789-3770 - www.rays.com - fermé le midi - plats 36/76 $.* Situé juste derrière les écluses des Locks, Ray's bénéficie d'une vue magnifique du détroit du Puget Sound aux montagnes de l'Olympic National Park. Mais ses plats de fruits de mer ne sont pas en reste et on y apprécie le charbonnier fumé ou les noix de saint-jacques saisies. Le Ray's Café, à l'étage, offre une alternative moins coûteuse pour le déjeuner et le dîner.

Belltown

Budget moyen

4 **Black Bottle** – PLAN I B3 - *2600 1st Ave. - ✆ (206) 441-1500 - www.blackbottleseattle.com - fermé dim.-lun. et le midi - plats 20/30 $.* Ce « gastrobar » au cœur de l'animation du quartier draine une clientèle plutôt branchée autour de grandes tables en bois conviviales. Beau choix de salades gourmandes, petits plats malins, crevettes aux sept épices, saint-jacques enroulées de bacon et même escargots à la bourguignonne. Cocktails originaux et bon choix de vins du Nord-Ouest.

Capitol Hill

Pour se faire plaisir

2 **Cascina Spinasse** – PLAN I C3 - *1531 14th Ave. - ✆ (206) 251-7673 - spinasse.com - fermé le midi - plats 33/40 $.* La région du Piémont, dans le nord de l'Italie, est la source d'inspiration du Spinasse, où les pâtes faites maison (en version entrée ou plat) précèdent les *secondi* allant de la truite au bœuf braisé. L'ambiance est la fois romantique et rustique.

Une folie

6 **Ltd Edition Sushi** – PLAN I C3 - *1641 Nagle Pl. - www.ltdeditionsushi.com - fermé w.-end et le midi - menu 135 $ (ou 160 $ au bar pour assister à la préparation des sushis) ; accord mets-saké 48 $.* Un maître ès sushis japonais est à la tête de la brigade qui prépare à la minute des

7

bouchées inoubliables de fraîcheur et de parfums. Une grande table classée en 2023 par le *New York Times* comme l'une des meilleures des États-Unis. Réservation indispensable *(par internet seult, pas de tél.)*.

Washington Park

Budget moyen

3 Cafe Flora – PLAN I D2 - *2901 E. Madison St. - ✆ (206) 325-9100 - cafeflora.com - service continu - fermé le soir le w.-end - plats 18/26 $* Dans une atmosphère animée et chaleureuse, cette adresse coquette propose une cuisine végétarienne et végétalienne de qualité. Au menu, salades, burger végétal, risotto, champignons Wellington ou *tacos dorados* avec purée de pomme de terre au fromage et bouillon de haricots noirs.

Queen Anne

Une folie

1 Canlis – PLAN I C2 - *2576 Aurora Ave. N. - ✆ (206) 283-3313 - canlis.com - fermé dim.-lun. et le midi - menu 180 $. Tenue habillée exigée.* Cette belle table de haute gastronomie fait l'unanimité depuis des années. Depuis 2021, la jeune cheffe Aisha Ibrahim (elle a travaillé au Pays basque avec Eneko Atxa, triplement étoilé Michelin) a pris les rênes de la brigade pour proposer une cuisine tout en finesse et en élégance. En prime, une vue exceptionnelle sur la chaîne des Cascades et Lake Union.

Wallingford

Budget moyen

7 The Whale Wins – PLAN I C2 - *3506 Stone Way N. - ✆ (206) 632-9425 - thewhalewins.com - service continu - plats 18/45 $.* Ce restaurant, situé à quelques minutes à pied de Gas Works Park et Lake Union, propose une cuisine goûteuse à partir de produits tout simple : légumes frais, pâtes, viandes et fruits de mer, la carte change régulièrement et propose aussi une intéressante sélection de vins. Le cadre n'est pas en reste : vous pourrez vous installer en terrasse ou dans la belle salle lumineuse.

Petite pause

Starbucks Reserve Roastery and Tasting Room – *1124 Pike St. - ✆ (206) 624-0173 - www.starbucksreserve.com - 7h-21h.* Suivant la mouvance hipster du moment, la célèbre chaîne, originaire de Seattle, a ouvert dans Capitol Hill cette adresse qui, telle une usine miniature, permet de suivre les différentes étapes de la création du café, de l'arrivée des grains à la dégustation, en passant par la torréfaction. Les nombreux silos et tuyaux en cuivre, côté machinerie, et les espaces salons dépareillés créent une ambiance chaleureuse et animée. S'il ne fallait aller que dans un Starbucks, ce serait celui-ci !

Boire un verre

Downtown

The Tasting Room – *1924 Post Alley - ✆ (206) 770-9463 - www.winesofwashington.com - 14h-20h, vend.-sam. 12h-22h, dim. 12h-20h.*, Derrière sa façade discrète, ce bar à vins est une jolie découverte. À l'intérieur, le bois domine, les murs sont tapissés de bouteilles et l'ambiance est décontractée pour goûter les plus belles productions de l'État de Washington. Vins au verre ou assortiments de 4 crus que l'on peut accompagner d'une planche de charcuterie et de fromage. N'hésitez pas à demander conseil : le personnel derrière le bar connaît son sujet sur le bout des papilles. Musique *live* le vendredi.

Rachel's Ginger Beer – *1530 Post Alley - www.rachelsgingerbeer.com - 10h-19h (22h vend. et sam.).* Le rendez-vous tout simple des hipsters qui ont fait du *moscow mule* leur boisson nationale. La *ginger beer* est fabriquée artisanalement à partir de produits issus des fermes des environs. Ici, elle sert de base pour les cocktails maison.

Belltown

Bathtub Gin – *2205 2nd Ave. - l'entrée se trouve plus bas : redescendez l'avenue et prenez la première allée à droite - ✆ (206) 728-6069 - bathtubginseattle.com - 17h-2h - cocktails 15 $.* Un petit « speakeasy » (bar clandestin) à l'intérieur raffiné qui mêle harmonieusement brique et boiseries. Éclairage tamisé et atmosphère intime pour déguster une des nombreuses compositions du barman, parfaitement exécutées. Ambiance décontractée.

Rob Roy – *2332 2nd Ave. - ✆ (206) 956-8423 - www.robroyseattle.com - 16h-2h - cocktail à partir de 17 $.* Régulièrement cité parmi les meilleurs bars de la ville, Rob Roy s'est forgé une jolie réputation grâce à la qualité de ses cocktails. Que vous choisissiez les classiques de la maison ou que vous confiez au barman le soin de réaliser une mixture à partir de vos ingrédients préférés, vous ne serez pas déçu. Ambiance sombre, atmosphère tranquille.

Shopping

Le quartier des boutiques débute aux portes de **Westlake Park,** devant le Westlake Center, avec, entre autres, l'emblématique **Nordstrom** à l'est. De nombreuses enseignes nationales se trouvent sur Pike et Pine Streets ainsi que sur 5th et 6th Avenues.

Pacific Place – *600 Pine St. - 6th Ave. - ✆ (206) 405-2655 - pacificplaceseattle.com - P payant - horaire variable selon boutique.* C'est le haut lieu du shopping, de la restauration et des loisirs haut de gamme. On y trouve quelque 20 boutiques, onze cinémas et près d'une douzaine de restaurants qui vous feront voyager en Asie, au Mexique, en Italie, etc.

University Village – *2623 N.E. University Village St. - ✆ (206) 523-0622 - uvillage.com.* Ce centre commercial en plein air, au nord-est du centre-ville, rassemble des enseignes nationales telles que Crate & Barrel, Gap ou Banana Republic, ainsi que des enseignes du Nord-Ouest, comme le très prisé Fran's Chocolates. Avec sa cour intérieure décorée de sculptures et de fontaines, une aire de jeux pour les enfants et des boutiques charmantes, « U Village » possède une atmosphère détendue.

Kühl – *230 Pike St. - ✆ (425) 523-6087 - www.kuhl.com - 10h-17h (18h vend.-sam.).* Pour randonner avec style. Cette enseigne indépendante née en Utah propose toute une gamme de vêtements pour les activités de plein air à partir de matériaux éthiquement sourcés. Les *must have* : les chemises en flanelle et les pulls jacquard.

Royal Robbins – *1601 2nd Ave. - ✆ (206) 466-0825 - www.royalrobbins.com - 10h-18h.* Cette marque a été créée par le célèbre alpiniste américain qui lui a donné son nom. Lignes homme et femme de vêtements et d'accessoires emblématiques du style Nord-Ouest, décontracté et élégant.

En soirée

Clubs

Dimitriou's Jazz Alley – *2033 6th Ave. - ✆ (206) 441-9729 - jazzalley.com - à partir de 18h.* Jazz Alley est le premier club de jazz de la ville et attire des pointures du monde entier. Son balcon surplombe la scène et aucune place dans la salle n'est mauvaise. L'excellente acoustique est assurée par un système sonore à la pointe. Carte de restauration de plats du Nord-Ouest qui permet de se sustenter avant ou pendant le concert.

Showbox at the Market – *1426 1st Av. - ✆ (206) 628-3151 - www.showboxpresents.com.* Fondé en 1939 dans le style Art déco, le Showbox a introduit de nombreux styles musicaux dans la ville au cours des décennies, de l'ère du jazz à celle de la musique grunge.

Triple Door – *216 Union St. - ✆ (206) 838-4333 - thetripledoor.net - à partir de 16h - fermé lun.* À la fois café-théâtre, salon et salle de concerts, le Triple Door a entièrement transformé ce qui était auparavant un théâtre de boulevard. Avec ses boxes confortables en demi-lune, son système sonore à la pointe et son décor sophistiqué, c'est l'une des meilleures salles de concerts de Seattle dans laquelle on vient écouter folk ou world music. Son restaurant, le Wild Ginger, fait partie des meilleurs restaurants asiatiques de la ville.

The Crocodile – *2505 1st Av. - ✆ (206) 420-6351 - www.thecrocodile.com - P payant.* Ce club mythique de la scène grunge continue, malgré l'extinction de ce courant musical, d'enchanter les mélomanes grâce à une programmation assez pointue qui brasse désormais tous les styles (prédominance du rock tout de même). Il n'y a pas forcément des concerts tous les soirs, jetez un œil sur le site Internet avant de vous y rendre.

Tractor Tavern – *5213 Ballard Ave. N.W. - ✆ (206) 789-3599 - www.tractortavern.com.* Au cœur de l'animation de Ballard, le Tractor présente une programmation très axée pop/folk. Sur sa petite scène se succèdent des groupes originaires de tout le pays venus déclamer leur amour des grands espaces. On n'a qu'une envie en sortant : prendre la voiture et se perdre sur les routes qui traversent les magnifiques paysages du Nord-Ouest américain !

Danse

Century Ballroom – *915 E. Pine St. - ✆ (206) 324-7263 - centuryballroom.com.* Peu d'endroits peuvent se targuer de posséder autant d'élégance et de charme suranné que le Century Ballroom. Chaque soir, des centaines de personnes s'y rendent pour les cours et les spectacles de danse, qui vont de la salsa au swing, en passant par le tango ou la valse. La piste de danse (185 m^2) est l'une des plus vastes de la ville. Bar et restaurant sur place.

Spectacles

Benaroya Hall – *200 University St. - ✆ (206) 215-4700 - www.seattlesymphony.org - P payant.* Occupant tout un pâté de maisons du centre-ville, le Benaroya Hall est le foyer de l'orchestre symphonique de Seattle et de diverses troupes d'arts du spectacle de la région. Ouvert en 1988, le lieu a joué un rôle significatif dans la revitalisation du Downtown.

Marion Oliver McCaw Hall – *321 Mercer St. - ✆ (206) 733-9725 - www.mccawhall.com - P payant.* Fruit de rénovations d'envergure sur le Seattle Opera House, la première salle de spectacle de la ville accueille jusqu'à 2900 spectateurs. Les troupes du Pacific Northwest Ballet *(pnb.org)*, du Seattle Opera *(www.seattleopera.org)*, ainsi que du Seattle Men's Chorus *(www.seattlechoruses.org)* s'y produisent.

5thAvenue Theatre – *1308 5th Ave. - ✆ (206) 625-1900 - www.5thavenue.org - P payant.* Avec ses motifs chinois, ses feuilles d'or et le dragon peint sur son plafond, ce véritable bijou a été conçu en 1926 pour abriter un théâtre de boulevard. Le lieu accueille les pièces jouées à Broadway et une troupe de théâtre à but non lucratif dont les productions ont fait le voyage jusqu'à New York.

ACT Theatre – *700 Union St. - ✆ (206) 292-7676 - acttheatre.org - P payant.* Avec ses deux salles distinctes pouvant accueillir chacune 390 spectateurs, l'ACT Theatre a quelque chose d'intime. Sa troupe, renommée pour ses productions très pointues, a maintes fois été célébrée au niveau national.

Seattle Repertory Theatre – *155 Mercer St. - ✆ (206) 443-2222 - www.seattlerep.org - P payant.* Cette vénérable troupe de théâtre a présenté les œuvres d'auteurs comme August Wilson, Neil Simon, John Patrick Shanley ou encore Wendy Wasserstein. Basé au Seattle Center, le Rep propose des classiques, des spectacles de Broadway et des œuvres modernes.

Hébergement

Le prix de l'hôtellerie à Seattle en haute saison est très élevé et il est souvent difficile de trouver un hébergement abordable dans le centre-ville.

Downtown

Budget moyen

9 **Hotel Ändra** – PLAN II E1 - *2000 4th Ave. - à l'angle de Virginia St - ✆ (206) 446-8600 - hotelandra.com - P payant - ♿ - 123 ch. 167/308 $* - ✕. Ce ravissant hôtel-boutique, dans un bâtiment de 1926, arbore un design scandinave chic et épuré, teinté de quelques touches propres à la côte pacifique nord-ouest : eau, bois et pierre. Les chambres et suites, lumineuses, sont de vrais cocons douillets et bénéficient d'un équipement très bien pensé. Excellents petits-déjeuners.

6 **Hotel Vintage** – PLAN II F2 - *1100 5th Ave. - ✆ (206) 624-8000 - www.hotelvintage-seattle.com - P payant - ♿ - 126 ch. 151/309 $* - ✕. Ce bel établissement de la chaîne Kimpton propose au cœur de Downtown de vastes chambres dans les tons taupe et vert qui rendent hommage aux différents vignobles de l'État de Washington. Décoration contemporaine à la sobriété étudiée : tableaux composés de bouchons en liège, photos de vignobles. L'hôtel abrite un restaurant italien, Tulio.

7 **Hotel Max** – PLAN II EF1 - *620 Stewart St. - ✆ (206) 728-6299 - www.hotelmaxseattle.com - ▤ P payant - ♿ - 163 ch. 118/237 $* - ✕. En plein centre-ville, dans un bâtiment historique, l'Hotel Max propose un décor moderne et élégant qui fait la part belle aux artistes et photographes locaux, dont les œuvres décorent les murs. On regrette en revanche le caractère franchement exigu des chambres. Situé à deux pâtés de maisons de l'arrêt du tramway (Westlake) qui mène à l'aéroport.

Pour se faire plaisir

8 **Inn at the Market** – PLAN II E1 - *86 Pine St. - ✆ (206) 443-3600 - www.innatthemarket.com - ▤ P payant - ♿ - 76 ch. 220/500 $* - ✕. Un hôtel-boutique situé au cœur du Pike Place Market. Dans les chambres, de grandes baies vitrées

7

offrent des vues magnifiques sur le marché, l'animation du front de mer et le Puget Sound. Décoration chic et classique égayée de quelques touches vintage, tendance années 1970. Terrasse extérieure au 5e étage et quatre restaurants sur place, dont le Bacco qui sert des petits-déjeuners et le Café Campagne, pour le déjeuner et le dîner, tous deux très appréciés. Service parfait. Un coup de cœur, malgré des prix élevés.

(5) **Mayflower Park Hotel** – PLAN II E1 - *405 Olive Way - (206) 623-8700 - www.mayflowerpark.com - P payant - 160 ch. à partir de 350 $ -* . Cet hôtel historique demeure un repaire à l'élégance classique. Chambres vastes et confortables, mobilier en bois, papiers peints et photos d'époque. Une valeur sûre de Seattle. Bar Oliver agréable et restaurant Andaluca qui, comme son nom l'indique, surfe sur une tendance hispanisante.

(10) **Alexis Hotel** – PLAN II F2 - *1007 1st Av. - (206) 624-4844 - www.sonesta.com - P payant - - 121 ch. 194/459 $ -* . Ce luxueux hôtel-boutique installé dans un bâtiment historique combine art du Nord-Ouest et service irréprochable. Salle de fitness et Spa.

(15) **Thompson Seattle** – PLAN II E1 - *110 Stewart St. - (206) 623-4600 - www.hyatt.com - P payant - - 150 ch. 276/590 $ - 25 $ -* . Ce bel hôtel-boutique arbore une façade vitrée semblable à un empilement de containers transparents, ainsi que des chambres claires et contemporaines. Même si vous n'y séjournez pas, montez au moins au bar The Nest, au dernier étage, pour profiter de la vue sur la baie, magnifique au coucher du soleil. À la carte, cocktails et petites assiettes pour grignoter.

(12) **Fairmont Olympic** – PLAN II F2 - *411 University St. - (206) 621-1700 - www.fairmont.com - P payant - - 450 ch. 260/400 $ et suites -* . Le premier hôtel de luxe de Seattle se trouve au cœur du centre-ville. Son bâtiment historique à l'architecture italianisante abrite des chambres aux tons neutres et garnies de draperies épaisses. Piscine et club de remise en forme. Le George sert une cuisine française.

(11) **Kimpton Palladian Hotel** – PLAN II E1 - *2000 2nd Ave. - (206) 448-1111 - www.palladianhotel.com - P payant - - 97 ch. à partir de 300 $ - 17 $ -* . Situé près du marché, l'hôtel baigne dans une ambiance tamisée, élégante et baroque. Il est notamment décoré de larges portraits des icônes de Seattle (comme Bill Gates ou Jimmy Hendrix). Certaines chambres disposent d'une belle baignoire sur pied. Son bar, le Pennyroyal, sert cocktails, plateaux de fromages locaux et desserts. Le restaurant Shaker + Spear propose un bon petit-déjeuner. Côté services : location de vélos et salle de fitness.

(13) **Loews Hotel 1000** – PLAN II F2 - *1000 1st Av. - (206) 957-1000 - www.loewshotels.com - P payant - - 120 ch. 262/597 $ - 20 $ -* . Situé près du front de mer et de Pike Place Market, l'Hotel 1000 est un havre de paix. On profitera du Spa pour se détendre. Vous pourrez également profiter d'un golf virtuel !

Seattle Center

Budget moyen

(4) **MarQueen Hotel** – PLAN I B2 - *600 Queen Anne Ave. N. - (206) 282-7407 - www.marqueen.com - P payant - 59 ch. 125/275 $ et suites.* Dans

un bâtiment en brique qui abritait autrefois un parking, le MarQueen propose de larges suites avec parquets en bois d'origine, moulures couronnées, petits salons et cuisines bien équipées. Le décor, dans les tons feutrés, son mobilier simple et ses antiquités, tend vers un style Vieux Monde. Spa et café sur place.

Pour se faire plaisir

3 **The Maxwell Hotel** – PLAN I B2 - *300 Roy St. - ✆ (206) 286-0629 - www.staypineapple.com - P payant - ♿ - 139 ch. à partir de 300 $ -* ✕. Cet hôtel confortable situé à quelques encablures du centre-ville offre un décor moderne et élégant.

Belltown

Budget moyen

2 **Edgewater Hotel** – PLAN I B3 - *2411 Alaskan Way - Pier 67 - ✆ (206) 728-7000 - www.edgewaterhotel.com - P payant - ♿ - 223 ch. 143/275 $ -* ✕. Seul hôtel de Seattle situé sur le front de mer, bâti sur une jetée, l'Edgewater a vu les Beatles pêcher des fenêtres de la chambre 272 durant leur séjour en 1964. Le décor rappelle la rusticité d'un chalet de montagne et toutes les chambres sont équipées d'une cheminée au gaz. Le restaurant Six Seven permet de découvrir la cuisine du Nord-Ouest. Préférez la terrasse pour profiter de la vue sur le détroit du Puget Sound.

1 **Ace Hotel** – PLAN I C3 - *2423 1st Av. - ✆ (206) 448-4721 - www.acehotel.com - 28 ch. 119/259 $* ☕. Le Ace Hotel est situé au cœur de Belltown, près du centre-ville, et à une distance de marche raisonnable du Seattle Center. Occupant un bâtiment historique, cet établissement stylé au décor minimaliste, où le blanc prédomine, possède un café et un bar. Les chambres avec salle de bains commune sont moitié moins chères que les autres : une bonne affaire ! Dans le quartier, de nombreux clubs proposent des concerts et accueillent des DJs.

À proximité

Pour se faire plaisir

Cedarbrook Lodge – *18525 36th Ave. S. - à proximité de l'aéroport de Sea-Tac - ✆ (206) 901-9268 - www.cedarbrooklodge.com - ▤ P payant - ♿ - 167 ch. 179/359 $ - ☕ 20 $ -* ✕. Au milieu de 7 ha de verdure, ce chalet respire la sérénité. On apprécie particulièrement ses grandes fenêtres qui vont du sol au plafond, les œuvres d'art originales qui décorent le lieu et les salons communs où sont offerts de petits en-cas. Le CopperLeaf jouit d'une excellente réputation pour sa cuisine exclusivement composée de produits locaux.

Une folie

Woodmark Hotel – *1200 Carillon Pt - Kirkland - ✆ (425) 822-3700 - www.thewoodmark.com - P payant - ♿ - 100 ch. 299/509 $ -* ✕. Posé sur les rives du Lake Washington, le Woodmark propose des chambres avec vue, décorées dans un style classique (tons terre et beige tirant vers le gris). Le service de cet établissement de luxe est de très haute qualité, et jusque tard dans la nuit, on se fera servir petits plats chauds et sandwichs.

Région du Puget Sound ★

Dans le nord-ouest de l'État de Washington, la baie du Puget Sound s'avance loin à l'intérieur des terres, entourant d'innombrables îles, pénétrant dans les golfes, chenaux et détroits formés par des glaciers depuis longtemps disparus. Les bras de mer qui s'étirent vers le sud desservent Seattle-Tacoma, mégapole en perpétuelle croissance. Tacoma, autrefois rivale de Seattle, donne une image plus paisible que sa grande sœur, grâce au charme de ses musées, restaurants et théâtres. Dominée par le dôme de son capitole, la petite ville d'Olympia, capitale de l'État, vit à l'écart de l'agitation de ses voisines. Tout près du Canada, le centre commerçant de Bellingham conserve aussi une atmosphère décontractée et accueillante. Au milieu du Sound, les innombrables et ravissants îles et îlots de l'archipel de San Juan attirent depuis des décennies artistes, artisans et touristes, qui, en été, les parcourent en kayak, à vélo ou à pied.

Se repérer

Washington – *Pacific Time*.

CARTE AB1-2 (P. 340-341) - CARTE RÉGION DE SEATTLE (P. 361) - CARTE SAN JUAN ISLANDS (P. 381).

Plus vaste mer intérieure des États-Unis, avec près de 26 000 km², le Puget Sound (détroit de Puget) s'étend sur un axe nord-sud, du détroit de Juan de Fuca à Olympia. Il y a 149 miles entre Olympia et Bellingham.

À ne pas manquer

Le quartier des musées de Tacoma ; les San Juan Islands.

Organiser son temps

Prévoyez une journée pour la visite de Tacoma. La meilleure période pour visiter le Puget Sound court de mai à mi-octobre, mais les îles San Juan, qui sont plus ensoleillées et plus arides que le reste de la région, sont très fréquentées en juillet-août et les files d'attente pour le ferry s'allongent. De mi-juillet à septembre, la région est chaude et sèche (moyenne de 24 °C). Le reste de l'année est pluvieux et les tempêtes de neige ne sont pas rares au nord d'Everett.

En famille

Le Point Defiance Park.

Carnet pratique p. 382

Nos adresses p. 382

Découvrir

CARTES P. 344-345 ET P. 361

Au sud de Seattle

Tacoma B2

À 32 miles au sud de Seattle par l'I-5 (sortie 133).

1516 Commerce St. - (253) 284-3254 - www.traveltacoma.com.

Ville portuaire et ferroviaire au 19e s., Tacoma a rénové son image de ville industrielle vieillissante. Elle s'est métamorphosée en cité moderne agréable pour ses

Un terrain de football sur les berges du détroit de Puget, Tacoma.
MarkHatfield/Getty Images Plus

221776 habitants, avec de beaux musées, des galeries d'art et un campus, antenne de l'université de Washington. Le charme de cette ville accueillante doit aussi beaucoup à ses parcs agréables, sa vie théâtrale animée et ses quartiers anciens. Les demeures des grands barons de la sylviculture se dressent toujours sur les hauteurs qui surplombent Commencement Bay, mais l'identité de la ville ne s'y limite plus et englobe aujourd'hui le quartier de Museum District, grand rival du centre-ville de Seattle et de ses attractions.

★★ **Washington State History Museum** – *1911 Pacific Ave. - ✆ (253) 272-3500 - www.washingtonhistory.org - mar.-dim. 10h-17h - 14 $, 3e jeu. du mois gratuit de 15h à 20h.* Neuf salles thématiques, des dioramas grandeur nature et des images commentées dépeignent de manière vivante le développement de l'État. On revit les rencontres entre les Indiens et les premiers Européens, et l'industrialisation des 19e et 20e s., en terminant par les débats sur l'environnement et les technologies de pointe. Les galeries de l'étage sont ouvertes à d'intéressantes expositions temporaires.

★★ **Tacoma Art Museum** – *1701 Pacific Ave. - ✆ (253) 272-4258 - facebook.com/TacomaArtMuseum - merc.-dim. 10h-17h - 18 $.* S'élevant en spirale jusqu'à un étage dédié aux présentations interactives sur la création artistique, ce bâtiment (Antoine Predock, 2003) est un étonnant ajout au quartier des musées de Tacoma. Le musée se concentre sur les artistes du Nord-Ouest, tels Jacob Lawrence ou Morris Graves, mettant ainsi l'accent sur l'art de la région. La pièce maîtresse du musée est une galerie dédiée aux travaux de l'artiste du verre natif de Tacoma, **Dale Chihuly**★, dont l'exposition est permanente.

★★ **Museum of Glass** – *1801 E. Dock St. - ✆ (253) 284-4750 - www.museumofglass.org - merc.-dim. 10h-17h - 20 $.* Ce musée spectaculaire conçu par Arthur Erickson montre un impressionnant cône en acier de 27 m de haut, inspiré d'un four de scierie.

À l'intérieur fonctionne un atelier interactif de verrerie d'art. S'élevant au-dessus du canal industriel Thea Foss Waterway, il est relié à une esplanade aménagée sur le toit du musée. L'édifice abrite les œuvres de nombreux sculpteurs et peintres du Nord-Ouest, entre autres artistes, ainsi que des expositions itinérantes en provenance des États-Unis et du reste du monde. Une séduisante collection de pièces en verre dues à **Dale Chihuly**, artiste réputé né à Tacoma, et l'un des créateurs du musée, est présentée sur une passerelle piétonne de 150 m, **Bridge of Glass★**, qui relie ce bâtiment au musée d'Histoire de l'État et au Tacoma Art Museum.

★★ **LeMay–America's Car Museum** – *2702 E. D St. - ✆ (253) 779-8490 - www.americascarmuseum.org - jeu.-lun. 10h-17h (lun. 20h en été) - 22 $.* Ce musée de quatre étages, construit à l'ombre du Tacoma Dome, est l'un des plus grands musées de l'automobile du monde. Avec son architecture étonnante, sa zone interactive et son café au centre d'une collection riche de 500 véhicules, dont ce joyau qu'est la Duesenberg de 1930, le LeMay est bien plus qu'un simple musée de l'automobile.

★ **Point Defiance Park** – *Pearl St., au niveau de N. 54th St. (à 3 miles au nord de la Rte 16, sortie 132) - ✆ (253) 305-1000 - www.metroparkstacoma.org.* Ce parc luxuriant de 280 ha s'étend sur des falaises surmontant le Puget Sound. Au milieu de jardins et de sentiers forestiers, le **Fort Nisqually Living History Museum★★** *(Five Mile Dr. - ✆ (253) 591-5339 - www.metroparkstacoma.org - été : 11h-17h ; hiver : merc.-dim. 11h-16h - 9 $)*, reconstitution d'un fort de 1855 de la Compagnie de la baie d'Hudson, fait revivre son histoire.

Le **Point Defiance Zoo and Aquarium** *(5400 N. Pearl St. - ✆ (253) 591-5337 - www.pdza.org - avr. et sept. : 9h-15h30, été : 9h30-17h ; reste de l'année se rens.- 25 $)*, dont l'exposition abrite panthères nébuleuses et loups rouges, est de petite dimension, mais de grande qualité.

Olympia A2

À 60 miles au sud de Seattle par l'I-5, sortie 105.

103 Sid Snyder Ave. S.W. - ✆ (360) 704-5656 - www.experienceolympia.com.

La modeste capitale de l'État de Washington (55 669 habitants) gravite autour de l'imposant capitole et de son administration. Dès les années 1840, elle accueillit le premier bureau de douane du Nord-Ouest et on y construisit, en 1856, le premier capitole du Territoire. Bien que l'élan économique des débuts soit retombé, faute de commerce lié au chemin de fer, la ville devint capitale définitive de l'État en 1889.

★ **Washington State Capitol** – *Capitol Way (entre 11th Ave. et 16th Ave.) - ✆ (360) 902-8880 - www.des.wa.gov - visite guidée gratuite (1h) - lun.-vend. 10h-15h, w.-end 11h30-14h30 (dép. ttes les heures).* Symbole de pouvoir, le dôme blanc du capitole culmine à 87 m. Construit entre 1893 et 1928, cet édifice néoclassique arbore six énormes portes de bronze, sculptées de scènes en relief illustrant l'histoire et l'industrie de l'État. À l'intérieur, un lustre central de 5 t, en cristal Tiffany, illumine la vaste rotonde au sol de marbre. Le public a accès à la salle d'apparat, **State Reception Room**, ainsi qu'aux chambres législatives, Assemblée et Sénat.

★ Nisqually National Wildlife Refuge B2

À 10 miles à l'est d'Olympia par l'I-5 (sortie 114).

101 Brown Farm Rd - ✆ (360) 753-9467 - www.fws.gov/Nisqually - de l'aube à la tombée de la nuit - Visitor Center : 9h-16h.

En 2009, dans un vaste effort de restauration des marais saumâtres du Nord-Ouest, 5 miles de digue furent démolis, laissant l'eau salée revenir sur les prés de

300 ha du delta du fleuve Nisqually. Le projet a permis de rétablir un habitat riche en nourriture pour le saumon du Puget Sound et nombre d'oiseaux, dont beaucoup d'espèces migratoires. Des sentiers de randonnée, des passerelles et des abris permettent d'observer la faune sauvage.

Wolf Haven International A2

À Tenino, 12 miles au sud d'Olympia par l'Old Hwy 99.
3111 Offut Lake Rd S.E. - (360) 264-4695 - www.wolfhaven.org - 9h-16h - fermé avr. et mai.
Ce sanctuaire et centre de réhabilitation de la faune abrite plus d'une trentaine de loups élevés en captivité. Parmi eux, des loups d'Amérique, des loups du Mexique, des loups rouges et des croisements entre chiens et loups. Des guides bénévoles proposent des visites guidées qui permettent d'en apprendre plus sur ces espèces. Durant l'été, l'une des attractions les plus étonnantes est le mensuel **Howl-in**, une soirée d'animations au cours de laquelle les visiteurs sont notamment invités à hurler avec les loups.

Au nord de Seattle

★★ Boeing Future of Flight B2

À Everett, 24 miles au nord de Seattle par l'I-5 (sortie 189).
8415 Paine Field Blvd, Mukilteo - (800) 464-1476 - www.boeingfutureofflight.com - visite guidée seult (80mn) - 8h30-17h (dép. ttes les h) - fermé mar.-merc.- 38 $ - taille minimum pour les enfants 122 cm - réserv. conseillée.
Le géant de l'aéronautique assemble ses Boeing 777 dans une usine située au sud de la ville d'Everett. Depuis la création en 1916 par William Boeing de la Pacific Aero Products Company, l'industrie aéronautique est un bastion de l'économie locale. Près de 30 000 employés travaillent dans cette usine, le plus grand complexe industriel au monde avec ses 13 millions de m^3. Quatre appareils peuvent y être assemblés en même temps. Juste à côté, **Paine Field** sert de terrain d'essai en vol des avions, avant leur livraison aux clients du monde entier.

7

★ Flying Heritage & Combat Armor Museum B2

À Everett, 23 miles au nord de Seattle par l'I-5. Seattle Paine Filed, 3407 109th St. S.W. - (877) 342-3404 - flyingheritage.org - jeu.-sam. 10h-17h - 25 $.
Cette époustouflante collection de machines de la Seconde Guerre mondiale a été créée à l'initiative de Paul Allen, le cofondateur de Microsoft. Les collections disposées dans trois hangars permettent de découvrir, en parfait état de conservation, quelques avions mythiques tel le *B-25*, sorti des usines Boeing en 1942, ou les *Hurricane* et *Spitfire* britanniques. D'ingénieux dispositifs interactifs permettent de restituer le contexte et insistent sur les avancées technologiques que l'industrie de guerre a permises.

Whidbey Island B1

À Coupeville (sur la Rte 20), 57 miles au nord de Seattle par l'I-5 (sortie 182) et la Rte 525.
www.whidbeycamanoislands.com.
Destination préférée des habitants de Seattle le week-end, Whidbey Island décrit un arc étroit de 60 miles près de la côte. L'atmosphère bucolique de ses collines et de ses champs verdoyants émaillés de petites villes n'est démentie que par la base aéronavale et le trafic commercial d'Oak Harbor.

Coupeville★, station de bord de mer des années 1850, aligne boutiques de souvenirs et restaurants de fruits de mer, mais compte aussi quelques maisons victoriennes construites pour les capitaines de marine marchande. La ville est entourée par la réserve d'**Ebey's Landing National Historical Reserve★** (70 km²), qui préserve le territoire et l'esprit d'une communauté rurale, avec un musée et deux parcs d'État. Ses bureaux sont au **Island County Historical Museum** *(908 N.W. Alexander St. - ✆ (360) 678-3310 - www.islandhistory.org - tlj sf lun. 10h-16h, dim. 11h-16h).* Dans la partie nord de l'île, **Deception Pass State Park★** occupe les deux rives de Rosario Strait *(Rte 20, à 23 miles au nord de Coupeville - ✆ (360) 675-3767 - www.parks.wa.gov - ouv. 6h30 (8h en hiver) à la tombée de la nuit - 10 $/voiture).* Des voitures à cheval et un passage pour piétons permettent, en traversant les 300 m du **Deception Pass Bridge★**, d'admirer les falaises qui l'entourent et la mer qui vient battre le pied des rochers. Les longues plages de sable fin, les sentiers de randonnée qui traversent des forêts primaires et les baignades dans le lac sont autant de possibilités de loisirs pour les visiteurs.

Skagit Valley B1

À La Conner (sur la Rte 534), 66 miles au nord de Seattle par l'I-5 (sortie 221).

✆ (360) 466-4778 - www.lovelaconner.com et www.visitskagitvalley.com.

Souvent voilée de brume, cette vallée luxuriante suit la rivière Skagit qui coule vers l'ouest depuis les Cascades. Elle est particulièrement colorée au printemps, lorsque fleurissent sur des milliers d'hectares les **tulipes**, **jonquilles** et **iris★★** des exploitations horticoles qui entourent Mount Vernon, son centre commerçant. La vallée est l'une des plus vastes régions de culture du monde pour les plantes à bulbe. Les touristes peuvent profiter de visites spécialisées et, en avril, du **Skagit Valley Tulip Festival**.

À l'automne, les *birdwatchers* remontent la vallée pour observer les pygargues à tête blanche qui nichent et pêchent près de Rockport *(www.skagiteagle.org).* Ce magnifique oiseau est l'emblème des États-Unis.

Classé site historique, le village pittoresque de **La Conner★** borde le Swinomish Channel, qui part de Skagit Bay. Fondée dans les années 1860, cette communauté d'artistes aligne sur le front de mer galeries d'art et boutiques d'artisanat.

Elle compte aussi trois musées. Son atmosphère pleine de charme en fait une destination de week-end appréciée des citadins. Le **Museum of Northwest Art★★** *(121 S. 1st St. - ✆ (360) 466-4446 - www.monamuseum.org - 10h-17h, dim.-lun. 12h-17h - gratuit)* est réputé pour sa riche collection de grands noms du Nord-Ouest, comme Guy Anderson, Morris Graves et l'artiste verrier Dale Chihuly.

★ Bellingham B1

À 91 miles au nord de Seattle par l'I-5 (sortie 256).

904 Potter St. - ✆ (360) 671-3990 - www.bellingham.org.

Sur les contreforts du mont Baker, cette ville agréable et prospère (93 896 habitants) se love autour de la baie du même nom. Au milieu du 19e s., ses premiers habitants travaillaient dans les mines de charbon et les scieries. Aujourd'hui, c'est à la fois le terminal sud de l'Alaska State Ferry et une ville universitaire centrée sur la **Western Washington University** *(au sud du centre-ville par Bill McDonald Pkwy - ✆ (360) 650-3000 - www.wwu.edu),* connue pour son campus orné de sculptures. Le **Fairhaven Historic District★** *(entre 13th St. et 20th St.)* date des années 1870, mais s'est épanoui vingt ans plus tard lorsqu'il a été question d'y établir le terminus ouest du Great Northern Railroad. Finalement, c'est Tacoma qui a été retenue, mais ce

Friday Harbor, San Juan Island.
L. Decoudin/Michelin

quartier de la ville a conservé un agréable mélange de cafés, galeries, librairies, boutiques aux façades de brique rouge, et quelques charmantes maisons victoriennes rénovées.

Préservant le patrimoine culturel et artistique de la région, le **Whatcom Museum of History and Art★** *(121 Prospect St. - ✆ (360) 778-8930 - www.whatcommuseum.org - merc.-dim. 12h-17h - 10 $)* rassemble des œuvres dues aux Indiens de la côte, des objets artisanaux des pionniers et des spécimens d'histoire naturelle. Il est installé dans l'hôtel de ville à tourelles surmonté d'un clocher, construit en brique rouge dans le style victorien de 1892. À côté se trouve un musée pour les enfants.

Situé à la frontière sud de la ville, le spacieux **Spark Museum of Electrical Invention★** *(1312 Bay St. - ✆ (360) 738-3886 - www.sparkmuseum.org - merc.-dim. 11h-17h - 10 $)* permet de découvrir quatre siècles d'inventions électriques en un lieu interactif. On trouvera parmi d'autres attractions une reconstitution de la salle des radiocommunications du *Titanic* et un téléphone de 1915 qui servit à passer le premier coup de fil intercontinental.

À l'ouest de Larabee State Park, au sud de la ville, la route de **Chuckanut Drive★** qui serpente sur les caps du Puget Sound, permet de profiter du paysage qu'offrent les îles de San Juan.

★★ San Juan Islands A1

▶ Entre 90 et 105 miles au nord de Seattle. Suivez l'I-5 vers le nord sur 65 miles jusqu'à la sortie 230 de Burlington, puis la Rte 20 vers l'ouest pendant 15 miles jusqu'au terminal des Washington State Ferries (www.wsdot.wa.gov/ferries) à Anacortes. De là, empruntez le ferry jusqu'à Friday Harbor, sur San Juan Island (environ 10 dép./j - durée 1h - 15,85 $/pers. AR, environ 45,85 $/véhicule + conducteur).

En haute saison, surtout le w.-end, arrivez tôt (vers 7h) pour être sûr d'avoir de la place (ou réservez bien à l'avance sur le site Internet).

San Juan Islands Visitors Bureau – *(360) 378-9551 - www.visitsanjuans.com.* Semblable à une armada flottant dans la brume, entre la côte de l'État et l'île de Vancouver, cet archipel de 450 îles et îlots (pour 16 000 hab.), classé monument national protégé en 2013 sur ordonnance de B. Obama, était aux époques glaciaires une chaîne de montagnes couvertes de glaciers. Les Indiens Lummis y chassaient autrefois ; les colons y ont établi des fermes et planté des vergers. Aujourd'hui, c'est la beauté tranquille du paysage qui attire les vacanciers, venus se reposer et observer les oiseaux ou les baleines. En effet, Seattle est la seule grande métropole dans le monde à posséder une population d'**orques** résidente (ou baleines tueuses, qui se nourrissent de poissons). Trois bancs de 80 animaux (dont chacun possède son propre dialecte), nommés J, K et L, sillonnent les eaux du Puget Sound à la recherche de saumons. Chacune de ses familles matriarcales est dirigée par une femelle plus âgée. Ces géants des mers sont faciles à remarquer en prenant les ferries de Washington State : il suffit de chercher leur aileron dorsal qui brise les vagues.

★★ **San Juan Island** – La plus à l'ouest des trois îles dotées d'hébergements touristiques est aussi la plus peuplée. Principal village de l'île, **Friday Harbor** se révèle coquet avec ses jolies façades en bois colorées et son marché fermier *(sam. 10h-13h)*. Le rythme de vie y est plus lent que sur le continent et, pour une fois, la voiture n'est plus reine. Les cyclistes y prennent un plaisir infini, sillonnant les nombreux sentiers côtiers ou s'enfonçant dans les forêts humides. Ce n'est pas un hasard si nombre d'artistes viennent ici puiser leur inspiration. Vous pouvez visiter le petit **Whale Museum** *(62 1st St. N. - (360) 378-4710 - www.whalemuseum.org - 10h-16h - 10 $)*, qui propose des expositions sur la vie des baleines (leur système de repérage, l'accouplement, la naissance des baleineaux), que l'on peut souvent observer du côté ouest, à **Lime Kiln Point**. Les deux parties du **San Juan Island National Historical Park**★ *((360) 378-2240 - www.nps.gov/sajh)* assurent la conservation du littoral, et rappellent

La guerre du cochon

Que se passerait-il si une guerre était déclarée et qu'aucun combattant ne venait ? C'est exactement ce qui est arrivé sur l'**île de San Juan** en 1859. Cette année-là, la longue dispute entre Britanniques et Américains concernant la possession des îles culmina lorsqu'un colon britannique abattit le cochon d'un Américain. Les deux pays envoyèrent de grandes garnisons sur l'île et menacèrent de déclarer la guerre. Des camps militaires furent établis aux deux extrémités de l'île. Mais aucun coup de feu ne fut jamais tiré, et, à Londres comme à Washington, des esprits moins échauffés décidèrent de s'en remettre à un arbitrage international. Pendant ce temps-là, dans chaque camp, les soldats faisaient leurs manœuvres durant le jour et, à la tombée de la nuit, se retrouvaient pour discuter, danser, boire et parier. La « guerre » ne prit fin qu'en 1872, quand Guillaume 1er d'Allemagne, qui avait été choisi comme arbitre, décida d'octroyer les îles aux États-Unis. Le **San Juan Islands National Historical Park**★ regroupe les deux camps militaires, des lieux intrinsèquement dédiés à la paix dans le monde.

l'occupation conjointe de l'île par des soldats britanniques et américains entre 1859 et 1872, après la guerre du Cochon *(voir encadré page ci-contre)*. En dehors de ses paysages sauvages, l'île recèle d'autres surprises comme la **Westcott Bay Cider**, une cidreraie et distillerie produisant des gins et eaux-de-vie d'excellente qualité *(au nord de l'île, à proximité de Roche Harbor - dégustation sam. 13h-16h et sur rdv, ✆ (360) 472-1532 - www.sanjuanislanddistillery.com)*, le vignoble de **San Juan Island Vineyards** *(3136 Roche Harbor Rd - www.sanjuanvineyards.com - dégustation 11h-17h en été, vend.-sam. 13h-17h en hiver)* et **Pelindaba**, une ferme exploitant de la lavande ouverte au public *(45 Hawthorne Ln - www.pelindabalavender.com)*. Enfin, ne manquez pas l'incontournable excursion en **kayak de mer** : vous aurez peut-être la chance d'apercevoir des orques *(voir « Nos adresses »)*.

★★ **Orcas Island** – *www.orcasisland.org*. En forme de fer à cheval, la plus grande île des San Juan enserre la charmante baie d'East Sound. Depuis ses montagnes basses couvertes de forêts, on a de beaux panoramas sur l'archipel, les chaînes des Cascades et Olympique, la côte canadienne et l'île de Vancouver. Plus de 2 000 ha sont protégés par le **Moran State Park**★ *(Horseshoe Hwy - ✆ (360) 376-2326 - www.parks.wa.gov)*, qui entoure cinq lacs et 30 miles de sentiers de randonnée.

★ **Lopez Island** – *www.lopezisland.com*. Moins développée que ses voisines, Lopez est un refuge pour les artisans et les amateurs de solitude. Ses plages paisibles et ses criques rocheuses offrent une infinité de paysages marins. Le petit **Lopez Village** est le centre commerçant de l'île.

Carnet pratique

S'informer

Washington Tourism Alliance – ✆ (800) 544-1800 - www.stateofwatourism.com

Se déplacer

En avion

Seattle-Tacoma International Airport (SEA) – *✆ (206) 787-5388 - www.portseattle.org). Voir p. 400.*

En bus

Greyhound – *✆ (800) 231-2222 - www.greyhound.com.* Dessert la plupart des localités du Puget Sound.

Quick Shuttle – *✆ (800) 665-2122 - www.quickcoach.com.* Relie Seattle à Bellingham et Vancouver (BC).

Flixbus – *✆ (855) 626-8585 - www.flixbus.com.* Liaisons directes entre Seattle, Bellingham, Tacoma et Olympia.

En ferry

Washington State Ferries – *✆ (206) 464-6400 - www.wsdot.com/ferries.* Opère des ferries pour voitures et passagers au départ d'Anacortes, à 80 miles au nord de Seattle, pour les îles San Juan *(voir p. 379).*

La compagnie propose aussi des liaisons pour Whidbey Island, de Mukilteo (26 miles au nord de Seattle) à Clinton, et de Port Townsend à Coupeville.

En train

Amtrak – *✆ (800) 872-7245 - www.amtrak.com.* The Coast Starlight relie Seattle à Tacoma, Olympia, Portland et la Californie. The Empire Builder va de Seattle à Everett avant d'obliquer à l'est vers Spokane.

SoundTransit – *✆ (888) 889-6368 - www.soundtransit.org.* Assure les dessertes locales, en train ou en bus, dans le Puget Sound, entre Seattle, Everett et Tacoma.

Nos adresses

Restauration

Bainbridge Island

Budget moyen

Restaurant Marché – *150 Madrone Lane - ✆ (206) 842-1633 - www.restaurantmarchebainbridge.com - fermé dim.-lun. et le midi - plats 28/45 $.* Agréable salle aux couleurs directement inspirées par le Dungeness Spit tout proche. Les produits, comme la truite meunière ou le saumon pêché au filet dans les récifs, sont locaux. Le chef, Greg Atkinson, a du génie pour les légumes, ce dont on se convaincra en goûtant son flan aux carottes.

San Juan Islands

Budget moyen

Duck Soup Inn – *50 Duck Soup Lane - Friday Harbor - ✆ (360) 378-4878 - www.ducksoupsanjuans.com - fermé lun. en juil.-août ; reste de l'année : voir le site Internet - plats 28/63 $.* Avec son décor en bois de cèdre et sa mare aux canards, ce restaurant de campagne fait le bonheur des locaux comme des visiteurs. On y sert une savoureuse cuisine, rustique au premier abord mais que le chef sait rendre pimpante grâce à l'emploi des fruits et légumes de l'île qui se mélangent joyeusement dans l'assiette. Jolie maîtrise des sauces et belle carte des vins.

Tacoma

Budget moyen

Primo Grill – *2701 6th Ave. - ✆ (253) 383-7000 - primogrilltacoma.com - fermé midi - plats 23/49 $.* Les lecteurs du Tacoma News Tribune ont élu le Primo Grill meilleur restaurant de la ville et son chef, Charlie McManus, meilleur chef de la ville. À l'aide d'un gril brûlant du bois de pommier, McManus rôtit crevettes et côtes de porc, confectionne des pizzas étonnantes et divers plats de pâtes.

Activités

San Juan Islands

Outdoor Odysseys – *86 Cedar St. - 98250 Friday Harbor - ✆ (360) 378-3533 - www.outdoorodysseys.com - 8h-20h.* Le kayak de mer est l'une des principales activités sportives sur San Juan Island. Sorties avec guides de durée variable *(1/2 j. 125/139 $; 2-4 jours 499/999 $)*, certaines avec dégustations de vins et de bières. Équipe jeune, passionnée et dynamique.

Hébergement

Lakewood

Pour se faire plaisir

Thornewood Castle Inn and Gardens – *8601 N. Thorne Lane S.W. - ✆ (253) 584-4393 - www.thornewoodcastle.com - 3 ch. et 7 suites 325/500 $ ☕.* Unique en son genre sur la côte ouest, ce manoir gothique de 54 pièces, dans le style Tudor, occupe un domaine boisé de 1,6 ha au bord du lac American (à 10 miles au sud de Tacoma). Les propriétaires ont rénové les chambres, ornées de vitraux et de meubles anciens, pour créer un B & B.

Port Ludlow

Budget moyen

Inn at Port Ludlow – *1 Heron Rd - ✆ (360) 437-7000 - ortludlowresort.com - 37 ch. 160/296 $ - ✕.* Donnant sur les eaux calmes d'une baie de la côte est de la péninsule Olympique, cette auberge accueille ses visiteurs dans des chambres confortables avec poutres apparentes, cheminées au gaz, baignoires et balcons privés d'où l'on admire les montagnes. Golf et marina font partie du complexe. Le restaurant Fireside propose des viandes bio produites localement, ainsi que des fruits de mer de la région.

San Juan Islands

Premier prix

Hotel de Haro – *248 Reuben Memorial Dr. - Friday Harbor - Roche Harbor - ✆ (360) 378-2155 - www.rocheharbor.com - 19 ch. 142/159 $ - 2 nuits mini - ✕.* Un hôtel historique (1886), aux chambres douillettes et bien aménagées, dotées d'un balcon avec vue sur la marina. Dans les parties communes, matériaux d'époque, parquet qui craque et photos anciennes témoignent des heures de gloire de l'établissement. Un hébergement de caractère.

Budget moyen

Rosario Resort and Spa – *1400 Rosario Rd - Eastsound, Orcas Island - ✆ (360) 376-2222 - rosarioresort.com - 🏊 ♿ - 86 ch. 179/320 $ - 2 nuits mini - ✕.* Avec trois hectares en bord de baie, ce manoir historique aux parquets en teck possède un orgue, toujours utilisé. C'est une excellente base pour découvrir l'archipel de San Juan, observer les baleines, faire de la voile, du yoga, du tennis ou du kayak. Propriété du groupe Rockresorts, le lodge possède deux piscines en plein air et un élégant centre de remise en forme.

Tucker House Inn – *275 C St. - Friday Harbor - ✆ (360) 378-2783 - www.tuckerhouse.com - 12 ch. 159,50/364 $ - ✕.* À 5 minutes à pied du ferry, cette jolie maison verte est un B and B chaleureux dans un style rustique chic. Le petit-déjeuner est copieux.

Lakedale Resort at Three Lakes – *4313 Roche Harbor Rd - Friday Harbor - ✆ (360) 378-2350 - www.lakedale.com - 23 ch. et 6 cabines 189/329 $* ☕. Ici, vous pouvez choisir entre les chambres à l'intérieur du chalet principal, les cabanes en rondins au mobilier charmant, ou encore les grandes cabanes en toile. Entourée de trois petits lacs, au milieu d'une forêt de sapins, la station possède aussi un terrain de camping. Copieux petit-déjeuner.

Tacoma

Budget moyen

Hotel Murano – *1320 Broadway St. - ✆ (253) 238-8000 - www.hotelmuranotacoma.com - ▤ P payant - ♿ - 319 ch. à partir de 200 $ - ✕*. Dans l'esprit artistique de Tacoma, le Murano est un hôtel design qui expose une collection d'art contemporain dans son hall d'entrée. Les couleurs turquoise et orange émaillent les chambres aux tons terre et le restaurant Bite sert une cuisine typique du Nord-Ouest. Spa et centre de fitness aussi.

Whidbey Island

Budget moyen

The Captain Whidbey Inn – *2072 W. Captain Whidbey Inn Rd - Coupeville - ✆ (360) 678-4097 - captainwhidbey.com - 12 ch. 186/276 $ - ✕*. Toute la romance de la mer se blottit dans les lits de plume de ce vieux chalet en rondins de 1907. Dans la salle à manger rustique de cette retraite de l'île Whidbey, avec vue sur Penn Cove, on déguste les moules de la baie cuites au gingembre. Le capitaine aubergiste, John Colby Stone, barre un ketch traditionnel de 16 m dont ses hôtes manœuvrent les voiles.

Saratoga Inn – *201 Cascade Lane - Langley - ✆ (360) 221-5801 - saratogainnwhidbeyisland.com - ▤ - 16 ch. 179/334 $* ☕. Cette charmante auberge aux murs de bardeaux possède un porche d'où l'on peut profiter de la vue sur le Saratoga Passage et les montagnes des Cascades confortablement assis dans un fauteuil à bascule. Les chambres sont lumineuses et spacieuses, toutes ont des vues magnifiques et possèdent une cheminée au gaz.

Pour se faire plaisir

Inn at Langley – *400 1st St. - Langley - ✆ (360) 221-3033 - innatlangley.com - ♿ - 24 ch. et 2 cottages 375/625 $* ☕ *- ✕*. Les immenses fenêtres qui vont du sol au plafond donnent sur les eaux calmes de Saratoga Passage. Le décor est un subtil mélange de simplicité asiatique et de nature du Nord-Ouest. Le restaurant, avec sa cheminée faite de galets, propose un menu de saison et sert des produits régionaux comme les moules de Penn Cove.

Woodinville

Pour se faire plaisir

The Willows Lodge – *14580 N.E. 145th St. - ✆ (425) 424-3900 - www.willowslodge.com - 🏊 ♿ - 84 ch. 299/419 $ - ✕ plats 24/58 $*. Entouré de pelouses et de jardins, le Willows se trouve au cœur des terres viticoles de Woodinville. Les poutres en pin douglas et la gigantesque cheminée dans les parties communes sont rehaussées par l'art amérindien qui décore les lieux. Les chambres, somptueuses, possèdent cheminée et vue sur les jardins. Le bistrot Barking Frog sert des vins locaux et une cuisine typique du Nord-Ouest.

Péninsule Olympique ★★

Dans le nord-ouest de l'État de Washington, la péninsule Olympique s'étire, semblable à un pouce, séparant le puzzle des îles du Puget Sound des chenaux du Pacifique. Au nord, au cœur de la péninsule, les Olympic Mountains couvertes de glaciers retiennent l'air humide venu de l'océan, créant à l'est une zone abritée des pluies. D'où une différence majeure de précipitations entre la Sequim-Dungeness Valley à l'est (environ 400 mm par an), et les vallées de la côte pacifique à l'ouest (plus de 3,80 m). Ces dernières abritent ce qui reste de l'ancienne forêt tempérée humide des États-Unis, hors Alaska. Bordée par la forêt, parsemée de troncs lissés par l'océan, la bande littorale des plages du Pacifique reste merveilleusement sauvage.

Se repérer

Washington - *Pacific Time.*

CARTE A1-2 (P. 340-341).

La péninsule fait face aux villes de Tacoma et de Seattle, de l'autre côté du Puget Sound. La principale autoroute de la péninsule, l'US-101, fait le tour des terres.

À ne pas manquer

Les forêts primaires humides de Hoh et Quinault et leurs arbres géants.

Organiser son temps

Comptez deux jours sur place, avec une nuit à Port Angeles ou Port Townsend, pour visiter l'essentiel.

Le temps sur la péninsule est bien plus fiable en été et en automne (juillet et août étant les mois les plus secs) que le reste de l'année. La région se réchauffe lentement au printemps et les pluies sont fréquentes d'octobre à juin. On peut s'attendre à de la pluie tout au long de l'année dans les forêts de la façade pacifique. Attention au trafic routier, surchargé en été, tout particulièrement le week-end.

Carnet pratique p. 390

Nos adresses p. 391

7

Découvrir

CARTE P. 340-341

★★ Port Townsend A1

Rte 20, à 58 miles au nord-ouest de Seattle.

2409 Jefferson St. - (360) 385-7869 - www.enjoypt.com.

Port Townsend, qui est l'un des ports de la fin du 19e s. les mieux conservés des États-Unis, est riche en belles demeures et bâtiments commerciaux à hauts plafonds et décor sophistiqué. À l'entrée du Puget Sound, cette petite ville de 10 388 habitants tire parti de son patrimoine et de son atmosphère maritimes, mais conserve une allure élégante et authentique plutôt que commerciale.

De beaux édifices de deux et trois étages sont groupés le long de **Water Street** ; beaucoup abritent des librairies, des restaurants et des boutiques. Sur la falaise qui surplombe la ville se dresse un groupe de charmantes maisons victoriennes, dont certaines ont été aménagées en *bed and breakfast.*

Port Townsend reste un centre pour les métiers de la mer : construction de bateaux, fabrication de voiles et de cordages y sont pratiquées et enseignées au **Northwest Maritime Center.** Chaque année, début septembre, le centre organise dans le port un grand rendez-vous de yachting, le **Wooden Boat Festival** *(www.woodenboat.org)*, incluant des régates, des expositions, des concerts et d'autres festivités.

Entièrement classée National Historic Landmark District, la ville a un passé haut en couleur, illustré en détail par le **Jefferson County Historical Museum★** *(540 Water St. - ✆ (360) 385-1003 - www.jchsmuseum.org - jeu.-dim. 11h-16h - 9 $).*

Les visiteurs revivent cette histoire au **Fort Worden State Park★** *(200 Battery Way, sur une colline au nord-est de la ville - ✆ (360) 344-4412 - www.parks.wa.gov).* Le champ de manœuvres de ce fort désaffecté est bordé d'élégantes maisons victoriennes où logeaient autrefois les officiers. Les plages offrent des vues magnifiques vers le nord sur l'archipel des San Juan.

Sur le bord de mer, le **Marine Science Center** *(✆ (360) 385-5582 - www.ptmsc.org - w.-end 11h-16h - 7 $)* présente une petite exposition sur les mammifères marins et un aquarium consacré à l'écosystème du détroit du Puget Sound.

À 13 miles au sud de Port Townsend par la Route 19, la **Finnriver Farm & Cidery** *(124 Center Rd, Chimacum - ✆ (360) 732-4337 - www.finnriver.com - dégustation de cidre, sam.-dim. 13h et 15h - 20 $)* brasse différents cidres et propose à la vente les produits bio de la ferme.

Sequim A1

▶ *À 30,5 miles à l'ouest de Port Townsend par la Rte 20 et l'US-101.*

ℹ *1192 E. Washington St. - ✆ (360) 683-6197 - www.visitsunnysequim.com.*

Entouré de champs de lavandin, **Sequim** organise en juillet un festival de la lavande. Plusieurs exploitations accueillent le public, dont la **Purple Haze Lavender Farm** *(180 Bell Bottom Rd, Sequim - ✆ (360) 809-9615 - www.purplehazelavender.com - merc.-dim. 10h-17h)* qui cultive 12 hectares de lavande bio pour produire savons, huile essentielle, limonade et glaces parfumées.

★ **Dungeness National Wildlife Refuge** – *600 Voice of America Rd - ✆ (360) 457-8451 - www.fws.gov/refuge/dungeness - 8h-16h30 - 3 $.* Ce refuge faunique protège un paisible banc de sable de 5,5 miles, **Dungeness Spit**, qui avance dans la

Un peu d'histoire

Des navigateurs espagnols revendiquèrent les premiers le rivage du Nord-Ouest. Mais au 18e s., la présence de la Compagnie de la baie d'Hudson affirma la domination de la Grande-Bretagne sur la région. Pour la plupart, les colons blancs ne s'installèrent que dans les années 1850 le long du détroit de Juan de Fuca. L'économie reposait alors sur l'agriculture, l'exploitation forestière, la pêche et le commerce maritime. La présence amérindienne reste importante ; une bonne partie de la côte est classée en réserves amérindiennes strictement protégées. Au cours des dernières décennies, on déplore un déclin de la population des saumons et une surexploitation des forêts : l'économie locale se tourne de plus en plus vers le tourisme. Les citadins affluent pour découvrir les merveilles de l'Olympic National Park et le charme victorien de Port Townsend.

Lake Crescent dans Olympic National Park.
YinYang/Getty Images Plus

mer à l'embouchure de la rivière Dungeness, refuge d'une multitude d'oiseaux, de faune et de flore marines.

Olympic Game Farm – *1423 Ward Rd - ☏ (800) 778-4295 - www.olygamefarm.com - été : 9h-17h (18h le sam.); le reste de l'année : 9h-15h - 20 $.* Parc à découvrir en voiture, où des animaux qui ont tourné dans les films passent leur retraite.

Port Angeles A1

À 18,6 miles au nord-ouest de Sequim et 80 miles de Seattle, sur l'US-101.

121 E. Railroad Ave. - ☏ (360) 452-2364 - www.portangeles.org.

À mi-parcours du détroit de Juan de Fuca, qui borde la péninsule Olympique au nord, Port Angeles est la plus grande ville de la péninsule et la porte d'accès au parc national. Au départ de son front de mer commerçant et animé, un ferry rejoint Victoria, au Canada, de l'autre côté du détroit.

Museum at the Carnegie – *205 S. Lincoln St. - ☏ (360) 452-8471 - www.elwha.org - sur RV seult.* Une bibliothèque Carnegie de 1919 abrite ce musée régional dont la principale exposition, **Strong People : Faces of Clallam County** vous fera découvrir la vie des colons – bûcherons, pêcheurs ou fermiers – qui ont aidé à bâtir cette communauté. Il est également possible d'écouter trois langues de tribus locales dans l'exposition **Our Ancestral Heritage** (« Notre héritage ancestral ») et de découvrir quelles forces naturelles sont à l'origine de la topographie de l'Olympic National Park.

★★★ Olympic National Park A2

Accès par l'US-101 au sud et à l'ouest de Port Angeles.

3002 Mt Angeles Rd, Port Angeles - ☏ (360) 565-3130 - www.nps.gov/olym - Visitor Center 9h-16h ; fin oct.-avr. : 10h-16h - entrée du parc : 30 $ par véhicule.

Classé Réserve internationale de la biosphère et site du patrimoine mondial, ce parc s'étend sur 3 730 km². Il est remarquable pour l'exceptionnelle beauté de ses paysages et la diversité de ses trois écosystèmes vierges : chaîne glaciaire, forêt tempérée humide, habitat côtier primitif. On y trouve plus de 300 sortes d'oiseaux et 70 espèces de mammifères, dont environ 5 000 cerfs Roosevelt, le plus important troupeau de ces cervidés dans le monde. L'US-101 suit le périmètre du parc national à l'est, au nord et à l'ouest.

★★ **Lake Crescent** – *À 18 miles à l'ouest de Port Angeles.* C'est l'une des curiosités les plus faciles d'accès et l'un des trois grands lacs du parc. Au creux de collines boisées aux pentes abruptes, ce profond lac glaciaire est apprécié des amateurs de plein air, qui logent souvent dans l'hostellerie construite en 1915, **Lake Crescent Lodge** *(voir « Hébergement »).* Un sentier de randonnée *(1 mile)* conduit à travers la forêt à une spectaculaire cascade de 27 m, **Marymere Falls★**. À proximité, les sources chaudes et riches en minéraux des **Sol Duc Hot Springs** invitent à la baignade *(www.olympicnationalparks.com).*

★★ **Hurricane Ridge** – *À 17 miles au sud du Visitor Center, sur Heart O'the Hills/ Hurricane Ridge Rd - ✆ (360) 565-3130. D'oct. à fin avr., les chutes de neige peuvent bloquer le passage.* La route sinueuse monte au sommet de 1594 m, traversant une forêt épaisse, puis des prairies alpines à l'herbe grasse. Elle offre des vues splendides sur les cimes crénelées couvertes de neige et, au loin, sur l'océan. Au sommet s'ouvre un panorama sur les pics, les arêtes et les vallées profondes. Un réseau de sentiers traverse les prairies d'altitude, couvertes au début de l'été d'une végétation basse de laîches, graminées et fleurs sauvages.

★★★ **Hoh Rain Forest** – *À 91 miles au sud-ouest de Port Angeles ; l'entrée est à 12 miles à l'est de l'US-101. Visitor Center : ✆ (360) 565-3000.* Côté ouest du parc, on pénètre dans un monde primitif de végétation luxuriante et humide. Couverts de mousse et de lichen vert pâle, les pins géants Douglas et du Canada surgissent d'un épais tapis de troncs en décomposition. Des rais de lumière traversent en diagonale cette forêt des premiers âges, baignant dans une lueur mystique, riche de vie secrète, décor étrange évoquant la Terre avant la venue de l'homme. Trois courts sentiers éducatifs serpentent autour de ces arbres monumentaux, dont beaucoup, vieux de 500 ans, ont une hauteur de 20 étages et un diamètre de 3 à 4 m.

★★ **Quinault Rain Forest** – *À 120 miles au sud-ouest de Port Angeles - www.quinaultrainforest.com.* La forêt tempérée humide propose ici des attractions similaires à celles de Hoh Rain Forest, mais la foule y est moins importante.

À l'ouest, **Ruby Beach** et plusieurs **plages★★** voisines de Kalaloch montrent, dans la mer, des formations rocheuses en piliers. Le littoral alterne étroites bandes rocheuses et larges étendues de sable. Ici, la mer appartient aux 8 500 km² de l'**Olympic Coast National Marine Sanctuary**, qui protège la faune : loutres de mer, phoques, baleines grises et pieuvres géantes.

Salt Creek Recreation Area A1

▶ *À 17 miles à l'ouest de Port Angeles sur Camp Hayden Rd.*

ℹ *✆ (360) 928-3441 - wa-clallamcounty.civicplus.com.*

Sur près de 80 ha, ce parc, avec ses plages de sable et ses plateaux, possède des mares résiduelles qui feront la joie des pêcheurs de crustacés. À **Tongue Point Marine Sanctuary**, les crevasses dans les rochers abritent des myriades de créatures marines et de moules.

Port Gamble, un lieu historique

Ce hameau historique situé sur un coude de la State Route 104, à l'ouest du Hood Canal Bridge, possède un charme tout victorien. Grand site historique national, une ville qui tournait autrefois autour de sa scierie, **Port Gamble★** ressemble à un décor de film avec ses maisons style Nouvelle-Angleterre proprettes et leur palissade de bois blanc ou son église en bois surmontée d'un haut clocher. Le **Port Gamble General Store & Café** possède un musée des coquillages, une confiserie à l'ancienne et un café.

★ Neah Bay A1

À 70 miles au nord-ouest de Port Angeles par la Rte 112.

Les fouilles archéologiques montrent que les Indiens makahs ont habité l'extrémité nord-ouest de la péninsule pendant au moins 4 000 ans. Neah Bay est la seule ville de leur réserve moderne.

★★ **Makah Cultural & Research Center** – *1880 Bayview Ave. - (360) 645-2711 - www.makahmuseum.com - 10h-17h - 10 $.* Ce centre présente l'histoire et la culture des Indiens Makahs. En 1999, un débat a eu lieu quand la tribu a recommencé à chasser la baleine, après un moratoire auto-imposé de 70 ans. Les expositions comprennent des vestiges bien conservés et de remarquables objets provenant du village côtier d'Ozette, enseveli au 15ᵉ s. par un glissement de terrain, et mis au jour en 1970 par l'érosion marine. Les permis touristiques pour visiter le territoire amérindien s'achètent au musée.

À 7 miles à l'ouest de Neah Bay, **Cape Flattery★**, baptisé par James Cook en 1788, est l'extrême pointe nord-ouest des États-Unis hors Alaska. Un sentier forestier équipé de planches *(0,75 mile)* mène à un nid d'aigle, qui offre un panorama à couper le souffle sur le cap et les grottes marines avoisinantes.

De Kalaloch à la péninsule de Long Beach, l'US-101 zigzague sur 140 miles à travers d'épaisses forêts et le long d'estuaires marins qui attirent autant les implantations industrielles que les oiseaux migrateurs. Dans la vaste baie Grays Harbor, **Aberdeen** et **Hoquiam** sont des ports d'exportation du bois.

À l'entrée de la baie, à 20 miles à l'ouest, la petite villégiature très animée d'**Ocean Shores** est dotée d'hôtels, d'un restaurant et d'un casino géré par les Amérindiens. Des kilomètres de plage lisse et dure invitent à la découverte en voiture. En remontant la côte, on découvre des stations plus paisibles.

Long Beach Peninsula A2

Rte 100 et Rte 103 par l'US-101, à 165 miles au sud-ouest de Seattle.

3914 Pacific Way, Seaview – (360) 642-2400 - www.visitlongbeachpeninsula.com.

S'étendant de la rivière Columbia jusqu'à l'entrée de Willapa Bay, le littoral de la péninsule affronte sur 28 miles les vagues du Pacifique. Elle était occupée à l'origine par les Indiens Chinooks. C'est là qu'en 1805 Lewis et Clark ont atteint l'océan.

Cape Disappointment State Park – *Accès par la Rte 100, à 2 miles au sud-ouest d'Ilwaco.* Le **Lewis & Clark Interpretive Center★★** *(244 Robert Gray Dr. - (360) 642-3029 - www.parks.wa.gov - 10h-17h - 5 $)* retrace l'expédition des deux explorateurs. On y aperçoit le « Cape Disappointment » baptisé avec ironie par Lewis et Clark découvrant, non sans appréhension, le tumultueux Pacifique.

La visite du phare tout proche, **North Head Lighthouse** *((360) 642-3029 - northheadlighthouse.com - mai-sept. : 11h-15h - 3 $)* offre une **vue★** splendide sur la côte battue par les vagues.

7

Quelques petites villes à l'atmosphère océane offrent avec leurs sites historiques des kilomètres de plages de sable ventées. La péninsule est réputée pour la pratique du cerf-volant et du VTT.

★ **World Kite Museum** – *303 Sid Snyder Dr., Long Beach - ✆ (360) 642-4020 - www.worldkitemuseum.com - de mi-juin à mi-sept. : 11h-16h ; mi-sept.-oct. : vend.-lun. 11h-16h ; reste de l'année se rens. - 6 $.* Un kaléidoscope de couleurs accueille le visiteur dans ce musée mondial du cerf-volant, où des modèles venus des quatre coins du monde sont exposés. La troisième semaine d'août se tient l'**International Kite Festival**, qui attire des milliers de spectateurs.

À la pointe nord de la péninsule se trouvent les forêts de pins de **Leadbetter Point State Park**. Au nord de ce promontoire rocheux, la péninsule devient une étroite bande de terre plate (seulement 3 km entre l'océan Pacifique et Willapa Bay). Les connaisseurs estiment que les parcs à huîtres de cet estuaire soumis aux marées sont parmi les meilleurs d'Amérique.

La baie est le deuxième plus grand estuaire saumâtre de la côte pacifique. La réserve de **Willapa Bay National Wildlife Refuge** *(www.fws.gov/willapa)* abrite des oiseaux de mer, fournit un sanctuaire aux jeunes saumons et filtre les sédiments des courants rentrants.

Hood Canal A2

▶ *À 48/65 miles au sud de Port Townsend par l'US-101, jusqu'à l'intersection avec la Rte 106, d'où l'on remonte vers le nord sur l'autre rive du canal.*

Situé dans la partie ouest du Puget Sound, ce fjord d'eau salée offre des paysages magnifiques ponctués de plages splendides et de petits hameaux où le temps semble suspendu. Le long de l'US-101, sur la côte est de la péninsule Olympique, et de la Rte 106, sur la côte ouest de la péninsule de Kitsap, se cachent certaines des plages les plus idylliques de l'État : **Potlatch State Park** *(US-101)* et son kilomètre et demi de côte ; **Twanoh State Park** *(en sortant de la Rte 106)*, qui possède la zone de baignade en eaux salées la plus chaude de l'État ; **Belfair State Park** *(Rte 106)*, qui possède de nombreuses vasières et une zone de baignade en eau salée.

Le canal Hood est réputé pour ses crustacés. Au **Hama Hama Seafood Store**, à Lilliwaup, on trouve les fameuses huîtres Hamma Hamma à la saveur fraîche et éclatante et la chair ferme. Il est possible, pour faire un tour sur l'eau, de louer des kayaks à Pleasant Harbor, à quelques kilomètres au sud de Brinnon.

Carnet pratique

S'informer

Olympic Peninsula Visitor Bureau – *✆ (360) 452-8552 - www.olympicpeninsula.org.*

Arriver/partir

En ferry

Il est possible de rejoindre la péninsule Olympique à partir du centre de Seattle en empruntant les **Washington State Ferries** *(✆ (206) 464-6400 - www.wsdot.wa.gov/travel/washington-state-ferries)*. Prenez le ferry de Bainbridge Island à partir de Pier 52, sur Alaskan Way *(lun.-vend. dép. ttes les 20mn, sam.-dim. dép. ttes les heures - 35mn de traversée - véhicule + conducteur 14,10 $, passager 9,85 $)*. Sinon, depuis Edmonds (27 miles au nord de Seattle) à partir du nord de Seattle, vous pouvez emprunter le ferry de Kingston. Il y a également un ferry à Coupeville, sur Whidbey Island, qui mène à Port Townsend.

En bus

Dungeness Line – ✆ *(360) 417-0700 - dungeness-line.com.* Liaisons entre Seattle (avec passage en ferry) et Port Townsend, Sequim et Port Angeles.

Les bus **Pacific Transit System** *(✆ (360) 875-9418 - www.pacifictransit.org)* desservent les localités de Long Beach.

Nos adresses

Restauration

Port Angeles

Budget moyen

Bella Italia – *118 E. 1st St. - ✆ (360) 457-5442 - www.bellaitaliapa.com - fermé midi et dim.-lun. - plats 20/34 $.* Les fans de la série Twilight reconnaîtront le restaurant où Edward et Bella eurent leur premier rendez-vous galant. Cuisine italienne de bonne facture, dont de succulents raviolis aux champignons de forêt, plats de poissons et fruits de mer, accompagnés d'une très riche carte des vins. L'accueil et le service chaleureux contribuent à la grande popularité de l'adresse.

Port Townsend

Budget moyen

Ajax Cafe – *21 N. Water St. - Port Hadlock - à 9 miles au sud de Port Townsend - ✆ (360) 385-3450 - www.ajaxcafe.com - fermé mar.-merc. - plats 23/36 $.* Légèrement à l'écart, au pied d'une falaise sur le front de mer, ce bistrot est abrité dans un bâtiment des années 1880. L'Ajax propose une cuisine rustique et copieuse faite de produits locaux et de saison. Au menu : le demi-poulet de SpringRain Farm et ses pommes de terre rôties ou le ragoût des pêcheurs du Nord-Ouest. Le décor est décalé, avec ses verres et ses chaises dépareillés et ses chapeaux fantaisie pour les clients. Avec ses concerts le week-end, l'Ajax est un lieu idéal pour faire la fête.

Sequim

Budget moyen

Alder Wood Bistro – *139 W. Alder St. - ✆ (360) 683-4321 - www.alderwoodbistro.com - fermé midi, dim.-mar. et janv. - pizzas 14/23 $ - plats 23/37 $.* Situé dans une petite bourgade aux racines ancrées dans la terre, ce petit bistrot met l'accent sur les produits régionaux et non transformés. Viandes grillées sur planches et salades aux fromages et aux noix produits localement figurent à la carte de l'Alder Wood, où vous avez autant de chances de dîner avec les fermiers du coin qu'avec d'autres gourmets en visite.

Hébergement

Les hébergements dans le parc national sont détaillés sur *www.olympicnationalparks.com*. Les villes situées à la périphérie proposent également divers types d'hébergements et de restaurants.

Olympic National Park

Budget moyen

Lake Crescent Lodge – *416 Lake Crescent Rd - Port Angeles - ✆ (360) 928-3211 - www.olympicnationalparks.com - ♿ - de fin avr. à déb. janv. - 52 ch.*

7

211/290 $ - ✕. Construit en 1916 sur les bords du lac, au milieu d'une forêt de grands pins et de pruches, ce lodge jouit d'un cadre idyllique. Il comprend des bungalows rustiques avec cheminée disséminés dans le parc et des chambres plus modernes, d'un confort standard, dans le bâtiment principal, certaines avec vue sur le lac.

Pour se faire plaisir

Kalaloch Lodge – *157151 US-101 - Forks - ✆ (866) 662-9928 - www.thekalalochlodge.com - ♿ - 64 ch. 238/366 $ ☕ - ✕ plats 20/45 $.* Installé sur une éminence dominant l'océan Pacifique, devant une superbe plage sauvage balayée par les rouleaux, ce lodge propose des chambres dans le bâtiment central et des cabanes de type motel un brin vieillottes, d'un confort simple mais acceptable. Le Creekside Restaurant met à l'honneur les produits de la mer et des fermes de la péninsule.

Lake Quinault Lodge – *345 S. Shore Rd - Quinault - ✆ (360) 288-2900 - ✆ (888) 896-3818 - www.olympicnationalparks.com - ♿ - 91 ch. 152/376 $ - ✕ plats 26/48 $* Sur les rives d'un calme lac de montagne, au cœur d'une forêt humide tempérée, cet hôtel doté d'une grande cheminée en brique offre un havre de paix aux visiteurs trempés depuis 1926. Le lodge et son annexe disposent de chambres confortables, à des prix variés, les plus chères ayant vue sur le lac. Le Roosevelt Dining Room sert steaks, saumon cuit sur planche de cèdre et fruits de mer, notamment huîtres et crabes dormeurs pêchés localement.

Port Angeles

Budget moyen

Red Lion Hotel – *221 N. Lincoln St. - ✆ (360) 452-9215 - www.redlion.com - ♿ - 186 ch. 149/329 $ - ☕ en sus - ✕.* Situé près du port, dans le centre-ville, l'hôtel comprend des chambres spacieuses et bien équipées (les plus agréables ayant vue sur la mer), un restaurant, une salle de gym, ainsi qu'une petite piscine extérieure chauffée en saison, plantée hélas au milieu du parking.

Port Townsend

Budget moyen

The Bishop Victorian Hotel – *714 Washington St. - www.bishopvictorian.com - 16 ch. 224/270 $ - ☕ en sus.* Toutes les suites de cette élégante auberge possèdent un charme typiquement victorien. Murs de briques apparentes, mobilier et cheminées d'époque leur donnent un air douillet et confortable. Petit-déjeuner de type continental.

Union

Une folie

Alderbrook Resort & Spa – *10 E. Alderbrook Dr - ✆ (360) 898-2200 - www.alderbrookresort.com - ♿ - 77 ch. 289/549 $ et 16 cottages - 2 nuits mini en haute saison - ✕.* Située en pleine nature, sur le canal Hood, cette station touristique offre calme et sérénité dans un lieu d'une grande élégance. Les chambres, aux tons chaleureux, jouissent toutes d'une vue sur le fjord ou sur la forêt. On peut y pratiquer le kayak, la randonnée, se détendre au Spa ou jouer au golf sur le terrain adjacent.

Chaîne des Cascades ★★

Séparant le littoral humide des hauteurs plus sèches de l'est de l'État de Washington, l'épine dorsale déchiquetée de la chaîne des Cascades traverse l'État du nord au sud, du Canada à la rivière Columbia, pour se poursuivre dans l'Oregon. La chaîne compte plusieurs volcans, tels le mont Rainier (4392 m) et le mont St Helens (2549 m), dont l'éruption de 1980 reste la plus dévastatrice de l'histoire des États-Unis. Ces montagnes célèbres et d'autres grands volcans situés dans le même État, mont Adams (3742 m), mont Baker (3285 m) et Glacier Peak (3214 m), existent depuis seulement un million d'années, alors que les Cascades ont commencé à se soulever il y a au moins 25 millions d'années.

Se repérer

Washington – *Pacific Time*.

CARTE ABC1-3 (P. 340-341).

À ne pas manquer

Le mont Rainier et le mont St Helens.

Organiser son temps

Juillet est idéal pour découvrir les prairies alpines fleuries du mont Rainier, mais vous aurez plus de chances d'avoir un temps clair en septembre et d'ainsi profiter de la vue des monts Rainier et St Helens. L'été amenant souvent son lot de brouillard, choisissez plutôt l'entre-saison ou l'hiver.

En famille

Fort Vancouver National Site; le parc animalier de Northwest Trek.

Carnet pratique p. 400

Nos adresses p. 401

Découvrir

CARTE P. 340-341

La chaîne volcanique des Cascades s'étire parallèlement à la côte ouest et culmine au mont Rainer (4392 m). Le relief sépare nettement l'influence douce et humide de la côte ouest, dont les vallées couvertes de forêts pluviales tempérées sont dominées par les sapins Douglas et les pruches de l'Ouest, et le versant oriental des montagnes, où le climat continental est marqué par de forts écarts de températures journaliers et saisonniers et une végétation aride de pins ponderosa, pins tordus et melèzes.

La partie sud des Cascades

★★ Fort Vancouver National Site A3

À Vancouver (WA), 8 miles au nord de Portland (OR).

612 E. Reserve St. (donnant sur Mill Plain Blvd) - (360) 816-6230 - www.nps.gov/fova - mar.-sam. 9h-17h; nov.-fév. : mar.-sam. 9h-16h - gratuit.

Cette réserve englobe plusieurs sites historiques au bord de la Columbia. Entre 1825 et 1846, la Compagnie de la baie d'Hudson y a installé son quartier

L'éruption du mont St Helens

St Helens, le benjamin des grands volcans de la chaîne des Cascades (40 000 ans), était appelé par les anciens Amérindiens la « montagne de feu ». En sommeil pendant presque tout le 20e s., le mont conique se réveilla lentement au printemps 1980, donnant pendant plusieurs semaines des signaux d'alarme sous forme de grondements, secousses et sifflements : l'évacuation des habitants pouvait avoir lieu ; journalistes et scientifiques accoururent.
L'éruption brutale du 18 mai projeta une colonne de cendres à 25 km dans l'atmosphère. Elle déversa des tonnes de roches et de pierres ponces brûlantes sur la campagne avoisinante, anéantissant 650 km² de forêts. Elle provoqua de graves inondations et tua 57 personnes. Après l'éruption, le volcan, qui culminait auparavant à 2 950 m, n'atteignait plus que 2 549 m. Le paysage fut bouleversé à jamais.

général et, en 1849, les États-Unis y ont établi leur premier poste militaire du Pacific Northwest. Les visites commencent généralement au **O.O. Howard House Visitor Center★**, un bâtiment de style victorien de 1878.
Plus au nord, dans **Officers Row★**, les officiers occupaient 22 maisons de belle apparence construites au 19e s., dont **Marshall House★**, une maison Queen Anne de 1886 où logea le général Marshall, commandant des casernes de Vancouver de 1936 à 1938, devenu secrétaire d'État des États-Unis et Prix Nobel de la paix.
Au nord d'Officers Row, dans **Fort Vancouver National Historic Site★★**, on peut visiter avec un guide les installations reconstituées de la Compagnie de la baie d'Hudson : palissade, entrepôts de fourrures, menuiserie, maison du chef d'agence. Le Visitor Center propose son musée et un programme audiovisuel.

★★★ Mount St Helens National Volcanic Monument B3

À 63 miles au nord-est de Portland et 164 miles au sud de Seattle. Accès 48 miles à l'est de l'I-5 (sortie 49, à Castle Rock) par la Rte 504.
(360) 449-7800 - mountsthelens.com - 8 $.
Un des volcans les plus célèbres du monde, le mont St Helens, est entré en éruption en 1980 avec une violence comparable à celle de 500 bombes atomiques. Son flanc nord s'est pulvérisé et son altitude s'est réduite de 400 m. Aujourd'hui, la montagne éventrée, entourée d'une réserve de 445 km², est devenue un haut lieu touristique.
★★ **Mount St Helens Visitor Center** – *3029 Spirit Lake Hwy, à Castle Rock (sur la Rte 504, 5 miles à l'est de l'I-5) - (360) 274-0962 - www.parks.wa.gov - 9h-17h ; hiver : tlj sf lun.-mar. 9h-16h - 5 $.* Le centre d'accueil projette un fascinant reportage tourné en direct, des diapositives et d'autres présentations passionnantes.
★★★ **Johnston Ridge Observatory** – *Rte 504 - (360) 274-2140 - horaires variables, se rens. - 8 $.* En suivant la Spirit Memorial Highway sur 43 miles, on parvient à cet observatoire situé à 5 miles du cratère du volcan. Le site dévasté reste impressionnant. Des hectares d'arbres noircis, alternant avec de nouvelles plantations, comblent la zone où la forêt a été balayée par le souffle de l'éruption. D'autres centres éducatifs montrent différents aspects de la destruction et de la régénération du site.

★★★ Mount Rainier National Park B2

À environ 70 miles au sud-est de Tacoma. Accès par les Rte 410 et Rte 706. L'entrée se fait le plus souvent au sud-ouest, par Nisqually Entrance, sur la Rte 706 qui reste ouverte toute l'année (autres routes fermées nov.-juin selon l'enneigement).
www.nps.gov/mora et www.visitrainier.com - 15/30 $.

Le parc dispose de trois centres d'accueil : **Longmire Information Center** *(✆ (360) 569-6575 - mai-oct. : 7h30h-17h)*, **Jackson Memorial Visitor Center** *(à Paradise - ✆ (360) 569-6571 - 10h-19h ; oct. : 10h-17h ; reste de l'année se rens.)* et **Sunrise Visitor Center** *(✆ (360) 663-2425 - juil. à mi sept. : 10h-18h ; hiver : 9h-17h).*

Plus haut volcan de la chaîne des Cascades et cinquième sommet des États-Unis hors Alaska, le mont Rainier forme un arrière-plan majestueux à la mégapole du Puget Sound. Îlot arctique dans une zone tempérée, son sommet est couvert de plus de 88 km² de glace et de neige. La fonte de ses 25 glaciers sillonne le terrain de torrents et ruisseaux rapides, et les évents volcaniques ont créé un labyrinthe de grottes de glace. La dernière grande éruption a eu lieu il y a 2 000 ans, mais les scientifiques n'excluent pas le réveil fracassant du volcan dans un proche avenir.

À l'orée du parc, près de l'Alder Lake, le **Mt Rainier Scenic Railroad Depot** *(54124 Rte 706, Elbe - ✆ (360) 569-7959 - mtrainierrailroad.com - horaires variables, se rens. - 34 $)* propose une balade à bord d'un train tiré par une locomotive à vapeur *vintage* qui traverse les forêts au pied du mont Rainier.

En empruntant la route menant à l'entrée du parc (Nisqually Entrance), vous croisez un étonnant champ de sculptures en plein air, **Recycled Spirits of Iron**, une collection imaginée par l'artiste Dan Klennert *(www.danielklennert.com).*

La **Nisqually-Paradise Road** (Rte 706) pénètre dans le parc à son extrémité sud-ouest. Au village de Longmire, à côté de l'hôtel National Park Inn, le **Trail of the Shadows** *(boucle de 0,75 mile - 30mn)* constitue une randonnée facile et agréable à travers bois de cèdres rouges et prairies parcourues de sources chaudes. La Route 706 serpente ensuite le long de torrents, de chutes d'eau et de points de vue grandioses jusqu'aux prairies de **Paradise★★★**.

À l'assaut du mont Rainier

Les Amérindiens qui vivaient dans les plaines environnantes l'appelaient Tahoma (la montagne qui est Dieu). Depuis sa première ascension par Hazard Stevens et P. B. Van Trump en 1870, l'imposant mont Rainier attire de plus en plus de montagnards. Chaque année, ils sont près de 10 000 à tenter d'atteindre le sommet en cratère du stratovolcan (4 392 m), mais seule la moitié parvient à franchir ses pentes abruptes et enneigées, ses glaciers, séracs et crevasses. Au départ de Paradise, l'ascension *(3 000 m de dénivelé)* exige un permis *(68 $)* et, bien entendu, une parfaite préparation physique, de bonnes connaissances techniques et un équipement adapté. Elle prend 3 jours, avec 2 nuits au camp de base de Muir, à 3 000 m d'altitude. Plusieurs compagnies proposent des services de guides alpins, notamment **Alpine Ascents International** *(✆ (206) 378-1927 - www.alpineascents.com)* ou **International Mountain Guides** *(✆ (360) 569-2609 - www.mountainguides.com)*. Des informations régulièrement mises à jour figurent sur *www.mountrainierclimbing.blogspot.com.*

7

Le **Henry M. Jackson Memorial Visitor Center** et un observatoire situé à 1646 m présentent la faune, la flore et les caractéristiques géologiques du parc. On peut choisir le chemin facile **Nisqually Vista Trail** *(1,2 mile)* ou préférer le **Skyline Trail** *(5 miles)*, plus difficile.
Du côté est du parc, à 1951 m, **Sunrise★★★** *(à 14 miles de l'entrée de White River, Rte 410)* est le point le plus élevé de la route. On y jouit d'un panorama superbe sur le mont Rainier (à l'ouest), Sunrise Lake (à l'est) et le cône de Mount Adams (au sud).

★★ Northwest Trek Wildlife Park B2

Sur la Rte 161, à 6 miles au nord d'Eatonville et 30 miles à l'ouest du parc du mont Rainier.
11610 Trek Drive E. - (360) 832-6117 - www.nwtrek.org - mai-juin : 9h30-16h (17h le w.-end) ; juil.-août : 9h30-17h ; sept. : tlj sf lun.-mar. 9h30-16h (17h le w.-end) ; reste de l'année se rens. - 22/25 $.
Ce parc sauvage de 257 ha protège la faune de la région du Pacific Northwest. Des circuits en tramway *(50mn)* permettent aux visiteurs de voir, entre autres, grizzlis, ours noirs, caribous, wapitis, orignals, bisons, mouflons *bighorns*, hérons bleus et dindons sauvages. On peut aussi traverser à pied les habitats naturels et suivre des sentiers sur plusieurs kilomètres. L'observation des animaux est plutôt réjouissante, tout en évitant l'inconvénient des cages de zoo. Un centre de découverte est destiné aux enfants. Un grand parcours de tyrolienne *(zipline)* fonctionne en été *(20/60 $ selon les circuits)*. De la restauration est proposée sur place, mais mieux vaut apporter son pique-nique.

La partie nord des Cascades

★★ North Cascades National Park B1

À 120 miles au nord-est de Seattle. Accès principal à 45 miles à l'est de l'I-5 (sortie 230, à Burlington) par la Rte 20, ou à partir de Mount Baker, 55 miles à l'est de Bellingham par la Rte 542.
North Cascades Visitor Center – *Rte 20 (1 mile à l'ouest de Newhalem) - (206) 386-4495 - www.nps.gov/noca - juil.-août : 9h-18h ; mai-juin et sept.-oct. : 9h-17h.*
Le centre d'accueil propose des films, des expositions sur la faune et la flore et délivre des renseignements sur la pêche, les balades à pied et les grandes randonnées ainsi que les hébergements possibles. Un court chemin de planches, situé derrière le bâtiment, aboutit à un belvédère d'où l'on peut admirer, au nord, la cime du Pinnacle Peak (2 074 m) dans le Picket Range.
Forêts anciennes, cascades cachées, lacs miroitant comme des pierres précieuses, prairies alpines et pics glaciaires de 2 000 m à 2 800 m, sans compter les 300 glaciers représentant la moitié des mers de glace des États-Unis hors Alaska, tels sont les attraits de ce parc de 2 770 km^2, peuplé d'espèces menacées comme les grizzlis et les pumas. En 1988, le Congrès américain a classé 93 % du domaine du parc en réserve sauvage, meilleur niveau de protection fédérale.
Si vous disposez de suffisamment de temps, l'idéal est de découvrir le parc à pied. Les plus pressés se contenteront d'arpenter la spectaculaire **Highway 20★★**, qui traverse sa partie nord d'ouest en est et s'arrêteront aux nombreux points de vue de part et d'autre de la route.
La **Pacific Crest National Scenic Trail**, qui s'étire de la frontière mexicaine à la frontière canadienne (4 200 km), traverse une partie du parc.

North Cascades National Park.
benedek/Getty Images Plus

★ Ross Lake National Recreation Area B1

À 18 miles à l'est de Newhalem et 77 miles de l'I-5 (sortie 230, à Burlington) par la Rte 20.

(360) 854-7200 - www.nps.gov/noca.

Bordant de part et d'autre la Route 20 qui partage en deux le North Cascades National Park, puis formant un angle vers le nord, cette réserve naturelle de 474 km² englobe trois barrages, trois lacs et deux petites villes. Entre 1924 et 1939, la compagnie d'électricité Seattle City Light a construit des barrages sur le cours supérieur de la Skagit ; le plus grand, **Ross Dam**, est haut de 164 m et large de 396 m. Depuis le milieu du 20e s., la compagnie organise des visites guidées appréciées du public, expliquant la raison d'être, la construction et le fonctionnement des barrages. Après un film d'introduction, les visiteurs découvrent la centrale hydroélectrique, se promènent en bateau et font un tour dans un train à crémaillère, installé dans les années 1920 pour faire gravir aux ouvriers la pente à 47 % de Sourdough Mountain, 174 m plus haut. Des sentiers pédestres sillonnent l'arrière-pays de **Ross Lake**, le plus grand des trois lacs artificiels.

★ Winthrop C1

À 71 miles à l'est de Newhalem par la Rte 20.

(509) 996-2125 - www.winthropwashington.com.

À moins de 48 miles au sud de la frontière canadienne, au cœur de la Methow Valley, cette ville dans le plus pur style Far West est une halte essentielle pour ceux qui empruntent la fameuse Cascade Loop. Ses trottoirs en bois et ses bâtiments de l'époque de l'âge d'or minier (fin du 18e s.), parmi lesquels des cabanes

Lake Diablo dans North Cascades National Park.
Maxvis/Getty Images Plus

en rondins ayant servi aux premiers colons, une imprimerie, des saloons et des hôtels, attirent les visiteurs. Au **Sheri's Sweet Shoppe** la crème glacée est faite maison et la boulangerie **Rocking Horse Bakery** n'utilise que des céréales locales pour faire son pain.

Winthrop séduit également les amateurs de loisirs de plein air : baignade au **Lake Pearrygin** tout proche ou dans la Methow River, VTT sur un réseau étendu de sentiers ou ski de fond sur plus de 100 miles de piste.

Shafer Museum – *285 Castle Rd - ✆ (509) 996-2712 - shafermuseum.com - mai-sept. : 10h-17h (w.-end seult en sept.) - gratuit, mais donation appréciée (5 $).* De l'exploitation de l'or dans la Methow Valley à partir de 1890 aux travaux agricoles qui rythmaient la vie de la région au 20e s., ce musée offre une plongée intéressante à travers le quotidien des habitants de Winthrop. L'ensemble est remarquablement reconstitué : bâtiments agricoles, habitations, école publique, saloon avec objets de la vie quotidienne d'origine.

★★ Lake Chelan C2

Accessible en bateau ou petit avion à partir de Chelan, à 61 miles au sud de Winthrop par la Rte 153.

✆ (509) 682-3503 - www.lakechelan.com.

Ce lac étroit qui s'étire sur 55 miles occupe une auge creusée par les glaciers, du côté peu arrosé des Cascades. Son extrémité inférieure est entourée de collines arides parsemées de pommeraies et d'exploitations viticoles ; c'est l'une des aires de loisirs favorites de l'État, avec ses eaux chaudes, ses plages de sable fin et ses stations touristiques. La partie supérieure du lac serpente entre des cimes tourmentées qui culminent à 2 440 m. Voisine du North Cascades National Park, la zone de loisirs est centrée autour du charmant village tranquille de **Stehekin**. De l'extrémité du lac, des circuits commentés en navette suivent la route en gravillons **Stehekin Valley Road**, le long de la rivière en direction du nord.

Wenatchee C2

À 39 miles au sud-ouest de Chelan par l'US-97 et 148 miles à l'est de Seattle par l'I-90.

137 N. Wenatchee Ave. - (509) 662-2116 - www.wenatchee.org.

Entourée de vergers, Wenatchee est nichée au creux d'une vallée au confluent de la Wenatchee et du fleuve Columbia.

Washington Apple Commission Visitor Center – *2900 Euclid Ave. - (509) 663-9600 - www.bestapples.com.* L'État de Washington est le premier producteur de pommes de la nation et Wenatchee est la « capitale de la pomme du Washington ». Le centre propose ici une exposition compacte sur le sujet.

Wenatchee Valley Museum and Cultural Center – *127 S. Mission St. - (509) 888-6240 - www.wenatcheevalleymuseum.org - mar.-sam. 10h-16h, ouvert le dim. du Memorial Day à Labor Day - 5 $.* Ce musée propose une exposition sur l'histoire locale de la production de pommes (et la fameuse élection de Miss Apple, qui déchaîne les passions adolescentes !), de même que sur les peuples natifs du plateau de Columbia et du peuple Clovis, présent dans la région il y a 11 000 ans (un site Clovis a été découvert à Wenatchee en 1987). Ne manquez pas, près de l'entrée, le remarquable orgue (1919) utilisé à l'époque au Liberty Theater, pour produire les sons et rythmes des films muets et des pièces de théâtre alors projetés. Une salle se penche sur un fait historique qui fit à l'époque la renommée de la petite ville : le 5 octobre 1931, l'avion de Clyde Pangborn et de son copilote Hugh Herndon, atterrit dans les collines près de Wenatchee, mettant fin au premier vol sans escale au-dessus de l'océan Pacifique entre Misawa, au Japon, et Wenatchee (41h).

S'il vous reste du temps, vous pouvez visiter le **Pybus Market** *(3 N. Worthen St. - 8h-22h)*, un ancien entrepôt industriel magnifiquement réhabilité qui dissimule sous son imposante structure métallique des stands de petits producteurs locaux (fruits, légumes, viandes, vins) et des étals gourmands (boulangeries, bistrots, etc.).

Le sentier pavé d'**Apple Valley Recreation Loop Trail** traverse les deux rives du fleuve Columbia et emprunte des ponts au nord et au sud de la ville pour former une boucle qui passe par plusieurs parcs le long du fleuve.

Un peu d'histoire

Les Amérindiens comme les pionniers se sont heurtés aux Cascades, obstacle rendant difficiles les déplacements est-ouest. Ce n'est qu'en 1972 que le grand axe de la North Cascades Highway (Route 20) traversa ces terres accidentées, juste au sud de la frontière avec le Canada.

Une mosaïque de parcs nationaux et de forêts recouvre la plus grande partie de ces montagnes, contribuant à protéger une flore et une faune très riches, et offrant une multitude d'activités de plein air. Des milliers de kilomètres de sentiers de randonnée serpentent à travers les prairies, cours d'eau et bois d'altitude, passant devant d'anciens camps de mineurs et de très beaux lacs alpins, pour parvenir à des points de vue spectaculaires. Les habitants de la région du Puget Sound se laissent souvent attirer par ces montagnes, qui conservent toute leur majesté. Leurs hauteurs glacées et leurs vallées perdues régénèrent tous ceux qui viennent s'y ressourcer.

Tout près, les **Ohme Gardens** *(3327 Ohme Rd - ✆ (509) 662-5785 - facebook.com/ohmegardens - 9h-18h (19h en été) - 8 $)* reproduisent l'environnement alpin.

★ Leavenworth C2

À 22,5 miles au nord-ouest de Wenatchee par l'US-2 N.W.

940 US-2 - ✆ (509) 548-5807 - www.leavenworth.org.

Au cœur des Cascades, cette ville de montagne au style bavarois est très prisée des touristes. Et pour cause ! Située au sein d'une véritable forteresse naturelle, traversée par une rivière, Leavenworth offre toute l'année d'infinies possibilités de loisirs : randonnée, rafting, ski, mais aussi nombreux festivals, concerts et autres pièces de théâtre organisés en ville. Les pittoresques rues fleuries sont jalonnées de boutiques, cafés et bars à bière au style bavarois. Étonnant !

Avant les années 1960, cette paisible bourgade vivait de l'industrie du bois, mais lorsque celle-ci périclita, un groupe d'habitants eut l'audacieuse idée de lui offrir un nouveau visage afin de la transformer en véritable attraction touristique, à l'image de la ville de Solvgang, en Californie, fondée en 1911 par des éducateurs danois et qui adopta complètement le style du pays d'origine de ses fondateurs.

Carnet pratique

S'informer

Washington Tourism Alliance – *✆ (800) 544-1800 - www.stateofwatourism.com.*

Arriver/partir

En avion

Le **Seattle-Tacoma International Airport** (SEA) *(✆ (206) 787-5388 - www.portseattle.org)* est le principal aéroport pour se rendre au mont Rainier, tandis que le **Portland International Airport** (PDX) *(✆ (503) 460-4040 - www.flypdx.com)* est l'aéroport le plus près du mont St Helens, de Vancouver et de la péninsule de Long Beach.

En bus

Les bus **Greyhound** *(✆ (800) 231-2222 - www.greyhound.com)*, au départ de Seattle et Portland, desservent régulièrement certaines localités à travers tout l'ouest de Washington.

Les bus **Pacific Transit System** *(✆ (360) 875-9418 - www.pacifictransit.org)* desservent les localités de Long Beach et les autres villes du sud-ouest de Washington.

En train

Amtrak *(✆ (800) 872-7245 - www.amtrak.com)* dessert quotidiennement les villes de Seattle, Portland et Vancouver.

Nos adresses

Hébergement/restauration

Lake Chelan

Premier prix

Riverwalk Inn & Café – *204 E. Wapato Ave. - ✆ (509) 682-2627 - www.riverwalkinnchelan.com - 12 ch. 79/159 $ - ✕ plats 13/20 $.* Un moyen économique de profiter des beautés du Lake Chelan, situé à deux pas. Ce petit motel dispose de chambres modestes, au confort minimum mais à la propreté impeccable. Location de vélos, nombreuse documentation et agréable café pour le petit-déjeuner.

Budget moyen

Campbell's Resort – *104 W. Woodin Ave. - ✆ (509) 682-2561 - campbellsresort.com - 170 ch. 114/324 $ - 2 nuits mini en haute sais. - ✕.* Ce grand complexe déploie plusieurs bâtiments au bord du lac. Spacieuses et confortables, les chambres possèdent un balcon avec vue sur le lac. Piscines, Jacuzzi, plage privée, location de kayaks. Le Campbell's Pub & Veranda sert une honnête cuisine américaine et propose les productions des vignobles voisins.

Leavenworth

Budget moyen

Sleeping Lady – *7375 Icicle Rd - ✆ (509) 548-6344 - www.sleepinglady.com - 58 ch. 235/295 $ - ✕.* Entourée de pins, près de Icicle Creek, cette station de montagne est à quelques minutes à peine de superbes chemins de randonnée à travers les Cascades. En hiver, les visiteurs y pratiquent le ski nordique, au printemps et en été la pêche à la mouche, le VTT et l'équitation. Les chambres à l'ameublement simple sont garnies de confortables couettes. Le Aspen Leaf Day Spa invite à se relaxer avec sauna, bains à remous, massages, yoga et divers soins et traitements.

Mount Rainier

Budget moyen

Hobo Inn – *54106 Mountain Hwy East - Elbe - ✆ (888) 569-2500 - ✆ (888) 773-4637 - www.rrdiner.com/the-hobo-inn - 7 ch. (16 pl.) env. 250 $ - ✕ plats 16/28 $.* Un endroit original pour passer la nuit. Devant le Mount Rainier Scenic Railroad Depot, à 14 miles de l'entrée du parc, ce motel propose des cabines dans d'anciens wagons colorés. Les chambres, assez petites, n'ont ni télévision, ni téléphone, ni accès Internet, mais elles sont climatisées, assez confortables et disposent d'une salle d'eau. L'établissement comprend aussi un wagon-restaurant où l'on savoure de bons hamburgers et des pizzas.

National Park Inn – *47009 Paradise Rd E. - Ashford - ✆ (360) 569-2275 - mtrainierguestservices.com - 25 ch. 200/335 $ - ✕.* Dans le village de Longmire, l'auberge occupe un bâtiment en bois de 1911. Le salon est réchauffé par une grande cheminée rustique et l'ambiance se révèle assez intime. Les chambres, propres mais basiques, n'ont pas de télévision, de téléphone ni d'accès internet. Les moins chères partagent une salle de bains commune. Agréable porche pour profiter du soleil couchant. Le restaurant sert une cuisine américaine correcte, mais souffre d'un décor un peu terne et d'un manque d'éclairage.

Paradise Inn – *52807 Paradise Rd E. - Ashford - ✆ (360) 569-2275 - mtrainierguestservices.com - de mi-mai à déb. oct. - 121 ch. 210/294 $ - ✕.* Au cœur du parc, construit en 1916 et classé au

7

registre des bâtiments historiques, ce magnifique hôtel en rocs et rondins de cèdre d'Alaska arbore un hall impressionnant avec une cheminée en pierre massive. De la terrasse, on profite d'un magnifique panorama sur les montagnes enneigées et les prairies en fleurs, avec pour seul regret la foule un peu trop dense qui vous entoure. Les chambres du bâtiment principal partagent des salles de bains communes, tandis que celles de l'annexe, plus chères, disposent de salles de bains privées. La Dining Room sert midi et soir une excellente cuisine.

Wellspring Spa – *54922 Kernahan Rd E. - Ashford - ✆ (360) 569-2514 - wellspringspa.com - 17 ch. 145/275 $.* Disséminés en pleine nature, les vastes cabanons en rondins et en duplex ont un charme fou et invitent à de douces robinsonnades au fond des bois, blotti dans un vaste lit douillet face au feu qui crépite dans la cheminée, à paresser dans le Jacuzzi ou au fond du hamac. Une cuisine équipée permet de préparer ses repas et, dans le jardin, un Spa avec sauna et bain chaud en cèdre invite à se ressourcer. Une adresse de charme dans un cadre enchanteur.

Copper Creek Inn – *35707 WA-706 - Ashford - ✆ (360) 569-2799 - coppercreekinn.com - 12 cabanes et 3 suites 155/289 $ - ✕.* À 2 miles à l'ouest de Nisqually Entrance, l'auberge essaime dans la forêt ses charmants cottages avec cheminée, qui peuvent accueillir de 2 à 12 personnes et disposent d'une télévision, du wifi, d'un bain à remous extérieur et d'une kitchenette. Dans un décor rustique où se détache une fresque murale du mont Rainier, le restaurant de l'auberge, très animé le soir, sert de bons petits plats (truite, saumon, steak d'Angus, poulet citron, pâtes et salades composées) et de délicieuses tartes aux mûres.

Vancouver

Budget moyen

Heathman Lodge – *7801 N.E. Greenwood Dr. - ✆ (360) 254-3100 - www.heathmanlodge.com - 🏊 ♿ - 182 ch. 130/240 $ - ✕ plats 25/48 $.* Très bel exemple de l'architecture rustique du Nord-Ouest américain, ce lodge en bois blond et basalte noir, décoré de nombreux tissages, évoque un refuge de montagne tout en bénéficiant d'un grand confort (piscine, Spa, salle de fitness, business-center, wifi haut débit). Les chambres, dotées d'un coin salon, affichent des dimensions spacieuses et sont bien équipées (réfrigérateur, cafetière et four micro-ondes). Le restaurant Hudson Bar & Grill, réputé comme la meilleure adresse à Vancouver, dispose d'un cadre agréable avec une grande cheminée en ardoises. Le pain et les pâtisseries sont maison, tandis que les plats de saison mettent à l'honneur les produits locaux tel le saumon royal de la Columbia. Seule ombre au tableau, le paysage alentour, mélange peu glamour de parkings et de centres commerciaux.

Wenatchee

Budget moyen

McGlinn's Public House – *111 Orondo Ave. - (509) 663-9073 - www.mcglinns.com - service continu - plats 18/32 $.* Installé dans un beau bâtiment en brique construit en 1922, ce restaurant convivial propose une cuisine traditionnelle de qualité : pizzas cuites au feu de bois, burgers (option végétalienne) ou encore plats de saumon.

Winthrop

Budget moyen

Rio Vista – *285 Riverside Ave. - ✆ (509) 996-3535 - www.hotelriovista.com - ▤ ♿ - 29 ch. 119/219 $.* Cet établissement familial, en plein cœur de la petite ville, adopte un style « western » à l'extérieur et fait preuve de sobriété dans ses chambres. Superficie raisonnable, literie confortable, mobilier en bois et terrasse privative donnant sur la rivière. Le tout est très bien entretenu. Et le petit plus : le Jacuzzi !

Sun Mountain Lodge – *604 Patterson Lake Rd - ✆ (509) 996-2211 - www.sunmountainlodge.com - ♿ - 96 ch. 222/357 $ et 16 chalets -* ✕. Niché en haut d'une montagne surplombant la Methow Valley, cet hôtel possède nombre d'objets d'art et d'artisanat qui sont exposés. Bâti dans le style chalet typique des parcs nationaux, le lieu possède poutres apparentes et gigantesques fenêtres. Les chambres style « western » disposent de solides meubles en bois d'érable et de cerisier. Les chalets au bord du lac sont très prisés par les familles. L'hôtel est réputé pour ses pistes de ski nordique en hiver.

Est de Washington

Les vastes étendues arides et tourmentées de l'est de l'État de Washington courent des contreforts des Cascades jusqu'à la frontière de l'Idaho, et du nord de Walla Walla jusqu'aux hautes terres d'Okanogan. Les rivières coupent de profonds canyons sinueux dans le sol desséché, ponctué çà et là, grâce à l'irrigation, de vergers et de vignobles. Au fil des siècles, par vagues successives, Indiens des Plateaux, explorateurs, propriétaires de ranchs et fermiers sont passés sur ces terres, laissant tous leurs empreintes. Les visiteurs explorant ces paysages désolés découvriront une diversité séduisante d'espaces naturels, de parcs, musées et sites historiques.

Se repérer

Washington – *Pacific Time*.

CARTE BCD1-3 (P. 340-341).

À l'est de la chaîne des Cascades, la partie orientale de l'État de Washington est traversée par l'I-90. La principale ville de la région est Spokane.

À ne pas manquer

Les exploitations viticoles des régions de Yakima et de Walla Walla.

Organiser son temps

La fin du printemps et le début de l'été sont les meilleures périodes pour visiter la région. Au printemps, les vergers sont en fleurs, le soleil est présent et les températures sont douces. Dès la fin de l'été et durant l'automne, on peut se procurer pêches, pommes et poires aux petits stands qui jalonnent les routes. En juillet, la température moyenne est de 28 °C et il n'est pas rare qu'elle atteigne les 32 °C.

En famille

Yakama Nation Museum and Cultural Center.

Carnet pratique p. 410

Nos adresses p. 410

Découvrir

CARTE P. 340-341

★ Spokane D2

À 276 miles à l'est de Seattle par l'I-90.

620 W. Falls Blvd - ✆ (509) 742-3230 - www.visitspokane.com.

Couvrant les pentes boisées de la rivière Spokane près de la frontière avec l'Idaho, la deuxième grande ville de l'État de Washington (230 160 habitants) était dans les années 1880 un centre de transport et de commerce. Des dizaines de bâtiments historiques forment le cœur de la ville, où les chutes spectaculaires de la Spokane cascadent du haut de falaises de basalte. Manoirs victoriens et maisons de style Craftsman bordent ses escarpements boisés.

★ **Northwest Museum of Arts and Culture** – *2316 W. 1st Ave. - ✆ (509) 456-3931 - www.northwestmuseum.org - mar.-dim. 10h-17h (20h le 3e jeu. du mois.) - 20 $.* Les objets présentés dans ce musée donnent un aperçu rapide du passé de Spokane et de l'est de l'État de Washington, de la préhistoire à nos jours. La collection

Palouse Falls.
kanonsky/Getty Images Plus

7

permanente inclut d'excellents artistes régionaux tels Patrick Siler ou Gaylen Hansen.

★★ **Riverfront Park** – *Spokane Falls Blvd (entre Post St. et Washington St.).* Ce remarquable parc a été aménagé sur les deux rives de la Spokane pour l'Exposition universelle de 1974. Il offre ses pelouses aux ondulations douces, ombragées de pins ponderosa, des allées paysagères, un **manège**★ de 1909 superbement restauré, un parcours en gondole jusqu'au pied de la cascade Lower Spokane Falls, un petit parc d'attractions et une salle IMAX à écran géant.

★ **Manito Park** – *Grand Blvd et 18th Ave.* À un peu plus de 2 miles au sud du centre-ville, ce très joli parc rassemble un agréable jardin japonais, une immense roseraie, un jardin de vivaces et un jardin de style Renaissance.

★ The Palouse D2

À 65 miles au sud de Spokane par l'US-195 et la Rte 27.

Au sud de Spokane, les champs battus par les vents de la région de Palouse (issu du français « pelouse ») font penser aux étendues marines. Ceux-ci sont vert émeraude de fin mars à juin et se parent d'or en juillet lorsque les blés et le carthame sont mûrs. Les routes de campagne serpentent à travers de superbes paysages. Les petites villes de Dayton et de Pomeroy comptent parmi celles qui offrent les plus jolies vues.

À la sortie de l'US-12, à 70 miles au nord de Walla Walla, les **Palouse Falls**★ *(www.parks.wa.gov/559/Palouse-Falls)* plongent d'une saillie en granite de 54 m de haut pour s'écraser au fond d'un profond gouffre. Les chutes et le canyon sont le résultat des inondations du lac Missoula, qui ont périodiquement envahi le plateau de Columbia durant le Pléistocène, créant ainsi le paysage torturé des Channeled Scablands.

★ Steptoe Butte D2

À 24 miles au nord-ouest de Palouse par la Rte 27.
www.parks.wa.gov. - tte l'année de 6h à la tombée de la nuit - 10 $ la journée.
Une petite route grimpe en 10mn au sommet de ce cône solitaire, amas de roche quartzite vieille de 400 millions d'années, d'où s'offre une **vue★★** panoramique à 360° sur la région de Palouse, à cheval entre Washington et Idaho. Culminant à 300 m au-dessus de la campagne environnante, cette butte est le point le plus élevé à des miles à la ronde. Par beau temps, la vue porte jusqu'à la chaîne des Cascades à l'ouest, aux Rocheuses de l'Idaho à l'est et aux Blue Mountains de l'Oregon au sud.

★ Grand Coulee Dam C2

À 78 miles à l'ouest de Spokane par l'US-2 et la Rte 155.
(509) 633-9265 - www.usbr.gov/pn/grandcoulee - visite guidée (juin-oct. 50mn) gratuite de l'intérieur du barrage.
Reliant les parois d'un canyon aride, une énorme muraille incurvée de béton, haute de 55 étages, barre la Columbia sur 1 mile. Construit par le Civilian Conservation Corps dans les années 1930, le barrage alimente une puissante centrale hydroélectrique et permet d'irriguer des centaines de milliers d'hectares. Son réservoir long de 243 km est entouré par la **Lake Roosevelt National Recreation Area★** *(1008 Crest Dr., Coulee Dam - (509) 754-7800 - www.nps.gov/laro).*

★ Dry Falls C2

Sur la Rte 17, à 37 miles au sud de Grand Coulee Dam par la Rte 155 et 16 miles au nord de Soap Lake.
Sun Lakes-Dry Falls Park Visitor Center – *35661 Hwy 17 N., Coulee City - (509) 632-5214 - www.parks.wa.gov.*
Peu d'endroits permettent comme Dry Falls de découvrir de façon si mémorable et directe les forces géologiques. Les « chutes » sont en vérité un gouffre en forme de bol de quelque 122 m de profondeur, creusé dans le lit volcanique du désert du bassin de la Columbia. Il y a des milliers d'années, les formidables inondations de l'âge de glace ont façonné ce paysage : les eaux du lac préhistorique Missoula perçaient en effet périodiquement la glace pour déverser des milliards de litres d'eau à l'ouest, dans le Pacifique, creusant en ce faisant le paysage du bassin de la Columbia.

★ Yakima Valley C3

À 141 miles au sud-est de Seattle par l'I-90 et l'I-82 et à 107 miles au sud de Wenatchee, en passant par Ellensburg.
10 North 8th St. - (800) 221-0751 - www.visityakima.com.
La verdoyante vallée de la rivière Yakima dessine un arc de près de 100 miles vers le sud, depuis Ellensburg jusqu'aux Horse Heaven Hills. Colonisée dans les années 1860 par des éleveurs de bétail, la vallée est devenue l'une des régions de cultures fruitières les plus riches des États-Unis : pomme, poire d'hiver, cerise, raisin... Cette région viticole à la grande diversité est la plus vieille appellation de l'État. On trouve plus de 100 exploitations à travers la vallée.
Yakima, centre commerçant de 97 012 habitants, offre des promenades agréables le long des berges verdoyantes de la rivière, et deux musées intéressants :
Yakima Valley Museum – *2105 Tieton Dr. - (509) 248-0747 - www.yvmuseum.org - mar.-sam. 10h-17h - 8 $.* Il présente l'histoire de la région et celle de célébrités

locales : le fils du pays devenu juge de la Cour suprême, Justice William O. Douglas (1898-1980), les jumeaux Phil et Steve Mahre (1957-), champions du monde de ski.
Yakima Valley Trolleys - *306 W. Pine St. - ✆ (509) 249-5962 - www.yakimavalleytrolleys.org - de fin mai à sept. : horaires, se rens. - 12 $.* Il conserve de vieux tramways, qui parcourent toujours la ville et la campagne avoisinante (2h).
★ **Yakama Nation Museum and Cultural Center** - *100 Spilyiy Loop (à la sortie de l'US-97), Toppenish - ✆ (509) 865-2800 - www.yakamamuseum.com - 10h-14h, merc.-vend. 10h-17h30 (18h en été), w.-end 8h30-16h30 (9h-17h en été) - 6 $.* Au sud de Yakima, cet excellent musée présente au moyen de dioramas, de peintures et de pétroglyphes l'histoire de la tribu des Yakamas et de leur lutte pour survivre. La ville toute proche de Toppenish est réputée pour ses 70 **peintures murales**★ racontant l'histoire de la localité.

Hanford Reach National Monument C2

À 51 miles à l'est de Yakima par la Rte 24.
✆ (509) 546-8300 - www.fws.gov/hanfordreach - de l'aube au crépuscule.
Le dernier tronçon sauvage du fleuve Columbia sinue à travers une steppe parsemée d'armoises et d'arbustes entre Richland et Wenatchee. Des pontons de mise à l'eau pour les bateaux sont les seules traces humaines au sein de ce paradis de la vie sauvage peuplé de cerfs, de wapitis et d'oiseaux, que l'on peut facilement observer en suivant les 51 miles du fleuve. Les visiteurs croisent également en chemin quelques vestiges de l'histoire récente, les bâtiments hérités du projet Manhattan de la Seconde Guerre mondiale, qui permit de créer la bombe atomique.

Tri-Cities Area C3

À 77 miles au sud-est de Yakima par l'I-82.
7130 W. Grandridge Blvd, Kennewick - ✆ (509) 735-8486 - www.visittri-cities.com.
Regroupant les communes voisines de **Richland**, **Pasco** et **Kennewick**, au point de confluence des rivières Yakima, Columbia et Snake, ce pays reculé s'est soudain réveillé en 1942, en devenant le grand site du **Manhattan Project** : le plutonium produit au Hanford Site, au nord de Richland, a servi pour la bombe atomique lâchée sur Nagasaki en 1945. La production s'est poursuivie jusqu'en 1988 ; aujourd'hui, le traitement des déchets toxiques devrait en principe injecter plus d'argent dans l'économie locale que ne l'a fait la production du plutonium. Devenue un centre d'industries technologiques, la conurbation de Tri-Cities est l'une des plus grandes agglomérations de l'État de Washington.
The REACH - *1943 Columbia Park Trail, Richland - ✆ (509) 943-4100 - visitthereach.us - mar.-sam. 10h-16h30 (dim. 12h-16h30 en été) - 12 $.* Ses expositions illustrent l'histoire du site de Hanford avec des photographies et des maquettes interactives.

★★ Walla Walla D3

À 48 miles à l'est de Pasco et 157 miles au sud-ouest de Spokane par l'US-12.
26 E. Main St. - ✆ (509) 525-8799 - www.wallawalla.org.
Centre agricole et universitaire plein de charme au pied des Blue Mountains, Walla Walla (33 492 habitants) est l'épicentre de l'industrie viticole très renommée de l'État et possède de nombreux hôtels de luxe, parmi lesquels le **Marcus Whitman Hotel** (1920), entièrement rénové. On y trouve de nombreux restaurants réputés et quantité de salles de dégustation, où l'on peut tester les différents crus des

7

Le Washington viticole talonne la Californie

À l'est de la chaîne des Cascades, à une latitude similaire à celle de la région de Bordeaux et de la Bourgogne, des vallées arides et gorgées de soleil forment un micro-climat idéal pour le raisin. Avec plus d'un millier d'exploitations viticoles, l'industrie du vin du Washington est la seconde du pays en volume derrière celle de la Californie. L'État compte 20 AVA (American Viticultural Area, l'équivalent américain des AOP), pour la plupart situées dans les régions de l'Est. La plus grande concentration d'exploitations se trouve dans et autour de Walla Walla, qui en comprend une centaine. La vallée de Yakima abrite plus de 60 exploitations. La nouvelle AVA du Lake Chelan est l'une des plus belles, avec ses coteaux plantés de vignes surplombant les eaux du lac. Le terroir sec et rocailleux de l'est de l'État de Washington est bien adapté pour des cépages comme le merlot, le chardonnay, le cabernet sauvignon, le riesling, le pinot noir et le chenin, tandis que la syrah s'affirme autour du Lake Chelan. Dans cet eldorado viticole, les nouvelles exploitations ne cessent d'éclore au fil des ans, produisant des vins d'excellente qualité dans leur ensemble, riches en saveurs fruitées, à la texture onctueuse et caressante comme du velours, et pour la plupart à des prix très abordables. *Pour plus d'informations : www.washingtonwine.org.*

producteurs régionaux. Parmi celles-ci, **Seven Hills Winery** *(212 3rd Ave. - ✆ (509) 529-7198 - www.sevenhillswinery.com - 10h-16h30)*, un viticulteur établi de longue date dans la vallée, qui élabore de bons assemblages de style bordelais ; **Canoe Ridge** *(1102 W. Cherry St. - ✆ (509) 525-1843 - www.canoeridgevineyard.com - 11h-17h)*, qui produit des merlots, cabernets et chardonnays plusieurs fois primés ; **Maison Bleue** *(20 N. 2nd Ave. - ✆ (509) 525-9084 - www.maisonbleuewinery.com - jeu.-lun. 11h-17h)*, petit producteur spécialisé dans les vins de type côtes-du-rhône.

★ **Whitman Mission National Historic Site** – *À 9 miles à l'ouest de Walla Walla sur la Rte 12 - ✆ (509) 522-6360 - www.nps.gov/whmi - 9h-16h - fermé dim.-lun. - gratuit.* Ce parc préserve le site d'une mission presbytérienne implantée en 1836 pour évangéliser les Indiens Cayuses. En 1847, les missionnaires Marcus et Narcissa Whitman y ont été massacrés par les Indiens avec onze de leurs assistants.

★ Maryhill Museum B3

▶ *À Goldendale, 139 miles à l'ouest de Walla Walla et 104 miles à l'est de Portland par l'I-84 puis la Rte 14.*

35 Maryhill Museum Dr. (2 miles à l'ouest de l'US-97) - ✆ (509) 773-3733 - www.maryhillmuseum.org - de mi-mars à mi-nov. : 10h-17h - 16 $.

Les habitants de la région se demandèrent ce que diable pouvait bien être cette maison lorsqu'ils découvrirent, en 1926, ce que le magnat de Seattle Sam Hill avait érigé là. Il en résulte une expression intraduisible : « What in Sam Hill is that ? » La demeure Beaux-Arts du baron est située sur une falaise surplombant le fleuve Columbia. L'intention de Hill était d'y attirer les voyageurs pour leur faire découvrir son éclectique collection d'objets d'art. Ouvert au public en 1940, le musée possède des sculptures de Rodin, du verre Art nouveau, des objets amérindiens et bien d'autres trésors. Tout près, une reproduction de Stonehenge se dresse au milieu d'un paysage aride.

Les champs de blé au printemps, près de Palouse.
littleny/Getty Images Plus

Carnet pratique

S'informer

Washington Tourism Alliance – *(800) 544-1800 - www.stateofwatourism.com.*

Arriver/partir

En avion

Spokane International Airport – *(509) 455-6429 - www.spokaneairports.net - 8 miles à l'ouest de Spokane.* Liaisons directes avec Seattle, Portland, Salt Lake City, Denver, Los Angeles, Chicago... Sert de plaque tournante au trafic régional. On y trouve les principaux loueurs de voitures. Comptez 25 $ en taxi pour le centre, ou 2 $ avec le bus n° 60.

En train

Spokane est située sur la ligne Empire Builder, qui relie Portland et Seattle à Chicago. La gare **Amtrak** *(221 W. 1st Ave. - (800) 872-7245 - www.amtrak.com)* abrite aussi le terminal routier.

En bus

Greyhound – *(800) 231-2222 - www.greyhound.com.* Assure des liaisons régulières vers Seattle, Portland, Ellensburg, Coeur d'Alene, Wenatchee et Walla Walla.

Nos adresses

Restauration

Spokane

Budget moyen

Wild Sage Bistro – *916 W. 2nd Ave - (509) 456-7575 - www.wildsagebistro.com - fermé le midi - plats 27/65 $.* Installé dans un bâtiment sans prétention, le Wild Sage sert parmi les meilleurs plats bistrot de la région de Spokane. Pains et desserts faits maison.

Pour se faire plaisir

Mizuna – *214 N. Howard St. - (509) 747-2004 - www.mizuna.com - fermé midi - plats 30/48 $.* Dans l'agréable patio ou la grande salle de ce bâtiment en brique, on déguste de bons plats bio, végétariens ou non, à la fraîcheur et aux cuissons impeccables et agrémentés de bons vins.

Walla Walla

Budget moyen

Brasserie Four – *4 E. Main St. - (509) 529-2011 - brasseriefour.com - fermé dim.-lun. et les midis de mar. à jeu. - plats 23/37 $.* Ce restaurant du centre-ville propose une cuisine française accessible du poisson meunière (en fonction du marché) au bœuf bourguignon en passant par les escargots. Sert également des pizzas. Le cadre, simple et confortable, fait la part belle aux œuvres d'artistes locaux qui y sont régulièrement exposées.

Grandmas Kitchen – *209 E. Alder St. - (509) 876-2527 - maplecountercafe.com - fermé w.-end le midi et lun. - plats env. 15/30 $.* Tout est fait maison dans cette adresse qui privilégie des produits locaux et de saison. Pour le petit-déjeuner vous aurez l'embarras du choix parmi les délicieuses recettes d'œufs brouillés, omelettes ou les spécialités de pancakes de la maison ; pour le déjeuner, large choix de burgers, salades et sandwichs.

Hattaway's on Alder – *125 W. Alder St. - (509) 525-4433 - www.hattawaysonalder.com - fermé midi - plats 31/34 $.*

Originaire d'Alabama, ce couple de chefs insuffle une touche de cuisine du Sud aux ingrédients du nord-ouest du Pacifique. Riz sauté aux crevettes, filet de porc grillé aux patates douces... sont servis dans un cadre confortable et chaleureux. Large choix de vins.

Hébergement

Columbia Valley

Budget moyen

Cave B Inn and Spa – *344 Silica Rd N.W. - Quincy - ✆ (509) 788-8000 - www.cavebinn.com - 🏊 - 55 ch. 112/268 $ -* ✕. Entourée de vignes, sur un plateau qui surplombe le fleuve Columbia, cette élégante auberge est fière des vues qu'elle offre sur la gorge accidentée en contrebas. Les *cliffehouses*, à l'architecture étonnante, sont dans les tons dorés et possèdent cheminées et hauts plafonds. On peut également prendre une chambre à l'auberge, dans la « Caverne », ou encore s'offrir une yourte. Les plus : les vignes, la piscine, le Spa et le Tendrils Restaurant (pâtes faites maison et bœuf produit localement).

Spokane

Budget moyen

The Historic Davenport – *10 S. Post St. - ✆ (509) 455-8888 - www.davenporthotelcollection.com - ▤ P payant - 🏊 ♿ - 284 ch. 160/460 $ -* ✕. Véritable bijou du style Mission Revival, inspiré des missions espagnoles de Californie, ce monstre sacré de l'hôtellerie (1914), avec sa salle de bal et son lobby débordant de marbres, dorures, vitraux, fresques et boiseries, a accueilli une foule d'hôtes prestigieux. Classé monument historique, il a pourtant bien failli être démoli avant d'être restauré de fond en comble. Les chambres garnies d'un mobilier en mahogany sont spacieuses et jouissent d'une literie de qualité, à un prix très raisonnable. Le restaurant Palm Court Grill sert de bons plats de viandes et poissons. Spa, salle de fitness, piscine, navette pour l'aéroport, voiturier.

The Davenport Lusso – *800 W. Sprague Ave. - ✆ (509) 747-9750 - www.davenporthotelcollection.com - 48 ch. 119/433 $ -* ✕. L'hôtel Lusso adjacent fait partie du même groupe et propose des chambres agréables un peu moins chères. Salle de fitness et Spa.

Walla Walla

Budget moyen

Marcus Whitman Hotel – *6 W. Rose St. - ✆ (509) 525-2200 - marcuswhitmanhotel.com - 133 ch. 149/279 $ - ☕ en sus -* ✕. Depuis 1928, cet établissement historique s'est bien sûr modernisé, mais il conserve une grande part de son charme d'époque, au moins dans la partie ancienne. Chambres douillettes à la propreté immaculée. Le restaurant Marc, plusieurs fois distingué, sert une cuisine américaine moderne et raffinée.

7

Dans le glacier Mendenhall.
Alaska Stock/hemis.fr

8

Alaska

A
B
1
2
3
Utqiagvik (Barrow)
Prudhoe Bay
CHUKCHI SEA
The Arctic
11
Noatak National Preserve
Gates of the Arctic NP
Cape Krusenstern NM
Kobuk Valley NP
Kotzebue
Dalton Hwy
Bering Strait
Interior and the Arctic
Yukon
Fairbanks
Nome
DENALI NP
Saint Lawrence Island
Denali 6164
4
1
Anchorage
Nunivak Island
Lake Clark NP
1
Cook Inlet
Southcentral Alaska
Homer
Seward
Kenai Fjords NP
Katmai NP
BERING SEA
Kodiak Island
Aniakchak NM
Kodiak National NWR
Alaska Peninsula
PACIFIC
A
B

C
D
ALASKA
GLACIER BAY NP
★★★ Vaut le voyage
Katmai NP
★★ Vaut le détour
Fairbanks
★ Vaut la visite
Utqiagvik (Barrow)
Intéressant
0
200 km
0
100 mi
BEAUFORT SEA
CANADA
1
2
3
Wrangell-St. Elias NP
Valdez
Whitehorse
Mount St. Elias
5489
Prince William Sound
Skagway
MENDENHALL GLACIER
GLACIER BAY NP
Juneau
Admiralty Island NM
Sitka
Sitka NHP
The Panhandle
Alexander Archipelago
Ketchikan
Prince Rupert
GULF OF ALASKA
OCEAN
N
1
37
97
16
C
D

Carnet pratique

S'informer

Alaska Travel Industry Association – *www.travelalaska.com.*

Climat

Ceux qui n'y vivent pas considèrent souvent l'Alaska comme une région pluvieuse et enneigée, mais en réalité il y fait bon de mai à septembre (excepté dans l'Arctique) et il peut même faire très chaud à l'intérieur des terres durant l'été. La température la plus élevée jamais enregistrée est de 38 °C à Fort Yukon. Durant le mois de juillet, il fait en moyenne 23 °C à Fairbanks, 18 °C à Anchorage et légèrement moins à Juneau. En revanche, les nuits sont toujours fraîches et l'on peut s'attendre à des averses toute l'année. Même lorsqu'il n'est pas nécessaire de porter un manteau pour se tenir chaud, il est conseillé d'en avoir un pour se protéger des insectes (ce cliché-là est bien réel).

Décalage horaire

L'Alaska a son propre fuseau horaire : GMT -9, soit 1h de moins que le *Pacific Time*.

Les îles Aléoutiennes de l'Ouest sont à l'heure d'Hawaii, soit 2h de moins que le *Pacific Time*.

Arriver/partir

Aéroport

Aéroports d'Alaska desservis à partir du continent américain :

Anchorage International Airport (ANC) – *dot.alaska.gov.* Liaisons directes avec Seattle, Portland, Denver, Phoenix...

Fairbanks International Airport (FAI) – *dot.alaska.gov/faiiap.* Liaisons directes avec Seattle, Anchorage, Kansas City.

Juneau International Airport (JNU) – *www.juneau.org/airport.* Liaisons directes avec Seattle.

Vols intérieurs

Ravn Alaska – ✆ *(907) 266-8394 - www.ravnalaska.com.* Cette compagnie locale propose également des vols intérieurs.

En bateau

Depuis **Seattle**, il existe de nombreuses croisières permettant de rejoindre l'Alaska.

Alaska Marine Highway System *(voir p. 433)* assure des lignes régulières de ferry reliant Bellingham (WA) à Juneau et à d'autres ports d'Alaska. Il est nécessaire de réserver.

Se déplacer

En train

Alaska Railroad Corp. – ✆ *(907) 265-2494 ou (800) 544-0552 - www.alaskarailroad.com.* Relie notamment Seward à Fairbanks, *via* Anchorage et Denali National Park.

En bus

Interior Alaska Bus Line – ✆ *(800) 770-6652 - interioralaskabusline.com.* Relie Anchorage, Fairbanks et Tok trois fois par semaine toute l'année *(lun., merc., vend.).*

Des tour-opérateurs indépendants assurent par ailleurs des trajets en autocar en Alaska et dans le Yukon (Canada), comme **Husky Bus** *(www.klondikeexperience.com/husky-bus).*

Nos adresses

Activités

Circuits accompagnés

Gray Line - ✆ *(888) 452-1737 - www.graylinealaska.com.*

Circuits à bicyclette

Alaskan Bicycle Adventures - ✆ *(907) 245-2175 - www.alaskabike.com.*

Excursions multisports

REI Adventures - ✆ *(253) 437-1100 - www.rei.com/adventures.*

Tourisme d'aventure

Alaska Wildland Adventures - ✆ *(800) 334-8730 - www.alaskawildland.com.*
Séjours découverte et activités en plein nature.

Talkeetna Air Taxi - ✆ *(907) 733-2218 - www.talkeetnaair.com.* Survols aériens et vols d'accompagnement.

Hébergement

On trouve de nombreux *lodges* à l'intérieur et autour des parcs nationaux, et dans leurs villes d'accès. Contactez **Alaska Tour and Travel** *(✆ (800) 208-0200 - www.alaskatravel.com).*
Pour obtenir une liste des terrains de camping publics ainsi que des cartes, renseignez-vous à l'**Alaska Travel Industry Association** *(www.travelalaska.com, voir « Plan your trip », puis « Places to stay »).*
Les motels situés au bord des autoroutes offrent généralement des services de restauration, de carburant et de réparation des véhicules. Téléphonez pour vérifier la disponibilité, en particulier d'octobre à mi-mai.
Les curiosités et les services le long des autoroutes sont répertoriés dans *The Milepost*, disponible en librairie ou sur le site internet **The Milepost** *(✆ (800) 726-4707 - themilepost.com).*
Dans un État où il n'y a que peu de routes, où les paysages sont magnifiques, où les loisirs de plein air et la nature sont si importants, les chalets dans les lieux reculés jouent un rôle clé pour le voyageur. On se rend en hydravion ou en bateau dans ces avant-postes, qui vont du chalet luxueux offrant tous les services à la cabane rustique isolée sur des côtes lointaines. Désireux de conserver leur environnement et d'en tirer le meilleur parti, nombreux sont ceux qui en Alaska sont des pionniers de l'autosuffisance et de la gestion durable. L'**Alaska Wildland Adventures** *(voir ci-contre)*, par exemple, a fait installer une petite centrale hydroélectrique à Kenai Backcountry Lodge pour minimiser l'usage de fuel.

Anchorage ★

Occupant la seule étendue plate entre les bras du Cook Inlet et les sommets aigus du Chugach Range, la plus grande ville d'Alaska abrite près de la moitié de la population de l'État. La proximité de la mer la fait bénéficier d'un climat plus tempéré que dans le reste de l'Alaska. Centre régional du commerce et de la culture, la cité est accueillante pour les visiteurs qui se pressent l'été vers les grands espaces sauvages.

Se repérer

287145 habitants – Alaska – *Alaska Time.*

CARTE B2 (P. 414-415) - PLANS (P. 420-421).

À 573 miles au nord-ouest de Juneau.

À ne pas manquer

L'Anchorage Museum ; le trafic des hydravions sur le lac Hood.

Organiser son temps

Les fortes chutes de neige sont rares et le soleil brille souvent en mars et en avril, qui peuvent être les meilleurs mois pour visiter la région.

Carnet pratique p. 423

Nos adresses p. 424

Découvrir

PLANS I ET II P. 420-421

★★★ Anchorage Museum PLAN II D1

121 W. 7th St. et 625 C St. - ✆ (907) 929-9200 - www.anchoragemuseum.org - mai-sept. : 9h-18h, vend. 9h-21h ; oct.-avr. : mar.-sam. 10h-18h, dim. 12h-18h - 20 $ (gratuit 1er vend. du mois 18-21h).

Imposant, ce musée voué à la culture de l'Alaska présente en détail l'histoire, l'ethnographie et l'art de la région. La **collection d'art** du rez-de-chaussée est consacrée aux peuples et paysages du Grand Nord. On y voit plusieurs **toiles★** remarquables de Sydney Laurence (1865-1940), le grand peintre du pays.

À l'étage, l'**Alaska Gallery** regroupe des milliers d'objets d'intérêt historique, exposant le mode de vie d'origine des peuples autochtones jusqu'à leurs premiers contacts avec les Européens. Un diorama très intéressant, grandeur nature, montre avec beaucoup d'authenticité une maison aléoute du 18e s., armature d'os de baleine revêtue de mottes d'herbe. De fascinantes vidéos mettent en scène les traditions et la vie moderne des nombreux Amérindiens de l'Alaska. L'exposition illustre le lien étroit qui unit les indigènes de l'Alaska et leurs cousins de Sibérie.

La galerie **Smithsonian Arctic Studies Center gallery★★★** vous fera découvrir 600 objets rares, dont un casque de guerre tlingit du 19e s. et une tunique athapascane. Des écrans digitaux interactifs renseignent sur chacune des œuvres, son histoire et sa signification.

Le musée présente aussi d'excellentes expositions temporaires. Il renferme par ailleurs une **Children's Gallery** pour les enfants. Son centre d'études arctiques est un département de la Smithsonian Institution.

Point d'information et panneaux directionnels à Anchorage.
KenWiedemann/Getty Images Plus

ANCHORAGE
AIR CROSSROADS OF THE WORLD
Moscow
5282 Air Mi.
Homer
226 Rd. Mi.
Prudhoe Bay
847 Rd. Mi.
Chicago
2839 Air Mi.
Honolulu
2780 Air Mi.
London
4490 Air Mi.
Magadan
1948 Air Mi.
Copenhage
4313 Air Mi.
Tokyo
3460 Air Mi.
Fairbanks
358 Rd. Mi.
Darwin
6613 Air Mi.
Anchorage Convention & Visitors Bureau
Visitor Information
Amsterdam
4475 Air Mi.
Seward
127 Rd. Mi.
Brussels
4566 Air Mi.
Harbin
3430 Air Mi.
Frankfurt
4654 Air Mi.
Denver
2367 Air Mi.
Tromso
3379 Air Mi.
Incheon
Washington, D.C.
3322 Air Mi.
Vancouver,

★★ Alaska Native Heritage Center PLAN I A3

8800 Heritage Center Dr. (à 7 miles à l'est du centre-ville par Glenn Hwy, sortie North Muldoon Rd) - ✆ (907) 330-8000 - www.alaskanative.net - hiver : 9h-17h, fermé le w.-end - été : 9h-17h - 5 $ en été, gratuit en hiver.

En été, une navette gratuite transporte les visiteurs depuis divers lieux en ville, notamment depuis l'Anchorage Museum, jusqu'au centre. Peupliers d'Amérique et bouleaux bruissent dans la brise sur ce site bucolique de plus de 10 ha au bord d'un petit lac pittoresque.

Le centre vous fera découvrir les onze groupes culturels indigènes de l'Alaska, des fameux Inuits aux méconnus Yupik du Pacifique, à travers des récits de contes et légendes, des chants, danses, démonstrations artistiques et ludiques, projection de films, etc.

SE RESTAURER
- Orso 6
- Simon & Seafort's.......... 7
- Snow City Café 8
- Fire Island Rustic Bakeshop . 9
- Ginger 10
- Glacier Brewhouse........... 11
- Marx Brothers Café 12
- Middle Way Café............. 13

SE LOGER
- Historic Anchorage Hotel ... 3
- Copper Whale Inn 4
- Hotel Captain Cook......... 5

★ Alaska Aviation Heritage Museum PLAN I A2

4721 Aircraft Dr., Lake Hood Air Harbor (rive sud, à 6 miles au sud d'Anchorage) - ✆ (907) 248-5325 - www.alaskaairmuseum.org - 10h-17h - 17,50 $.

Le vacarme des hydravions qui décollent et se posent sur le lac au rythme record de 85 000 opérations par an ajoute une réalité sonore à cet impressionnant musée encyclopédique. Il est consacré à l'histoire de l'aviation dans un État qui dépend des liaisons aériennes pour l'accès au *bush*, les terres sauvages. Le musée présente quelque 25 anciens **bush planes**, qui desservaient ces territoires, un atelier de restauration des appareils, de nombreuses photographies et une salle de projection.

À proximité

PLAN I P. 420

★ Girdwood Area B3

À 37 miles au sud-est d'Anchorage par Seward Hwy (Rte 1).

À partir d'Anchorage, la route secondaire pittoresque Seward Highway longe le charmant bras de mer **Turnagain Arm**. Au printemps, la marée présente une amplitude de 11,50 m, ce qui en fait la deuxième plus importante en Amérique du Nord. Les bélougas y font parfois surface pour souffler des jets d'eau et jaillir au-dessus des flots. La route traverse ensuite **Chugach National Forest** jusqu'à la péninsule de Kenai *(voir p. 442)*.

À moins d'une heure de la ville, l'**Alyeska Resort Aerial Tram★★** *(Alyeska Hwy, 3 miles à l'est de Girdwood - ✆ (907) 754-2275 - www.alyeskaresort.com - 48 $)* emmène rapidement les visiteurs à 700 m au-dessus de la vallée jusqu'au sommet du meilleur domaine skiable d'Alaska, agrémenté de **vues★★** splendides sur Turnagain Arm et les cimes coiffées de glace.

Tout près, **Crow Creek Mine** *(Crow Creek Rd, 2 miles à l'est de Girdwood - ✆ (907) 229-3105 - www.crowcreekgoldmine.com - de mi-mai à mi-sept. : 10h-18h - 13 $, orpaillage 25 $)* conserve un groupe de bâtiments marqués par les intempéries, datant de la ruée vers l'or au début du 20e s. Les visiteurs peuvent s'amuser à la batée à la recherche d'or.

Les courses de chiens de traîneau

Pour beaucoup, l'image qui résume l'Alaska est un équipage de chiens huskies lancé dans la toundra glacée. Point de départ de l'éprouvante **Iditarod** de 1 000 miles, la « dernière grande course sur terre » (*www.iditarod.com*), Anchorage participe pleinement à cette vision. Les chiens de traîneau rappellent que cette cité moderne n'est pas si éloignée d'un monde sauvage et primitif. Il y a plus de quatre mille ans, les Inuits et les Indiens nomades se sont assuré le concours des chiens malamutes indigènes pour tirer leurs chargements et les conduire dans leurs territoires de chasse et de pêche. Leur énergie, leur résistance et leur sens de l'orientation les ont rendus irremplaçables aux explorateurs. Dans son roman de 1903 devenu un classique, *L'Appel de la forêt*, Jack London montre des chercheurs d'or qui font tirer par les chiens leur équipement et leurs provisions.

Avec l'introduction du transport aérien dans les années 1920, la pratique des chiens de traîneau a presque disparu, sauf dans l'intérieur où les *mushers* (meneurs) en ont perpétué l'usage.

En 1967, pour la célébration du centenaire de l'Alaska, on a créé une course de chiens de traîneau en souvenir de l'**Iditarod Trail**, piste tracée en 1910 à l'occasion de la ruée vers l'or pour transporter le courrier de Seward à Nome, puis rouverte en 1925 pour convoyer le sérum contre la diphtérie. Partant le premier samedi de mars, l'**Iditarod** traverse la toundra balayée par les vents, des fleuves gelés et des chaînes de montagnes glacées jusqu'à Nome, sur la mer de Béring. Les vainqueurs couvrent la distance en moins de dix jours. L'amélioration du matériel et de la piste, la sélection et le dressage des chiens ont permis de réduire de moitié le temps que prenait la course en 1973. Le premier arrivé gagne 51 800 dollars (sur un total de prix de 500 000 dollars) et l'admiration des amateurs de courses de chiens de traîneau du monde entier.

Un peu d'histoire

Campement de pionniers et d'ouvriers du chemin de fer en 1914, Anchorage devint par la suite une ville frontière. Avec l'édification de Fort Richardson et l'installation d'une base aérienne à Elmendorf, sa population passa le cap des 30 000 habitants à la fin des années 1940. Le choix d'Anchorage comme quartier général stratégique pendant la guerre froide développa la nouvelle cité, mais créa des problèmes : insuffisance de logements, alcool, circulation encombrée... En 1964, le tremblement de terre du Vendredi saint secoua Anchorage jusque dans ses fondations. La reconstruction entreprise après le désastre servit d'aiguillon économique et la ville retrouva un certain dynamisme. La découverte en 1968 des riches gisements de pétrole de Prudhoe Bay, dans le nord de l'Alaska, lui donna encore un coup de fouet. Anchorage offre de bons restaurants, des galeries élégantes, de superbes parcs paysagers et une vie culturelle animée.

★ Alaska Wildlife Conservation Center B3

Mile 79, Seward Highway - ✆ (907) 783-2025 - www.alaskawildlife.org - mai-août : 8h30-19h ; reste de l'année : horaires variables, se rens. sur www.alaskawildlife.org/visit - 20 $. Ce centre offre une chance de voir de près ours, orignaux, caribous, bœufs musqués, bisons des bois et bien plus encore grâce à ses immenses enclos naturels.

★ Portage Glacier B3

ⓘ **Begich, Boggs Visitor Center** – *Mile 1, Portage Glacier Rd - ✆ (907) 783-2326 - de mi-mai à mi-sept. : 9h-17h - 5 $.* Le centre d'accueil propose un bref exposé expliquant la géologie glaciaire.

Une **excursion en bateau** *(✆ (800) 544-2206 - www.graylinealaska.com/portage-glacier-cruises - de mi-mai à mi-sept. : 5 dép./j. - 119 $)* permet de traverser le lac pour aller voir le glacier Portage qui, sous l'effet du changement climatique, s'est retiré au fond de la vallée.

ⓘ Carnet pratique

S'informer

Visitor Center – *524 W. 4th Ave. - ✆ (907) 257-2363 - www.anchorage.net - 9h-17h (9h-16h le w.-end).*
Également un bureau à l'aéroport (ouv. mi-mai à mi-sept. 9h-16h).

Arriver/partir

En avion

L'**aéroport international Ted Stevens d'Anchorage** (ANC - *ancairport.com*) se trouve à environ 6 miles au sud-ouest du centre-ville. Liaisons directes avec Seattle, Portland, Denver, Phoenix...

En ferry

Les ferries de l'**Alaska Marine Highway System** *(dot.alaska.gov/amhs)* partent de Bellingham (État de Washington), longent les côtes de Colombie-Britannique et du sud de l'Alaska et desservent notamment Whittier, le port d'escale le plus proche d'Anchorage.

En voiture
Il est possible de se rendre à Anchorage en traversant le Canada *via* l'Alaska Highway jusqu'à Tok Junction, puis en se dirigeant vers le sud sur la Glenn Highway (Route 1). La distance à parcourir est de 1575 miles/2535 km (5 jours) en partant de Dawson Creek en Colombie-Britannique et d'un peu plus de 1865 miles/3000 km (7 jours) en partant de Seattle et en empruntant la Cassiar Highway à travers la Colombie-Britannique.

Se déplacer

En bus
Interior Alaska Bus Line *(✆ (800) 770-6652 - interioralaskabusline.com)* organise un service de bus reliant Anchorage, Fairbanks et Tok trois fois par semaine.
En été, **Alaska/Yukon Trails** *(✆ (907) 888-5659 - alaskashuttle.com)* effectue des trajets quotidiens entre Anchorage, Fairbanks, Denali et Talkeetna.
Au départ d'Anchorage, **Seward Bus Lines** *(✆ (907) 563-0800 - www.sewardbuslines.net)* dessert Seward et la péninsule de Kenai.
Certaines attractions à la périphérie de la ville, comme l'**Alaska Native Heritage Center** *(www.alaskanative.net/plan-a-visit)*, proposent des navettes gratuites en été.

En train
Les trains de l'**Alaska Railroad** *(✆ (907) 265-2494 ou (800) 544-0552 - www.alaskarailroad.com)* font la liaison entre la gare d'Anchorage (PLAN II CD1), Seward, le parc national de Denali et Fairbanks.

En voiture
Les principales sociétés de **location de véhicules** sont présentes à l'aéroport. Les routes principales étant constamment dégagées par les équipes d'entretien, la voiture est un bon moyen de transport pour visiter la région, même durant l'hiver.

Nos adresses

PLAN I P. 420 ET PLAN II P. 421

Restauration

Premier prix

9 **Fire Island Rustic Bakeshop** – PLAN II C2 - *1343 G St. - ✆ (907) 569-0001 - www.fireislandbread.com - fermé lun.-mar. et le soir - moins de 15 $.* Dans une petite maison historique au sud du centre-ville, la meilleure pâtisserie artisanale d'Anchorage fait dans les spécialités et les pains européens. Ces derniers sont transformés en copieux sandwichs. Croissants, muffins et scones au menu le matin. Trois sandwichs sont proposés chaque jour au déjeuner.

2 **Lucky Wishbone** – PLAN I B1 - *1033 E. 5th Ave. - ✆ (907) 272-3454 - www.luckywishbonealaska.com - service continu - plats 10/21,50 $.* Il peut sembler surprenant de trouver à Anchorage un lieu connu comme un véritable temple du poulet frit, mais cela s'explique par la présence d'une grande base militaire à proximité. Lucky Wishbone propose un poulet frit à la fine panure croustillante. Les milk-shakes sont très prisés.

13 **Middle Way Café** – PLAN II C2 - *1200 W. Northern Lights Blvd - ✆ (907) 272-6433 - www.middlewaycafe.com - fermé le*

soir - plats 12,50/18 $. Situé dans le centre commercial à côté de la plus grande et de la meilleure librairie d'Anchorage, le Middle Way propose une cuisine simple préparée avec savoir-faire à partir de produits locaux et le plus souvent bio. Les soupes maison sont composées d'ingrédients issus de l'Alaska et le pain des sandwichs est fait maison. Les habitants s'y pressent à l'heure du déjeuner.

8 **Snow City Café** – PLAN II C1 - *1034 W. 4th Ave. - ✆ (907) 272-2489 - www.snowcitycafe.com - fermé le soir - plats 15/20 $.* C'est pour le petit-déjeuner qu'on se presse dans cet établissement en bordure du centre-ville. Le plat le plus populaire est de loin le « Crabby », une riche omelette de crabe des neiges accompagnée de galettes de pommes de terre (au menu dès que des pommes de terre de l'Alaska sont disponibles). Les œufs Bénédicte ou brouillés s'accompagnent de cakes de saumon. Le « Tundra Scramble » est servi avec de la saucisse de caribou et des champignons.

Budget moyen

3 **Moose's Tooth Pub & Pizzeria** – PLAN I B1 - *3300 Old Seward Hwy - ✆ (907) 258-2537 - moosestooth.net - service continu - pizzas 11,50/39 $.* Les files d'attente sont longues devant le restaurant de cette micro-brasserie incroyablement populaire du centre-ville. Le « Tooth » ne prend pas de réservation et l'on doit parfois patienter une heure pour une table. On y vient pour les pizzas, dont beaucoup s'accordent à dire que ce sont les meilleures de l'Alaska. Elles incorporent des ingrédients originaux comme le chipotle. « L'Avalanche » comprend pepperoni, poulet noirci et pas moins de trois fromages.

10 **Ginger** – PLAN II D1 - *425 W. 5th Ave. - ✆ (907) 929-3680 - gingeralaska.com - fermé lun. et midi - plats 18/44 $.* Bien que les influences asiatiques soient sensibles, le menu de ce bistrot du centre est suffisamment étendu pour inclure des touches de cuisine continentale et des Caraïbes. Peu connu des touristes, il dispose souvent de tables libres.

11 **Glacier Brewhouse** – PLAN II C1 - *737 W. 5th Ave. - ✆ (907) 274-2739 - www.glacierbrewhouse.com - service continu - plats 29/41 $ - réserv. conseillée.* Cet établissement animé est bâti autour d'une brasserie et les sept bières de la maison sont disponibles à la pression. Les plats, savoureux, sont préparés avec un grand savoir-faire. Une rôtissoire nourrie au bois d'aulne grille poulet, bœuf et porc, tandis que les poissons sont servis sous des formes originales comme le flétan et sa croûte d'herbes et de miettes de drêche.

5 **Southside Bistro** – PLAN I A3 - *1320 Huffman Park Dr. - ✆ (907) 348-0088 - southsidebistro.com - fermé dim.-mar. et midi - plats 19/39 $.* Ce restaurant fréquenté par les résidents d'Anchorage s'abrite au sein d'un centre commercial peu engageant. Il propose une cuisine fusion plutôt séduisante qui met en scène les produits locaux (poisson, fruits de mer, canard) dans des versions teintées d'Italie ou d'Asie.

1 **Kincaid Grill** – PLAN I A2 - *6700 Jewel Lake Rd - ✆ (907) 243-0507 - www.kincaidgrill.com - fermé dim.-lun. et midi - plats 34/42 $.* Le restaurant est situé dans un centre commercial du sud d'Anchorage qui ne paye pas de mine. Pourtant, il vaut la peine de pousser jusque-là pour déguster des plats rondement menés aux accents méditerranéens. Les huîtres sont servies crues mais aussi rôties au parmesan et les coquilles

saint-jacques sont accommodées « à la niçoise » avec haricots verts, ail et tomate.

6 Orso – PLAN II C1 - *737 W. 5th Ave. - ✆ (907) 222-3232 - www.orsoalaska.com - fermé midi - plats 20/43 $.* Cet établissement très populaire du centre-ville propose un menu aux influences italiennes marquées. Y figurent steaks, hamburgers, plats de pâtes et salades, mais aussi toutes sortes de poissons : saumon, flétan, sole, perche, thon jaune, crabe royal et bien plus. Tous sont pêchés en Alaska. La spécialité est un plat de saumon cuit sur planche de cèdre à la manière traditionnelle des Amérindiens côtiers.

7 Simon & Seafort's – PLAN II C1 - *420 L St. - ✆ (907) 274-3502 - simonandseaforts.com - service continu - plats 18/57 $.* Les fruits de mer sont la raison d'être de cet établissement apprécié des hommes d'affaires. Situé dans la partie ouest du centre-ville, on peut y admirer le golfe de Cook et le mont Susitna à l'horizon. Les plats sont des classiques : *fish & chips*, steaks, tacos au poisson, *cioppino*, palourdes, crabe à la vapeur et viandes fumées au bois de pommier. Tous sont préparés avec un grand savoir-faire.

Pour se faire plaisir

12 Marx Brothers Café – PLAN II C1 - *627 W. 3rd Ave. - ✆ (907) 278-2133 - www.marxcafe.com - fermé dim.-lun. et midi - plats 45/55 $.* Ce restaurant au sein d'une demeure historique possède une vue sur Ship Creek. Il fut l'un des premiers, dans les années 1970, à introduire une cuisine de gourmets à Anchorage. Le feu de cheminée lui donne une atmosphère conviviale. Le menu sophistiqué fait la part belle aux produits de la mer comme le flétan farci au crabe royal et sébeste.

Une folie

4 Seven Glaciers Restaurant – PLAN I B3 - *1000 Arlberg Ave. - 99587 Girdwood - Alyeska Resort - ✆ (907) 754-2237 - www.alyeskaresort.com - fermé mar.-merc. et midi - menu 125 $.* Ce remarquable restaurant est considéré par beaucoup comme le meilleur de l'État. Situé à l'extrémité du téléphérique d'Alyeska, il occupe un site magnifique : on a vue sur le bras de mer de Turnagain Arm et sur les montagnes Kenai. Plats typiques de l'Alaska tels que croquettes de crabe et bisque de noix de saint-jacques, saumon et flétan. L'accès en téléphérique est offert aux clients.

Hébergement

Le prix de l'hébergement est élevé en été, variant souvent du simple au double par rapport aux tarifs pratiqués en basse saison.

Budget moyen

4 Copper Whale Inn – PLAN II C1 - *440 L St. - ✆ (907) 258-7999 - www.copperwhale.com - P payant - 15 ch. 149/339 $ ☕.* Perchée en haut de la falaise, à la pointe ouest du centre-ville, cette petite auberge entourée d'un jardinet abrite des chambres spacieuses décorées dans des tons corail et cuivre. Le petit-déjeuner, continental, offre l'occasion d'écouter les excellents conseils des propriétaires. La vue du golfe de Cook à partir de la salle à manger est superbe.

5 Historic Anchorage Hotel – PLAN II C1 - *330 E St. - ✆ (907) 272-4553 - www.historicanchoragehotel.com - P payant - ♿ - 26 ch. 179/339 $.* L'unique hôtel historique du centre-ville se trouve sur la colline qui surplombe Ship Creek, à proximité de tous les sites touristiques. Ouvert en 1916, à une époque où l'essentiel d'Anchorage n'était encore que des tentes, il a été restauré en 1989 et possède un mobilier d'époque avec brocarts, tapis à motifs et tables édouardiennes.

Pour se faire plaisir

1 **Hotel Alyeska** – PLAN I B3 - *1000 Arlberg Ave. - Girdwood - ✆ (800) 880-3880 - www.alyeskaresort.com -* ✕ ⛱ ♿ *- 304 ch. 291/545 $.* Bien que l'immense bâtiment qui surplombe la forêt alentour semble à première vue démesuré, ses dimensions sont à l'échelle de la montagne sur laquelle il est construit. Les chambres sont chaleureuses, calmes et spacieuses, et toutes offrent des vues magnifiques. Quelques pas suffisent pour rejoindre les pistes de ski, le téléphérique se trouvant au pied de l'hôtel.

2 **Millennium Alaskan Hotel - The Lakefront Anchorage** – PLAN I A2 - *4800 Spenard Rd - ✆ (907) 243-2300 - www.millenniumhotels.com -* ▤ ✕ ♿ *- 248 ch. 199/648 $ -* ☕ *15 $.* Point de départ de l'Iditarod Trail, cet hôtel est le plus proche de l'aéroport international d'Anchorage. Il se trouve en effet sur un bras du lac Hood, qui sert de base aux hydravions. Il est d'ailleurs possible de réserver un vol et de décoller du dock de l'hôtel. Plus grandes que dans un hôtel standard, les chambres sont décorées dans les tons verts. Les amoureux du calme apprécieront le quartier résidentiel alentour.

3 **Hotel Captain Cook** – PLAN II C1 - *939 W. 5th Ave. - ✆ (907) 276-6000 - captaincook.com -* ▤ ♿ *- 546 ch. 277/499 $* ☕ *-* ✕ *plats 42/62 $.* Offrant de spectaculaires vues sur le golfe de Cook et les montagnes Chugach, ce gratte-ciel souvent considéré comme le meilleur établissement d'Anchorage fut le premier hôtel de luxe de l'Alaska. Ses trois tours couleur étain qui réfléchissent la lumière occupent à elles seules tout un pâté de maisons. Les chambres y sont pratiques, décorées dans des tons neutres, et nombre d'entre elles (sur la façade nord et ouest) jouissent d'une vue sur Denali par temps clair. Le Crow's Nest, au 20e étage, propose des plats de fruits de mer frais.

The Panhandle ★★

Mosaïque de terre et d'eau, les 540 miles du Panhandle s'étendent du parc de Misty Fiords au glacier de Malaspina, entre le Canada et le golfe d'Alaska, formant sous la masse principale de l'Alaska comme un doigt en direction des 48 États plus au sud. Cette région n'englobe que 6 % des terres d'Alaska, mais son littoral totalise 16 000 km, avec sa côte très découpée et le millier d'îles de l'archipel Alexander. Le paysage est marqué par toutes ces îles, mais aussi par la chaîne de montagnes côtières la plus élevée du monde, avec des crêtes dépassant 4 500 m. Les glaciers descendent des hauteurs jusqu'à des fjords profonds, où les phoques se prélassent sur les glaces flottantes et les oiseaux marins nichent sur des îles granitiques. Cette région est l'une des plus arrosées de l'État, ce qui, ajouté à l'influence tempérée de la mer, l'a couverte d'un luxuriant tapis forestier de sapins du Canada. La forêt nationale de Tongass, la plus étendue des États-Unis, englobe plus des trois-quarts des terres du Panhandle.

Se repérer

Alaska – *Alaska Time.*

CARTE CD3 (P. 414-415).

L'Alaska du Sud-Est, surnommée The Panhandle (la queue de poêle), désigne la bande de fjords, d'îles et de montagnes qui s'étire sur plus de 960 km le long du golfe de l'Alaska, à l'ouest du territoire canadien de la Colombie-Britannique. L'essentiel de la population se concentre à Juneau, la capitale de l'Alaska.

À ne pas manquer

Glacier Bay ; Sitka.

Organiser son temps

Les croisières font généralement une halte d'une journée à Juneau, Ketchikan, Skagway et Sitka.

Les activités organisées par les offices de tourisme locaux peuvent être plus abordables.

Carnet pratique p. 439

Nos adresses p. 439

Découvrir

CARTE P. 414-415

Ketchikan D3

À 285 miles au sud de Juneau.

131 Front St. - ✆ (907) 225-6166 ou (800)770-3300 - www.visit-ketchikan.com.

La plus au sud des villes de l'Alaska, et l'une des plus arrosées, Ketchikan se considère comme la capitale mondiale du saumon. Plus proche de Seattle (646 miles) que d'Anchorage (901 miles), Ketchikan avait la réputation d'être la ville « vers laquelle poissons et pêcheurs remontaient le courant pour se multiplier ». La majorité des visiteurs arrivent et partent de Ketchikan à bord de bateaux de croisières ou de bateaux privés, ou encore en hydravion. Le quartier ancien, **Creek Street Historic District**, conserve un trottoir en bois qui délimitait jusqu'en 1954 le quartier chaud le plus célèbre de tout l'Alaska. Plusieurs sites touristiques honorent la culture des Indiens Tlingits, Haidas et Tsimshians.

Prince William Sound.
Alaska Stock/hemis.fr

8

★★ **Totem Heritage Center** – *601 Deermount St. - ✆ (907) 225-5900 - ketchikan museums.org - 13h-17h - fermé dim.-lun. en oct.-avr. - 6 $.* Ici sont exposées près de trois dizaines de mâts totémiques venant de villages abandonnés au 19e s.

★ **Saxman Native Village** – *S. Stedman St., Saxman (à 3 miles au sud par S. Tongass Hwy) - ✆ (907) 225-4421 - facesofketchikan.com/cape-fox-tours - mai-sept. : visite guidée par les agences de croisières (env. 65 $).* Habité par plus de 300 Indiens Tlingits, ce village regroupe une maison tribale, une école, un atelier de découpe du saumon et un parc où se dressent 28 mâts totémiques. Les visiteurs en groupe peuvent observer les maîtres trancheurs et leurs apprentis à l'œuvre, et assister à des spectacles de danses indiennes dans la maison tribale.

★ **Totem Bight State Historical Park** – *9883 N. Tongass Hwy (à 10 miles au nord) - ✆ (907) 247-8574 - dnr.alaska.gov/parks/aspunits/southeast/totembigshp.htm.* Créé en 1938 pour conserver des sculptures amérindiennes, le parc abrite une réplique de maison clanique ainsi que 14 totems. Remarquables, les piliers de la grande maison comportent le visage d'un chef de clan coiffé d'un chapeau fait de racines d'épicéa et prêt pour un *potlatch*.

★ **Potlatch Totem Park** – *9809 Totem Bight Rd (à 10 miles au nord de Ketchikan) - ✆ (907) 225-4445 - www.potlatchparkalaska.com - 7h-17h - gratuit.* Ce parc vous fera découvrir cinq maisons de clans et leurs poteaux totémiques. On y trouve également un atelier de sculpture et un petit musée conservant des voitures anciennes et des armes à feu. La plupart des totems ont été réalisés par la sculptrice locale Brita Alander, une véritable étoile montante parmi les artistes amérindiens.

Southeast Alaska Discovery Center – *50 Main St. - ✆ (907) 228-6220 - www.fs.usda.gov - déb. mai-fin sept. : 8h-16h, sam. 8h-12h - 5 $.* Cette succursale des

L'Alaska, la dernière frontière

Région où tout est démesuré, l'Alaska s'étend sur une superficie double de celle du Texas, le plus grand des autres États américains, équivalente à trois fois la France. On y trouve les 16 plus hauts sommets des États-Unis – dont le mont McKinley, le toit de l'Amérique du Nord (6 195 m) –, et des parcs nationaux plus vastes et une faune plus riche que dans n'importe quel autre État. Ce vaste promontoire à l'extrémité nord-ouest du continent américain, appelé en aléoute « le grand pays », fait 3 780 km de la frontière canadienne à la pointe ouest des Aléoutiennes, dans l'océan Pacifique. L'Alaska n'est séparé de la Sibérie que par un bras de mer de 82 km. Il se trouve en revanche à 800 km au nord-ouest de l'État de Washington, celui dont il est le plus proche. Avec seulement 733 391 habitants pour 1 500 000 km², c'est un des moins peuplés des États, et celui qui a la plus faible densité de population.

Quand l'Alaska était russe...

Il y a entre 15 000 et 30 000 ans, des groupes de nomades venus d'Asie ont traversé une bande de terre reliant l'Asie à l'Amérique : l'Alaska a servi de porte d'accès à ce nouveau monde. Quand les Européens arrivèrent au 18e s., les tribus locales étaient installées depuis longtemps le long du littoral et à l'intérieur des terres. Motivés par les prix fabuleux qu'atteignait la fourrure de la loutre de mer, les Russes établirent un empire commercial qui, au début du 19e s., comprenait une quarantaine de forts répartis de la Sibérie à la Californie. Après qu'une chasse excessive eut décimé la population des loutres de mer, les Russes se retirèrent. En 1867, ils cédèrent le vaste territoire de l'Alaska aux États-Unis pour 7,2 millions de dollars. L'Alaska entra finalement dans l'Union en tant que 49e État des États-Unis le 3 janvier 1959.

La fièvre de l'or

La découverte de l'or accrut le nombre des implantations, avec la ruée des prospecteurs vers Juneau (1880), Skagway (1897-1898), Nome (1899) et, enfin, la région de Fairbanks (1902). La légendaire ruée vers l'or du Klondike attira de nombreux aventuriers, dont le plus fameux fut sans doute Jack London. À défaut de richesse, l'auteur de *L'Appel de la forêt* trouva en Alaska de quoi inspirer

Tourisme flottant

Sur les 1,8 million de visiteurs qui se rendent chaque année dans l'Alaska, un peu plus de la moitié sont en **croisière**. La majorité des bateaux passe par Juneau, Ketchikan et Sitka, équipées pour accueillir les immenses navires et leurs milliers de voyageurs. La plupart d'entre eux partent de Seattle ou de Vancouver. Si les descriptions des villes et de leurs attractions contenues dans ce guide sont à destination de tout type de voyageur, on gardera cependant à l'esprit que de fin mai à fin septembre, ces lieux peuvent être envahis en milieu de matinée par des centaines de visiteurs fraîchement débarqués et emmenés par bus entiers. Visitez si possible des lieux comme le glacier Mendenhall avant 10h. Le reste de l'année, l'Alaska du Sud-Est est un lieu calme, à la beauté sauvage, et battu par les pluies.

La signification des totems

Symboles de la culture indigène d'Amérique du Nord, les totems sculptés à la main érigés jadis dans les villages amérindiens le long de la côte étaient des œuvres d'art à la fonction à la fois spirituelle et pratique. Leurs motifs honoraient les esprits de la nature sur lesquels les Indiens comptaient, comme le Corbeau, le Saumon, la Baleine et l'Ours. Les totems illustraient aussi les filiations claniques et portaient divers messages à caractère social, tel le célèbre totem Seward Shame Pole (« totem de la honte de Seward »), qui raille l'impolitesse de William Seward. Presque toujours sculptés dans du bois de cèdre de l'Ouest ou de cyprès de Nutka, un bois résistant au pourrissement, les totems pouvaient nécessiter de deux mois à plusieurs années de travail. L'élévation d'un totem était et reste encore l'occasion d'une cérémonie de grande importance. Celle-ci est suivie d'un *potlatch* et d'une fête, comme ce fut le cas lorsque le Centennial Pole (« totem centenaire ») fut élevé au parc national historique de Sitka, en 2010. Le plus grand totem du monde, à Alert Bay, en Colombie-Britannique, mesure plus de 53 m de haut.

Durant le 19e s. et le début du 20e s., un grand nombre de totems à valeur historique ont été amassés par les collectionneurs à travers tout le Nord-Ouest Pacifique, souvent illégalement ou de façon contraire à la morale. Beaucoup finirent leur course dans des musées à l'autre bout du monde, en Europe et en Asie, où ils étaient mal exposés pour deux raisons. D'une part, ceux-ci sont des objets semi-sacrés pour les villageois et les clans qui les érigeaient, d'autre part, ils sont censés se désagréger avec le temps et retourner à la nature dont ils proviennent. Les totems sculptés par les jeunes générations perpétuent ce cycle de vie.

son œuvre littéraire.

La Seconde Guerre mondiale provoqua un afflux de population, avec l'établissement d'installations militaires et d'un réseau de communications et de transports. On construisit alors la célèbre Alaska Highway, qui relie Fairbanks au territoire canadien du Yukon, en traversant sur plus de 2 400 km un terrain désert très accidenté.

Un territoire à protéger

L'économie de l'Alaska est basée sur la pêche, l'exploitation du bois, des matières premières et des hydrocarbures, activités qui débouchent sur la transformation du bois et sur les industries agroalimentaires liées aux produits de la mer. Plusieurs bases militaires sont aussi implantées dans cet État, soulignant ainsi ses richesses et son importance stratégique.

Son développement se trouve aussi confronté aux problèmes posés par l'exploitation des gisements de pétrole et aux conflits de droits de propriété, où s'enchevêtrent revendications des autochtones, intérêts des promoteurs et principes des défenseurs de l'environnement. Pour ces derniers, l'Alaska représente le dernier espoir de conserver des terres vierges.

C'est d'ailleurs cette qualité même qui attire un flot permanent de visiteurs. Plus d'un quart de l'Alaska est protégé dans le cadre de parcs, de réserves ou d'étendues sauvages ; chaînes côtières spectaculaires aux fjords constellés d'îles ; toundra balayée par le vent ; forêt boréale peuplée d'ours ; les possibilités d'aventure en plein air sont infinies.

Un peu d'histoire

Durant plusieurs millénaires, les Indiens **Tlingits** (klinkit) creusèrent le tronc des cèdres pour en faire des canoës. Ils tiraient facilement leurs ressources de la mer et échangeaient avec les Indiens Athabascans de l'intérieur, fourrures de loutres et saumon séché contre cuivre et peaux de caribous. Lorsque les Russes arrivèrent dans la région à la fin du 18e s., ils y trouvèrent des millions de mammifères marins dont les fourrures se vendaient à prix d'or en Europe et en Chine. La capitale russe de ce nouveau monde, Sitka, qui ressemblait à une cité européenne, resta pendant un temps la plus grande ville de la côte ouest d'Amérique du Nord, jusqu'à ce que la raréfaction des loutres de mer incite les Russes à abandonner les lieux au milieu du 19e s.
De nos jours, ferries et navires de croisière empruntent le passage intérieur (Inside Passage) protégé par les îles pour se rendre de Ketchikan à Skagway. La pêche reste la principale industrie dans la plus grande partie du Panhandle, mais l'économie s'appuie aussi sur le tourisme et l'exploitation forestière. Près de la moitié de la forêt ancestrale de Tongass avait déjà été abattue avant que la réglementation introduite dans les années 1990 ne la protège. Le débat se poursuit sur la répartition entre exploitation, conservation et loisirs.

Alaska's Public Lands Information Centers, gérée par la Tongass National Forest, présente des expositions sur les paysages uniques de cette partie de l'état. C'est également l'office de tourisme du **Misty Fiords National Monument★** *(à 40 miles à l'est de Ketchikan - accès seult en bateau ou en hydravion - ✆ (907) 225-6166 - www.visit-ketchikan.com).* Ce parc, d'une beauté à couper le souffle, englobe 9 200 km² de montagnes couvertes d'une épaisse forêt, de fjords bordés de falaises de granit hautes de 900 m, et d'îles voilées de brume abritant une faune et une flore particulièrement riches. Ses nombreuses merveilles s'offrent à ceux qui abordent son rivage et pénètrent dans ses forêts touffues : chutes d'eau cachées, baleines soufflant leur jet d'eau, glaciers bleutés tombant dans la mer, nids du très rare pygargue à tête blanche (« aigle chauve ») en haut des sapins.
Tongass National Forest – *www.fs.usda.gov/tongass. Pour toute information concernant les guides, l'équipement ou les transports, consultez le Southeast Alaska Discovery Center (voir p. 429).* Ketchikan se trouve au cœur de Tongass, la plus grande forêt nationale américaine, qui s'étend sur près de 70 000 km². La ville sert de point d'entrée pour visiter la forêt. Cet empire de bois et d'eau compte d'innombrables îles, bras de mer, lacs et cours d'eau. Les vieux épicéas de Sitka peuvent y dépasser 60 m de hauteur et l'être humain n'est ici qu'un visiteur : les lieux appartiennent en effet aux ours qui y chassent et y pêchent. La forêt nationale entretient plus d'une centaine de chalets et de refuges pour les randonneurs, qui se rendent ici par bateau et par hydravion.

★★ Sitka CD3

À 136 miles au sud-ouest de Juneau.
104 Lake St. - ✆ (907) 747-8604 - visitsitka.org.
Adossée aux montagnes et bordée d'une poignée d'îles, cette ville au passé très riche, l'une des plus charmantes d'Alaska, bénéficie de sa situation abritée sur la côte occidentale de Baranof Island. Les Indiens tlingits avaient préservé leur

culture pendant six millénaires lorsque l'arrivée en 1799 des négociants russes transforma leur mode de vie traditionnel. Sous la conduite d'Alexandre Baranof, les Russes établirent la redoute Arkhangelsk Mikhailovsk, et demandèrent aux autochtones de participer au commerce des fourrures. En 1802, la méfiance des Tlingits se transforma en violence. Ils attaquèrent la redoute et massacrèrent presque tous ses occupants. Les Russes ne se laissèrent pourtant pas décourager. Ils revinrent en force deux ans plus tard, soumirent les Tlingits et substituèrent leurs habitations fortifiées aux maisons tribales.

Lorsque l'Alaska passa aux mains des États-Unis, en 1867, Sitka devint la capitale du nouveau territoire. Supplantée par Juneau en 1906, Sitka évolua en paisible bourgade de pêcheurs. Avec sa population de 8 382 habitants, Sitka conserve tout le charme ancien d'un village de bord de mer.

★★ **St Michael's Cathedral** – *Au croisement de Lincoln St. et Cathedral Way - ✆ (907) 747-8120.* Le passé russe de la ville est symbolisé par sa cathédrale qui domine le centre-ville ; elle a été reconstruite en 1976 sur le site d'une église du 19e s., détruite par un incendie. Les paroissiens ont sauvé des flammes une remarquable collection d'**icônes en or★★** exposée dans la nouvelle église. Les **New Archangel Dancers**, troupe entièrement féminine, ravissent les visiteurs tout en préservant l'héritage russe de la ville *(www.newarchangeldancers.com)*.

★ **Sheldon Jackson Museum** – *104 College Dr. - ✆ (907) 747-8981 - museums.alaska.gov - été : mar.-sam. 9h-17h ; hiver : merc.-sam. 10h-16h - 9 $.* Le plus ancien musée d'Alaska, joyau de l'artisanat local, se trouve sur le campus du petit Sheldon Jackson College, où l'écrivain James Michener séjourna entre 1984 et 1986 pour effectuer des recherches sur son roman épique *Alaska*. Les quatre principales populations indiennes – Athabascan, Tlingit, Aléoute, Inuit –, y sont représentées. Paniers en bois recourbé, outils en ivoire, tambours peints et autres objets

8

L'Alaska en Sea Bus

L'Alaska du Sud-Est, avec son chapelet d'îles, n'est pas fait pour la voiture. On doit prendre l'avion et le bateau. Prendre le bateau, lorsqu'on en a le temps, n'est pas seulement la solution la plus économique, c'est aussi une expérience inoubliable.

L'**Alaska Marine Highway System** *(✆ (800) 642-0066 - dot.alaska.gov/amhs)* est ici la version maritime de la route. Les ferries, utilisés par les habitants et les visiteurs, desservent quatorze villes du Panhandle ; on en trouve aussi dans le Centre-Sud de l'Alaska et les Aléoutiennes. De plus, une ligne relie Bellingham, dans l'État de Washington *(voir p. 378)*, aux principales escales de l'Inside Passage, 995 miles navigables entre le Puget Sound et Skagway.

Le voyage est moins coûteux qu'avec les navires de croisière plus luxueux. En été, on trouve souvent à bord un naturaliste qui commente la faune et les oiseaux marins. Il y a des cabines confortables pour la nuit, mais il faut réserver plusieurs mois à l'avance pour s'assurer en été d'une cabine ou du transport d'une voiture. Les escales sont généralement assez brèves ; les touristes désireux de visiter les ports à loisir devront payer un peu plus cher en prenant des billets successifs. Beaucoup de voyageurs emportent avec eux un kayak ou un vélo, s'offrant pour un prix modique une aventure supplémentaire.

mêlant art et artisanat démontrent leur adaptation remarquable à un environnement difficile.

Sitka Sound Science Center – *834 Lincoln St. - ✆ (907) 747-8878 - www.sitkascience.org - de mi-mai à fin sept. mar.-sam. 9h-16h, oct.-avr. merc.-sam. 10h-14h - 7 $.* Bien qu'initialement destiné à la recherche, ce centre possède un **aquarium** dont les bassins d'exposition et les bassins tactiles vous feront découvrir les espèces marines du détroit de Sitka, des petits bivalves aux orques (ces derniers à travers l'installation d'un squelette complet). Le « Mur d'eau » de 3000 litres est l'attraction principale. Il est également possible de visiter l'écloserie qui fait partie du centre.

★★ **Sitka National Historical Park** – *103 Monastery St. - ✆ (907) 747-0110 - www.nps.gov/sitk.* Ce parc de 43 ha comporte deux sections. Les expositions du **Visitor Center** *(été : 9h-16h ; 1er-18 oct. : mar.-dim. 8h-16h30 ; hiver : merc.-sam. 10h-15h)*, situé à l'embouchure de l'Indian River, présentent le conflit de cultures provoqué par l'arrivée des Européens au Nouveau Monde. À côté, **Fort Site** rappelle la bataille de Sitka, livrée en 1804.

Un **sentier** en boucle *(1 mile)* traverse une forêt d'épicéas pour rejoindre une clairière où s'élevait un fort tlingit. Après avoir subi pendant six jours le bombardement des navires russes, les Indiens quittèrent discrètement les lieux. Lorsque les Russes entrèrent dans le fort, ils ne furent accueillis que par les croassements des corbeaux. Le long de la piste nichée au cœur de la forêt se trouve l'une des plus belles **collections de totems**★★★ des États-Unis.

Près du centre-ville, le long bâtiment ocre de **Russian Bishop's House**★ *(Monastery St. et Lincoln St. - www.nps.gov)* a été édifié en 1843 par des charpentiers de marine finlandais. Le rez-de-chaussée présente l'histoire de la colonisation russe. La visite guidée *(mai-sept. : 8h-16h30 - durée 30mn - gratuite)* des appartements de l'évêque, à l'étage, illustre son mode de vie à l'époque.

★★ **Alaska Raptor Center** – *1000 Raptor Way (par Sawmill Creek Rd, à 0,5 mile à l'est de Sitka) - ✆ (907) 747-8662 - www.alaskaraptor.org - mai-sept. : 8h-16h, reste de l'année : mar.-vend. 10h-15h - 16 $.* Ce centre de réhabilitation et de recherche est consacré aux oiseaux de proie tels que le pygargue à tête blanche.

Diamants illusoires

Lors d'une première visite à Ketchikan, Juneau et, dans une moindre mesure, à Sitka et d'autres villes du Sud-Est, on peut être surpris par le nombre de bijouteries qui bordent les rues principales. Y aurait-il une industrie locale de la gemme ? Pas vraiment. En réalité, il n'y a pratiquement aucune production de gemmes en Alaska et les mines d'or sont essentiellement à l'intérieur, dans l'ouest de l'État. L'abondance de bijouteries est plutôt liée aux milliers de touristes prêts à consommer, débarqués par bateau tous les jours pendant quatre mois d'été. Pratiquement aucune de ces boutiques n'est ouverte l'hiver, elles emploient très peu de main-d'œuvre locale et les produits vendus viennent d'Afrique, d'Amérique du Sud ou d'Asie. En d'autres termes, le bénéfice pour l'économie locale est modeste. Les visiteurs respectueux du sud-est de l'Alaska voulant acquérir un souvenir de leur voyage choisiront donc plutôt l'un des authentiques produits de la région, tels que le saumon fumé, l'artisanat en bois ou les œuvres d'art amérindien.

Sitka.
filo/Getty Images Plus

On y apprend beaucoup sur ces espèces, que l'on voit de près.

Fortress of the Bear – *4639 Sawmill Creek Rd (à 5 miles à l'ouest de Sitka) - ☏ (907) 747-3550 - www.fortressofthebear.org - mai-sept. : 9h-17h ; avr. et oct. : w.-end 10h-14h - 15 $.* Cette structure est un centre de soins pour animaux à l'instar du Raptor Center, en l'occurrence pour les ours qui n'ont plus la capacité à vivre dans la nature. Sa population est surtout constituée de petits ours bruns, mais le centre peut accueillir des ours noirs à l'occasion. Les visiteurs pourront s'informer sur ces espèces et les observer.

★ Admiralty Island National Monument D3

Bureau du parc : 8510 Mendenhall Loop Rd, Juneau - ☏ (907) 586-8800 - www.fs.usda.gov/tongass.

Cette île vierge de 4 400 km² est célèbre pour ses ours bruns. Environ 1500 d'entre eux vivent dans les forêts touffues, les montagnes et sur les plages rocheuses, se nourrissant du saumon des torrents et des baies sauvages des hautes prairies. Les premiers occupants, voyant tant d'ours bien nourris, avaient nommé cet endroit Kootznoowoo (forteresse des ours).

Les visiteurs munis d'une autorisation pourront se rendre dans **Pack Creek Brown Bear Viewing Area**, sur le littoral nord-est.

★ Juneau D3

À 650 miles au sud-est d'Anchorage.

800 Glacier Ave. - ☏ (907) 586-2201 - www.traveljuneau.com.

Occupant une mince bande de terre entre Gastineau Channel et de hautes montagnes, la **capitale de l'État** (31685 habitants) n'est accessible que par bateau ou

par avion. Juneau est la ville la plus séduisante d'Alaska; ses rues étroites montant du front de mer en courbes gracieuses lui confèrent l'apparence et l'ambiance d'une cité européenne un peu surannée. En 1880, la découverte d'or fit naître la ville qui deviendra en 1906 la capitale de l'État. Pendant la Seconde Guerre mondiale, les mineurs travaillant sans relâche ont extrait 88 millions de tonnes de roche du mont Roberts, et foré un si grand nombre de passages dans la montagne que la ville possède plus de tunnels que de routes. Bien que Juneau soit dix fois moins peuplée qu'Anchorage, les électeurs ont rejeté en 1982 la proposition de changer de capitale. La présence des décideurs de l'État et l'arrivée estivale des navires de croisière chargés de touristes continuent d'assurer à la ville de solides revenus.
Près du débarcadère, le **Mount Roberts Tramway★★** *(490 S. Franklin St. - ☏ (907) 463-3412 - goldbelttram.com - mai-sept. : lun. 11h-21h, mar.-dim. 8h-21h - 55 $)* grimpe 573 m pour offrir de splendides vues sur la ville et le port.
Une petite promenade depuis **People's Wharf**, en traversant le cœur du quartier historique par Franklin Street et Main Street, mène à l'**Alaska State Capitol** *(4th St. et Main St. - ☏ (907) 465-4648)*, orné de marbre extrait de l'île Prince of Wales, dans le sud du Panhandle.
★★ **Alaska State Museum** – *395 Whittier St. - ☏ (907) 465-2901 - museums.alaska.gov - été : lun.-sam. 10h-17h; hiver : mar.-sam. 10h-16h - 14 $ (9 $ en hiver, gratuit 1er vend. du mois).* Le musée historique et culturel le plus intéressant de l'État rassemble plus de 35 000 objets d'artisanat et d'art. Fondé en 1900, soit 33 ans après l'achat de l'Alaska à la Russie, il comprend en particulier une riche collection d'œuvres liées aux peuples autochtones d'Alaska : Tlingit, Haida et Tsimshian de la côte nord-ouest, Inuits Inupiaq et Yup'ik, Athabascan et Aléoutes. Les salles de la section **Alaska's Native Cultures** présentent ainsi des masques de cérémonie, bijoux, totems, peintures sur bois, objets chamaniques, vêtements, tissages et kayaks en peau de phoque. Un nid d'aigle est le point fort de la section d'histoire naturelle, alors qu'à l'étage, la **State History Gallery** retrace les événements marquants de l'histoire locale.
Le **State Library, Archives and Museum (SLAM)** réunit sous un même toit le musée, les archives et la bibliothèque historique d'Alaska, ainsi qu'un auditorium, une boutique et une cafétéria.

★★★ Mendenhall Glacier D3

Mendenhall Loop Rd (à 13 miles au nord-ouest de Juneau par Egan Dr.).
☏ (907) 789-0097 - www.fs.usda.gov/tongass. Visitor Center ouv. mai-sept. : 8h-19h30; reste de l'année : vend.-dim. 10h-16h - fermé en avr.
Merveille naturelle d'accès facile, les 19 km de ce glacier large de 2,5 km relient le champ de glace de Juneau au lac Mendenhall. Un sentier de 0,3 mile mène au rivage. **East Glacier Loop** *(3,5 miles)* conduit les randonneurs au bord même du glacier, qui avance de 60 cm par jour, mais perd environ 7 m par an à cause du réchauffement climatique.

★★★ Glacier Bay National Park C3

À Gustavus, 65 miles à l'ouest de Juneau.
☏ (907) 697-2230 - www.nps.gov/glba.
À l'extrémité nord du Panhandle, les 11 000 km² de Glacier Bay offrent la quintessence de l'Alaska sauvage : des vues extraordinaires de montagnes couvertes de

Alpiniste près d'une crevasse dans le glacier Mendenhall.
Alaska Stock/hemis.fr

glace, une richesse et une variété incomparables de faune terrestre et marine, et des étendues vierges à perte de vue. Aucune route ne traverse ce sanctuaire habité par les ours et les baleines et soumis aux forces indomptées de la nature, classé Réserve internationale de la biosphère en 1986 et site du Patrimoine mondial en 1992. Quand l'explorateur George Vancouver croisa au large en 1794, il n'aperçut qu'une côte de glace. Le premier à étudier la région à fond et à la faire connaître au reste du monde fut le naturaliste **John Muir**. Après l'avoir parcouru en 1879, il décrivit avec lyrisme « les champs de glace d'une blancheur intense s'étendant à perte de vue », enthousiasmant les visiteurs potentiels. Mais il était difficile de se rendre dans ces lieux isolés avant que, dans les années 1970, les bateaux de croisière du Inside Passage n'incluent la baie dans leurs escales. De nos jours, les fjords s'enfoncent d'une centaine de kilomètres vers l'intérieur, jusqu'au point où les glaces remodèlent sans cesse le paysage.

Souvenir inoubliable, des **croisières★★** d'une journée quittent tous les matins Bartlett Cove. Le bateau vous emmène à proximité des glaciers en offrant tout le confort à bord, baies d'observation et ponts ouverts. Sur les ponts inférieurs, un naturaliste signale les jeux des loutres de mer, les plongeons des baleines à bosse, et le ballet des orques ondulant à l'unisson comme autant de vagues blanches et noires. Les circuits font escale à **Marble Island★★**, où des milliers de mouettes tridactyles, macareux, cormorans et guillemots vaquent bruyamment à leurs affaires, tandis que les lions de mer grognent et se bousculent pour s'assurer les meilleures places au soleil. Au bout de la baie, de monstrueux blocs de glace se détachent avec fracas des parois hautes de 60 m des glaciers.

★ Skagway CD3

À 80 miles au nord de Juneau.

245 Broadway - ✆ (907) 983-2854 - www.skagway.com.

Terminus nord de l'Inside Passage, Skagway, au départ des 33 miles de la difficile **Chilkoot Trail**, fut la ville-frontière de la ruée vers l'or du Yukon, en 1897-1898. Pour éviter qu'ils ne périssent dans la nature sauvage, une loi obligeait les prospecteurs à emporter une tonne de provisions de l'autre côté du col, ce qui supposait 40 ascensions harassantes. Nombre d'entre eux se laissaient séduire par les dancings et les prostituées de Skagway, et se faisaient dépouiller par ses malfrats.

★ **Klondike Gold Rush National Historical Park** – *2nd Ave. et Broadway - ✆ (907) 983-9200 - www.nps.gov/klgo.* Ce parc entretient les vestiges du **Chilkoot Trail**, devenu une petite route touristique, et de la plus grande partie du vieux quartier de Skagway, avec ses façades de bâtiments en trompe-l'œil et ses trottoirs en bois. Maisons closes et tripots ont été transformés en boutiques de souvenirs et petits restaurants. À proximité du Visitor Center, le **musée du parc★** *(été : 9h-17h30 ; oct.-mi-avr. : lun.-vend. 9h-15h, mi-nov.-fév. : sur RDV - gratuit)* vous fera découvrir des objets d'époque allant de poêles en or à des journaux. Plus haut sur la rue, au croisement de 3rd Street et de Broadway, le **Mascot Saloon★** *(mai-sept. : 10h-17h)* est une taverne historique où photographies et petites installations retracent le mode de vie des habitants il y a cent ans.

★★ **White Pass & Yukon Route Railway** – *231 2nd Ave. et Spring St. - ✆ (800) 343-7373 - www.wpyr.com - liaisons quotidiennes de mai à sept., horaires variables - à partir de 146 $ le trajet.* Les 41 miles du chemin de fer à voie étroite font aujourd'hui l'admiration des touristes. Achevée en 1900 pour permettre l'accès aux mines d'or, la ligne relie Skagway à Whitehorse, dans le Yukon canadien.

Elle suit une route parfois difficile, aux paysages magnifiques. La majorité des visiteurs monte au matin à bord des wagons d'époque restaurés pour une excursion d'une demi-journée au sommet de White Pass. Pour atteindre le col, le train s'élève de près de mille mètres sur 32 km et en traversant un nombre considérable de ponts.

Carnet pratique

S'informer

Southeast Alaska Tourism Council – *www.alaskasinsidepassage.com.*

Arriver/partir

Pour rejoindre Juneau : *p. 416.*
Les seules routes dans la région rejoignent Skagway et Haines en partant de la ville canadienne de Yukon.

Nos adresses

Restauration

Juneau

Premier prix

Heritage Coffee – *130 Front St. - (907) 586-1087 - www.heritagecoffee.com - fermé soir - moins de 15 $.* Le premier artisan torréfacteur de l'Alaska a commencé son activité dans les années 1970. Aujourd'hui, on trouve ses produits dans tout l'Alaska du Sud-Est. Les cafés tenus par cette société proposent viennoiseries fraîchement sorties du four, mais aussi quiches, soupes, salades et sandwichs au déjeuner. Tout y est préparé avec du pain artisanal et des produits locaux quand c'est possible. Autre café de la marque au Visitor Center du glacier Mendenhall, notamment.

Budget moyen

In Bocca al Luppo – *120 2nd St. - (907) 586-1409 - www.inboccaallupoak.com - fermé dim.-lun. et sam. midi - plats 20/29 $.* L'antique boulangerie qui avait ouvert en 1898 a fermé. Quand vous pousserez la porte de l'établissement qui a pris sa place, c'est l'odeur de l'Italie que vous respirerez. Des classiques au goût d'exotisme ici.

Twisted Fish – *550 S. Franklin St. - (907) 463-5033 - www.twistedfishcompany.com - service continu - fermé en hiver - plats 25/50 $.* Les grandes fenêtres et le décor de bois clair donnent à ce restaurant de fruits de mer situé près du téléphérique de Mount Roberts Tramway quelque chose d'aéré. Au menu, très étoffé, figurent de nombreuses préparations de saumon, flétan, cabillaud et charbonnier, allant du simple *fish & chips* au filet grillé.

Une folie

Taku Glacier Lodge – *Taku Inlet - accès par hydravion depuis Juneau seult - (907) 586-6275 - www.wingsairways.com - 475 $/pers. (voyage et dîner), 325 $/pers. (voyage).* Une grande part de l'attrait de ce haut lieu de la région de Juneau tient au fait que l'on ne peut s'y rendre qu'en hydravion et que le voyage dévoile de magnifiques paysages. Une fois sur place, c'est un dîner typique de l'Alaska qui attend les hôtes : saumon frais cuit sur planche en bois d'aulne et accompagnement traditionnel de haricots blancs à la sauce tomate, pain au levain, salade de chou et biscuits. Tout est fait maison. Les glaçons servis avec les boissons sont directement prélevés sur le glacier Taku, qui se trouve de l'autre côté de la baie.

Ketchikan

Budget moyen

Bar Harbor Restaurant – *55 Schoenbar Ct. - ✆ (907) 225-2813 - www.bhalehouse.com - service continu - plats 20/35 $.* Avec son agréable terrasse chauffée devant le port, ce petit restaurant élégant remporte bien des suffrages. La carte, souvent renouvelée, décline viandes, pâtes et surtout poissons et fruits de mer, tels que tacos de flétan, saumon poêlé et chaudrée de palourdes. Excellents vins.

Sitka

Budget moyen

Ludvig's Bistro – *256 Katlian St. - ✆ (907) 738-8508 - www.ludvigsbistro.com - de mai à mi-sept. : mar.-sam. 17h-21h ; reste de l'année : jeu.-sam. 17h-21h, dim. 9h-13h - plats 32/65 $.* Fondé par deux habitants désireux d'améliorer la gastronomie en ville, le Ludvig's apporte une touche distinctement méditerranéenne à son menu essentiellement composé de fruits de mer. Les pains et les desserts sont faits maison. Laissez-vous tenter par la paella de poissons et crustacés locaux, la chaudrée de palourdes épicée à l'espagnole et le *fish & chips* à la perche de mer (le vivaneau local).

Hébergement

Glacier Bay National Park

Pour se faire plaisir

Glacier Bay Country Inn – *35 Tong Rd - 99826 Gustavus - ✆ (907) 697-2288 - www.glacierbayalaska.com - de mi-mai à mi-sept. - 5 ch. 329 $ et 5 chalets 449 $.* On vient ici pour la solitude qu'offre cette vaste auberge à l'architecture tortueuse perdue au milieu de prairies parsemées de fleurs sauvages. Les hôtes peuvent pratiquer la pêche à la mouche et observer les baleines, entre autres activités.

Juneau

Pour se faire plaisir

Four Points by Sheraton – *51 Egan Dr. - ✆ (907) 586-6900 - www.marriott.com - ✕ ♿ - 106 ch. 296/489 $.* Passé sous l'enseigne Sheraton, l'ancien Goldbelt Hotel est un établissement de sept étages en plein centre-ville, face au front de mer, ce qui le place idéalement pour profiter des différentes vues sur la ville. Les chambres sont fonctionnelles et propres. Navette gratuite pour se rendre à l'aéroport. Le restaurant McGivney's Sports Bar and Grill sert une cuisine « américaine ».

Alaska's Capital Inn – *113 W. 5th St. - ✆ (907) 588-6507 - www.alaskacapitalinn.com - ▤ - 7 ch. 187/487 $ ☕ - 2 nuits mini en haute sais.* Ce B & B occupe une belle demeure de style édouardien bâtie en 1906 en haut de la colline qui surplombe Juneau. Les parties communes et les chambres sont meublées d'objets d'époque tels que poêles à bois et sommiers à l'ancienne ou dessus-de-lit en patchwork faits main. Petit-déjeuner copieux avec crêpes au levain.

Alaska Centre-Sud ★★

Southcentral Alaska

Au sud de l'Alaska Range, le terrain s'adoucit en vallées fertiles et pentes douces couvertes de forêts, puis cède la place à une nouvelle cordillère de pics couronnés de glaciers le long du golfe d'Alaska. La terre, la mer et le ciel se mêlent de manière grandiose dans cette région différente des autres, où les chèvres de montagne escaladent les falaises abruptes en vue des baleines venues souffler en surface, et où les villages de pêcheurs vivent de la présence de dizaines de millions de saumons.

Grizzly dans une rivière, Hallo Bay, Katmai National Park.
G. Schultz/Alaska Stock Images/age fotostock

Se repérer

Alaska – *Alaska Time.*

CARTE BC2-3 (P. 414-415).

Au sud et sud-est d'Anchorage.

À ne pas manquer

Homer, un sanctuaire pour les artistes, et le Kenai Fjords National Park.

Carnet pratique p. 445

Nos adresses p. 445

Découvrir

CARTE P. 414-415

★★ Seward B3

À 130 miles au sud d'Anchorage par la Seward Hwy.
2001 Seward Hwy - (907) 224-8051 - www.seward.com.
Petite ville dynamique composée de bungalows en planches aux enduits de couleur vive, Seward (2 851 habitants) s'étend au pied des montagnes, au fond de **Resurrection Bay**. En 1902, le choix de Seward comme terminus nord du chemin de fer de l'Alaska lui vaut le nom de « porte de l'Alaska ». C'est encore un centre ferroviaire et un port pour les navires de croisière. On peut faire des emplettes et se restaurer dans le petit port, **Small Boat Harbor**, voir les pêcheurs rentrer avec la prise du jour et découvrir en bateau la faune de la baie.
★★★ **Alaska SeaLife Center** – *301 Railway Ave. - (907) 224-6300 - www.alaska sealife.org - été : 9h-21h ; hiver : 12h-16h, fermé mar.-merc. - 30,95 $.* Ce complexe moderne de recherche marine, de réhabilitation et de formation, a été fondé grâce au règlement des dommages de la marée noire de 1989 de l'*Exxon Valdez*. Il propose deux niveaux consacrés aux animaux marins et aux projets scientifiques en cours pour protéger les écosystèmes locaux. Des plates-formes au-dessus et au-dessous de la surface des bassins permettent d'observer lions de mer, phoques et loutres de mer. Les oiseaux marins disposent de falaises et d'un bassin orné de rochers.

★★ Kenai Fjords National Park B3

(907) 422-0500 - www.nps.gov/kefj - Visitor Center : Small Boat Harbor, 4th Ave., à Seward - de fin-mai à déb. sept. : 9h-17h ; fermé le reste de l'année, mais le parc reste ouvert.
Dans le sud-est de la péninsule de Kenai, ce parc demeuré sauvage offre un sanctuaire de 2 700 km² à des milliers de mammifères et d'oiseaux marins. Les précipitations annuelles, plus de 9 m de neige, régénèrent les 800 km² du champ de glace de Harding, qui alimente trente glaciers. Huit d'entre eux descendent jusqu'à la mer, où ils engendrent des icebergs d'une telle dimension que les explosions s'entendent à 30 km.
Les **croisières★** proposées par Major Marine Tours *((800) 764-7300 - www. major marine.com)* ou Kenai Fjords Tours *((877) 777-4051 - www.alaska.org/ detail/kenai-fjords-tours)*, pour Resurrection Bay *(2h30)* ou le long du littoral jusqu'à Harris Bay et Northwestern Glacier *(9h30)*, permettent d'admirer la faune, guillemots et macareux, loutres de mer et baleines à bosse.
Au nord du parc, la région d'**Exit Glacier★** *(Exit Glacier Rd, à 9 miles à l'ouest de Seward Hwy ; seuls les quatre premiers miles sont goudronnés)* est équipée d'un réseau de sentiers qui mènent au bord du glacier de 5 km sur 800 m. Le **Glacier Access Trail** *(1 mile)* conduit facilement à un beau point de vue. Un autre chemin plus difficile, **Harding Icefield Trail★** *(3,5 miles aller)* monte de plus de 900 m pour offrir un panorama spectaculaire sur l'immense mer de glace, d'où surgissent des pics solitaires, appelés *nunataks*.

★ Homer B3

À 225 miles au sud-ouest d'Anchorage par la Sterling Hwy.
201 Sterling Hwy - (907) 235-7740 - www.homeralaska.org.
Gardant l'entrée de Kachemak Bay, dans la partie inférieure de la péninsule de

Un peu d'histoire

Les ports libres de glaces de Valdez, Cordova, Seward, Homer et Kenai sont d'anciens ports de ravitaillement pour l'exploitation du cuivre, du charbon et de l'or. Le chemin de fer Seward-Anchorage remonte aux années 1910, mais c'est dans les années 1950 que la route franchit les 360 km entre Anchorage et Homer. Au sud d'Anchorage s'étend la Kenai Peninsula, dont les montagnes aux arêtes aiguisées semblent jaillir directement de la mer. Les nuages s'amoncellent souvent au contact de l'air marin, amenant en été des pluies fines et fréquentes. La région s'est remise de la grande marée noire causée en 1989 par l'*Exxon Valdez*, qui a pollué la côte sur plus de 2 400 km, de Prince William Sound à Kodiak Island.

Kenai, la ville d'Homer (5 876 habitants) a été surnommée « la fin du voyage », **The End of the Road**, par l'humoriste Tom Bodett, un de ses résidents. Encadrée par le merveilleux bras de mer **Cook Inlet** et la ligne déchiquetée des Kenai Mountains, la ville séduit depuis des années artistes, retraités, pêcheurs et, plus récemment, les touristes.

Homer Spit, qui s'avance dans la mer sur 4,5 miles, est un centre pour la pêche tant industrielle que sportive ; la principale prise est le flétan.

★ **Pratt Museum** – *3779 Bartlett St. - ✆ (907) 235-8635 - www.prattmuseum.org - mar.-dim. 11h-16h - fermé en janv. - 15 $.* Les collections de ce musée emmènent d'abord le visiteur à la découverte des modes de vie historiques et contemporains autour de Kachemak Bay. Dans la galerie marine, sont présentées plus de 75 espèces de poissons, de mammifères et d'oiseaux. Grâce à une caméra télécommandée, on observe les oiseaux qui nichent sur Gull Island toute proche. Le musée propose aussi des expositions temporaires d'art et de photographie.

★★ **Halibut Cove** – *Prenez le Danny J. ferry à Homer Spit Marina (trajet 4h30) - ✆ (907) 226-2424 - www.halibutcove.com.* Un petit ferry de 32 passagers vous conduit à cette belle plage tranquille, avec sa lagune bordée de maisons sur pilotis, sa promenade en planches et ses galeries d'art. Des randonnées guidées, des parties de pêche et des excursions en kayak sur le glacier sont organisées par les divers hôtels.

★★ Prince William Sound BC3

▶ *À 299 miles à l'est d'Anchorage par Seward Hwy et Richardson Hwy.*

ℹ *309 Fairbanks Dr. - ✆ (907) 835-2984 - valdezalaska.org.*

Protégé par les monts Chugach au nord et la péninsule de Kenai à l'ouest, le détroit du Prince William offre sur 39 000 km² un paysage maritime serein, que l'on peut sillonner en kayak ou en bateau pour observer la faune marine. Une seule route relie le Sound à l'Intérieur, la pittoresque **Richardson Highway** qui mène à Valdez, terminus du Trans-Alaska Pipeline, où les tankers géants chargent le pétrole brut. On peut visiter gratuitement **Alyeska Pipeline Terminal** *(Dayville Rd, à 21 km à l'est de Valdez - ✆ (907) 834-6620)*. Détruite par le raz-de-marée de 1964, Valdez a été reconstruite en un lieu plus sûr.

★ Wrangell-St Elias National Park C2

✆ (907) 822-5234 - www.nps.gov/wrst.

ℹ *Bureau : Mile 105,5, sur Old Richardson Hwy (Rte 4), à Copper Center, 10 miles au sud de Glenallen - de mi-mai à fin sept. : 9h-18h.*

Ce splendide parc de glaciers, torrents et sommets majestueux couronnés de neige, est avec 53 000 km^2 le plus grand parc national des États-Unis, plus grand que la Suisse. Son point culminant, **Mount St Elias**, est le deuxième sommet des États-Unis (5 489 m). Le parc englobe neuf des seize plus hautes montagnes du pays. Avec le parc national de Glacier Bay et le complexe Kluane/Tatshenshini au Canada, il fait partie du plus grand complexe classé au patrimoine mondial de l'Unesco et il abrite en son sein la plus grande banquise d'Amérique du Nord.

À proximité

CARTE P. 414-415

Lake Clark National Park and Preserve B3

Accès en hydravion d'Anchorage, Kenai ou Homer.

Sur place : à Port Alsworth - ✆ (907) 781-2117 - www.nps.gov/lacl - de fin mai à mi-sept.

Ce royaume de volcans, de hautes terres glacées et de lacs bleu cobalt pourrait être la retraite idéale en Alaska. La diversité stupéfiante des paysages comprend des marais côtiers, une toundra alpine peuplée d'ours, et **Lake Clark**, long de 50 miles, qui abrite des multitudes de saumons rouges sockeye.

★★ Katmai National Park B3

À 290 miles au sud-ouest d'Anchorage Accès en hydravion ou par bateau.

Bureaux à King Salmon - ✆ (907) 246-3305 - www.nps.gov/katm.

À l'extrémité de la péninsule d'Alaska, Katmai englobe un immense territoire (16 000 km^2) à la faune et au passé géologique très riches. En 1912, l'éruption du Novarupta (823 m) a fait frémir pendant cinq jours une bonne partie de l'hémisphère nord et a répandu ses cendres jusqu'au Texas. Le mont Katmai voisin s'est effondré dans un abîme. La lave en fusion a recouvert une vallée, tandis que vapeur et gaz surgissaient de milliers de fissures. Une équipe de la National Geographic Society a baptisé cette région de 100 km^2 **Valley of Ten Thousand Smokes★** (la vallée des dix mille fumerolles). Vingt ans plus tard, les émanations de gaz ont progressivement cessé, bien que l'on aperçoive encore parfois quelques bouffées. Le parc entoure encore quatorze volcans en sommeil mais toujours actifs.

Katmai est célèbre pour sa population de plus de 2 000 **ours bruns d'Alaska**. Des plates-formes à **Brooks Camp** et au **McNeil River State Game Sanctuary★** permettent de les observer de près. McNeil rassemble la plus grande quantité d'ours bruns du monde : on peut en voir pêcher dans les chutes.

Le **Brooks River National Historical Landmark** conserve 900 habitations préhistoriques et constitue la plus grande concentration d'habitats humains primitifs en Amérique du Nord.

Aniakchak National Monument B3

À 450 miles au sud-ouest d'Anchorage. Accès en hydravion ou par bateau.

Bureau à King Salmon - ✆ (907) 246-3305 - www.nps.gov/ania.

Au sud de Katmai, ces terres à l'aspect lunaire entourent un volcan actif et une immense caldeira, large de 10 km et profonde de 600 m. Ce parc que l'on atteint en avion-taxi depuis King Salmon (vols depuis Anchorage) est souvent sujet au mauvais temps; les visiteurs doivent attendre l'accalmie avant de se poser sur le lac ou sur la caldeira. Il n'y a pas d'équipements pour les touristes, mais les adeptes du kayak ou du rafting peuvent descendre un cours d'eau sur 51 km depuis Surprise Lake jusqu'à Aniakchak Bay.

★★ Kodiak Island B3

À 404 miles au sud-ouest d'Anchorage. Plusieurs vols par jour au dép. d'Anchorage. Accès possible en ferry depuis Homer.

100 Marine Way, Kodiak - ✆ (907) 486-4782 - kodiak.org.

La pittoresque « île d'émeraude » de l'Alaska est une vaste terre sauvage de plus de 6 700 km² qui englobe le **Kodiak National Wildlife Refuge★★** *(www.fws.gov/refuge/kodiak)*. Ce dernier est le foyer de quelque 3 000 ours kodiak, la plus grande sous-espèce d'ours bruns et le plus grand carnivore terrien du monde.

La **cathédrale russe Holy Resurrection** témoigne de la longue histoire de la ville : Kodiak fut en effet la capitale de l'Amérique russe à partir de 1792 et jusqu'à ce qu'elle soit supplantée par Sitka en 1808.

Les 6 500 résidents qui vivent dans le nord de l'île se sont donné pour objectif de devenir l'une des communautés du pays à l'économie durable la plus développée. Six gigantesques éoliennes perchées sur une crête surplombant la ville fournissent ainsi une grande portion de l'énergie utilisée par la ville. Les sociétés d'hydravions proposent des excursions au pays des ours et un tour en voiture sur le modeste réseau routier est l'occasion d'un festin pour les yeux.

Carnet pratique

S'informer

Alaska Travel Industry Association – *www.travelalaska.com.*

Arriver/partir

En voiture

La région Centre-Sud est en majeure partie accessible par la Route 1, ou Seward Highway, qui part d'Anchorage. Il faut 4h de route pour rejoindre Homer et 6h dans l'autre direction pour se rendre à Valdez, à la pointe nord de la baie de Prince-William.

Nos adresses

Restauration

Kodiak

Budget moyen

Old Powerhouse – *516 Marine Way E. - ✆ (907) 481-1088 - kodiakhana.com - fermé dim. midi et lun. - plats 25/32 $.* Cet hôtel du front de mer est une ancienne centrale électrique. La vue sur le ballet incessant des bateaux est saisissante. Le menu propose des spécialités asiatiques : sushis, sashimis, tempuras et un saumon mouillé de beurre de miso préparés avec des produits locaux. La salade d'algues croquante est une spécialité qui étonnera ceux qui n'y ont jamais goûté.

Hébergement

Fox Island (Kenai)

Une folie

Kenai Fjords Wilderness Lodge – *Fox Island - Resurrection Bay - ✆ (877) 777-4053 - ✆ (800) 808-8068 - www.alaskacollection.com - 2 nuits mini, de fin mai à déb. sept. - 9 cottages à partir de 3 500 $/2 nuits en pension complète, croisière incluse - ✕.* C'est uniquement par bateau (et occasionnellement en hydravion) que l'on accède à cet hôtel reculé à environ 10 miles au sud de Seward, sur l'île Fox. Les hôtes sont hébergés dans des chalets rénovés avec salon, salle d'eau privée, et vue sur l'eau et les montagnes Kenai.

Kodiak

Budget moyen

A Channel View B and B – *1010 Stellar Way - ✆ (907) 942-7274 - www.kodiakchannelview.com - 4 ch. 119/259 $ ☕ - 2 nuits mini.* Tenue par un Alaskien de cinquième génération, dont les origines remontent à la période de la colonie russe, cette petite auberge est perchée sur la falaise qui surplombe le chenal à l'est du centre-ville. On y profite de vues magnifiques sur l'eau, les bateaux et la nature. Deux des unités sont de confortables suites avec salon, petite cuisine, salle d'eau privée et grande pièce pour se détendre.

Seward

Pour se faire plaisir

Seward Windsong Lodge – *31772 Herman Leirer Rd - Mile 0,5 Exit Glacier Rd - ✆ (907) 224-7116 - ✆ (800) 808-8068 - www.alaskacollection.com - ✕ ♿ - de mi-mai à mi-sept. - 180 ch. 349/389 $.* Située à proximité du glacier Exit, aux portes de Seward, cette grande station est un véritable centre pour les activités telles que les randonnées sur le glacier, la pêche au saumon et les croisières. Les chambres sont fonctionnelles et ont été rénovées. Son restaurant, le **Resurrection Roadhouse**, est un leader de la gastronomie régionale de l'Alaska, avec des plats tels que le flétan en croûte de semoule ou le saumon et son confit de pommes de terre.

Talkeetna

Budget moyen

Talkeetna Roadhouse – *13550 E. Main St. - ✆ (907) 733-1351 - www.talkeetnaroadhouse.com - ✕ - 6 ch. et 2 chalets 144/180 $.* Cet hôtel réputé de Talkeetna offre trois options : les chambres avec salles d'eau communes de l'auberge, les chalets situés derrière l'auberge et, enfin, le chalet de pionnier (WC à l'extérieur) un peu plus bas sur la route. L'auberge, bâtie en 1917, est à la fois un hôtel, un restaurant et un lieu de rassemblement pour les aventuriers de tout poil qui s'y retrouvent dans une ambiance conviviale. Les roulés à la cannelle de sa boulangerie sont réputés.

Pour se faire plaisir

Talkeetna Alaskan Lodge – *23601 Talkeetna Spur Rd - ✆ (907) 733-9500 - www.alaskacollection.com - ✕ ♿ - de mars à mi-sept. - 212 ch. 187/469 $.* Perché en haut d'une petite falaise surplombant Talkeetna, ce bel hôtel en bois et pierre jouit par temps clair de vues splendides sur Denali. Bordée de peupliers, la rivière Susitna occupe le premier plan, ce qui fait de la grande véranda de l'hôtel un lieu où il est divin de s'asseoir un moment pour méditer sur les merveilles de l'Alaska. La variété est de mise ici, avec six catégories de chambres, des petites chambres d'hôtel fonctionnelles aux grandes suites avec salon.

Alaska intérieur et arctique ★

Entre les chaînes Alaska et Brooks, l'intérieur est une vaste plaine où se déploie la taïga fréquentée par les ours, orignaux, lièvres américains ou encore lynx. Des traces des chercheurs d'or des années 1890, il ne reste que quelques petites villes clairsemées. L'une d'elles, Fairbanks, abrite maintenant l'université de l'Alaska. Partout ailleurs, la région, inaccessible par la route, est restée pratiquement inexploitée. Une autoroute goudronnée conduit cependant au paradis des amoureux de nature sauvage, Denali National Park. Au-delà, au nord, l'immense territoire hostile de l'Arctique s'étend, couvert de toundra jusqu'à la banquise. Sur ces terres impitoyables, le soleil ne se couche jamais pendant l'été et ne se lève jamais pendant l'hiver. Une explosion de vie marque la brève période estivale : les fleurs s'épanouissent dans le vent glacé et les troupeaux de caribous galopent vers le Grand Nord pour mettre bas.

Se repérer

Alaska – *Alaska Time.*

CARTE AB1-2 (P. 414-415).

Au nord d'Anchorage.

À ne pas manquer

Le Museum of the North à Fairbanks ; observer la flore et la faune sauvage du Denali National Park ; survoler en avion le parc Gates of the Arctic.

Organiser son temps

Le ciel est souvent dégagé en mars-avril et les températures modérées rendent cette période idéale pour les touristes désireux d'observer les aurores boréales. Les jours commencent à rallonger en avril et le temps se réchauffe début mai. Dès juin, il fait jour presque constamment et la température peut s'élever à 21 °C. Les bateaux de croisière et les bus affluent à cette période. La température reste agréable jusqu'à fin août, époque où les flots de touristes commencent à disparaître. Septembre reste une période très ensoleillée, durant laquelle la température s'élève à 15 °C. La neige tombe dès octobre et la température chute alors rapidement.

En famille

Pioneer Park et Riverboat Discovery, à Fairbanks.

Carnet pratique p. 453

Nos adresses p. 454

Découvrir

CARTE P. 414-415

Alaska intérieur

★ Fairbanks B2

Au croisement de l'Alaska Hwy (Rte 2) et de la George Parks Hwy (Rte 3), à 358 miles au nord d'Anchorage.

Au milieu de collines aux pentes douces, le long des rives de la Chena River, la deuxième ville de l'Alaska (32107 habitants) est une plaque tournante desservant l'Intérieur. À son origine, en 1901, simple base de ravitaillement des chercheurs d'or, la ville se développa avec les installations militaires pendant la Seconde Guerre mondiale et la construction du Trans-Alaska Pipeline dans les années 1970. Ses habitants, qui ont une réputation d'excentricité, savent bien s'adapter à la rigueur de l'hiver embelli par les aurores boréales, et savourer les jours sans fin de l'été en faisant bon accueil aux visiteurs.

★★ **Morris Thompson Cultural and Visitors Center** – *101 Dunkel St. - ✆ (907) 459-3700 - www.morristhompsoncenter.org - été : 8h-18h ; hiver : 8h-17h.* Le centre culturel possède une petite mais très informative galerie sur le mode de vie traditionnel des autochtones, des pionniers et des habitants actuels du Nord.

★★ **Creamer's Field** – *1300 College Rd - ✆ (907) 978-8457 - www.adfg.alaska.gov - se rens. pour les horaires.* Cette ancienne exploitation laitière transformée en réserve naturelle permet de pratiquer la randonnée et d'observer les oiseaux.

★ **Pioneer Park** – *2300 Airport Way et Peger Rd - ✆ (907) 459-1087 - de l'aube au crépuscule. Boutique ouv. de fin mai à déb. sept. : 12h-20h - gratuit.* Parmi les trésors de ce parc à thème historique de 18 ha figure le bateau à aubes **S.S. Nenana**, aujourd'hui patrimoine historique, qui faisait la navette sur le Yukon entre 1933 et 1952. On trouve également le luxueux wagon qui conduisit le président Harding dans l'Intérieur dans les années 1920, ainsi que des maisons en bois qui bordaient une rue de Fairbanks au début du 20e s. Le **Pioneer Air Museum** *(pioneerair museum.org - de mi-mai à mi-sept. : merc.-sam. 12h-20h - 5 $)* abrite de vieux avions et des expositions sur l'aviation en Alsaka, tandis que le spectacle du **Big Stampede** *(4 $)* vous fera découvrir de façon amusante la vie des pionniers. Côté restauration, l'immense **Alaska Salmon Bake** *(www.akvisit.com/dinner - de mi-mai à mi-sept. 17-20h)* propose un buffet à volonté où l'on vient déguster saumon de l'Alaska et autres spécialités.

★ **Riverboat Discovery** – *Steamboat Landing, 1975 Discovery Rd - ✆ (907) 479-6673 - www.riverboatdiscovery.com - de mi-mai à mi-sept. : à 8h45 et 14h - 89,95 $.* Une croisière de 20 miles *(3h)* descend les rivières Chena et Tenana, animées par des démonstrations de *bush planes* et d'attelages de chiens de traîneau, le spectacle d'un camp de pêcheurs indiens et la visite d'un village athabascan reconstitué.

★★★ **Museum of the North** – *907 Yukon Dr. (à l'extrémité ouest du campus de l'University of Alaska) - ✆ (907) 474-7505 - www.uaf.edu/museum - l'hiver : mar.-sam. 9h30-15h, été : 9h-17h30 - 16 $.* L'exceptionnelle collection d'œuvres d'art alaskien et d'objets indigènes que possède cette institution située sur une crête surplombant Fairbanks est de rang mondial. La **Rose Berry Alaska Art Gallery**★★★, qui abrite de nombreuses œuvres inestimables telles que l'Okvik Madonna, une sculpture en ivoire vieille de 2 000 ans, possède une collection unique dans l'État. La **Gallery of Alaska**★ vous fera découvrir l'histoire, l'environnement et les paysages de l'Alaska.

★ **Large Animal Research Station** – *2220 Yankovich Rd (au nord du campus de l'University of Alaska) - ✆ (907) 474-5724 - www.lars.uaf.edu - visite guidée seult (1h), de fin mai à déb. sept. : merc.-sam. 10h, 12h et 14h - 15 $.* On peut observer bœufs musqués et caribous durant l'été au centre de recherche sur les grands animaux. Des navettes *(✆ (907) 474-7433)* passent à la demande prendre les visiteurs devant l'entrée du Museum of the North.

Denali National Park.
mantaphoto/Getty Images Plus

★★★ Denali National Park and Preserve B2

George Parks Hwy (Rte 3), Denali Park, à 125 miles au sud de Fairbanks et à 240 miles au nord d'Anchorage. Le train Denali Star entre Anchorage et Fairbanks fait halte à Denali. Le parc est ouvert toute l'année, mais la route qui le traverse n'est accessible aux voitures que de mi-avr. (mi-mai pour sa totalité) à fin sept. ou déb. oct. À partir du Mile 15, la route n'est plus goudronnée. L'accès au-delà est réservé aux bus du concessionnaire **Aramak** *(℘ (800) 622-7275 - www.reservedenali.com) qui font la navette ou des tours guidés à travers le parc (116,25/134 $) de mi-mai à déb. sept.*

℘ (907) 683-9532 - www.nps.gov/dena - 15 $/pers. - Visitor Center au Murie Science and Learning Center, Mile 1,5 (sur la route à l'entrée du parc) : 9h30-17h en été.

Occupant une superficie de 24 000 km², ce parc montre une vision incomparable de la chaîne sauvage **Alaska Range**, avec le plus haut sommet d'Amérique du Nord, le **Denali** (6 194 m). Officiellement appelé mont McKinley depuis 1896, le sommet a été rebaptisé en 2015 de son nom traditionnel qui signifie « Celui qui est haut » dans la langue des Indiens Athabascans.

Ce monde primitif grandiose voit se succéder forêt d'épicéas et toundra herbeuse, surmontées d'austères pics de granit revêtus de neige et de glace. Les glaciers ont érodé des cirques et ciselé des arêtes et des gorges profondes, créant un paysage olympien qui semble souvent flotter au-dessus des nuages.

Le parc, qui abrite une extraordinaire diversité animale, a été classé réserve naturelle en 1917. On y trouve 37 espèces de mammifères et 157 espèces d'oiseaux. Les élans du Canada préfèrent les zones marécageuses de transition entre forêt

Cuisine régionale de l'Alaska

Longtemps limités au crabe, au saumon et au flétan, les grands chefs alaskiens élaborent à présent une cuisine régionale créative avec de nombreux autres fruits de mer – crevettes d'Alaska, charbonniers, huîtres –, ainsi que viande de bison, myrtilles, caribous et produits du jardin étiquetés sous la marque « Alaska Grown » (produit en Alaska). Parmi les meilleurs représentants de cette mouvance, citons le Resurrection Roadhouse à Seward *(voir p. 446)*, le Marx Brothers Café, le Seven Glaciers Restaurant, l'Orso, le Kincaid Grill et le Snow City Café à Anchorage *(voir p. 425-426)*, et le Ludvig's Bistro à Sitka *(voir p. 440)*. En outre, le Heritage Coffee à Juneau *(voir p. 439)* et l'Alaska Coffee à Fairbanks *(voir p. 454)* fournissent à travers tout l'État un excellent café torréfié localement.
Pour plus d'informations sur la marque « Alaska Grown », un programme d'État, consultez le site **www.dnr.alaska.gov**.

et toundra, alors que les loups et les grizzlis parcourent tout le parc. De petits troupeaux de caribous paissent l'herbe de la toundra ; des mouflons de Dall sont éparpillés sur les hautes terres.
Depuis la première ascension réussie en 1913, plus de 10 000 personnes ont atteint le sommet de cette montagne. Au moins 88 alpinistes ont trouvé la mort dans l'ascension. Sa circonférence énorme fait du Denali la montagne la plus imposante du monde. S'élevant de 5 500 m au-dessus de **Wonder Lake**, sa « partie émergée » paraît 2 000 m plus haute que celle de l'Everest.
La plupart des visiteurs risquent d'avoir du mal à apercevoir le sommet, souvent caché derrière les nuages. Mieux vaut s'y rendre tôt le matin. Des circuits en autocar amènent au cœur du parc, à travers la taïga (boisée) et la toundra (dénudée), et permettent de photographier à loisir la faune et la flore. Quelques rares sentiers traversent ces étendues sauvages ; le long des bancs de sable des rivières et des crêtes, les randonneurs font le plein de solitude.

★ Alaska arctique

S'étendant sur 683,5 miles (1100 km) du Canada à la mer de Chukchi, la région de l'Arctique est limitée par la mer glacée de Beaufort, au nord, et le Yukon, au sud. L'élément marquant du paysage, un peu plus au nord que le cercle polaire, est l'ancienne chaîne **Brooks Range**, dont les aiguilles acérées, hautes de 2 700 m, se succèdent à l'infini d'est en ouest. On y accède surtout en avion.
La **Dalton Highway** entre Fairbanks la Prudhoe Bay *(www.prudhoebay.com)* est l'une des deux seules routes du nord de l'Amérique qui traverse le cercle Arctique. Emprunter la Dalton est l'une des dernières authentiques façons de découvrir la nature en partant à l'aventure sur la route. Le périple prend 17 heures et exige endurance et bonne préparation : en effet, peu de structures sont présentes sur la route pour accueillir les visiteurs. Il est possible de visiter les champs de pétrole durant les heures prévues à cet effet.

★ Gates of the Arctic National Park B1

À 250/300 miles au nord de Fairbanks, à l'ouest de la Dalton Hwy. Accès seult en bush plane ou en randonnée depuis Bettles, Anaktuvuk Pass ou Coldfoot.
Bureau central : 4175 Geist Rd, Fairbanks - (907) 457-5752. Bureau du site : Bettles, à 180 miles au nord-ouest de Fairbanks - (907) 692-5494 - www.nps.gov/gaar.

Faune de l'Arctique

Si mammouth laineux et tigre à dents de sabre ont disparu depuis longtemps, les vastes étendues polaires, dépourvues de routes, préservent une faune quasi inchangée depuis la fin des périodes glaciaires.

Parmi les gros mammifères, l'**ours polaire** est l'un des plus difficiles à apercevoir. Vivant sur la banquise, ce prédateur rare et féroce chasse le morse, le phoque et la baleine, attendant parfois des heures que sa proie vienne respirer à la surface.

À la différence de leurs cousins polaires, les **grizzlis** ne sont pas uniquement carnivores. On les voit souvent se nourrir de myrtilles près d'Antigun Pass sur Dalton Highway. Pas tout à fait aussi gros que les ours bruns de la côte sud de l'Alaska – qui peuvent atteindre 650 kg –, les grizzlis de l'Arctique peuvent pourtant peser plus de 400 kg et vivre une trentaine d'années.

Réintroduit en Alaska en 1935, atteignant aujourd'hui les 2 300 spécimens dans l'État, le **bœuf musqué** est particulièrement bien adapté au froid intense. Sa couche de graisse sous sa peau épaisse, son duvet fourni et son poil soyeux long de 40 à 50 cm lui permettent de supporter jusqu'à – 60 °C. Sa laine, appelée *qiviut*, est appréciée pour sa douceur et sa chaleur. Son plus grand ennemi est le **loup** qui chasse en meute. Lorsqu'il est attaqué, le troupeau de bœufs musqués forme un cercle de défense, leurs têtes hirsutes défiant l'assaillant.

Un autre magnifique animal, le **caribou**, migre vers la toundra arctique en été, traversant les bancs de sable des rivières et passant les cols des montagnes. Chaque troupeau peut regrouper des milliers de bêtes. Les caribous les mieux connus de l'Alaska appartiennent au troupeau de la rivière Porcupine *(Rangifer tarandus granti)*. Plus de 120 000 d'entre eux migrent chaque année du nord du Canada pour se rendre au refuge faunique national Arctic. Leur sort est l'une des principales considérations prises en compte lorsque sont examinées des propositions de forage pétrolier dans le refuge.

Bœuf musqué.
sarkophoto/Getty Images Plus

Les pilotes des *bush planes* amènent les visiteurs jusqu'à ce parc national tentaculaire de 33000 km². Les amateurs de randonnée ou de canoë ne trouveront dans Brooks Range ni sentiers balisés, ni équipements, ni bureau d'information, et seront livrés à leurs propres ressources. On peut cependant s'inscrire (très en avance), pour tenter l'aventure accompagné d'un guide : commencez par visiter le village inupiat de **Anaktuvuk Pass** ou le comptoir commercial de **Bettles**, vieux d'un siècle.

Prudhoe Bay B1

À 500 miles au nord de Fairbanks. Accès par la route ou en avion.

Pour les amateurs de bouts du monde, des agences de Fairbanks organisent des excursions accompagnées, coûteuses, vers Prudhoe Bay, à 500 miles au nord. L'occasion de découvrir les installations pétrolières et gazières du nord de l'Alaska, de plonger ses orteils dans le glacial océan Arctique, et d'apercevoir la faune habitant la toundra polaire. Nuit à Deadhorse, dans un confort sommaire.

Utqiagvik B1

À 500 miles au nord-nord-ouest de Fairbanks. Accès en avion seult.

(907) 852-5211 - www.utqiagvik.us.

Cette communauté d'Inupiats de 4797 habitants (autrefois appelée Barrow), implantation la plus au nord de l'hémisphère occidental, s'accroche à une toundra dénudée au bord des glaces de l'océan. Elle s'est modernisée, mais les habitants continuent comme autrefois à chasser la baleine et utiliser les chiens de traîneau. Les Inupiats vivent sous ce rude climat depuis 1500 ans ; sur un escarpement près du centre, les archéologues ont mis au jour un village ancien.

★ Kotzebue A1

À 450 miles au nord-ouest de Fairbanks. Accès en avion seult.

(907) 442-3401 - www.cityofkotzebue.com.

Avec 2983 habitants, dont plus de 70 % de natifs d'Alaska, Kotzebue est un véritable musée vivant, montrant comment les Inuits ont vécu dans cet environnement impitoyable pendant des millénaires.

★ **Northwest Arctic Heritage Center** – *907 442 3890 - www.nps.gov/noat - de mi-nov. à mi-mars : 10h30-16h30; reste de l'année : 8h-17h - fermé w.-end.* Il vous fera découvrir de quelle manière l'homme a survécu pendant des millénaires dans cet environnement si inhospitalier. C'est également le siège de trois grands parcs nationaux :

La **Noatak National Preserve** *(www.nps.gov/noat)* entoure le plus grand bassin de rivière sauvage des États-Unis ; l'Unesco a inscrit la rivière Noatak (684 km) comme Réserve mondiale de la biosphère.

À la lointaine extrémité ouest de la chaîne Brooks, le **Kobuk Valley National Park** *(www.nps.gov/kova)* se caractérise par des blocs de glace de 30 m de haut (plus grand champ arctique d'icebergs mouvants du monde), des cours d'eau cristalline et une flore primitive.

De l'autre côté du bras de mer de Hotham, le **Cape Krusenstern National Monument** *(www.nps.gov/cakr)* offre des paysages côtiers à la beauté rude, soulignés par des montagnes qui inspirèrent plus de 6000 ans d'artisanat inupiat.

Nome A2

À 525 miles à l'ouest de Fairbanks. Accès en avion seult.

301 Front St. - (907) 443-6555 - www.visitnomealaska.com.

Lorsqu'on a découvert de l'or ici en 1898, la population de Nome est passée en flèche à 20 000 habitants. Cette période turbulente de la Frontière appartient au passé et la petite ville est maintenant le centre du commerce pour la constellation des villages esquimaux de l'Alaska du Nord-Ouest. Nome est surtout connu pour être le point d'arrivée, en mars, de l'**Iditarod**, grande course annuelle de chiens de traîneau *(voir p. 422)*.
Bering Land Bridge National Preserve – *Visitor Center : 240 Front St. - ✆ (800) 471-2352 - www.nps.gov/bela - mar.-sam. 10h-17h.* Sources chaudes, volcans éteints, magnifiques lacs transparents et sites de campements préhistoriques parsèment la péninsule par laquelle les nomades venus de Sibérie sont arrivés en Alaska, découvrant un gibier abondant, mais pas âme qui vive.

Carnet pratique

S'informer

✆ 907 4565774 - www.explorefairbanks.com.
Morris Thompson Center – *101 Dunkel St., Fairbanks - ✆ (907) 459-3700 - www.morristhompsoncenter.org.*

Arriver/partir

En avion

Fairbanks International Airport (FAI) – *Voir p. 416.*
Alaska Airlines – *www.alaskaair.com.* Liaisons quotidiennes entre Anchorage, Fairbanks et Seattle.
Il est également possible de se rendre en jet à Prudhoe Bay et à Utqiagvik (ex Barrow).
Parmi les compagnies aériennes de l'État, **Ravn Alaska** *(voir p. 416)* propose un service au départ et en direction d'Anchorage.
Des compagnies de plus petite taille desservent l'intérieur, la plupart des sites de cette région n'étant pas accessibles par la route.

En train

Alaska Railroad – *✆ (907) 265-2494 ou (800) 544-0552 - www.alaskarailroad.com.*
Relie Anchorage, Talkeetna, Denali National Park et Fairbanks. Train quotidien durant l'été.

En bus

Interior Alaska Bus Line – *✆ (800) 770-6652 - interioralaskabusline.com.* Service de bus reliant Anchorage, Fairbanks et Tok trois fois par semaine *(lun., merc., vend.)*.

En voiture

Les principales sociétés de location de véhicules se trouvent à l'aéroport international de Fairbanks.
Les voyageurs aventuriers qui souhaiteraient emprunter la **Dalton Highway** devront en revanche louer un véhicule spécialement équipé auprès d'une des agences locales, dont la liste est disponible au Morris Thompson Visitor Center de Fairbanks.
Depuis Fairbanks, prévoyez 18h pour vous rendre à Prudhoe Bay *via* la Dalton Highway, et environ 3 jours pour rejoindre Fort St John, au Canada, en empruntant l'Alaska Highway.

Nos adresses

Restauration

Fairbanks

Premier prix

LuLu's Bread & Bagels – *364 Old Chena Pump Rd - ☏ (907) 374-3804 - www.lulusbagels.com - 6h30-16h, dim. 8h-16h - moins de 15 $.* On sert de délicieux pains, bagels et pâtisseries faits main dans cette agréable boulangerie proche du campus universitaire. À chaque jour est dédié son pain (pain au levain le mardi, par exemple) et les pâtisseries préparées le matin incorporent des fruits locaux comme les myrtilles et les framboises lorsque ceux-ci sont disponibles. Les sandwichs sont servis dès le matin et confectionnés avec du pain d'inspiration européenne tel que le pain complet au levain, le pain rustique ou la baguette.

Alaska Coffee – *4001 Geist Rd - ☏ (907) 457-5282 - www.alaskacoffeeroasting.com - service continu - fermé dim. soir - pizza 12,50/15,50 $.* Le torréfacteur local de Fairbanks est également une magnifique boulangerie et le lieu où l'on sert les meilleures pizzas de la ville. La Salinas est garnie de poivrons rouges grillés, d'ail et de mozzarella, l'Alsace de jambon de la Forêt Noire et d'emmental. Les quiches sont également délicieuses. La tarte au citron vert y est très prisée. Pour les vrais globe-trotters, un autre établissement de la marque se trouve à Miami, en Floride.

Budget moyen

Silver Gulch Brewery – *2195 Old Steese Hwy - ☏ (907) 452-2739 - facebook.com/Silvergulch - fermé lun.-mar. et midi - 20/39 $.* « La brasserie d'Amérique la plus au nord », comme on aime à se vanter ici, se trouve au sein d'un grand bâtiment au nord de Fairbanks, dans le quartier minier historique de Fox. Outre les bières de la brasserie figurent au menu hamburgers, pizzas, *fish & chips* et plats de pâtes. L'une des spécialités est la côte de porc glacée aux myrtilles. Au dessert, laissez-vous tenter par le pouding au pain ou le gâteau au chocolat à la bière brune Silver Gulch.

Pump House – *796 Chena Pump Rd - ☏ (907) 479-8452 - pumphouse.com - dîner seult - fermé lun.-sam. midi et dim. soir - plats 28/43 $.* Situé au bord de la rivière Chena, ce restaurant très prisé est aménagé dans une ancienne station de pompage qui fournissait de l'eau sous pression aux opérations minières. Ainsi, les lampadaires qui éclairent sa terrasse sont-ils fabriqués à partir d'anciens embouts de tuyau. Lorsque le temps y est propice, cette terrasse est sans nul doute l'endroit où dîner le plus agréable de la ville. Le menu passe par les inévitables crabe et saumon mais la fraîcheur des produits et les assaisonnements locaux font la différence.

Soba – *535 2nd Ave - ☏ (907) 460-7622 - sobarestaurant.com - service continu - plats 15/30 $.* Originaire de Moldavie, le couple de propriétaires partage ici son amour de la cuisine traditionnelle de l'Europe de l'Est dans un cadre décoré avec soin. Vous pourrez goûter aux pelmeni, sorte de ravioli servis avec une crème aigre-douce, aux choux saumurés et farcis…

Pour se faire plaisir

Lavelle's Bistro – *575 1st Av. - ☏ (907) 450-0555 - www.lavellesbistro.com - fermé midi - plats 27/50 $.* Exemple le plus proche de Fairbanks de restaurant mené par son chef-artisan, cet établissement perpétuellement bondé est décoré de nombreux miroirs et bruisse de conversations. Le saumon en croûte de pommes de terre est la vedette parmi les fruits de mer et le pain de viande au fumet si reconnaissable incorpore plus d'une vingtaine d'ingrédients. La somptueuse cave à vins est la plus grande de l'Alaska.

Hébergement

Denali National Park

Une folie

Kantishna Roadhouse – *1 Doyon Pl. - 99701 Fairbanks - ✆ (907) 374-3041 - www.kantishnaroadhouse.com - ✕ ♿ - de juin à mi-sept. - 32 ch. et chalets 1450 $/pers. en pension complète - 2 nuits mini.* Situé le long de Moose Creek, au bout de la Denali Park Road, cet hôtel propose confort et conseils d'expert sur les aventures à vivre dans le parc. Le forfait comprend des activités (balades guidées, VTT, équipement de pêche) et le transfert en bus depuis l'entrée du parc.

Fairbanks

Budget moyen

River's Edge Resort – *4200 Boat St. - ✆ (907) 474-0286 - riversedge.net - ▤ - de mi-mai à mi-sept. - 94 ch. 189/299 $ - ✕ - plats 32/44 $.* Situé sur les rives de la rivière Chena, ce charmant hôtel propose des suites tout confort à l'intérieur de l'hôtel et des cottages avec patios privés dans un décor bucolique. On y pratique le canoë et la pêche. Un service de navette gratuit permet de se rendre à l'aéroport, à la gare et sur les sites touristiques locaux. Adjacent à l'établissement, le Chena's Alaskan Grill possède une superbe terrasse avec vue sur la rivière et propose une cuisine qui fait la part belle aux fruits de mer.

A Taste of Alaska Lodge – *551 Eberhardt Rd - ✆ (907) 488-7855 - atasteofalaska.com - ✕ ♿ - 11 ch. et 3 cottages 205/325 $ ☕.* À cheval sur une petite crête à l'extérieur de Fairbanks, ce vaste complexe a des allures de musée avec ses distributeurs de savon datant des années 1950 et ses collections uniques d'objets divers, affiches, livres et autres bizarreries. L'endroit est idéal pour observer les aurores boréales en hiver. De vastes prairies s'étendent sur plus de 110 ha, offrant ainsi une vue dégagée du ciel, les lumières de la ville n'arrivant pas jusque-là. Le restaurant fait honneur à la gastronomie régionale. Les chambres, au décor éclectique, sont confortables et les tarifs restent les mêmes tout au long de l'année.

Pike's Waterfront Lodge – *1850 Hoselton Rd - ✆ (877) 774-2400 - www.pikeslodge.com - ▤ ♿ - 180 ch. et 28 cottages 152/341 $.* Lumineux, chaleureux et accueillant, ce complexe hôtelier en bois se trouve au bord de la rivière Chena, non loin de l'aéroport. Aussi bien adapté aux voyages d'affaires qu'au tourisme, on y propose des chambres dans de nombreuses configurations, de la chambre standard aux « chambres royales », garnies de dessus-de-lit en brocart et de meubles néo-victoriens. Le wifi est disponible dans tout le complexe (sauf un cottage). Le Pike est un leader en matière d'écologie. On y a remplacé le plastique par des matières biodégradables, son café fait don de son huile de cuisson pour qu'elle soit transformée en biocarburant et on y recycle systématiquement tout ce qui est en papier.

Bison dans le Grand Teton National Park.
Brian Evans/Getty Images Plus

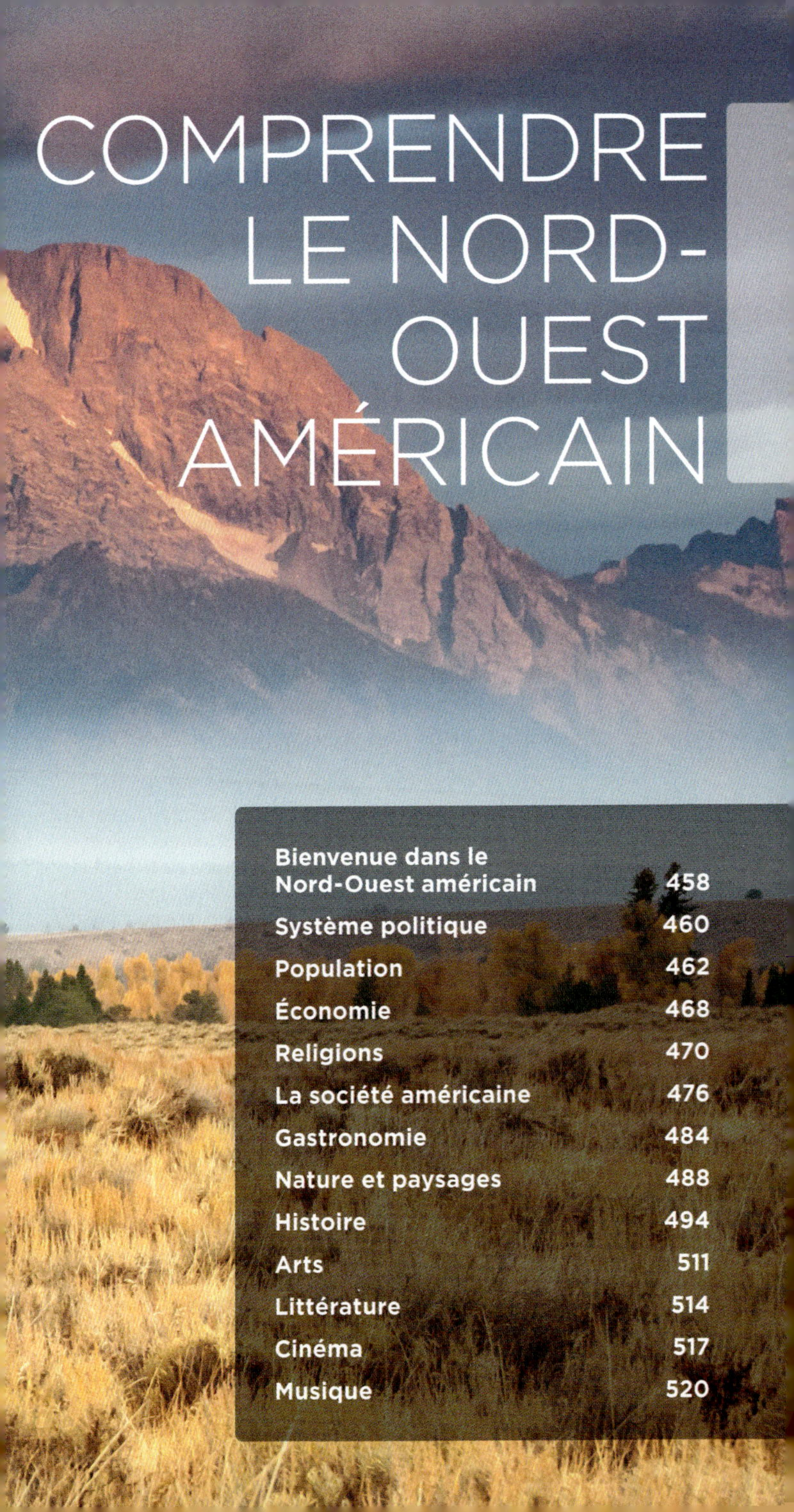

COMPRENDRE LE NORD-OUEST AMÉRICAIN

Bienvenue dans le Nord-Ouest américain

L'expédition de Lewis et Clark (1804-1806), qui traversa les Rocheuses jusqu'à la côte de l'Oregon, marqua le départ de la conquête de l'Ouest. Cette colonisation a enfanté une vision romancée de l'Ouest, pays de cocagne où l'or coule à flots, terre promise où s'incarnent les rêves de liberté, contrée sauvage où se forge le tempérament héroïque américain. Arpenter le Nord-Ouest de nos jours permet de revivre l'aventure des pionniers et des trappeurs, de se fondre dans l'immensité des grands espaces, sur les terres légendaires des cow-boys et des Indiens. Chemin faisant, on y découvre une modernité paradoxale, à la fois décroissante et high-tech, où le dynamisme de villes vertes marque le pas sur l'industrie.

Une nature grand format

Espaces grandioses et panoramas immenses, les paysages du Nord-Ouest se révèlent à la hauteur des attentes des voyageurs en quête de nature authentique. On tombe amoureux du *Big Sky* qui étire ses nuages à l'infini, des plaines aussi vastes que des océans, des pics enneigés et des glaciers qui se reflètent dans des lacs couleur émeraude, des rivières qui dessinent des arabesques et des gouffres vertigineux, du vent qui apporte la pluie drue, de l'odeur de l'armoise et du genévrier, des éclats du grès rouge et de la lave noire, de toutes ces sensations grisantes qu'exhale une nature indomptée. Au fil d'un *road trip* sur des centaines de miles, la diversité des paysages est stupéfiante, la richesse géologique incroyable : canyons et volcans, plateaux rocailleux et steppes, geysers et glaciers, monts alpins et déserts salés, dunes, prairies et forêts d'une beauté à couper le souffle. Pas étonnant que le Nord-Ouest recèle une telle quantité de parcs naturels, sanctuaires d'une faune sauvage remarquable : loups, grizzlis, bisons, mustangs, phoques, baleines, aigles, colibris...

Du mythe à la réalité

L'ombre des pionniers et des chercheurs d'or plane encore sur certaines bourgades perdues du Montana, du Colorado ou de l'Oregon, anciennes villes-champignons de la ruée vers l'or. Le Nord-Ouest n'a pas rompu avec la culture western, vivace dans les nombreux ranchs et les spectacles de rodéos, où se rassemble une population locale avec chapeaux

Cow-boys dans l'Oregon.
K. Wothe/Arco Images/age fotostock

Stetson, chemises à carreaux, jeans et santiags, fière d'être américaine, chantant l'hymne national la main sur le cœur. Mais le romantisme du cavalier solitaire a cédé la place à des fermiers sédentaires roulant en pick-up. Pas de souffle épique non plus dans ces villes proprettes de l'intérieur, à l'entrée desquelles des rangées d'enseignes commerciales, de *fast-foods* et de motels dressent un paysage urbain générique partout répété. Quant aux réserves indiennes, c'est un brise-cœur de les traverser, tellement le chômage et l'alcoolisme y font des ravages.

Écolos et épicuriens

S'il cultive parfois la nostalgie d'un âge d'or glorieux, le Nord-Ouest s'ouvre aussi aux nouvelles tendances. En avance sur certains sujets de société et sur la défense de l'environnement, l'Ouest rural prend sa revanche sur l'Est industrialisé. À Denver, Portland, Seattle, Salt Lake City, Boise, Eugene et Tacoma, prospèrent les *hipsters* qui roulent à vélo, mangent local et bio et raffolent des sports *outdoor*. Il est vrai que l'on peut aller skier la journée et assister à un opéra, un concert rock ou un vernissage le soir. Truffées de verdure, ces métropoles privilégient le développement durable et l'innovation. Des start-up et entreprises dynamiques y ont leur siège, comme Microsoft, Amazon, Starbucks et Nike. À l'opposé du consumérisme et de l'individualisme qui prévalent en Californie, on y pratique volontiers l'entraide et le recyclage. Tournées vers le Pacifique, championnes du bon-vivre et de l'initiative, ces villes pourraient devenir le modèle de l'Amérique de demain.

Système politique

La Constitution des États-Unis, inchangée depuis plus de deux siècles, est la plus ancienne au monde. La volonté de rompre avec un pouvoir colonial a certainement prévalu lors de la création des institutions et influença l'esprit que les pères fondateurs donnèrent à cette république du Nouveau Monde. La jeune puissance joua pourtant très vite à son tour la carte de l'expansionnisme, s'attachant à conquérir les grands espaces de l'Ouest.

Le gouvernement fédéral

La naissance des États-Unis d'Amérique repose sur la déclaration d'indépendance du **4 juillet 1776**, par laquelle les treize colonies de l'Est s'affranchirent du pouvoir colonial anglais. Soucieux de réguler les échanges économiques, les treize États nouvellement créés se réunirent dix ans plus tard à Philadelphie pour rédiger la **Constitution de 1787**, qui créa un État fédéral et en définit les instances communes.

La Constitution américaine établit la séparation des pouvoirs et l'égalité entre les États au sein du corps législatif. Le Congrès comprend en effet deux assemblées : la **Chambre des représentants** se compose de 435 membres, renouvelés tous les deux ans, et représentant les États proportionnellement au nombre d'habitants ; le **Sénat**, renouvelé par tiers tous les deux ans, est constitué de deux sénateurs par État, élus pour six ans. Si le texte de la Constitution reste inchangé, des amendements peuvent y être ajoutés, afin de préciser certains points et régler définitivement des questions laissées en suspens. En 1791, les dix premiers amendements, ou *Bill of Rights*, précisèrent les droits individuels et ceux des États, par opposition à ceux du gouvernement fédéral.

Le pouvoir exécutif est confié au **président** et à son vice-président, élus pour quatre ans selon un système de collège électoral (les citoyens votent pour une liste de grands électeurs soutenant un candidat). Le président est assisté par **15 secrétaires d'État**, responsables des différents ministères. Le pouvoir judiciaire est confié à la **Cour suprême**, la plus haute instance du pays, composée de neuf juges nommés à vie par le président, après accord du Sénat. Elle remplit tout à la fois le rôle de Conseil constitutionnel, de Conseil d'État et de Cour de cassation.

Le gouvernement des États

Si le gouvernement fédéral exerce son autorité dans les affaires étrangères, dans les échanges commerciaux internationaux et en partie dans la justice, chacun des **50 États** dispose par ailleurs de son propre gouvernement, en charge de l'enseignement, de la politique

Le bipartisme

Dès l'origine, les deux grands partis qui dominent la vie politique américaine se sont différenciés par leur interprétation des textes constitutionnels. Pour les républicains, le pouvoir fédéral ne doit en aucun cas empiéter sur les prérogatives des États. Ils préconisent la libre entreprise, qui doit conduire à une moindre dépendance des citoyens envers l'État fédéral. À l'inverse, les démocrates sont plus interventionnistes : l'importance d'une politique économique et sociale à l'initiative du pouvoir fédéral fait partie de leurs revendications traditionnelles.

sociale, des équipements, de la police et de la justice (ce qui explique que tous les États n'adoptent pas les mêmes réglementations, ni la même position face à la peine de mort). Un **gouverneur**, élu pour deux ou quatre ans, est désigné comme chef de l'exécutif, tandis que le pouvoir législatif est assuré par **deux assemblées**.

Le rattachement du Nord-Ouest

À l'époque où la Constitution fut rédigée, le pays se composait uniquement des États de la côte est. Certains n'ayant aucune frontière commune avec les terres de l'Ouest, il fut prévu, pour éviter tout conflit, que les nouveaux espaces conquis reviendraient à l'État fédéral. La Constitution précisait par ailleurs que tout territoire regroupant 60 000 habitants pourrait postuler pour rejoindre l'Union, et obtiendrait les mêmes droits et les mêmes devoirs que les autres. Les importantes migrations générées par l'ouverture de la **piste de l'Oregon** dès 1841 permirent à la population de cet État de croître rapidement, jusqu'à dépasser le seuil nécessaire. En 1859, l'Oregon fut ainsi le 33e État à entrer dans l'Union, précédant de plusieurs années tous les autres États du Nord-Ouest : le Colorado (1876), les Dakota du Nord et du Sud, le Montana et le Washington (1889), l'Idaho et le Wyoming (1890), l'Utah (1896) et, enfin, l'Alaska (1959).

Les partis politiques

Depuis la présidence d'Abraham Lincoln (1861-1865), deux grands partis politiques – le **Parti démocrate**, généralement progressiste, et le **Parti républicain**, relativement conservateur – dominent la vie politique américaine.

En règle générale, les États du Nord-Ouest situés à l'intérieur des terres – Idaho, Montana, Wyoming, Utah, Dakota du Nord et du Sud –, qui sont des régions agricoles, faiblement peuplées et influencées par les organisations religieuses, sont plutôt conservateurs et votent républicain. À l'exception toutefois du Colorado, plus modéré, qui a voté pour Joe Biden en 2020 et est par ailleurs gouverné par un démocrate. Les États de la côte pacifique, Oregon et Washington, plus urbanisés, sont plus progressistes et votent en majorité démocrate.

Population

Plutôt que le terme de « melting-pot », celui de « salad bowl » (salade composée) caractérise bien le Nord-Ouest, où les groupes ethniques se mélangent peu. Dans les Rocheuses et les Hautes Plaines, d'origine anglo-saxonne et en majorité blanche, la population vit à l'écart des tribus indiennes cantonnées dans leurs réserves. Dans les grandes villes de la côte pacifique, vers lesquelles convergent les flux migratoires en provenance d'Asie, du Pacifique et de l'Amérique latine, la mosaïque démographique est plus hétérogène. Il n'est pas question d'assimilation ni de mixité : le communautarisme est ici très fort, même si les différences culturelles et les modes de vie, standardisés par la consommation de masse, tendent à se fondre dans le moule de l'« American way of life ».

Une démographie dynamique

La population globale américaine est estimée en 2023 à **près de 340 millions d'habitants**, avec une croissance démographique de 0,68 % (2023). Une progression plus élevée à l'ouest des États-Unis qui compte une concentration de minorités à croissance forte (comme les Asiatiques et les Hispaniques sur le littoral nord-ouest ou les Mexicains dans l'Utah et le Colorado).

Une répartition inégale

Le contraste est saisissant entre les fortes densités du littoral du Nord-Ouest Pacifique, où se concentre la majorité de la population, et le grand vide des terres intérieures, hormis autour de quelques oasis urbaines. La densité est ainsi de 44,7 habitants par km² dans le Washington, contre 4,36 dans le Dakota du Nord, 3,28 dans le Montana et 2,28 dans le Wyoming. Les faibles densités des régions rurales s'expliquent à la fois par leur caractère agricole et par les contraintes naturelles qui ont freiné le peuplement (aridité du climat au sud-ouest, enneigement en Alaska, relief des montagnes Rocheuses). À l'inverse, le développement de la façade pacifique a conduit à la formation de la grande conurbation du Puget Sound, autour de Seattle et Tacoma (4 millions d'hab.) et, plus au sud, de Portland (2,5 millions d'hab.). Dans les terres, le dynamisme repose sur quelques agglomérations comme Denver-Aurora-Boulder (3,2 millions d'hab.) et Salt Lake City-Ogden (3 millions d'hab.). On y compte aussi un faible nombre de villes moyennes comme Colorado Springs, Boise, Spokane et Anchorage en Alaska.

Les communautés d'immigrants

Explorateurs et missionnaires espagnols venus du Sud par le Mexique, trappeurs ou colons anglais, français, allemands cherchant fortune dans l'Ouest, travailleurs chinois fuyant les incertitudes de leur pays, esclaves noirs affranchis constituèrent au fil du temps un flux d'immigrants d'une grande diversité, remplaçant les tribus indiennes peu à peu mises à l'écart.

Les Anglo-Américains

Les premiers immigrants d'origine anglo-saxonne (Anglais, Écossais et Irlandais) sont devenus américains à la déclaration de l'Indépendance. Ils ont rapidement été suivis par d'autres Européens, moins nombreux – Français, Allemands, Scandinaves – fuyant la pauvreté de leur pays d'origine ou la persécution religieuse ou politique. Tous sont arrivés progressivement dans l'Ouest avec les caravanes de pionniers pour posséder des terres ou chercher de l'or. Entreprenants, ils ont souvent posé les fondements de l'économie locale. Sûrs d'eux, ils ont aussi imposé leurs idées, religieuses ou sociales, et pris les rênes du pouvoir politique. Ils constituent la frange la plus riche de la société américaine, même si la pauvreté les touche de plus en plus.
Ils sont les plus nombreux (de 66,5 % dans le Colorado à 85,3 % dans le Montana et 83 % dans le Dakota du Nord, contre 58,9 % au niveau national). Ils rassemblent toute la diversité héritée de l'Europe, tant sur les plans religieux et culturels que dans le domaine politique.

Les Afro-Américains

« Importés » de force depuis l'Afrique, ils sont arrivés comme esclaves dans les plantations de coton des États du Sud. Malgré la guerre de Sécession, l'abolition de l'esclavage et le droit de vote théorique à partir de 1870, ils firent l'objet d'une ségrégation sans pitié et rejoignirent progressivement les grandes villes industrialisées. Des Afro-Américains s'installèrent dans le Nord-Ouest dès la première moitié du 19e s., le plus souvent comme esclaves au service des pionniers blancs, plus rarement comme trappeurs, chercheurs d'or ou fermiers libres. Si l'esclavage fut interdit au nord du 36e parallèle à partir de 1821, il restait pratiqué au sud, notamment dans l'Utah. L'Oregon était certes un État libre, mais une loi d'exclusion de 1844 y décourageait l'installation des Noirs. Au lendemain de la guerre civile, des petits groupes d'anciens esclaves migrèrent vers l'ouest dans l'espoir d'une vie meilleure. Certains s'engagèrent dans l'armée américaine, formant des régiments surnommés « Buffalo Soldiers » par les Indiens des Plaines pendant les guerres indiennes. D'autres devinrent cow-boys dans les ranchs ou mineurs, charpentiers et agriculteurs. Mais les vagues migratoires restèrent modestes, si bien qu'aujourd'hui les Afro-Américains ne composent qu'un très faible pourcentage de la population du Nord-Ouest (de 0,6 % dans le Montana à 4,7 % dans le Colorado). Comme dans le reste du pays, les améliorations apportées par le mouvement des droits civiques, puis par la politique de discrimination positive *(affirmative action)* ont porté leurs fruits. Mais beaucoup vivent en dessous du seuil de pauvreté, isolés de la société dans des ghettos où la violence flambe. Le mouvement militant afro-américain **Black Lives Matter**, né en 2013 à la suite de l'acquittement d'un policier latino qui avait abattu un garçon noir en Floride, continue de dénoncer les violences policières et, au-delà, les inégalités sociales et le racisme institutionnel.

Les Asiatiques

Les **Chinois** se sont surtout regroupés dans la région de Seattle, dans le Washington, où

les Asiatiques composent près de 10,5 % de la population, et à Portland, dans l'Oregon. Les premiers migrants furent des travailleurs pauvres qui, fuyant la misère, arrivèrent dans les années 1840 pour servir de main-d'œuvre dans les mines d'or et pour la construction de la partie occidentale des chemins de fer transcontinentaux, dans des conditions souvent effroyables. Leur présence suscita une forte hostilité au sein de la population blanche, qui voyait d'un mauvais œil cette concurrence à bas coût, et entraîna le vote de mesures discriminatoires, ainsi que d'une loi suspendant leur immigration (Chinese Exclusion Act, 1882) qui ne fut abrogée qu'en 1943.
Une immigration plus récente, après 1965, apporta des cadres, médecins, scientifiques et techniciens qualifiés venus de Chine, de Corée, du Vietnam, du Cambodge, des Philippines et du sous-continent indien.
Les **Japonais** ont quant à eux formé dès le 19e s. une communauté dynamique, elle aussi souvent en butte au racisme. Après l'attaque de Pearl Harbor (1941), tous les Japonais des États-Unis, même ceux qui avaient pris la nationalité américaine, furent internés dans des camps (puis libérés après la guerre), ce qui a beaucoup freiné leur intégration.
Très attachés à leurs traditions, les Asiatiques se regroupent en quartiers, les *Chinatown*, où la langue et les boutiques restituent l'ambiance des villes d'Extrême-Orient.

Les Hispaniques

Avant de devenir américains, en 1848, les États du Sud-Ouest ont longtemps été colonisés par les Espagnols, puis rattachés au Mexique. Aujourd'hui encore, on trouve d'importantes communautés de Latino-Américains, essentiellement d'origine mexicaine, au Colorado (22,5 % de la population), dans l'Utah (15,1 %), mais aussi plus au nord dans l'Oregon (14,4 %), ainsi que le Washington 14 %) et l'Idaho (13,5 %).
Au niveau national, la population hispanique dépasse maintenant la population noire et représente près de 19 % de la population américaine. Les statistiques tablent sur une croissance continue de cette communauté dans les années à venir, ce qui n'est pas sans inquiéter la frange conservatrice de la communauté blanche.

Les Amérindiens

LES TRIBUS INDIENNES
DU NORD-OUEST AMÉRICAIN
VOIR P. 466

Voyager dans le Nord-Ouest américain, c'est partir à la découverte des terres occupées en premier lieu par les tribus amérindiennes. Aujourd'hui, en Amérique, les Indiens sont tiraillés entre les tentations, les excès de l'*« American way of life »*, et la conviction qu'ils doivent perpétuer les valeurs de leurs ancêtres.

Les communautés autochtones

Au nombre de 4,354 millions, les *Native Americans* vivent aujourd'hui en majeure partie à l'ouest du Mississippi, où, depuis le 19e s., le gouvernement américain leur a alloué des terres sous forme de **réserves**, notamment dans le Montana, dans l'État de Washington et dans le Dakota du Sud.
Ils ne représentent aujourd'hui que 1,3 % de la population totale des États-Unis (proportion qui atteint 15,7 % en Alaska, 8,5 % dans le Dakota du Sud, 5,3 % dans le Dakota du Nord et 6,5 % dans le Montana).
Environ 22 % d'entre eux vivent dans l'une des 324 réserves reconnues par le gouvernement, où l'on dénombre

574 tribus. Bénéficiant d'un statut souverain, ces réserves sont gouvernées de façon indépendante par les autorités tribales, possèdent leur police et tentent de créer leur propre économie, basée sur le tourisme (parcs, complexes hôteliers, services), les jeux (casinos) et les ressources minières. Mais les gouvernements tribaux restent très dépendants des fonds fédéraux. Le chômage (6,7 % contre 3,7 % sur le plan national), le niveau insuffisant de l'éducation, l'alcoolisme et la drogue maintiennent beaucoup de villages dans un état de dénuement proche de la misère, avec son cortège de suicides, de frustrations et de violences.

Vers un lent renouveau

Pourtant, l'échec de leur intégration dans les villes et le renouveau des traditions parmi les nouvelles générations sont à l'origine d'un **retour des jeunes vers les réserves**. La rénovation du système scolaire pour les enfants indiens, la promotion de l'art et de la littérature (l'enseignement des langues ancestrales leur est peu à peu proposé) et la mode de la culture indienne (malgré ses dérives factices ou pseudo-ésotériques) ont contribué à la renaissance du patrimoine autochtone et à une approche plus respectueuse des rites et de la philosophie de vie des Amérindiens. Des cérémonies traditionnelles ont encore lieu, et chaque année de grands rassemblements intertribus, les **pow-wows**, leur permettent de montrer leurs costumes et de présenter leurs danses.

Les descriptions minutieuses des rituels anciens ont certainement contribué au succès touristique des réserves. Elles ont surtout aidé à faire admettre dans le patrimoine national américain une culture encore méprisée. Les mentalités évoluent mais les Amérindiens restent confrontés à d'importants défis.

Le Red Power

Inspiré par les luttes d'émancipation menées par les Noirs, l'American Indian Movement (AIM) est fondé en 1968, avec pour objectifs la défense des valeurs tribales, le respect des traités et des droits civiques des Native Americans. Un an plus tard, des militants de l'AIM occupent 19 mois l'île d'Alcatraz dans la baie de San Francisco, revendiquant l'île symboliquement pour tous les Amérindiens. En 1973, un groupe de 200 militants armés occupent le village de Wounded Knee dans la réserve de Pine Ridge (Dakota du Sud), théâtre du massacre des Sioux en 1890. Des centaines de policiers, des militaires et des agents du FBI sont mobilisés pour les déloger, sous le regard des caméras du monde entier. En 1978, l'AIM, soutenu par des célébrités telles que Marlon Brando, Robert Redford et Bob Dylan, organise une longue marche de San Francisco à Washington, en souvenir de la déportation de cinq tribus sur la **Piste des Larmes**. Ces mobilisations ont fait avancer la cause indienne : des milliers d'hectares sont rendus aux tribus qui obtiennent le droit de pratiquer leur langue et d'ouvrir des écoles. Ils acquièrent également la possibilité d'ouvrir des casinos sur leurs territoires. Alors que les Amérindiens du siècle dernier étaient contraints de taire leur culture et leurs traditions pour s'intégrer à la société américaine, les *Native Americans* du 21e s. affichent fièrement leur attachement à leurs valeurs traditionnelles.

Les tribus indiennes du Nord-Ouest américain

Alaska

Il n'existe qu'une seule réserve en Alaska, Annette Island, qui abrite la tribu **Tshimshian**. Les autres Indiens d'Alaska vivent dans des corporations régionales ou municipales, qui correspondent aux réserves des autres États. Habitués au grand froid de l'Arctique, les **Inuits**, **Yupiks** et **Aléoutes** ont appris à survivre sur la banquise et dans la toundra. S'ils n'habitent plus dans des igloos ou des huttes, profitent du confort moderne et se déplacent désormais à motoneige, ils continuent à pratiquer la chasse à la baleine et aux phoques et conservent un bel artisanat d'objets sculptés dans l'ivoire de morse et l'os de baleine.
Dans la taïga subarctique, plus au sud, vivaient les **Crees**, une grande nation de chasseurs-pêcheurs nomades qui se déplaçaient sur la neige avec des raquettes et des traîneaux à chiens. Bisons et caribous, dont ils suivaient les déplacements des troupeaux, leur fournissaient viande et peaux.

Nord-Ouest Pacifique

La côte nord-ouest du Pacifique était occupée par différentes tribus de pêcheurs (saumon, coquillages) et chasseurs-cueilleurs : Tillamooks, Chinooks, Kwakiutls, Nootkas, Haidas, Salishs. Souvent en guerre les unes contre les autres, elles étaient organisées en chefferies et divisées en classes sociales (nobles, gens du commun et guerriers). Les nobles érigeaient des mâts-totems richement sculptés et peints pour honorer leurs lignées et organisaient des **potlatchs**, festivités somptueuses et ostentatoires qui permettaient de tisser des liens de réciprocité.

Plateau de la Columbia et Rocheuses

Beaucoup de tribus indiennes nomadisaient sur le Plateau, le long du fleuve Columbia et de ses affluents, qui leur fournissaient du poisson en abondance.
Les **Salishs**, les **Pend-d'Oreilles** (ou Kalispels) et les **Kootenais** se sont unis à la tribu des **Têtes-Plates** pour former une confédération, dans une réserve du Montana appelée Flathead.
Jadis nombreux, les **Nez-Percés** (Nimiipuus) étaient des guerriers redoutés, dotés d'arcs puissants et de chevaux appaloosas rapides qu'ils élevaient et utilisaient comme monnaie d'échange avec les tribus alliées (Walla Wallas, Spokane, Cœur-d'Alène, Têtes-Plates, Pend-d'Oreilles et Kootenais). Durant l'automne, ils partaient chasser dans les plaines. Leur vaste territoire était à cheval entre l'Idaho, l'Oregon et le Washington. Ils se trouvent désormais regroupés dans une réserve dans l'ouest de l'Idaho.
Leurs ennemis d'autrefois, les **Blackfeet** (Pikunis) au nord, vivaient de la chasse au bison entre Canada et États-Unis. Ils occupent aujourd'hui une réserve d'une superficie de plus de 6 000 km^2 dans le nord-est du Montana.

Grand Bassin

Les régions arides du Grand Bassin étaient principalement peuplées par les **Shoshones**. Nomades, ils vivaient à l'origine de la cueillette et de la chasse au bison et habitaient des huttes sommaires, les *wickiups*. Ceux du Nord et de l'Est trouvaient facilement du gibier, ceux du Sud profitaient des plantes nourricières des vallées, tandis que ceux de l'Ouest, région la plus aride, fouillaient la terre à l'aide d'un bâton pour débusquer racines et tubercules. Aujourd'hui, comme les autres Amérindiens, ces tribus vivent dans de modestes maisons, le plus souvent préfabriquées, assemblées en villages pauvres.

Parmi ces autres tribus, les **Païutes** (un peu moins de 10 000 individus) évoluent entre les Rocheuses, la Sierra Nevada et le plateau du Colorado. Ils sont réputés pour leur vannerie traditionnelle.

Anciens habitants des montagnes, les **Utes** (environ 7 000 individus), qui appartiennent au même groupe linguistique, ont valu son nom à l'Utah. Ils se déplaçaient en bandes de chasseurs et se livraient à des raids sur les tribus voisines, Comanches et Cheyennes. Aujourd'hui rassemblés dans les réserves de l'ouest du Colorado et du sud de l'Utah, les Utes célèbrent toujours les impressionnantes *Bear Dance* (danse de l'Ours) et *Sun Dance* (danse du Soleil).

Sud-Ouest

Les steppes arides, canyons et plateaux du sud du Colorado sont les terres sacrées des plus anciennes cultures indiennes. Les **Anasazis**, cueilleurs et cultivateurs, bâtirent d'incroyables villages en pierre et brique de terre nichés dans les vertigineuses murailles de roc de Mesa Verde. Ils se dispersèrent mystérieusement vers le 14e s., dans le Nouveau-Mexique et l'Arizona, où vivent leurs descendants, les **Pueblos**. Évangélisés très tôt par les missionnaires catholiques, les Pueblos occupent des maisons en adobe et sont réputés pour leur vannerie, leur poterie et leurs bijoux. Parmi eux, les **Zunis** et les **Hopis** occupent une place à part, en raison de la complexité de leurs rites et de leur artisanat particulier (fétiches de pierre, *kachinas*, bijoux opulents et très élaborés).

Grandes Plaines

Pays des bisons, les Grandes Plaines abritaient les terrains de chasse des tribus nomades Lakotas, Arapahos, Crows, Cheyennes et Dakotas. Vivant principalement en petits groupes épars, elles se retrouvaient au printemps et en été pour la cérémonie de la danse du Soleil et les grandes chasses communes.

Les terres fertiles situées près des fleuves et rivières étaient occupées par des tribus sédentaires – Mandans, Hidatsas, Arikaras, Otos, Wichitas –, groupées en villages et pratiquant l'agriculture (maïs, haricots, courges).

Le terme **Sioux** désigne trois groupes apparentés : les **Lakotas** qui occupaient les piémonts des Rocheuses, les **Nakotas** vivant dans le centre des Grandes Plaines et les **Dakotas**, implantés plus à l'est.

Alliés aux Arapahos et, souvent, aux Sioux Lakotas, les **Cheyennes** avaient pour ennemis les **Crows**. Leur territoire s'étendait du sud du Colorado aux Black Hills dans le Dakota du Sud. Il reste aujourd'hui un petit groupe cheyenne au sud, près de la Platte River, et un autre au nord, dans une réserve du sud-est du Montana, voisine de celle des Crows. Les Lakotas vivent dans les réserves du Dakota du Sud. En 2007, des Lakotas ont décidé de proclamer une république indépendante (non reconnue) autour du Dakota du Sud.

Économie

La conquête de l'Ouest au 19e s. a joué un rôle majeur dans la croissance économique américaine et la formation de son système capitaliste. L'expansion le long de la Frontière a modelé l'esprit américain et ses fondements : individualisme, matérialisme, attachement à la libre entreprise et à la propriété privée, goût du défi, confiance dans le libre-échange et méfiance envers l'État centralisateur. Resté profondément agricole, le Nord-Ouest américain n'en demeure pas moins très dynamique. Il contribue à la prospérité nationale grâce à ses ressources naturelles, mais aussi à travers ses industries de pointe et un « agrobusiness » très développé.

Comparé à la Californie et à la côte est, le Nord-Ouest des États-Unis n'est pas un poids lourd de l'économie nationale, mais il est loin d'être arriéré. Les gratte-ciel de Seattle et Denver traduisent la puissance de ses entreprises. Le Nord-Ouest est même plutôt riche, si l'on compare le PIB par habitant des 50 États américains : le Dakota du Nord, grâce à ses ressources en gaz de schiste, figure au 7e rang et l'Alaska, grâce au pétrole, au 8e rang. Mais l'abondance des ressources, la mentalité pionnière et le laisser-faire ont induit une approche consommatrice de l'espace qui ne s'est guère souciée de son saccage, d'où des problèmes d'érosion et de pollution des sols récurrents aujourd'hui.

Des ressources naturelles

C'est l'abondance des ressources naturelles – fourrures, minéraux, combustibles fossiles, sols fertiles, forêts et zones de pêche –, qui a attiré les premiers aventuriers vers l'Ouest. À l'exception des fourrures, ces ressources constituent toujours une part non négligeable de l'économie de l'Ouest.

Les mutations agricoles

Longtemps handicapée par l'aridité qui prévaut à l'ouest du 100e méridien, l'agriculture s'est surtout développée dans les vallées fluviales de la côte pacifique et des Rocheuses, notamment celles de la Columbia, de la Willamette et du Haut Missouri. Dans les Grandes Plaines, l'exploitation de la nappe phréatique et l'irrigation par aspersion circulaire ont permis l'essor d'une agriculture intensive autour du blé, des légumes, du lin et du tournesol.

L'État de Washington est connu pour ses pommes et sa vigne, l'Oregon pour ses prunes, noisettes, oignons et fruits rouges, l'Idaho est un grand producteur de pommes de terre, mais aussi de betteraves sucrières, haricots, lentilles, orge et blé, tandis que le Colorado, le Montana, le Nebraska et les deux Dakotas fournissent blé, maïs et soja.

La **pêche** et l'**exploitation forestière** sont très présentes sur la façade nord-ouest pacifique (Alaska inclus), où la coupe de bois génère près de la moitié des revenus du secteur.

L'**élevage extensif**, dont les cow-boys furent longtemps le symbole, reste largement pratiqué dans les Rocheuses et les Grandes Plaines, au sein de vastes ranchs clôturés, qui dépassent souvent 1000 ou 2000 ha et peuvent compter des milliers de têtes de bétail. L'agriculture est aujourd'hui intégrée dans le système capitaliste et industriel, sous la houlette de grandes firmes agroalimentaires qui pilotent de vastes exploitations gérées comme des entreprises et utilisant des techniques scientifiques pointues.

Les richesses du sous-sol

Plus d'un siècle et demi après la ruée vers l'or, l'**extraction minière** se porte toujours bien dans le Nord-Ouest américain, dont provient une grande part de la production américaine d'or (5e rang mondial), d'argent et de cuivre. L'extraction a été améliorée par l'exploitation de gisements à ciel ouvert, au prix d'une forte dégradation de l'environnement, avec de gigantesques excavations qui mutilent les montagnes, comme la mine de Bingham Canyon, près de Salt Lake City, visible à l'œil nu de l'espace. Des gisements de plomb, zinc, titane et uranium sont exploités dans les Rocheuses.

Le **pétrole** d'Alaska contribue à 3,7 % de la production américaine d'hydrocarbures. Celle-ci est stimulée également par les vastes réserves de gaz et de pétrole de schiste qui gisent dans le bassin de Bakken, à cheval sur le Dakota du Nord et le Montana, dans le Colorado et dans l'Utah.

Redevenue rentable, l'exploitation de la **houille** se développe dans l'*Overthrust Belt* (Wyoming, Idaho, Utah), qui fournit près de 42 % de la production nationale de charbon.

En matière d'énergie, il faut citer enfin la production d'**hydroélectricité**, grâce aux nombreux barrages (Colorado, Columbia).

Le développement de l'industrie et des services

Les villes de la côte pacifique ont été les premières à s'éloigner des économies liées aux matières premières et à l'agriculture. Des centres bancaires régionaux comme Denver sont nés au 19e s. de la mine et du ravitaillement du chemin de fer, tandis que Salt Lake City a grandi autour du raffinage pétrolier, du textile, de la mine et de la métallurgie. Aujourd'hui, des métropoles comme Denver et Seattle prospèrent grâce à une économie diversifiée, où dominent les industries de pointe et le secteur tertiaire. Outre son port par où transite le trafic vers l'Asie et l'Alaska, Seattle a profité de la création des usines **Boeing** à la fin de la Première Guerre mondiale, dans le sillage desquelles s'est épanouie la filière aéronautique. Boeing reste le premier employeur dans l'État de Washington, même si son siège social a été transféré à Chicago. L'autre manne pour Seattle fut l'installation, en 1979, de la société **Microsoft**, qui a attiré de nombreuses entreprises du logiciel (**Nintendo**) et du commerce électronique (**Amazon**). Seattle a vu aussi naître la chaîne des cafés **Starbucks** et celle des magasins de vêtements, bijoux et cosmétiques **Nordstrom**. Portland, de son côté, abrite le siège de **Nike**. La nouvelle économie **high-tech** fleurit dans la région du Puget Sound. Elle a trouvé aussi d'autres bastions régionaux solides à Portland, Boise (Idaho) et Denver, dans des technopoles situées près des universités où opèrent des PME innovantes.

Religions

Dieu est partout aux États-Unis, dans le « God Bless America » de l'hymne national, dans la « Nation under God » de la Constitution, ou encore le « In God we trust » sur les billets de banque. L'une des originalités de la société américaine est sa religiosité intense. La Bible est une référence militante. Les Américains ont besoin d'elle pour organiser leur vie sociale et trouver l'harmonie avec l'ordre divin. Entouré de ses ministres, un président des États-Unis est capable de prier avant une séance de travail. On peut trouver dans chaque chambre d'hôtel une Bible, ou dans certains secteurs de l'Ouest américain, le Livre de Mormon. Il suffit d'écouter les discours politiques de tous bords pour mesurer la place de la foi dans la vie collective, d'allumer la télévision ou la radio pour tomber sur l'une des multiples chaînes évangéliques, où des pasteurs haranguent une audience subjuguée.

Croyants ou laïcs ?

En tant qu'avant-garde d'un monde meilleur, les Américains se doivent d'être des missionnaires. Dans ce pays d'immigration, les Églises sont un lieu de socialisation et d'**intégration**. Elles ont joué un rôle clé dans le projet de peuplement. Peut-être à cause de cette forte pression des néochrétiens, les **Américains agnostiques** (3 %) ou **athées** (3 %), voire sans affiliation religieuse déclarée (21 %), se rassemblent en lobby pour s'assurer que la séparation de l'Église et de l'État soit bien appliquée. Car les États-Unis sont malgré tout un pays laïc, où la séparation de l'Église et de l'État est inscrite dans la Constitution, au même titre que la liberté religieuse, garantie par le premier amendement.
Si la religion est omniprésente aux États-Unis, la pratique religieuse varie d'un État à l'autre. La côte pacifique et le Colorado comptent ainsi un pourcentage plus élevé de non-pratiquants que dans le reste du pays, tandis que l'Utah mormon et le Sud (surnommé la « Bible Belt ») manifestent une forte religiosité.

Le protestantisme

Aux origines, le puritanisme

Au 17e s., les premiers colons calvinistes fuient la répression religieuse en Europe. À bord du *Mayflower*, les célèbres **Pères Pèlerins** (Pilgrims Fathers) venus d'Angleterre et de Hollande voguent vers le Nouveau Monde, avec le projet de créer une nation en alliance avec Dieu, bientôt rejoints par d'autres dissidents protestants. Le nouveau migrant **John Winthrop** (1588-1649) s'illustre et son discours « La cité sur la colline » enflamme les foules. C'est le début de la **tradition messianique** américaine. Elle continue aujourd'hui d'influencer la politique de dirigeants américains. Le protestantisme et les églises dérivées forment la **première grande famille religieuse** (47 %), celle qui a conditionné les fondements de la société américaine. Cette branche réformatrice et rigoriste du protestantisme faisait partie de l'Église presbytérienne, qui prône des paroisses autonomes plutôt qu'un clergé nommé par un pouvoir central. Ils considéraient l'Amérique comme leur Terre promise, leur « **Nouvelle Jérusalem** », et pensaient être le peuple élu de Dieu, en opposition avec les Amérindiens, race maudite, vouée au culte de Satan. Pour eux, l'Église est au centre de la vie sociale, ses règles font office de loi civile et une morale stricte est le fondement de la société. Le travail acharné est une vertu, et le succès économique la preuve du soutien divin (si l'on échoue, c'est qu'on l'a mérité). Cette conception explique toute l'évolution des mentalités, notamment l'importance attachée à la **réussite matérielle** et aux **valeurs morales**.

Les baptistes

Parmi les autres branches protestantes très répandues, et dont l'essor est caractéristique de la vie religieuse américaine, les plus nombreux sont les baptistes, pour qui le **baptême par immersion**, réservé aux adultes, suit une profession de foi ostentatoire : parmi les baptistes célèbres, les présidents Carter et Clinton, mais aussi Martin Luther King, Rockefeller ou Britney Spears.

Le courant évangéliste

Le protestantisme évangélique regroupe environ 95 millions de personnes aux États-Unis. L'évangélique croit que la Bible est la parole de Dieu et que tout le monde a besoin d'entendre « la Bonne Nouvelle ». Né au début du 18e s. d'une scission au sein des églises protestantes, le mouvement regroupe trois branches, le **pentecôtisme**, le **fondamentalisme** et le **néoévangélisme**, davantage orienté vers un dialogue œcuménique. Un de ses leaders actuels les plus charismatiques, **Rick Warren**, n'hésite pas à afficher l'objectif : préparer le second avènement du Christ sur la Terre. Le courant évangéliste prospère dans les quartiers pauvres des grandes villes. D'ailleurs, il existe des évangélistes de gauche qui n'ont pas forcément le désir de convertir l'Amérique et de révolutionner la planète.

Le catholicisme

Beaucoup moins nombreux (21 %) que les protestants, les immigrés catholiques (Irlandais surtout à l'origine) cherchaient avant tout à

Une tradition de prosélytisme

Aux États-Unis se sont multipliés les prêcheurs de rue et les manuels spirituels en tout genre. Partout, des groupes d'influence se constituent pour intervenir sur la vie politique. Dans certaines prisons, on cherche à réhabiliter les détenus par la conversion intensive, sept jours sur sept. Il n'est pas rare de voir un détenu porter un bracelet aux couleurs arc-en-ciel sur lequel sont inscrites les initiales WWJD (What Would Jesus Do). « Que ferait Jésus à ma place », se dit-il. À la fin de chaque session, les prisonniers, quelle que soit leur religion, se lèvent, se prennent la main, ferment les yeux et prient. Chrétiens ou musulmans. Qu'importe !

échapper à la misère et venaient de milieux défavorisés. La sauvegarde de leur foi et de leurs valeurs n'était pas en cause : ils se battaient pour leur survie et pour faire fortune. Les protestants les ont longtemps regardés de haut, les assimilant aux classes sociales inférieures.

En règle générale, le catholicisme américain diffère de celui de l'Europe par sa plus grande implication sociale, caritative et politique. Dans les communautés noires, il se rapproche du pentecôtisme et de ses offices spectaculaires.

Les religions asiatiques

Les communautés asiatiques sont restées profondément attachées à leurs croyances. **Bouddhistes** ou **taoïstes**, les Chinois sont les plus fidèles aux traditions ancestrales. Le respect des anciens et des valeurs familiales, ainsi que la solidarité entre les générations forment le ciment de ces communautés qui célèbrent toutes les fêtes traditionnelles.

Les Mormons

Bien que ne se réclamant d'aucune des grandes Églises, les Mormons donnent un exemple original de la façon dont de nouvelles religions ou sectes ont pu apparaître et se développer à la faveur de la colonisation. Fondée à New York en 1830, l'**Église de Jésus-Christ des saints des derniers jours** s'appuie sur une « révélation » de Dieu à un certain **Joseph Smith**. Une belle journée de printemps 1820, le jeune homme, fils d'un modeste fermier, résolut de se retirer dans un bois proche, le Bosquet sacré, pour découvrir dans le ciel « une colonne de lumière plus brillante que le soleil descendre peu à peu jusqu'à tomber sur lui ». Un nouveau « Prophète » était né. Ses adeptes allaient porter le nom de « Saints », nom donné aux enfants de Dieu aux premiers temps du christianisme. **Le Livre de Mormon** qui en résulta définit les croyances du groupe comme complément de la Bible et base d'une religion nouvelle.

Convaincus d'être les pionniers du royaume divin sur Terre, en particulier aux États-Unis, les Mormons devaient être des missionnaires et répandre leur croyance par des prédications. Leur **polygamie** (prétendant à cet égard s'inspirer de l'Ancien Testament) leur valut bien des oppositions au cœur d'une société protestante par ailleurs très « moralement correcte ». Faute d'un public réceptif, fuyant la société « impie » de la côte est, les pionniers mormons prirent donc la route de l'Ouest, déterminés à y installer le Royaume de Dieu. C'est au bord du Grand Lac Salé, dans le nord de l'Utah, qu'ils s'établirent, jetant les fondations de ce qui deviendra **Salt Lake City**, qui demeure encore aujourd'hui leur capitale mondiale. De là, ils partirent coloniser les déserts environnants, où fleurirent les noms bibliques (Zion, Moab, Ephraïm...) et où ils imposèrent leurs valeurs morales intransigeantes et leur sens de la famille. Outre la propagation de leurs croyances, ils s'attachent à réussir matériellement et forment l'une des communautés les plus riches de l'Ouest. L'**Utah** est devenu leur État (55 % des habitants).

Les Mormons ont créé une **base généalogique** gigantesque dont les microfilms sont conservés dans une grotte des Granite Mountains, à proximité de Salt Lake City. En 2015, ils ont terminé l'enregistrement de toutes les archives d'Europe et inventorié un nombre considérable de noms.

Temple Square à Salt Lake City.
AndreyKrav/Getty Images Plus

En 2024, cette Église en pleine croissance comptait 16,6 millions de fidèles à travers le monde ; ses membres représentent 1,6 % de la population américaine.

Des hippies au New Age

Fuir le conformisme bourgeois : le credo de Kerouac et de ses amis a inspiré aux hippies un style de vie en rupture avec celui de leurs parents et une nouvelle approche des relations humaines. La contestation ne s'arrêta pas à la politique ou à la création littéraire et artistique, mais toucha aussi la religion. Toute une génération était en quête de nouvelles valeurs, rejetant le matérialisme ambiant, les luttes de pouvoir et les traditions des générations précédentes. Un grand nombre de mouvements associatifs ou sectaires naquirent à cette époque.

Un renouveau exotique

L'une des caractéristiques de ce courant est l'adhésion à des valeurs et à des cultures lointaines, vues comme une alternative au conformisme chrétien. De là sont nées les sectes **néohindouistes** (Krishna, Méditation transcendantale), **néobouddhistes**, **néomusulmanes**, voire de curieux mélanges, comme la secte messianique coréenne de Moon. Tous ces mouvements ont en commun une volonté de retour à la vie communautaire, un éveil de la conscience, et souvent le charisme d'un gourou.

Dans un autre registre, moins exotique, l'**Église de scientologie** prend une place considérable, faisant des émules parmi les élites, surtout à Hollywood (Tom Cruise en est un des piliers), où une avenue porte même le nom de son fondateur, L. R. Hubbard. Grâce à la puissance de la pensée et à son pouvoir sur le corps, l'adepte doit surmonter tous ses problèmes et parvenir à un état supérieur. Livres, séances de travail sur soi et instruments pseudo-scientifiques sont ainsi vendus à prix d'or.

Le New Age

Sous cette appellation sont regroupés un grand nombre de mouvements plus ou moins ésotériques, extrêmement populaires dans l'Ouest américain, partout où les anciens hippies se sont installés. Selon eux, l'humanité est entrée en 2012 dans l'ère du Verseau, qui doit s'accompagner d'un retour de l'amour, de la libération des esprits et d'un éveil des consciences. Il s'agit de trouver en soi « l'**énergie cosmique** », grâce à diverses techniques comme l'astrologie, le chamanisme ou le spiritisme. On cherche à revivre ses vies antérieures, à retrouver l'harmonie avec la nature, à se guérir naturellement. De nombreux centres de retraite spirituelle, de méditation ou de médecine douce canalisent la manne commerciale des milliers de convaincus.

Les rites indiens

Bien que leur quotidien ait été profondément influencé par les rites sacrés, on ne peut pas parler de religion pour désigner l'ensemble des croyances des Amérindiens. La notion même de religion ne correspond à aucun mot dans beaucoup de langues indiennes. Ils ne possèdent pas de clergé ni de structures religieuses proprement dites. Les villages pueblos possédaient bien des lieux de réunion sacrés, les *kivas*, les tribus avaient recours aux offices des chamans, sortes de médecins dotés de pouvoirs surnaturels, mais l'ensemble des croyances repose sur une culture orale, transmise par les anciens de la tribu, qui sont souvent chargés de l'éducation des jeunes enfants. Les cérémonies sont des célébrations collectives qui évoquent les grands mythes fondateurs, différents d'une tribu à l'autre. Ces rites rassemblent et unissent les participants dans un esprit de communion avec la nature.

Les mythes fondateurs

Il existe un grand nombre de légendes pour expliquer la création du monde, mais la plupart des tribus amérindiennes croient en des mythes similaires. Les récits épiques sont longs et complexes, mais on y retrouve l'idée d'émergence à partir d'un monde sombre et souterrain grâce à l'aide des esprits bienveillants de la Mère Nature.

Selon les **Navajos**, Premier Homme et Première Femme sont nés du maïs. Ils aidèrent le « Premier Peuple » à traverser une succession de mondes souterrains obscurs et hostiles, peuplés de monstres et jalonnés de nombreuses épreuves, avant de trouver l'entrée de ce monde-ci, à travers un roseau qui menait au centre de l'univers (les Navajos le situent entre quatre sommets du plateau du Colorado). Premier Homme et Première Femme créèrent alors la lune et les étoiles pour les éclairer, mais le malicieux Coyote les dispersa dans le ciel. À ce moment-là naquit Femme Changeante, aussi identifiée à la Mère Nature avec ses saisons, qui épousa le Soleil et l'Eau pour donner naissance aux Dieux Jumeaux de la Guerre. Tous font partie du panthéon des Navajos, avec les esprits des animaux et des plantes, mais c'est Femme Changeante qui décida enfin de créer les humains à partir de morceaux de sa propre peau.

Chez les **Pueblos**, le mythe de l'émergence est plus simple. Les hommes, créés par la volonté de Femme qui Pense, ont dû également traverser de sombres mondes souterrains avant d'accéder à la vie et à la lumière. Pour ce faire, ils ont reçu l'assistance des plantes, des oiseaux et des animaux, qui ont construit une pyramide pour qu'un pic-vert puisse percer un trou au centre du monde, le *sipapu* (symboliquement représenté dans les *kivas*). À leur sortie, le monde était froid et humide, jusqu'à ce que le Soleil, père des Dieux Jumeaux, vînt le réchauffer. Les humains errèrent ensuite jusqu'à la Maison Blanche, lieu mythique où les divinités, les *kachinas*, leur enseignèrent le nécessaire à la survie. À sa naissance, chaque humain reçoit une âme et un esprit gardien et, lorsqu'il meurt, ces deux entités regagnent le *sipapu* pour rejoindre les mondes souterrains.

Chez les **Lakotas** des Grandes Plaines, une figure féminine, la Femme Bison Blanc, tient un rôle central dans les mythes. Elle leur transmit la pipe sacrée et leur enseigna les cérémonies religieuses comme la danse du Soleil. Mais l'univers dans son ensemble est régi par un esprit supérieur, Wakan Tanka, le Grand Mystère.

Pour les **Crows**, la terre, les animaux et les hommes furent créés par un sage appelé Vieil Homme Coyotte.

Les cycles de la vie

La plupart des rites indiens reposent sur leur rapport à la nature. Ils célèbrent le **cycle des saisons**, les récoltes, la pluie ou la fécondité.

On y fait appel aux **esprits de la nature**, aux forces des éléments, aux animaux ou aux plantes qui composent le panthéon des divinités indiennes, qui ont aidé les hommes à émerger du néant et peuvent leur apporter abondance et force.

D'autres rites ont un lien avec les étapes de la vie, assurent la guérison, préparent à la chasse ou au combat...

Les sites sacrés, comme la Devils Tower du Wyoming ou les montagnes Big Horn du Montana, revêtent une importance particulière, car on y vient pour entrer en communion avec l'esprit du lieu, pour recevoir des visions ou pour être initié. La mort n'est pas crainte par les Indiens, qui voient l'au-delà comme un monde neutre et qui l'acceptent comme une partie de l'équilibre de la nature.

Une philosophie

Pour les Indiens, le principe fondamental est celui de l'**harmonie**, qui exige d'être à tout moment en accord avec soi-même, les autres et l'univers, animaux, plantes et éléments. Tout conflit ou problème vient d'une rupture de cette harmonie et il suffit de rétablir l'**équilibre** pour que le problème soit résolu. C'est ainsi que l'on traite les divergences : les notions de **consensus** et de respect de la différence sont essentielles.

Les Indiens n'envisagent pas de convaincre ou de convertir celui qui est différent. La notion de décision à la majorité leur est étrangère, de même que le concept de propriété. Cela explique l'accueil favorable et patient réservé aux premiers missionnaires chrétiens et leur incapacité initiale à revendiquer une terre qu'ils ne pensaient pas pouvoir posséder.

C'est ce souci de respect et d'harmonie qui a engendré le mélange des fêtes chrétiennes et des danses sacrées, pour Noël ou pour les jours des saints patrons des villages.

D'autres groupes ont intégré encore plus étroitement les rites anciens à la pratique chrétienne, comme les adeptes de la **Native American Church**, qui utilisent le peyotl (cactus hallucinogène dont la consommation rituelle fut instituée par les Aztèques) comme un sacrement lors des cérémonies.

La société américaine

Les gens qui quittent leur pays pour tenter leur chance aux États-Unis sont généralement des optimistes, capables de travailler dur pour assurer l'avenir de leur progéniture. L'esprit d'entreprise et l'inventivité sont une nécessité, car il n'y a pas ici d'État Providence et les Américains comptent surtout sur eux-mêmes, sur leur légendaire mobilité, pour repartir sur de nouvelles bases. La « vitalité » américaine se tourne désormais vers l'intérêt social, la responsabilité face aux dégradations de l'environnement, vers l'urgence d'une politique de santé et d'éducation.

À la maison

Les villes étant très étendues, l'habitat américain est organisé de manière bien différente que sur le Vieux Continent. Les immeubles des **centres-villes** regroupent principalement des bureaux et peu de logements (hormis dans les très grandes villes). Les familles préfèrent vivre à la périphérie, où les quartiers populaires alignent des rangées de modestes pavillons et les banlieues chics des demeures à l'architecture ostentatoire.

Jusqu'à la **crise des subprimes** en 2008, le marché des petites maisons préfabriquées était florissant. Lorsque l'immobilier s'est effondré, des milliers d'Américains se sont retrouvés sans toit, tandis que la crise financière gagnait l'économie mondiale. Dans certaines villes, les communautés de logement à titre expérimental partagent les valeurs montantes de l'entraide et de l'**écologie**.

Au travail

Changer de poste ou réorienter sa carrière n'est pas ressenti comme un problème ou un échec. L'emploi étant moins protégé qu'en France et le chômage moins important, les Américains sont professionnellement plus mobiles et prêts à remettre en question leur parcours afin d'améliorer leurs conditions de vie.

Le travail reste une façon d'échapper aux **inégalités** de la société américaine. Les grandes entreprises proposent ainsi des assurances santé à des prix abordables ou des plans épargne pour la retraite (une option dramatique si l'entreprise fait faillite). Soumis à des **horaires lourds**, les employés sont jugés aux résultats et au rendement. Les bas salaires et les postes à temps partiel conduisent les plus modestes à cumuler deux emplois.

La semaine de travail de 35h et les cinq semaines de congés payés de certains Français laissent rêveurs les Américains qui jouissent en moyenne de deux semaines de congés annuels, dont la durée précise varie selon l'ancienneté. Dans ce contexte, on ne s'étonnera pas qu'ils ne partent pas beaucoup, ni très loin, en **vacances**, mettant à profit les longs week-ends

En camping-car sur la Richardson Highway, en Alaska.
RobsonAbbott/Getty Images Plus

dont ils disposent au cours de l'année grâce au placement des jours fériés sur les lundis.

La place de la voiture

Dans un espace aussi éclaté géographiquement, la question de la mobilité est cruciale. Les **grandes villes** disposent de réseaux de transports en commun. Ailleurs, la possession d'une voiture est indispensable. En 2022, il y avait aux États-Unis **834 véhicules pour 1000 habitants**, contre 567 dans l'Union européenne et 226 en Chine. Alors qu'ils ne représentent que 4 % de la population mondiale, les Américains possèdent 20 % des voitures vendues dans le monde. Le trafic routier et le prix de l'essence augmentent, la pollution s'intensifie, mais l'histoire d'amour continue entre les Américains et l'automobile, **marqueur culturel** et identitaire profond. Prendre la « **route** » est toujours une promesse de liberté pour les Américains.

Au restaurant

Il y a deux catégories bien distinctes de restaurants. Les premiers valorisent gastronomie et art de vivre. Ils offrent une cuisine qui n'est pas toujours très fine pour certains, mais inventive. L'atmosphère va de l'élégance branchée des citadins à la convivialité des bons vivants des petites villes. Les seconds – et les plus nombreux – restent les restaurants familiaux ou populaires et les grands bars, à l'ambiance chaleureuse. On y vient plus pour la quantité que pour la qualité.
À l'intérieur des terres, là où les distractions sont rares, c'est une occasion de sortie ; on y assiste à un concert, un karaoké et l'écran

de télévision y est allumé en permanence !

Le long chemin de l'éducation

Les problèmes d'éducation soulignent toutes les ambiguïtés de l'Amérique. Devant l'école, les inégalités deviennent encore plus criantes. La dérive de l'enseignement et la ségrégation par l'argent condamnent les enfants issus des minorités ou des couches pauvres de la société à ne pas faire mieux que leurs parents.

Et pourtant, « l'ascenseur social » fonctionne. Peu de pays permettent à un tel degré la réussite rapide, l'esprit d'entreprise et l'absence d'inhibitions. Mais cela ne doit pas cacher que ceux qui réussissent le font au terme d'une compétition acharnée.

Le cursus

L'école commence à 5 ans par l'année de « preschool », équivalente à notre école maternelle. L'« elementary school » (école primaire) dure six ans, du *1st grade* au *6th grade*. À douze ans, les enfants intègrent la « junior high school » (collège) où ils effectuent les *7th* et *8th grades*, puis la « high school » (lycée) où ils restent quatre ans jusqu'au **General Education Diploma** (genre de baccalauréat), à la fin du *12th grade*.

Les **études supérieures** se divisent en trois cycles que l'on suit dans un « College » ou une « University ». Les deux premières années d'études en premier cycle sont sanctionnées par un **Associate's Degree** (bac + 2), lequel réclame deux à cinq ans d'études selon que l'**undergraduate** (étudiant du premier cycle) cumule ou non ses études avec un travail rémunéré. La plupart des étudiants occupent d'ailleurs un emploi et contractent de lourds emprunts auprès des banques pour financer leurs études. Après ce premier niveau, l'étudiant, désormais **junior graduate**, peut chercher un emploi ou poursuivre son cursus universitaire.

À l'issue du premier cycle, le **senior graduate** (niveau bac + 4) obtient un **Bachelor's Degree**. Le second cycle mène au **Master's Degree** (bac + 6), et le troisième cycle au **doctorat** (PhD, bac + 8).

Les quatre premières années sont consacrées aux matières les plus générales, littéraires ou scientifiques. La spécialisation (droit, médecine, commerce...) se fait à partir du niveau du *master's* et du *doctorate*.

Privé ou public

Le système américain repose sur ce choix, qui souligne le rôle prépondérant de l'argent. Dans le principe, les programmes éducatifs sont similaires, mais dans la pratique, les **écoles publiques** ont en général un niveau inférieur et rassemblent une majorité d'enfants issus des classes moyennes et défavorisées. Les problèmes de violence et d'insécurité s'ajoutent au tableau, comme le montrent régulièrement de sinistres faits divers. Le niveau d'éducation dans le public a tellement baissé depuis les années 1990 que la question est devenue un enjeu politique majeur. Les gouvernements successifs lui consacrent d'énormes investissements financiers – le pays est déjà au 2e rang des 38 pays de l'OCDE en matière d'investissement par élève. 87 % des élèves terminent la *high school*, un taux en constante progression.

L'**enseignement privé** est financé par les frais d'inscription demandés aux familles et par différentes subventions (Églises, sponsors privés, legs de mécènes, etc.). Les écoles catholiques sont souvent les plus abordables, suivies par celles des autres Églises. En haut de l'échelle se trouvent celles qui sont gérées par de prestigieuses fondations, à l'image de l'université Stanford.

Comme pour le primaire et le secondaire, les universités sont publiques ou privées, mais les études sont toujours payantes et peuvent atteindre plusieurs dizaines de milliers de dollars.

Le sport

Les écoles accordent une très large place au **sport**, et des performances hors du commun peuvent offrir à un jeune, même pauvre, un passeport pour l'université, dont les équipes sportives grandissent le prestige. Parmi les sports les plus populaires, le basket, le football américain et le base-ball sont des institutions et les équipes fonctionnent comme de véritables entreprises.

La vie sur le campus

En rejoignant l'université, l'étudiant est fortement encouragé à vivre dans une résidence du campus (souvent obligatoire jusqu'à 21 ans) où il sera accueilli par les étudiants des années supérieures. L'année commence par de grandes réjouissances.

Les nouveaux sont présentés en procession devant les anciens, le président et le corps professoral.

La **vie associative** – sportive, intellectuelle ou caritative – est très intense, d'autant que les différentes Églises sont très présentes.

Garçons et filles résident à des étages séparés, à deux ou quatre par chambre, les studios étant réservés aux plus anciens. L'une des particularités de cette vie estudiantine est celle des **confréries** (*fraternities* pour les garçons, *sororities* pour les filles), sociétés pour certaines assez secrètes, aux rites de passage parfois controversés, qui se constituent suivant des critères variés et forment la base de réseaux d'amitié et de soutien qui perdurent bien après l'entrée dans la vie professionnelle.

Les voix du féminisme

Comme pour beaucoup de sujets de société, la place de la femme révèle encore les paradoxes de l'Amérique. À côté de femmes émancipées, indépendantes et engagées, on trouve la femme au foyer, encore pétrie des codes moraux du protestantisme strict ou du catholicisme latin.

Un féminisme engagé mais entravé

Bien que des courants féministes aient déjà agité l'Europe, c'est aux États-Unis qu'a eu lieu la révolution néoféministe, dès les années 1960, avec le **Women's Rights Movement**, puis en 1968 avec le radical **Women's Liberation Movement** *(Women's Lib)*. L'Amérique blanche lutta très tôt contre les inégalités entre les sexes et créa le terme de sexisme pour suggérer un parallèle avec le racisme.

Au début des années 1970 naquit un important courant éditorial, s'inspirant de l'essai de Simone de Beauvoir, *Le Deuxième Sexe* – considéré aux États-Unis comme la bible des féministes –, et mettant en avant la littérature écrite par et pour des femmes (Germaine Greer, Kate Millett...). Une presse engagée se fait le porte-parole de ce féminisme américain, qui se veut révolutionnaire et revendicatif. On parle d'oppression, d'exploitation et de libération.

Créé en 2006 par la militante afro-américaine Tarana Burke, originaire

de Harlem (New York), le mouvement **#MeToo** est devenu viral sur les réseaux sociaux en octobre 2017, dans le sillage de l'affaire Weinstein, producteur de cinéma condamné en 2020 puis 2023 pour viols et agressions sexuelles. Le mouvement a depuis largement dépassé les frontières américaines, invitant à repenser la question du rapport entre les sexes, dans la sphère publique et politique ou au sein des entreprises.

Mais l'adhésion au féminisme a ses limites. Hillary Clinton, première femme candidate à la présidentielle en 2016, qui a échoué de peu face à Donald Trump, ne s'est pas représentée en 2020, apportant son soutien à Joe Biden. Et certains combats gagnés sont remis en question. En juin 2022, la Cour suprême des États-Unis a abrogé le droit constitutionnel à l'avortement établi depuis 1973, chaque État décidant dorénavant de son interdiction ou non. En avril 2023, elle a cependant maintenu provisoirement l'accès à une pilule abortive dans les États autorisant l'avortement.

Une large frange de la population reste profondément marquée par l'acquis protestant hérité du puritanisme fondateur de l'Amérique. La vie politique est régulièrement agitée par des révélations de scandales sexuels. D'un autre côté, les médias américains véhiculent un modèle féminin hypersexué, notamment dans certaines campagnes publicitaires.

Les modèles tribaux

Bien des tribus indiennes, en revanche, fonctionnent depuis l'origine suivant un modèle radicalement différent. Tandis que l'homme partait de longues semaines chasser ou se livrer à des raids, les femmes veillaient sur le cercle familial et géraient les problèmes. Des femmes se consacraient à la médecine *(medicine woman)* ou même devenaient chamans.

La **filiation** était fréquemment matrilinéaire (les ascendantes déterminant la lignée) et la demeure familiale était celle de la mère (lorsque les filles se mariaient, elles restaient vivre chez leur mère avec leur époux).

Certaines tribus, comme les Hopis, admettaient même l'adultère des femmes, bien que, par ailleurs, celles-ci soient souvent frappées d'ostracisme au moment de leurs menstruations.

Football américain.
Crackphotos/age fotostock

Après la conquête de l'Ouest et la déportation des tribus, les femmes ont souvent assuré la survie du groupe, tandis que beaucoup d'hommes sombraient dans l'alcoolisme ou la drogue. Elles occupent aujourd'hui de nombreux postes à **responsabilités** dans les instances tribales, s'engagent en politique et s'investissent dans l'éducation et l'économie, conscientes de leur rôle pour la préservation des traditions et de la culture de la tribu. En 2018, deux Amérindiennes ont été élues au Congrès.

La santé

La raison pour laquelle des millions d'Américains choisissent un travail plutôt qu'un autre est souvent liée au type d'assurance-maladie offerte par l'entreprise. Aux États-Unis, les **dépenses de santé** sont passées, d'après l'OCDE, de 5 % du PIB en 1960 à 16,6 % en 2022, le taux le plus élevé au monde (12,11 % en France). L'**obésité**, qui touche près de 42 % de la population, représente plus de 10 % des dépenses de santé.

Dans un pays où près de 50 millions d'Américains étaient dénués de couverture maladie (les personnes de plus de 65 ans bénéficient toutefois de Medicare, un système de protection minimal, et les plus démunies, de Medicaid), la réforme de l'assurance santé était l'un des grands défis du président Obama. Votée par la Chambre des représentants en 2010, la loi **Obamacare** (Affordable Care Act) a contraint tous les Américains à souscrire une assurance avant 2014, sous peine d'amende, interdisant aux compagnies de refuser de les couvrir en raison de leurs antécédents médicaux et octroyant une aide aux familles les plus modestes. De nombreuses voix se sont élevées contre cette ingérence du gouvernement fédéral dans la vie des citoyens ; 22 États ont refusé d'étendre le système Medicaid à un plus grand nombre de leurs habitants, et les assurances médicales ont, pour beaucoup, refusé de jouer le jeu. En 2016, **Donald Trump**, candidat à la présidence, promettait de remplacer le système mis en place par un autre modèle moins coûteux et plus avantageux pour ses bénéficiaires. Une fois élu, il s'est contenté, dans sa réforme fiscale, de ne plus rendre obligatoire l'adhésion des Américains à une assurance de santé, laissant l'Obamacare s'éteindre d'elle-même… et sans dispositif de remplacement.

Les armes

S'il y a bien un autre domaine où les Américains décrient l'ingérence de leur gouvernement, c'est celui-ci. Le puissant lobby pro-armes, emmené par la NRA (National Rifle Association) persiste à mettre en avant le deuxième amendement de la Constitution qui garantit à tout citoyen le droit de porter une arme, depuis 1791. En face, la loi et la police tentent d'assurer le contrôle, mais la culture des armes à feu est profondément ancrée dans les mentalités depuis l'époque de la conquête de l'Ouest.

On estime qu'il y aurait plus d'armes à feu que d'habitants dans le pays. S'il n'y a pas plus de criminalité aux États-Unis que dans la plupart des pays industrialisés, le taux d'homicides par armes à feu y est en revanche 20 fois plus important. En 2021, on a dénombré 20 958 morts criminelles par armes à feu – en plus des 26 328 morts par suicide de la même manière. Régulièrement, des fusillades de masse viennent endeuiller la nation. Beaucoup de voix s'élèvent pour réclamer un contrôle plus strict des armes, auquel une majorité d'Américains serait désormais favorable. Mais le lobby de la National Rifle Association, qui défend le libre commerce des armes, exerce une forte influence sur les élus politiques pour s'opposer à tout changement.

L'année en fête

La diversité des cultures a donné naissance à une kyrielle de fêtes : défilés costumés, fiestas au parfum de maïs frit, ou danses effrénées au son des tambours indiens…

Le sacré…

Célébré le 4e jeudi de novembre, **Thanksgiving** (action de grâces) demeure la tradition la plus symbolique, observée par la plupart des Américains. C'est une fête familiale qui remercie Dieu pour la première récolte des immigrants puritains. On célèbre cette occasion autour d'un repas traditionnel et de l'incontournable dinde.

Nettement moins religieux, **Noël** est célébré par une profusion de lumières et de nombreux concours de la maison la mieux illuminée. Rues, monuments et boutiques prennent alors une allure féerique.

De nombreuses *fiestas* animent par ailleurs la communauté latino, comme les célébrations en l'honneur des saints locaux, mais la plus importante demeure **Cinco de Mayo** (5 mai), en souvenir de la victoire des Mexicains sur les Français en 1862.

… Et le profane

Hormis les fêtes religieuses, l'année est jalonnée d'autres grands rendez-vous festifs dont l'origine tient aux différentes communautés, à l'histoire ou aux traditions.

La **Saint-Valentin** (14 février) est ici la fête de l'amour en général. Vous serez surpris par l'ampleur du phénomène : on trouve des cartes pour tous les membres de sa famille, pour ses amis, ses collègues, voire son chien ou son chat (!), et on considère comme une tragédie de ne pas en recevoir soi-même plusieurs à cette occasion.

La **Saint-Patrick** (17 mars) est la grande fête des Irlandais, célébrée à grand renfort de bière.

Memorial Day, le dernier lundi de mai, est l'occasion de rendre hommage à tous les morts tombés pour le pays.

Independance Day (4 juillet) est la fête nationale et commémore la proclamation de la déclaration d'indépendance en 1776 : elle est l'occasion de défilés et de feux d'artifice.

D'origine celtique et introduite aux États-Unis par les Irlandais, **Halloween** (31 octobre) est devenue une immense fête commerciale. Les enfants sortent déguisés le soir et sonnent aux portes en disant « *Trick or treat* » (farce ou surprise) : s'ils ne reçoivent pas de bonbons, ils vous font une farce.

Le **Nouvel An chinois** se fête fin janvier-début février dans toutes les communautés chinoises des États-Unis. Foires et spectacles durent une semaine, mais le clou en est la parade finale et son dragon géant.

Spectacles de rodéos

Typiques de l'Ouest profond, notamment du Colorado et du Wyoming, le **rodéo** et la **musique country** sont les symboles de la vie du Far West et des cow-boys. Conviviaux et populaires, ces festivals s'accompagnent de gigantesques barbecues fréquentés par les ranchers isolés qui viennent y voir les chevaux et s'offrir un ou deux jours de bon temps.

Pow-wows et fêtes indiennes

L'année des Indiens est rythmée par des fêtes religieuses et sacrées, souvent interdites au public. Les **pow-wows** sont en revanche de grands rassemblements entre tribus, à l'occasion desquels sont organisés des concours de costumes ou de beauté et des démonstrations de **danses rituelles**. Le mot, qui vient de l'algondin *pauwau* (le chaman), désignait à l'origine une cérémonie religieuse ou les célébrations d'une victoire guerrière pratiquées par les Indiens des Plaines. Mais c'est surtout dans les réserves indiennes, au début du 19e s., que sont apparus les *pow-wows* modernes, qui permettaient de maintenir la tradition des danses autochtones et de préserver l'artisanat des vêtements et du perlage. Le moment le plus important des célébrations est la *Grand Entry*, durant laquelle défilent, au son des tambours et des chants, hommes, femmes et enfants dans leurs plus beaux costumes, suivis par les vétérans militaires et les porteurs de drapeaux.

La danse du Soleil

Tous les ans, lors du solstice d'été (fin juin), se déroule la **danse du Soleil** : durant plusieurs jours, de nombreuses tribus indiennes des Plaines et des Rocheuses (Arapahos, Crows, Gros Ventre, Utes, Shoshones, Assiniboines, Blackfeet) se livrent à de mystérieuses cérémonies pour saluer l'apparition du nouveau cycle astral et perpétuer les cycles de la vie. Traditionnellement, un mât était érigé, décoré d'objets symboliques comme des plumes d'aigles ou un pénis de bison. Les jeunes guerriers dansaient autour, attachés par des cordes reliées à des crochets qui leur perçaient la poitrine jusqu'à ce qu'ils s'en libèrent en s'arrachant des lambeaux de chair. Jugée barbare par les Blancs, la danse fut interdite dans les années 1880, puis réautorisée en 1934. Cette cérémonie sacrée, accompagnée de la cérémonie de la hutte à sudation, est très pratiquée chez les Lakotas d'aujourd'hui.

Gastronomie

Dans les grandes villes, la diversité culturelle de l'Ouest américain garantit une palette de cuisines très différentes. Chaque communauté garde ses spécialités et vous pourrez manger mexicain, indien, chinois, coréen, thaï, japonais, italien ou basque... Les chefs doués sont nombreux ; ils accommodent avec talent les produits de la mer pêchés dans l'océan Pacifique, les fruits et légumes des petits producteurs locaux, la viande de bœuf, de porc ou de bison issue des ranchs des Rocheuses et des Grandes Plaines. Dans les petites bourgades, attendez-vous en revanche à une alimentation très classique et souvent très riche...

Les classiques américains

Si on ne peut pas à proprement parler de « cuisine américaine », certains plats sont emblématiques. Faites au moins l'expérience d'un **burger** dans un restaurant et non dans un fast-food – d'autant qu'ils sont souvent devenus chics, bio, voire vegan dans les restaurants branchés ! Dans les menus, vous le trouverez souvent à la rubrique sandwichs. La viande y est copieuse et de qualité, mais la cuisson à point est parfois imposée.
Le **fried chicken** (poulet frit) est une autre recette typique, héritée des États du Sud, de même que le *cajun chicken* (poulet cajun), épicé et très parfumé.
Côté grillades, surtout dans les régions d'élevage (Colorado, Wyoming, Dakotas et Montana), le **bœuf** est à l'honneur. Attention, la découpe est différente de celle pratiquée en France. Pour le steak, préférez le *prime rib* ou le *T-bone steak* (issus de la côte de bœuf). Demandez-le *rare* (saignant), *medium rare* (rosé), *medium* (à point) ou *well done* (bien cuit).
Les **salades** sont souvent agrémentées de poulet ou de crevettes, en plus d'une large variété de crudités, voire de fruits frais, et d'un choix de sauces *(dressings)*, toutes un peu sucrées : *ranch* (crème aigre et oignon), *blue cheese* (au fromage bleu), *thousand island* (mayonnaise, ketchup et cornichons hachés), ou encore *French dressing*, version américanisée de notre vinaigrette, aujourd'hui remplacée par un mélange huile d'olive-balsamique plus dans l'air du temps.
Les **desserts** sont toujours très sucrés et riches (à la crème, au chocolat, aux cacahuètes, etc.). Parmi les spécialités plus familiales, goûtez la *pecan pie* (tarte à la noix de pécan) ou le *carrot cake*, un délicieux gâteau où le sucre, le girofle et la cannelle s'allient au goût de la carotte. Mais aussi le *cheesecake* et les *pies* (tourtes) aux fruits, qui se dégustent parfois « à la mode », c'est-à-dire avec une boule de glace.

Une nourriture historique

On doit à l'**agriculture amérindienne** la tomate, le haricot, la courge, les piments et le maïs, tous cultivés à l'origine au Mexique, mais largement présents dans tout le Sud-Ouest américain à l'arrivée des premiers Européens. Ceux-ci adoptent aussi figues de Barbarie, graines de tournesol, baies sauvages, champignons, pignons, gibier et poisson. Viande séchée des chasseurs des Plaines et *carne seco* des fermiers du Sud-Ouest sont les ancêtres des en-cas populaires à la viande séchée *(jerky)* d'aujourd'hui.

Arrivés en masse, les prospecteurs américains des ruées vers l'or et l'argent se contentèrent d'abord du gibier local. Puis leur goût pour les aliments en conserve et le pain entraîna le développement d'un système de transports. Tandis que des estomacs créatifs inventaient des curiosités comme le *hangtown fry* (omelette de poitrine fumée et d'huîtres de conserve), les immigrants importèrent des recettes sans prétention comme les *cornish pasties*, les ragoûts à la française ou à l'irlandaise, ou le *chop suey* chinois.

L'épopée des cow-boys a associé la viande de bœuf à l'Ouest, bien que les meneurs de troupeaux préféraient sans doute les haricots, ragoûts et abats aux steaks durs et filandreux proposés sur la piste du bétail : c'est l'engraissement dans les parcs à bestiaux, au bout de la piste, qui donnait à cette viande la tendreté et le goût qui ont fait la réputation des exceptionnels steaks et barbecues américains. Le **barbecue** est devenu incontournable dans l'Ouest, la spécialité de chaque ranch ou complexe touristique, et un prétexte sympathique pour se retrouver entre amis le week-end.

Les produits locaux à l'honneur

La surexploitation des mers menace les réserves, mais les pêcheries commerciales de la côte pacifique sont réputées pour le crabe dormeur *(dungeness)* et le flétan *(halibut)*, les coquillages et le saumon, l'Alaska pour le saumon et le crabe royal.

Les champs de blé, fermes maraîchères et ranchs d'élevage les plus productifs du monde se trouvent ici. L'État de Washington est réputé pour ses pommes, l'Idaho pour la pomme de terre, l'Oregon pour les agrumes et les cultures maraîchères.

Dans les années 1960 se développa une nouvelle cuisine misant sur d'excellents produits de saison, une préparation légère, une présentation inventive. Le chef de Portland **James Beard** (1903-1985), auteur de nombreux ouvrages culinaires, fut à cet égard un pionnier qui influença des générations de chefs en leur transmettant le goût d'une cuisine saine et simple, valorisant les produits frais natifs du Nord-Ouest Pacifique (saumon, crustacés, gibier, champignons, plantes et baies sauvages, *kale*). Les restaurants autour de Pike Place Market, à Seattle, les bonnes tables de Portland et d'Alaska mettent à l'honneur cette cuisine régionale.

Parmi les recettes typiques figurent le saumon sauvage grillé servi sur une planche de cèdre et la **clam chowder**, chaudrée (soupe) onctueuse de palourdes aux pommes de terre et légumes, épaissie avec du lait.

Dans les Rocheuses, l'essentiel de la gastronomie tourne autour des bons steaks et d'une cuisine tex-mex assez épicée. La **truite** *(trout)* est souvent au menu, mais il s'agit d'une truite d'élevage et non des truites arc-en-ciel, *cutthroat* ou fario pêchées à la mouche dans les rivières – celles-ci sont en effet aussitôt relâchées.

Le **gibier** est aussi très populaire (bison, wapiti, élan), mais là encore la viande provient d'élevages, ce qui n'enlève rien à sa qualité gustative. On mange aussi parfois lors des festivals de rodéos des « rognons blancs » *(Rocky Mountain oysters)*, testicules de taureaux ou de bisons châtrés trempées dans de la farine et frites. Hérités des pionniers, des *chuckwagons* (chariots bâchés) servent parfois de décor à des dîners pour touristes, accompagnés de musique et spectacle cow-boys.

Tendances actuelles

Avec un franc succès, les villes du Nord-Ouest inventent une **cuisine fusion**, un mélange de différentes traditions culinaires et un métissage heureux de saveurs et d'épices de toutes les origines.

Sur toute la côte ouest, l'**agriculture biologique** gagne du terrain. Les rayons et les marchés bio *(organic)* se multiplient, et pas seulement dans les grandes villes. Dans le sillage du mouvement **locavore** né à San Francisco dans les années 2000, la tendance vise à mettre moins de matière grasse dans les menus des restaurants et plus de légumes du cru. Depuis une vingtaine d'années, on assiste aussi à l'essor du mouvement **Slow Food**, qui privilégie les produits frais et locaux, de qualité, et cultivés de manière responsable.

Enfin, dans les grandes villes, la mode des **food trucks** est toujours bien présente. Ces camions installés au coin des rues qui proposent toutes sortes de plats sur le pouce, des tacos, burgers et *wraps* aux recettes caribéennes ou indonésiennes.

À Portland, on trouve aussi des *food carts,* cantines mobiles qui servent des plats de diverses origines, comme les frites belges, les *bulgogis* coréens, des hot-dogs à la japonaise et la poutine québécoise.

Les boissons

Bien que l'Oregon et le Washington comptent désormais d'excellents crus, la plupart des Américains boivent peu de vin à table, d'abord parce qu'il reste cher et réservé à une élite, mais aussi parce qu'il ne fait pas partie de la culture gastronomique populaire. Les bons restaurants proposent toujours une carte des vins, mais, en matière d'alcool, la **bière** est le choix le plus répandu.

Depuis les années 1990, les « microbrasseries » et autres fabricants de bières artisanales ont le vent en poupe dans tout l'Ouest américain. Le Colorado, plus grand producteur des États-Unis, impressionne en particulier par la quantité et la qualité des bières, tout comme l'Oregon.

Dans les réserves indiennes, où l'alcoolisme fait des ravages, il est interdit et impossible de boire de l'alcool. En Utah, en dehors de Salt Lake City, beaucoup de restaurants tenus par des mormons n'en servent pas non plus.

En réalité, la boisson nationale, même avec un bon repas, reste le **Coca-Cola** (dire **Coke** aux États-Unis). En outre, on vous proposera souvent de l'**iced tea** (thé glacé) et on vous servira toujours un verre d'eau glacée.

Quant au **café**, il manque encore de goût dans les *diners* et restaurants populaires. Mais la mode du café à l'italienne a envahi les grandes villes. Ainsi, la plupart des cafés modernes, dits « de troisième génération » *(third wave coffee shops)*, servent d'excellents cappuccinos, expressos et autres *latte*.

Tarte à la noix de pécan.
iuliia_n/Getty Images Plus

Nature et paysages

Des rivages du Pacifique aux glaciers du nord du Montana et de l'Alaska, des vastes étendues désertiques de l'Utah aux gorges vertigineuses du plateau du Colorado et aux crêtes escarpées des montagnes Rocheuses, le Nord-Ouest américain renferme une extraordinaire variété de merveilles naturelles. Les éléments se sont combinés pour façonner, ici des dunes et des lacs volcaniques, là de profonds canyons, chefs-d'œuvre démesurés, d'une éblouissante beauté.

Un peu de géologie

Durant l'ère secondaire (– 250 à – 65 millions d'années), à l'époque des dinosaures, les sédiments laissés par le recul des mers s'ajoutent aux alluvions déposées par les cours d'eau pour former les grandes plaines centrales.
C'est au cours du Crétacé que le continent nord-américain, maintenant séparé de l'Europe par l'océan Atlantique, entre en collision avec la plaque Pacifique, qui s'enfonce sous la plaque continentale. Ce phénomène est à l'origine des grandes chaînes de montagnes de l'Ouest. Au début de l'ère tertiaire (– 65 à – 5 millions d'années), les mouvements des plaques donnent naissance aux Rocheuses *(Rocky Mountains)*, à la chaîne des Cascades, aux chaînes d'Alaska, ainsi qu'au Grand Bassin *(Great Basin)*, une vaste dépression où alternent des chaînes montagneuses parallèles.
À la suite de ces bouleversements violents se forment des fossés d'effondrement, et des phénomènes volcaniques, encore présents de nos jours, affectent plusieurs secteurs : mont Rainier, Alaska, parc national de Yellowstone, plateaux de basalte et de lave de l'Oregon.
À cette même époque, l'ensemble du plateau du Colorado est surélevé à quelque 3 200 m au-dessus du niveau de la mer.
Au début du Quaternaire, lors des grandes glaciations, le nord du territoire se recouvre de glaces. En se retirant, la calotte glaciaire laisse apparaître un relief raboté, avec d'innombrables lacs, des collines morainiques aux formes douces, des cirques et des vallées. Les cours d'eau creusent dans les montagnes des gorges impressionnantes (Grand Canyon du Colorado, vallées de la Columbia et de la Snake River).
Aux périodes glaciaires succède une phase sèche, responsable de la désertification de l'Ouest. Le Grand Lac Salé de l'Utah est ainsi l'héritier du lac Bonneville postglaciaire dix fois plus étendu, qui se déversait dans la Snake.

Les paysages du Nord-Ouest

Le Nord-Ouest comprend schématiquement trois grands ensembles : la côte pacifique et la chaîne des Cascades à l'ouest, les hauts plateaux et dépressions arides au centre et, enfin, les montagnes Rocheuses et les Grandes Plaines à l'est.

La côte nord-ouest pacifique

Les **Coast Ranges**, chaînes côtières abruptes de l'Oregon et de l'État de Washington, plongent sur une côte déchiquetée. Ces montagnes sédimentaires sont dans l'ensemble peu élevées et culminent, dans l'Oregon, au Thompson Peak (2744 m). Étés doux et hivers frais et humides encouragent une végétation exubérante de sapins Douglas, épicéas, pruches, tuyas, sapins du Canada et autres conifères géants. Interrompues seulement par la rivière **Columbia** et le **détroit de Juan de Fuca** entre l'État de Washington et Canada, elles sont arrosées par des torrents rapides. La pente ouest de la **péninsule Olympique** reçoit près de 4000 mm de pluies par an, qui alimentent la forêt luxuriante des canyons dominés par le **mont Olympique** (2427 m). En suivant la côte vers le Sud, les précipitations diminuent pour descendre à 1500 mm par an sur la frontière californienne.
À l'est de la péninsule, le détroit de Juan de Fuca s'ouvre sur le havre du **Puget Sound**, aux innombrables îles; sur son rivage est s'étend **Seattle**, première agglomération de la région. Les terres basses fertiles, très peuplées, qui s'étirent vers le sud entre Coast Ranges et Cascades, entourent la ville de Portland et, plus bas, la riche **vallée de la Willamette**.

Les Cascades

Cette barrière de pics volcaniques qui s'étire sur près de 1000 km du Canada au **pic Lassen** en Californie n'est coupée que par la Columbia, la plus grande rivière de l'Ouest, passage naturel entre le plateau de la Columbia aride et les terres agricoles de l'Ouest. Cette chaîne compte une vingtaine de sommets volcaniques assez isolés, formant un alignement de dômes majestueux, dont les plus hauts sont le **mont Rainier** (4392 m) dans l'État de Washington, et le **mont Shasta** (4316 m) en Californie. Hivers enneigés et étés doux, souvent arrosés d'averses, ont recouvert les pentes de riches forêts d'arbres à feuilles persistantes, une manne pour l'exploitation forestière et le tourisme. Les volcans sont éteints, mais les scientifiques enregistrent des signes d'activité qui pourraient aller crescendo jusqu'à une éruption violente, comme celles du Lassen en 1915 et du mont St Helens en 1980. Il y a moins de 8000 ans, l'explosion de l'énorme mont Mazama a laissé dans l'Oregon un cratère béant, que pluie et fonte des neiges ont rempli pour créer **Crater Lake**.

Les plateaux volcaniques

À l'est des Cascades, barrière des pluies, d'immenses plateaux de lave s'étendent à 600-900 m d'altitude. Le **plateau de la Columbia** couvre presque tout l'est de l'État de Washington et une partie de l'Oregon et de l'Idaho. Le plateau de lave **Modoc** occupe la partie nord-est de la Californie et une partie de l'Oregon. Entre les deux s'élèvent plusieurs petites chaînes, dont les Wallowas, qui forment la paroi occidentale du gigantesque **Hells Canyon**, creusé à 2500 m de profondeur par la rivière Snake.
En amont, la **plaine de la Snake**, dans l'Idaho et le nord du Nevada, forme un troisième grand plateau qui doit son origine non pas aux Cascades, mais à des groupes de volcans et cônes de scories situés au sud des Rocheuses de l'Idaho. Le plateau de la Columbia et la plaine de la Snake se sont révélés extrêmement fertiles une fois irrigués à partir des deux

rivières. L'angle sud-est de l'État de Washington, appelé Palouse, produit du blé en abondance.

Le Grand Bassin

Entre Sierra Nevada, à l'ouest, et Rocheuses, à l'est, le Grand Bassin forme un désert d'altitude couvert d'armoises, aride et brûlant en été, froid la nuit, glacé en hiver. Il est traversé de plusieurs chaînes parallèles qui suivent des lignes de faille, atteignant parfois 4000 m, creusées de vallées appelées « grabens ». Les escarpements de 1500 m à 1800 m sont courants. Aucune des rivières qui coulent dans le Grand Bassin ne parvient à la mer : elles s'évaporent ou disparaissent dans des lacs ou cuvettes marécageuses. Le **Grand Lac Salé**, en Utah, est un vestige du lac préhistorique de Bonneville, qui couvrait autrefois plus de 50000 km². D'autres lacs salés étaient autrefois des mers créées par la pluie. Pendant 150 ans, dans cette région riche en minerais, mais pauvre en eau, des villes minières sont brusquement apparues pour décliner aussi rapidement. Excepté pour des agglomérations situées au pied de montagnes bien arrosées – **Reno** à l'ouest, **Salt Lake City** à l'est –, la densité démographique y est l'une des plus basses de tous les États-Unis.

Le plateau du Colorado

Avec une altitude moyenne de 1500 m, le plateau le plus élevé du pays occupe 340000 km² répartis entre Utah, Colorado, Nouveau-Mexique et Arizona. Des chaînes de montagnes dispersées s'y dressent jusqu'à 3300 m, mais les marques les plus remarquables du relief sont les innombrables canyons, creusés parfois sur plus de 1000 m, dans des couches de roches très anciennes, par le fleuve **Colorado** et ses affluents. Le climat semi-aride et l'absence de sols fertiles ont fait naître une végétation caractéristique d'armoises, genévriers et pins parasols. Le terrain accidenté a découragé l'exploration de la région par les Américains jusqu'à la fin du 19e s. Mais aujourd'hui, le tourisme et les loisirs ont fait de ces merveilleux paysages l'atout commercial majeur de la région.

Les montagnes Rocheuses

Du Mexique au Canada, cet immense ensemble montagneux comprend des dizaines de massifs secondaires, entrecoupés de bassins, plaines et

Swiftcurrent Lake dans le Glacier National Park.
Dendron/Getty Images Plus

plateaux d'altitude. D'anciennes villes minières devenues stations touristiques modernes se nichent dans de larges vallées. Ressource importante en bois, produits miniers, pâturages et loisirs, les Rocheuses sont une réserve d'eau vitale pour l'économie. La plupart des grandes rivières de l'Ouest américain (Snake, Columbia, Yellowstone, Missouri, Colorado, Rio Grande, Arkansas et Platte) y trouvent leur origine, coulant vers le Pacifique ou l'Atlantique de part et d'autre du **Continental Divide**, la ligne de partage des eaux. Rempart sud des Rocheuses canadiennes, les montagnes vertigineuses et stratifiées du **Glacier National Park**, dans le Montana, sont typiques des Rocheuses du Nord. Les Rocheuses médianes du sud du Montana, comme celles du Wyoming avec les Tetons, s'élèvent au-dessus de vastes plaines ou de plateaux couverts de forêts. Au sud, les Rocheuses du Colorado montrent des dizaines de sommets dépassant 4200 m. Elles perdent en altitude et s'arrondissent au Nouveau-Mexique, avec une végétation plus aride.

Les Grandes Plaines

Formées par les sédiments arrachés aux pentes est des Rocheuses, les Grandes Plaines s'étendent sur 1500 km jusqu'au Mississippi. À l'ouest, leur premier tiers se compose de hautes plaines semi-arides, dont l'herbe courte s'est révélée idéale pour le bison et le bétail. L'irrigation à partir des eaux souterraines a permis une exploitation plus diversifiée. À l'est du 100ᵉ méridien, les sols plus fertiles et les pluies plus généreuses ont permis le développement de hautes herbes et, aujourd'hui, d'une agriculture prospère. Certaines régions sont si plates que l'on peut distinguer la courbure de la Terre à l'horizon, mais les reliefs doucement ondulés sont plus courants. Les **Black Hills** et les **Badlands** du Dakota du Sud ainsi que le **Hill Country** du Texas rompent la monotonie du paysage. Violents orages et tornades sont fréquents en été. Des blizzards glacés frappent la région en hiver.

Alaska

Le plus vaste État des États-Unis couvre 1500000 km^2 de forêts, de montagnes, de glaciers et de toundra. C'est une énorme péninsule, bordée au sud par l'océan Pacifique, au nord par l'océan Arctique et à l'ouest par la mer de Béring. Sa partie nord est marquée par la **chaîne de**

Brooks, qui sépare la toundra riche en pétrole des plaines intérieures. Le fleuve **Yukon** coule en son milieu, au pied de l'Alaska Range et du plus haut sommet d'Amérique du Nord, le **mont McKinley** (6193 m). Les chaînes côtières du Sud s'éparpillent vers l'ouest pour former le chapelet volcanique des **îles Aléoutiennes**, et créent à l'est l'arc du **Panhandle** (« queue de la poêle »), un archipel entaillé de fjords qui protège le passage intérieur des grosses vagues du golfe d'Alaska. En hiver, l'intérieur des terres est très froid et sec, mais on peut avoir des températures élevées en été, apportant des nuées d'insectes, qui attirent à leur tour des multitudes d'oiseaux migrateurs. La région du Panhandle est humide et fraîche toute l'année.

Préserver les richesses naturelles

Tant qu'il y avait de nouveaux espaces à conquérir, les richesses semblaient illimitées, mais quand le territoire américain prit sa forme définitive, certaines voix s'élevèrent pour rappeler que les ressources n'étaient pas inépuisables.

La question de l'eau

Le changement climatique et le gaspillage en ont fait un problème crucial, car on constate le tarissement général des cours d'eau dans l'Ouest américain. Depuis 2012, chaque été, la Californie est frappée de sécheresses de plus en plus préoccupantes qui affectent notamment le niveau vital des nappes phréatiques. Mais le phénomène gagne le Nord, comme lors de la mégasécheresse de 2021, qui a touché l'Oregon, le Wyoming et le Montana.

En 1878, un grand géologue, **J.-W. Powell**, avait formulé la doctrine de l'eau, qu'il appelait une « démocratie technologique ». Il proposait de découper l'Ouest en bassins-versants hiérarchisés dont les potentiels en eau et en terre seraient évalués. Il était facile, selon Powell, d'équiper 40 millions d'hectares où pourraient s'installer plus d'un million de fermes familiales. Cette utopie a sans surprise été balayée par les lobbies de grands propriétaires fonciers. Pour **irriguer** les terres arides et subvenir aux besoins croissants de la population, de l'industrie, de l'agriculture et de l'élevage, des projets de mise en valeur ont été soutenus au cours du 20e s. par le gouvernement fédéral ou par les États. De **grands barrages** s'élèvent sur les cours d'eau Columbia, Snake, Colorado, Missouri, Arkansas et autres rivières de l'Ouest. Aujourd'hui, la situation n'en demeure pas moins préoccupante. La question de l'**eau potable** est par ailleurs devenue un problème de santé publique. Dans certaines zones où s'est développée une agriculture intensive, l'eau est très fortement polluée par les nitrates et par de nombreux pesticides, dont certains se révèlent cancérigènes et ne sont plus employés sur les cultures, mais se sont accumulés dans les nappes phréatiques.

Une faune menacée

Au cours du 19e s., les colons ont provoqué l'extinction ou la quasi-disparition de nombreuses espèces tels le castor, le loup des grandes plaines, l'ours de Californie, la loutre de mer ou le puma. L'abattage du **bison** des Grandes Plaines reste le plus impressionnant puisqu'il s'est fait à l'échelle industrielle dans les années 1870-1880, avec le massacre de dizaines de millions de têtes. Réduit à quelques centaines d'individus, le bison n'a survécu que dans quelques élevages et, à l'état sauvage, dans les parcs nationaux de Yellowstone (Wyoming) et de Wind Cave (Dakota du Sud).

Grâce à des programmes de conservation, la population des **grizzlis** est remontée à 1500 spécimens, répartis pour la plupart dans le Greater Yellowstone et les Rocheuses, et à environ 40 000 individus en Alaska.

Réintroduit dans les années 1990, le **loup gris** compte des meutes désormais solides dans les Rocheuses et à Yellowstone.

Mammifères typiques du Nord-Ouest, les **wapitis** (grand cervidé de la famille des élans), **mouflons** *(bighorn)* et **antilopes** à cornes *(pronghorns)* sont désormais bien préservés dans les parcs des Rocheuses et de la côte pacifique.

Les premiers espaces protégés

La vallée de Yosemite et le bosquet de Mariposa Big Tree furent les premiers, en 1864, à faire l'objet d'un décret visant à la préservation d'espaces sauvages. Le premier parc national, administré par le pouvoir fédéral, fut créé en 1872 : il abrite les geysers et les sources d'eau chaude de Yellowstone (Wyoming). Ainsi, près de 90 000 ha devinrent interdits à la colonisation et à l'exploitation. **John Muir**, un naturaliste d'origine écossaise qui parcourut la Sierra Nevada, joua un rôle primordial pour la sauvegarde de l'environnement et parvint à sensibiliser l'opinion et le gouvernement fédéral grâce à ses écrits. À sa demande, le président Theodore Roosevelt en personne vint découvrir ces merveilles de l'Ouest, au début du 20e s.

Une volonté fédérale

Le nombre d'espaces protégés ne cessant d'augmenter, leur administration aboutit, en 1916, à la création d'un organisme central : le **National Park Service** (NPS), placé sous l'égide du ministère de l'Intérieur. Il régit aujourd'hui 63 National Parks et près de 500 National Monuments, sites historiques (National Historic Sites), mémoriaux (Memorial National Park), bords de mer (National Lake and Seashores) ou bases de loisirs (National Recreation Areas)...

Les National Parks

Premiers à avoir vu le jour, ils sont établis par un vote du Congrès, irrévocable, et visent à protéger des formations naturelles extra-ordinaires, des ressources forestières ou minières, ou des sites historiques d'exception (villages indiens, missions, bâtiments).

Les National Monuments

L'Antiquities Act, voté en 1906 par le Congrès, autorise le président des États-Unis à créer des National Monuments sur des terres contrôlées par l'État fédéral. Ce statut peut être révoqué, mais nombre d'entre eux, souvent les plus importants, acquièrent par la suite le statut de parc national. Durant ses huit années de présidence, Barack Obama a créé 26 parcs, un nombre sans précédent actant sa volonté de préserver l'environnement.

Autres parcs

Le Nord-Ouest des États-Unis compte également des State Parks (parcs d'État) ou State Forests qui sont définis et dirigés par chaque État. Tous s'attachent à la protection de la nature et à l'agrément des visiteurs. Les State Parks rencontrent souvent des difficultés financières. Des débats ont régulièrement lieu sur l'avenir de nombre d'entre eux.

Les rangers

On les reconnaît à leur chapeau beige à bords plats. Ils sont des gardiens, mais aussi des guides passionnés pour faire découvrir les fragilités de ces écosystèmes.

Histoire

Lorsque naissent les États-Unis, en 1776, les terres situées à l'ouest du Mississippi n'en font pas partie et restent largement inconnues. Des tribus indiennes occupent de façon dispersée les vastes territoires des Grandes Plaines et des Rocheuses, des déserts de l'Arizona et de la côte pacifique. Au 19e s., dans le sillage des trappeurs français et des missionnaires espagnols, soldats et colons américains partent progressivement à la conquête de l'Ouest, dépouillant au passage les Indiens de leurs terres ancestrales. La Frontière ne cesse de reculer jusqu'à sa fermeture officielle, en 1890. La conquête est alors terminée, mais l'idéal qu'incarne l'Ouest lui survit et continue à faire rêver l'Amérique tout entière.

Les premiers Américains

Migrations préhistoriques

Pour la plupart des experts, les ancêtres des Amérindiens seraient venus du nord-est de l'Asie en empruntant un passage émergé dans le **détroit de Béring**, au Pléistocène, quand les glaciers continentaux retenaient une masse suffisante d'eau pour faire baisser le niveau des océans. Trouvant la côte bloquée par la banquise, ils seraient descendus vers le sud par un couloir libre de glace.

La première période migratoire aurait eu lieu il y a au moins 30 000 ans. Ces **Paléo-Indiens** découvrent une terre peuplée de mammouths, chameaux, bisons géants, mastodontes, chevaux préhistoriques et autre gros gibier.

Les ancêtres de la plupart des Amérindiens actuels arrivent au cours de la **deuxième migration**, qui débute il y a environ 15 000 ans. Descendants de peuples du nord de l'Asie, eux aussi chassent le gros gibier, quoique les plus gros mammifères aient commencé à disparaître il y a environ 10 000 ans, avec le réchauffement du climat.

Les générations successives de ces **chasseurs-cueilleurs archaïques** se répandent dans toutes les Amériques. Avec l'augmentation de la population viennent les échanges entre tribus et les conflits autour des ressources.

Il y a environ 9 500 ans, une **troisième migration** amène les ancêtres athabasques des Navajos et des Apaches et des peuples de l'intérieur de l'Alaska et du Canada.

Les pères des peuples inuit et aléoute arrivent au cours d'une **quatrième migration**, partie il y a environ 4 500 ans de Sibérie, et gagnent des territoires moins hospitaliers, régions glaciales de l'Arctique et îles Aléoutiennes battues par les tempêtes.

Les peuples autochtones

LES TRIBUS INDIENNES DU NORD-OUEST AMÉRICAIN VOIR P. 466

Quand les Européens arrivent à la fin du 15e s., des dizaines de peuples occupent déjà l'Ouest américain. Certains sont des **nomades** chasseurs et cueilleurs. D'autres vivent de façon **sédentaire**, dans des villages. Au Mexique, de grandes cités reliées par des routes commerciales poussent leur influence jusque loin vers le nord. Pensant à tort qu'ils ont découvert les Indes par l'ouest, les Européens nomment ces peuples « Indiens ». À l'époque où Christophe Colomb découvrit le Nouveau Monde, entre 1,5 et 2 millions d'habitants vivaient sur le continent américain. Il y avait au moins **300 langues différentes** mais plus de la moitié des Amérindiens appartenaient à l'un des **six groupes linguistiques** dominants. Entre Mexique central et Texas prédominait l'**uto-aztèque**, parlé par les Comanches, Shoshones, Païutes et cultures pueblos du Nouveau-Mexique. Le **sioux** était la langue dominante des Grandes Plaines et de la vallée du Missouri. Les peuples blackfoot, cheyenne et arapaho, qui avaient migré des forêts du Nord-Est vers les plaines du Nord, parlaient l'**algonquin**. Le **salish** dominait sur la côte nord-ouest. On employait l'**athabasque** dans l'ouest du Canada (sauf sur la côte) et dans le centre de l'Alaska, mais aussi chez les Navajos et les Apaches du Sud-Ouest. L'**eskimo-aléoute** était la langue des peuples inuit et aléoute d'Alaska. Nombre des Amérindiens furent décimés par des maladies apportées par les Européens (variole, grippe, rougeole, etc.), contre lesquelles ils n'étaient pas immunisés.

La période coloniale

Les Espagnols prennent pied dès le 16e s. au centre et au sud du continent américain, tandis que la première colonie anglaise, Jamestown, est fondée en 1607 sur la côte est, en Virginie. Mais pendant deux siècles, malgré les incursions espagnoles, les territoires de l'Ouest demeurent très peu connus.

Les expéditions espagnoles

Au 16e s., un grand nombre d'Espagnols, attirés par les récits de voyage des premiers explorateurs, s'embarquent pour le Nouveau Monde, sur les traces de Christophe Colomb. Les conquistadores, partis à la recherche des trésors aztèques et mayas, s'établissent en Amérique centrale et du Sud. Les richesses qu'ils amassent servent à financer des expéditions de reconnaissance au nord de leurs possessions : la région du Texas est ainsi la première à être explorée. En 1540, **Francisco Vasquez de Coronado** entreprend une expédition de deux ans, à la recherche de l'or mythique des Sept Cités de Cibola. Il explore pour la première fois le Nouveau-Mexique et l'Arizona, pousse jusqu'au Kansas, au centre du pays, mais l'entreprise est un échec. À la même époque, **Juan Rodriguez Cabrillo** ouvre la voie maritime du Pacifique et découvre la baie de San Diego (1542), mais il faut attendre 1769 pour que des campements durables soient installés sur la côte californienne.

L'aventure française en Amérique

Dès le début du 17e s., les trappeurs et marchands de fourrures français arrivent par les Grands Lacs et descendent vers le sud par les rivières, nouant des relations favorables avec les tribus locales. En 1682, **René Robert Cavelier de La Salle** descend le fleuve Mississippi jusqu'à son delta, qu'il revendique pour la France, avec ses affluents. Les Français verrouillent l'accès vers l'ouest aux Grandes Plaines du centre en établissant des **comptoirs**

commerciaux le long du Mississippi, et baptisent la région Louisiane en hommage à Louis XIV. La **Nouvelle-Orléans** est fondée en 1718. La présence française s'étendait au 18e s. du golfe du Mexique au Canada.

Dans la première moitié du 18e s., les marchands français explorent tous les affluents à l'ouest du Mississippi jusqu'aux Rocheuses, organisant même en 1739 une expédition à Santa Fe. En 1763, le traité de Paris clôt la **guerre de Sept Ans**, au cours de laquelle Français et Amérindiens s'étaient ligués contre les Anglais, surtout au Canada. En arrêtant définitivement la poussée française en Amérique, le traité favorise l'arrivée des aventuriers américains, et repousse les frontières des **colonies britanniques** de l'Atlantique au Mississippi.

Les missions californiennes

Négligées pendant plus d'un siècle, les revendications de l'Espagne sur l'Alta California (la Californie actuelle) sont ravivées par la crainte d'incursions étrangères. Avec Alekseï Tchirikov (1703-1748) et le Danois Vitus Behring (1681-1741), les **Russes** commencent à explorer en 1728 les eaux de l'**Alaska**, amenant le long de cette côte chasseurs de fourrures et colonies fortifiées. Les navires anglais s'intéressent aussi au Pacifique : **James Cook** (1728-1779) revendique en 1768 la Colombie-Britannique pour l'Angleterre. Il visite ensuite le nord-ouest du Pacifique, puis en 1778 Hawaii. **George Vancouver** (1757-1798) établit la carte de la côte canadienne entre 1792 et 1794.

Par réaction, l'expédition de Gaspar de Portola et du père **Junípero Serra** en 1769 ouvre la voie à la colonisation de la Californie par la construction de missions et de forts *(presidios)*. La première des 21 missions de Californie est fondée à San Diego la même année, puis les Espagnols s'établissent à San Francisco en 1776 et à Los Angeles en 1781.

Les missionnaires espagnols réussissent là où les conquistadores avaient échoué, en s'implantant dans le pays. Cela se fait toutefois au détriment des peuples indigènes, qu'ils s'appliquent à convertir au **catholicisme** et à sédentariser, au mépris de leur mode de vie.

Fin des colonies et expansion territoriale

Tandis que l'Espagne règne dans le sud de l'Amérique, les deux autres puissances coloniales, l'Angleterre et la France, cohabitent dans l'Est, où elles se disputent les territoires en s'alliant les tribus indiennes. Le rapport de force change en 1776, lorsque les 13 colonies de la côte atlantique décident de s'affranchir de la tutelle anglaise et proclament leur **indépendance**, qui ne sera toutefois effective que sept ans plus tard, en septembre 1783. L'Ouest reste un territoire lointain, en grande partie inexploré par les Américains, trop occupés par la guerre d'Indépendance.

Un premier pas vers l'ouest

En 1803, Napoléon Ier accepte de vendre la Louisiane aux États-Unis (l'Union compte alors seulement 13 États). Ce territoire permet à la jeune nation de doubler pratiquement sa surface.

Les terres qui s'étirent à l'ouest du Mississippi, connues simplement par quelques récits de trappeurs, commencent à attirer l'attention du président Thomas Jefferson, qui organise une expédition officielle, visant à décrire ces régions, à en évaluer les richesses et à nouer des liens avec les Indiens en vue d'échanges commerciaux.

Les grandes expéditions

En 1804, **Meriwether Lewis** et **William Clark** s'embarquent pour un voyage de deux ans qui les conduira de Saint-Louis, sur les rives du Mississippi, jusqu'à l'estuaire du fleuve Columbia, au nord de la côte Pacifique. Le succès de l'expédition et les récits qu'ils en rapportent aiguisent la curiosité pour ces nouvelles régions *(voir p. 258)*.

Des expéditions suivent, comme celle de **Zebulon Pike** qui, après avoir mené une expédition en 1805-1806 sur le cours supérieur du Mississippi, est le premier, en 1807, à atteindre le Nouveau-Mexique. **John Colter** (vers 1774-1813) sera le premier à décrire la région de **Yellowstone**. Grande figure parmi les explorateurs, **Jedediah Smith** (1799-1831) découvre le col South Pass dans les Rocheuses, point de passage décisif pour les pionniers en marche vers le Pacifique. Il est le premier à rejoindre la côte ouest par le sud, traversant le Grand Bassin et le désert Mojave, en 1826. Il est brièvement emprisonné à son arrivée par les Espagnols qui ne souhaitent pas qu'il dévoile sa route. Il faut attendre les récits enflammés de **John Charles Fremont** sur ses cinq périples à travers les Rocheuses (de 1842 à 1853), pour que naisse le mythe d'un Ouest paradisiaque.

Les trappeurs

Les expéditions laissent la place à une véritable ruée de trappeurs à la recherche de fourrure – bison, ours, daim, loutre, renard, castor. Les premiers chariots de ces « Mountain men » (« hommes des montagnes ») franchissent les Rocheuses vers 1830, la Sierra Nevada en 1840. Ces hommes œuvrent dans l'indépendance et un isolement total, mais beaucoup sont officiellement employés par des **sociétés commerciales**, comme la Rocky Mountain Fur Company ou les Sociétés du Nord-Ouest et de la baie d'Hudson, basées au Canada. Des rendez-vous annuels *(parties)* de la fourrure rassemblent des trappeurs, coureurs des bois, marchands et Indiens.

Le commerce des fourrures s'accélère aussi sur le versant pacifique, surtout après que **Robert Gray**, de Nouvelle-Angleterre, ait fait fortune dans un voyage autour du monde, collectant des peaux le long de la côte nord-ouest en 1789 pour les revendre en Chine. On donnera le nom de son bateau, *Columbia*, à la grande rivière du Nord-Ouest.

En 1811, des **comptoirs de commerce** anglais et canadiens sont déjà établis le long de la Columbia lorsqu'un sous-traitant de l'American Fur Company, John Jacob Astor, fonde le comptoir d'**Astoria** près de son embouchure.

Les marchands de Nouvelle-Angleterre se lancent à fond dans le commerce avec la Chine, et les clippers se chargent du transport des peaux russes en provenance d'Alaska à travers le Pacifique, ce qui encourage un temps l'**expansion russe** en Californie du Nord. Les clippers font aussi escale à San Diego, Santa Barbara, Monterey et dans la baie de San Francisco, pour se ravitailler et faire le commerce du suif et du cuir.

Les Yankees tirent aussi bénéfice du Pacifique avec la **chasse à la baleine**, première source d'huile pour les lampes au milieu du 19e s.

La guerre du Mexique

Pendant ce temps, le Mexique cherche à se débarrasser de la tutelle espagnole et entame sa marche vers l'indépendance, qu'il proclame finalement en 1821. Il possède alors les territoires du Texas, du

Nouveau-Mexique et de l'Arizona. Les étrangers, trappeurs et marchands, avec qui les Espagnols commerçaient depuis le 18e s., y sont tolérés. Les Mexicains décident d'ouvrir la ville de Santa Fe aux Américains et une multitude de chariots se succèdent le long de la **piste de Santa Fe**, qui débute à Kansas City : le nombre des migrants américains augmente considérablement.

Au Texas, une révolution menée par une coalition de Tejanos (Texans mexicains) et de colons d'origine américaine aboutit, en 1836, à la l'indépendance de l'État. Alors que le Mexique refuse de reconnaître son indépendance, le Texas est finalement annexé par les États-Unis en 1845, ce qui déclenche la guerre contre le Mexique. Les troupes américaines ne se contentent pas de défendre la région du Rio Grande, mais marchent vers l'ouest jusqu'en Californie. À l'automne 1846, les territoires du Sud-Ouest sont aux mains des Américains. En février 1848, l'armée américaine marche sur Mexico. La capitale est prise et la signature du **traité de Guadalupe Hidalgo** marque la fin de la guerre. Le Sud-Ouest (Californie, Arizona, Colorado, Utah, Nouveau-Mexique et Nevada) devient officiellement américain. En 1853, l'Arizona atteint sa taille actuelle grâce à l'achat des terres les plus au sud.

La question indienne

L'expansion du territoire américain se fait au détriment des Indiens, repoussés toujours plus à l'ouest. En 1830, sous la présidence d'Andrew Jackson, le Congrès vote l'**Indian Removal Act**, qui recommande le déplacement par la force des tribus cherokee, chicacha, choctaw, creek et seminole du Sud-Est américain vers les territoires indiens, à l'ouest du Mississippi (dans l'actuel Oklahoma). Ces populations, appelées, amère ironie, « les Cinq Tribus civilisées », parce qu'elles avaient adopté le costume et les méthodes agricoles américains, sont décimées par leur captivité et ce périple infernal, baptisé depuis « **la Piste des Larmes** ». Les premières réserves indiennes sont ainsi créées dès 1860.

En parallèle, des missionnaires méthodistes et presbytériens, favorables à l'**assimilation** des Indiens par la conversion religieuse et l'éducation, partent pour l'Ouest. **Marcus Whitman** établit une **mission** en 1836 près de l'actuelle Walla Walla, dans l'État de Washington. Le prêtre jésuite belge **Pierre Jean de Smet** (1801-1873) fonde un chapelet de missions en Idaho et au Montana, gagnant par son intégrité la sympathie des peuples Teton, Sioux et Blackfoot. Dans la vallée du Mississippi, l'**église mormone des saints du dernier jour**, fondée en 1830, entreprend aussi un travail intensif de conversion des Indiens.

Go West !

Au milieu du 19e s., les immenses espaces de l'Ouest demeurent très peu peuplés. La colonisation de ces **Territoires** (immenses terres conquises sur les Mexicains qui n'avaient pas encore acquis le statut d'État), demeure un enjeu important pour la cohésion de la nation américaine. Tandis que les Mormons s'installent dans le futur Territoire de l'Utah, la ruée vers l'or va jouer un rôle déterminant pour les autres territoires de l'Ouest américain.

L'INSTALLATION DES MORMONS DANS L'UTAH PAGE CI-CONTRE

Ruées vers l'or

En 1848, le traité de Guadalupe Hidalgo à peine signé, la nouvelle

L'installation des Mormons dans l'Utah

La migration des Mormons vers l'ouest

L'église de Jésus-Christ des saints du dernier jour est fondée en 1830 à New York par **Joseph Smith** (1805-1844). Son travail fervent de missionnaire attire de nouveaux membres mais crée de nombreux opposants, à cause de ses opinions sur la polygamie, inspirées de l'Ancien Testament, et de sa foi dans le **Livre de Mormon** : cet ouvrage non reconnu proclame que Jésus a enseigné en Amérique du Nord après la Résurrection. Le comportement de clan des mormons, leur enthousiasme pour les travaux les plus pénibles, la prospérité qui en découle et leur tendance à éviter les établissements non mormons alimentent les jalousies. Quand la secte se déplace vers l'ouest pour faciliter sa tâche de missionnaire, elle est violemment repoussée de l'Ohio vers le Missouri et l'Illinois, où Smith est assassiné par une foule en armes. **Brigham Young** (1801-1877) reprend alors le rôle de prophète et de chef.

Young emmène ses ouailles dans le Far West, où ils peuvent pratiquer librement leur culte. Leur migration s'achève en 1847 avec l'établissement de leur communauté dans la vallée du Grand Lac Salé. Young dirige la construction de **Salt Lake City** ; il repart vers l'est pour ramener plus d'immigrants mormons. Dans les décennies qui suivent, ils sont des milliers à entreprendre le voyage à travers les plaines et les Rocheuses. Leurs efforts solidaires et leur système d'irrigation à partir des monts Wasatch font fleurir le désert. Les Mormons envoient des expéditions dans le sud de ce qui deviendra le Territoire de l'Utah. Ils découvrent la vallée de la Virgin River, Zion Canyon, Bryce Canyon et Capitol Reef auxquels ils attribuent des noms bibliques. Ils établissent aussi des forts et des communautés agricoles dans tout l'Utah et de nombreux autres États.

La guerre de l'Utah

En 1850, le **Territoire de l'Utah** est instauré, mais très vite des frictions apparaissent ; son loyalisme est mis en doute. Les gouverneurs nommés par l'État fédéral se sentent mal accueillis, voire menacés par les théories antigouvernementales de Young. La **polygamie** instituée et des rumeurs selon lesquelles les Mormons auraient encouragé des révoltes indiennes inquiètent beaucoup l'Est. En 1857, persuadé de l'imminence d'une rébellion, le gouvernement américain envoie 2 500 soldats dans l'Utah pour installer un nouveau gouverneur et renforcer le respect de l'autorité fédérale. Young voit dans cette intrusion un instrument de persécution contre les Mormons : il instaure la loi martiale, lève une milice, rappelle les avant-postes mormons éloignés, incendie Fort Bridger, fortifie la frontière ouest de l'Utah, et demande même aux mormons de se tenir prêts à brûler leurs propres villages. La tension atteint un sommet avec le massacre d'un groupe de pionniers non mormons par des fanatiques dans le sud de l'Utah. Les deux camps sont au bord du désastre, mais le bon sens prévaut, et les diplomates parviennent à une résolution pacifique du conflit.

Le rattachement de l'Oregon

Dans les années 1840, de nouvelles vagues d'émigrants partent pour l'**Oregon**, occupé conjointement, mais de manière dispersée, par la Grande-Bretagne et les États-Unis. Les charmes de cette région, son climat tonique, ses sols fertiles, sont abondamment vantés dans l'Est. De nombreux Américains sont doublement motivés à l'idée d'enlever le pays aux Anglais en occupant simplement le terrain.

La piste de l'Oregon

De 1842 à 1869, plus de 400 000 pionniers passèrent à l'Ouest en empruntant la **piste de l'Oregon** – jusqu'à ce que l'achèvement du chemin de fer transcontinental ôte à la piste son utilité. D'Independance, au Missouri, cet itinéraire long de plus de 3 200 km suit le cours de la Platte pour traverser le Nebraska, franchit les Rocheuses au vaste col de South Pass, entre Fort Laramie et Fort Bridger, puis traverse la plaine de la Snake et les montagnes Bleues jusqu'à la mission de Whitman à **Walla Walla**. Après un dernier tronçon descendant le cours de la rivière Columbia, les voyageurs éreintés atteignent la luxuriante **vallée de la Willamette**. Les six mois de voyage, semés d'embûches, sont harassants. Les pionniers rencontrent de nombreuses difficultés, mais malgré l'image légendaire de carrioles en cercle subissant les assauts des Indiens, la vaste majorité des morts est causée par la faim, le froid ou encore des maladies telles que le choléra. Bien que la piste ait plus de 150 ans, il est possible de voir des ornières historiques dans le Nebraska, le Wyoming, l'Idaho et l'Oregon.

Le Territoire de l'Oregon

En 1843, la région de l'Oregon demande protection au Congrès contre les revendications britanniques et les rapines des Indiens. Deux ans plus tard, le président **James Polk** (1795-1849) demande à renégocier l'accord d'occupation conjointe avec la Grande-Bretagne. Un **compromis** est trouvé en instaurant comme frontière le 49e parallèle. En 1847, le massacre de Marcus Whitman et de ses compagnons missionnaires par les Indiens suscite à nouveau la demande d'une protection fédérale : en 1848, le **Territoire de l'Oregon** est établi officiellement. Cinq ans plus tard, on en sépare le **Territoire de Washington**. Au nord de la Columbia, centrée autour du Puget Sound, cette région ne jouit pas de la diversité économique des riches fermes de l'Oregon ; sa population survit essentiellement de la fourniture de bois pour San Francisco et les mines californiennes. L'économie ne se consolidera qu'avec l'achèvement dans les années 1870 du Great Northern Railroad.

Oregon Trail, à North Platte River, Nebraska.
Robert_Ford/Getty Images Plus

de la découverte de filons d'or près de l'actuelle Sacramento se répand comme une traînée de poudre. L'année suivante, les **Forty-Niners** (ceux de 1849) commencent à affluer par terre et par mer en Californie, en provenance de l'Est américain, d'Europe, d'Australie, d'Asie, du Mexique et d'Amérique latine. Ce n'est pas la première **ruée vers l'or** dans l'histoire de l'Amérique (la Géorgie en a connu une en 1828), mais on n'a jamais rien vu de tel. Fermiers, industriels, prospecteurs, marchands, soldats venus de la côte est, quittent tout pour le mirage d'une fortune facile.

Ceux qui arrivent par voie terrestre suivent le **California Trail** (piste de Californie), qui se confond jusqu'aux montagnes Rocheuses avec l'Oregon Trail (piste de l'Oregon). Une deuxième piste, le **Butterfield Trail**, accessible en hiver, est ouverte dans le Sud, le long de ce qui constitue aujourd'hui la frontière avec le Mexique. Elle traverse les Territoires du Sud-Ouest, mais peu s'arrêtent dans ces contrées qui semblent inhospitalières.

La Californie connaît en revanche un **afflux massif de population**, passant de 20 000 habitants en 1849 à 250 000 en 1852. L'État entre d'ailleurs dans l'Union dès 1850, en 31e position, bien avant la plupart des États du centre du pays.

Des **camps de mineurs** surgissent dans les canyons et sur les pentes des collines. Cette frénésie d'activité s'essouffle vers la fin des années 1850, avec l'épuisement de l'or en surface. Les prospecteurs individuels laissent la place aux **sociétés minières**, qui exploitent les gisements par extraction hydraulique, dragage ou creusement de galeries. Des milliers de chasseurs de fortune rentrent chez eux ou décident de s'installer et se lancent dans l'élevage, l'agriculture ou le commerce. Une population cosmopolite forge les prémices de la culture californienne, reposant sur l'idéal du « tout est possible ».

Au moment même où les filons californiens commencent à se tarir, la découverte de minerai au **Nevada** et au **Colorado** déclenche de nouvelles ruées. Au Nevada, c'est un important filon d'argent à Comstock Lode qui est exploité dès 1859. Au Colorado, les chercheurs d'or de Pikes Peak tombent sur un filon en 1858. Dès l'hiver, les spéculateurs implantent la ville voisine de **Denver**. Au printemps 1859, c'est la ruée. On découvre de nouveaux filons plus haut dans les Rocheuses. Le *Rocky Mountain News*, premier journal de Denver, est publié en avril. Un atelier de la **Monnaie** américaine s'installe l'année suivante.

Les accrochages avec les **Indiens** se multiplient ; on instaure des réserves plus loin dans les plaines, et on rassemble les Indiens au cours de campagnes, qui vont dégénérer en véritables guerres indiennes.

Comme en Californie, les grosses entreprises minières prennent le relais dans le Colorado, surtout après la découverte d'**argent**. Les prospecteurs individuels repartent vers d'autres filons, l'**Idaho** en 1860, le **Montana** en 1862.

Le Nord-Ouest et la guerre de Sécession

La guerre de Sécession, qui a notamment pour enjeu l'abolition de l'esclavage, oppose de 1861 à 1865 les États du Nord, industriels et abolitionnistes, aux États agricoles du Sud, qui ont intérêt à maintenir l'esclavage. Plus de 600 000 Américains y laisseront la vie. Le Nord-Ouest n'est qu'indirectement affecté par cette guerre civile puisque, à part l'Oregon, aucun de ces Territoires n'appartient encore à l'Union. Les États confédérés, situés au sud du pays, occupent brièvement l'Arizona en 1861 et le convainquent de les rejoindre, mais ils sont chassés du Nouveau-Mexique et contraints de se replier au Texas.

De l'importance des chemins de fer

Avec le développement de la Californie, il devient indispensable d'améliorer les moyens de communication, car les distances constituent un obstacle pour l'acheminement de l'or et de l'argent. En 1857, une compagnie de transport inaugure la première liaison postale est-ouest par **diligence**, le long du Butterfield Trail : il ne faut plus qu'une vingtaine de jours pour acheminer le courrier, alors que le délai était d'un mois par l'isthme de Panama.

Un service plus rapide est offert par le **Pony Express**, qui transporte le courrier urgent par des relais au départ de St Joseph (Missouri), jusqu'à Sacramento (Californie), puis par bateau jusqu'à San Francisco. Avalant jour et nuit des étapes de 120 km, changeant de cheval à des relais placés tous les 15-25 km, une équipe de cavaliers peut transporter un sac postal en dix jours. Le délai se raccourcit quand les lignes du **télégraphe** traversent le continent : elles se rejoignent en 1861. Mais la légende du Pony Express survit longtemps après ses dix-huit mois d'existence.

L'émigration se poursuit et que l'arrivée du chemin de fer augure de nouvelles possibilités. Par ailleurs, en pleine guerre de Sécession, le besoin d'unir les membres disparates de l'Union passe par le peuplement des Territoires. Ce n'est donc pas un hasard si le président appuie le Congrès pour la mise en œuvre d'une **liaison transcontinentale**.

La construction, par des milliers d'immigrants chinois, est achevée le 10 mai 1869 : la voie venant de Californie, construite par la Central

Pacific Railroad Company, et celle bâtie à l'est par l'Union Pacific Railroad se rejoignent à **Promontory Point**, en Utah. Désormais, il suffit d'une poignée de jours pour traverser le pays.

Lignes secondaires et nouveaux itinéraires rentables relient les régions agricoles et minières, ouvrant d'immenses régions à la colonisation. La **Northern Pacific** facilite l'implantation dans le Territoire du Dakota et le Montana, en reliant le Minnesota en 1883 à Portland en Oregon, et en 1887 à Seattle. La **Southern Pacific** trace une ligne de La Nouvelle-Orléans à Los Angeles et San Francisco.

L'occupation de l'espace

À la tête d'un territoire immense, le gouvernement doit procéder à une **distribution des terres** afin de permettre leur développement. Les compagnies qui financent la construction des lignes de chemin de fer se voient allouer d'importantes parcelles de terrain.

La situation est plus difficile pour les pionniers, auxquels l'État propose, depuis le vote en 1862 du *Homestead Act*, de cultiver un lopin (65 ha) pour une somme modique pendant cinq ans, au terme desquels ils deviennent propriétaires. Mais la sécheresse du Sud-Ouest rend l'exploitation des terres hasardeuse et pénible : seul l'élevage donne des résultats satisfaisants. Certains sites exceptionnels commencent par ailleurs à faire l'objet d'une attention toute particulière et donneront bientôt lieu à la création de parcs nationaux.

L'âge d'or du Far West

Les années 1870-1890, qui font suite à la guerre de Sécession, se traduisent par la conquête des derniers espaces vierges : les plaines du centre des États-Unis et le Sud-Ouest, cet Ouest lointain ou *Far West*, où sont nées une bonne partie des valeurs dans lesquelles veut se reconnaître le pays.

La **Frontière** n'est plus cette zone extrême de la colonisation, cette limite qui recule toujours plus vers l'ouest, mais elle habite toujours l'imaginaire de chaque Américain. Cette période explique l'attachement viscéral des Américains pour la liberté, mais aussi la puissance des lobbys qui soutiennent le port d'armes.

L'élevage et le mythe du cow-boy

Les Grandes Plaines sont idéales pour l'élevage. Avant l'arrivée des Européens, les troupeaux de **bisons** comptaient au moins 15 millions de têtes, peut-être même 50 millions. Mais ces animaux sont presque exterminés au cours d'une frénésie de **massacres**, qui atteint des sommets dans les années 1870 : on abat les bisons à partir des trains, ou on les massacre en masse pour leurs peaux. Leur élimination met fin à l'autonomie des Indiens, mais ouvre aussi la prairie au **bétail**.

Les **cow-boys** américains sont héritiers des garçons vachers espagnols *(vaqueros)*, dont ils ont conservé l'équipement et le mode de vie. Ils mènent une existence rude et monotone, rassemblant les troupeaux qui paissent en liberté dans les immenses espaces du Nouveau-Mexique et de l'Arizona.

Les cow-boys connaissent un âge d'or pendant les années 1865-1885, car ils assurent la transhumance, des régions désertiques du Sud vers les Grandes Plaines et les pâturages des Rocheuses, et sont chargés de mener les troupeaux à l'abattoir, dans les villes du Kansas. Ces longues expéditions, fatigantes et dangereuses, dont beaucoup de westerns se sont inspirés, ont grandement contribué au mythe du cow-boy : l'homme seul, courageux, confronté à une nature sauvage qu'il finit par dompter et à l'opposition des Indiens qui peuplent encore ces contrées.

Les cow-boys commencent à disparaître avec la fin de l'élevage extensif et l'arrivée du fil de fer barbelé, dans les années 1870. Certains éleveurs conservent la méthode de la **prairie ouverte** *(open range)* en conduisant leurs bêtes plus au nord dans les plaines du Wyoming, du Montana et du Dakota Nord et Sud ; mais même là, les clôtures commencent dès 1885 à partager les terres en ranchs individuels. À partir des années 1880, l'élevage se cantonne aux grands ranchs, de plus en plus nombreux.

Le temps des shérifs

À la fin du 19e s., après la guerre de Sécession, un grand nombre de hors-la-loi, attirés par les profits tirés des mines et de l'élevage, se réfugient dans l'Ouest américain. Joueurs professionnels, bandits de grand chemin et tueurs à gages sèment la violence sur les routes ou dans les saloons qui fleurissent sur les traces des pionniers. Célèbres pour leurs attaques de diligences, de trains et de banques, **Jesse James** (1847-1882), les quatre **frères Dalton** (nés entre 1861 et 1871), Robert Parker dit **Butch Cassidy** (1866-1909 ?) et Harry Longabaugh, dit **Sundance Kid** (1870-1909 ?), ne sont que quelques-uns des bandits les plus malfaisants de l'Ouest. Mais les villages colons grandissent, et avec eux la demande de lois et d'ordre. Un des premiers devoirs du **shérif** ou du *marshal* de la Frontière est d'appliquer la loi contre le **port d'armes** en ville, tâche ingrate et parfois risquée qui contribue puissamment à l'ordre social. Les juges font plus souvent appel au bon sens qu'au code, mais leurs décisions ont du poids et contribuent fortement à la stabilisation.

L'acquisition de l'Alaska

Ses forces mobilisées par la colonisation de la Sibérie, craignant la capture imminente de l'Alaska par la marine britannique, et constatant que la population de loutres de mer a été décimée, la **Russie** vend en 1867 ses vastes territoires d'Amérique du Nord au gouvernement américain pour 7,2 millions de dollars. Le secrétaire d'État **William Seward** (1801-1872) négocie l'acquisition ; quelques politiciens et journalistes le tournent en ridicule. Quand, plus tard dans l'année, l'armée prend possession de la « glacière de Seward », les expéditions commencent à explorer l'intérieur et les religieux implantent des missions.

Mais peu de pionniers s'aventurent en Alaska avant 1897-1898, quand on découvre de l'or dans un affluent de la rivière **Klondike** dans le Yukon, au Canada. Le port de Skagway, première voie vers les filons aurifères, connaît un véritable boom. Quelque 100 000 prospecteurs se déversent des bateaux à vapeur en provenance de Seattle et San Francisco, entreprenant un long périple par le col de White Pass sur la piste de Chilkoot. Beaucoup ne sont pas préparés à ces efforts, à l'isolement, à la rudesse du climat. Moins de la moitié atteint les gisements. Les survivants du Klondike, qu'on surnommera **Sourdoughs**, du nom de la levure utilisée pour le pain des campements, découvrent d'autres filons dans les vallées du Yukon et de la Tanana, et à Nome, dans l'extrême ouest de l'Alaska.

La fin du Far West

Après les ruées vers l'or de Californie et des Rocheuses, les immigrants tentent leur chance partout où des veines sont mises au jour. Certains filons perdurent jusqu'au 20e s. D'autres sont abandonnés, et seules quelques **villes fantômes** témoignent aujourd'hui de l'activité passée, comme dans le Montana *(voir p. 226)*. Le temps où le prospecteur partait seul dans les collines avec son âne est révolu : les chercheurs indépendants cèdent la place aux mineurs qui travaillent pour des sociétés exploitant de grandes mines, comme à Kennecott's Bingham Canyon Mine, Utah *(voir p. 108)*. Le cuivre devient la principale des richesses du sous-sol. L'Ouest sauvage n'est plus qu'un mythe.

Les guerres indiennes

Tandis que des hordes de mineurs, éleveurs, ouvriers du chemin de fer, soldats et pionniers s'avancent dans les Grandes Plaines et les Rocheuses, envahissant des territoires désignés comme « terres indiennes », le gouvernement fédéral cherche à redessiner les frontières amérindiennes. On réduit la taille des **réserves**, et on les installe aussi loin que possible des chemins de fer et des implantations. L'armée entreprend le **déplacement** des tribus dans les réserves.

Le combat des aigles

La terre constitue la principale richesse de l'Ouest, aussi l'arrivée massive de colons sur leurs territoires de chasse et le massacre systématique des bisons, indispensables à leur survie, attisent-ils la colère des Indiens, principalement ceux qui sont restés nomades. Certaines tribus commencent à s'attaquer régulièrement aux colons et aux voyageurs des hautes plaines.

En 1864, une bande de rebelles cheyennes cherche à signer la paix, mais une milice menée par le pasteur méthodiste John Chivington prend leur camp par surprise, tuant plus de 300 hommes, femmes et enfants au cours du **massacre de Sand Creek**. Ce massacre rend naturellement furieux des milliers d'Indiens, du Texas au Montana. De nombreux soulèvements ont lieu au cours des années 1870, dont les plus sanglants en 1874-1875 avec la guerre de la rivière Rouge des Comanches et des Kiowas menés par **Quanah Parker**, et l'odyssée des Nez-Percés, conduits sur 2000 km pendant quinze semaines par **Chef Joseph**, déterminé à ne pas se laisser enfermer dans une réserve.

Dans les Grandes Plaines, ce sont les **Sioux** qui opposent la résistance la plus farouche. Voyant la piste Bozeman, vers les mines du Montana, couper le territoire de chasse des Sioux à l'est des monts Big Horn, **Red Cloud** lance en 1866 une campagne à la tête de sa tribu, obligeant l'armée américaine à se rendre et à abandonner Fort Phil Kearny. Red Cloud obtient aussi des garanties pour la protection de la région sacrée des Black Hills, au Dakota, en échange de la promesse de ne plus jamais entrer en guerre contre les États-Unis. Mais quand des prospecteurs découvrent en 1874 un filon dans les Black Hills, une véritable ruée vers l'or s'ensuit : commandés par **Crazy Horse** et **Sitting Bull**, les Sioux déterrent la hache de guerre.

Les négociations de paix échouent. Pourchassés par l'armée, les Sioux et leurs alliés cheyennes font route vers les monts Big Horn à l'ouest, et établissent un campement près de la rivière **Little Bighorn** au Montana.

Le colonel américain **George Armstrong Custer** attaque avec les 225 hommes du 7e de cavalerie et 47 soldats sous les ordres d'autres officiers. Ils sont massacrés. Seul un cheval en réchappe, dont on fera un emblème. Le pays est sous le choc. Mais les Indiens ne peuvent pas exploiter cette éclatante victoire, car l'hiver les contraint à retourner sur la réserve.

Un autre peuple rebelle, les **Apaches**, sème la panique chez les colons espagnols et mexicains. Les attaques se poursuivent dans les années 1850 et 1860 contre les Américains, et s'intensifient pendant la guerre de Sécession. Aidés par leur connaissance du terrain et du climat, les Apaches, avec des chefs comme **Cochise** et **Geronimo**, échappent pendant des décennies aux campagnes de l'armée en se retirant dans les montagnes.

Dans les années 1880, le mouvement religieux messianique de la **Ghost Dance**, danse des esprits qui trouve son origine chez les Païutes, déferle de la Californie jusqu'aux Dakotas. Ce culte exhorte ses adeptes à danser en cercle, afin de communiquer, comme en transe, avec les ancêtres défunts. Il annonce la résurrection des ancêtres et des vieilles coutumes, le retour du bison et la disparition des Blancs. En 1890, inquiets devant les danses pratiquées dans la réserve de Pine Ridge, dans le Dakota du Sud, des soldats essaient de désarmer les Sioux. Dans la mêlée qui s'ensuit, ils ouvrent le feu et tuent environ 250 hommes, femmes et enfants. Le **massacre de Wounded Knee** sera le dernier épisode majeur des guerres indiennes.

Le 20e s.

Crise et New Deal

Objet d'anathème durant tout le 19e s., les lois fédérales deviennent une sauvegarde au 20e s. Dans les Grandes Plaines, la **crise de 1929**

Le long calvaire des cultures indiennes

La mort de Chef Joseph, de la tribu des Nez-Percés, en 1904 *(voir p. 333)*, sonna le glas de la résistance indienne. Au terme de combats héroïques mais désespérés contre les tuniques bleues, Apaches, Navajos, Sioux et Comanches furent contraints les uns après les autres de capituler. Décimée par les guerres, les maladies et les famines, la population indienne était réduite à 250 000 personnes au début du 20e s. Dépossédés de leurs droits et de leurs terres, les Indiens se retrouvèrent confinés dans des réserves gérées par les fonctionnaires souvent corrompus du Bureau fédéral des affaires indiennes *(Bureau of Indian Affairs)*, et soumis à une politique d'acculturation les obligeant à adopter les coutumes des Blancs. Les langues, les cérémonies religieuses furent interdites et les enfants, enlevés de force à leurs parents, envoyés dans de sinistres pensionnats de la côte est afin de couper tout lien avec leur culture. Beaucoup d'enfants y moururent de maladie ou de chagrin. À partir de 1934, la situation s'améliora, avec l'établissement de réserves autonomes gérées par des gouvernements tribaux. Dans les années 1950 et 1960, un programme fédéral fut mené afin de supprimer les réserves et de pousser les Indiens à s'assimiler dans les villes, mais il se solda par un échec et prit fin en 1980. Depuis, beaucoup d'Indiens ont repris le chemin des réserves, où ils tentent de faire renaître leurs cultures et leurs traditions.

Little Bighorn Monument.
RiverNorthPhotography/Getty Images Plus

et la Dépression des années 1930 coïncident avec l'une des plus terribles **sécheresses** de l'histoire. La région prend le nom de **Dust Bowl**, « cuvette à poussière ». Les faillites lancent près de 400 000 agriculteurs, dont beaucoup de l'Oklahoma, à la recherche de travail en Californie. Dans son **New Deal**, le président **Franklin Roosevelt** engage alors des actions révolutionnaires, visant à contrôler l'érosion, réglementer la production agricole pour faire monter les prix, organiser la solidarité en cas de sécheresse, et financer d'énormes projets de mise en valeur et d'irrigation.

Le **Civilian Conservation Corps** (CCC) emploie des milliers d'hommes dans des travaux publics sur le domaine de l'État. Le gouvernement fédéral et les autorités locales dépensent des fortunes pour l'amélioration des routes, programme qui atteint son sommet dans les années 1970 avec le système des autoroutes **interstates**, et qui facilite l'essor du tourisme dans tout l'Ouest.

L'expansion économique

La **Seconde Guerre mondiale** précède une période de croissance et de changements sans précédent. Le développement des **chantiers navals** et des industries de guerre amène des milliers de travailleurs d'autres régions des États-Unis dans les villes de la côte pacifique. L'armée et la marine établissent d'immenses **bases d'entraînement** et d'essai de missiles dans les vastes étendues du désert et des plateaux. L'Alaska et Hawaii connaissent un boom grâce à l'afflux de personnel militaire. L'industrie **aérospatiale** s'implante dans le sud de la Californie et à Seattle, apportant des contrats lucratifs pour la défense, des embauches, des emplois de fonctionnaires et des subventions aux universités.

La **bombe atomique** est fabriquée le long de la Columbia.

L'économie florissante de l'après-guerre entraîne un essor considérable, notamment en **Californie**, qui enlève dans les

Les dates clés

Avant l'arrivée des Européens

- **30 000-12 000 av. J.-C.** – Des chasseurs nomades en provenance d'Asie rejoignent le continent américain par le détroit de Béring.
- **Vers 300 av. J.-C.** – L'agriculture irriguée fait son apparition.

L'époque coloniale

- **1492** – Christophe Colomb découvre l'Amérique.
- **1521** – Hernán Cortés vainc les Aztèques et revendique le Mexique pour l'Espagne.
- **1542** – Juan Rodriguez Cabrillo explore la côte californienne.
- **1579** – L'explorateur Francis Drake débarque en Californie et la revendique pour l'Angleterre.
- **1682** – Robert Cavelier de La Salle descend le Mississippi, revendiquant le fleuve et son bassin ouest pour la France.
- **1718** – Les Français établissent La Nouvelle-Orléans, les Espagnols San Antonio.
- **1728** – Le Danois Vitus Behring explore la côte de l'Alaska pour le compte de la Russie.
- **1763** – Le traité de Paris repousse la frontière de la colonie britannique à l'ouest du Mississippi.

De l'indépendance à l'entrée de l'Ouest dans l'Union

- **1776** – Déclaration d'Indépendance des Treize Colonies britanniques de la côte est des États-Unis.
- **1784** – La Russie établit des implantations à Kodiak et Sitka, en Alaska.
- **1792-1794** – George Vancouver cartographie la côte pacifique de San Diego à l'Alaska, suscitant les revendications opposées de la Grande-Bretagne et des États-Unis sur la région de l'Oregon.
- **1803** – Les États-Unis achètent la Louisiane à la France.
- **1804-1806** – Lewis et Clark remontent le Missouri, traversent les Rocheuses et descendent la rivière Columbia jusqu'à l'océan Pacifique.
- **1811** – Des marchands de fourrures fondent Astoria à l'embouchure de la Columbia.
- **1818** – Traité avec la Grande-Bretagne fixant la frontière nord des États-Unis.
- **1821** – Indépendance du Mexique.
- **1824** – Création du Bureau des affaires indiennes.
- **1830** – Déportation de 60 000 Indiens du Sud-Est, dont les Cherokees, vers les territoires indiens (l'actuel Oklahoma).
- **1842** – Les premiers pionniers quittent le Missouri par la piste de l'Oregon.
- **1846** – Les États-Unis achètent à l'Angleterre le Territoire de l'Oregon au sud du 49e parallèle.
- **1847** – Brigham Young conduit les Mormons jusqu'aux rives du Grand Lac Salé.
- **1848** – Début de la ruée vers l'or en Californie.
- **1859** – Découverte d'or au Colorado, et d'un filon d'argent au Nevada.
- **1860-1861** – Épopée du Pony Express.
- **1861-1865** – Guerre de Sécession.
- **1866** – Menés par Red Cloud, les Sioux chassent l'armée de Fort Phil Kearny au Wyoming. Première piste du bétail avec la Goodnight-Loving Trail.
- **1867** – Les États-Unis achètent l'Alaska à la Russie.
- **1869** – Achèvement dans l'Utah du chemin de fer transcontinental. Le Wyoming accorde le droit de vote aux femmes.
- **1872** – Yellowstone devient le premier parc national du monde.

- 1876 – Les Sioux et les Cheyennes anéantissent Custer et ses troupes à la bataille de Little Big Horn.
- 1877 – Chef Joseph et ses guerriers nez-percés sont capturés après une retraite de 2 000 km.
- 1878 – Billy the Kid entame sa brève carrière de hors-la-loi en abattant un shérif.
- 1883 – « Buffalo Bill » Cody commence son Wild West Show.
- 1887 – Le Dawes Act attribue le territoire des réserves à des propriétaires individuels indiens.
- 1888 –Le Dakota du Nord, le Dakota du Sud, le Montana et Washington deviennent des États.
- 1896 – L'Utah entre dans l'Union. Début de la ruée vers l'or au Klondike, qui amène des prospecteurs en Alaska.

L'histoire moderne

- 1916 – La Boeing Aircraft Co. est fondée à Seattle.
- 1924 – La citoyenneté américaine est accordée aux Amérindiens.
- 1927-1941 – Gutzon Borglum sculpte le mont Rushmore.
- 1941 – Les Japonais attaquent Pearl Harbor. Les États-Unis entrent dans la Seconde Guerre mondiale.
- 1959 – L'Alaska et Hawaii deviennent le 49e et le 50e États.
- 1963 – Le président John Kennedy est assassiné à Dallas.
- 1971 – L'Alaska Native Land Claims Settlement Act distribue 1 milliard de dollars et 18 millions d'hectares de terres aux tribus locales.
- 1973 – Insurrection indienne à Wounded Knee (Dakota du Sud).
- 1975 – Bill Gates et Paul Allen fondent Microsoft au Nouveau-Mexique, puis s'installent, en 1979, dans la banlieue de Seattle.
- 1980 – L'éruption du Mt St Helens, dans l'État de Washington, fait 57 morts.
- 1981 – Ronald Reagan est élu président des États-Unis.
- 1988 – Gigantesque incendie au parc national de Yellowstone. Un cinquième du parc est détruit.
- 1989 – Le pétrolier *Exxon Valdez* déverse 35 000 t de pétrole en Alaska.
- 1990 – Début de la guerre du Golfe.
- 2001 – Attentat contre le World Trade Center de New York.
- 2003 – Les États-Unis déclarent la guerre à l'Irak.
- 2004 – George W. Bush est réélu.
- 2008 – La crise des *subprimes* provoque une crise financière mondiale. Le démocrate Barack Obama est élu à la présidence des États-Unis.
- 2009 – Obama reçoit le prix Nobel de la paix.
- 2011 – Les forces spéciales américaines tuent Oussama Ben Laden au Pakistan.
- 2012 – Réélection de Barack Obama.
- 2013 – Entrée en vigueur de l'Obamacare.
- 2015 – Le mariage homosexuel est légalisé. Rétablissement des relations diplomatiques avec Cuba.
- 2016 – Élection de Donald Trump à la présidence des États-Unis.
- 2017 – Retrait des États-Unis de l'accord de Paris sur le climat. Affaire Weinstein et mouvement Me too.
- 2020 – Joe Biden est élu 46e président des États-Unis. Pandémie de Covid-19. Le meurtre de George Floyd provoque de nombreuses manifestations pour la justice raciale.
- 2021 – Manifestations à Washington des partisans pro-Trump qui pénètrent dans le Capitole pour tenter de bloquer la certification par le Congrès de la victoire de Joe Biden. Les États-Unis réintègrent l'accord de Paris sur le climat.
- 2024 – Joe Biden candidat à sa réélection. Donald Trump favori pour le camp républicain.

Des guerriers indiens patriotes

Malgré les humiliations du passé, les Amérindiens n'ont pas hésité à s'engager dans les guerres des Blancs pour défendre leur pays et retrouver leur honneur guerrier. Durant la Première Guerre mondiale, 12 000 Indiens volontaires s'enrôlèrent, alors qu'ils ne bénéficiaient même pas encore de la citoyenneté américaine, qui ne fut accordée aux Indiens qu'en 1924. Durant la Seconde Guerre mondiale, 40 000 Indiens servirent sur les champs de bataille d'Europe et du Pacifique, dont 25 000 engagés volontaires. Grâce à la spécificité de leur langue, les recrues navajos permirent notamment de mettre en place un code secret de communication qui fut très utile à l'armée américaine durant les deux conflits. Plus de 42 000 Indiens, en grande majorité volontaires, participèrent aussi à la guerre du Vietnam.

années 1960 à l'État de New York son premier rang pour le nombre d'habitants. Alimentée par l'**immigration** en provenance d'Asie et d'Amérique latine, la composition démographique des villes de l'Ouest se modifie profondément : Los Angeles et San Francisco deviennent les régions des États-Unis les plus diversifiées au plan ethnique. La croissance apporte son cortège de problèmes, longtemps réservés aux villes de l'Est : rareté du logement, laideur urbaine, criminalité, pauvreté, embouteillages, pollution. Sur le plan politique, les villes de la côte pacifique deviennent plus **progressistes**. Elles ont aujourd'hui plus de choses en commun avec la côte est qu'avec leur arrière-pays, resté plus conservateur. Mais l'Ouest conserve ses problèmes spécifiques, notamment en matière d'environnement. La **révolution high-tech** a considérablement enrichi la Californie et les grandes villes du Nord-Ouest. Elle a aussi créé une autre tendance, qui pose problème à de nombreux habitants, sensibles aux questions d'environnement : au lieu d'être contraints géographiquement par le marché du travail, les télétravailleurs peuvent habiter où bon leur semble. Beaucoup de paysages splendides, notamment près des parcs nationaux, deviennent autant de lotissements très recherchés. Les ranchers trouvent de plus en plus rentable de fractionner leur domaine plutôt que de le cultiver. Les nouvelles implantations empiètent de plus en plus sur le territoire de la **faune sauvage**. Elles fragilisent aussi les immenses espaces qui depuis l'aube des temps font de l'Ouest un monde différent de l'Est américain.

Arts

Dès le début de la conquête, les paysages grandioses de l'Ouest américain deviennent un sujet de prédilection pour les peintres qui accompagnent les expéditions et les chantiers des chemins de fer. Bientôt, la photographie contribue à son tour à la construction d'un Ouest édénique. Promouvant une vision sublimée de la nature, l'art de l'Ouest se veut le révélateur de la face immense et sauvage de l'Amérique. Le paysage, dans son aspect monumental, fournit à l'art américain un équivalent à la profondeur culturelle de l'art européen.

Les peintres de l'Ouest

Peu exposée hormis par de rares institutions comme le musée d'Art de Denver, la peinture de l'Ouest américain du 19e s. est pourtant d'une grande richesse. Témoins de la conquête, les premiers observateurs ne cachent pas leur admiration pour les Amérindiens auxquels ils sont confrontés.

George Catlin (1796-1872) participe ainsi à plusieurs expéditions, entre 1832 et 1834, dans le nord du Mississippi et dans le Missouri, et entre en contact avec de nombreuses tribus dont il immortalise les chefs avec le réalisme et la majesté des grands portraits d'histoire. Invité à participer aux chasses au bison et à observer des cérémonies sacrées, il consigne tout ce qu'il voit avec un soin d'ethnologue naïf.

Entrave à la conquête, « l'Indien » est souvent représenté sous les traits du cruel guerrier, comme chez **Alfred Jacob Miller** (1810-1874). Lorsqu'il ne constitue plus une menace, il revient sous une forme romancée sous le pinceau de **John Mix Stanley** (1814-1872), dont les portraits d'Amérindiens des années 1850 se teintent d'une ambiance crépusculaire.

La nature inviolée des Rocheuses marque les esprits des peintres formés à l'école romantique de l'Hudson River, inspirée par William Turner et Caspar David Friedrich. Les cascades, geysers et canyons vertigineux de la vallée de Yellowstone fournissent à **Thomas Moran** (1837-1926) la matière d'une peinture à la fois fidèle et totalement retravaillée en atelier, sur des formats gigantesques. Son travail aidera beaucoup au classement de Yellowstone en parc national en 1872.

Peintre d'origine allemande, **Albert Bierstadt** (1830-1902) participe à plusieurs expéditions dans les Rocheuses. Ses paysages grandioses de l'Ouest américain, loin de prétendre à l'exactitude, se situent dans la lignée de peintres européens classiques, exaltant le sublime et la présence divine dans la nature.

Au lendemain de la guerre de Sécession, le public américain se tourne vers une peinture plus réaliste et narrative, mettant en scène des acteurs spécifiquement américains. Rompant avec les styles européens, deux peintres issus de l'illustration pour magazines, **Charles Marion**

Russell (1864-1926) et **Frederic Remington** (1861-1909), cherchent ainsi une inspiration spécifiquement nationale en dédiant leur carrière au Far West, forgeant sa légende western dans un style aux coloris acides, aux sujets et cadrages déjà presque cinématographiques. Remington, qui accompagne notamment l'expédition du général Miles pour écraser la révolte des Sioux à Wounded Knee en 1890, produit des sculptures en bronze et des tableaux croquant soldats, cow-boys, fermiers blancs et Indiens, chevaux et troupeaux des plaines.

Le land art

Né dans les années 1960, ce mouvement artistique, qui visait à sortir des espaces conventionnels des musées pour prendre la nature comme modèle, trouva son inspiration dans les paysages minéraux de l'Ouest américain. Natif de l'État de Washington, **Dennis Oppenheim** (1938-2011) utilise des éléments naturels comme la glace, le bois, la pierre et l'eau pour inscrire ses œuvres dans le paysage. **Robert Smithson** (1938-1973) est à l'origine de plusieurs réalisations majeures dont *Spiral Jetty*, une jetée de rochers en spirale créée en 1970 sur les rives du Grand Lac Salé (Utah), toujours visible aujourd'hui. Sa compagne **Nancy Holt** (1938-2014) a notamment réalisé des *Sun Tunnels* dans le désert du Grand Bassin de l'Utah. L'artiste **Christo** (1935-2020) réalisa en 1972 le *Valley Curtain*, un immense rideau couleur orange déployé à Rifle, dans le Colorado, et d'autres installations aussi spectaculaires qu'éphémères en Californie. Réinvestissant le paysage dont ils font à leur tour un monument, ces artistes interrogent le rapport de l'homme moderne avec la nature.

L'Ouest sous l'œil des photographes

Comme dans la peinture, la photographie suivit l'avancée historique de la Frontière, soulignant d'abord l'attitude optimiste de la conquête des contrées vierges, jettant ensuite un regard nostalgique vers le passé. **William Henry Jackson** (1843-1942) explora et photographia l'Ouest sauvage pour le compte de l'Union Pacific Railroad. Ses photos firent connaître les paysages des Rocheuses aux Américains, ainsi que des tribus comme les Utes.

Connu pour ses travaux sur les Indiens, **Edward Sheriff Curtis** (1868-1952) vécut sa jeunesse à l'époque ou s'achevaient les guerres indiennes. S'efforçant de conserver la mémoire de peuples qu'il sait menacés de disparition, Curtis photographie les Indiens au crépuscule de leur civilisation. Durant près de 30 ans, il mène un travail encyclopédique : 40 000 clichés réalisés, couvrant plus de 80 tribus de l'Ouest. Dans ses photos esthétisantes, Curtis présente les tribus indiennes telles qu'il les imaginait avant leur confinement dans les réserves : libres et fières.

S'éloignant du pictorialisme, **Ansel Adams** (1902-1984) s'attacha à produire des images d'une grande précision sans rien perdre de leur troublant mystère. En noir et blanc, il réalisa des images des territoires sauvages de l'Ouest, en particulier des parcs de Yosemite, de Grand Teton et de Glacier.

Durant les années 1930, pendant la grande Depression, **Dorothea Lange** (1895-1965), engagée dans une commande pour illustrer l'action du gouvernement en faveur des travailleurs agricoles migrants, réalisa un puissant travail documentaire sur le désarroi et la misère des milliers de fermiers blancs du Midwest migrant vers l'Ouest, chassés par la crise.

Les tribus amérindiennes du Nord-Ouest Pacifique par Edward Sheriff Curtis.
American Photo Archive/Alamy/hemis.fr

Après la Seconde Guerre mondiale, de nouvelles conceptions de la beauté et des interrogations portées sur la modernité inspirent une vision nouvelle et sans fard de l'Ouest. Dans ses photographies du Colorado et de l'Oregon, **Robert Adams** (1937) porte un regard lucide sur les dégâts infligés par l'urbanisation galopante, l'industrialisation et la pollution. D'autres comme le plasticien **Edward Ruscha** (1937) et le cinéaste **Dennis Hopper** (1936-2010) questionnent le mythe des grands espaces et de la mobilité en photographiant des autoroutes rectilignes et des stations essence. Plus conceptuels, **David Levinthal** (1949) tourne en dérision les icônes de l'Ouest en mettant en scène des figurines de cow-boys, tandis que **John Pfahl** (1939-2020) présente des paysages altérés, irrémédiablement entachés par la main de l'homme.

Les arts amérindiens

Avant la destruction de leurs cultures par les Blancs, les Amérindiens ont développé durant des générations des formes artistiques innombrables, sur des supports aussi variés que les rochers (pétroglyphes), le sable (peintures navajos), l'ivoire (Inuits), les peaux d'animaux (Indiens des plaines), les masques et les totems en bois (Nord-Ouest Pacifique), les poteries, la vannerie, les vêtements (perlage), les coiffes de plumes, les bijoux d'argent et de turquoise, les tissages colorés et jusque sur les corps (peintures et tatouages). Chaque tribu avait son style, aisément identifiable. Décoratives ou symboliques, figuratives ou géométriques, ces formes artistiques étaient indissociables des croyances et de l'univers sacré auxquelles elles faisaient référence, ainsi que des cérémonies accompagnées de danse et de musique à l'occasion desquelles elles étaient souvent réalisées.

Il existe encore un riche artisanat amérindien dans l'Ouest. La création contemporaine se cristallise tout spécialement à Santa Fe (Nouveau-Mexique), où l'**Institute of American Indian Arts** forme de nombreux artistes depuis 1961.

Littérature

Le héros type de la littérature américaine est en quête perpétuelle : de racines, de liberté, d'absolu, de lui-même, du salut. Éperdu, rebelle et insatisfait, il peuple aussi bien les épopées du Far West que les romans de la Beat Generation. Comme si, après avoir fondu toutes ses cultures, l'Amérique se cherchait un but... Les cultures se métissent, les accents et les tonalités délimitent des territoires, mais cette terre, cette géologie incroyable est à l'origine d'un langage : celui de la pierre et de l'eau, de la sédimentation des sols et des mémoires, de la « granulation du réel », pour reprendre une expression de Cormac McCarthy.

L'épopée

Pour beaucoup d'écrivains du 19e s., l'Ouest parle d'aventure et d'exploration. Dans un premier temps, la littérature de ces contrées est celle des commencements, écrite par les témoins visuels, les explorateurs eux-mêmes et les historiens, à l'image des journaux des explorateurs **Lewis et Clark**. Les premiers récits ne sont que les carnets des pionniers, comme le bouleversant journal de **Virginia Reed Murphy** (1834-1921), rescapée de la tragique expédition Donner en 1846, ou les œuvres de **Laura Ingalls Wilder** (1867-1957), telle *La Petite Maison dans la prairie*. D'autres sont des carnets de route beaucoup plus précis, écrits à l'usage des colons : *La Piste de l'Oregon* a été publiée en 1849 par **Francis Parkman** (1823-1893), un Bostonien en quête d'héroïsme. Dans la même veine, les guides de **John Frémont** (1813-1890) et de son épouse, **Jesse** (1824-1902), racontant en détail la découverte de l'Ouest, sont des *best-sellers* de l'époque. **Frederick Jackson Turner** (1861-1932) préfère la lecture historique des événements et la conquête progressive (*La Frontière*, 1893).

Durant la seconde moitié du 19e s., la ruée vers l'or sert de cadre aux premiers grands romans populaires de **Bret Harte** (1836-1902) et fait naître un genre qui prendra ensuite vie au cinéma, le western. Une abondante littérature de qualité inégale inonde alors les bibliothèques, mélangeant amour et aventure, violence et vertu. À cet égard, *Le Virginien*, d'**Owen Wister** (1860-1938), apparaît comme le précurseur. Au 20e s., on note les romans de **Zane Grey** (1872-1939 - *Les Cavaliers de la sauge violette*, 1912), de **Willa Cather** (1876-1947 - *Pionniers*, 1913 ; *La Mort et l'Archevêque*, 1927) ou de **Wallace Stegner** (1903-1993 - *Vue cavalière*, 1976). Mais bien sûr, l'archétype du romancier de l'Ouest reste **Jack London** (1876-1916), né à Oakland, auteur aventurier universellement traduit de *L'Appel de la forêt* (1903), *Croc-Blanc* (1906) et *Martin Eden* (1909). À peu près à la même époque, revues littéraires et journaux de la côte ouest publient des récits, nouvelles et chroniques d'auteurs ou de journalistes qui ont vécu ou séjourné en Californie, comme **Mark Twain** (1835-1910) ou **Ambrose**

Bierce (1842-1914). D'autres attirent l'attention sur l'environnement, pressentant déjà le besoin de le préserver, comme le célèbre naturaliste **John Muir** (1838-1914), **Mary Austin** (1868-1934), qui défend la cause des déserts, ou **Edward Abbey** (1927-1989), dont *Désert solitaire* (1968) est devenu le livre culte de générations d'écologistes.

Conscience sociale et tranches de vie

La littérature américaine parvient à une maturité nouvelle lorsqu'elle commence à aborder les problèmes humains et sociaux posés par la création très rapide du pays. **Frank Norris** (1870-1902) s'y attaque dès la fin du 19e s. avec *Les Rapaces* (1899) ou *La Pieuvre* (1901), dans lesquels il dénonce l'avidité des barons du chemin de fer. Mais dans l'Ouest, c'est bien sûr **John Steinbeck** (1902-1968), prix Nobel de littérature en 1962, qui porte le mieux les couleurs des fermiers et des ouvriers pauvres, dans *Tortilla Flat* (1935), *Des souris et des hommes* (1937), *Les Raisins de la colère* (1939), qui lui valut le prix Pulitzer, *À l'est d'Éden* (1952)... Même le mythe de l'Ouest perd de son lustre, comme chez **Arthur Miller** (1915-2005), auteur du scénario du film de John Huston, *les Désaxés* (1961). Son homonyme **Henry Miller** (1891-1980), aussi célèbre que controversé, pourfend le puritanisme et l'idéal américain de prospérité matérielle dans le *Cauchemar climatisé* (1945).

À l'enracinement tant recherché par les générations précédentes se substitue une quête insatisfaite et rebelle. Entre jazz, alcool et nuits sans sommeil, **Jack Kerouac** (1922-1969) entame en 1949 sa traversée hallucinée des États-Unis sur plus de 5000 km d'est en ouest (*Sur la route*, 1957). Jack Kerouac et ses amis de la **Beat Generation** posent un regard sans concession sur l'Amérique matérialiste et prônent le détachement et l'errance. En marge de ce mouvement, **Charles Bukowski** (1920-1994) dépeint avec violence la société américaine, le règne de l'argent, la morale hypocrite et la modernité médiocre (*Journal d'un vieux dégueulasse*, 1969).

Dans les années 1970 et 1980, de nouveaux auteurs ont préféré mettre en avant de minuscules tranches de vie, à la manière poignante d'un **Raymond Carver** (1938-1988), originaire de l'Oregon, dont les nouvelles minimalistes sont d'une tendresse amère. Dans un genre plus cynique, **T.C. Boyle** (1948) met en scène des histoires tragicomiques stigmatisant les travers de l'Amérique moderne. Dans les années qui suivent, le sulfureux **Bret Easton Ellis** (1964) brosse, à la manière des plus grands satiristes mondains, le tableau d'une société blasée et d'une jeunesse dorée et perturbée.

Des auteurs se font aussi remarquer au tournant du 21e s. par des fresques très vivantes sur les différentes communautés, comme l'Afro-Américaine **Toni Morrison** (1931-2019), la Sino-Américaine **Amy Tan** (1952) ou **Barbara Kingsolver** (1955), dont les romans ont toujours une forte empreinte écologique.

Dans un tout autre registre, les romans à l'eau de rose de **Debbie Macomber** (1948), originaire de l'État de Washington, ont été vendus à plus de 100 millions d'exemplaires dans le monde.

À l'ombre du polar

Publiés dans les années 1920 dans les *pulp magazines*, feuilles de chou populaires et bon marché, les nouvelles mettant en scène détectives durs à cuire, pègre et crimes crapuleux prospèrent durant la Grande Dépression. Le roman noir américain atteint la notoriété mondiale avec des écrivains tels que **Dashiell Hammett** (1894-1961) et son *Faucon maltais*, **James Ellroy** (1948) et **Raymond Chandler** (1888-1959) ou **Michael Connelly** (1956). **James Crumley** (1939-2008) donne vie à Milter Chester Milodragovitch, privé qui carbure à l'alcool et aux drogues diverses.

L'écriture des grands espaces

Le *nature writing*, lancé par le poète naturaliste **David Henry Thoreau** (1817-1862), est un genre littéraire spécifiquement américain, sans équivalent en Europe, qui a connu une grande vitalité dans le Nord-Ouest. Il confronte l'homme à l'immensité du continent américain, à la rudesse de ses climats et de sa faune. La nature vierge et sauvage y est idéalisée, personnifiée comme une mère bienfaitrice qui permet de se régénérer, loin d'un monde cynique et désabusé. Des auteurs comme **Michael Blake** (*Danse avec les loups*, 1986), **James Galvin** (*Prairie*, 1992), Edward Abbey, **Pete Fromm** (*Un hiver au cœur des Rocheuses*, 1993), **Dan O'Brien** (*Les Bisons du Cœur-Brisé*, 2001), **Thomas McGuane** (*Rien que du ciel bleu*, 1992), **Lance Weller** (*Wilderness*, 2012) et **Jon Krakauer** (*Into the Wild*, 1996) illustrent aujourd'hui la riche diversité de ce style littéraire. Pays des grands espaces, le Montana est devenu l'épicentre du mouvement, autour de la petite ville de Missoula. À la suite des écrivains Raymond Carver, Richard Brautigan et Richard Hugo, de nombreux grands noms de la littérature américaine y sont passés ou y vivent : Norman Mac Lean, Dorothy Johnson, James Lee Burke, Richard Ford, Thomas McGuane, Rick Bass, William Kittredge, Thomas Savage, Jim Harrison...

Les écrivains indiens

Issus d'une culture orale, les Indiens sont devenus écrivains tardivement et souvent avec difficulté, en raison de la barrière de la langue.

Né dans la réserve indienne des Blackfeet de Browning (Montana), **James Welch** (1940-2003) décrit avec réalisme la vie misérable dans les réserves, la richesse de la culture indienne d'autrefois et les saccages commis par l'avidité des Blancs (*L'hiver dans le sang*, 1974 ; *Comme des ombres sur la terre*, 1986).

Incarnant la jeune génération, **Sherman Alexie** (1966), né dans une réserve près de Seattle, raconte également avec un grand réalisme le dénuement matériel et spirituel des jeunes Amérindiens. Plus à l'est, dans les Grandes Plaines, **David Treuer** (1970), de la tribu ojibwé, brosse dans *Little* (1995) le tableau sans concession des laissés-pour-compte et des marginaux de la communauté indienne.

Cinéma

Si le cinéma est né en Europe, c'est à Hollywood qu'il atteint la démesure. L'épopée de la conquête de l'Ouest fournit un thème de prédilection au nouvel art. Les grands espaces continueront d'influencer les cinéastes, d'*Easy Rider* à *Danse avec les Loups*. Le Nord-Ouest s'est fait aussi le chantre du cinéma indépendant autour du festival de Sundance de Park City, créé par Robert Redford.

Terres de spectacles

Au 19e s., les exploitants des mines, particulièrement friands de musique lyrique, financent les beaux opéras des villes de province éloignées de tout, avec une telle générosité que des troupes venues de la côte est et d'Europe passent régulièrement par San Francisco, Central City (Colorado) et d'autres régions minières prospères. Au nombre des acteurs célèbres qui font la tournée des camps de mineurs dans l'Ouest figurent **Edwin Booth** (1833-1893), **Helena Modjeska** (1840-1909), **Sarah Bernhardt** (1844-1923). La scandaleuse danseuse exotique **Lola Montez** (1818-1861) et son successeur, la comique **Lotta Crabtree** (1847-1924), proposent des spectacles moins intellectuels.

Pour ce qui est des distractions sur le thème de l'Ouest, la palme revient à la fin du 19e s. et au début du 20e s. au Wild West Show, délire épique et commercial sur le Far West, qui enchante la côte est et le public européen. La mise en scène, due à **William F. Cody** (1846-1917) alias **Buffalo Bill**, présente des extraits de sa vie d'aventures comme cavalier du Pony Express, chasseur de bisons, éclaireur de l'armée et soldat. Le

La légende de Buffalo Bill

William Frederick Cody est né dans l'Iowa en 1846. Ayant perdu son père à l'âge de 11 ans, il subvient courageusement aux besoins de sa mère et de ses sœurs. Après avoir participé à la guerre de Sécession dans les rangs du 7e de cavalerie du Kansas, il est engagé par l'Union Pacific Railway Company où on le surnomme « Buffalo Bill », en raison de son talent particulier à chasser le bison. Il en aurait tué plusieurs milliers ! Il affronte à maintes reprises les Indiens, allant jusqu'à défier leur chef en combat singulier. Bientôt, le récit de ses exploits se répand dans toute l'Amérique. En 1880, les guerres indiennes achevées, il réunit cow-boys et Indiens dans un incroyable spectacle, le « Wild West Show », dont le succès s'affirme dans tous les États-Unis et jusqu'en Europe. Après avoir connu la fortune, dilapidée par des spéculations hasardeuses, il meurt en 1917, à l'âge de 71 ans. Il repose dans une tombe creusée dans le roc, au-dessus de Denver.

Voir aussi p. 180.

spectacle montre des batailles célèbres de l'Ouest, des tireurs d'élite, l'attaque d'une diligence par les Indiens et de nombreux numéros de rodéo. Parmi les membres les plus célèbres de la troupe figurent le grand chef **Sitting Bull**, **Gordon Lillie** (1860-1942) dit **Pawnee Bill**, la tireuse d'élite **Annie Oakley** (1860-1926), et **Buffalo Bill** en personne.

Le western

Le western est un film épique racontant des épisodes de la **conquête de l'Ouest** au 19e s. et au début du 20e s. Les personnages sont initialement très manichéens, les bons contre les méchants. Les héros sont des aventuriers, souvent instables et rebelles, confrontés à des difficultés qu'ils finissent toujours par vaincre en se dépassant. La popularité des premiers films s'explique par l'attachement des Américains à ce pan de leur histoire et aux vertus de courage et d'ambition qu'ils permettent d'idéaliser. Au milieu des années 1940, un glissement s'opère et l'on commence à porter un regard plus critique sur les excès de la conquête. À partir des années 1960, le western aborde avec recul l'oppression des Indiens ou la réalité sordide de la vie au Far West. Dans son dernier et magnifique western, *Cheyenne Autumn* (1964), John Ford rend hommage aux Indiens maltraités, reconnaissant cette « tache dans notre histoire ».

Parmi les grandes figures du western, deux noms se détachent, ceux de **John Ford** et de **John Wayne**. Le premier est l'un des réalisateurs les plus prolifiques, avec 130 films entre 1917 et 1966. Il est notamment l'auteur de *La Chevauchée fantastique* (1939), *Le Massacre de Fort Apache* (1948) ou *Rio Grande* (1950). Le second, devenu l'acteur préféré du premier, est immanquablement associé à l'image du western (*La Prisonnière du désert*, 1956 ; *L'homme qui tua Liberty Valance*, 1962).

On retrouve dans tous les westerns les grandes étapes de la conquête de l'Ouest, comme l'exploration (*La Captive aux yeux clairs* de **Howard Hawks**, 1952 ; *Rivière sans retour* d'**Otto Preminger**, 1954 ; *Jeremiah Johnson* de **Sidney Pollack**, 1972), l'épopée du chemin de fer (*Le Cheval de fer* de John Ford, 1924), les guerres indiennes (*Le Massacre de Fort Apache* de John Ford, 1948 ; *Little Big Man* d'**Arthur Penn**, 1970), les hauts faits des bandits (*Butch Cassidy et le Kid* de **George Roy Hill**, 1969 ; *Pat Garrett et Billy le Kid* de **Sam Peckinpah**, 1973)...

Les années 1960 voient la fin du western, d'autres genres cinématographiques captivent davantage le public. **Sergio Leone** donne alors un nouveau souffle au genre avec le western italien, appelé western « spaghetti ». *Il était une fois dans l'Ouest* (1968), avec Charles Bronson et Claudia Cardinale, est considéré comme son chef-d'œuvre. **Clint Eastwood** remit le western à la mode grâce à des films tels que *Pale Rider* (1985) ou *Impitoyable* (1992).

Le cinéma contemporain

Le Nord-Ouest continue d'inspirer les réalisateurs de Hollywood. Le succès inattendu de *Danse avec les loups* (1990), de **Kevin Costner**, montre peut-être que la vision trop unilatérale du western classique a fait son temps... Dans les années 2000, quelques réalisateurs s'essaient à nouveau au genre. *Open Range* (2003) de Kevin Costner, *3h10 to Yuma* (2007) de James Mangold, *Appaloosa* (2008) d'Ed Harris, *True Grit* (2010) des frères Coen,

Le Nord-Ouest sur le petit écran

Si la Californie est le décor d'innombrables séries télévisées, la télévision américaine s'inspire aussi du Nord-Ouest. *Les Simpsons* (1989), de Matt Groening vivent à Springfield, ville imaginaire proche de Portland, dont le réalisateur est originaire. *Twin Peaks* (1990), de David Lynch, se passe dans une ville inventée de l'État de Washington. *Grey's Anatomy* (depuis 2005) se déroule dans un hôpital fictif de Seattle et *Twilight* (2008-2012) a pour cadre la péninsule Olympique. *Deadwood* (2004-2006) illustre l'ambiance sans foi ni loi d'une cité du Dakota du Sud à l'époque de la ruée vers l'or. La série hilarante *Portlandia* (2011-2018) croque la ville de Portland et ses habitants bobos. La série fantastique *Grimm* (2011-2017) était aussi tournée à Portland. *Yellowstone* (2018) est une saga qui raconte l'histoire d'une famille propriétaire d'un ranch dans le Montana, près du parc de Yellowstone.

Les Huit Salopards (2016) de Quentin Tarantino, *Les Frères Sisters* (2018) de Jacques Audiard mettent en scène des acteurs célèbres, qui se plongent avec plaisir dans l'univers de l'Ouest américain.

Spécifique au Nord-Ouest américain, le **festival de Sundance** qui se déroule chaque année depuis plus de quarante ans à Park City (Utah), s'efforce de promouvoir le cinéma d'auteur indépendant, réalisé hors du circuit hollywoodien. Sundance doit beaucoup à son président, l'acteur et cinéaste **Robert Redford**, dont les films *Et au milieu coule une rivière* (1992) et *L'homme qui murmurait à l'oreille des chevaux* (1998) magnifient la nature sauvage du Nord-Ouest.

Le Nord-Ouest est aussi le berceau de réalisateurs indépendants comme **Gus Van Sant**, qui a longtemps vécu à Portland et qui aborde avec *My Own Private Idaho* (1991) et *Harvey Milk* (2008) des sujets tabous comme l'homosexualité et la toxicomanie.

Musique

Si les plus importants courants créatifs trouvent leur origine dans l'est et le sud des États-Unis, l'Ouest tient une place à part en raison des nombreux artistes qui s'y sont installés et de l'héritage des Indiens et des premiers colons. Ces derniers avaient emporté avec eux les instruments de musique de la vieille Europe. La musique country est l'aboutissement de ce folklore typiquement blanc américain, qui a évolué dans l'Ouest en style western, dit aussi « cow-boy ».

Un héritage ancestral

Les Amérindiens pratiquaient la musique et la danse dans toutes leurs cérémonies, qu'elles soient à caractère religieux ou social. Les Espagnols, qui ont apporté la guitare dans l'Ouest, utilisaient aussi la musique pour les événements religieux et profanes. Ils initiaient les néophytes des missions à la pratique des instruments.

Apportée dans l'Ouest par les chants populaires des pionniers et les hymnes des missionnaires, la majeure partie de la musique country et western trouve ses racines dans les îles Britanniques. Violon, harmonica et banjo étaient les instruments préférés dans les caravanes de chariots. Dans les airs populaires de la piste de l'Oregon figuraient *The Arkansas Traveler* et *Sweet Betsy from Pike*. Frappe des pieds, claquement des mains et instructions de danse lancées au public accompagnaient le violon, qui anime gigues, galops et *square dances* dans les fêtes rurales, distrayait le cow-boy sur la route du bétail et le soldat dans sa caserne isolée. Quand le train arriva dans l'Ouest, de nombreux saloons importèrent leur piano.

Le type même de la musique western contemporaine est un mélange très commercial de chansons de cow-boys, descendues elles-mêmes de ballades écossaises, anglaises et irlandaises en passant par les régions rurales du Sud. On en publia des albums au début du 20e s., et ce genre musical se diffusa de plus en plus grâce à la radio et au cinéma, avec des cow-boys chanteurs comme **Roy Rogers** (1911-1998) et **Gene Autry** (1907-1998).

Dans les années 1940, influencée par des chanteurs régionaux itinérants, comme **Buck Owens** (1929-2006), la musique de cow-boy intégra des éléments du swing, et récupéra le tempo, les rythmes plus soutenus et les sonorités de guitare qui caractérisent la musique populaire country et western d'aujourd'hui.

La radio nationale a émoussé les différences régionales. Mais loin d'être figée, la musique country a engendré des styles et courants très variés : Honky Tonk des années 1940-1950, Nashville Sound des années 1960, Outlaw Country des années 1970, country folk, blues, soul, pop...

Let's rock !

L'Ouest apporta une contribution non négligeable à la musique rock.

Experience Music Project, Seattle.
L. Decoudin/Michelin

Au début des années 1960, tandis que les Beatles émergeaient en Angleterre, le Sud californien créa son propre genre de musique surf légère, en harmonie avec les vagues, les voitures revampées et les « filles sur la plage », dont les Beach Boys étaient les plus célèbres ambassadeurs. À la fin de la décennie, à San Francisco, déjà réputée pour sa tonalité musicale particulière, les mouvements de société trouvèrent un sommet dans le « Summer of Love » de 1967, qui attira de nombreux chanteurs connus, dont **Janis Joplin** (1943-1970), du Texas, et **Jimi Hendrix** (1942-1970), de Seattle. Influencée par un blues plus traditionnel, la musique de **Grateful Dead** (Jerry Garcia), **Jefferson Airplane** (Grace Slick), **Credence Clearwater Revival** (John Fogarty) et d'autres groupes célèbres se caractérisait par de remarquables improvisations de guitare.

Au début des années 1990, Seattle devint le pôle du rock grunge de groupes comme **Nirvana** avec Kurt Cobain, et **Pearl Jam** avec Eddie Vedder, remarqués autant pour leur look que pour leur musique. Créé en 1986, le très influent label SupPop contribua aussi à l'émergence de **Soundgarden** et **Alice in Chains**. Malgré leur succès commercial, la plupart de ces groupes disparurent à la fin des années 1990, hormis Pearl Jam et **Mudhoney**.

La relève vient aujourd'hui de Portland, un foyer de créativité où explose le rock alternatif. Dans des salles de concerts qui poussent comme des champignons et à travers une profusion de micro-labels indépendants, s'affirment des groupes *underground* aux styles variés comme **Gossip** (mené par Beth Ditto), **The Shins**, **The Dandy Warhols** (influencé par The Velvet Underground), **The Decemberists**, **Modest Mouse** (originaire de la région de Seattle), **Floater**, **Yacht** et **Pink Martini**. Hétérogène et puisant son inspiration à des sources multiples (garage, punk hardcore, blues-rock, heavy metal, gospel, hip-hop), la scène de Portland se caractérise par son esprit libertaire et une pop plus optimiste que les tonalités angoissées et nihilistes du grunge.

Canoës au bord du Swiftcurrent Lake, Glacier National Park.
YinYang/Getty Images Plus

ORGANISER SON VOYAGE

Types de séjours

Explorer les mythes de l'Ouest	
Partager la vie des cow-boys dans un ranch, assister à un rodéo	Colorado Springs *(p. 64)*, Cheyenne *(p. 74)*, Steamboat Springs *(p. 85)*, Maroon Bells *(p. 90)*, Jackson *(p. 166)*, Cody *(p. 179)*, Whitefish *(p. 212)*.
À la rencontre des loups, ours, bisons et autres animaux sauvages	Antelope Island State Park *(p. 120)*, Bear River Migratory Refuge *(p. 122)*, Yellowstone National Park *(p. 140)*, Bighorn Canyon National Recreation Area *(p. 182)*, Boise *(p. 188)*, Waterton Lakes National Park *(p. 204)*, National Bison Range *(p. 213)*, Custer State Park *(p. 241)*, Hart Mountain National Antelope Refuge *(p. 332)*, San Juan Islands *(p. 379)*, Northwest Trek Wildlife Park *(p. 396)*.
Les villes fantômes et anciens bastions de la ruée vers l'or	Cripple Creek *(p. 71)*, Virginia et Nevada Cities *(p. 132)*, Helena *(p. 217)*, Deadwood *(p. 244)*, Skagway *(p. 438)*.
Culture indienne	Bighorn Canyon *(p. 182)*, Crazy Horse Memorial *(p. 240)*, Spearfish *(p. 246)*, Nez Perce National Historical Park *(p. 334)*, Ketchikan *(p. 428)*. À visiter surtout en été, lorsque se tiennent les plus grands pow-wows et rodéos.
En Harley-Davidson	Ne ratez pas le grand rassemblement de Sturgis *(p. 240)*, en août. Parcourez les États du Nord-Ouest en liberté, dormez dans des motels au fil de la route.
Les bastions de la culture alternative	Portland *(p. 272)*, Seattle *(p. 342)*, Boulder *(p. 53)*. Pour vous imprégner du style de vie des habitants.
La pureté des grands espaces	Rocky Mountain National Park *(p. 83)*, Yellowstone National Park *(p. 140)*, Grand Teton National Park *(p. 159)*, Glacier National Park *(p. 198)*, Theodore Roosevelt National Park *(p. 256)*, Hells Canyon National Recreation Area *(p. 334)*, et tous les parcs nationaux de l'Alaska *(p. 428)*.
Séjour culturel et urbain	
Musées	Denver Art Museum *(p. 45)*, Portland Art Museum *(p. 277)*, Museum of Pop Culture *(p. 354)* et Seattle Art Museum *(p. 347)* à Seattle.
Patrimoine archéologique et sites historiques du vieil Ouest	Golden *(p. 51)*, Colorado Springs *(p. 64)*, Park City *(p. 119)*, Great Falls *(p. 218)*, Deer Lodge *(p. 224)*, Bannack State Park *(p. 226)*, Deadwood *(p. 244)*, Fort Vancouver National Site *(p. 393)*, Jacksonville *(p. 311)*, Wyoming Territorial Prison à Laramie *(p. 78)*...
Nature et aventure	
Surf, kitesurf et windsurf	Cannon Beach *(p. 319)*, Oregon Dunes National Recreation Area *(surf des sables, p. 322)*.
Ski	Vail *(p. 88)*, Aspen *(p. 90)* dans le Colorado, Alta *(p. 107)*, Park City *(p. 119)* dans l'Utah, Teton Village *(p. 170)* dans le Wyoming, Sun Valley *(p. 190)* dans l'Idaho, Mount Hood *(p. 288)* dans l'Oregon.
Randonnée	Dans les National Parks et les National Monuments.
Pêche à la mouche	Logan *(p. 123)*, Grand Teton National Park *(p. 159)*, Jackson *(p. 175)*.
Sources chaudes	Steamboat Springs *(p. 85)*, Yellowstone National Park (pas de baignade) *(p. 140)*, Hot Springs State Park *(p. 182)*.

GUIDE
MICHELIN
VOYAGE & CULTURES
Provence
Bouches-du-Rhône | Vaucluse
Corée du Sud
ÎLES CANARIES
POUR CHAQUE
DESTINATION
IL Y A
UN
GUIDE
MICHELIN
VOYAGE & CULTURES
© Unsplash - Silas Baisch
MICHELIN

Aller dans le Nord-Ouest américain

Pays : États-Unis d'Amérique.

États : le Nord-Ouest américain traité dans ce guide comprend tout ou une partie des États suivants : Alaska (AK), Colorado (CO), Dakota du Nord (ND), Dakota du Sud (SD), Idaho (ID), Montana (MT), Nebraska (NE), Oregon (OR), Utah (UT), Washington (WA), Wyoming (WY).

Villes principales : Denver (CO), Portland (OR), Salt Lake City (UT), Seattle (WA).

Superficie : le Nord-Ouest couvre 3 591 000 km^2 en incluant l'Alaska, soit plus du tiers des États-Unis.

Population : 29,5 millions d'hab., soit 8,8 % de la population du pays.

Langue : anglais

Monnaie : dollar ($)

1 € = 1,08 $ (juin 2024)

En avion

Seules **Delta** et **Air France** assurent des vols directs au départ de Paris, parmi les compagnies internationales desservant les villes du Nord-Ouest américain. Le vol direct de Paris-CDG à **Seattle** ou **Salt Lake City** dure 11h. Il n'y a pas de vol direct pour Portland et Denver.

Aéroports

Pour visiter le Nord-Ouest américain, vous avez le choix entre plusieurs aéroports : Denver (DEN, Colorado), Salt Lake City (SLC, Utah), Portland (DPX, Oregon) et Seattle (SEA, Washington).

Ceux de Jackson Hole (JAC, Wyoming), Missoula (MSO, Montana), Spokane (GEG, Washington) et Fargo (FAR, Dakota du Nord), accessibles après une ou deux escales, sont aussi une option.

En Alaska, les principaux aéroports sont Anchorage (ANC), Fairbanks (FAI) et Juneau (JNU).

Si vous souhaitez longer la côte ouest, San Francisco (SFO) en Californie peut aussi constituer un point de départ ou d'arrivée.

Compagnies aériennes

Air France – www.airfrance.fr. Dessert, en partenariat avec Delta, la plupart des villes de l'Ouest américain.

American Airlines – www.americanairlines.fr. En partenariat avec British Airways, la compagnie propose des vols avec escale pour Seattle, Denver, Salt Lake City et Portland.

Air Canada – www.aircanada.com. Vols pour les grandes villes du Nord-Ouest américain, avec correspondance à Toronto, Montréal ou Vancouver.

Delta – www.delta.com. En partenariat avec Air France, vols directs pour Salt Lake City et Seattle, et avec escale pour Portland et Denver.

Lufthansa – www.lufthansa.com. Vols vers Denver, Portland ou Seattle.

United Airlines – www.united.com. Dessert Denver, Seattle, Salt Lake City, Portland. Pas de vols directs.

États du Nord-Ouest américain

ALASKA (AK)

733 406 hab.
1 722 319 km²
Juneau

COLORADO (CO)

5 877 610 hab.
269 604 km²
Denver

IDAHO (ID)

1 964 726 hab.
216 442 km²
Boise

MONTANA (MT)

1 132 812 hab.
380 831 km²
Helena

NEBRASKA (NE)

1 978 379 hab.
200 334 km²
Lincoln

NORTH DAKOTA (ND)

783 926 hab.
183 109 km²
Bismarck

OREGON (OR)

4 233 358 hab.
1 722 319 km²
Salem

SOUTH DAKOTA (SD)

919 318 hab.
1 722 319 km²
Pierre

UTAH (UT)

3 417 734 hab.
1 722 319 km²
Salt Lake City

WASHINGTON (WA)

7 812 880 hab.
1 722 319 km²
Olympia

WYOMING (WY)

584 057 hab.
1 722 319 km²
Cheyenne

Comparateurs de vol

Vous obtiendrez les meilleurs prix en passant par les centrales de réservation en ligne. Les sites www.kayak.fr ou www.liligo.fr fonctionnent comme des moteurs de recherche, faisant jouer les différents prestataires.

Bagages

Attention, si vous faites une **première escale** sur le territoire américain pour prendre une correspondance, vous devrez passer la douane et l'immigration, retirer vos bagages, passer au contrôle et les faire réenregistrer pour le vol intérieur. Les formalités de police peuvent être longues en raison de l'affluence dans les grands aéroports. Pour ne pas rater votre avion, assurez-vous de disposer d'une durée d'escale d'au moins 2h. Au retour, en revanche, vous pourrez enregistrer vos bagages jusqu'au terminus de votre trajet.

Sécurité aérienne

Les **mesures de sécurité** pour les vols au départ ou en direction des États-Unis sont très strictes. Les liquides, aérosols, gels, pâtes et crèmes sont interdits en cabine, sauf en petite quantité (tubes et flacons de moins de 100 ml) et s'ils sont placés dans un seul sac plastique transparent fermable et de moins d'1 litre. Les aliments pour bébé, les médicaments liquides (présentez une ordonnance) et les liquides achetés en *duty-free* (à condition d'être emballés dans un sac scellé, avec le ticket de caisse visible) échappent à cette interdiction. Les **appareils électroniques déchargés** ne sont plus admis en cabine et doivent être placés dans les bagages de soute pour ne pas risquer leur confiscation. Il faut donc veiller à ce que les téléphones et ordinateurs que vous souhaitez emporter en cabine soient chargés afin qu'ils puissent être vérifiés par les agents de sécurité, le cas échéant.

Les **bagages en soute** sont contrôlés par la **Transport Security Administration (TSA)** en charge de la sécurité, qui peut les ouvrir si elle l'estime nécessaire. Si vous verrouillez vos valises, utilisez de préférence une fermeture ou un cadenas agréés TSA, sans quoi ils risquent d'être fracturés.

Il est conseillé d'arriver à l'aéroport avec beaucoup d'avance (2h30 à 3h) pour passer les contrôles et être certain de ne pas manquer son vol.

À l'arrivée aux États-Unis

Lors du passage de l'immigration, à votre arrivée aux États-Unis, vos empreintes et un cliché de votre visage seront pris et vous devrez répondre aux questions d'un fonctionnaire très rigoureux. Faites-le sérieusement, même si certaines questions peuvent paraître saugrenues.

Voir aussi « Formalités », p. 531.

Voyagistes

Spécialistes de la destination

Altiplano – ✆ 04 50 44 37 83 - www.altiplano-voyage.com. Agence de voyages sur-mesure, avec des spécialistes expérimentés et à l'écoute. Circuits Salt Lake City, Yellowstone et Grand Teton NP, Dakota du Sud.

Amérigo – ✆ 03 44 53 03 93 - www.amerigo.fr. Circuits accompagnés dans les Rocheuses et sur la côte ouest et voyages individuels sur mesure.

Amplitudes – ✆ 01 44 50 18 58 - www.amplitudes.com. Itinéraires individuels et voyage sur mesure en voiture, à moto ou en train dans l'Ouest indien, en Alaska ou sur la côte pacifique. Ski au Colorado.

Back Roads – ✆ 01 43 22 65 65 - www.backroads.fr. L'un des meilleurs spécialistes des États-Unis : voyages organisés, circuits en voiture, 4 x 4 ou camping-car, séjours sportifs (VTT, rafting), croisière en Alaska, etc.

Le Cercle des Voyages – ✆ 01 40 15 15 05 - www.cercledesvoyages.com. Élaborés par de bons connaisseurs de la destination, de nombreux circuits accompagnés ou autotours dans le Nord-Ouest (Oregon, Montana, Utah, Washington, Wyoming).

Comptoir des voyages – ✆ 01 53 10 30 15 - www.comptoirdesvoyages.fr. Des circuits itinérants et des autotours originaux dans l'Oregon, l'Utah, à Yellowstone, en Alaska, etc.

Directours – ✆ 01 45 62 62 62 - www.directours.com. Autotours en Alaska.

Jetset Voyages - ✆ 01 53 67 13 00 - www.jetset-voyages.fr. Tout le continent américain sous toutes les formes : séjours accompagnés, sur mesure, à la carte, au volant, croisières, séjours golf, équitation...

La Maison des États-Unis - ✆ 01 53 63 13 43 - www.maisonsduvoyage.com. Voyages organisés ou sur mesure et vols secs à tarifs avantageux.

Terre d'Escales - ✆ 01 42 36 13 91 - www.terre-escales.com. Des circuits imaginés par des spécialistes et passionnés pour vivre l'expérience du Nord-Ouest américain.

Ateliers du Voyage - ✆ 01 40 62 16 79 - www.ateliersduvoyage.com. La marque du groupe Kuoni spécialisée dans les voyages aux États-Unis et au Canada. Autotours dans les Rocheuses, à Yellowstone, en Alaska... Certains sont plus particulièrement destinés aux familles.

Voyageurs du Monde - ✆ 01 84 17 57 96 - www.voyageursdumonde.fr. Voyages et circuits culturels en individuel soigneusement organisés. Circuits itinérants dans l'Ouest (Idaho, Oregon, Montana, Utah, Washington, Wyoming) et séjour dans un ranch.

Voyages aventure

Allibert Trekking - ✆ 04 76 45 84 84 - www.allibert-trekking.com. Très beaux circuits de trekking ou de découverte des déserts de l'Ouest, des grands parcs ou des terres indiennes.

Terres d'Aventure - ✆ 01 70 82 90 00 - www.terdav.com. Randonnées et circuits accompagnés en Alaska, dans les Rocheuses et les grands parcs nationaux de l'Ouest.

West Forever - ✆ 03 88 68 89 00 - www.westforever.com. Des passionnés organisent des circuits à moto, en particulier en Harley-Davidson, à travers l'Ouest américain.

Avant de partir

Le bon moment pour partir

Climat

À l'ouest de la chaîne des Cascades, le **Nord-Ouest pacifique** connaît des hivers très humides. Le vent souffle fort, mais la couverture de nuages persistante conserve des températures douces (4 à 10 °C). Les étés sont en général ensoleillés et assez plaisants, mais les vagues de chaleur peuvent atteindre 32 °C. L'intérieur des terres est plus froid et plus sec en hiver, plus chaud, voire désertique, en été.

Dans les **États des Rocheuses**, le climat est plus continental. La neige tombe généralement en abondance l'hiver, et les températures varient du grand froid à une certaine douceur selon l'altitude et le déplacement des masses d'air. L'été, les températures avoisinent 32 °C en journée, tandis que les nuits sont fraîches, avec des températures entre 4 °C et 10 °C. Orages et grêle sont courants pendant les mois d'été.

Dans les **plaines du Centre et du Sud**, l'hiver montre plusieurs visages : périodes douces et agréables, entrecoupées d'un froid intense apportant la neige et le gel. De même, l'été est imprévisible, avec souvent de violents orages et des vents puissants. Les températures sont en revanche toujours élevées (entre 32 et 38 °C).

Dans les **Grandes Plaines du Nord**, les hivers sont froids et secs, les masses d'air polaire entretiennent une vaste couverture neigeuse et des températures inférieures à zéro. Ces conditions extrêmes sont parfois adoucies par le chinook, un vent doux. La chaleur de l'été peut provoquer de violents orages, de la grêle, des vents forts.

Prévisions météo

Outre les informations dispensées à la télévision par la chaîne météo, vous trouverez des prévisions à dix jours sur le site **www.weather.com** ou **www.cnn.com/weather**.

Adresses utiles

Représentations diplomatiques

France

Ambassade des États-Unis – 2 av. Gabriel - 75008 Paris - ☏ 01 43 12 22 22 - fr.usembassy.gov. Il existe des consulats à Bordeaux, Lyon, Marseille, Nice, Rennes et Strasbourg mais ils ne sont pas autorisés à fournir des visas.

Belgique

Ambassade des États-Unis – 27 bd du Régent - 1000 Bruxelles - ☏ 02 811 40 00 - be.usembassy.gov.

Suisse

Ambassade des États-Unis – Sulgeneck- strasse 19 - 3007 Berne - ☏ 031 357 70 11 - ch.usembassy.gov.

Office de tourisme

Visit USA Committee – ☏ 0899 70 24 70 (3 €/appel) - www.office-tourisme-usa.com.

Sites internet

Offices de tourisme

www.visittheusa.fr – Site officiel de tourisme des États-Unis.

www.colorado.com – Site officiel de tourisme du Colorado.

www.traveloregon.fr – Site officiel de tourisme de l'Oregon.

www.visitutah.com – Site officiel de tourisme de l'Utah.

www.stateofwatourism.com – Site officiel de tourisme de l'État de Washington.

greatamericanwest.fr – Site officiel de tourisme des États du Dakota, Montana, Idaho et Wyoming.

Sites spécialisés

www.viamichelin.fr – Services de cartographie et de calcul d'itinéraires.

www.nps.gov – Portail officiel des parcs nationaux, avec des infos détaillées et à jour sur chacun.

www.roadtrippers.com permet de construire son *road trip* à travers les États-Unis, suggestions de visites, routes scéniques et lieux où dormir (en anglais).

www.roadtrippin.fr, **www.parcs.net**, **america-dreamz.com** et **www.ouestusa.fr** sont des guides de voyage sur l'Ouest américain et les parcs nationaux, incluant des forums et informations pratiques.

Tourisme et handicap

La loi américaine impose que tous les services accueillant le public disposent de modes d'accès compatibles avec les principaux handicaps. Musées, hôtels, restaurants sont tous, au moins partiellement, accessibles en fauteuil roulant. Les bus sont parfaitement équipés et le chauffeur vous aidera à la simple vue du fauteuil.

Formalités

Pièces d'identité et visa

Vérifiez vos pièces d'identité **AVANT de réserver votre voyage** : si elles ne sont pas conformes ou vous imposent l'obtention d'un visa, il vous faudra prévoir de longs délais. En cas de doute, renseignez-vous sur le site de l'ambassade des États-Unis *(voir ci-contre)*.

Passeport

Pour entrer aux États-Unis sans visa, il faut, y compris pour les enfants, posséder un passeport biométrique en cours de validité.

Les autorités américaines ne reconnaissent pas l'inscription des enfants sur le passeport des parents.

Visa

Il n'est pas exigé pour les voyages touristiques inférieurs à 90 jours. Il l'est pour les séjours temporaires d'étude ou d'activité professionnelle sur place.

Esta

Les voyageurs dispensés de visa doivent néanmoins disposer d'un billet d'avion ou de croisière aller-retour et remplir sur Internet, au moins 72h avant le départ (mais mieux vaut s'y prendre plus à l'avance), une **demande d'autorisation électronique de voyage Esta.** Pour cela, remplissez le formulaire en ligne sur le site **esta.cbp.dhs.gov** (le seul site officiel, évitez les autres que propose votre moteur de recherche).

L'autorisation, valable deux ans et pour des entrées multiples, coûte 21 $, payables en ligne par carte de crédit. La réponse est donnée sur le site presque immédiatement ou au bout de quelques heures. Une fois l'autorisation accordée, il est recommandé (mais pas obligatoire) de l'imprimer pour en conserver la référence. En cas de refus, il faudra solliciter un visa auprès du consulat.

Cuba

Depuis le 12 janvier 2021, les États-Unis ont inscrit Cuba sur leur liste

Astuces voyageurs

Ayez les bons réflexes avant de partir ! Sur le site du **ministère de l'Europe et des Affaires étrangères** :

Conseils aux voyageurs

▶ Consultez les **Conseils aux voyageurs** pour préparer votre voyage (risques liés à la sécurité, formalités de séjour, obligations sanitaires, législation locale...) sur diplomatie.gouv.fr ou via l'application mobile « Conseils aux Voyageurs »

fil d'Ariane vos alertes voyage

▶ Inscrivez-vous sur **Fil d'Ariane** : en quelques clics, créez votre compte sur diplomatie.gouv.fr pour recevoir par e-mail ou SMS des alertes et des consignes de sécurité, en cas d'évènement survenant dans votre destination.
Ces deux services gratuits sont utilisés par des millions de voyageurs chaque année.

des pays favorisant le terrorisme. Si vous avez voyagé à Cuba après cette date, vous n'êtes pas éligible à l'obtention de l'Esta. Il vous faudra faire une demande de visa auprès de l'ambassade américaine. La procédure peut être longue.

Nom à utiliser pour les femmes mariées

Les autorités américaines demandent aux ressortissants français d'utiliser leur nom tel qu'il figure sur leur passeport français. Les femmes mariées devront idéalement renseigner les deux noms : nom de jeune fille et nom d'épouse séparés par un espace. Si vous scannez votre passeport sur le site internet officiel de l'Esta, c'est le nom de jeune fille qui sera priorisé sur le document final. Dans ce cas, nous vous recommandons fortement de faire votre demande de billets d'avion et d'Esta sous votre nom de jeune fille également pour que tous les documents coïncident.

Assurances

L'assurance voyage comporte plusieurs volets : annulation (avant le départ), prise en charge des frais hospitaliers et de rapatriement (durant le séjour), vol ou perte de bagages. Afin de limiter ces éventuels frais, il est donc fortement conseillé d'en souscrire une auprès de votre tour-opérateur ou de la compagnie d'assurances de votre choix.
Si vous réglez votre voyage par carte bancaire, sachez que la plupart des banques incluent déjà dans leur contrat ce type d'assurance. Pensez donc à vérifier au préalable les garanties dont vous bénéficiez.
Pour étudier la meilleure offre, il existe différents comparateurs d'assurance, notamment philtr.fr, très intuitif et complet,
Voir aussi « Santé » (p. 544).

Douanes

La législation autorise l'**importation** de 1 l d'alcool par personne de plus de 21 ans, 200 cigarettes ou 50 cigares, ainsi que tout cadeau ne dépassant pas une valeur de 100 $.
Pour connaître en détail cette réglementation : douane.gouv.fr.

Santé

Si vous suivez un **traitement particulier**, emportez vos médicaments, avec l'ordonnance

NOS CATÉGORIES DE PRIX

	Hébergement	Restauration
Premier prix	jusqu'à 150 $	moins de 25 $
Budget moyen	de 150 $ à 300 $	de 25 $ à 50 $
Pour se faire plaisir	de 300 $ à 500 $	de 50 $ à 100 $
Une folie	plus de 500 $	plus de 100 $

du médecin, originale et traduite.
Prévoyez une **trousse à pharmacie** de base, notamment avec un antimoustique, désinfectant, un antidiarrhéique, des comprimés de sel pour éviter la déshydratation, des pastilles pour purifier l'eau si vous randonnez dans les parcs, une crème solaire.

Décalage horaire

Les États-Unis s'étendent sur **quatre fuseaux horaires**. Tenez-en compte lors de vos correspondances sur place, si vous ne prenez pas un vol direct.
L'Oregon, l'État de Washington et le nord de l'Idaho observent le **Pacific Standard Time** (PST), soit un décalage de -9h avec la France (GMT -8).
Le sud de l'Idaho, le Montana, le Wyoming, l'Utah et le Colorado observent le **Mountain Standard Time** (MST), soit -8h avec la France (GMT -7).
Le Dakota du Nord, le Dakota du Sud et le Nebraska sont au **Central Time** (GMT-6), l'heure des Plaines centrales, soit un décalage de -7h avec la France. Attention, la frange ouest de ces trois États suit le Mountain Time.
L'Alaska possède son fuseau horaire, l'**Alaska Standard Time** (GMT-9)
Quand il est midi à Paris, il est 3h du matin à Portland ou Seattle, et 4h du matin à Salt Lake City ou Denver.

Téléphoner

Pour **téléphoner de France aux États-Unis**, composez le 00, puis le 1, et le numéro à 10 chiffres de votre correspondant.
Voir aussi « Téléphone » (p. 550).

Budget

Les États-Unis sont une destination très chère, où les coûts, largement surévalués depuis la crise du Covid, dépendent en prime du cours du dollar. Les prix variant énormément d'un endroit à l'autre et en fonction de votre moyen de transport, il est difficile de fixer des budgets types.
Ceux indiqués dans ce guide sont établis **en pleine saison**, sur la base de deux personnes partageant une chambre. Ils sont exprimés (hôtels et restaurants) hors taxes, de 0 à 10 % selon les États. Les prix s'établissant selon l'offre et la demande, en semaine hors saison et en hiver, les tarifs des hôtels sont souvent moins élevés.
Fin avril, les parcs nationaux sont gratuits le premier jour de la National Park Week.
Voir aussi « Argent » (p. 538).

Hébergement

Notre sélection

Les variations de prix au sein d'un même établissement sont parfois très importantes. Les prix figurant dans le guide correspondent à une fourchette allant de la chambre standard à la chambre supérieure ou deluxe en haute saison, taxes incluses, mais sans les pourboires *(voir tableau p. 533)*.

Retrouvez notre sélection d'hébergements dans « Nos adresses à… », à la fin du descriptif de chaque ville ou site de la partie « Découvrir le Nord-Ouest américain ».

Les types d'hébergements

Campings

Le camping, notamment en mobil-home, est très populaire dans l'Ouest. C'est vraiment le meilleur moyen d'être au plus près de la nature, d'observer la faune sauvage, et cela permet de limiter les trajets dans les grands parcs.

Prévoyez un duvet chaud, car les nuits sont souvent froides du fait de l'altitude, en particulier à Yellowstone et Grand Teton.

Les **parcs nationaux** sont équipés de campings bien aménagés (épicerie, eau potable et douches, tables et bancs, emplacements pour faire un feu) et relativement bon marché (de 15 à 40 $ par emplacement). Ailleurs, les campings des principaux sites classés *(National Monuments, National Recreation Areas, State Parks…)* sont plus rudimentaires et peu coûteux (de 10 à 20 $). Il vaut mieux se ravitailler avant de s'y rendre. Certains campings ne sont d'ailleurs même pas gardés : on dépose son paiement dans une boîte aux lettres à l'entrée.

Réservez au moins 3 mois à l'avance, et jusqu'à 6 mois pour les sites les plus célèbres comme Yellowstone, car les places sont très disputées le week-end et en haute saison (mai-sept.), aussi bien pour les tentes que pour les camping-cars (RV). Dans certains parcs, il n'est pas possible de réserver, les places sont distribuées sur le principe du « premier arrivé, premier servi » *(first come, first served)*, et il faut se présenter de très bonne heure en été pour espérer trouver un emplacement.

Centrale de réservation - ✆ 1-877 444 6777 - www.recreation.gov.

Les **campings privés** pratiquent des prix plus élevés (de 50 à 100 $) sont souvent mieux équipés (douches chaudes, laverie, électricité, piscine). La plus répandue des chaînes de campings est **KOA** (Kampgrounds of America - ✆ 1-888 562 0000 - www.koa.com). Comme beaucoup d'autres campings privés, elle propose en outre la possibilité de louer des **bungalows** *(cabins)* d'une capacité de 2 à 6 personnes ; une solution plus confortable, notamment pour les familles (70 à 180 $ la nuit).

Autres listes de campings sur www.gocampingamerica.com.

Le **camping sauvage** est parfois possible sur le domaine public, mais il doit respecter des consignes strictes. Dans les forêts et parcs d'État ou nationaux, des panneaux signalent la possibilité de faire du **backcountry camping** sur des sites accessibles uniquement à pied (vous ne pouvez apporter que ce que vous portez sur le dos). Dans les parcs nationaux, vous devez retirer un *backcountry permit* au Visitor Center (environ 10 $, parfois gratuit, à retirer sur place ou à réserver en ligne sur www.recreation.gov). Sur site, il est demandé de ramener vos déchets, de ne faire du feu que si c'est permis et de l'éteindre soigneusement en partant (attention, les *rangers* font des rondes, des incendies ont déjà défiguré plus d'un site…).

Prix indicatifs de base de quelques services ou articles	Prix moyen
Une chambre double dans un motel de grande chaîne	80-120 $
Un repas simple dans un restaurant de chaîne	15-20 $
Une location de voiture pour 1 semaine (catégorie économique)	250-300 $
Une location de camping-car pour 1 semaine (2 pers.)	800 $
Un gallon d'essence (3,8 l)	3,5 $
Un billet d'avion Seattle-Denver (aller simple)	à partir de 110 $
Un trajet aéroport de Denver/centre-ville en taxi	70 $
Une carte d'entrée annuelle pour l'ensemble des parcs nationaux (Pass)	80 $
Une entrée pour chaque parc (national, régional, indien)	5-25 $
Une demi-journée de balade à cheval dans un ranch	à partir de 60 $
Une descente de rivière en rafting d'une demi-journée	80-125 $
Une entrée dans un musée	5-25 $

Lodges

Il s'agit d'établissements hôteliers de style rustique situés dans la nature, le plus souvent dans les parcs nationaux. Dotés pour la plupart d'un superbe cachet historique, bénéficiant d'un cadre idyllique et offrant des prestations de qualité, ils sont en général gérés par un prestataire privé. Ils sont relativement chers, hormis pour les bungalows *(cabins)* qui disposent d'un confort plus sommaire que les chambres d'hôtels. La demande de logement à l'intérieur des parcs étant beaucoup plus importante que l'offre, il faut réserver longtemps à l'avance pour obtenir une chambre. La liste des *lodges* figure sur le site de chaque parc national.

Auberges de jeunesse

Elles sont surtout implantées en zone urbaine. Comptez env. 35 $ par personne la nuit en dortoir et autour de 90 $ la chambre double privée (avec salle de bains collective). Vous trouverez leurs coordonnées sur www.hostelword.com.

Calculez votre budget quotidien

Le prix à la journée a été calculé **pour une personne**, sur la base d'un séjour pour deux en haute saison.

Mini budget avec hébergement en camping ou auberge de jeunesse, repas sur le pouce et transport en bus : env. **120 €.**

Petit budget avec hébergement dans un motel bon marché, repas modeste et déplacements en bus ou en train : env. **200 €.**

Budget moyen avec hébergement dans un motel confortable, repas dans des restaurants plus raffinés et déplacements en voiture de location : env. **250 €.**

Petite folie avec hébergement dans un hôtel de caractère ou un B & B de charme, dîner dans les restaurants gastronomiques, déplacements en voiture de location : env. **400 €.**

Motels et hôtels

Le **motel**, construit pour le voyageur motorisé, se situe en général en périphérie des villes ou le long des grands axes. Il s'organise sur un ou deux étages autour du parking. Les chambres donnent sur l'extérieur et vous pouvez garer votre véhicule juste devant.

Les chambres, très grandes (on peut souvent y loger à quatre), sont généralement confortables. Même la première catégorie dispose du confort de base : bonne literie, salle de bains ou douche, air conditionné, télévision, frigo. Il est fréquent d'avoir en plus un four à micro-ondes, un sèche-cheveux, une table pour prendre ses repas et même un fer à repasser.

L'**hôtel** est plutôt situé en centre-ville, dans des immeubles plus importants et plus hauts. Il dispose fréquemment d'un parking, le plus souvent payant (et cher).

Réservez suffisamment à l'avance, par téléphone ou Internet, surtout si vous voyagez entre mai et septembre. Il vous faudra toujours donner votre numéro de carte bancaire pour sécuriser la réservation, mais le montant ne sera prélevé qu'à votre arrivée.

☺ Pour annuler votre séjour, **prévenez impérativement** avant 18h, voire un jour avant, sinon la nuit vous sera débitée.

Grandes chaînes

Elles assurent un confort et un service standard. Réservation centralisée par téléphone (numéro gratuit) ou par Internet, ce qui permet de bénéficier de **rabais et d'offres spéciales**, notamment dans les catégories supérieures.

Les principales chaînes sont, par ordre de prix croissant :

Motel 6 – ✆ 1-800 899 9841 - www.motel6.com. Motels, parmi les moins chers.

Red Roof Inn – ✆ 1-877 843 7663 - www.redroof.com. Motels.

Econo Lodge – ✆ 1-800 300 8800 ; depuis la France : ✆ 0805 542 955 - www.choicehotels.com. Motels simples mais confortables.

Super 8 – ✆ 1-800 454 3213 - www.super8.com. Motels.

Travelodge – ✆ 1-800 525 4055 - www.wyndhamhotels.com. Hôtels.

Comfort Inn et **Quality Inn** – ✆ 1-800 300 8800 ; depuis la France : ✆ 0805 542 955 www.choicehotels.com. Hôtels.

La Quinta – ✆ 1-800 753 3757 - www.wyndhamhotels.com/laquinta. Hôtels.

Ramada – ✆ 1-800 854 9517 - www.wyndhamhotels.com/ramada. Hôtels.

Best Western – ✆ 1-800 780 7234, depuis la France ✆ 0805 08 08 58 - www.bestwestern.com. Hôtels et motels.

Holiday Inn – ✆ 0 811 980 002 (numéro Vert depuis la France) - www.holidayinn.com. Hôtels grand confort.

Wyndham – www.wyndhamhotels.com. Hôtels haut de gamme.

Bed & Breakfast et auberges de caractère

Plus raffinés, les B & B et les auberges de caractère *(inns)* se distinguent par leur taille modeste, le charme de leur accueil et de leur décoration. Ils pratiquent en général des prix élevés, mais on y est traité comme des invités : plantureux petit-déjeuner, ou souvent, en fin de journée, un verre de vin et un plateau de fromage, occasion de faire connaissance avec vos hôtes et les autres résidents. Les B & B n'ont pas toujours le caractère convivial de ceux d'Irlande ou de Grande-Bretagne, car ils sont souvent tenus par une gouvernante *(innkeeper)* et les propriétaires n'y résident

pas ou ne se mélangent pas aux hôtes. Ils peuvent compter plus de 20 chambres et ressembler à de petits hôtels de luxe.
Plusieurs sites Internet répertorient ces établissements : **www.selectregistry.com** ; **www.bbonline.com**.

Guest ranchs

À la fin du 19e s., fermes et ranchs d'élevage accueillaient des invités citadins ravis de participer aux tâches quotidiennes, ou bien des hôtes payants, qui permettaient de traverser les époques de vaches maigres. La vision romantique du Far West colportée dans l'Est alimente une mystique du cow-boy et de la Prairie qui persiste à ce jour. Le *dude ranch*, comme on appelle bientôt ces ranchs d'hôtes, ouvre une fenêtre exceptionnelle sur le mode de vie de l'Ouest. Ceux d'aujourd'hui, plus fréquemment appelés *guest ranchs*, vont de la ferme rustique à l'établissement chic. Accueillant un nombre d'hôtes allant de 12 à 125, il peut s'agir de fermes d'élevage faisant participer les clients au rassemblement et au marquage du bétail, de ranchs spécialisés dans la randonnée à cheval, ou tout simplement axés sur la détente. Toutes ces formules promettent accueil chaleureux et repas familiaux. De nombreux hôtes reviennent chaque année pour monter à cheval, profiter de paysages sensationnels et savourer une cuisine familiale.
Les sites Internet ouvrent ces vacances « Far West » à un marché mondial attiré par la vie de cow-boy. Parmi les organismes, on relève **The Dude Rancher's Association** (✆ (307) 587-2339 - www.duderanch.org) et **Guest Ranchs of North America** (✆ (303) 907-2282 - www.guestranches.com). Il existe aussi des associations par État, comme www.coloradoranch.com ou www.montanadra.com.

Les prix de l'hébergement

C'est sans conteste ce qui vous coûtera le plus cher. Il est cependant très difficile de citer des prix précis, car les tarifs changent quasiment tous les jours, en fonction du remplissage, de la saison, du jour de la semaine, du type de chambre. En règle générale, ceux qui sont indiqués sur le tableau ou les brochures sont les tarifs de base *(rack rate)*, pratiqués lors des réservations. En réservant par téléphone, vous ne pourrez pas obtenir de réelle baisse, mais demandez le **special rate** ou les **special offers**. Pensez toujours à ajouter les **taxes**, variables selon les endroits *(voir p. 549)*.
Dans un motel basique (1 étoile), il faut compter de 50 à 100 $ pour deux. Pour la gamme intermédiaire (2 étoiles), comptez entre 100 et 150 $ pour deux. Les B & B démarrent à 120 $ pour deux et peuvent dépasser 250 $. Les hôtels des grandes chaînes (3 étoiles) tournent entre 175 et plus de 300 $, alors que le grand luxe (4 étoiles) se monnaye à plus de 500 $.
Sachez que le prix d'une chambre diffère d'environ 10-15 $ selon la taille du lit (ce qui peut représenter une économie certaine).

Réservations et réductions

En réservant par Internet sur des sites de discount, vous pouvez économiser de 20 à 70 % du prix, notamment dans les grandes villes.
Plusieurs sites sont spécialisés : **www.hotels.com** (en anglais et en $), **www.booking.com** (annulation gratuite le plus souvent).

Sur place de A à Z

Alcool

Il faut avoir 21 ans pour acheter ou consommer de l'alcool. On en trouve dans les boutiques spécialisées *(liquor stores)* ou dans les rayons séparés des grandes surfaces et des épiceries.

D'une manière générale, ne transportez pas de bouteilles entamées dans l'habitacle de votre voiture et ne buvez pas ouvertement sur la voie publique (même si certains le font en dissimulant bouteille ou canette dans un sac en papier).

Au volant, le taux d'alcoolémie maximum autorisé est de 0,1 g par litre de sang, autant dire presque rien.

Dans l'Utah – Les clichés sur l'État mormon ont la vie dure. Les lois d'interdiction se sont pourtant énormément assouplies et il est désormais possible de consommer de l'alcool dans presque tous les bars, restaurants et clubs de l'État, même le dimanche. Néanmoins, dans certains villages, l'alcool est interdit quel que soit le jour, et là où c'est permis, vous ne pourrez pas boire en terrasse ou dans les patios. Il vous sera demandé de présenter une pièce d'identité avec photo à l'entrée de chaque établissement servant de l'alcool.

Dans les réserves indiennes – La vente d'alcool est interdite et son transport à éviter.

Ambassades et consulats

Toutes les **ambassades** nationales sont regroupées à Washington DC.

Argent

Monnaie

L'unité monétaire américaine est le **dollar** ($), divisé en 100 cents.

Il existe des billets de 1, 5, 10, 20, 50 et 100 $, ainsi que des pièces de 1 *(penny)*, 5 *(nickel)*, 10 *(dime)*, 25 *(quarter)* et 50 cents *(half dollar)*, voire de 1 $. Toutes les pièces sont de couleur argent, sauf celles de 1 cent (cuivre) et celles de 1 $ (doré).

Tous les billets sont verts et de la même taille et la pièce de 10 cts est plus petite que celle de 5.

Cartes de crédit

Les cartes de paiement ont détrôné le billet vert. On peut tout payer avec : restaurants, hôtels, entrées des musées, taxis, transports urbains... Le sans contact est largement utilisé de même que les différents modes de paiement électroniques. Concrètement, vous n'aurez que très rarement l'occasion de mettre la main au porte-monnaie. Inutile de retirer ou de changer un montant important d'espèces.

Banques et retrait

Les banques sont généralement ouvertes du lundi au vendredi de 9h à 17h, parfois le samedi matin.

D'innombrables **distributeurs (ATM)** sont disponibles absolument partout, y compris dans certains magasins, restaurants et *deli*.

Vérifiez bien avant de partir le plafond des retraits autorisés par semaine et des dépenses sur 30 jours glissants pour ne pas rester bloqué sur place.

Change

Au moment ou nous imprimons ce guide **1 € = 1,08 $**.

La plupart des succursales des banques nationales proposent un service de change, moyennant une commission modérée.

MAIN ROADS ATLAS
MICHELIN
GREAT BRITAIN & IRELAND
585 REGIONAL USA
MICHELIN
USA West
CANADA West
802 NATIONAL
MICHELIN
Japon/Japan
1/1 500 000 - 1 cm = 15 km
POUR ÊTRE
CURIEUX
À TOUTES
LES ÉCHELLES
IL Y A LES CARTES
MICHELIN
© Unsplash - Jaromir Kavan

Date et heure

Aux États-Unis, la **date** s'écrit en mentionnant d'abord le mois, suivi du jour, puis de l'année : le 15 août
L'**heure** n'est signalée que de 1 à 12, suivie ou non de AM (ante meridiem) pour le matin et toujours suivie de PM (post meridiem) s'il s'agit de l'après-midi : 8 : 00 ou 8 am, c'est avant midi, 8 pm c'est le soir (soit 20h) ; en revanche, 12 : 00 ou 12 pm, correspond à midi et 12 am à minuit.

Horaire d'été

Daylight Saving Time, avance de 1h, s'applique du deuxième dimanche de mars au premier dimanche de novembre, soit avec un léger décalage par rapport à l'Europe (qui change d'heure le dernier dimanche de mars et le dernier dimanche d'octobre). Attention donc si vous voyagez durant ces périodes.

Drogue

L'usage du cannabis à des fins récréatives est légalisé dans plusieurs États (Alaska, Colorado, Montana, Oregon et Washington). Dans d'autres États, comme l'Utah et les deux Dakota, seul un usage médical sur ordonnance est autorisé ; en Idaho, dans le Nebraska et le Wyoming, l'usage est prohibé et passible d'une amende. Ces dernières années, la législation a évolué très rapidement vers plus de libéralisation.
Si vous suivez un traitement médical à base de tranquillisants ou de narcotiques, gardez votre ordonnance sur vous (si possible avec la traduction).

Eau

L'eau du robinet ne présente aucun risque.
L'**eau minérale** est assez chère. Si vous comptez utiliser l'eau de source lors de vos randonnées, achetez des pastilles désinfectantes.
Attention, dans les **déserts**, certains parcs n'ont pas d'eau courante. Soyez prévoyant.

Électricité

Aux États-Unis, le courant est en **110 volts** et les prises sont à fiches plates. Certains appareils de voyage peuvent basculer du 220 V au 110 V (vérifiez avant de partir). Emportez un **adaptateur** ou achetez-en un sur place. Dans de très nombreux hôtels, même de catégorie modeste, vous trouverez des prises USB pour recharger vos appareils portables.

Journaux

Le **Seattle Time** est le quotidien de référence de Seattle et de l'État de Washington, à l'instar de **The Oregonian** pour l'Oregon et de **The Denver Post** au Colorado.
Au niveau national, les quotidiens les plus appréciés sont **USA Today**, le **Washington Post** et le **New York Times**. Les plus célèbres hebdomadaires sont **Time** et **Newsweek**.

Jours fériés

New Year's Day (Jour de l'An) – 1er janvier.
Martin Luther King's Birthday – 3e lundi de janvier.
Presidents Day – 3e lundi de février, en l'honneur des présidents Lincoln et Washington.
Memorial Day – Dernier lundi de mai, jour du souvenir à la mémoire des victimes de guerre.
Independence Day – 4 juillet, fête nationale des États-Unis.
Labor Day – 1er lundi de septembre, fête du Travail.
Columbus Day – 2e lundi d'octobre, jour où Christophe Colomb a

« découvert » l'Amérique.

Veterans Day – 11 novembre, à la mémoire des vétérans de la Première Guerre mondiale.

Thanksgiving – 4e jeudi de novembre, jour d'action de grâces.

Christmas Day (Noël) – 25 décembre.

Les administrations, banques, bureaux de poste sont fermés les jours fériés mais les boutiques et la plupart des musées sont ouverts, exception faite de Thanksgiving, le jour férié le plus suivi, et peuvent avoir des horaires restreints au Nouvel An et à Noël.

Musées, monuments et parcs nationaux

Musées

Dans les grandes villes, beaucoup de musées n'ouvrent qu'à 11h et ferment vers 17h, et proposent une nocturne dans la semaine (en général le jeudi). Pour les tarifs, comptez de 5 à 25 $ (il existe des réductions pour les enfants et les étudiants, et souvent une plage de gratuité pour tous).

Dans les grandes villes, des **forfaits** associent musées ou monuments aux transports en commun à des prix en général très intéressants.

Parcs nationaux

Les heures d'ouverture et de fermeture des barrières d'accès sont souvent alignées sur celles du lever et du coucher du soleil. Il arrive que les *Visitor Centers* observent des horaires plus réduits (9h-17h ou 18h). Comptez 15 à 30 $ par véhicule. Le billet est valable pendant 7 jours.

Le pass « America the Beautiful » (80 $) permet un accès illimité aux parcs nationaux durant 1 an, pour votre véhicule et ses passagers. On l'achète au guichet du premier parc visité ou en ligne (store.usgs.gov). Attention toutefois, il n'inclut pas les parcs d'État *(State Parks)*.

Les parcs nationaux sont généralement gratuits les jours suivants : Martin Luther King Jr. Day (en janv.), 1er jour de National Park Week (en avr.), Great American Outdoors Act (4 août), National Park Service Birthday (25 août), National Public Lands Day (25 sept.), Veterans Day (11 nov.).

Photographie

Demandez toujours la permission avant de photographier des gens. Dans les **réserves indiennes** et les *pueblos*, le droit de photographier est limité et souvent accordé moyennant un **paiement**. Pour les portraits ou les clichés de maisons privées, demandez la permission (on vous demandera parfois de l'argent) et n'insistez pas en cas de refus. Les photos ne sont en général pas tolérées durant les cérémonies sacrées (renseignez-vous avant). Dans tous les cas, ne passez pas devant ni entre les participants et respectez ce qui est pour eux une manifestation rituelle.

Poste

Les bureaux de poste ouvrent généralement du lundi au vendredi de 9h à 17h, parfois le samedi matin. Selon la ville d'envoi, le courrier met de 6 à 15 jours pour parvenir en Europe. Les **timbres** sont vendus dans les bureaux de poste, les drugstores, les supermarchés et dans certains distributeurs automatiques *(ATM)* : 1,30 $ pour une carte postale ou pour une lettre de moins de 28 g.

US Postal Service – www.usps.com. Service postal américain.

Pourboire

Le pourboire (*tip* ou *gratuity*, qui est un faux-ami) est **incontournable**, car il fait partie de la rémunération des employés, dont le salaire de base est bas.

Dans les **hôtels**, il convient de laisser entre 3 et 5 $ par nuit pour la femme de ménage ou la gouvernante *(housekeeper)*, avec un mot de remerciement pour lui indiquer que l'argent lui est destiné, et un minimum de 5 $ pour le porteur (1 à 2 $ par valise). On laisse aussi 1 à 2 $ pour les voituriers.

Dans les **restaurants** et les **bars**, il convient de laisser entre 15 et 20 % du montant de l'addition hors taxe. Il arrive que le pourboire soit déjà inclus dans l'addition, après le total et sous la dénomination *gratuity* accompagnée d'un pourcentage. Rien de vous empêche de rajouter quelque chose mais lisez bien les notes que l'on vous présente !

Si vous payez par carte bancaire, le terminal possède une case spéciale pour le pourboire *(tip)*. Vous devez y indiquer le montant du pourboire que vous laissez avant de composer votre code (ou passer votre carte en sans contact). Dans beaucoup d'établissements, il est possible d'ajouter à la main le pourboire sur la facturette après le passage de votre carte bancaire dans le terminal de paiement. La confiance est une vertu majeure aux États-Unis. Ce principe s'applique également aux bars, taxis...

Lors d'une **excursion**, la norme est de laisser au guide ou au chauffeur 5 à 10 $ par jour et par personne.

Rafting

Sport mythique des grands rapides de l'Ouest, il se pratique de façon strictement réglementée, sur de gros canots pneumatiques de 6 à 12 passagers. Les rapides sont classés de I à VI, par ordre de difficulté croissante.

Les grands sites le long des fleuves ou rivières Colorado, Yampa, Rogue, Snake, Yellowstone, White Salmon, Flathead et Columbia regorgent d'organismes proposant des sorties pour tous les niveaux (de 80 à 135 $/pers. la journée). Pour les débutants, le **tubing**, un radeau ressemblant à une grosse chambre à air, offre des sensations dans un rapide de classe I !

Randonnées

Les **parcs nationaux**, les **parcs d'État**, les forêts et les bases de loisirs (Recreation Areas) sont sillonnés de nombreux sentiers bien aménagés. Certains sont même goudronnés et accessibles aux personnes à mobilité réduite. D'autres ne sont ouverts que si vous avez retiré un **permis**. Les circuits sont cartographiés et très bien balisés.

Dans les parcs nationaux, un plan très détaillé est remis à l'entrée. Demandez les **fiches de randonnée** et les consignes particulières à l'entrée ou au Visitor Center. Pour vous repérer le long des sentiers, vous verrez de petits panneaux marron avec le logo du randonneur et le nom du sentier *(trail)*.

Précautions

Pour les grandes randonnées, surveillez la météo (pluies et crues au printemps, orages en été, blizzard en hiver). Dans tous les cas, emportez toujours une casquette, des lunettes de soleil, beaucoup d'eau, un coupe-faim voire un pique-nique (les points de ravitaillement sont surtout à l'entrée des parcs) et un vêtement chaud (fraîcheur en matinée et en fin de journée, vents fréquents, froid en altitude).

Restauration

Les prix figurant dans ce guide correspondent au prix moyen d'un dîner « à l'américaine », constitué le plus souvent d'un seul plat ou d'une salade-repas, et accompagné d'une boisson, hors vin *(voir tableau p. 533)*.

Comme les plats sont très copieux, on vous propose toujours d'emporter vos restes. Sinon, n'hésitez pas à le demander *(a box to take away)*.

Retrouvez notre sélection de restaurants dans « Nos adresses à... », à la fin du descriptif de chaque ville ou site de la partie « Découvrir le Nord-Ouest américain ».

Les types d'établissements

L'appellation « restaurant » désigne des établissements très différents, du simple **snack-bar** (type fast-food) ou de la banale **cafétéria**, aux restaurants de **grandes chaînes** (Applebee's, Olive Garden, Red Lobster, Longhorn Steakhouse...) ou aux tables plus raffinées. Certains ne servent que le petit-déjeuner et le déjeuner, d'autres se limitent au dîner, certains proposent les trois. Les **bars** et **coffee-shops** (sortes de salons de thé) servent en général des plats simples, mais copieux et bon marché. Enfin, vous trouverez partout des **fast-foods** classiques (type McDonald's, très bon marché aux États-Unis), chinois ou mexicains. À de rares exceptions près, les pizzerias et les restaurants italiens ne sont pas les moins chers.

Beaucoup de **restaurants** populaires ou familiaux ouvrent dès 7h. Ils servent sans interruption jusqu'à la fermeture, proposant selon l'heure trois cartes différentes : le petit-déjeuner (jusqu'à 11h-11h30), le *lunch* (12h-16h) et le dîner (17h-21h/22h). Les Américains dînant tôt, il est parfois impossible de manger après 20h-20h30 dans les petites villes.

L'appellation *early bird* ou *happy hour* désigne le dîner servi entre 17h et 18h30-19h. Il est généralement bon marché et constitue une très bonne affaire, car les menus du soir sont chers.

Dans les grandes villes ou le long des autoroutes, des snacks restent ouverts tard dans la nuit, voire jusqu'au petit matin.

Les repas

Le petit-déjeuner – Souvent servi dès 7h du matin et jusqu'à 11h-11h30 (voire toute la journée), le **breakfast** est plantureux et d'un bon rapport qualité-prix (comptez de 8 à 15 $ selon le nombre d'ingrédients).

Il comprend le plus souvent des **œufs** au plat *(sunny side up* ou *fried eggs)*, en omelette ou brouillés *(scrambled eggs)*, accompagnés de toasts, de **bacon grillé** ou de **saucisses** et de **pommes de terre** cuites en galettes à la poêle *(hash browns)*. Il est suivi de pâtisseries diverses, dont les **crêpes** *(pancakes)*, les **gaufres** *(waffles)*, le **pain perdu** *(french toast)*, les **muffins** (gâteaux individuels aux myrtilles, aux pépites de chocolat...), les **doughnuts** (beignets sucrés), les **bagels** (petits pains en forme d'anneau originaires d'Europe de l'Est), servis avec du *cream cheese*, etc. On accompagne le tout avec du thé ou du café, en général très léger, et du jus d'orange. Le week-end, beaucoup de restaurants proposent un menu **brunch**.

Le déjeuner – Le **lunch** est le repas le plus léger de la journée, servi facilement jusqu'après 15h. Comptez de 6 à 15 $ pour un **sandwich**, chaud ou froid, souvent servi avec des frites, une salade ou de la soupe.

Autre solution : la **salade** toute préparée et souvent gargantuesque *(Caesar salad, oriental salad)*, ou celle à composer soi-même dans les *salad bars* (entre 8 et 20 $).

Les **food trucks** constituent une bonne option pour manger sur le pouce : ces camionnettes affichent des menus très abordables.

La plupart des restaurants et bars proposent un **lunch menu** avec des plats uniques, similaires à ceux du dîner, un peu moins copieux, mais surtout beaucoup moins chers (entre 10 et 18 $).

Le dîner – Il se prend tôt (17h-19h), sauf dans les grandes villes. C'est traditionnellement le repas le plus copieux de la journée : mêmes plats qu'au déjeuner, mais encore plus généreux et facturés plus cher. Pour les gastronomes, c'est le moment de choisir des restaurants plus raffinés. La carte se divise en trois grandes sections. Appelées *hors d'œuvres, starters* ou *appetizers*, les entrées constituent parfois un plat (10 à 20 $) ; les plats principaux se nomment *entrees* (15 à 30 $). Attention, les desserts sont énormes et très sucrés (6 à 10 $).

Les boissons

Beaucoup de restaurants familiaux ou populaires ne servent pas d'alcool, car ils doivent détenir une **licence** spéciale (*wine license* pour les vins, *full license* pour tous les alcools). Les établissements de qualité proposent souvent une **carte des vins** intéressante où vous retrouverez, selon les endroits, les principaux vins de Californie, d'Oregon et de Washington, mais aussi parfois du Chili et de France. Ils sont chers, mais on peut souvent les commander au verre.

D'une manière générale, à peine assis, on vous sert un verre d'eau du robinet, glacée, que l'on renouvelle tout au long du repas. L'eau minérale est rare et chère, car souvent importée. La plupart des Américains commandent des sodas, une limonade maison ou de l'*iced tea*, un thé sucré ou non *(sweetened, unsweetened)*, toujours glacé. Au cours du repas, on vous proposera un *refill* : acceptez, le second verre est compris dans le prix.

Dans les bars, vous pourrez boire l'une des nombreuses **bières** américaines *(Coors, Budweiser, Michelob...)* ou mexicaines *(Corona, Dos Equis...)* et, de plus en plus souvent, une bière provenant d'une brasserie locale artisanale *(micro brewery)*. Pour une pression, demandez une *draft beer* ou une *beer on tap*.

Santé

Bien qu'il n'y ait pas de problème sanitaire particulier aux États-Unis, il est impératif de prendre une assurance avant de partir.

Voir aussi « Assurance » (p. 532) et « Formalités », p. 531.

Le climat et l'environnement

La chaleur – Le **coup de soleil** peut vous prendre par surprise en altitude, au bord de la mer et dans les déserts. Attention aussi au **coup de chaleur** qui peut être très dangereux : il se signale par de violents maux de tête, des vertiges et une difficulté à se mouvoir. Pour l'éviter : **boire de l'eau** (régulièrement, avant d'avoir soif), mettre un chapeau, ne pas boire d'alcool. Si cela vous arrive, installez-vous au frais ou à l'ombre, ventilez-vous, appliquez des linges mouillés et appelez un médecin d'urgence.

La montagne – L'altitude demande un temps d'adaptation. Prévoyez-le si vous comptez faire du sport ou de la randonnée dans les montagnes Rocheuses, le parc national de Yellowstone ou celui de Glacier. Sinon, le risque est de ressentir une grande fatigue, un essoufflement, des maux de tête ou des nausées et de violentes courbatures après l'effort. **Buvez beaucoup d'eau** et évitez l'alcool. Rassurez-vous, on ressent rarement des troubles sérieux en dessous de 3500 m.

Morsures ou piqûres – Les déserts de l'Ouest sont fréquentés par serpents, araignées et scorpions. Portez des **chaussures fermées** et soyez vigilant lors de vos promenades. En cas de morsure, ne tentez pas de sucer le venin ou d'inciser la blessure, mais rendez-vous au plus vite chez un médecin qui vous administrera un **antivenin**.
Le virus *West Nile* sévit dans le Colorado, mais a tendance à se répandre dans d'autres États. Les infections sont généralement bénignes et le meilleur moyen de les prévenir est de se protéger des moustiques, vecteurs de la maladie.

Services médicaux

Faites-vous préciser par votre assurance santé complémentaire quelle est la **marche à suivre** en cas de maladie ou d'accident, et quels sont les formulaires éventuels à remplir. Envisagez toutes les éventualités (radios, dentiste, hospitalisation, maladie, etc.).
En cas de besoin, appelez les urgences ou rendez-vous à l'hôpital le plus proche. Quand il n'y a pas d'urgence vitale, allez dans les **medical clinics**, qui sont moins chères que les hôpitaux.

Pharmacies

Les médicaments sont vendus dans les **drugstores** et **pharmacies** (type Walgreens, Rite Aid, CVS). À l'exception des médicaments délivrés sur ordonnance, tous sont en libre-service et le choix est immense. Ils sont rangés par affections.
La plupart des magasins d'alimentation et des supermarchés ont aussi un rayon pharmacie.

Savoir-vivre

Au restaurant

Dans la plupart des restaurants, il ne faut pas vous présenter à une table, mais attendre qu'une hôtesse vous installe. **« Wait to be seated »** est généralement indiqué sur un panneau à l'entrée de la salle.

Les sujets qui fâchent ou pas

Le **patriotisme** étant très répandu, évitez de toucher, par exemple, à leur réputation de liberté, de justice et de bonté, et ne contestez pas la politique étrangère du pays.
La **religion** est un autre sujet très important. L'adhésion à une Église ou à une autre est parfaitement acceptée et il est malvenu de critiquer la religiosité ambiante ou tout simplement la notion de foi (attention secte se dit *cult*, tandis que *sect* désigne un groupe religieux).
En revanche, ne soyez pas surpris si l'on vous pose des questions sur votre métier et si l'on tente de mesurer votre **niveau de vie** : le travail est la valeur fondamentale des Américains, de même que la réussite sociale. Beaucoup de conversations tournent donc autour des succès matériels.

La politesse à l'indienne

Deux mots résument le savoir-vivre indien : sobriété et discrétion.
Contact – La poignée de main est pratiquée, mais le contact physique est restreint et les accolades vigoureuses sont déplacées.
Conversation – Il est considéré comme mal élevé de fixer les gens du regard, même dans les conversations. Au contraire, regarder un point précis du menton, de l'oreille ou du front pendant la conversation est un signe d'éducation et de respect. Il est aussi impoli de poser des questions trop personnelles, qui sont perçues comme une intrusion. Procédez par petites touches et laissez votre interlocuteur s'engager dans la conversation. Tout est affaire de

mesure et de respect de l'autre. Les Indiens aplanissent eux-mêmes bien souvent les difficultés.

Alcool – Ne commettez pas l'impair d'en proposer : l'alcoolisme est un fléau dans le monde indien et l'alcool interdit dans les réserves.

Sécurité

Urgences

Composez le **911**, où que vous soyez.

Précautions

Avec un minimum de précautions, vous ne connaîtrez pas de soucis. Dans les grandes villes, évitez les quartiers centraux à la nuit tombée et le dimanche, et si vous y logez, prenez un taxi ou un VTC pour regagner votre hôtel tard le soir. Globalement les principales villes du Nord-Ouest sont sûres. Seul désagrément possible : la mendicité agressive pratiquée par certains sans-abri *(homeless)* la nuit.

Méfiez-vous quand même du **vol à la tire**, à proximité des distributeurs de billets. N'exhibez pas un matériel photo ou vidéo luxueux et des bijoux de prix. Ne laissez pas d'objets de valeur dans votre voiture ni dans votre chambre d'hôtel (déposez-les dans le coffre à la réception). Ne gardez dans vos poches ou votre sac qu'un minimum de monnaie. Gardez le reste, vos cartes de crédit et vos papiers, dans une poche spéciale, sous vos vêtements.

En cas d'agression, cédez ce que vous avez dans vos poches.

Le site français du ministère français des Affaires étrangères liste les risques par régions. Avant votre voyage, consultez le site **www.diplomatie.gouv.fr**, rubrique « Conseils aux voyageurs ».

Tremblement de terre

En cas de tremblement de terre : ne pas chercher à quitter le bâtiment mais s'éloigner des baies vitrées, s'abriter sous une table solide ou dans l'encadrement d'une porte. À l'extérieur, trouver un endroit loin des arbres, poteaux électriques, murs ou bâtiments. Si vous êtes dans un véhicule, arrêtez-vous au bord de la route, loin des ponts, et attendez la fin des secousses à l'intérieur.

Orages et tornades

En été, des fronts orageux se forment très souvent dans toutes les Grandes Plaines. Ils peuvent évoluer ou disparaître tout aussi rapidement. On assiste parfois à des orages violents, accompagnés de grêle et d'éclairs menaçants. Les gros orages produisent parfois des tornades, colonnes d'air en rotation rapide reliant les nuages d'orage au sol, dans lesquelles les vents peuvent atteindre 400 km/h.

Consignes de sécurité en cas d'orage – Si vous êtes à l'extérieur, abritez-vous et restez à distance des arbres et objets métalliques. Si vous êtes dans un véhicule, restez à l'intérieur jusqu'à la fin de l'orage. Évitez d'être dans l'eau, ou près de l'eau. Si vous êtes en bateau, rejoignez le rivage le plus proche. N'utilisez pas les appareils électriques, en particulier le téléphone.

Consignes de sécurité en cas de tornade – Si vous êtes à l'intérieur, rendez-vous aux abris spécialement prévus (en général un sous-sol ou une cage d'escalier). Sinon, choisissez une pièce intérieure sans fenêtre. Éloignez-vous des fenêtres. N'essayez pas de fuir la tornade en voiture. Sortez du véhicule et allongez-vous au fond d'un fossé ou dans une cuvette du sol.

Shopping

Les **commerces** ferment plus tard : 18h en moyenne, sauf les

Tableaux de conversion

POIDS ET MESURES

1 pound* (lb)	**0,45 kilogramme (kg)**
1 ounce* (oz)	**28,35 grammes (g)**
1 long ton	**1,01 tonne (t)**
1 pint (pt)	**0,47 litre (l)**
1 gallon (gal)	**3,79 litres (l)**
1 acre	**0,4 hectare (ha)**
1 square mile (mi^2)	**2,59 kilomètres carrés (km^2)**
1 inch (in)	**2,54 centimètres (cm)**
1 foot (ft)	**0,30 mètre (m)**
1 yard (yd)	**0,91 mètre (m)**
1 mile (mi)	**1,6 kilomètre (km)**

**1 pound = 16 ounces*

VÊTEMENTS

FEMMES

	US	FR
Chaussures	4	35
	5	36
	5.5	37
	6.5	38
	7.5	39
	8	40
	9	41
Pantalons et jeans	26	36
	28	38
	30	40
	32	42
	34	44
	36	46
Hauts et robes	4	36
	6	38
	8	40
	10	42
	12	44
	14	46

HOMMES

	US	FR
Chaussures	7	40
	8	41
	8.5	42
	9.5	43
	10	44
	11	45
	11.5	46
Pantalons et jeans	28	38
	30	40
	32	42
	34	44
	36	46
	38	48

TEMPÉRATURE

Fahrenheit (°F)	32°	41°	50°	59°	68°	77°	86°	104°	140°	176°	212°
Celcius (°C)	0°	5°	10°	15°	20°	25°	30°	40°	60°	80°	100°

VITESSE

MPH*	10	20	30	40	50	60	70	80	90
KM/H	16	32	48	64	80	96	112	128	144

**Miles per hour*

grands centres commerciaux qui restent ouverts jusqu'à 20h-21h, et les petites épiceries (23h ou plus). Le dimanche, beaucoup sont ouverts de 13h-14h à 17h-18h.

Attention, les prix sont affichés **hors taxes** (0 à 9,56 % selon les États).

Bonnes affaires

Les États-Unis sont un paradis pour les amateurs de shopping qui y feront réellement de bonnes affaires. Jeans, sportswear, équipement sportif sont bien moins chers qu'en Europe, de même que les marques de cosmétiques américaines, la maroquinerie, l'optique, l'électronique et les articles pour la maison.

Discount stores – Ces immenses solderies vendent à prix cassé des produits de marque d'anciennes collections ou avec des petits défauts (Marshall's, T.J. Maxx, Ross, Beall's).

Factory outlets – Il s'agit de véritables villages, rassemblant les magasins d'usine des grandes marques. Les prix y sont en principe inférieurs d'au moins 30 % par rapport aux magasins classiques. Pour les localiser, consultez le site www.outletbound.com.

Le vintage - Les fripes et les magasins dits « vintage », souvent branchés, proposent des vêtements de très belle qualité pour un prix modique. La vogue du vintage fait rage dans les grandes villes comme Portland ou Seattle, mais n'hésitez pas à fouiller les magasins de petites villes, souvent intéressants.

Trading posts – Ils se trouvent aux abords des terres indiennes. Ils vendent de l'artisanat indien de qualité et des objets d'occasion de valeur mis en gage et abandonnés par leurs propriétaires. Rapport qualité-prix remarquable. Sinon, les meilleurs endroits pour acheter de l'artisanat indien sont les villages eux-mêmes, ou les stands indiens en bord de route.

Voir aussi « Souvenirs », ci-dessous.

À savoir

Pour les **objets électriques** et les **lampes**, rappelez-vous que la taille des douilles et le voltage diffèrent et que vous devrez prévoir une adaptation ultérieure. Pour le **linge de maison**, sachez que les tailles sont différentes des nôtres, notamment pour le linge de lit. Pour **l'habillement**, les tailles et pointures américaines sont aussi particulières.

Tableaux de conversion p. 547.

Ski

Le Colorado et l'Utah comptent quelques stations mythiques, fréquentées par les fans de ce sport, notamment Vail, Aspen et Alta. Il est également possible de skier sur les pentes du mont Hood, en Oregon.

Souvenirs

N'oubliez pas que les prix indiqués sont **hors taxes** (de 0 à 9,56 % selon les États). Si vous prévoyez de faire des achats importants (électronique, matériel photo ou vidéo par exemple), faites-les plutôt dans un État où les taxes sont faibles, voire nulles.

La taxe d'État se monte (2024) à 7,81 % dans le Colorado, 5,44 % dans le Wyoming, à 7,25 % dans l'Utah, 6,94 % dans l'Idaho et à 9,38 % dans l'État de Washington et à 1,82 % en Alaska.

L'Oregon et le Montana n'imposent aucune taxe sur les achats.

Vérifiez toujours que la **garantie** du produit acheté est internationale.

Attention, à votre retour en France, si le montant de votre

achat dépasse 430 €, vous devrez acquitter la TVA (20 %).

Voir aussi « Shopping » ci-contre.

Alimentation

Pensez aux **condiments**, *barbecue sauces* et préparations à base de *chile*. Ramenez du **jerky**, viande de bœuf séchée des cow-boys (pratique pour les randonnées).

Artisanat et bijoux

L'artisanat américain est connu pour le travail du **bois** et du **cuir** (ceintures, sacs…) et les **patchworks**, du chemin de table au jeté de lit en passant par la tenture murale (de 150 à plus de 1000 $). Pour les amoureux des **pierres**, **fossiles** et **perles**, vous trouverez des magasins spécialisés en bordure de route, à proximité des canyons.

Pour l'**artisanat indien**, assurez-vous que les objets sont bien exécutés par des Indiens et non manufacturés ou copiés de façon semi-industrielle (ce qui est souvent le cas dans les boutiques des hôtels). Pour les bijoux, vérifiez les poinçons et les garanties attestant qu'ils sont en argent, décrivant la nature des pierres utilisées et le nom de l'artisan.

Il existe beaucoup de fausses turquoises : elles sont lisses et les marbrures sont peintes au lieu de creuser la pierre.

Quant aux **objets anciens** ou **vintage**, vous en trouverez dans de nombreux magasins d'antiquités.

Mode

Les **grandes marques américaines** à la mode en Europe (Ralph Lauren, Tommy Hillfiger, Calvin Klein, Levi's…) sont nettement moins chères, mais les styles et les coupes sont parfois différents, adaptés aux goûts américains.

Les **chaussures de sport** sont aussi une bonne affaire (Nike, New Balance). Enfin, les **bottes de cow-boy** et le **Stetson** sont inévitables dans tout l'Ouest.

Sports nautiques

Les amateurs de kitesurf, de surf sur sable et de surf se rendront directement sur la côte de l'Oregon, qui regorge de spots.

Les véliplanchistes choisiront, eux, la Hood River, aux environs de Portland.

Quant à ceux qui apprécient le kayak de mer, rendez-vous directement aux San Juan Islands.

Tabac

La législation concernant le tabac est très stricte. Il est ainsi **interdit de fumer** dans les transports et les lieux publics (y compris les galeries marchandes), dans les restaurants (y compris en terrasse), bars, clubs, dans les parcs et de nombreuses zones piétonnes. À l'extérieur, vous devrez fumer à une « distance raisonnable » de l'entrée des immeubles (7 à 10 m en général).

Taxes

À l'exception des aliments non préparés et de l'essence, la plupart des biens ou services sont soumis à des taxes. Comme elles varient beaucoup d'un État à l'autre, les prix sont toujours indiqués hors taxes (y compris dans ce guide).

À cela s'ajoutent les taxes locales, variables elles aussi selon les villes, soit un surcoût de 0 à 9,56 %. La taxe hôtelière et la taxe prélevée dans les restaurants ou sur les voitures de location sont également variables. L'ensemble majore la facture de 10 à 15 %. Tenez-en compte en faisant vos achats et vos réservations, et n'hésitez pas à vous faire préciser le prix *including tax*.

Téléphone

Les numéros utiles

Urgences, ✆ 911.
Renseignements, ✆ 411.

Appels locaux et nationaux

Les numéros américains sont composés d'un **indicatif régional** à 3 chiffres, suivi du numéro de votre correspondant à 7 chiffres.

Pour les appels locaux (même indicatif régional), ne composez que les 7 chiffres.

Pour appeler une autre région (indicatif régional différent), composez le 1 + l'indicatif régional + le numéro du correspondant.

Appels internationaux

Appels depuis les États-Unis :
– vers la France : 011 + 33 + le n° du correspondant (sans le 0 initial) ;
– vers la Belgique : 011 + 32 + n° de la zone sans le 0 + n° du correspondant ;
– vers la Suisse : 011 + 41 + n° de la zone sans le 0 + n° du correspondant ;
– vers le Canada : 011 + 1 + n° de la province + n° du correspondant.

Numéros gratuits

Les numéros commençant par 1-800, 1-877, 1-888, 1-866... sont gratuits (*toll free*, toujours indiqué), souvent utilisés par les compagnies aériennes, les hôtels, B & B et loueurs de voitures. Ils fonctionnent depuis la France, mais sont alors payants.

Renseignements

Vous pouvez consulter le ✆ 411 (numéro local), 555 1212 (numéro interurbain)

Comment appeler

Hôtel – Évitez de téléphoner à l'étranger depuis votre chambre, car les tarifs sont prohibitifs. Pour obtenir la ligne vers l'extérieur, on compose en général le 9. Le coût de l'appel sera comptabilisé sur votre facture. Si vous laissez sonner plus de cinq fois, la communication sera facturée même si personne ne répond.

Téléphone portable français – L'option internationale de l'abonnement doit être activée. Pensez, en revanche, à désactiver l'option « données à l'étranger » dans « réseau cellulaire », ainsi que la 4G (utilisez le wifi sur place pour l'Internet mobile), sinon votre facture risque d'exploser.

Pour appeler vers la France, vous pouvez utiliser le signe + au lieu du 011. La communication vers la France est chère : en moyenne 1,20 €/mn et 0,60 € pour la réception d'un appel. Mieux vaut garder le contact par SMS (env. 0,30 € ; SMS reçus gratuits).

Téléphone portable prépayé (*prepaid cell phone*) – Pratique pour les séjours prolongés. Tous les magasins de téléphonie en proposent. Vous achetez l'appareil et un temps de communication (premier prix env. 30 $), que vous alimentez ensuite par des cartes à code achetées dans les mêmes lieux que les cartes téléphoniques. Attention : appels sortants comme entrants sont facturés.

Une autre solution consiste à acheter sur place une **carte SIM** à utiliser sur son propre portable, à condition que celui-ci soit débloqué. Un numéro local et un crédit prépayé vous sont alors attribués. On trouve des cartes SIM dans les boutiques de téléphonie. Les recharges de crédit s'achètent ensuite dans les supermarchés, *drugstores* et stations-service.

Téléphone sur Internet – Plusieurs applications permettent de téléphoner à partir d'un ordinateur, d'une tablette ou d'un téléphone portable en passant par le wifi. Les applications **Skype**, **Viber** et

Whatsapp permettent également de communiquer sans frais avec ceux qui l'utilisent.

Températures

La température est donnée en degrés **Fahrenheit**, qui diffèrent des degrés centigrades (ou Celsius) : le 0 °C correspond à 32 °F, et l'eau bout à 212 °F.

Pour obtenir l'équivalence en Celcius approximativement, divisez par 2 les Fahrenheit puis soustrayez 15.

Voir aussi tableau p. 547.

Transports

Avion

Si vous disposez d'un temps limité, n'hésitez pas à prendre l'avion pour couvrir les longues distances. Avec ses dizaines de compagnies aériennes, ses centaines d'aéroports et ses milliers de vols quotidiens, le réseau national est très étendu.

Bus

La première compagnie d'autocars des États-Unis, **Greyhound** (✆ (800) 231-2222 - www.greyhound.com) relie presque toutes les villes et petites communes. Ses bus assez confortables permettent de couvrir de grandes distances, même de nuit. De manière générale, le prix du transport est moins élevé que par les autres moyens. Sachez cependant que le bus dessert assez mal les parcs nationaux et les régions isolées. On le privilégiera avant tout pour les grands axes et les liaisons intervilles. Il est recommandé de réserver.

Pensez qu'il faut arriver à la gare environ 1h avant le départ.

Train

Le **réseau Amtrak** (✆ (800) 872-7245 - www.amtrak.com - pages en français) offre une alternative reposante aux voyageurs qui disposent de temps. La réservation permet d'obtenir les services désirés et des tarifs réduits. Elle est obligatoire pour certains trains. Il est interdit de fumer sur tous les trains Amtrak. On peut choisir entre première classe, classe économique, ou voitures à baies panoramiques.

Le **USA RailPass**, en vente sur le site www.amtrak.com, permet 10 voyages en 30 jours (499 $).

Parmi les itinéraires les plus intéressants assurés par Amtrak dans le Nord-Ouest, le **California Zephyr** relie Chicago à San Francisco en passant par Denver et Salt Lake City ; le **Coast Starlight** va de Los Angeles à Seattle en passant par San Francisco et Portland et, enfin, l'**Empire Builder** relie Chicago à Seattle et Portland en passant par Glacier National Park.

L'**Alaska Railroad** (✆ (800) 544-0552 - www.alaskarailroad.com) relie Seward, Anchorage, le parc national Denali et Fairbanks.

Unités de mesure

Le système décimal n'a pas cours aux États-Unis, où les unités de mesure sont très différentes.

Voir tableau p. 547.

Voiture

Permis de conduire

Le permis national est en théorie suffisant (jusqu'à 3 mois de séjour), mais il est préférable de vérifier sur les sites des circonscriptions consulaires : losangeles.consulfrance.org et sanfrancisco.consulfrance.org.

Le **permis international**, s'il est demandé, s'obtient en France dans les préfectures (attention aux délais). Permis national et international doivent être présentés conjointement, le second étant la traduction officielle du premier. Idem pour le permis moto.

Location de voiture

Le conducteur doit avoir au moins 21 ans et les agences exigent une carte de crédit (type Visa ou Mastercard) en garantie.

Les principales compagnies sont présentes dans la plupart des grandes villes et aéroports, mais réservez assez tôt par Internet pour comparer les prix et obtenir le meilleur tarif.

Alamo – ✆ (844) 354-6962 - www.alamo.com.

Avis – ✆ (800) 633-3469 - www.avis.com.

Budget – ✆ (800) 218-7992 - www.budget.com.

Dollar – ✆ (800) 800-5252 - www.dollarcarrental.fr.

Enterprise – ✆ (855) 266-9289 - www.enterprise.com.

Hertz – ✆ (800) 654-3131 - www.hertz.com.

National – ✆ (844) 382-6875 - www.nationalcar.com.

Thrifty – ✆ (800) 847-4389 - www.thrifty.com.

Le mieux est de passer par un courtier comme **www.rentalcars.com**, **www.ebookers.fr**, **www.expedia.com** ou **www.holidayautos.fr**.

Réservez de préférence un véhicule de bonne catégorie (*compact, midsize* ou *standard,* plutôt que *mini* ou *economy*), car vous passerez un temps considérable dans le véhicule et vos bagages prendront de la place.

Il est possible de louer un véhicule dans un État et de le rendre dans un autre, mais il vous sera demandé un supplément pour les **frais d'abandon** *(drop off charge)*.

☺ Les formules de location incluent le plus souvent un kilométrage illimité, en revanche renseignez-vous bien sur les **assurances** qui sont incluses dans le prix. L'assurance au tiers de base, *Liability Insurance* (**LI**), n'offre pas une couverture suffisante et doit être complétée par une autre nommée *Supplemental Liability Insurance* (**SLI**) ou *Liability Insurance Supplement* (**LIS**), voire *Extended Protection* (**EP**). Vous pourrez souscrire en option une assurance collision sans franchise (*Collision Damage Waiver,* **CDW**) ou avec franchise (*Loss Damage Waiver,* **LDW**), qui couvre les frais de réparation en cas d'accident ou de vol, une assurance déjà incluse si vous payez avec une carte Mastercard Gold ou Visa Premier.

Lors de la prise en main, vérifiez que le manuel de la voiture est dans la boîte à gants et faites-vous expliquer comment **bloquer la vitesse** (*cruise control,* très utile pour les longues distances sur autoroute ou dans les réserves indiennes où les contrôles de vitesse sont draconiens). Vérifiez toujours l'état des **pneus** et contrôlez leur **pression** pendant votre séjour afin d'éviter qu'ils n'éclatent (on voit de nombreux débris le long des routes). Attention aussi dans les régions enneigées, la plupart des loueurs interdisent la pose de chaînes sur leurs voitures. En montagne, certains véhicules sont toutefois loués avec des pneus neige adaptés.

Conduite

Les voitures sont presque toutes équipées d'une **boîte de vitesses automatique** : D *(drive)* pour avancer, R *(reverse)* pour la marche arrière, P pour parking, N *(neutral)* pour point mort et L ou M pour les vitesses basses (1re ou 2e) en montagne.

Code de la route

La priorité à droite n'existe pas ; des panneaux stop règlent chaque carrefour.

Il est permis de **tourner à droite** lorsque le feu est rouge, en faisant attention aux voitures arrivant de la gauche et qu'aucun panneau n'indique le contraire *(no turn on red)*.

Respectez les limitations de vitesse aux abords des écoles et ne doublez pas si le panneau « Stop » du bus scolaire est abaissé.

Enfin, sur les voies rapides à proximité des villes, la voie de gauche marquée d'un losange est réservée au **covoiturage**.

Vitesse

Attention aux **limitations de vitesse**, différentes selon les états. En moyenne :

- de 35 à 45 mph (56 à 72 km/h) en ville,
- de 55 à 65 mph (72 à 88 km/h) sur route
- de 65 mph à 75 mph (88 à 104 km/h) sur autoroute.

Vous pouvez être soumis à des contrôles « volants » ou à des barrages routiers. Ils servent à contrôler la vitesse, mais aussi à repérer les chauffeurs ivres et les auteurs d'autres délits... Ayez toujours vos papiers à portée de main. Aux abords de la frontière californienne, il peut s'agir de contrôles « agricoles » vérifiant que vous n'introduisez pas d'essences ou de graines exogènes.

Se diriger

En ville – Aux intersections, les panneaux indiquant les rues que vous croisez sont suspendus aux feux face à vous, de l'autre côté du croisement. Vous ne voyez donc pas le nom de l'axe sur lequel vous roulez.

Sur la route – Les distances sont données en miles (1 mile = 1,6 km). Pour repérer votre destination, ne vous contentez pas du nom de la ville, mais faites attention au **numéro de la route** et à la **direction** *(north, south, east, west)*. Les grandes intersections sont appelées *Junctions* et sont en général signalées à l'avance : on vous annonce la jonction avec la route que vous traversez (Jct-70 annonce que vous croisez la Route 70).

Les routes précédées de la **lettre I** (I-25, I-40), pour *interstate highways*, sont de grandes **autoroutes fédérales**. Les impaires (I-25) sont orientées globalement du nord au sud. Les paires (I-40) vont d'est en ouest. Celles qui comportent 3 chiffres (I-405, autour de Los Angeles) ceinturent des grandes villes.

Les autres routes : code US (US-50) pour les **routes fédérales**, code de l'État suivi de chiffres pour les **routes d'État** (AZ-86, CA-1, CO-145, NV-96, NM-666, UT-12).

Les petites **routes secondaires** sont des *country roads* (entretenues par le comté) ou *township roads* (entretenues par une municipalité) ou, dans les réserves, des *Indian reservation roads*.

Essence

Moins chère qu'en France, elle est vendue par **gallon** (3,8 l). Les prix varient beaucoup d'un État à l'autre, et entre les villes et la campagne. Excepté pour les grosses voitures (et encore, on vous le précisera), le **regular unleaded** suffit. Beaucoup de stations fonctionnent avec la carte de crédit et des automates 24h/24. Sinon, observez les autres : soit vous vous servez et allez payer ensuite, soit vous payez avant de vous servir, soit vous attendez le pompiste.

Agenda

Voici une sélection d'événements qui animent le Nord-Ouest.

D'autres sont listés dans les rubriques « Agenda » de la partie « Carnet pratique ».

Janvier

Park City (UT) – Festival de cinéma Sundance - festival.sundance.org.

Seattle (WA) – Salon international nautique de Seattle - www.seattleboatshow.com.

Denver (CO) – Foire nationale aux bestiaux et rodéo - www.nationalwestern.com.

Février

Steamboat Springs (CO) – Carnaval d'hiver.

Whitefish (MT) – Carnaval d'hiver - whitefishwintercarnival.com.

Anchorage (AK) – Rendez-vous des fourrures - www.furrondy.net.

Helena (MT) – Course de chiens de traîneau « Race to the Sky » - racetothesky.org.

Newport (OR) – Fête du vin et des produits de la mer.

Seattle (WA) – Fat Tuesday (Mardi gras de Seattle).

Ashland (OR) – Shakespeare Festival (fin fév. à fin oct.) - www.osfashland.org.

Mars

D'Anchorage à Nome (AK) – Course de chiens de traîneau Iditarod - www.iditarod.com.

Great Falls (MT) – Enchères C.M. Russell : art authentique de l'Ouest -

Tous les États – Saint-Patrick (17 mars) - www.stpatricksday.com.

Denver (CO) – *Pow-wow* de mars - www.denvermarchpowwow.org.

Avril

Jackson Hole (WY) – Pole, Pedal, Paddle Triathlon (javelot, vélo, kayak).

Missoula (MT) – International Wildlife Film Festival - wildlifefilms.org.

Seattle (WA) – Festival international de cinéma de Seattle - www.siff.net/festival.

Mai

Wenatchee (WA) – Fête des pommiers en fleur - www.appleblossom.org.

Seattle (WA) – Fête folklorique du Nord-Ouest - nwfolklife.org.

Juin

Portland (OR) – Fête des roses - www.rosefestival.org.

Grandes villes – Festivals afro-américains de juin.

Cannon Beach (OR) – Concours de châteaux de sable *(sandcastle)*.

Fairbanks (AK) – Célébrations du solstice d'été - www.fsaf.org.

Hardin (MT) – Commémoration de Little Bighorn.

Great Falls (MT) – Festival Lewis et Clark.

Salt Lake City (UT) – Utah Pride Festival - www.utahpride.org.

Juin-août

Medora (ND) – Musicales de Medora.

Boise (ID) – Idaho Shakespeare Festival - idahoshakespeare.org.

Aspen (CO) – Festival de musique - www.aspenmusicfestival.com.

Cody (WY) – Rodéo nocturne - www.codystampederodeo.com.

Jacksonville (OR) – Britt Festival - www.brittfest.org.

Cedar City (UT) – Festival Shakespeare en Utah - www.bard.org.

Eugene (OR) - Oregon Bach Festival - oregonbachfestival.org.

Juillet

Central City (CO) – Summer Festival, Opéra de Central City - centralcityopera.org.
Denver (CO) – Festival des arts de Cherry Creek - cherrycreekartsfestival.org.
Pinedale (WY) – Rendez-vous de Green River - www.greenriverrendezvous.com.
Tous les États – Fête de l'Indépendance (4 Juillet).
Mt Rushmore (SD) – Feu d'artifice de l'Indépendance.
Manitou Springs (CO) – Marathon de Pikes Peak.
Browning (MT) – Fête des Indiens d'Amérique du Nord.
Lander (WY) – Festival international d'escalade - www.climbersfestival.org.
Cheyenne (WY) – Fêtes de la Frontière et rodéo de Cheyenne - www.cfdrodeo.com.
Fairbanks (AK) – Golden Days et Olympiades eskimo-indiennes.
Deadwood (SD) – Commémoration de 1876 (fête de la ville).
Helena (MT) – Stampede de la dernière chance (rodéo).
Eugene (OR) – Oregon Country Fair - www.oregoncountryfair.org.
Golden (CO) - Buffalo Bill Days - buffalobilldays.com.
Utah – Fête des pionniers (24 Juillet). Days of '47 Parade & Rodeo à Salt Lake City - www.daysof47.com.

Juillet-août

Boulder (CO) – Festival de musique du Colorado - coloradomusicfestival.org.
Jackson (WY) – Festival de musique de Grand Teton - www.gtmf.org.

Août

Sturgis (SD) – Rallye et courses de Sturgis - www.sturgismotorcyclerally.com.
Bigfork (MT) – Festival des arts.
Park City (UT) – Kimball Arts Festival - parkcitykimballarts festival.org.
Red Lodge (MT) – Fête des nations.
Tous les États – Foires d'État (de mi-août à mi-octobre).
Eugene (OR) – Oregon Festival of American Music - www.theshedd.org.
Hardin (MT) – *Pow-wow* de la Crow Fair à Little Bighorn.

Septembre

Seattle (WA) – Bumbershoot Festival - www.bumbershoot.com.
Provo (UT) – Festival latino-américain - www.festivalprovo.com.
Bismarck (ND) – United Tribes International *Pow-wow* - unitedtribespowwow.com.
Pendleton (OR) – Rassemblement du bétail de Pendleton - www.pendletonroundup.com.
Port Townsend (WA) – Fête des voiliers en bois - woodenboat.org. Festival de cinéma - www.ptfilmfest.com.
Jackson (WY) – Festival d'automne des arts de Jackson Hole.

Octobre

Denver (CO) – Great American Beer Festival - *www.greatamericanbeerfestival.com.*
Sitka (AK) – Fête de l'Alaska.
Tous les États – Halloween (31 oct.).

Novembre

Denver (CO) – Festival du film - www.denverfilm.org.

Décembre

Portland (OR) – Fête des lumières - www.pdxwlf.com

Livres, films et séries

Livres

Romans

BASS Rick, **Winter** (2010). L'hiver au fin fond du Montana.

BRAUTIGAN Richard, **La Pêche à la truite en Amérique** (2004). Un livre culte de la Beat Generation.

CARLSON Ron, **Cinq ciels** (2012). Intrigue dans les Rocheuses de l'Idaho.

FANTE John, **Bandini** (1938), **Demande à la poussière** (1939), **Rêves de Bunker Hill** (1982). Cycle autobiographique de ce fils d'émigrés italiens né dans le Colorado en 1909.

FROMM Pete, **Indian Creek** (2006). Mémoire d'un hiver au cœur des Rocheuses par un *nature writter* de Missoula.

GALVIN James, **Prairie** (2004). Les terres âpres et sauvages des Rocheuses du Colorado.

GINSBERG Allen, **Howl** (2005). Texte poétique emblématique de la Beat Generation et de sa critique virulente du rêve américain.

HARRISON Jim, **Dalva** (1999). Dalva s'installe dans le ranch familial dans le Nebraska et revient sur son passé. **La Route du retour** (2001) prolonge la saga familiale.

KESEY Ken, **Et quelquefois j'ai comme une grande idée** (2013). Les tribulations d'une famille de bûcherons de l'Oregon, par l'auteur du célèbre **Vol au-dessus d'un nid de coucou**.

LONDON Jack, **L'Appel de la forêt** (1903). Inspiré par son expérience de chercheur d'or au Klondike.

MACLEAN Norman, **La Rivière du sixième jour** (1997). L'art de la pêche à la mouche au Montana.

MCGUANE Thomas, **La Source chaude** (1994), **Rien que du ciel bleu** (1994), **L'homme qui avait perdu son nom** (1990), **Sur les jantes** (2012). Un des grands auteurs américains, dont les récits prennent ont pour cadre le Montana.

O'BRIEN Dan, **L'Agent indien** (2010). Roman historique dans le pays sioux des Black Hills, au Dakota du Sud.

ROBBINS Tom, **Comme la grenouille sur son nénuphar** (2009), **Même les cow-girls ont du vague à l'âme** (2010).

SAVAGE Thomas, **Le Pouvoir du chien** (2004). Haine fratricide entre cow-boys sous le soleil du Montana.

VINTGRAS Marie, **Blizzard** (2021). Alors qu'une tempête fait rage en Alaska, un petit garçon disparaît.

WELCH James, **Comme des ombres sur la terre** (2010). Sans doute l'un des meilleurs romans sur le sombre destin des Amérindiens des Grandes Plaines.

WELLER Lance, **Wilderness** (2013). Grande fresque avec en toile de fond la côte sauvage du Pacifique Nord-Ouest.

Nouvelles

BOYLE T. C., **25 histoires d'amour** (2002) ; **25 histoires de mort** (2004). Humour grinçant et réalisme décapant pour un portrait de l'Amérique au vitriol.

CARVER Raymond, **Les Vitamines du bonheur** (1985). Récits amers de la vie américaine.

HARRISON Jim, **Légendes d'automne** (2010). Trois nouvelles incontournable de la littérature américaine.

JOHNSON Craig, **Little Bird** (2009), **L'Indien blanc** (2011). Les aventures du shériff Longmire dans un comté imaginaire du Wyoming.

JOHNSON Dorothy Marie, **Contrée indienne** (2013). Les mythes et légendes du Far West.
PROULX Annie, **Les Pieds dans la boue** (2001); **Nouvelles histoires du Wyoming** (2007). Une galerie de personnages dans les terres âpres du Wyoming.
UDALL Brady, **Lâchons les chiens** (1998). Morceaux de vie ordinaire en Arizona et Utah.

Policiers

BURKE James Lee, **Bitterroot** (2007). Racisme et violence dans le Montana.
CRUMLEY James, **La Danse de l'ours** (1999), **Fausse Piste** (2006). Le privé alcoolique Milo Milodragovitch enquête dans le Montana.
CHANDLER Raymond, **Le Grand Sommeil** (1939), **Fais pas ta rosière!** (1949), **Adieu ma jolie** (1940).
HUGO Richard, **La Mort et la Belle Vie**, 1999.

Récits de voyage ou d'aventure

BRYSON Bill, **Motel Blues** (1995). Traversée de l'Amérique profonde décrite sur un ton humoristique et doux-amer.

Littérature indienne

ALEXIE Sherman, **Phoenix, Arizona** (2001), **Dix petits Indiens** (2009). Nouvelles tendres et drôles, par un Indien vivant à Seattle.
HILLERMAN Tony, **Le Vent sombre** (1986), **Là où dansent les morts** (1986), **La Voie de l'ennemi** (1990), **Porteurs-de-peau** (1990), **Coyote attend** (1991). On suit les détectives navajos Joe Leaphorn et Jim Chee à travers les réserves indiennes.
MOMADAY Scott, **La Maison de l'aube** (1993). Entre sacré et profane, toute l'ambiguïté du monde indien. Prix Pulitzer 1969. Du même auteur, **L'Enfant des temps oubliés** (1998), un roman aux descriptions superbes.
TREUER David, **Little** (1998). La bouleversante histoire d'une poignée d'Indiens marginaux dans le froid du nord des États-Unis. **Comme un frère** (2004). Balade désenchantée dans les tribus indiennes.

Films

Rocky Mountains

POLLACK Sydney, **Jeremiah Johnson** (1972). Le premier western écolo, dans les paysages somptueux du Colorado.
HARLIN Renny, **Cliffhanger** (1993). Sylvester Stallone à l'assaut des Rocheuses dans un thriller palpitant.

Wyoming

EASTWOOD Clint, **Impitoyable** (1992). Un ancien hors-la-loi rétablit l'ordre dans une ville corrompue.
HAWKS Howard, **La Captive aux yeux clairs** (1952). Deux trappeurs s'affrontent pour les beaux yeux d'une princesse indienne.
LEE Ang, **Le Secret de Brokeback Mountain** (2006). Une histoire d'amour entre deux cow-boys.
SPIELBERG Steven, **Rencontres du troisième type** (1977). La fascinante silhouette de la Devils Tower dispute la vedette à François Truffaut dans ce film de science-fiction culte.

Montana

PENN Arthur, **Little Big Man** (1970), un ardent plaidoye en faveur des Indiens et **Missouri Breaks** (1976), un époustouflant duo (Jack Nicholson et Marlon Brando) sur fond de nature sauvage et de villages pionniers.
REDFORD Robert, **Et au milieu coule une rivière** (1992), d'après le roman de Norman Maclean, une des

figures des écrivains du Montana, et **L'Homme qui murmurait à l'oreille des chevaux** (1998), où Robert Redford soigne le cheval d'une petite fille.

Dakota

COSTNER Kevin, **Danse avec les loups** (1990). Un officier nordiste s'isole dans l'Ouest sauvage, au contact des Indiens.

Utah

POLLACK Sydney, **Jeremiah Johnson** (1972). Un vétéran fuit la civilisation pour vivre seul dans les Rocheuses.

Portland et l'Oregon

BEAUDINE William, **Sur la piste de l'Oregon** (1956). Des pionniers en route sur le fameux Oregon Trail.
VAN SANT Gus, **Elephant** (2003). Un film coup de poing inspiré de la fusillade de Columbine. Palme d'or à Cannes en 2003.
VALLÉE Jean-Marc, **Wild** (2014). Une randonnée initiatique sur les 1700 km du Pacific Crest.
AUDIARD Jacques, **Les Frères Sisters** (2018). Un regard français sur deux tueurs en Oregon, dans les années 1850.

Seattle et État de Washington

EPHRON Nora, **Nuits blanches à Seattle** (1993). Coup de foudre entre Tom Hanks et Meg Ryan.
DONALDSON Roger, **Le Pic de Dante** (1997). Pierce Brosnan incarne un vulcanologue au chevet d'un volcan qui s'éveille.
TOWNSEND Stuart, **Bataille à Seattle** (2008). Un compte-rendu sans concession des émeutes qui ont secoué Seattle en 1999 à l'occasion de la réunion de l'OMC.
La série de films **Twilight** (2008-2012). Une romantique histoire de vampire qui a rendu célèbre la petite ville de Forks dans l'État de Washington.

Alaska

PENN Sean, **Into the Wild** (2007). Un brillant étudiant quitte tout pour se lancer en solitaire sur les chemins de l'Ouest jusqu'en Alaska. D'après une histoire vraie.
SANDERS Chris, **L'Appel de la forêt** (2020). Le destin de Buck, vendu comme chien de traineau dans le Grand Nord. D'après le roman de Jack London.

Séries

Bates Motel (2013-2017). 50 épisodes qui revisitent l'histoire de Norman Bates et de sa mère en Oregon, immortalisée par Alfred Hitchcock dans *Psychose*.
Maid (2021). Au nord de l'Amérique, une mère devient femme de ménage pour subvenir aux besoins de sa fille.
Portlandia (2011-2018). Le quotidien des habitants *écolo-hipsters* de Portland.
Twin Peaks (1990-2017). Une enquête haletante dans la ville fictive de Twin Peaks dans l'État de Washington.
Under the Banner of Heaven (2022). Un crime dans la communauté mormone de l'Utah conduit l'enquêteur à affronter le fondamentalisme religieux.
Wayward Pines (2015-2016). Un agent des services secrets de Seattle est piégé dans une ville mystérieuse de l'Idaho.
Wild Wild Country (2018). Série documentaire qui suit un gourou controversé et ses disciples dans une communauté de l'Oregon.
Yellowstone (2018-en production). Le combat d'une famille du Montana pour défendre son ranch contre les promoteurs.

GUIDE
MICHELIN
VOYAGE & CULTURES
GUIDE MICHELIN VOYAGE & CULTURES
Italie du Nord
Sans les lacs italiens, Milan et la Lombardie
561 REGIONAL Italie 561
MICHELIN
Italie Nord-Ouest
Italie Nord-Ouest
1/400 000 - 1 cm = 4 km
Carte routière et touristique
GUIDE MICHELIN VOYAGE & CULTURES
VENISE
Toutes les infos à jour
Nos sites étoilés
190 adresses
Plan détachable
MICHELIN
POUR VOYAGER
CURIEUX
EMPORTEZ
GUIDE ET CARTE
MICHELIN
© Carsten Scheunemann/Getty Images plus

Notes

Notes

Notes

Notes

Denver : villes, curiosités et régions touristiques.
Roosevelt, Théodore : noms historiques ou termes faisant l'objet d'une explication.
Les sites isolés (parc, réserves...) sont répertoriés à leur propre nom.
Nous indiquons par son numéro, entre parenthèses, l'État auquel appartient chaque ville ou site. Pour rappel : **AK** : Alaska ; **CO** : Colorado ; **ND** : Dakota du Nord ; **SD** : Dakota du Sud ; **ID** : Idaho ; **MT** : Montana ; **NE** : Nebraska ; **OR** : Oregon ; **UT** : Utah ; **WA** : Washington ; **WY** : Wyoming.

A

B

Carte générale

Cartes des circuits

Cartes des régions

Plans de ville

Cartes des circuits

Note au lecteur

Michelin a apporté le plus grand soin à la rédaction de ce guide et à sa vérification. Toutefois, les informations pratiques (formalités administratives, prix, adresses, numéros de téléphone, adresses Internet, etc.) doivent être considérées comme des indications du fait de l'évolution constante de ces données.
Il n'est pas totalement exclu que certaines d'entre elles ne soient plus, à la date de parution du guide, tout à fait exactes ou exhaustives. N'hésitez pas à nous signaler toute omission ou inexactitude que vous pourriez constater, ainsi qu'à nous faire part de vos avis et suggestions sur les adresses contenues dans ce guide.
Avant d'entamer toute démarche, formalités administratives ou douanières notamment, vous êtes invité à vous renseigner auprès des organismes officiels. Ces informations ne sauraient, de ce fait, engager notre responsabilité.

LÉGENDE DES CARTES ET PLANS

Curiosités et repères

- Itinéraire décrit, départ de la visite
- Église
- Mosquée
- Synagogue
- Temple
- Temple : bouddhique - hindou
- Bâtiment
- Monastère - Phare
- Fontaine
- Point de vue
- Château - Ruine ou site archéologique
- Citadelle et fort
- Barrage - Grotte
- Monument mégalithique
- Tour génoise - Moulin
- Temple - Vestiges gréco-romains
- Autre lieu d'intérêt, sommet
- Distillerie
- Palais, villa, habitation
- Cimetière : chrétien - musulman - israélite
- Oliveraie - Orangeraie
- Mangrove
- Gravure rupestre
- Pierre runique
- Église en bois
- Église en bois debout
- Parc ou réserve national
- Bastide

Axes routiers, voirie

- Autoroute
- Assimilée
- Échangeur : complet - partiel
- Route
- Rue piétonne
- Escalier - Sentier, piste
- Tunnel

Informations pratiques

- Information touristique
- Parking - Parking - relais
- Gare : ferroviaire - routière
- Voie ferrée
- Ligne de tramway
- Départ de fiacre
- Métro - RER - Tramway
- Station de métro (Lima , ...) (Calgary, ...)(Montréal)
- Téléphérique, télécabine
- Funiculaire, voie à crémaillère
- Chemin de fer touristique
- Transport de voitures et passagers
- Transport de passagers
- Bac (Bateau)
- Observatoire
- Magasin
- Poste
- Poste Japon
- Hôtel de ville
- Palais de justice
- Palais de justice Japon
- Préfecture
- POL. Police
- GNR Gendarmerie
- Musée de plein air
- Hôpital - Hôpital musulman
- Marché couvert
- Aéroport
- Parador, Pousada (Établissement hôtelier géré par l'État)
- Station thermale
- Source thermale
- Embarcadère

Topographie, limites

- Récif corallien
- Marais - Désert
- Frontière - Parc naturel

Sports et loisirs

	Piscine : de plein air - couverte		Parc ornithologique réserve d'oiseaux
	Plage - Stade		Planche à voile, kitesurf
	Port de plaisance - Voile		Pêche en mer ou sportive
	Plongée - Surf		Canyoning, rafting
	Refuge - Promenade à pied		Aire de camping - Auberge
	Randonnée équestre		Arènes
	Golf - Base de loisirs		Base de loisirs, base nautique ou canoë-kayak
	Parc d'attractions		Canoë-kayak
	Parc animalier, zoo		Promenade en bateau
	Parc floral, arboretum		

Comprendre les symboles utilisés dans le guide

LES ÉTOILES

★★★ **Vaut le voyage** ★★ **Vaut le détour** ★ **Vaut la visite**

HÔTELS ET RESTAURANTS

9 ch.	Nombre de chambres		Wi-Fi
7,5 €	Prix du petit-déjeuner en sus		Piscine
50 €	Prix de la chambre double, petit-déjeuner compris		Carte de crédit non acceptée
bc	Menu boisson comprise	P	Parking réservé à la clientèle
	Air conditionné dans les chambres	Tram	Station de tramway la plus proche
	Restaurant dans l'hôtel	M	Station de métro la plus proche
	Établissement servant de l'alcool (à l'étranger)		

SYMBOLES DANS LE TEXTE

	À faire en famille		Organisme de tourisme
	Pour approfondir		Astuce, conseil
	Promenade à pied		Adresse coup de cœur
	Randonnée à vélo	A2 B	Repère sur le plan
	Facilité d'accès pour les personnes à mobilité réduite		Tourisme écoresponsable

Au sein de ce guide, MICHELIN EDITIONS peut être amené à mentionner des données personnelles. MICHELIN EDITIONS vous informe que vous disposez de droits sur les données personnelles vous concernant, conformément aux articles 15 et suivants du RGPD. Vous pouvez les exercer en vous adressant à contact@editions.michelin.com. Pour plus d'informations, merci de consulter notre Charte pour la protection des données personnelles à l'adresse suivante : https://editions.michelin.com/politique-de-confidentialite/

Collection sous la direction de Philippe Orain

Responsable d'édition et rédactrice en chef du guide : Camille Bouvet

Secrétaire d'édition : Anna Crine

Rédaction : Serge Bathendier, Luc Decoudin, Manon Heugel, Philippe Orain, Mathilde Piton, Jérôme Saglio

Ont contribué à ce guide : Dănuț-Marian Țucă et Gabriel-Valentin Dragu (**Cartographie**), Véronique Aissani, Carole Diascorn (**Couverture**), Marion Capéra, Marie Simonet (**Iconographie**), Andra-Florentina Ostafi, Irina Răcaru, Oana Dimitriu (**Données objectives**), Bogdan Gheorghiu, Cristian Catona, Hervé Dubois, Pascal Grougon (**Prépresse**), Dominique Auclair (**Pilotage**), Archipel studio (**Relecture**)

Plans et cartes : © MICHELIN 2024

Remerciements : Olivier Barthez (Travel Oregon, Utah Office of Tourism), Barbara Boltoukhine (Visit Seattle, Colorado Tourism Office, Visit Denver), Emmanuelle Massieu (Great American West, Office du Tourisme des Rocheuses)

Conception graphique
Christelle Le Déan, Sandro Borel, Justeciel (maquette intérieure)
Véronique Aissani (couverture)

Régie publicitaire et partenariats
contact.clients@editions.michelin.com
Le contenu des pages de publicité insérées dans ce guide n'engage que la responsabilité des annonceurs.

Contacts
Vous souhaitez nous contacter ?
Rendez-vous dans la rubrique contact de notre site internet :
editions.michelin.com

Parution 2025

MICHELIN Éditions
Société par actions simplifiée au capital de 487 500 EUR
57 rue Gaston Tessier – 75019 Paris (France)
R.C.S. Paris 882 639 354

Toute reproduction, même partielle et quel qu'en soit le support, est interdite sans autorisation préalable de l'éditeur.

© 2025 MICHELIN Éditions - Tous droits réservés
Dépôt légal : 07-2024 – ISSN 0293-9436
Compograveur : MICHELIN Éditions, Voluntari (Roumanie)
Imprimeur : Dimograf, Bielsko-Biala (Pologne)
Imprimé en Pologne : 07-2024

Sur du papier issu de forêts bien gérées